中央财政支持地方高校发展专项资金资助项目成果
上海政法学院刑事司法学院
全国青少年犯罪与司法研究及服务中心成果

姚建龙 著

青少年犯罪与司法论要

中国政法大学出版社

2014 · 北京

图书在版编目（ＣＩＰ）数据

青少年犯罪与司法论要/姚建龙著. —北京：中国政法大学出版社，2014.12
ISBN 978-7-5620-5723-9

Ⅰ. ①青… Ⅱ. ①姚… Ⅲ. ①青少年犯罪－研究－中国②青少年犯罪－司法制度－研究－中国 Ⅳ.①D669.5②D926.8

中国版本图书馆CIP数据核字(2014)第276680号

出　版　者	中国政法大学出版社
地　　　址	北京市海淀区西土城路25号
邮寄地址	北京 100088 信箱 8034 分箱　邮编 100088
网　　　址	http://www.cuplpress.com（网络实名：中国政法大学出版社）
电　　　话	010-58908586(编辑部)　58908334(邮购部)
编辑邮箱	zhengfadch@126.com
承　　　印	固安华明印业有限公司
开　　　本	787mm×1092mm　1/16
印　　　张	30
字　　　数	650千字
版　　　次	2014年12月第1版
印　　　次	2014年12月第1次印刷
定　　　价	76.00元

作者简介

　　姚建龙，1977 年生，曾为重庆市劳教戒毒所管教民警、上海市长宁区人民检察院副检察长、华东政法大学副教授（2006 年破格聘任）、教授（2009 年破格聘任）、《青少年犯罪问题》杂志主编、北京师范大学刑事法律科学研究院博士后等，现为上海政法学院刑事司法学院院长、教授、全国青少年犯罪与司法研究及服务中心主任、团中央《预防青少年犯罪研究》杂志副主编、上海市青联委员、上海市未成年人法研究会会长、上海市禁毒法研究会会长、上海市预防青少年犯罪研究会副会长、国际刑法协会会员、中国预防青少年犯罪研究会常务理事、中国犯罪学学会常务理事、中国法学期刊研究会理事、中国监狱协会理事等，兼任复旦大学、华东政法大学、中国政法大学、南京大学等十余所高校兼职教授、硕士生导师、特邀研究员等。

　　受聘为国际救助儿童会中国项目顾问、瑞典隆德大学 Raoul Wallenberg Institute 中国项目顾问、中央综治委全国重点青少年群体教育帮助和预防犯罪试点工作指导专家、中央综治委预防青少年违法犯罪专项组课题领导小组专家，以及北京、上海、广东、山东、河北、江苏等多省市政法、教育、共青团、妇联等部门咨询专家，如北京市高级人民法院专家咨询委员会专家、上海市未成年人保护工作咨询专家等。

　　已出版《长大成人：少年司法制度的建构》、《少年刑法与刑法变革》、

《超越刑事司法》、《权利的细微关怀》、《少年法院的学理论证与方案设计》等个人专著五部、法律童话《呼噜噜与独角兽的幸福生活》及随笔《法学的童真》各一部，校勘、主编、副主编、合著《中华刑法论》、《刑法思潮与理论进展》、《禁毒学导论》、《合适成年人与刑事诉讼》、《女性性犯罪与性受害》、《中国刑罚改革研究》等著作二十余部，发表论文百余篇，主持国家社科基金项目、司法部项目、中国博士后科研基金项目、上海市哲社项目、上海市曙光项目等多项国家级、省部级课题。科研成果获首届"全国刑法学优秀学术著作奖（1984－2014）"一等奖、中国犯罪学学会"五年优秀犯罪学科研成果奖"论文类一等奖、中国青少年研究会优秀论文一等奖等十余次。

曾获上海市十大优秀中青年法学家（第五届）、上海市杰出青年岗位能手（第十二届）、上海市禁毒先进个人、上海市曙光学者等荣誉。全球最大的儿童慈善组织"救助儿童会"曾经专门颁发荣誉证书肯定姚建龙教授在推动中国未成年人保护与少年司法改革领域所做出的贡献。

目　录

第二编　司法论

第三编　权利论

第四编 立法论

附　录

第一编

犯罪论

第一章

青少年犯罪的基本问题

青少年犯罪研究在我国的兴起已经有三十余年，青少年犯罪学也已经成为一门独立的学科。青少年犯罪学的研究对象是青少年犯罪现象、原因与对策，本章将主要对青少年犯罪学研究的主要内容做一简要的分析。

一、青少年犯罪概念的界定

对于青少年犯罪这一概念的理解，大体可以概括为两个学科背景下的定义模式：法学视角的定义与社会学视角的定义。法学视角的定义模式[1]将"青少年"与"犯罪"均作为法律概念来对待，在法律（特别是刑事法律）中寻找青少年犯罪界定的依据。而社会学视角的定义模式则仅仅将法律视为对青少年犯罪做出界定所考虑的一个因素，而在定义时强调青少年犯罪（特别是青少年群体）的社会特征。两种定义模式最直观的区别是，前者追求青少年犯罪概念的精确，而后者对青少年犯罪的定义则是相对模糊的。由于我国对青少年犯罪的研究主要是由法学界所主导的，因此前一种定义模式的影响力更为广泛。[2]

我国刑法对于特定年龄段人群刑事责任做出规定的是第 17 条，该条规定："已满十六周岁的人犯罪，应当负刑事责任。已满十四周岁不满十六周岁的人，犯故意杀人、故意伤害致人重伤或者死亡、强奸、抢劫、贩卖毒品、放火、爆炸、投毒罪的，应当负刑事责任。已满十四周岁不满十八周岁的人犯罪，应当从轻或者减轻处罚。"可见，我国刑法所确立的严格意义上的青少年犯罪的年龄界限应当为 14 周岁以上不满 18 周岁。法律对于青少年群体犯罪给予特殊保护的规定，亦仅仅适用于 14 周岁以上不满 18 周岁的人群。不过，刑法对于青少年犯罪上限年龄界定为不满 18 周岁有着明显过低的局限性，与联合国少年司法规则、国外立法、我国传统文化、青少年社会特征等均有不符。[3]因

---

〔1〕 包括青少年犯罪学、犯罪学。

〔2〕 由于在现行法律中，青少年、青少年犯罪均不被认为是严格的法律概念，因此近些年来法学界似乎有放弃青少年犯罪概念而采用未成年人犯罪这一所谓严格法律概念的趋势。

〔3〕 例如，(1)《联合国少年司法最低限度标准规则》（北京规则）第 3.3 条规定："还应致力将本规则中体现的原则扩大应用于年纪轻的成年罪犯。"(2) 许多国家法律对于青少年的界定高于 18 岁，如日本《少年法》规定少年上限年龄为 20 岁。俄罗斯《联邦刑法典》(2003 年修订) 第 96 条规定："在特别情况下，考虑到所实施行为的

此，青少年犯罪研究学界将青少年犯罪的上限年龄予以适度提高，其中将上限年龄界定为不满25周岁得到了最为广泛地认可。由此，逐步形成了关于青少年犯罪约定俗成的第一层次概念：青少年犯罪是指年满14周岁不满25周岁的人触犯刑法的行为。其中年满14周岁不满18周岁的人犯罪被称为少年犯罪或者未成年人犯罪，年满18周岁不满25周岁的人犯罪被称为青年犯罪。

这一对青少年犯罪的界定属于狭义的青少年犯罪概念，学界对于青少年犯罪还存在第二层次的界定，即广义的青少年犯罪概念。这种广义体现在两个方面，一是降低"青少年"的下限年龄，二是扩充"犯罪"的外延。不过，就如何降低"青少年"的下限年龄和扩充"犯罪"的外延，学界也有着不同的看法。我们主张将青少年下限年龄扩充到12周岁，犯罪的外延扩充为包括违法与不良行为，其理由如下：

根据《刑法》、《预防未成年人犯罪法》等有关法律法规，对于其行为严重性够不上刑事犯罪但属于"不良行为"的未成年人，可以对他们采取收容教养、工读教育、强制戒毒等行政强制措施。收容教养的少年年龄上限为16周岁，但是关于底线年龄则存在一些争议。1993年，公安部《关于对不满十四岁的少年犯罪人员收容教养问题的通知》明确收容教养的下限年龄可以低于14周岁，但是低到多少岁，则在现有法律法规中没有明确规定。从少年司法实践来看，大都控制在12、13岁。收容劳动教养人员的年龄界限为16周岁以上不满18周岁。[1]工读学校招生对象是12周岁以上到17周岁有严重不良行为和一般不良行为，不适宜在普通学校就读的学生。[2]可见，行政法上的青少年年龄下限大体为12周岁。因此，我们主张以现行法的规定和执法实践为依据，将青少年犯罪一词中"青少年"的下限年龄前伸到12周岁。[3]有的学者主张下限年龄应为6周岁，其主要理由是：适应犯罪向低龄化发展的需要；体现了预防青少年犯罪必须抓紧、抓小的共识；6岁孩子一般正式进入小学。[4]这些观点不无道理，亦为许多学者所采用，但我们认为，对于青少年下限年龄的界定，不能脱离我国立法和少年司法实际。我国少年立法对未成年人年龄下限界定为12周岁，少年司法也只对年满12周岁的未成年人做出反应，因此我们认为将青少年下限年龄界定为12周岁基本上是适宜的。

（接上页）性质及个人身份，法院可以对在年满18岁不满20岁时实施犯罪的人适用本章的规定，但不得将他们安置到未成年人的专门教育机构或医疗教育机构。"德国《少年法院法》设"第三篇未成年青年"，规定未成年青年适用少年刑法规则（第105条）、少年司法程序和组织（第107~109条）、普通刑法对未成年青年从宽适用（第106条）。奥地利《少年法院法》也规定18岁~21岁的年轻成年人可适用少年刑法和少年司法规则。（第46条a）。（3）党和国家一直主张"青少年保护"，并不仅限于未成年人保护。全国青少年维权活动对象范围实际也并不局限于未成年人。共青团员的上限年龄一般为28周岁。（4）中国古代弱冠年龄一般为20周岁，也超过18岁。我国在传统上、民间习惯上以是否结婚、是否参加工作为是否完全成年的标志。实际生活中，22周岁以下的青年一般还在读大学，研究生毕业一般要到25周岁；《婚姻法》规定结婚年龄男最低为22周岁。从生理、心理发育上说，25周岁以下的青年还未完全成熟。（5）2004年9月北京召开的第17届国际刑法大会上，与会各国代表也呼吁将少年刑法规则扩大适用于青年（25岁）。

〔1〕 参见公安部《公安机关办理劳动教养案件规定》（2002年）、司法部《少年教养工作管理办法（试行）》等。

〔2〕 参见国家教委等《关于办好工读学校的几点意见》（1987年6月）。

〔3〕 这与我国台湾地区"少年事件处理法"对于少年的年龄界定正好一致。

〔4〕 参见周振想主编：《青少年犯罪学》，中国青年出版社2004年版，第10~11页。

犯罪这一概念有广义和狭义之称。狭义的犯罪概念，也即犯罪的形式概念，这是从刑法学的角度，严格以刑法规定为标准，把犯罪界定为具有严重社会危害性，并且触犯刑法，应当依照刑法给予刑罚制裁的行为。广义的犯罪概念，也即犯罪的实质概念，是从犯罪学的角度，把犯罪界定为具有社会危害性的行为，这种行为可能是触犯了刑法，需要以刑罚制裁的刑事犯罪行为，也可能仅仅是违反了治安行政法规因而具有一定社会危害性的行为，后者实际上属于治安违法行为，如吸毒、赌博、卖淫、嫖娼等行为，甚至还有可能仅仅是"有犯罪之虞"，因而需要加以预防和抑制的行为。对于青少年犯罪的研究，其主要关注点并不在于犯罪后的定罪与量刑，而在于如何有效的预防与控制青少年犯罪，即更着眼于犯罪前的研究。正因为如此，我们主张在青少年犯罪这一概念中，不仅仅应当将刑法中青少年刑事责任年龄的下限予以适当前伸，犯罪的内涵与外延也应当延伸。此外，我们还主张在青少年犯罪这一概念中，"犯罪"是指广义上的犯罪，它不仅仅包括刑法上的犯罪行为，还包括了青少年的违法行为、不良行为。这样一种广义的界定，与西方国家对于青少年犯罪（Juvenile Delinquency）、少年非行等概念的含义基本上是一致的。

综上所述，对于第二层次的青少年犯罪概念，即广义的青少年犯罪的含义可以概括如下：年满12周岁不满25周岁青少年所实施的触法（包括刑事犯罪、行政违法）行为与不良行为。广义的青少年犯罪概念主要为青少年犯罪学与犯罪学学者所运用，刑法学者则常使用狭义的青少年犯罪概念。基于司法统计严密性的考虑，我国目前官方所公布的青少年犯罪统计数据，亦采用的是狭义的青少年犯罪概念。

二、青少年犯罪的演变与趋势

尽管我国古代缺乏对青少年犯罪的系统研究，但在现有文献中仍有不少关于"恶少"及对他们进行打击的记载，从中可窥见我国古代青少年犯罪的一些状况。据史料记载，青少年犯罪在我国古代也曾经在特定时期成为一种严重的社会现象。古人还根据恶少在某些方面的特征，拟取了不少相关的名目：侠少、恶子，即喜欢弄枪舞棒的少年，如西晋时期的周处在年少之时；浪荡儿、不肖子，即不思进取、日以飞鹰走狗、斗鸡玩虫为娱一流，如北宋名臣寇准少年时期；衙内、花花太岁，即依仗父兄权势为非作歹的官宦公子，如《水浒传》里的高衙内，等等。[1]

在旧中国，青少年犯罪现象也一度呈严重化趋势，并引起了部分有识之士的关注。赵琛在其所著的中国第一部少年犯罪研究专著《少年犯罪之刑事政策》中指出："自第一次世界大战后，继之以世界的经济激变，社会恐慌，失业增多，少年犯罪之范围日见增广，其犯罪之趋势，大略如下：一、少年犯罪，含有狡猾性者居多，强暴者较少。二、少年犯罪，以犯财产罪者居多，尤以窃盗为甚。三、少年犯罪，伤害罪居于财产罪之次位。我国犯罪人数，虽无正确统计，而依司法行政部发表民国二十三年（1934年）度司法统计中'罪名别被告人人数及其犯时年龄表'所载，亦可测知少

---

〔1〕　参见完颜绍元：《中国古代流氓百态》，东方出版社1997年版，第21页。

年犯罪之趋势，与各国大致相同。惟我国犯罪，无论一般犯人与少年犯人，均以鸦片罪居第一位。"[1]

20 世纪 30 年代的中国"外有强敌侵略，内则农村崩溃，国计民生日趋危殆，一般国民惶惶不可终日，而儿童亦多陷于失教失养饥寒流浪之悲境"[2]。伴随着内忧外患、社会动荡的，必然是青少年权益的忽视和青少年犯罪现象的增加。赵琛在《少年犯罪之刑事政策》中披露："全国学龄儿童，约有五千万，其未受教育之儿童，犹有三千万之谱。又依二十三年司法统计，全国在监囚犯有十二万六千八百八十一名，内中少年犯人数，年有增加，二十二年度，犹不过三千三百名，二十三年度之少年犯，已突增至六千一百六十二名。失学儿童与犯罪少年，竟有若是惊人之数字，究应若何补救与防止，诚为当前首要之任务矣。"[3]

新中国成立后，在很长一段时间内青少年犯罪并不为人们所关注。青少年犯罪凸显为一种严重的社会问题，主要开始于"文革"之后。具体而言，新中国成立以来我国青少年犯罪的发展可以分为三个阶段：

第一阶段是从新中国成立到"文化大革命"前。这个时期，我国青少年犯罪不仅数量较少，从比例上看，其在整个刑事犯罪中占的比重也比较低，青少年所实施的犯罪行为的危害性也较轻微。根据公安部提供的资料，1950 年至 1959 年的 10 年间，全国刑事犯罪发案年平均为全国总人口的（港澳台地区除外）的 5‰，青少年罪犯约占整个刑事犯罪成员总数的 20% 左右，[4] 未成年人所占比重更低。例如重庆市对 1951 年和 1952 年间 21 个月捉获的 40 408 名刑事案件作案成员统计发现，青少年有 11 339 名，占 28%，未成年人更少，仅 2377 名，占 5.9%。[5]

1960 年至 1965 年的六年间，我国刑事犯罪发案率年均为全国人口总数的 4‰（港澳台地区除外），较新中国成立前 10 年有所下降，但是青少年犯罪约占整个刑事犯罪作案成员总数的 30% 左右，较新中国成立前 10 年有所上升。[6] 总的看来，这六年间的青少年犯罪行为较轻，青少年犯罪也并没有被视为一个严重的社会问题。但是，有的地方在 20 世纪 50 年代末至 60 年代前期，青少年犯罪（包括未成年人犯罪）严重化的趋势已经开始显现。例如，重庆市从 1957 年到 1965 年，青少年作案成员的比例年均为 65% 左右，其中未成年人年均占到 20% 左右。据立案最多的 1962 年统计，青少年作案人数为 5146 名，占刑事案件作案总人数 6682 名的 77%。其中未成年人 1853 名，占 27.7%。[7] 与 20 世纪 50 年代中期、前期相比，尽管绝对数下降了，但是所占比重却上升了。

---

[1] 何勤华、姚建龙编：《赵琛法学论著选》，中国政法大学出版社 2006 年版，第 195 页。

[2] 赵琛：《少年犯罪之刑事政策》，商务印书馆 1939 年版，弁言第 1 页。

[3] 赵琛：《少年犯罪之刑事政策》，商务印书馆 1939 年版，弁言第 1 页。

[4] 康树华：《当代中国犯罪主体》，群众出版社 2005 年版，第 16 页。

[5] 重庆市青少年犯罪研究会编：《救救孩子——重庆市青少年犯罪问题研究》（内部发行），2002 年版，第 6 页。

[6] 康树华：《当代中国犯罪主体》，群众出版社 2005 年版，第 16 页。

[7] 重庆市青少年犯罪研究会编：《救救孩子——重庆市青少年犯罪问题研究》（内部发行），2002 年版，第 8 页。

　　第二阶段是 1966 年至 1976 年的十年"文革"期间。由于社会动乱，犯罪控制机制严重弱化，青少年更是被推向了各项政治运动的前沿。在这样的背景下，青少年犯罪数量和比重都大幅度上升，犯罪性质也越来越恶劣。1966 年到 1976 期间，根据当时的不完全统计，全国刑事犯罪发案年均占总人口的 4‰，犯罪青少年人数由于没有确切的统计数字，仅从一些地区的典型调查来看，约占整个刑事犯罪作案成员总数的 60% 左右，与 20 世纪 60 年代前 5 年相比，有了明显的上升。[1] 青少年犯罪的主要类型集中在侵犯人身案件、财产案件上，性犯罪案件也日益增多。从部分地区的调查统计数字来看，青少年犯罪已经极为严重。例如，"文革"时期重庆市青少年犯罪数量剧增，其比例年均占刑事作案成员总人数的 75% 左右，部分郊区已达 80%。据重庆市沙坪坝区 1975 年统计，当年青少年犯罪比例高达 93.4%，在重大案件中的比例占到 70.1%。[2] 从全国情况来看，青少年犯罪问题在这一时期已经演变成为影响社会治安的一个严重因素，只是由于当时整个社会处于动荡之中，青少年犯罪被诸多矛盾所掩盖，并没有激烈的显露出来，也没有受到应有的重视。

　　第三阶段是"文革"后至今。1976 年 10 月"四人帮"粉碎后，我国各项工作出现了新局面。但是，十年浩劫所积累的各种社会矛盾非常多，在国家进入相对稳定时期后，许多被掩盖的矛盾开始集中暴露出来。十年动乱给国家政治、经济和整个社会所造成的灾难不可能在短期内消除，与整个刑事犯罪在十年动乱后没有下降反而上升一样，青少年犯罪也出现了持续上升的趋势。1978、1979 和 1980 年，青少年犯罪达到新中国成立以来的最高峰，犯罪青少年占整个刑事犯罪作案成员总数的百分比，大中城市为 70%～80%，农村约为 60%～70%。[3] 青少年犯罪已经演变成为一个危害社会治安的严重社会问题。随着"文革"结束后痛定思痛的开始，青少年犯罪现象很快成为社会各界所关注的热点。1979 年 8 月，党中央转发了《关于提醒全党重视青少年违法犯罪问题的报告》，社会各界开始高度关注青少年犯罪问题。经过 20 多年的努力，我国青少年犯罪得到一定控制，总的说来属于稳中有降，但还很严重，在一定时期、一定地区还有所回升和恶化。有的学者的研究还表明，自 1987 年以来我国又出现了新的青少年犯罪高峰期，而且这次新的青少年犯罪高峰期还未出现消退的局面。[4] 而未成年人犯罪还呈现出在青少年犯罪中所占比重几乎逐年上升的趋势。

　　我国现阶段青少年犯罪的状况与发展趋势，可以概括为以下几个方面的特征：

　　1. 青少年犯罪的总体状况

　　从统计数字来看，当前我国青少年犯罪的总体特征呈现出以下鲜明特点：

　　其一，青少年犯罪在整个刑事犯罪中的比重呈下降之势，但是未成年人犯罪却在青少年犯罪中的比重呈现逐年上升之势。参见表 1-1：

---

〔1〕　康树华：《当代中国犯罪主体》，群众出版社 2005 年版，第 16 页。

〔2〕　重庆市青少年犯罪研究会编：《救救孩子——重庆市青少年犯罪问题研究》（内部发行），2002 年版，第 9 页。

〔3〕　康树华：《当代中国犯罪主体》，群众出版社 2005 年版，第 16 页。

〔4〕　参见康树华主编：《犯罪学通论》，北京大学出版社 1996 年版，第 207 页。

表 1-1 1990~2013 年全国法院审理青少年犯罪案件情况

年份	刑事罪犯总数	14岁至18岁（不含18岁）	18岁至25岁	青少年罪犯总数	青少年占刑事罪犯（%）	未成年人占青少年罪犯（%）	未成年人占刑事罪犯（%）
1990	580 272	42 033	290 495	332 528	57.31	12.64	7.24
1991	507 238	33 392	234 814	268 206	52.82	12.45	6.58
1992	492 817	33 399	216 863	250 262	50.78	13.35	6.77
1993	449 920	32 408	195 903	228 311	50.74	14.19	7.20
1994	543 276	35 832	211 559	247 391	45.54	14.48	7.04
1995	542 282	38 388	229 454	267 842	49.12	14.33	6.59
1996	665 556	40 220	229 529	269 749	40.53	14.91	6.04
1997	526 312	304 46	168 766	199 212	37.85	15.28	5.78
1998	528 301	33 612	174 464	208 076	39.39	16.15	6.36
1999	602 380	40 014	181 139	221 153	36.71	18.09	6.64
2000	639 814	41 709	179 272	22 0981	34.54	18.87	6.65
2001	746 328	49 883	203 582	253 465	33.96	19.68	6.68
2002	701 858	50 030	167 879	217 909	31.05	22.96	7.88
2003	742 261	58 870	172 845	231 715	31.22	25.41	7.93
2004	764 441	70 086	178 984	249 070	32.58	28.14	9.15
2005	842 545	82 692	203 249	285 941	33.9	28.92	9.81
2006	889 042	83 697	219 934	303 631	34.15	27.57	9.41
2007	931 745	87 506	228 792	316 298	33.9	27.67	9.39
2008	1 007 304	88 891	233 170	322 061	32.0	27.60	9.82
2009	997 872	77 604	224 419	302 023	30.2	25.69	7.78
2010	1 006 420	68 193	219 785	287 978	28.59	23.68	6.78
2011	1 050 747	67 280	215 149	282 429	26.88	23.82	6.40
2012	1 173 406	63 780	219 208	282 990	24.12	22.54	5.44
2013	1 157 784	55 817	209 622	265 439	22.93	21.03	4.82

其二，未成年人犯罪绝对数逐年上升。从安徽省公安厅的统计数据来看，1981 年至 1990 年的 10 年间，未成年人犯罪数为 33 889 人，年均每年 3388 余人；1991 年至 2000 年 10 年间，未成年人犯罪数为 31 706 人，平均每年 3170 余人；2000 年至 2003 年 4 年

间，未成年人犯罪数达 200 094 人，年均每年 5000 余人，未成年人犯罪的绝对数增长很快。[1] 从全国统计数字来看，未成年人犯罪的绝对人数亦呈现上升之势。参见表 1-2。

其三，少年罪犯占总罪犯的百分率在波动中趋向上升，少年犯罪率总体上也呈现上升之势。请参见表 1-2：

表 1-2　1990-2013 年全国少年犯罪状况统计表

年份	判处罪犯总数（人）	判处少年罪犯总数（人）	14-17 周岁人口总数（万人）	少年罪犯占总罪犯百分率（%）	少年犯罪率（单位:‰）
1990	580 272	42 033	9034.4	7.24	4.65
1991	507 238	33 392	7927.9	6.58	4.21
1992	492 817	33 399	7688.2	6.77	4.34
1993	449 920	32 408	7625.9	7.20	4.25
1994	545 282	38 388	7422.4	7.04	5.17
1995	543 276	35 832	7734.5	6.59	4.63
1996	665 556	40 220	8658.5	6.04	4.64
1997	526 312	30 446	7562.8	5.78	4.02
1998	528 301	33 612	7946.4	6.36	4.24
1999	602 380	40 014	7825.1	6.64	4.97
2000	639 814	41 709	8399.7	6.65	5.14
2001	746 328	49 883	8434.4	6.68	6.11
2002	747 096	58 870	9386.6	7.88	5.93
2003	742 261	58 870	9806.10	7.93	0.60
2004	764 586	70 144	1 0005.10	9.17	0.70
2005	839 555	82 721	1 2454.58	9.85	0.66
2006	889 042	83 697	8599.00	9.41	0.97
2007	931 739	87 525	7897.40	9.39	1.11
2008	1 007 304	88 891	6916.20	8.82	1.29
2009	996 666	77 664	6388.80	7.79	1.22
2010	1 006 420	68 193	7348.42	6.78	0.93
2011	1 050 747	67 280	5891.50	6.40	1.14
2012	1 173 406	63 782	5704.10	5.44	1.12
2013	1 157 784	55 817	–	4.82	–

[1] 安徽省人大常委会法制工作委员会：《关于〈安徽省预防未成年人犯罪条例〉（草案）的说明》。

2. 青少年犯罪的主体特征

从青少年犯罪的主体分析来看，具有以下特点：

其一，15 岁至 16 岁是青少年犯罪高峰年龄段。在对全国 10 个省市 2752 名未成年犯的调查中，14 岁的 295 名，15 岁的 653 名，16 岁的 887 名，占近 37%。从 14 岁到 18 岁的犯罪年龄曲线来看，第一个犯罪年龄高峰是 15 岁，第二个犯罪年龄高峰是 16 岁，比第一个犯罪年龄高峰高出 5.8 个百分点，犯罪人数骤增。[1]

其二，少女犯罪日益突出。苏联犯罪学家巴格丹偌娃曾言，"女性特别是未成年少女的犯罪率，从一定程度上讲，是衡量全社会道德水平的标志。"[2]在 20 世纪五六十年代，女性犯罪在刑事犯罪中的比例大约为 1%～3%；70 年代为 5%～7%；80 年代初上升到 9%～10%；80 年代中期以来达到 12% 左右。据估算，目前我国女青少年犯罪约占整个刑事犯罪的 15% 左右。近些年来，在青少年犯罪中，少女犯罪的日益严重格外引人注目。少女犯罪除了数量和比例的上升外，还呈现出以下几个特征：一是男性化，一些少女开始涉足过去由男性"一统天下"的某些违法犯罪；二是善于利用其"性角色"作案，因此作案的成功率大大提高而且社会危害性明显加剧；三是从单独作案向团伙作案发展，即使在男女混杂的团伙内，女性也发挥着特殊的作用；四是具有较明显的自甘堕落性和腐蚀性。[3]少女犯罪的增加以及其"质量"的提高，是我国青少年犯罪严重化的重要标志。

3. 青少年犯罪的类型特征

青少年犯罪的类型主要集中在财产型犯罪、暴力型犯罪、性犯罪三大类型犯罪，但青少年吸毒格外引人注目，网络犯罪等新类型犯罪也不断出现。根据有关资料统计，在当前青少年犯罪中，抢劫犯罪已经超过传统的盗窃犯罪跃居第一位，占 46.3%；第二类是抢夺犯罪占 23.5%；第三大类犯罪是盗窃，占 6.6%；第四位是强奸犯罪，占 4.8%。

近几年来，青少年吸毒、贩毒等毒品类型违法犯罪日益突出。以吸毒为例，目前的吸毒群体中绝大多数是青少年。抽样调查资料显示，90% 的吸毒者年龄在 30 岁以下，平均年龄为 23 岁～25 岁。另据统计，我国目前在册的吸毒者中 25 岁以下的占了 60% 以上。1999 年对重庆市某地区的调查结果显示，因各种原因而吸毒的中学生达 50 余人，年龄均在 14 岁～16 岁，竟占到该地区学生总数（包括高中部）的 1.7%。当前，青少年吸毒呈现出年龄越来越低、文化程度越来越低、吸食毒品的种类日益多样且毒性越来越强、造成的社会危害性越来越大等特点。[4]今后青少年毒品类型违法犯罪将会显得更为突出。随着现代科技的发展，一些新类型犯罪层出不穷。近些年来，青少年网络犯罪较为突出，利用网络实施诈骗、强奸、抢劫等犯罪的现象以及因网吧引起的犯罪日益突出。

---

〔1〕 田雨："15 岁至 16 岁是未成年人犯罪高峰年龄段"，载《时代报》2004 年 5 月 28 日。

〔2〕 "关于未成年的违法活动的犯罪特征"，载西北政法学院科研处编印：《青少年犯罪研究资料选辑》（第 2 辑），西北政法学院科研处 1981 年版，第 65 页。

〔3〕 参见肖建国、姚建龙：《女性性犯罪与性受害》，华东理工大学出版社 2002 年版，第 29～33 页。

〔4〕 姚建龙："关于我国现行戒毒体系的反思"，载《中国青年研究》2002 年第 1 期。

4. 青少年犯罪的形态特征

青少年犯罪的主要形式（形态）呈现团伙化的趋势，甚至有向黑社会性质犯罪过渡的态势。20 世纪七八十年代，我国青少年犯罪的形态开始改变单独作案的传统形式，转向以团伙的形式实施犯罪。1987 年严打斗争中，全国共摧毁各种流氓团伙 20 万个，查获和处理团伙成员数十万人。每次严打斗争，青少年团伙犯罪都有所遏制，但是近几年来青少年团伙犯罪又日趋增多。据有关部门统计，在青少年犯罪案件中，约有 60% ~ 70% 属于团伙犯罪。[1] 团伙犯罪是有组织犯罪的初级形态，黑社会犯罪则是有组织犯罪的高级形态。近些年来，青少年团伙犯罪有向黑社会性质犯罪转变的趋势，全国各地都破获了不少已经带有黑社会性质的青少年犯罪团伙。黑社会性质犯罪无论是在危害社会的广度上还是深度上，都是团伙犯罪所无法比拟的。从团伙犯罪向黑社会性质犯罪过渡的态势，反映出青少年犯罪的日趋严重性。

5. 青少年犯罪的手段特征

在犯罪手段上呈现成人化特点，因此其恶性程度日益严重。从生理学、心理学角度来看，青少年身心发育尚未完全成熟。但是，近些年来青少年犯罪的手段日趋成人化，很难看出本应与其年龄相适应的不成熟痕迹。青少年作案与成人作案一样，明显地由简单向复杂，由单一型向多元型，由体力型向智能型，由低层次向高层次发展。我们已经很难从作案手段上区分是成人犯罪还是青少年犯罪。

伴随着犯罪手段的成人化，青少年犯罪的恶性程度也日趋提高，一些骇人听闻的恶性案件，如杀父弑母案件，杀人碎尸案件，公然强奸、轮奸案件等时有发生。例如，2001 年在某地曾发生一起弑母案中，年仅 19 岁的刘某因琐事与母亲发生矛盾遂怀恨在心。翌日清晨，趁其母熟睡之机，持刀向其母颈部、背部等处猛捅二十余刀，致其双肺刺破，失血性休克死亡。再如南宁市一名 17 岁的高一男生，因带女同学回家过夜后被母亲责骂，遂将自己的亲生父母——一对高级知识分子杀死在家里。更令人寒心的是这个 17 岁的孩子事后的一系列"表演"。有人评价"这简直让人发毛，就像好莱坞电影里的冷面杀手一样"。

近几年发生的多起震惊全国的青少年恶性犯罪案件，引起了社会各界对青少年犯罪问题的广泛关注。从全国以及各地方司法统计来看，尽管青少年犯罪的总量变化不大，但是其中的少年犯罪持续呈现出严重化的趋势。例如，2005 年最高人民法院工作报告披露，2004 年全国法院审判未成年人犯罪，判处未成年人罪犯 70 086 人，较 2003 年上升 19.1%。北京、上海等地法院判决少年犯罪人数均连续两位数增长。这样一种少年犯罪严重化的趋势，仍将会成为青少年犯罪演变的重要特点。就青少年犯罪的主体、类型、形态、手段等而言，也仍将延续前述特征与发展趋势。

三、青少年犯罪问题的归因

从西方犯罪学发展史来看，有一个有趣现象十分引人注目，那就是极为重视少年犯

---

[1]　康树华：《当代中国犯罪主体》，群众出版社 2005 年版，第 26 页。

罪问题的研究。西方犯罪学中的许多著名理论流派都是以青少年犯罪为研究对象而发端和壮大的。究其缘由，似可归结为以下两点：其一，青少年犯罪是成年人犯罪的前奏，成年人犯罪大都能发现其少年时代不良行为的印记。因此，传统犯罪学家大都把少年犯罪研究作为犯罪原因研究的基础，据以形成各种犯罪学理论。其二，青少年作为人类社会的一个特殊群体，大处着眼，代表着人类社会的希望和未来，其健康成长对于国家、民族乃至人类社会至关重要；小处着眼，其健康成长对于一个家庭的幸福、社会的稳定至关重要。从以上两方面分析，少年犯罪问题理所当然地应当成为成人社会所关注的焦点，也理所当然地应当成为"成人犯罪学家"的研究焦点。因此，"无论就犯罪学理论研究，或犯罪预防与抗制及治疗之观点，少年犯罪之研究是研究犯罪行为之最重要发展基础，其重要性与价值性均属最高"[1]，实在是至理名言。

（一）西方国家关于青少年犯罪原因的主要理论

狭义的犯罪学即犯罪原因学，国外关于犯罪原因的研究十分活跃，形成了诸多流派，大体上可概括成三大流派，即生物学理论、心理学理论和社会学理论。其中关于青少年犯罪原因的理论研究很丰富，我们不妨简述如下：

1. 青少年犯罪生物学理论

犯罪生物学流派主张从纯生物学的角度研究少年犯罪的原因，其历史渊源可追溯久远，但一般认为它作为犯罪学的重要流派主要始于18世纪。在研究方法上注重实证性研究，是犯罪生物学流派的重要特点，在研究结论上则以"深刻的片面性"[2]为其特色。此流派中关于少年犯罪原因研究的观点，著名的主要有以下几种：

（1）"遗传说"。遗传说的早期著名学者当推龙勃罗梭。龙勃罗梭是意大利医生、犯罪学家，被誉为"犯罪学之父"。他将达尔文的进化论引入犯罪学研究，主张许多犯罪人是"天生的"犯罪人，这些犯罪人具有天生的、独特的生理缺陷特征，这些生理缺陷特征是隔代遗传、返祖的表现，这些表现决定了其必然要从事犯罪行为。尽管龙勃罗梭的观点引起广泛而持久的争议，但之后对遗传与犯罪关系的研究仍然取得了长足的发展，著名的有家庭史研究、双生子研究、染色体研究等等，尽管研究角度不同，但都试图论证遗传与犯罪的关系。需要指出的一点是，尽管"遗传说"主张遗传是犯罪的重要原因甚至唯一原因，但是在运用到少年犯罪领域用以解释少年犯罪原因时，许多主张遗传说的学者仍然十分重视环境对少年犯罪的影响。例如龙勃罗梭以主张天生犯罪人论而闻名天下，但是在少年犯罪原因理论上，也十分强调环境对少年犯罪的影响。龙勃罗梭指出"遗传因素不可能与教育因素相互脱节"，"不良教育所造成的影响肯定比遗传更致命。当罪恶在孩子们面前呈现出玫瑰色，甚至通过权力灌输下来，并且由亲属或师长身体力行时，那么，这些不幸的孩子们怎么予以抵御呢?"[3]古今中外持这一认识的人不在少数，从我国古代《三字经》开篇的"人之初，性本善；性相近，习相远"和"孟

〔1〕 引自我国台湾地区警察大学犯罪防治学系"少年犯罪研究室"简介，载 http://163.25.6.227/prevention/f7.htm.
〔2〕 陈兴良：《刑法的启蒙》，法律出版社1998年版，第259页。
〔3〕 参见［意］龙勃罗梭：《犯罪人论》，黄风译，中国法制出版社2000年版，第248页。

母三迁"故事，到民国时代著名学者王觐所言"习惯犯罪人，生来本属良善，不有犯罪的倾向，身体上亦不有特质的组织，因其幼时不曾受过父母之监督及学校教育，所以日就恶化，丧失其善性，是此类犯人之为恶，亦非由于自由意志所致"[1]，不难管窥一斑。

（2）"体型说"。犯罪生物学流派的另一发展，是从身体类型角度探讨犯罪的原因。例如，德国学者雪尔顿（Sheldon）在1949年出版的名为《各种不同的少年犯》一书中，描述了二百个少年犯的生活和经历，指出行为乃是身体结构功能的表现，认为身体结构与人格之间有直接关系。1959年，雪尔顿（Sheldon）与葛鲁克（Clueck）指出，身体结构在使少年陷入犯罪行为过程中扮演极其重要的角色。二人一致认为，身体特征的异常与少年犯罪具有相关性，不同的身体特征对环境的影响有不同的反应，身体特征及对环境反应的差异，均是促成少年犯罪的重要因素。雪尔顿还曾经在德国学者克莱兹穆体型分类理论的基础上，进一步研究了体型与少年犯罪的相关性。认为某些少年具有"斗士型"（克莱兹穆称为"运动型"）的身体结构与性情，如果再加上某些特殊社会因素的影响，容易导致少年犯罪。美国犯罪学家葛鲁克夫妇，曾经用雪尔顿的身体类型来说明身体结构类型与少年犯罪的相关性。他们于1956年，曾经把500名少年犯和相同环境、相同年龄的500名普通少年进行比较研究，结果支持雪尔顿的理论，发现少年犯样本中有60.1%属于"斗士型"体型。[2]

（3）"生物化学因素说"。当代西方犯罪生物学家认为，人体摄取的化学物质和矿物质、血糖过高或过低、荷尔蒙激素、过敏反应和环境污染等生物化学因素，也无不与犯罪有关。例如，希普臣（Hippchen）研究认为，缺乏维生素B3，容易造成少年过度活跃，进而有抽烟、喝酒、逃学、离家出走、破坏公物、打架等偏差行为。[3]

（4）"神经生理因素说"。神经生理因素说认为，神经生理因素失调，如小脑功能失调、脑电图异常等，可能导致脑机能不平衡，造成生物化学方面的异常、情绪失控和性格剧变，从而引发暴力行为。脑部功能失调将妨碍正常人的认识发展与社会化，可能导致与部分犯罪行为的发生有关系。例如，威廉斯（D. Williams）将335个暴力少年犯分为惯犯和初犯两组，进行脑电图测试后发现，65%的惯犯脑电图异常，初犯组中脑电图异常的占57%。[4]

2. 青少年犯罪心理学理论

与青少年犯罪生物学和社会学理论不同，青少年犯罪心理学理论关注的是个体犯罪动机的决定因素，强调个体、心理功能和青少年犯罪行为之间的关系。[5]按照吴宗宪的观点，青少年犯罪心理学理论主要包括精神分析理论、精神病学理论、正常个性心理学理论、社会心理学理论等。

---

〔1〕　王觐：《中华刑法论·附编》，中华书局1936年版，第120页。

〔2〕　蔡德辉、杨士隆：《少年犯罪：理论与实务》，五南图书出版公司2001年版，第29~30页。

〔3〕　罗大华主编：《犯罪心理学》，中国政法大学出版社2003年版，第66页。

〔4〕　罗大华主编：《犯罪心理学》，中国政法大学出版社2003年版，第67页。

〔5〕　See Clifford E. Simonsen and Marshall S. Gordon Ⅲ，*Juvenile Justice in America*，Macmillan Publishing，1982，p. 66.

精神分析理论侧重于对犯罪心理进行深层的心理分析，以奥地利精神分析学家弗洛伊德的学说为代表。我国台湾学者蔡德辉、杨士隆将弗洛伊德关于青少年犯罪原因的主要观点概括为以下三点：一是"超我"之功能不张，即个人无法以道德良心、规范对"本我"之欲求加以约束，即可能犯罪。二是幼儿成长时期未满足之需要，如在口腔期未能满足（如早期断乳），很可能以酗酒或抽烟代之；如在肛门期大小便训练不当，可能影响个人之偏执个性。三是减轻罪疚感，例如对父母有不正常之恋父、恋母情结，产生罪疚感，为减轻罪疚感，可能以接受惩罚（如犯罪）之方式为之。[1] 继弗洛伊德之后，又有很多学者运用精神分析学的观点解释少年犯罪问题。代表性的有奥地利精神病学家阿尔弗雷德·阿德勒（Alfred Adler，1870~1937），他认为导致犯罪的心理原因是由身体缺陷、低劣的社会经济条件和错误的教育三大主要因素所引起的深刻自卑感或自卑情节。个体为了克服自卑感就会采取补偿行为，但在现实生活中，这种超越常规的、过度的补偿行为，往往触犯社会禁忌，不符合社会规范，乃至构成犯罪。

瑞士精神病学家、著名少年犯罪研究学者奥古斯特·艾希霍恩（Augest Aichhorn，1878~1949），被霍尔·威廉斯称为"可能是第一个全面地运用精神分析学观点探讨少年犯罪问题的人"。奥古斯特·艾希霍恩发展了"潜伏性少年犯罪"（latent delinquency）的概念，认为少年犯罪主要是由于缺乏爱、缺乏认同，没有形成正常的"超我"或"自我"理想引起的。美国精神病学家、少年犯罪研究的著名先驱者威廉·希利（William Healy，1869~1963）通过对1000名少年罪犯的研究，发现癫痫与少年犯罪关系密切，少年犯罪人中的癫痫是一般人口的35倍多。希利和其合作者的其他研究，还得出了精神障碍是导致少年犯罪的主要原因之一的结论。美国精神病分析学家、犯罪心理学家弗兰茨·加布里·亚历山大（Franz Gabriel Alexander，1891~1964），在其与胡戈·施陶布合著的《罪犯、法官与公众》一书中发展了对犯罪的精神分析学理论，指出从心理动力上来讲，所有的人都是生来犯罪人，在4岁~6岁期间，犯罪人开始与正常人有所区别。从这个时期开始到青春期结束，未来的正常人把犯罪的本能驱动转化为社会可以接受的形式表现出来，而未来的犯罪人却没有完成这种心理调整。亚历山大和施陶布认为，恋母情结是导致犯罪的一种基本的心理动力，一个压抑了对父亲的敌意的青年人，会在其他方面间接地发泄其攻击性，这就是许多青少年进行暴力行为的原因。此外，他们还指出第一次反抗行为或犯罪，是在童年早期实施的，它是个人正义感的一种重要决定因素。英国女精神分析学家凯特·弗里德兰德（Kate Friedlander）把少年犯罪的原因分为主要原因和次要原因，前者是指起因于男性生殖器崇拜阶段的（3岁~5岁）不恰当亲子关系导致的情绪性因素，这种情绪性因素使儿童形成反社会性格，反社会性格与少年犯罪密切相关；后者是指那些从7岁开始（在潜伏期和青春期）对儿童产生影响的环境因素。此外，精神分析理论关于少年犯罪原因的研究还有英国学者约翰·鲍比尔（John Bowlby，1907~）关于母爱剥夺与少年犯罪关系的重要见解等。[2]

---

〔1〕 蔡德辉、杨士隆：《少年犯罪：理论与实务》，五南图书出版公司2001年版，第56页。
〔2〕 吴宗宪：《西方犯罪学》，法律出版社1999年版，第321~363页。

　　相对于精神分析理论而言，精神病学理论侧重于用精神病学的观点解释犯罪行为，其关于少年犯罪原因的研究主要集中在人格障碍与犯罪的关系，以及其他精神疾病与犯罪的关系问题等方面。许多精神病学学者研究认为，少年犯罪人的人格往往是不成熟的、逃避现实或者具备社会病态（Sociopaths）或心理病态（Psychopaths）等病态性人格症状。例如格鲁克夫妇（Glueck and Guleck）对 500 名正常少年和 500 名犯罪少年加以比较研究后，发现犯罪少年大都比较外向、邪恶、冲动，更具敌意、怨恨、猜疑心、破坏性。具有精神病态人格，是导致少年犯罪行为发生的重要原因。促成心理病态人格形成的因素较为复杂，学者 Rathus 认为大致与父母具有心理病态人格、缺乏关爱、幼儿时期遭受父母拒绝、父母管教方式等因素有关，特别是子女在幼儿时期因为父母离婚或家庭破碎而无法与父母形成亲密的关系，是病态人格形成的重要因素。[1]

　　正常个性心理学理论侧重于用精神正常的个体的心理发展及其特征作为参照来解释犯罪行为，主要包括以下理论。①发展理论。发展理论是指用人的心理与社会方面的个性发展成熟程度的差别，来解释犯罪行为产生原因的理论学说。其基本观点认为，个人之所以犯罪，是由于在其心理与社会方面的个性发展没有达到成熟的缘故，犯罪人的发展程度和成熟水平低于非犯罪人。例如，道德发展理论研究学者福德（E. M. Fodor）、科尔伯格（Lawrence Kohlberg）、弗罗因德利希（D. Freundlich）等通过对少年犯罪人和非少年犯罪人的比较研究发现，少年犯罪人的道德发展水平明显要低。"人际成熟水平理论"研究学者研究认为，少年犯罪之所以产生，是由人际关系方面的成熟水平低造成的。"人格成熟理论"则认为，少年犯罪是由于不成熟的人格引起的，具有不成熟的人格的人容易进行危害社会的犯罪行为。②"挫折－攻击"理论。"挫折－攻击"理论的基本观点认为，挫折容易引起攻击欲望和攻击行为，从而会导致大量犯罪，特别是暴力犯罪行为的产生。③特拉斯勒的学习理论。此理论由英国心理学家戈登·特拉斯勒（Gordon Trasler）在其《对犯罪性的解释》（1962）一书中所提出，其基本观点认为犯罪行为是通过条件反射作用学会的，幼年时期不恰当的教养活动，往往使个人形成不正确的条件反射联系，使个人为了追求快乐和避免痛苦而进行犯罪行为。④日常活动理论。该理论的基本观点认为，犯罪行为的发生与日常生活中某些因素密切相关，人们的一些日常生活方式往往有利于犯罪行为的发生。例如，戴维·赖利（David Riley）的研究发现，有很多时间待在家中的少年，比那些经常在公共场所与朋友相处的青少年更不容易成为少年犯罪人。[2]

　　社会心理学理论侧重于从个人与社会的联系和相互作用原理解释犯罪行为，主要有以下分支学说：①萨瑟兰的不同交往理论。按照 1947 年萨瑟兰在《犯罪学原理》（第 4 版）的阐述，不同交往理论包括 9 个命题：犯罪行为是习得的；犯罪行为是在交往过程中通过与他人的相互作用而习得的；对犯罪行为学习的主要部分发生在亲密人的群体中；犯罪行为的学习主要包括两项内容：一是犯罪的技术，二是动机、内趋力、合理化和态度的特定方向；动机和内趋力的特定方向是从赞许的或不赞许的法典解释中习得

---

〔1〕　蔡德辉、杨士隆：《少年犯罪：理论与实务》，五南图书出版公司 2001 年版，第 58～60 页。
〔2〕　吴宗宪：《西方犯罪学》，法律出版社 1999 年版，第 375～400 页。

的；一个人之所以变成违法者，是因为赞许破坏法典的解释超过了不赞许破坏法典的解释；不同交往可能在出现频率、持续时间、优先性与强度方面有所不同，这意味着与犯罪行为和非犯罪行为的交往在这些方面是不同的；通过与犯罪的或非犯罪的榜样的交往来学习犯罪行为的过程，包含了在其他学习中所有的全部机制，这意味着对犯罪行为的学习并不限于模仿过程；尽管犯罪行为是一般需要和价值的表现，但却不能用那些一般需要和价值来解释，因为非犯罪的行为也是同样的需要和价值的表现。②中和理论。中和理论由美国社会学家戴维·马茨阿（David Matza）和雷沙姆·赛克斯（Gresham M. Sykes）发展起来，该理论认为，少年经常利用一些技巧、口号等将自己的非法行为合理化，以便他们能够进行违法犯罪行为。根据这一理论，由于少年犯罪人并不否定或拒绝传统的社会价值观，因此随着年龄的增长，他们会逐渐放弃越轨行为，从事正常的工作和生活。在中和理论基础上，马茨阿还发展出了"漂移理论"，认为大多数少年犯罪人是一些漂移者（drifters），他们既有可能进行犯罪行为，也有可能进行守法行为，即在犯罪行为和守法行为之间漂移，他们究竟实施哪种行为，这要取决于行为当时的情境和他们自己的心理和情感。③社会学习理论。该理论主要由美国心理学家班杜都拉（Albert Bandura）发展起来，其主要观点认为，个人的犯罪行为是在社会生活中通过实施或观察犯罪行为而学习获得的，人们是否进行犯罪行为，深受社会环境中的有关因素的制约。[1]

3. 青少年犯罪社会学理论

青少年犯罪生物学理论和心理学理论侧重于青少年个人原因的研究，而社会学理论则侧重于从社会环境角度来解释青少年犯罪。现代社会学理论研究非常丰富，现根据吴宗宪的研究，对青少年犯罪现代社会学理论概述如下：[2]

芝加哥学派"少年犯罪区"和少年犯罪人"生活史"研究美国学者克利福德·肖（Clifford R. Shaw, 1896 ~ 1957）和亨利·麦凯（Henry Donald McKay, 1899 ~ 1980）对"少年犯罪区"深入研究后认为，少年犯罪与少年犯罪人发育期所处的社会条件有关，而不是与他们父母的生物学特征有关；少年犯罪率最高的地方位于重工业区或商业区或与其毗邻的区域，经济状况最差的地区，少年犯罪率最高，少年犯罪率最高的区域一直与国外出生的父母和黑人家长的高度集中有关。肖和麦凯还试图通过对生活史的研究，找出少年犯罪人走上犯罪道路的原因，其研究认为少年犯罪人在智力、身体条件、人格特质等方面均与传统社会中的大部分没有什么区别；在少年犯罪区，对儿童的控制机制被大大瓦解；区域中有许多进行少年犯罪活动的机会；在这些区域的少年犯罪活动，最初是作为街道游戏活动的组成部分开始的；在这些游戏活动中，特定邻里内的年长成员和年幼少年之间存在着一种传统的连续性，正式社会控制的通常方法，并不能阻止这种过程；只是在少年犯罪生涯的后期，个人才开始参与到犯罪社会，身体力行那些在他接触的犯罪群体中流行的生活哲学和道德价值。肖认为，少年犯罪和其他社会问题一样，与城市发展中的"侵入、统治和接替过程"密切相关。

---

[1] 吴宗宪：《西方犯罪学》，法律出版社1999年版，第403 ~ 405、414 ~ 421、422页。

[2] 参见吴宗宪：《西方犯罪学》，法律出版社1999年版，第八、九章。

紧张理论。紧张理论认为，人是道德的动物，生来就有遵从社会规则的愿望——合法愿望。因此，当人民被迫进行违反这种愿望的越轨行为时，就会体验到很大的压力或紧张，这种压力或紧张是由个人的合法愿望所引起的；越轨和犯罪行为是违背个人合法愿望、实现个人价值观和目标的行为。紧张理论的代表人物是默顿（Robert K. Merton）。

文化越轨理论。该理论认为，越轨和犯罪行为是人们遵从与传统社会或更有权力的社会所承认的价值观和标准不同的另一类价值观和标准的结果。例如，美国犯罪学家艾伯特·科恩（Albert K. Cohen）认为，下层阶级青少年的少年犯罪行为，是对美国中产阶级主流文化中的规范和价值观的一种反抗。

控制理论。西方犯罪学中的控制理论，是指用社会控制的强弱来解释犯罪行为产生原因的一组理论。该理论认为，人们进行越轨和犯罪行为是自然而然的事情，人们之所以不犯罪是由于进行控制的结果，或者说是个人与社会的联系牢固的结果。当个人与社会秩序的联系破裂时，个人就会实施犯罪行为。少年犯罪控制理论的典型代表是美国犯罪学家赫希（Travis Hirschi, 1935 ~ ），赫希认为少年犯罪是个人与传统社会的联系薄弱或破裂的结果。

标签理论。标签理论是一组试图说明人们在初次的越轨或犯罪后，为什么继续进行越轨或犯罪行为，从而形成犯罪生涯的理论观点。该理论把研究的重点从犯罪人转向对犯罪人及其犯罪行为产生重要影响作用的重要他人（significant others），转向控制犯罪的机构在促成犯罪方面的作用。标签理论的理论基础，是社会学中的形象互动理论，其关于少年犯罪原因的主要观点认为，任何行为从固有性质来看都不是犯罪，作为控制犯罪力量的"重要他人"是促成犯罪的力量之一，当社会中的重要成员把个人标定为犯罪人，而个人也潜移默化接受这种标定时，个人就会产生"我是犯罪人"的自我认同，进而变成真正犯罪人。

冲突理论。冲突理论认为，犯罪是几乎在任何社会中都存在的一种结果。这是因为，规定犯罪的刑法是统治阶级的信念和价值观的表现，刑事司法制度是统治阶级的社会控制手段，犯罪是对社会中存在的财富和权力不平等分配的一种反应。代表性的观点有施文丁格夫妇的少年犯罪工具理论等。

（二）现阶段我国青少年犯罪的主要相关因素

国内关于犯罪原因的探讨也很多，并且形成了诸多观点，例如多层次犯罪原因论、源流论、多因素综合论等等。但是，对于青少年犯罪原因的专门性探讨则十分薄弱，尤其缺乏实证性的研究，现有对青少年犯罪研究的结论均大同小异。这与国外重视青少年犯罪原因研究，以之作为犯罪原因研究的切入点，并形成了丰富的青少年犯罪原因理论，形成了鲜明的对比。青少年犯罪是非常复杂的社会现象，这决定了青少年犯罪原因的复杂性。导致青少年犯罪的原因是多方面的，既有社会政治、经济、文化、道德等方面的原因，也有学校教育、家庭教育、社会环境的影响，同时还与青少年自身的个人生理、心理特点密切相关。下文将对我国学界解释青少年犯罪的常见归因做一简要分析。

（1）家庭因素。家庭是青少年成长发育的第一环境，家庭因素也是青少年走向犯罪道路的首要原因。我国正处于社会转型时期，传统的家庭模式处于变动状态之中，这对青少年违法犯罪行为的发生产生了重大的影响。从我国现阶段来看，导致青少年走向犯罪道路的家庭因素主要有以下几个方面：一是家庭功能不全。离异家庭、单亲家庭等家庭结构破损的孩子，在其成长过程中容易形成心理方面的缺陷，导致社会越轨行为。家庭矛盾重重，家庭不具备应有的功能，也容易导致青少年产生社会越轨行为。二是不良的家庭教育方式。不良的家庭家庭教育方式，如粗暴、溺爱、放纵等，都不利于青少年健康人格的养成，使青少年走向违法犯罪的道路。三是家长行为不检。家长是青少年成长的榜样，如果家长本身存在违法犯罪等不良行为，很容易对青少年产生不良的榜样作用。

（2）学校因素。青少年中的大部分时期都是在学校度过的，学校是青少年健康成长的关键性因素，也是青少年走上犯罪道路的重要原因。学校因素对青少年犯罪的影响具体主要包括以下几个方面：一是学校教育方式的不当。例如，片面追求升学率，忽视学生德育、法制教育，忽视"双差生"的教育转化等。二是不良的学校环境。这主要是指学校的周边环境差，如学校被游戏厅、录像厅环绕等。也包括学校内部的治安环境。近些年来，各地都发现许多中学里学生帮派横行，许多学生不得不卷入违法犯罪活动中去，从而诱发了更多的青少年犯罪活动。

（3）社区因素。社区环境也叫"生活小环境"，是指特定的社会成员所生活和居住的地区，如街道、胡同、地段。任何一个社会成员都在一定的社区环境中生活，社区环境的好坏对每一个人特别是青少年是否走上违法犯罪的道路，也会产生很大的影响。随着计划经济体制的解体，我国社区在防止青少年犯罪方面的传统作用逐渐弱化，而不良社区环境反而成为青少年犯罪的重要原因。

（4）不良书刊、影视、传媒等文化载体的原因。不良书刊、影视、传媒对青少年犯罪的影响早已经在国内外受到关注，研究大都表明，这些因素是导致青少年犯罪的重要原因。在20世纪80年代，一本名为《少年之心》的黄色小说曾经使大批青少年走上性犯罪道路。近些年来，随着网络的发展，黄色、暴力等不良资讯的传播变得更为迅速和便捷，青少年更容易接触这些不良资讯并受到严重的负面影响。虽然我们不能把青少年犯罪的原因全部归结于不良书刊与传媒，但它们的确是诱发青少年犯罪的不可忽视的重要因素。

（5）独生子女政策对青少年犯罪的影响。就世界范围而言，独生子女的大量增加是近代才出现的社会现象。大约在1910年德国等欧洲国家开始推行所谓的"产儿限制"政策，这类似于现在的计划生育政策。当初的目的是为了把子女的数量控制在1个~2个，以便对这少数的子女给予更好的教育。后来，这一做法为越来越多的国家所接受。不过，许多国家推行计划生育政策更多的原因是迫于人口爆炸的压力。1979年我国政府实行计划生育以来，独生子女的数量与日俱增。目前许多城市幼儿园的幼儿中，独生子女所占比例在90%以上。早在19世纪，被誉为美国儿童心理学之父的G.斯坦利·霍尔就与其学生E.W.博汉农对独生子女进行了统计研究，并提出了"独生子女本身就是一种疾病"的著名论断（To be an only child is a disease in itself）。独生子女成长过程中容易形成心理偏差，这是导致独生子女形成越轨行为的重要原因。[1]虽然独生子女是否是"问题儿童"尚有待商榷，但是如何使独生子女健康成长却是我们不能回避的一个问题。20世纪90年代以来，我国的独生子女犯罪问题已成为社会各界广泛关注的热点，为新时期的社会治安综合治理提出了一个新课题。据山东省少年管教所李康熙专题调查，某省少年管教所、女子监狱在押未成年犯中系独生子女的共有188名，已占到全省在押未成年犯总数的17.62%，是1990年的6倍，并呈继续上升的发展趋势。

（6）社会变革、转型所带来的腐败、社会道德滑坡等宏观社会环境方面的原因。改革开放以来，我国现代化进程大大加速，计划经济体制向社会主义市场经济体制转轨，社会的宏观变革也带来了诸多负面影响，如腐败、社会道德滑坡、社会风气恶化等，这些因素对于容易受到外界环境影响的青少年来说，消极作用不可忽视。有的学者曾经提出论断：只要我国的社会风气没有好转，腐败现象依然严重，那么青少年犯罪就不可能根本好转。这一观点虽然悲观，但却并非没有道理。

马克思主义哲学认为，事物的发展是内因与外因相结合的互动过程，其中内因是决定性因素，外因是作用性因素，外因通过内因起作用，这一观点科学地揭示了环境原因作用的规律。但是，我们也应该认识到，青少年这一群体具有身心发育尚未完全成熟的特性，青少年群体具有很大的可塑性，相对于其他人群而言，青少年群体更容易受到外界因素的影响和作用。在未成年这一特殊时期走向犯罪道路的人，往往更多的是因为外因的作用和影响。我们在研究青少年犯罪的原因，寻找青少年犯罪的防治对策时，应该充分注意到这一特殊性。

四、青少年犯罪的防控

青少年是人类社会中一个极为特殊的群体，鲁迅先生说得好："看十来岁的孩子，便可以预料20年后中国的情形；看二十多岁的青年，——他们大抵有了孩子，尊为爹爹了，——便可以推测他儿子孙子，晓得50年后70年后中国的情形。"[2]"预防和减少青少年犯罪不仅关系到青少年自身的前程、家庭的幸福，更关系到社会的发展、祖国的明天，是事关千家万户广大群众切身利益的大事，是全党、全社会共同肩负的一项重要的政治任务，是贯彻落实江泽民总书记'三个代表'重要思想的具体行动"[3]，也关系到社会主义和谐社会的建设程度，我们应该充分认识到防治青少年犯罪的重要性和

---

〔1〕　上海市曾对八所中小学800名学生进行的调查表明：怕吃苦、意志力薄弱是目前上海市中小学生存在的突出问题。调查显示，55.1%的学生不愿吃学校的午餐，部分或者全部倒掉，到校外买东西吃；对学校组织的劳动，38.1%敷衍了事，17%能逃则逃；缺乏毅力，对学习计划只有17.5%能坚持完成，半途而废占30%，做做样子的占74%。与80年代调查相比，意志薄弱学生的比例增长了5个百分点。教育工作者提出培养学生吃苦耐劳的精神和增强意志品质，已成为大城市基础教育的当务之急。另据调查，独生子女普遍存在社会交往及生活自理能力的问题，比如北京30%独生子女存在适应能力障碍，13.9%存在行为方面的问题。山东省少年管教所李康熙对未成年独生子女的犯罪专题调查表明，未成年独生子女罪犯具有以下心理行为特征：自我为中心的意识强、感情脆弱、承受挫折能力差、依附性强而生活自理能力差、好逸恶劳心理突出、人际交往能力差，缺乏社会性、独立性。

〔2〕　《鲁迅全集》（第1卷），人民文学出版社2012年版，第375页。

〔3〕　时任中央政法委秘书长王胜俊在"预防青少年违法犯罪座谈会"（2000年8月）上的讲话。

紧迫性。

对于青少年犯罪现象的应对方式，无外乎主动方式和被动方式两种。主动方式强调的是犯罪的预防，亦即防范犯罪于未然，而被动方式则强调的是犯罪发生后的打击。犯罪发生后予以严厉打击，当然是治理犯罪的一种重要方式，但是犯罪的实际危害已经发生，而且社会在打击犯罪中也要消耗很多的成本，因而这是一种消极的、成本高昂的犯罪治理手段。而犯罪预防，着眼于未来，可以有效地防止犯罪的危害，节约治理犯罪的成本，是一种积极的、高效率的犯罪治理方式。随着对犯罪现象研究的深入，各国犯罪学者都先后把注意力转移到犯罪的预防上。各国在制定犯罪对策时，也逐渐把注意力转移到了犯罪预防上，强调预防在犯罪治理中的地位和作用。

青少年犯罪应当以预防为主，这除了因为预防是一种积极、高效率、成本低的手段外，还因为青少年是一个特殊的群体，青少年的特点决定了对青少年犯罪要以预防为主。青少年一代是一个国家、一个民族的未来，青少年一旦走上犯罪道路，不仅仅是毁掉青少年自身的前途，也是国家、社会的重大损失。实践也表明对青少年犯罪进行事后治理并非治本之策。它虽然在一定时期内能遏制青少年犯罪的发展，但无法阻止其复发、反弹。青少年犯罪往往具有偶发性和突发性，事先精心准备谋划的比较少，而且很多都是受到外界因素的影响，所以针对青少年犯罪的特点，要有效地、长期地控制青少年犯罪，预防是低成本、高效率的明智选择。

青少年犯罪也是可以预防的。首先，青少年犯罪是有规律的，可以预测，也可以预防。马克思主义哲学揭示了事物的发展具有规律性和普遍联系性。从青少年犯罪个体角度考察，青少年走上犯罪道路具有过程性，并非突变的，也有规律可循。青少年发生犯罪行为之前，必然有征兆外显，而这种征兆可以为人们所察觉到，因而青少年犯罪可以预见。从宏观上考察，一定时期、一定地区青少年犯罪的变化也是有规律可循的。青少年犯罪的规律性决定了青少年犯罪的可预测性和可预防性。其次，矛盾是可以转变的，而青少年又具有很大的可塑性。从矛盾论的观点着眼，青少年走上犯罪道路是各种矛盾作用的结果。我们可以创造条件，使抑制青少年犯罪的因素在矛盾的斗争中居于主要地位，从整体上改变事物的性质和发展方向，促使各种因素向有利于青少年健康成长的方面转化。再次，青少年时期是价值观、人生观和社会观可塑性最强的时期，同时，也是最不稳定的时期。青少年的这些特点决定了青少年犯罪主要是由于外界因素而非本身的主观因素的作用，所以，对于青少年犯罪可以通过对其成长环境控制，达到预防青少年犯罪的目的。此外，对于青少年犯罪我们也有能力预防，无论是家庭、学校还是社会，只要关心青少年，重视青少年犯罪现象，研究青少年犯罪的规律，就一定能有效预防青少年犯罪的发生。

青少年犯罪的预防离不开和谐社会的创建，同样，青少年犯罪率的高低也可以成为检验是否达到和谐社会的重要试金石。青少年犯罪问题一直是人民群众注视的焦点，是涉及人民群众最现实、最关心、最直接的利益问题。在社会飞速发展的今天来谈论构建和谐社会这一重大问题，不能回避现实社会青少年犯罪的严峻性。我们必须高度关注时代发展与青少年犯罪的关系，深入研究青少年犯罪的演变规律和时代特点，努力创新预防青少年犯罪的对策措施，扎实推进青少年犯罪预防工作，努力控制青少年犯罪率。唯有如此，我们方可以顺民心，得民意，凝聚构建和谐社会的强大合力，实现真正意义上的社会和谐。

自 19 世纪末期以来，各国都十分重视青少年犯罪预防工作，在百余年的发展历程中，积累了许多成功经验。现阶段，世界各个国家和地区更倾向于从更大的社会背景思考预防青少年犯罪的问题，开始从政治、经济、文化等方面及其结合的角度来建立青少年犯罪预防战略，体现了从消极预防到积极保护的转变。概括而言，发达国家青少年犯罪预防工作的以下特点值得我国重视和借鉴：

一是高度重视青少年专门立法工作。早在 19 世纪 90 年代，美国伊利诺伊州律师协会、社会科学家、市民团体敦促州立法机关颁布有关预防青少年犯罪的立法并设立专门法庭适用该法律。1899 年 5 月，州议会通过了《安置生活不能自理、被遗弃和违法儿童条例》，即后来的《少年法庭法》，这是预防青少年犯罪立法方面的开端。1905 年英国制定了类似的少年法；1912 年法国颁布了《青少年保护观察法》；1920 年印度颁布了《儿童法》；1923 年日本制定了《少年法》。[1] 到目前为止，世界上多数国家都制定了大量专门的青少年法规，建立了较为完善的青少年立法体系，青少年犯罪预防都是这些青少年专门立法的重要内容。联合国也于 1990 年 8 月在古巴召开的第八届联合国预防犯罪和罪犯处置大会上通过了《预防少年犯罪准则》，提出了预防青少年犯罪应遵循的准则。

二是青少年犯罪预防立足于社区，高度重视社区在青少年犯罪预防工作中的作用和地位。以社区为基础，是国外青少年犯罪预防的成功经验和引人注目之处，这与我国预防青少年犯罪更多的是把责任放在家庭、学校等个体单位上，强调家庭和学校的核心作用有着鲜明的区别。例如美国青少年犯罪预防的经验表明：预防青少年犯罪不仅仅是个人、家庭和学校的事情，也是社区的问题。为防止少年儿童蜕变成严重的或长期性的犯罪人，社区可以发展综合性的服务。根据这个原则发展起来的综合服务是扩张以街区为基础的青少年犯罪预防项目不可或缺的一部分。[2]

三是以青少年福利作为出发点。青少年犯罪预防更多的蕴涵着福利性的人文关怀意味，即从福利的角度来预防青少年犯罪问题，这是一种青少年本位的政策，而不是立足于社会防卫的预防政策，鲜明区别于我国青少年犯罪预防工作所带有的较为浓厚的社会防卫和社会本位的特点。以青少年福利为出发点，实际上也是《联合国儿童权利公约》所确立的基本原则，该公约第 3 条第 1 款明确规定："关于儿童的一切行动，不论是由公私社会福利机构、法院、行政当局或立法机构执行，均应以儿童的最大利益为一种首要考虑。"

建设社会主义和谐社会，要求我们更新青少年犯罪预防工作的理念，确立适合建设社会主义和谐社会需要、符合建设社会主义和谐社会要求的青少年犯罪预防工作理念。

---

〔1〕参见冯云翔、娄鸿雁：《未成年人犯罪及预防》，哈尔滨工业大学出版社 2003 年版，第 140～147 页。

〔2〕参见鞠青主编：《中国城市社区预防青少年违法犯罪工作模式研究报告》，法律出版社 2005 年版，第 185 页。

我们认为关键是要确立以下几个新的理念：

一是预防青少年犯罪要有以青少年为本位的理念。和谐社会要以人为本，在法律上就是指要充分尊重个人的意愿，使其享有人之为人所应享有的基本权利，在法律允许的范围之内，享有广泛的行为自由，国家和社会应当充分保障和实现个人的福祉，促进个人人格的发展，维护个人的人格尊严和自由。以人为本的理念在青少年犯罪预防工作中的运用，就是应当以青少年的利益就是社会的最大利益的思想为出发点来构建青少年犯罪预防工作体系，而不能简单以社会治安的安全为根本出发点来构建青少年犯罪预防工作体系。具体讲，就是在预防青少年犯罪中要坚持教育、服务、管理三结合，形成全新的预防理念体系与操作框架。也就是说，要从提高青少年综合素质抓起，从维护青少年切身利益抓起，从解决青少年问题的源头抓起，把教育、服务与管理结合起来，以教育指导服务、管理，在服务、管理中体现教育，帮助青少年解疑释惑和解决实际困难，促进他们身心健康发展。要着眼于满足青少年正当需求，竭诚提供多种帮助。要净化社会环境，坚决铲除危害青少年身心健康的不良因素，严厉打击侵害青少年合法权益的不法行为，努力为青少年健康成长创造良好的社会条件。要将预防犯罪的着眼点放在学校，把防范犯罪的知识教给学生。这是我国已经加入的联合国《儿童权利公约》所确立的儿童最大利益原则的要求，也是我国《宪法》、《未成年人保护法》、《预防未成年人犯罪法》的要求。

二是预防青少年犯罪要体现对弱势群体人文关怀的理念。青少年是社会的特殊群体，就主观而言，其心理正处于从无知到有知，从不成熟到成熟的转变时期，因而更容易受到外界的诱惑与侵犯；就客观而言，社会运转体制是以成年人为中心设计的，所制定的法律政策主要参照物是成年人，对青少年因素的考量不深入、不全面。而且，青少年一代正面临着愈来愈大的就业和社会生活压力。据有关方面所提供的统计数字，目前全国每年进入劳动年龄的人口有 1300 万左右，相当于欧洲一个中等国家的人口总量。在劳动年龄人口持续增长的同时，我国进城务工的农民已达 1 亿，且目前仍有1.5 亿农村富余劳动力需要转移，有 1100 万左右的下岗失业人员需要再就业。此外，中国目前有残疾人 6000 万，约占全国人口总数的 5%，而无业人口和残疾人口中青年占相当大的比例。即使是那些已经进入高等院校读书的优秀青年，在就学过程中也常常因为学费昂贵而倍感焦虑，甚至难以完成学业。就学和就业的无穷压力已经导致众多青少年形成不良心理和犯罪心理。因此，青少年总体是一个社会弱势群体，是未成熟的人、正在发展中的人、需要特别帮助的人，需要成人社会、政府、社会团体予以特殊的保护。

三是预防青少年犯罪要坚持综合治理的理念。青少年犯罪预防必须实行综合治理，这既是社会的复杂性决定的，同时也是青少年犯罪预防体系进入良性循环的重要条件。青少年犯罪综合治理，一方面要求各工作主体应当注意互相配合、互相尊重，和谐运转。另一方面要求各种手段应当注意和谐应用。此外，应当注重培养青少年犯罪预防工作机构与工作者与青少年之间的亲和力，形成一种和谐的关系。

在上述理念基础之上，试对我国青少年犯罪预防体系的构建提出如下建议：

1. 明确青少年犯罪预防的三个层级

青少年犯罪问题一直以来都是社会关注的焦点，无论在哪一时期，青少年教育和犯罪预防都为政府所关注。我国对青少年犯罪形成较为系统和科学认识的时间相对较短，大约在 20 世纪中期才对青少年犯罪预防有了较为深入的研究和实践。现在国内理论界有预防犯罪和犯罪预防两种提法，两种提法实质上是同一概念，现在后者的使用更为广泛。我国犯罪学中较权威的犯罪预防的概念为："所谓犯罪预防，是指国家、社会、群体、组织和个人所采取的旨在消除犯罪原因、减少犯罪机会、威慑和矫正犯罪人，从而防止和减少犯罪发生的策略与措施的总和。"[1] 此外，也有的学者提出预防犯罪是指从总体上调动一切积极因素和可能力量，最大限度地消除产生犯罪的主客观条件和阻止犯罪行为与结果发生的一种客观工作过程。它包括两个方面，一是对"人"的预防，即对犯罪主体或主观方面的预防，二是对"物"的预防，即对犯罪客体物的预防。[2]

青少年犯罪预防可以从广义和狭义两个方面去理解。狭义的犯罪预防仅以有犯罪倾向的青少年为对象，防止他们走上犯罪道路，或从轻微的违法过程中回到健康发展的道路上来的活动。广义的青少年犯罪预防则是以所有青少年为对象，包括预防一般青少年犯罪（超前预防），预防有犯罪倾向的青少年犯罪（临界预防），以及预防已经犯罪的青少年重新犯罪（再犯罪预防）三个方面的内容。构建社会主义和谐社会要求青少年犯罪预防应当以全体青少年为对象，建立和谐的青少年犯罪预防层级体系：

青少年犯罪的超前预防。青少年犯罪的超前预防是指在青少年尚未出现犯罪倾向之前，所采取的各种预防措施。超前预防是青少年犯罪预防中的关键一环，也是容易被忽视的一个重要环节。犯罪学上有一种著名理论认为，每一个人都是潜在的犯罪者，都有可能犯罪，有的人之所以没有犯罪主要是因为他们还没有遇到使他们犯罪的环境。这种理论警示我们，应该重视青少年犯罪的超前预防，重视对普通青少年群体的犯罪预防，并不能因为他们没有表露出犯罪倾向，就忽视了对他们的犯罪预防。超前预防是最积极的犯罪预防，它要求我们重视青少年所生活的环境，消除各种可能使青少年走向犯罪道路的消极因素。青少年犯罪的超前预防，要求我们把预防犯罪的视角前伸到少年、儿童，而不应仅仅局限于青少年群体。道德教育、法制教育等是各种超前预防措施中需要特别关注的手段。

青少年犯罪的临界预防。青少年犯罪的临界预防是指对那些已经有犯罪倾向青少年的犯罪预防。临界预防是青少年犯罪预防的重点，从一定程度上说它决定了青少年犯罪预防工作的成败。已经有犯罪倾向的青少年大都经常有下列不良行为：逃学、逃课；携带管制刀具；打架斗殴、辱骂他人；强行向他人索要财物；偷窃、故意毁坏财物；参与赌博或者变相赌博；观看色情、淫秽的音像制品或读物等。有的青少年则已经出现了下列严重不良行为：纠集他人结伙滋事，扰乱治安；携带管制刀具，屡教不改；多次拦截殴打他人或者强行索要他人财物；传播淫秽的读物或者音像制品等；进行淫乱或者色情、卖淫活动；多次偷窃；参与赌博，屡教不改等。对于有犯罪倾向的青少年，家庭、

---

〔1〕　储槐植、许章润：《犯罪学》，法律出版社 1997 年版，第 269 页。

〔2〕　参见梅德衡、傅跃建主编：《预防犯罪对策》，中华工商联合出版社 1995 年版，第 21 页。

学校、社会都应当予以关注，加强教育和管理，防止他们从不良行为向实施犯罪行为转化。

青少年再犯罪的预防。青少年再犯罪的预防是指对已经有了犯罪行为的青少年再次犯罪的预防。犯罪要受到法律的制裁，司法机关处理、改造犯罪青少年的过程也是一个预防青少年再次犯罪的过程。为了提高这一过程的效率，必须建立和完善青少年司法制度。青少年再犯罪预防的关键点在于犯罪青少年在经过司法机关改造回归社会后，防止他们，特别是劳改、劳教人员重蹈覆辙。对于青少年再犯罪预防，我国已经积累了很多经验，如社会帮教、司法机关回访考察帮教等。我国重新犯罪率与世界上其他国家相比，也属于较低型。但是，青少年再犯罪预防的任务非常艰巨，近些年来青少年犯罪的重犯率有所增高，对此应该引起充分重视。对青少年犯罪司法处置来说，就是要充分考虑犯罪青少年独特的生理、心理特征。刑罚对他们的身心影响较成年人更为深刻，一旦受到刑罚制裁，不仅会影响其后续行为及态度，甚至影响其一生命运，因此要实行较为轻缓的司法处置方法，减轻罪错青少年心理压力，消除其同社会的对立情绪，同时加强教育、感化和挽救工作，对犯罪青少年给予特别的关注和倾注更多的爱心，帮助犯罪青少年成功实现其再社会化，预防其重新犯罪。

2. 构建青少年犯罪预防体系的五道防线

和谐的青少年犯罪预防工作体系在三个层级基础上，还应当有五道防线：

自我防线。大多数理论研究者都把青少年仅仅作为犯罪预防的客体，这种做法是不妥当的。我们认为，青少年自身也是犯罪预防的主体。从根本上说，只有青少年自身才能在预防犯罪中起决定性作用，自我防线是预防青少年犯罪的第一道防线，也是最关键的一条防线。青少年应该充分认识到自己在犯罪预防中的主体性地位，主动、自觉地进行自我教育，自我约束，防微杜渐，时刻注意自己的言行举止，避免滑入犯罪的深渊。青少年是完全可以进行自我预防的。这是因为青少年的生理和心理发展已经较为成熟，具备了一定的或者完全的辨别是非的能力，对自身行为的性质、后果和相应的责任都有了一定的认识，能够对自己的行为进行理性思考和调整。当然，大多数青少年还没有完全成熟，他们的预防犯罪自我防线的构筑、自我防范意识的提高，还需要外界因素，如家长、学校的帮助。

家庭防线。家庭是预防青少年犯罪的第二道防线。家庭功能残缺，家庭教育不当等家庭因素，是导致青少年犯罪的重要因素，如果这些因素能够得到有效的消除，那么青少年犯罪便不会萌生，或者可以有效地将其阻止在萌芽状态。社会各界，特别是家长应该增强青少年犯罪的家庭预防观念，提高对家庭预防重要性的认识。家庭预防的关键在于两个方面：首先是家长应该身体力行，做好孩子的榜样；其次应该发挥青少年的主动性和积极性，不应该把青少年当成纯粹的犯罪预防客体。由于人的发展是一个连续的过程，青少年犯罪的家庭预防应当从小抓起，也应该与学校、社区等紧密配合，共同做好青少年犯罪预防工作。家庭预防应当着眼于建设良好的家庭文化，形成和谐、关爱、积极的家庭氛围，为青少年的成长创造一个良好的家庭环境。对于已经组建了家庭的青少年，夫妻双方也应该充分认识到家庭是导致孩子犯罪的重要因素，共同致力于营造良好的家庭氛围，可以有效地预防犯罪等社会越轨行为的发生。

学校防线。通常一个人从少儿时代起，要在学校度过几年十几年，甚至更长的时间。这一段时间是青少年道德品质、人格、心理、才识形成的关键时期。学校学习阶段，特别是中小学阶段是青少年能否健康成长的关键环节。犯罪青少年往往是那些在学校表现不好的"双差生"或者是"流失生"。搞好学校工作，教育培养好青少年，对于预防青少年犯罪的意义极为重大。目前我国学校教育，特别是中小学教育中存在诸多问题，如应试教育占主导地位，学生智育与法制教育处于被忽视的地位，"后进生"、"双差生"、"失足生"被歧视、放任，等等。这些都是导致青少年走上犯罪道路的重要因素。我们必须提高对学校在预防青少年犯罪中重要性的认识，巩固预防青少年犯罪的学校防线。加强青少年犯罪预防的学校防线应当转变应试教育模式，端正办学思想，正确理解和贯彻执行党和国家的教育方针。应当加强学生的思想政治工作，注重培养学生的优良品格和高尚的道德情操。应当加强学校法制教育工作，使青少年学生知法、懂法、守法。学校应当加强对边缘学生——"双差生"、"后进生"等的关心、教育和管理，防微杜渐。学校也应该搞好校园内部及周遍环境建设，为学生的健康成长营造良好的成长氛围。

社会防线。构筑青少年犯罪预防的社会防线，是一项复杂的系统工程。从宏观上说，应该加快社会主义现代化建设，为青少年健康成长提供必要的物质基础；应当加强反腐倡廉的力度，消除腐败现象，营造良好的政治环境；应该加强社会主义道德教育，形成良好的社会风气；应该加强对影视、网络的管理，消除色情、暴力、邪教等不良资讯；等等。从微观上说，应当为青少年的学习与进步提供条件，提高高校的入学率；要为达到就业年龄的青少年广开就业门路，减少青少年失业现象；要为青少年开展文化、体育、科技等活动创造条件，满足青少年的正常需要；应当努力创造全社会都来关心青少年、爱护青少年、帮助青少年的良好氛围等等。在计划经济时代，社区曾经在预防青少年犯罪中发挥了重要作用。在社会主义市场经济时代，我们应该重新重视和发挥社区在预防青少年犯罪中的重要作用，建设好社会主义社区文化。

司法防线。这是青少年犯罪预防的最后一道防线。前四道防线以预防青少年犯罪于未然为主要目标，而司法防线则主要是以预防已经有违法犯罪行为的青少年重新犯罪为主要目标，同时也能通过对犯罪青少年的处罚警戒社会上的不稳定分子，起到一般预防的作用。司法防线主要是通过对已经犯罪青少年的惩治与改造来实现其犯罪预防的功能。世界上大多数国家都已经建立了独立的青少年司法制度，青少年犯罪后从侦查、起诉，直到审判、矫治都有一套独立的司法系统来进行。各国的实践都证明，青少年司法制度发挥着预防青少年重新犯罪的重要作用。在我国，虽然司法实践中不乏对青少年司法制度的探索，但是目前还没有形成真正意义上的独立的青少年司法制度。建设青少年犯罪预防的司法防线，在今后很长一段时期，都应当把建立和健全独立的青少年司法制度作为一项重要的工作来抓。在当前加强青少年犯罪预防的司法防线建设过程中，还应当加强和改善监狱、劳教场所工作，提高对犯罪青少年的改造质量。

在预防青少年犯罪工作中，我们不应当把目光仅仅局限于那些已经存在不良行为，已经有犯罪危险的青少年，而应当着眼于所有青少年，同时充分发挥青少年自身在犯罪预防中的主动性和积极性。从超前预防、临界预防、再犯罪预防三个环节入手，努力构建青少年自我防线、家庭防线、学校防线、社会防线、司法防线五道防线。善于利用各种手段，如文化的手段、教育的手段、行政的手段、经济的手段、法制的手段等，努力搞好青少年犯罪预防工作。青少年犯罪是可以预防的，我们也完全能够搞好青少年犯罪预防工作。

3. 青少年犯罪预防体系应以社区预防为基础

我国传统社会是一个单位社会——国家全面占有和控制各种社会资源，处于一种绝对优势地位，进而形成对单位的绝对领导和支配；人被划分到不同的单位之中，单位全面占有和控制单位成员发展的机会以及他们在社会、政治、经济及文化生活中所必需的资源，处于一种绝对优势地位，进而形成对单位成员的绝对领导和支配。[1]我国传统的青少年犯罪预防工作具有明显的"单位式"色彩，青少年犯罪预防工作主要以"单位"分摊责任的形式展开，这样一种青少年犯罪预防工作模式必然随着中国单位社会的逐步瓦解而趋于瓦解。建设社会主义和谐社会要求青少年犯罪预防走向社会化，不能再依赖单位控制的模式进行青少年犯罪的预防。我国传统的青少年犯罪预防工作应当适应我国从传统的单位社会向社区社会转型的需要，建立起以社区预防为基础的青少年犯罪预防体系。

社区是社会的细胞，社区和谐是社会和谐的基础，如果我们每一个基层社区都是和谐的，都按和谐社会的要求做到了，我们整个国家的和谐才可以达到。如果我们基层的细胞不和谐，出现各种各样的矛盾和问题，国家就不可能和谐。从这个意义上讲，构建社会主义和谐社会，应当把构建和谐社区作为重要切入点。社区是青少年生活的区域，既是青少年除了学校之外停留时间最多的地方，也是青少年最为放松和表现自我的地方，同时还是对青少年进行教育和犯罪预防的主要处所。所以在社区对青少年开展教育是非常有利的。2001年开始我国着力开展预防青少年违法犯罪工作，中央综治委预防青少年违法犯罪工作领导小组专门下发《青少年违法犯罪社区预防计划》，并于2004年7月确定50个单位作为实施这一计划的试点单位，分别由中国妇联等部门负责具体联系。至此，社区预防工作得到了社会各界的充分重视，社区居委会、社区工作者、社区志愿者等相关机构针对青少年所开展的教育、矛盾疏导等工作也成为预防青少年犯罪工作的重要内容。

我们认为，构建以社区预防为基础的青少年犯罪预防工作体系，应当着重注意以下几个问题：

首先，社区一定要有专门负责青少年犯罪预防工作的专业工作人员和机构。现在各地都有专门针对社区预防的措施，比如天津嘉陵道街嘉陵北里社区为预防社区内青少年违法犯罪，专门组建了信息员和青少年志愿者两支队伍，并在社区内建起青少年社区法制学校、青少年关爱屋、社区预防青少年违法犯罪工作站，以及社区青少年关爱站等。

---

〔1〕 参见李汉林：《中国单位社会》，上海人民出版社2004年版，第6页。

上海则针对社区青少年这一特殊群体，建立专门的社工队伍，重点加强社区青少年的教育和引导，通过结对帮教、心理咨询、法律服务、技能培训、就业扶持和经济援助等形式，取得了显著的成绩。目前全国所有省、自治区、直辖市以及80%以上的地市及相当一部分县区、街道成立了领导机构和工作机构，预防青少年违法犯罪工作体系基本建立。[1] 现在不少社区有关青少年犯罪预防领导体制比较完善，但是具体工作一般都是由居委会的工作人员来担任，缺乏专业知识背景，基本上属于熟人帮助范畴。此外，即使有相关的机构也是与别的机构同一班人马，并没有做到真正的专门。所以，在社区应该建立专门的社区青少年犯罪预防办公室，隶属于区、县的预防青少年犯罪工作办领导，工作人员主要应当由具有教育学、心理学、法学等专业背景的人员构成，如此才能成为真正的专门社区预防青少年犯罪工作体系。由此所涉及的资金、人员问题可以通过政府拨款、企事业资助等方式来解决。

其次，要进一步丰富和发展社区青少年活动场所。社区青少年活动场所也是开展预防青少年犯罪教育活动的重要场所，丰富和发展社区青少年活动场所可以有效地凝聚青少年，使他们没有精力、没有时间也没有想法去违法犯罪。社区可以通过让青少年参加社区举办的各项活动，在活动场所中与工作人员以及其他青少年进行互动，通过这种比较具有趣味性的教育方式来达到教育预防的效果。

再次，要丰富青少年犯罪社区预防的方式方法，注重长效机制的建设。除了发放宣传资料、在社区开展文艺宣传活动等传统教育方式外，还应该针对青少年的特点相应地开展一些知识性、趣味性、启发性更强的活动，比如举办社区青少年法律学校、定期举办读书节、法律知识征文、竞赛、学习法律先进家庭评比、参观等活动来提起青少年参与的热情和兴趣，寓教于乐，通过潜移默化的影响，在整个社区形成学法、守法的氛围，从而提高青少年的法律意识。在丰富了方式方法后，更为关键的是要把相应的活动坚持开展下去，要避免活动一过就冷淡的局面的发生，要通过长期不懈的教育活动进一步强化青少年的法制意识和预防犯罪及自我保护的常识，形成长效机制，避免为活动而活动的形式化。

最后，要重点做好社区（闲散）青少年工作。社区（闲散）青少年是指年龄在16周岁至25周岁、无固定工作和收入或已终止学业和尚未进一步就学的青少年，这部分群体被列为预防青少年犯罪的五个重点群体之一。[2] 由于社区青少年处于闲散状态，没有依托，所以更容易受到各种诱因的影响而走上犯罪的歧途，社区青少年在犯罪人数中占了一定的比重。社区青少年是青少年犯罪的主要源头，也是预防青少年犯罪工作的重点和难点所在。相比之下，在校生或有工作的青少年由于有相关部门的约束，比较容易进行集中管理和教育，而社区青少年约束较少，很难集中，所以给工作的开展带来一定的难度。虽然面临诸多困难，全国各地还是针对社区青少年开展了艰苦但颇有成效的

---

〔1〕《求真务实开拓创新努力做好预防青少年违法犯罪各项工作——周强同志在全国预防青少年违法犯罪暨学校及周边治安综合治理工作会议上的讲话》。

〔2〕 2004 年中央综治委下发《关于深化预防青少年违法犯罪工作的意见》，首次明确将中小学生、闲散青少年、进城务工青年、流浪儿童、罪错青少年等五个群体列为预防青少年犯罪的重点群体。

研究和实践工作，比如从 2003 年开始，上海在积极探索预防青少年违法犯罪的体制、机制建设过程中，运用社会工作的理念和方法，构建包括关爱社区青少年在内的预防和减少犯罪工作体系，在政府层面成立市社区青少年事务办公室的同时，注册成立阳光社区青少年事务中心，采用政府购买服务的方式，组织专业社会工作者队伍，承担政府委托的社区青少年的教育服务工作，并对全市 63 000 名社区青少年实行"一人一卡"管理，建立了管理信息系统和社工联系帮助制度。在青少年工作方面探索统一有序、覆盖面广、富有实效的大综治格局，实现促进青少年健康成长，维护青少年合法权益，预防青少年违法犯罪的良好社会效果。《关于深化预防青少年违法犯罪工作的意见》提出要推广上海经验，要通过摸底排查、建档立卡等措施，掌握闲散青少年的底数，建立横向联络各成员单位、纵向贯及各城市社区、农村村镇的区域性闲散青少年信息管理系统。对于社区青少年一方面要加强与学校的联系，尽量避免失学情况的发生并实现复学率的提高，要加强与社会企事业单位的联系，提高青少年的就业率，从源头上减少社区青少年的数量；另一方面要在社区开辟专门的社区青少年活动场所，开展一些专题活动，如技能展示、文化指导、法制知识讲座等来丰富社区青少年的精神生活，引导其积极向上。除了上述两点措施外，更关键的是要调动社工、居委、志愿者的力量，对社区青少年进行跟踪帮教，及时掌握社区青少年的信息和心理状态，防患于未然。

（载宋浩波、靳高风主编：《犯罪学》，复旦大学出版社 2009 年版，第二十六章，表 1–1、表 1–2 数据由研究生葛宇翔协助整理）

第二章

青少年犯罪研究学科化的回顾与反思

青少年犯罪研究的学科化肇始于1980年，并且在80年代已经初步定型。1987年12月所出版的曹漫之主编《中国青少年犯罪学》一书是青少年犯罪学科化的重要标志，该书基本确立了中国青少年犯罪学的学科体系，直到今天仍然未能被超越。不过，就作为一门学科而言，青少年犯罪学仍然是很不成熟的，甚至其生存也是堪忧的。

一、学科化的肇始

早在1980年3月共青团中央召开的"青少年保护法座谈会"上，就有人提出建立我国青少年犯罪学的建议[1]，这可能是最早关于青少年犯罪研究学科化的正式提议。

1981年7月，马结所作《关于青少年犯罪学》一文，是目前所见最早正式提出建立青少年犯罪学设想，并予以较为系统性论证的论文。在这篇论文中，马结提出，在我国，与其从头建立一般犯罪学，不如径直创建青少年犯罪学更加切合实际的需要。建立我国的青少年犯罪学是由我国青少年犯罪的严重性、长期性和特殊性决定的。基于对当时研究状况的分析，马结认为，由于已经有了资料、理论、经验、队伍上的准备，有了拨乱反正后法学研究春天的到来，在我国建立青少年犯罪学不但是必要的而且是可能的。

马结进而论述了青少年犯罪学的定义、研究对象和范围，提出青少年犯罪学是研究青少年犯罪规律和综合治理对策的科学。它包括基础理论部分和应用理论部分。青少年，是指18岁以下的未成年人和18岁以上25岁以下的青年人。青少年犯罪学的理论结构是综合性的，应以马列主义、毛泽东思想为理论基础，体现教育、挽救、改造违法犯罪青少年的方针与综合治理原则，综合吸收运用刑法学、社会学、心理学、教育学等学科的有用原理。青少年犯罪学研究的范围主要是：研究青少年犯罪的特点、原因、预防及综合治理的规律性和对策，研究青少年犯罪的审判与处理中与成年犯应有所不同的理论及特殊的司法制度，研究对青少年犯罪教育改造的理论与方法，研究有关青少年立法的理论、原则和立法技术等。

---

〔1〕　参见马结："关于青少年犯罪学"，载青少年犯罪研究资料汇编编辑组编：《青少年犯罪研究资料汇编》（第2辑），中国社会科学院青少年研究所1981年版，第535页。

在论文中，马结还提出了如下设想：经过三五年的努力，初步建立起我国青少年犯罪学的理论体系，再经过一段时间的奋斗，建立起一门符合马列主义、毛泽东思想的，符合我国国情的有较高学术水平的，社会主义的青少年犯罪学。为此，马结还提出了加强理论与实际联系的研究、在全国建立青少年犯罪研究中心、成立青少年犯罪学研究会，或在全国法学会设青少年犯罪学研究组等建议。[1]

1982 年 6 月，"全国首届青少年犯罪研究学术讨论会"在广西南宁召开，会议也提出了"逐步形成具有我国特色的社会主义的青少年犯罪学的理论体系，并据此建立治理青少年犯罪的工作体系"的设想，并且明确提出要写出五本书，分别是《青少年犯罪学》、《青少年犯罪预防学》、《青少年管教学》、《综合治理经验及理论》、《青少年犯罪问题专论》[2]，这一设想已经更进一步地提出了青少年犯罪研究的学科化问题。

同年 10 月，张黎群《关于研究青少年犯罪的方法》一文也提出要"加强学科之间的协助，共同创建我国自己的青少年犯罪学"，并且认为，当代科学发展有两大特点：一是愈来愈精细，出现了很多分支，开辟了新的领域；二是学科之间相互的渗透，相互交叉的趋势增强，出现了不少"边缘学科"或"中间学科"。从某种意义上说，青少年犯罪学就是当代科学发展的自然产物，它既是作为犯罪科学的一门新的分支领域而受到人们的注意，同时又具有"边缘学科"的意义。[3]

1985 年，储有德总结学界对青少年犯罪学科化的探索，对青少年犯罪学的基本问题予以了阐释。储有德认为，青少年犯罪学研究的对象，主要是揭示 25 岁以下不同年龄段的犯罪现象的本质及其产生、发展和变化的规律性，它是一门多学科、多方法的综合性学问。青少年犯罪学研究的范围之广，涉及的问题之多，是其他任何学科所不能比拟的。青少年犯罪学与犯罪学的关系，是特殊与一般的关系；与社会学的关系，则是个别与整体的关系。它与刑法学、刑事诉讼法学、刑事侦查学、劳改法学虽有较大的区别，但与这些学科也有密切联系。[4]

在一些学者论述青少年犯罪学学科化问题的同时，国内主要政法院校开始开设青少年犯罪学相关课程，这些课程的开设为青少年犯罪学学科化的形成发挥了重要的推动作用。早期命名为"青少年犯罪学"的著作，大都具有青少年犯罪讲义积累的基础与背景。1981 年 9 月，中国社科院青少年研究所、团中央、公安部、司法部、教育部、最高法院、最高检察院等联合在青岛召开"全国青少年犯罪问题科学规划会议"，会议提出组织力量，有组织、有目的地开展青少年犯罪问题研究的方案。第二年，中国青少年犯罪研究学会在广西南宁成立。1983 年 1 月国家哲学、社会科学"六·五"规划会议在成

---

〔1〕 参见马结：《关于青少年犯罪学》，载青少年犯罪研究资料汇编编辑组编：《青少年犯罪研究资料汇编》（第 2 辑），中国社会科学院青少年研究所 1981 年版，第 531～538 页。这篇文章曾经于 1981 年公开发表于《北京政法学院学报》和《青年研究》等刊物，其主要内容后来收入马结等编著：《中国青少年犯罪学概论》（北京燕山出版社 1986 年版）一书。

〔2〕 参见中国青少年犯罪研究会编：《中国青少年犯罪研究年鉴》（1987 年·首卷），春秋出版社 1988 年版，第 961 页。

〔3〕 参见中国青少年犯罪研究会编：《中国青少年犯罪研究年鉴》（1987 年·首卷），春秋出版社 1988 年版，第 858 页。

〔4〕 参见储有德："青少年犯罪学"，载《社会科学》1985 年第 4 期。

都召开，经规划领导小组批准，青少年犯罪研究首次正式纳入我国哲学社会科学研究规划，青少年犯罪学被列入研究规划的重点研究课题。这些重大事件对于推动青少年犯罪研究的学科化发挥了重大的作用。

二、学科化的探索与初步形成

20世纪80年代前期，一些学者在推动青少年犯罪研究的学科化方面做出了难得的探索。1984年11月，西南政法学院公安教研室在两年《青少年犯罪与预防》专题教学实践的基础上将讲义铅字印刷，并且定名为《青少年犯罪学讲义》。此书由辛明编著，尽管并未公开出版，但是国内目前所见最早使用"青少年犯罪学"名称的著作。

1986年2月，上海社科院出版社出版了由徐建主编的《青少年犯罪学》一书，这是国内第一部公开出版的以"青少年犯罪学"为名的著作，也是青少年犯罪研究学科化初期的代表性著作。此书同样阐述了青少年犯罪学的创建是现实社会迫切需要以及具有创建的有利条件的观点[1]，其体系与内容为1988年由中国青少年犯罪研究会组织编写的《中国青少年犯罪学》一书提供了重要的基础。同年10月，北京燕山出版社出版了由马结、怀义、罗锋、然冀、仲园五人合作编著的《中国青少年犯罪学概论》一书，这部著作是北京市社科规划项目的研究成果。

1987年12月，群众出版社出版了由曹漫之主编的《中国青少年犯罪学》一书，这部著作是全国哲学社会科学"六五"规划重点研究项目主课题《青少年犯罪学》的研究成果，其写作过程历时三年。全书近五十万字，共分九篇三十一章，全面、系统论述了我国青少年犯罪的现状、特点、原因、规律、发展趋势、预防、综合治理、司法、青少年犯罪与精神医学等理论，形成了青少年犯罪学学科体系，是中国青少年犯罪学诞生的标志，它直到今天仍然是公认最为权威的一部青少年犯罪学著作。这部著作提出，创建中国青少年犯罪学具有必要性、迫切性和现实性，其直接体现是我国青少年犯罪的严重趋势和国家对青少年犯罪问题的高度重视。这部著作指出，青少年犯罪学是普通犯罪学的一个重要组成部分，由于青少年犯罪有着与成年人犯罪不同的许多特点，研究青少年犯罪特殊规律的青少年犯罪学是普通犯罪学中一个特殊的相对独立的部分，同时，它从普通犯罪学中分离出来也是历史的必然。1992年，中国青少年犯罪研究会开始组织编写"中国青少年犯罪研究丛书"，共计十部，由重庆出版社陆续出版。这套丛书的出版被视为"宣告青少年犯罪学这门学科已经形成，并屹立于中国社会科学之林"。[2]

在曹漫之主编的《中国青少年犯罪学》出版之后较长一段时间之内，没有再出版较为权威的以"青少年犯罪学"为名的著作。中国青少年犯罪研究会曾经有在研究会成立20周年之际编辑出版《新编中国青少年犯罪学》的设想，但是并没有实现。直到2004年，中国青年出版社才出版了共青团中央教材编审委员会统编教材——周振想主编的《青少年犯罪学》一书。不过这部著作的体系、结构与基本内容，并未能实现对1987年

---

〔1〕 参见徐建主编：《青少年犯罪学》，上海社会科学院出版社1986年版，第1~8页。
〔2〕 引自张黎群为"中国青少年犯罪研究丛书"所作总序。

所出版的《中国青少年犯罪学》一书的超越。

青少年犯罪研究学科化的重要标志除了有关命名为"青少年犯罪学"著作的出版之外，还表现在青少年犯罪学课程在大学教学体系中获得一席之地以及青少年犯罪专业在大学专业体系中的确立。20世纪80年代，青少年犯罪学课程开始在各大政法院校普遍设置。例如华东政法学院早在1981年即在本科学生中开设《青少年犯罪学》及有关专题课程。西南政法学院自1983年开始为本科生开设《青少年犯罪与预防》（《青少年犯罪学》）专题课程。也有的院校开设"青少年法学"为名的课程，例如北京大学法律系、中国政法大学，但其内容体系与青少年犯罪学基本一致。在本科生教学的同时，一些政法院校也开始招收青少年犯罪专业硕士研究生，例如华东政法学院于1986年开始招收青少年犯罪专业硕士研究生，并开设《青少年法学》、《犯罪与青少年犯罪预防战略》、《越轨社会学》、《青少年犯罪比较研究》、《犯罪与青少年犯罪研究方法论》等课程，北京大学法律系、中国政法大学等也招收青少年犯罪专业研究生。青少年犯罪学教学在政法类院校的开展，促成了青少年犯罪学教学教研室、研究室的设置，发挥了培养和保留一批青少年犯罪学研究人员的作用，同时也为这门学科后续人才的培养提供了重要的途径。不过，自20世纪90年代开始，青少年犯罪教学开始出现衰弱的趋势，只有少数政法院校还保留了青少年犯罪学或青少年法学课程的选修课程。青少年犯罪专业在华东政法学院、中国政法大学等少数院校还保留了硕士生招生方向，其教学对象已经十分有限。

新中国犯罪学的创建是以青少年犯罪学的创建为先导的。张黎群在中国青少年犯罪研究会第六届学术讨论会的报告中指出其根本原因有二：一是党和国家对青少年一代十分关心，青年一代是民族的未来，对整个青年中出现的问题，总是要及时研究，提出对策，否则便贻误了时机；二是青少年犯罪现象的发生普遍，比率较大，势头也猛，并已经成为社会犯罪的主题。因此，在一定历史阶段中，我国的犯罪学研究主要集中体现在青少年犯罪研究这个方面。[1]这可谓对青少年犯罪学不可磨灭的历史贡献。

三、学科体系

在1979年中央58号文件发布的背景下，1981年8月中国社科院青少年研究所、团中央、公安部、司法部、最高人民法院、最高人民检察院联合在青岛召开了"青少年违法犯罪问题科学研究规划会议"（又称"全国青少年犯罪研究规划会议"），这次会议提出了有组织有目的地研究青少年违法犯罪问题的思路，要求法学、社会学、教育学、心理学研究者以及政法公安干警深入调查研究青少年犯罪问题。会议拟定了100个研究题目，制定了《青少年犯罪问题研究规划》（以下简称《规划》）[2]，初步探索了青少年

---

〔1〕 参见张黎群："青少年犯罪研究十年总结与九十年代学科建设理论体系的构想"，载中国青少年犯罪研究会编：《中国青少年犯罪研究年鉴》（1987年·首卷），春秋出版社1988年版，第33页。

〔2〕 这份规划是中国社科院青少年研究所邀请华东政法学院青少年犯罪研究室徐建负责起草，北京政法学院姜文赞、郭翔、马晶森，中国人民大学法律系力康泰，北京大学法律系储槐植，华东政法学院夏吉先共同讨论修改而成。

犯罪研究的学科体系。规划总结传统及当时通行的看法,将青少年犯罪研究的视域归纳为以下几个方面:①青少年犯罪的现状、特点;②青少年犯罪的变化规律及其趋势;③青少年犯罪的原因与预防;④青少年立法及青少年犯罪的感化、矫正和司法制度;⑤青少年犯罪的研究方法。[1]这一归纳是准确的,其后约30年时间内,青少年犯罪学领域的研究基本上都没有脱离上述研究视域。

1982年3月,由马结、怀义、罗锋、然冀四人拟定的《〈中国青少年犯罪学〉大纲》是目前所见对青少年犯罪学科体系进行的最早系统性探索,这一大纲将青少年犯罪学分为八章:总论、特点论、原因论、预防论、综合治理论、特殊的审判处理论、教育改造论、立法论。[2]

还有少部分学者专门研究和论述了青少年犯罪学的体系。例如杨春洗根据我国实践经验和科研成果,参考高等法律院校的青少年犯罪方面的教学内容,提出青少年犯罪学的体系大体上可以包括五个部分:绪论、原因论、类型论、处罚与改造论、综合治理论。这一体系有两个特点:一是以预防和减少青少年犯罪作为一条主线,贯穿于始终。这也就是青少年犯罪学成为独立学科的基本目的所在。二是以青少年犯罪为基本内容,吸收犯罪学、刑法学、社会学、心理学、诉讼法学、劳改法学等有关研究成果,融汇于青少年犯罪学之中,并显示出青少年犯罪学作为一门独立学科的特色。[3]

早期青少年犯罪研究的代表性著作,在促成青少年犯罪学学科体系的形成上发挥了重要的作用。例如,1982年,程荣斌、力康泰、阴家宝编著的《关于青少年犯罪的几个问题》[4],将青少年犯罪研究分为七个专题:青少年犯罪的历史变化;青少年犯罪的特点;青少年违法犯罪的原因;对青少年犯罪问题的方针政策;对青少年犯罪案件的审理;对违法犯罪青少年的管教与教育改造;对青少年犯罪的预防。1984年,辛明编著的《青少年犯罪学讲义》[5]体系如下:第一章青少年犯罪学的研究对象与指导思想;第二章外国青少年犯罪概况;第三章我国青少年犯罪概况及特征;第四章时空条件与青少年犯罪;第五章社会宏观因素与青少年犯罪;第六章社会微观环境与青少年犯罪;第七章青少年的身心特征与青少年犯罪;第八章青少年犯罪预防的理论与体系;第九章预防青少年犯罪必须实行综合治理;第十章坚持教育、感化、挽救的方针;第十一章加速改造青少年罪犯。1986年徐建主编的《青少年犯罪学》[6]体系如下:第一章青少年犯罪学——一门新开拓的学科;第二章青少年犯罪学的研究对象;第三章青少年犯罪研究问题的历史发展;第四章我国青少年犯罪的发展规律和新的趋势、特点;第五章青少年犯罪学的理论基础和研究方法;第六章青少年生理、心理特点和违法犯罪;第七章我国青

〔1〕 参见中国社科院青少年研究所:"青少年犯罪问题研究规划",载青少年犯罪研究资料汇编编辑组编:《青少年犯罪研究资料汇编》(第2辑),中国社会科学院青少年研究所1981年版,第543页。

〔2〕 马结等:"《中国青少年犯罪学》大纲",载《政法论坛》1983年第2期。

〔3〕 参见杨春洗:"青少年犯罪是当前法学研究中的一个重要课题",载烟台大学法学所编:《中美学者论青少年犯罪》,群众出版社1989年版,第72~73页。

〔4〕 中国人民大学出版社1982年版。

〔5〕 西南政法学院公安教研室1984年版。

〔6〕 上海社会科学院出版社1986年版。

少年犯罪的原因；第八章青少年的教育保护和立法；第九章违法犯罪青少年的教育、感化和改造；第十章几种特殊类型的青少年罪犯和犯罪；第十一章青少年犯罪的预防；第十二章青少年犯罪的综合治理；第十三章青少年犯罪的预测；第十四章国外青少年犯罪概况和理论简介。

在总结青少年犯罪学科发展经验的基础上，1987年曹漫之主编的《中国青少年犯罪学》[1] 将青少年犯罪学的体系分为九篇三十一章，九篇分别为：绪论篇、对象篇、特征篇、原因篇、类型篇、预防篇、综合治理篇、司法篇、青少年犯罪与精神医学篇。《中国青少年犯罪学》所确立的学科体系具有较高的公认性和权威性，并且对其后的青少年犯罪学的研究产生了较大的影响。其后具有教科书体例特点的青少年犯罪学著作，基本上延续了这一学科体系。例如：周振想主编的《青少年犯罪学》[2]、莫洪宪主编的《中国青少年犯罪问题及对策研究》[3]、康树华著《青少年犯罪与治理》[4] 等。

而具有总结性质的《中国青少年犯罪研究年鉴》第1卷、第2卷，对青少年犯罪研究文献进行了梳理，所设置的体系也基本上承续了1987年《中国青少年犯罪学》的体例。例如《中国青少年犯罪研究年鉴》（1987年·首卷）[5] 第四部分"青少年犯罪研究论文"体例如下：总论、原因论、治理论、立法司法论、方法论。《中国青少年犯罪研究年鉴》（2001年·第2卷）[6] 第五部分"论文与报告"体例如下：总论、类型论、原因论、治理论、立法司法论。

四、结语

倡导青少年犯罪研究应予学科化的呼声主要在20世纪80年代，事实上，青少年犯罪研究的学科化在20世纪80年代也已基本定型。这主要表现在以下几个方面：一是以《中国青少年犯罪学》为代表的，命名为青少年犯罪学的著作相继出版，并且这些著作得到了国家哲学社会科学重点研究项目的资助。二是青少年犯罪学教学开始进入大学教学体系，成为一门重要的本科生、研究生课程。三是全国性青少年犯罪研究组织——中国青少年犯罪研究会在1982年成立，并且在青少年犯罪研究发展中一直发挥着重要的支撑作用。

1987年12月出版的曹漫之主编的《中国青少年犯罪学》一书基本确立了中国青少年犯罪学的学科体系，并基本为其后具有教科书特点的青少年犯罪学研究著作所延续，其主要的发展变化是青少年被害人研究逐步成为青少年犯罪学学科体系的主要组成部分之一。[7]

一个有趣的现象是，青少年犯罪研究的学科化实践是以政法院校青少年犯罪课程教

[1] 群众出版社1987年版。
[2] 中国青年出版社2004年版，此书为共青团中央教材编审委员会统编教材。
[3] 湖南人民出版社2005年版。
[4] 中国人民公安大学出版社2000年版。
[5] 春秋出版社1988年版。
[6] 中国方正出版社2002年版。
[7] 例如，雍自元著《青少年犯罪研究》（安徽人民出版社2006年版）即将"青少年被害人"单列一章。

学为先导的，而并非采取的是在青少年犯罪学研究相对成熟后才开设有关课程的常理性发展路径。20 世纪 80 年代初，国内主要政法院校开始开设青少年犯罪研究相关课程，在青少年犯罪教学的推动下，青少年犯罪学的学科体系逐步建立起来。这一特点也在很大程度上决定了青少年犯罪研究的兴衰。在 20 世纪 90 年代后期，随着法学教育的规范化特别是所谓核心课程体系的确立，青少年犯罪研究逐步成为政法院校的边缘学科，出现了衰弱的明显趋势。不过，一些青年管理干部院校、师范类院校则似乎出现了重视青少年犯罪学教学与研究的趋势。相对政法院校而言，或许青年类院校和师范类院校更适应青少年犯罪研究的生存和发展。

中国犯罪研究是以青少年犯罪研究为先导的，犯罪学的学科化也是以青少年犯罪研究的学科化为先导的，这是一种十分值得思考的现象，也是特定历史条件下的产物。张黎群对于犯罪学的创建以青少年犯罪学为先导原因的分析是有一定道理的，但是在我看来，这更与在特定时代下，青少年犯罪研究的风险性较弱有关。也就是说，青少年犯罪研究起到了冲破禁锢，开拓犯罪学研究的作用。[1]

1981 年 8 月《青少年犯罪研究规划》所归纳的中国青少年犯罪研究视域是较为准确的。但是梳理 30 年来我国青少年犯罪研究的成果，从研究视域侧重点的变迁来看，又具有以下两大特点：①在 20 世纪 70 年代末期，青少年犯罪研究关注的是现象研究，即青少年犯罪陡然严重化这样一个命题。在 20 世纪 80 年代侧重的是青少年犯罪原因、对策的研究。在 20 世纪 90 年代，出现了将青少年犯罪中的少年犯罪（未成年人犯罪）作为研究重心的特点，而在 20 世纪以后则出现了以少年司法制度研究为重心的特色。②青少年犯罪研究具有较强的时代特点，每个时代的主要社会问题都会在青少年犯罪现象中折射出来，也因此构成了那个时代青少年犯罪研究的热点问题。

尽管青少年犯罪研究的学科化在 20 世纪 80 年代即已经初步建立，但是就作为一门学科而言，它仍然是很不成熟的，甚至其生存是堪忧的。尽管是否可以成为一门独立的学科并非影响青少年犯罪研究发展的决定性因素，但是在中国目前的学术研究体系下，这对于培养、造就和维系青少年犯罪研究学术队伍，深化青少年犯罪研究却仍有着极为重要的作用。巩固和发展青少年犯罪研究的学科地位，而不是放任其夭折，这可能是今后中国的青少年犯罪研究者所需要努力的方向。

（载《青少年犯罪问题》2009 年第 3 期，人大复印资料《刑事法学》2009 年第 9 期全文转载）

---

[1] 中国有着犯罪问题保密主义的传统，在官方看来，犯罪现象是一个容易与意识形态、国家形象、政绩等挂钩的敏感问题，这被公认为是制约中国犯罪学研究产生和发展的瓶颈。

第三章

转型社会的青少年犯罪控制

——以"全国重点青少年群体教育帮助和预防犯罪试点"
为例的研究

　　成人的政治策略通常是借着童年的名义来实行的。

——帕金翰（David Buckingham）

　　2010 年开始的五类重点青少年群体教育帮助与预防犯罪试点工作，体现了青少年社会管理思维的进一步转化，也是试图通过完善重点青少年管理机制实现对底层群体有效社会管理技巧的展现。但是，这样的控制技巧，也存在标签化、干扰重点青少年群体及其家庭生活，甚至侵害重点青少年群体权益等风险。重点青少年教育帮助与预防犯罪试点的方向应是将以"单位"为载体、强制力为后盾的青少年管理传统模式向以社区为载体、福利为后盾的青少年管理模式转变，尊重青少年的自理性，综合运用情感、成本、精力、道德等多种手段促使重点青少年"融入"社会而非使其"突兀"于社会。

一、变迁中的青少年

　　1900 年，梁启超所撰《少年中国说》传诵一时，其中"今日之责任，不在他人，而全在我少年。少年智则国智，少年富则国富，少年强则国强，少年独立则国独立，少年自由则国自由，少年进步则国进步，少年胜于欧洲，则国胜于欧洲，少年雄于地球，则国雄于地球"的名句也将"少年"[1]的社会形象定格为国家和民族的"希望"。

　　新中国成立初期，青少年的形象仍然是鲜明的、朝气蓬勃的，这一群体被视为代表着国家和民族的未来。1957 年 11 月 17 日，毛泽东在莫斯科向中国留学生讲话时的一番殷切希望，成为那个年代青少年的总体形象："世界是你们的，也是我们的，但归根结底是你们的。你们青年人朝气蓬勃，正在兴旺时期，好像早晨八九点钟的太阳。希望寄托在你们身上。"

　　"文革"期间，青少年的角色开始转变为"革命"的依靠力量，青少年以红卫兵、革命小将等形象冲在了"无产阶级文化大革命"的前沿，成为那个混乱时代的红色

---

　　〔1〕　清末至民国时期，"少年"一词被广泛使用，其基本含义与今日"青少年"基本同义，只是年龄范围与"青少年"有所区别，通常以 20 周岁为上线年龄。

标志。

20 世纪 70 年代末，毛泽东的逝世带来权威政治形态的暂时性失范，社会秩序出现了严重混乱的状态，[1] 而青少年则似乎有些突然的开始以一种"不让人放心群体"的印象进入党和国家社会管理的视野中，并被认为应当对当时犯罪高发、社会秩序的混乱承担相当甚至是主要的责任。

官方与学界一致认为，青少年犯罪已经占到了刑事犯罪的绝大多数比重，是犯罪的主力军。1979 年 8 月 17 日中共中央转发了中央宣传部等八单位《关于提请全党重视解决青少年违法犯罪问题的报告》（中央 58 号文件），是党的历史上第一个关于犯罪问题的中央文件，也是第一份关于青少年犯罪问题治理的文件。这份文件高调而明确地将青少年犯罪作为一个严重的社会问题标识了出来，并对青少年犯罪做出了这样的判断：

"在青少年中问题仍然不少，青少年违法犯罪的情况仍相当严重，成为影响社会安定的一个突出问题。据各地反映，在当前刑事案件作案人员中，青少年占很大比重，大、中城市一般占百分之七八十，农村占百分之六七十。这些违法犯罪青少年，从偷摸扒窃、打架斗殴、耍流氓，发展到拦路抢劫、强奸妇女、行凶杀人。有些结成'团伙'，为非作歹。有的已经成为刑事惯犯。……我们深深感到，对于当前青少年犯罪问题的严重性要有充分的估计。"[2]

自此以后，如何实现对青少年群体的有效控制，即开始成为转型期中国社会管理的重要环节。1979 年以后，在预防青少年违法犯罪的名义下，中央又连续发布了多个加强青少年管理的文件。例如，《中共中央关于进一步加强青少年教育预防青少年违法犯罪工作的意见》（中发［1985］20 号）、《中央社会治安综合治理委员会关于进一步加强预防青少年违法犯罪工作的意见》（2000 年 11 月 29 日）、《中央社会治安综合治理委员会关于深化预防青少年违法犯罪工作的意见》（2004 年 9 月 8 日）、《关于实施"为了明天——预防青少年违法犯罪工程"的方案》（2004 年 11 月 3 日，中央综治委预防青少年违法犯罪工作领导小组、中央社会治安综合治理委员会办公室）等。

随着 1991 年《全国人大关于加强社会治安综合治理的决定》的发布，中共中央成立了社会治安综合治理委员会，统领社会治安管理功能，预防青少年违法犯罪的领导职能也相应归入了中央综治委。[3] 2001 年 1 月，中央综治委又专门成立了预防青少年违法犯罪工作领导小组，组长由全国人大常委会副委员长曹志担任，共有 13 个成员单位参加，办公室设在共青团中央。时任团中央书记处第一书记周强为副组长，书记处书记赵勇为领导小组成员兼办公室主任。此后，尽管人事变动，但仍遵循了由全国人大常委

---

〔1〕　姚建龙："远离辉煌的繁荣：青少年犯罪研究 30 年"，载《青年研究》2009 年第 1 期。

〔2〕　"中央宣传部等八单位关于提请全党重视解决青少年违法犯罪问题的报告"，载中国青少年犯罪研究会编：《中国青少年犯罪研究年鉴》（1987 年·首卷），春秋出版社 1988 年版，第 21 页。

〔3〕　"综合治理"作为中国特色的社会治安模式正是发端于对青少年犯罪的治理，并进而推演成为社会治安维护的基本模式。参见姚建龙主编：《中国青少年犯罪研究综述》，中国检察出版社 2009 年版，第 164～165 页。当然，也有学者对此提出质疑。参见张应力："综合治理起源于对青少年犯罪的治理吗"，载《青少年犯罪问题》2010 年第 1 期。

会副委员长任组长，团中央书记处第一书记任副组长，书记处分管书记任领导小组成员兼办公室主任的格局。作为青少年违法犯罪预防的领导机构，这样的配置的确属于"高规格"，也体现了高层对青少年违法犯罪预防的重视。

从目前中央综治委预防青少年违法犯罪领导小组的 20 个成员单位[1]及其主要任务设置来看，几乎囊括了与青少年违法犯罪预防相关的所有官方机构，成为青少年控制（社会管理）的全国性领导组织。同时，中央综治委预防青少年违法犯罪领导小组的设置也明确将青少年与流动人口、刑释解教人员并列为社会治安综合治理的重点对象[2]，至少从这个角度看，青少年的形象已经从朝气蓬勃转变为了令人不安的群体。

青少年如何从八九点钟的太阳发展到令人不安的群体，是一个颇有些吊诡的转变过程。不过这样的转变符合青少年的社会角色特征：具备了对社会秩序的破坏能力，但社会化却尚未完成。而更深层次的原因可能在于，青少年问题往往是社会问题的折射。进入社会转型期后，青少年成为首先游离出传统社会控制机制的群体，也因此成为社会控制的难点与重点。[3]自 2010 年开始的重点青少年群体教育帮助和预防犯罪工作试点（简称"重点青少年试点"），似乎更能印证这一点。

2010 年 8 月 6 日，中央综治委预防青少年违法犯罪工作领导小组、中央社会治安综合整理委员会办公室联合发布了《关于开展重点青少年群体教育帮助和预防犯罪工作试点的通知》（综治委预青联字 [2010] 2 号，以下简称试点通知），将闲散青少年群体、有不良行为或严重不良行为的青少年群体、流浪乞讨青少年群体、服刑在教人员未成年子女群体、农村留守儿童[4]群体列为开展教育帮助和预防犯罪试点的五类重点青少年群体。不久后，经过申报等程序确定了北京市海淀区等 16 个试点城市或地区[5]，并以 2010 年 9 月至 2012 年 9 月两年期为试点期限。同年 10 月 28 日，中央综治委预防青少年违法犯罪领导小组在南昌召开全国重点青少年群体教育帮助和预防犯罪试点工作推进会，2011 年 10 月 19 日又在山东泰安市召开全国重点青少年群体教育帮助和预防犯罪试点工作座谈会，以五类重点青少年群体为对象的教育帮助与预防犯罪试点工作正在全国引人注目地展开。

---

〔1〕 成员单位包括：中宣部、教育部、最高人民法院、最高人民检察院、公安部、民政部、司法部、财政部、人力资源和社会保障部、工业和信息化部、住房和城乡建设部、文化部、工商行政管理总局、广播电影电视总局、新闻出版总署、共青团中央、全国妇联、中国银监会、中国保监会、中国关工委。

〔2〕 中央综治委下设五个专门工作领导小组：中央综治委铁路护路联防工作领导小组、流动人口治安管理工作领导小组、刑释解教人员安置帮教工作领导小组、预防青少年违法犯罪工作领导小组、学校及周边治安综合治理工作领导小组，各领导小组办公室分别设在铁道部、公安部、司法部、共青团中央和教育部。

〔3〕 值得注意的是，随着社会转型的加剧，青少年令人不安的形象似乎日益强化，甚至青少年中曾经被视为"天之骄子"的大学生群体也开始因为就业困境沦为底层知识分子而成为需要"重点关注"的对象。

〔4〕 青少年是指已满 6 周岁不满 26 周岁，未成年人、儿童指已满 6 周岁不满 18 周岁。

〔5〕 其中，北京市海淀区、山东省青岛市、陕西省宝鸡市三个城市或地区为闲散青少年教育帮助和预防犯罪工作试点城市或地区，辽宁省大连市、上海市闵行区、海南省海口市广东省东莞市四个城市或地区为有不良行为或严重不良行为青少年教育帮助和预防犯罪试点城市或地区，江西省吉安市、湖北省宜昌市、四川省遂宁市为农村留守儿童教育帮助和预防犯罪工作试点城市，安徽省合肥市、西藏自治区拉萨市、吉林省长春市为服刑在教人员未成年子女教育帮助和预防犯罪工作试点城市，黑龙江省哈尔滨市、新疆维吾尔自治区阿克苏市为流浪乞讨青少年教育帮助和预防犯罪工作试点城市，山东省泰安市为重点青少年群体教育帮助和预防犯罪工作全面试点城市。

自 1979 年 8 月 17 日《中共中央转发中央宣传部等八个单位〈关于提请全党重视解决青少年违法犯罪问题的报告〉的通知》（中央 58 号文件）发布以来，处在社会转型期的中国即高度重视青少年犯罪预防工作，但是如此"高调"地将五类青少年列为重点教育帮助与预防犯罪的对象，并在全国 16 个城市大范围的开展试点工作，似乎是第一次。

二、何以成为重点

将闲散青少年群体、有不良行为或严重不良行为的青少年群体、流浪青少年群体、服刑在教人员未成年子女群体、农村留守儿童群体列为开展教育帮助和预防犯罪试点的五类重点青少年群体的理由是什么？这是一个颇值深究的问题。

从试点名称的落脚点在"预防犯罪"来看，将新五类列为重点青少年群体的主要原因基于这五类群体是犯罪高危群体的判断，因此有必要重点进行教育帮助和预防犯罪。例如，对五类青少年群体摸排专项行动后形成的一种似乎颇有说服力的观点认为：11 个青少年中就有 1 个闲散青少年，25 个闲散青少年就能转化出 1 个有不良行为或严重不良行为青少年，而从不良行为、严重不良行为转化为犯罪的比例很高。[1] 根据这种观点，自然可以得出只要针对重点青少年采取有针对性措施则可以达到有效预防和减少青少年违法犯罪的推论。显然，这体现的是对潜在犯罪群体进行"精确预防"的思路。

青少年犯罪中五类重点青少年的犯罪状况如何，目前尚缺乏系统的研究。但是已有调查中能够提供一些印证。根据最高人民法院司法统计，2004～2008 年五年间共判处未成年罪犯 412 872 人，占全部罪犯的比例为 9.31%。从身份构成来看，农民身份的未成年罪犯比重最高，达到 43.18%，其次是无业人员 33.67%，在校生占 12.26%，辍学生占 2.57%，工人身份的占 1.25%。[2] 这一数据分析表明，在我国目前的未成年罪犯人群中，农民、无业人员、在校生为主要的犯罪之源。2009 年的司法统计也基本反映出这样的规律：农民占 41.47%，无业人员占 36.71%，学生占 12.96%。[3] 可见，如从人民法院统计数据来看，似乎可以支持闲散未成年人是未成年人犯罪主要来源的观点。不过从法院统计数据所能得出的更有说服力的结论是身份与犯罪之间的密切关联性，而非是否处于闲散状态与犯罪之间的关联性。

关于流浪乞讨青少年的犯罪状况尚缺乏严谨的实证研究，已有研究多针对流浪儿童

---

〔1〕参见"最新数字：全国闲散青少年超过 2800 万"，载《中国青年报》2010 年 11 月 4 日。这一观点中一个关键性的模糊之处是何为"不良行为"、"严重不良行为"。试点通知的界定依据的是《预防未成年人犯罪法》。但如果按照《预防未成年人犯罪法》的规定，旷课、夜不归宿、收看、阅读色情读物影像制品等均属于不良行为。6 周岁～25 周岁青少年中无不良行为经历者恐见罕见，所谓"25 个闲散青少年就能转化出 1 个有不良行为或严重不良行为青少年"判断的准确性、科学性显然是值得怀疑的。

〔2〕佟季、马剑："五年来人民法院审理未成年人犯罪案件情况分析"，载沈德咏主编：《中国少年司法》（2009 年第 1 辑），人民法院出版社 2009 年版，第 195 页。

〔3〕佟季、马剑："2009 年人民法院审理未成年人犯罪案件情况分析"，载沈德咏主编：《中国少年司法》（2010 年第 1 辑），人民法院出版社 2009 年版，第 201 页。需要指出的一点是，最高人民法院公布的数据中统计为农民身份的未成年人大多是在城市务工的流动人员，有时也处于无业、闲散状态。

展开。这些研究表明，流浪儿童中的违法犯罪发生率很高，但基本上只是其在街头的生存方式。例如，根据中国流浪儿童问题研究课题组的调查，靠偷、骗、抢劫和贩毒、卖淫等违法犯罪行为谋生的流浪儿童比例达 32.9%。[1]

服刑在教人员未成年子女群体犯罪率高于普通未成年人犯罪率较为一致地得到了犯罪学研究的支持。例如，美国参议员的一份研究报告曾经指出：父母服刑的孩子长大后成为罪犯的机会比其他孩子明显高 6 倍，如果不对其进行有效的干预，他们之中的 70% 日后会被卷入刑事司法程序中。再如根据我国司法部的调查，截至 2005 年底我国监狱服刑的 156 万在押犯中有未成年子女的服刑人员近 46 万，约占在押犯总数的 30%，服刑人员未成年子女总数逾 60 万，被调查的服刑人员未成年子女违法犯罪的人数占被调查人员未成年子女总数的 1.2%。[2]

农村留守儿童是由于农村流动人口在户籍地以外谋生时把未成年子女留在户籍地而产生的一个特殊的社会群体，这一特殊群体的产生与我国城乡二元结构、城市化加剧等原因密切相关。近些年来，由于留守儿童群体数量的庞大[3]，农村留守儿童开始成为一个广受关注的社会现象，留守儿童犯罪也开始成为一个受到关注的社会问题。许多研究认为，留守儿童犯罪呈现严重化趋势，在未成年人犯罪中的比重较高，[4]但是尚无证据证明留守儿童要比非留守儿童的犯罪率要高。相反，留守儿童主要是作为权益容易受到侵害，需要关怀的群体形象而存在。不过，没有父母管教的孩子，的确是令人不放心的。

1999 年通过的《预防未成年人犯罪法》将"不良行为"这一概念确立为专用于未成年人的法律术语。"冰冻三尺非一日之寒"，除了一些突发性的犯罪外，大部分青少年犯罪的发生都有一个从不良行为逐步向犯罪行为演变的过程，因此将有不良行为或严重不良行为的犯罪"边缘"青少年列为重点青少年群体，符合犯罪预防的思路。不过按照该法 14、34 条的规定，不良行为与严重不良行为的范围是较为宽泛的，包括了旷课、夜不归宿、观看收听色情读物等青春期常见的偏差行为。但是一些地方在试点工作中对有不良行为或严重不良行为青少年的排查结论是，这类群体仅占 0.52%[5]，这样的数据

---

〔1〕 鞠青主编：《中国流浪儿童研究报告》，人民出版社 2008 年版，第 27 页。

〔2〕 郑霞泽主编：《服刑人员未成年子女现状调查》，法律出版社 2006 年版，第 1~6 页。

〔3〕 根据全国妇联 2008 年发布的《全国农村留守儿童状况研究报告》，农村留守儿童的数量为 4800 万，占全部农村儿童的 28.29%，相当于每 4 个农村儿童中就有一个以上留守儿童。但是不同的机构与研究者对我国留守儿童数量的估算差别很大，少者千万，多者数千万。造成这样差异的原因主要在于对留守儿童的界定标准存在区别，例如与父或母或者父母分离时间多长才可界定为留守儿童，有的以三个月为标准，有的以半年为标准，还有的以一年为标准。

〔4〕 来安法院 2009 年刑事案件与 2008 年相比，未成年人犯罪案件量占整个刑事案件的 9%，而其中"农村留守儿童"犯罪占到未成年人犯罪的 80%；今年与去年同期相比，则上升到了 28%。进一步调查发现，犯罪的留守儿童中，有 48% 与没有外出的父亲或母亲单独生活在一起，52% 与祖父母、外祖父母生活在一起。其中，父母外出打工 3 年以上的占 27%，一年中只能见到父母一面的占 47%，很少与父母电话联系的有 31%。参见吕昊："农村留守儿童犯罪的分析与思考"，载 http://www.ahradio.com.cn/am936/system/2010/01/28/000473271.shtml.

〔5〕 胡颖异："省调查摸底重点青少年群体'问题青少年'仅 0.52%"，载 http://news.xinmin.cn/domestic/gnkb/2010/07/21/5891238.html.

的可信度显然是令人怀疑的。[1]另一个可能需要思考的问题是不良行为是专用于未成年人的法律概念，对于已满18周岁的成年人已经无法适用未成年人的标准作出是否属于不良行为的判断。还需注意的是，青春期发生不良行为通常也被认为是青少年的一种"正常"成长现象，而大部分青少年在度过青春期后并不会把不良行为带入成年人期，这被称为青少年不良行为的"自愈"[2]。

　　总的来看，尽管有不少研究和统计认为五类重点青少年是青少年犯罪的主要来源，但五类青少年是否可标签为犯罪的高危群体，至少在中国尚缺乏严谨实证研究的支持，但是这样的判断却是"合乎常理"和容易令人相信的，也符合犯罪学诸多理论——尤其是控制理论（control theory）的解释。

　　控制理论的基本假设是认为每个人均是潜在的犯罪人，而对其社会控制的强弱（social control）是个体犯罪与否的关键原因。五类重点青少年群体中，有四类（闲散青少年群体、流浪乞讨青少年群体、服刑在教人员未成年子女群体、农村留守儿童）均属于不同程度游离于传统社会控制机制（如家庭、学校、就业单位），因而处于社会控制薄弱状态的群体。其实重点青少年试点的重心也正在于建立一种能够对这类处于社会控制薄弱状态青少年的有效控制机制。

　　一个需要注意的背景是，自1990年以来，我国的青少年犯罪在总体上出现了一升一降、总体好转的趋势。"一升"，是指未成年人犯罪的总量及在刑事犯罪中的比率大体呈上升趋势，未成年人犯罪趋于恶化。"一降"是指青年犯罪的总量变化不大，其在刑事犯罪中的比重呈下降趋势，青年犯罪趋于好转。"总体好转"是指人民法院每年判处青少年罪犯的总数基本稳定，而青少年在刑事犯罪中的比重则呈持续下降趋势。因此，至少从法院司法统计数据来看我国的青少年犯罪已经得到了相对有效的控制。

　　在全国范围内大规模开展重点青少年群体试点最关键的原因（也是最主要的意义），可能并不在于预防青少年刑事犯罪。目前我国正处于社会矛盾凸显期，群体性事件的频发已经成为影响社会稳定的重要因素。分析中外群体性事件可以发现一个共性——青少年往往是群体性事件的诱导者、推动者，甚至是主导者。例如2005年发生在法国的巴黎骚乱，起因是两名少年因躲避警察追捕触电身亡，引发该市数百名青少年走上街头抗议，焚烧汽车和垃圾桶，打砸店铺和政府机关，并与警方发生冲突，骚乱事件由此蔓延。引发突尼斯政局变动的"茉莉花革命"，其导火索也是一名失业青年、街头小贩之死。而参与群体性事件的青少年大都属于"五类重点青少年群体"。在我国，引发瓮安"6·28事件"的导火索是一名14岁女中学生的溺水身亡，而最初走上街头为其"申

　　[1]　也许排查方式影响了数据的客观性。例如有的试点城市采用的是公安司法机关所记录的青少年违法人员数，而非不良行为数，因为青少年的绝大多数不良行为是不在公安司法机关记录的，只有那些违反《治安管理处罚法》、违反《刑法》但情节轻微或因不满刑事责任年龄而不予刑事处罚的严重不良行为才会被记录。还有的省市采取了要求学校、教育部门上报不良行为青少年的做法，由于"利益相关性"，学校、教育部门可能会缩小数据。

　　[2]　例如，有的犯罪学家的研究发现"青少年越轨和犯罪行为的比例是如此之高，以至于青少年犯罪行为成为正常行为，而那些从不犯罪和越轨的青少年成为异数"。莫菲特甚至认为："那些在青少年时从未参与过任何犯罪或越轨行为的人存在某些生活或心理缺陷。比如说，缺乏社会交往技巧，个性孤僻，不善于交友。"参见陈晓进："生命历程理论：个体犯罪行为的持续性和变迁"，载曹立群、任昕主编：《犯罪学》，中国人民大学出版社2008年版，第53页。

冤"的队伍成员主要也是学生，在 300 名直接参与打砸抢烧的涉案人员中，中小学生达 110 名[1]，而参与群体性事件的学生大多属于缺乏家庭看护的留守儿童。[2]

青少年社会控制的薄弱带来的并非其作为普通刑事犯罪高危群体的担忧，而是因为其已经被视为对社会稳定的现实或者潜在的威胁，这也可以解释为何如此大张旗鼓地在全国开展五类重点青少年群体试点。如果分析五类青少年群体的阶层背景，则会发现一个更为深刻的现象，即他们都来自于社会底层，其形成与社会转型期所出现的快速城市化、工业化、阶层歧视、社会排斥、户籍制度、贫穷与贫富差距、社会保障制度不健全等紧密相关。

陆学艺教授提出以职业分类为基础、以组织资源、经济资源和文化资源的占有情况为标准的社会阶层划分的理论框架。组织资源（包括行政组织资源与政治组织资源）主要指依据国家政权组织和党组织系统而拥有的对社会资源（包括人和物）的支配能力；经济资源主要是指对生产资料的所有权；文化（技术）资源是指社会（通过证书或资格认定）所认可的知识和技能的拥有。在当代中国社会中，对这三种资源的拥有情况决定了各社会群体在阶层结构中的位置以及个人的综合社会经济地位。根据这种分层原则，勾画了当代中国社会阶层结构的基本形态，它由十个社会阶层和五个社会地位等级组成。[3]根据陆学艺教授的社会阶层分类标准，五类重点青少年群体，大体均可列入底层之列。从这个角度看，此次试点工作并非仅仅在于探索对五类重点青少年的社会控制机制，也在于寻找对社会底层群体社会控制的有效方法——也即所谓的社会管理创新，这也是重点青少年群体试点工作的深层意义。

三、高调"标签"的隐忧

尽管对五类重点青少年群体具有"担忧"的充分理由，对其重点采取教育帮助和预防其犯罪措施也有着充足的理由，但是试点工作对这五类重点青少年群体的高调"标签化"，仍可能带来令人忧虑的后果。

五类重点青少年的提出以及"教育帮助"、"预防犯罪"的定位，很容易令人联想到"文革"期间所使用的"黑五类"[4]以及"文革"后期改称的"可以教育好的子女"

---

〔1〕 刘子富：《新群体事件观——贵州瓮安"6·28"事件的启示》，新华出版社 2009 年版，第 41 页。

〔2〕 刘子富在反思"瓮安事件"时的瓮安位于西部贫困地区，留守儿童问题突出。全县 47 万人口，外出打工人员达 11 万，占全县人口的近四分之一，留守儿童数达 3 万多人，庞大的留守儿童群体缺乏父母温暖，缺乏家庭监护和良好教育，对健全人格和性格的形成造成不利影响。参见刘子富：《新群体事件观——贵州瓮安"6·28"事件的启示》，新华出版社2009年版，第 57～58 页。

〔3〕 中国社会科学院：《当代中国社会阶层研究报告》（简略版本），载 http://wenku.baidu.com/view/dfb1f9a6f524ccbff12184af.html.

〔4〕 在"文化大革命"期间，"黑五类"常指"黑五类"子女，也就是地、富、反、坏、右（即地主、富农、反革命分子、坏分子、右派分子）的子女。"文革"初期，在血统论错误观念的影响下，"黑五类"或"黑七类"子女在入团入党、毕业分配、招工、参军、提干等方面都受到歧视。到了"文革"中后期，"黑五类子女"被改称为"可以教育好的子女"，他们在各方面的待遇有所改善，但在社会上所受的歧视并没有得到根本的改变。中国改革开放以后，对"文化大革命"进行了全面的否定，家庭出身的概念逐渐淡漠，"黑五类"这一政治用语也不再使用（参见百度百科"黑五类"词条）。

的概念。这一特殊时期对五类人的子女予以"污名化"、歧视，甚至采取极端化措施的教训，应当引起我们的深思。两个时期对不同青少年群体予以标签化的形式上区别只在于理论基础的差异——"黑五类"是地、富、反、坏、右的子女，他们是对社会稳定、社会主义政权的潜在威胁，同时也是"可以教育好的"群体；[1]而五类重点青少年群体则是犯罪的高危群体，也是对社会稳定存在潜在威胁的，需要进行"教育帮助"和"预防犯罪"的群体。尽管无法将五类重点青少年群体与"黑五类"相提并论，甚至这样的联想也是"危险的"，但是这一概念的提出以及专门针对这五类特殊青少年的特殊措施（尽管强调的是"教育帮助"），的确可能带来将这五类群体从青少年中凸显出来的"他者化"效果——他们是与其他青少年不同的"特殊群体"、是需要"教育帮助"的群体、需要加强"预防犯罪"的高危群体。

事实上，在正式开展重点青少年群体试点之前的一项基础性工作即为"排查摸底专项行动"，在全国范围内做出了试图将五类青少年识别出来的努力。这次专项行动采取了由相关单位自下而上填表上报的方式，因此可能因为上报数据单位的利益相关性而降低所标识出来的重点青少年总量。[2]但是，这次专项行动所获取的重点青少年数据仍然足以引起中央决策层的担忧。例如处在社会转型加速期的中国，闲散青少年的数量必定惊人，[3]而这类特殊青少年群体的"失学、失业、失管"状态足以令任何一个时代的统治阶层感到不安。

正因为如此，建立能够快速识别重点青少年的常态信息机制，也自然成了开展重点青少年群体试点工作的要求和各试点城市努力的一大基本方向。例如针对闲散青少年，试点通知明确要求"构建以社区为依托的信息管理网络，在有条件的地方探索加强对闲散青少年的联系管理机制，纳入基层综治工作平台体系，动员各种力量，分年龄段、分群体开展有针对性的法制宣传教育。"针对有不良行为或严重不良行为的青少年群体，试点通知指引的试点方向之一是："公安、司法行政和工商、城管等执法部门掌握大量有不良行为、严重不良行为青少年的信息，通过各级预防领导小组办公室的工作机制实现信息共享，推动形成齐抓共管的工作机制。"各试点城市，也把建立对重点青少年的有效识别机制作为主要试点内容及经验。例如，北京市海淀区针对闲散青少年建立动态数

---

〔1〕　在当时的特定历史背景下，从决策层到普通公众都相信这样的逻辑是正确的、合理的，就连"黑五类"本身甚至也认同这样的逻辑而抱着主动接受教育帮助，以早日改造成社会主义新人的虔诚心态。这种标签化的结果在"文革"实践中酿成了灾难，"黑五类"已经成为历史，但迄今为止这种思维仍有着深远的影响，并且可能变化不同的形式而出现。正是因为这样的历史教训，我们应当对所有具有将"他们"与"我们"区别开来的"他者化"行动保持必要的警惕——不管其理论基础是多么的令人信服。

〔2〕　例如，在对有不良行为或严重不良行为青少年进行摸底排查时，采取了由各个学校上报数据的做法，由于学校内有不良行为或严重不良行为青少年人数是对该学校进行"评价"的重要指标，因此有理由相信对真正上报的"有不良行为或严重不良行为青少年"的数量将会大大降低。

〔3〕　摸底排查结果显示，全国约有2820万名达到法定入学年龄但又不在学、无职业的闲散青少年，其中"有不良或严重不良行为"的青少年115万人。有严重不良行为的青少年达25万人，其中有16万人在18岁至25岁之间。参见张国："最新数字：全国闲散青少年超过2800万"，载《中国青年报》2010年11月4日。

据库；[1] 大连市加强信息化管理，完善重点青少年群体信息社区登记制度；[2] 海口市建立重点青少年群体信息共享平台和动态信息管理数据库[3] 等。通过建立将重点青少年有效识别的信息机制，再通过有针对性的教育帮助措施预防其犯罪，重点青少年的"他者化"与"标签化"也就成了一种有意或者无意的结果。

总的来看，五类重点青少年群体基本上来自社会弱势阶层，闲散、留守、流浪乞讨、父母违法犯罪所首先带来的是这些青少年群体需要给以特别关怀和社会保障的状态，其权益也容易受到侵害，而不是首先作为社会秩序与社会稳定的威胁力量。[4] 只有在其无法得到社会关怀与保障的情况下，才可能转化为社会秩序与社会稳定的威胁力量。正是在这个意义上，德国著名刑法学家李斯特深刻地指出："最好的社会政策就是最好的刑事政策"。

有些欣慰同时又有些遗憾的是，试点工作将"教育帮助"放在"预防犯罪"之前，体现了通过"教育帮助"手段达到"预防犯罪"效果的思路。从试点通知的要求以及各地的试点实践来看，也在不同程度体现了正视五类重点青少年的弱势群体与权益保障缺失的现状，并要求或者努力通过福利关怀的方式最终达到预防犯罪效果的思路。但是，"教育帮助"也是一个具有蕴含单向性、居高临下的不平等性，甚至强制性的词语。从试点城市的实践来看，的确也出现了试图通过"强制性"、"惩罚性"的社会控制措施施加于重点青少年群体的倾向。例如，试点通知中对于工读学校的推崇[5]，试点实践中个别地方采取强制送回的方式来控制外来闲散青少年。[6] 这样的做法显然是对青少年权益的侵犯，其合法性也是难免受到质疑的。[7]

但显然，出现这样的倾向主要原因绝非简单的"用语不当"，其深层次原因是传统的"肤浅而直白"的强制性社会控制思维的折射。另一个重要原因则在于，在实际操作过程中权益维护型"教育帮助"这样一种"隐蔽而迂回"的方式对社会资源的要求高、周期长、效果难以验证，而"肤浅而直白"的社会控制措施，例如看死盯牢、惩罚措施、机构式看管等操作便捷且成效容易体现。必须注意的是，试点实践中出现的对强制

---

[1] 具体做法是通过公检法司、教育、民政等部门及街道乡镇、社区村等层面对全区闲散青少年群体状况进行全面排查，建立动态数据库，根据闲散青少年的不同情况进行分类管理。领导小组办公室建立统一数据库系统，实现各单位之间数据对接、互通和资源共享。参见《全国重点青少年群体教育帮助和预防犯罪试点工作座谈会交流材料汇编》（山东泰安·2011 年 4 月 19 日），第 3 页。

[2] 参见《全国重点青少年群体教育帮助和预防犯罪试点工作座谈会交流材料汇编》（山东泰安·2011 年 4 月 19 日），第 14 页。

[3] 参见《全国重点青少年群体教育帮助和预防犯罪试点工作座谈会交流材料汇编》（山东泰安·2011 年 4 月 19 日），第 26 页。

[4] 正因为如此，五类重点青少年群体试点工作的主导者似乎应以社会福利部门为适宜。但是，这次试点却由综治委预防办这样一个社会治安防控部门来负责，可能引发对这一试点道德合理性的怀疑。当然，这一试点实际上是由共青团这一青少年组织来主导和具体实施，也在较大程度上降低了角色错位的感觉。

[5] 例如试点通知要求"切实发挥专门（工读）学校在教育管理矫正不良行为或严重不良行为青少年方面的独特作用，确保对这部分青少年教育好、管得住"。

[6] 欣慰的是，在 2011 年 10 月 19 日于山东泰安市召开的全国重点青少年群体教育帮助和预防犯罪试点工作座谈会上，对于试点城市介绍的这一"经验"，与会高层领导对此提出了委婉但明确的批评。

[7] 一个最近的例子是深圳市对治安高危群体的"劝离"深圳的做法，即受到了舆论的强烈质疑。尽管深圳对此解释为治安高危人群是因为"受到震慑"而主动离开，但显然这种解释是难以回应合法性与合理性质疑的。

性控制手段的依恋甚至滥用苗头，与社会管理创新的要求背道而驰，应当引起足够的警惕。

必须承认，目前尚无充分的证据证明在中国，闲散青少年、服刑在教未成年子女、留守儿童、流浪少年是犯罪的高危群体，而不良行为与严重不良行为在某种程度上也是处于青春期青少年的一种成长中的"正常"现象，包括有不良行为和严重不良行为青少年在内的五类重点青少年均尚未有实际的严重危害社会的犯罪行为。

具有超前干预性质的预防犯罪措施所可能带来的负面效果早已经受到犯罪学中的经典理论——标签理论（labeling theory）的深刻"提醒"。标签理论建立在这样一种理论假设之上：一个人会对其他人（特别是那些有权力者）对自己的行为所下的定义（definitions）做出反应；如果我被称为坏孩子，而且被当作坏孩子对待，我会逐渐对此形成内心形象，而且按照他人对自己形象的模式定位去行为。可见，标签过程（labeling process）反而增强了想要抑制的那种现象。[1]也就是说，按照标签理论的观点，控制犯罪的机制也是导致个体犯罪的原因。这样一种理论确有颠覆传统犯罪理论的解构意味，也把批判的矛头直接转向了那些控制犯罪的机制。任何具有超前干预潜在犯罪人的预防犯罪措施，都可能成为这一理论批判的标靶。[2]标签理论得到了犯罪学研究与犯罪控制实践的支持，也成为反思传统犯罪控制机制最重要的理论支持之一。重点青少年群体试点工作的一个潜在而现实的风险正是产生"标签效应"，这种"努力控制"很可能产生马丁·因尼斯所说的"讽刺的结果"[3]——人为制造"犯罪人"甚至"假想社会敌人"，增加社会不和谐因素。[4]

对五类重点青少年的担忧也是一种容易被放大的焦虑——忽视了五类青少年群体的自我修复功能。例如留守儿童虽然与父母分离，但是绝大多数留守儿童并非处于监护缺失的状态，而是自动出现了替代性监护人。[5]再如闲散青少年虽然处于令人不安的"闲散状态"，但是其中的绝大多数人并无不良或者违法犯罪行为，甚至在很多犯罪学家看来，青少年越轨也只是青春期一种常见的现象，如果不进行"刻意"的干预和标签化，绝大多数青少年的不良行为并不会发展为犯罪行为，甚至犯罪行为也会"自愈"。也就是说，对五类重点青少年群体的教育帮助与预防犯罪工作，不但可能事与愿违，还

---

〔1〕 Arnold Binder, Gibert Geis and Dickson Bruce, *Juvenile Delinquency: Historical, cultural, Legal Perspectives*, Macmillan Publishing Company, 1988, p. 163.

〔2〕 姚建龙：《超越刑事司法：美国少年司法史纲》，法律出版社2009年版，第141～143页。

〔3〕 ［英］马丁·因尼斯：《解读社会控制：越轨行为、犯罪与社会秩序》，陈天本译，中国人民公安大学出版社2009年版，第23页。

〔4〕 按照哈耶克的观点，将"我们"和"他们"对立起来，有助于促进内部的团结，这是"极权主义领导人的武器库中不可或缺的必需品"。参见［英］哈耶克：《通往奴役之路》，王明毅等译，中国社会科学出版社1997年版，第133～134页。显然，这样的社会管理技巧是与中央社会管理创新的要求背道而驰的，也是与时代的发展相悖的。

〔5〕 例如郝振、崔丽娟对321名留守儿童进行调查发现，留守状态的儿童大部分均有祖父母、外祖父母监护（61.2%），另有29%由父母监护，真正处于没有监护人状态的只有2.2%。参见郝振、崔丽娟："留守儿童鉴定标准探讨"，载《中国青年研究》2007年第10期。

可能干扰重点青少年及其家人的正常生活,[1]甚至侵犯其隐私权等基本权利。

当代中国影响社会稳定的最大威胁在于阶层之间的隔离与对立正在日益强化和激化,同时对底层群体的管理手段也一度出现了明显的路径依赖特征——更倾向于运用惩罚、隔离等"肤浅和直白"的传统控制手段。从这个角度看,将重点青少年作为一类特殊社会群体标识、筛选出来,并通过针对性教育帮助强化与其他群体区别的做法,如果操作不当,可能难以成为值得称道的青少年控制方式。

四、融入式青少年管理

针对当前我国公共安全机制所存在的弊端,我曾经提出建立包括诉求表达与不满情绪无害化疏解机制、不同阶层利益分享机制、上下阶层流通机制的新的公共安全机制的建议。对重点青少年群体而言,[2]这些建议也是适用的。但对于这样一类特殊的群体,还需要思考更为针对性的社会管理机制。

值得注意的是,重点青少年群体的社会弱势群体的地位并非因为其是犯罪高危群体(如果这一命题能够成立)而造成的,恰恰相反,是因为社会弱势群体境遇加上传统社会控制手段的失灵,从而导致了其被视为犯罪高危群体和社会稳定的潜在威胁。需要承认的一个现实是,五类青少年中的大部分,其作为社会弱势者的地位往往是难以改变的,我们需要思考的是如何让他们在未改变身处社会底层的状态下仍不至于成为社会秩序与社会稳定的威胁。

重点青少年的以下三大特征决定了对其进行社会管理只能在"福利"的名义下才能获得合理性乃至合法性:青少年、弱势群体、尚无实际危害社会的犯罪行为。为了获得试点工作的合理与合法性,或者说占据"道德制高点",[3]应当将试点受益青少年人数作为试点成效的核心评价指标,而不宜过度渲染"教育帮助",更不宜渲染"预防犯罪"以避免标签效应。在青少年受益人数这一核心指标下,应当严谨地去审核与评价各试点城市所出台的诸多试点措施,评价其是否符合青少年最佳利益原则的要求。这并非只是一种社会控制技巧性的展现,更是社会发展进步与社会管理观念革新的表现。

重点青少年群体的另一个共同特征是与传统社会的联系薄弱。例如,留守儿童与父母之间的联系薄弱;服刑在教人员未成年子女不仅因为父母被监禁而导致家庭监护薄弱,同时其监护人还不符合传统社会对父母操行的要求;流浪乞讨青少年不仅与父母联系薄弱,还与学校、社区等之间的联系薄弱;闲散青少年同样处在与学校、单位等联系薄弱的状态。社会联系薄弱的状态,是这类青少年令人感到不安的关键原因,也符合犯罪学经典理论——社会控制理论(social control theory)对青少年犯罪原因的解释。

社会控制理论,又称社会联系理论(social bond theory)[4],是美国著名犯罪学家

---

〔1〕 例如,在试点社工帮助教育闲散青少年的城市,都曾出现闲散青少年明确拒绝社工的"教育帮助"的现象。

〔2〕 参见姚建龙:"海啸模式:一种维稳新思路",载《民主与法制》2010年第24期。

〔3〕 将"教育帮助"改为"权益保障",也许是一种更为明智的做法。

〔4〕 也有的学者翻译成"社会键理论"等。

特拉维斯·赫希（Travis Hirschi）于 1969 年出版的《少年犯罪原因》一书中提出来的。赫希认为，任何人都有犯罪的倾向，如果不进行控制的话，任何人都会进行犯罪。青少年犯罪是个人与传统社会的联系薄弱或破裂的结果。社会联系是指个人与传统社会之间的联系，这种联系一般通过社会机构表现出来。赫希认为，社会联系由下列四个方面组成，这些方面可以用来解释青少年犯罪产生的原因：（1）依恋（attachment），这是阻止青少年犯罪的情感要素。依恋是个人对他人或群体的感情联系，主要包括对父母的依恋、对学校的依恋、对同辈朋友的依恋。对正常人来说，这种感情联系是犯罪的重要抑制因素。（2）奉献（commitment），这是阻止青少年犯罪的成本要素。如果人们为了顺应传统的生活方式而花费时间和精力，致力于传统的生活、财产、教育、名誉等活动中，就不大可能从事违法犯罪活动。其原因在于犯罪的成本太高，当然这种犯罪的成本包括失去已经获得的财产、教育、名誉等，也包括可能获得的预期。（3）卷入（involvement），这是阻止青少年犯罪的时间精力要素。卷入即花费时间和精力参加传统活动。赫希认为，卷入传统活动（如传统的工作、运动、娱乐和业余爱好、学校学习等），会将个人从犯罪行为的潜在诱惑中隔离开来，使得个人没有时间和精力感知诱惑，考虑和从事犯罪活动。（4）信念（belief），这是阻止青少年犯罪的道德要素。信念即对共同的价值体系和道德观念的赞同、承认和相信。如果缺乏或者使其削弱，个人就有可能进行越轨及犯罪行为。[1]

赫希的社会控制理论的启示是，开展重点青少年群体教育帮助与预防犯罪试点工作的重点是从情感因素[2]、成本要素[3]、时间精力要素[4]、道德要素[5]四个维度重建或者强化其社会联系，使社会联系薄弱甚至破裂的重点青少年能够融入社会，而非让他们成为"凸显"甚至"隔离"于社会的特殊群体。这种重建或者强化重点青少年群体社会联系的青少年控制策略可以称为"融入式青少年控制"，这与将重点青少年作为一种特殊群体"凸显"出来，以及采用惩罚、隔离式方法对其进行控制的"隔离式青少年控制"不仅在理念上而且在技术上均是完全不同的。

具有惩罚性、强制性色彩的措施，应当在重点青少年群体的控制中慎重乃至避免使用，对于尚无违法行为的青少年应当禁止使用。例如，对于推崇工读教育，主张通过强化工读教育的方式来对有严重不良行为青少年进行干预控制的建议应当保持警惕。再如，以教育帮助的名义，主张对流浪乞讨青少年予以强制收容的建议也是值得警惕的。因为，这类具有惩罚性、强制性的措施，不仅容易破坏甚至割裂其与传统社会的联系，更严重的是容易伤害重点青少年对传统社会的情感。尽管看上去会产生给予了有效控制

〔1〕 参见吴宗宪：《西方犯罪学史》（第4卷），中国人民公安大学出版社2010年版，第1159～1173页。
〔2〕 例如，提供政策与经济支持，为农村留守儿童、服刑在教人员未成年子女等提供探亲、交流、家庭生活等支持；建立青少年社工队伍，并使之成为重点青少年在情感上可以信任的朋友；加强学校与重点青少年群体之间的情感联系，通过依托学校的关怀、提升师生感情等方式弥补重点青少年群体的情感缺失。
〔3〕 例如为重点青少年提供教育培训、创业支持、公务员考试等方面的政策支持，给重点青少年以成功的希望，提高其预期的或现实的犯罪成本。
〔4〕 例如为重点青少年组织可以吸引其的有意义活动，让重点青少年的生活充实、紧凑，减少"消耗"从事越轨活动的时间精力。
〔5〕 例如引导重点青少年认同孝悌等传统文化、传统价值观念，遵纪守法、依法维权的法治观念等。

的错觉，但实际的结果更可能是"讽刺性"的。

在开展重点青少年群体试点工作过程中，还应当注意尊重青少年的自理[1]空间。重点青少年群体也具有自理性，绝大多数重点青少年并不会因闲散、留守、流浪、监护人服刑在监而越轨，或者形成对社会秩序的威胁。重点青少年必然会形成与普通青少年不同的生活规范与习惯，政府、成人社会应当对重点青少年的生存方式、生活规律给予宽容的理解、适应和尊重——即便这种生存方式"看上去"不让人放心和习惯。举一个或许不恰当的例子，闲散青少年可能会较多地通过网络游戏、上网等方式打发时间，只要尚未达到危害身心健康的严重沉迷状态，就应当给予必要的容忍，而不宜通过社工等进行过度干预。

对于大多数重点青少年群体而言，除了家庭、学校外，社区是其主要的生活空间。在重点青少年与传统社会联系薄弱甚至破裂的情况下，如何在社区中实现对青少年的有效控制是社会管理创新的要求。在传统社会形态下，社区具有强有力的青少年控制功能，但是随着社会的转型，以血缘和地缘为纽带的传统社区形态逐步解体，同时传统的社区基层组织也呈现松散与权威性不足的状态。处在社会转型期的中国，政府在社区中尚缺乏有力的依靠力量似乎日益成为社会管理的难题。

作为最大青少年组织的共青团，被寄予了厚望。不但成了此次试点的具体执行者，也被要求直接参与对重点群体的教育帮助，特别是对农村留守儿童。但是，一个不得不正视的事实是，共青团的影响力具有"漏斗效应"——越往基层影响力越弱，同时共青团的青少年认同度与影响力实际上已经处于尴尬的地位。例如，由上海团市委权益部"共青团应参与青少年权益保护政策制定"课题组在上海市所进行的一项问卷调查发现，仅13.2%的中小学生、5.2%的在校高校学生、1.1%的在职青少年、3.9%的社区（闲散）青少年认为团组织是最能代表自身利益和反映诉求的组织，创业青年中则没有人认为团组织是最能代表自身利益和反映诉求的组织。也就是说，青少年对共青团这样一个青少年组织的认可度是低得惊人的，并且认可度与青少年的年龄成反比——越成熟越对共青团不认同。如何提高共青团组织对青少年的吸引力与影响力，是一个必须重视的问题。

那么，谁在社区中去教育帮助重点青少年？这是一个令试点推行者困扰的问题。近些年来在上海等地所试行的青少年社工制度，似乎让人看到了希望，也被寄予了重大的期待。"五老"以及其他形式的"志愿者"等体制外围组织与力量，也被发动起来，试图使之成为对重点青少年群体的"观护"者。但是，在短期内普遍性建立青少年社工队伍是不现实的。而且在我看来，青少年社工的实际作用似乎被夸大了。因为，社工在中国尚未发展成为一个令人尊敬的职业，许多青少年社工往往与其工作对象（例如闲散青少年）只有一步之遥。当然，社工、志愿者的作用仍然是值得期待的——只不过需要假以时日。

此次试点并未将社区警务作为试点的重要内容之一，这有些令人费解。发达国家社

---

[1] 本章适用了"自理"一词，而并没有使用政治性色彩较浓的"自治"一词。

会转型过程以及社会转型后的社会控制大都出现了这样一个趋势，即"人们在对社会控制机构系统进行重构时，开始把社区作为一个加强控制水平的关键性部门，因此社区警务也越来越重要"。[1] 需要特别指出的是，在社区警务中，警察的形象并非作为社区控制者的强制力量存在，而是被定位为社区服务者的角色。对于重点青少年群体而言，社区警察是其朋友、榜样、便捷的求助者，是不可替代的"国家监护人"。

　　对青少年的社会控制是一种颇具技术性的政治策略，在社会管理创新成为热点议题的背景下，重点青少年群体教育帮助与预防犯罪试点无疑具有试验田的作用，试点的效果与结果如何，值得期待。

（载《社会科学》2012 年第 4 期，人大复印
资料《刑事法学》2012 年第 7 期全文转载）

---

〔1〕 〔英〕马丁·因尼斯：《解读社会控制：越轨行为、犯罪与社会秩序》，陈天本译，中国人民公安大学出版社 2009 年版，第 85 页。

第四章
预防青少年违法犯罪工作核心指标体系研究

——以上海市为例

对于青少年犯罪治理的方式，无外主动方式和被动方式两种。主动方式强调的是犯罪的预防，亦即防范犯罪于未然，而被动方式则强调的是犯罪发生后的打击。犯罪发生后予以严厉打击，当然是治理犯罪的一种重要方式，但是犯罪的实际危害已经发生，而且社会在打击犯罪中也要消耗很多的成本，因而这是一种消极的、成本高昂的犯罪治理手段。而犯罪预防，着眼于未来，可以有效地防止犯罪的危害，节约治理犯罪的成本，是一种积极的、高效率的犯罪治理方式。随着对犯罪现象研究的深入，各国犯罪学者都先后把注意力转移到犯罪的预防上。各国在制定犯罪对策时，也逐渐把注意力转移到了犯罪预防上，强调预防在犯罪治理中的地位和作用。

上海市就预防青少年犯罪进行了卓有成效的探索，率先建立了预防青少年犯罪的社会化工作模式，成为我国预防青少年犯罪工作模式的典范。同时，上海市公检法司等很多相关职能部门也在共同开展青少年犯罪预防工作。但是，长期以来，上海市青少年犯罪预防工作一直存在着以下困扰和难题：一是如何对上海市青少年犯罪的状况进行有效监测；二是如何对预防青少年犯罪工作的成效进行科学评价；三是如何在承担青少年犯罪预防工作的各机构、部门之间建立有关青少年犯罪及其预防工作数据的沟通共享机制等。

本章研究的目的即为了寻求上述难题解决的途径，通过提炼适应国情、市情的预防青少年犯罪工作核心指标体系，有效监测上海市青少年犯罪的状况与变化特点，为评价预防青少年犯罪工作成效提供参考数据指标，同时促进各职能部门之间预防青少年犯罪数据共享机制的建立。

一、域外经验与启示

在西方发达国家，尚未发现专门针对青少年犯罪的相关评估指标体系，但存在把青少年犯罪纳入整个犯罪的统计中，并进行评估的相关指标。因此，目前有关青少年犯罪评估指标体系没有直接可供借鉴的成熟经验。但犯罪统计在发达国家和地区已经有较悠久的历史，业已形成了相对比较成熟的犯罪统计制度，而且也形成了国际上通用的犯罪统计方法，其中有许多有益的经验值得我们借鉴。

（一）核心指标：发案率

从犯罪统计经验来看，大多数国家和地区以及联合国等国际组织在有关犯罪的统计中，最为注重的核心指标是"发案率"(Crime Rate,即 Crimes Per 100 000 Population)[1]。其重要的统计指标大都建立在发案率这一核心指标基础之上。

所谓发案率,也称为罪案率,它是指某个国家(地域)范围内发生的犯罪案件数与该国家(地域)一定人口数[2]相比所占的比例。即以一个年度的发案总数为分子,以一定人口基数为分母所得的该年度平均案发数。比如,在 2000 年刑事发案率统计中,英国每十万人口 9814 件,发案率最高,其余依序是德国 7624.71 件、法国 6445.54 件、美国 4123.97 件、日本 1985.03 件、中国台湾地区 1976.69 件。用发案数来统计犯罪状况其优势在于该指标的统计参照值相同,使得对刑事发案数的统计不会因为不同国家和地区的人口差异和人口流动等因素影响而有所差异,有助于犯罪统计指标的普适化。但是,由于不同国家和地区可能会因为对犯罪的法律认定标准有所不同,也使得这一指标并不能准确地比较各国的真实犯罪状况。

另外,我国有的学者把发案率(Crime Rate)译为犯罪率,这是对发案率的误解。因为,我国大部分学者和机构在使用"犯罪率"这一术语时,实际指的是"犯罪人口率",即一定人口中犯罪人口的比率。

(二)重点统计指标

以发案率为基础,许多国家为了对犯罪进行全面而有效地监测和评估,建立了两类重点指标体系,即暴力犯罪指标体系和财产犯罪指标体系。不同国家和地区的整体罪案状况会通过这两个评估指标体系显示出来。其中,暴力犯罪指标又区分一般暴力犯罪指标和特殊型暴力指标。特殊型暴力专指杀人、强奸、抢劫和袭击,而一般暴力犯罪是指除了这四种犯罪之外的其他暴力犯罪。财产犯罪指标包括入室盗窃、偷车和纵火这几类指标。这种以发案率为基础并以犯罪类型为单位统计指标名称的评估指标体系在国际上已经成为通例,比如美国、英国、德国以及中国的台湾地区都采取这两类指标体系。

国外犯罪统计还有三个值得注意之处:一是对于一些特殊类型的犯罪进行重点监测和统计。例如,美国统一犯罪报告中将八种类型的犯罪列为指数犯罪:杀人罪、强奸罪、抢劫罪、严重伤害罪、入室盗窃罪、偷窃罪、盗车罪和纵火罪。[3]二是特别注重被警察逮捕嫌疑人的统计,并往往将其作为进行犯罪状态分析的基础数据。三是各国犯罪统计中,往往会专门针对独特犯罪群体进行统计,比如在专门针对性别差异的犯罪统计中,对女性犯罪的统计非常广泛。再如针对特定年龄段人群的犯罪统计中,对青少年犯罪的统计也较普遍。当然,这些犯罪统计主要建立在发案率的基础上。

(三)有关青少年犯罪的统计

尽管我们尚未发现各国官方专门针对青少年犯罪的统计指标体系,[4]也尚未发现

---

〔1〕 又译"罪案率",我国香港地区通常使用"罪案率"的提法。

〔2〕 国际通例为每 10 万人口。

〔3〕 前七种犯罪自联邦调查局开始编撰统一犯罪报告之日起就包括在指数犯罪中,纵火罪由国会在 1979 年增列入指数犯罪中。

〔4〕 美国犯罪学界有一项著名的专门针对青少年犯罪的民间调查——"全国青少年调查"(National Youth Survey)。这个调查采取的是自我问卷的调查方式,始于 1976 年,由科罗拉多大学的艾略特等人发起。他们在全国抽出 1700 多名 14 岁~17 岁的少年作为样本,在 1976、1977、1978 进行跟踪问卷调查,从 1980 年后,每三年会再调查

相关系统研究成果，但是从各国犯罪统计指标体系的设计来看，大都会将"青少年"列为一个重要的统计指标。在这些国家有关青少年的犯罪统计指标中，我们发现了以下几个值得关注的特点：

一是各国对于"青少年"的年龄界定存在较大差异。即在犯罪统计中，所谓青少年的上限年龄从18岁到25岁不等，下限年龄从7岁至16岁不等。但从总体上看，在青少年犯罪统计中，一般都比较关注7岁、10岁、12岁、14岁、16岁、18岁、20岁、21岁、25岁这些关键年龄节点。

二是各国对于青少年犯罪之"犯罪"的界定很宽泛。即往往是以其本国之"少年法"而非"刑法"来界定青少年"犯罪"的含义。为了与刑法上的犯罪相区别，许多国家还使用不同于成年人犯罪的术语来标示这种少年法上的触法行为。例如，美国使用juvenile delinquency一词，日本使用"少年非行"一词。按照我国的法律体系，这些国家所说的青少年"犯罪"，实际上将我国《预防未成年人犯罪法》所规定的未成年人不良行为、《治安管理处罚法》所规定的治安违法行为以及《刑法》所规定的犯罪行为都纳入了"犯罪"的范畴。

三是在官方正式的犯罪统计中，非常注重对那些被警察逮捕（arrest）的犯罪青少年进行统计分析，往往是以青少年被捕人数为基数，再进行相关的统计分析。如青少年（人口）被捕率、青少年犯罪类型、青少年犯罪的变化趋势等。这与可引起被捕的罪行被认为较为严重有关，也可能与青少年轻微的犯罪行为难以进行正式统计有关。

例如，美国统一犯罪报告所界定的少年犯是"一个少年犯了法，且被逮捕"[1]的人，只有这种少年犯才会进入美国统一犯罪报告，而美国少年司法与少年犯罪预防局（OJJDP）则会从《美国统一犯罪报告》中撷取少年犯罪数据，定期发布年度少年被捕统计报告。由日本法务部所编写的《日本犯罪白皮书》也将因为刑事犯罪被逮捕的人数作为监测犯罪动向的重要指标，并且将被逮捕人数中少年[2]的年龄和比例单独统计。[3] 在白皮书中，还专设少年非行一篇。此外，我国香港地区、台湾地区的青少年犯罪统计中，也十分重视青少年被捕人数的统计，并将被捕青少年的人数与犯罪类型分析作为监测青少年犯罪状况的重要指标。

（四）数据采集方式

国外对于犯罪数据的采集方式主要有三种：一是通过官方执法机构报告所掌握的犯罪数的方式进行正式统计。例如美国从1930年开始出版的《统一犯罪报告》（Uniform

---

（接上页）一次。未成年人犯罪这个概念在"全国青少年调查"里是一个包罗万象的指标，这个指标又可细分为几个特殊的未成年人犯罪的指标，如未成年人暴力指标、财产犯罪指标、身份罪错指标等。此外，还包括对每个违法人所违法的频率，如每月一次或者每天2次~3次等。（参见曹立群、周愫娴：《犯罪学的理论与实证》，群众出版社2007年版，第51~52页。）全国青少年调查是美国犯罪学家研究青少年犯罪最重要的资料来源，也受到官方的重视，被视为弥补官方正式犯罪统计不足的重要参考。这种通过自我报告犯罪行为的问卷调查方式，可供我国借鉴。

〔1〕 赵雍生：《社会变迁下的少年偏差与犯罪》，桂冠图书公司1997年版，第91页。

〔2〕《日本少年法》规定，"少年"的上限年龄不满20周岁，下限年龄虽然未作规定，但是在《日本犯罪白皮书》中是以"10岁"作为统计逮捕人数比率的年龄下限节点。

〔3〕 参见日本法务省综合研究所编：《日本犯罪白皮书》。

Crime Reports）〔1〕；二是通过对被害人进行调查（Victimization Surveys）。通常是通过抽样的方式，对调查对象进行访谈，询问他们是否曾经有过遭受犯罪侵害的经历；三是通过自陈报告（Self‐report）的方式进行调查，即让调查对象进行是否曾经有过犯罪行为的自我陈述。

尽管官方犯罪统计是最常见的犯罪数据来源方式，但是由于进行犯罪记录的官方机构，如警察机构、检察院、法院等，往往会与犯罪数据有较为密切的利害关系，以及很多案件并不会进入官方机构的视野等原因，官方正式统计数据的真实性越来越受到质疑。而被害人调查和自陈报告调查却能有效弥补官方统计的不足，特别是能发现"犯罪黑数"，因而越来越受到犯罪控制决策部门和理论界的重视。但是，后两种数据收集方式的成本较高，操作难度也较大，可持续性也较差。因此，各国往往会综合运用上述三种方式去收集犯罪数据，同时，致力于完善官方统计，提高官方统计的真实性与准确性。

就官方统计而言，最常见的统计机构是警察机关，这主要是为了避免"司法漏斗"效应的负面影响。因为，越往司法程序的后阶段，犯罪数据则越小，越远离真实的犯罪状况。注重使用警察统计数据的另一个重要原因是，许多国家对于"犯罪"的界定不同。例如，很多国家并不像中国那样将触犯法律的行为分为"违法"与"犯罪"两个层次。但是，就警察干预的行为范围而言，则基本上是一致的。例如，吸毒在我国虽不是犯罪，不会进入检察机关和法院的视野，但却会被警察机关发现和记录。因此，注重警察机关收集的触犯法律行为的统计数据，可以便于和其他国家进行比较。

（五）几点启示

通过对以美国、日本、我国台湾地区、我国香港地区为重点的国家和地区犯罪统计状况的分析，可以发现以下几点启示：

（1）发案率可以有效反映一定地域犯罪发生的密度，是境外进行犯罪统计的核心指标。

（2）境外在进行青少年犯罪统计时非常重视使用警方逮捕青少年的相关数据，这一共同特点值得我国借鉴：一是重视使用警方的统计数据，可以尽量避免"司法漏斗"效应，更接近真实的青少年犯罪状况；二是重视使用"逮捕"数，可以使得对青少年犯罪的统计分析具有可操作性，且能进行较为精确的数据统计与分析。不过需要注意的是，国外所使用的"arrest"的概念与我国《刑事诉讼法》所规定的"逮捕"措施多有不同。要比我国《刑事诉讼法》所规定的逮捕强制措施针对的对象宽泛得多，更接近于我国《刑事诉讼法》所规定的各种刑事强制措施〔2〕的综合。因此，在我国采用公安机关查获的青少年犯罪嫌疑人人数作为提炼预防青少年违法犯罪核心指标的基础，具有合法性、科学性也具有可操作性，值得重点考虑。

（3）在对犯罪数据的采集方式中，官方执法机构（特别是警方）的统计最为便捷，

---

〔1〕　美国要求全国地方执法部门向 FBI 报送犯罪统计数据，再由 FBI 进行数据统计分析，发布统一犯罪报告。

〔2〕　包括拘传、取保候审、监视居住、拘留、逮捕。

也是最为重要的犯罪数据采集方式，但是也应当重视其他采集方式，在条件成熟时逐步使用被害人调查和自陈报告的方式收集青少年犯罪数据。

二、对青少年犯罪的认定

我国及上海市青少年犯罪预防部门对于"青少年犯罪"的理解和界定存在较大差异，从事青少年犯罪防控工作的各部门的工作对象和统计指标设定也同样存在较大差异。根据我国《刑法》，犯罪应当是具有严重社会危害性，且触犯《刑法》并应受到刑罚处罚的行为。当然，对于什么是犯罪，实务部门的争议不大，但对于什么是"青少年"，特别是对于青少年年龄范围的划定，却存在很大的争议。

青少年的年龄段，即哪个年龄段才属于青少年，是界定或统计青少年犯罪的关键标尺。因为，青少年年龄段设定的不同，必然会导致青少年犯罪状况统计数据的差异。在我国，尽管青少年是一个常用术语，但它不是一个十分严谨的法律概念，因此不仅使各相关部门对青少年的认定缺乏一个统一的标准，而且也使各地区、各部门对青少年年龄段的划分也不尽相同。未成年人是一个法律术语，其年龄界限清晰，即 18 周岁以下的人。目前上海市公、检、法、青保等部门均只使用"未成年人"犯罪的概念，而不使用"青少年"犯罪这一术语。这些部门仅仅将未成年人犯罪作为专门的工作范围，而没有把 18 周岁以上的青年作为专门的工作对象。因此，在相关犯罪统计数据、指标设定中，也仅有关于未成年人犯罪的统计。目前，"青少年"犯罪这一术语主要为共青团系统使用。上海市社区青少年事务办、市阳光社区青少年事务中心、青少年事务社工的工作对象是"青少年"，其年龄界限为 16 周岁～25 周岁。这一对青少年年龄的界定与司法机关、青保部门存在较大的不同。

从有利于青少年犯罪防控以及形成合理工作机制的角度来看，应当对青少年犯罪这一概念中的青少年年龄范围予以统一界定。目前理论界有很多同志认为，青少年这一概念太宽泛，包含了法律地位明显不同的未成年人和成年人，是一个不科学的概念，因此，主张放弃青少年这一概念而使用未成年人这一术语。这种观点值得商榷。如果考虑到各国少年法所规定的"少年"年龄上限有日益提高之趋势，以及联合国少年司法准则关于应致力于将适用于少年的特别保护规则扩大适用于小年龄的成年人的要求，将未成年人和小年龄成年人统称为"青少年"还是很有其道理的。此外，对于青少年的年龄界限，尽管我国尚无明确的立法界定，但是对其年龄范围则至少在青少年犯罪学界和青少年犯罪工作事务部门已经基本形成了意指 25 岁以下之人的共识。更重要的是，这种放弃青少年概念的观点，大大缩小了预防青少年犯罪工作的范围，不利于对青少年犯罪的控制以及我国社会治安的维护。因此，应当继续坚持使用青少年这一概念，并且认为将青少年的上限年龄设定为 25 周岁是科学的、合理的，也是符合我国青少年犯罪刑事政策的传统以及目前预防青少年犯罪工作体制的实际的。

但是，有一个现实问题必须澄清，即目前理论界和实务部门虽然主张青少年的上限年龄是 25 周岁，但是否包括 25 周岁年龄段的人，则存在混乱。我们认为，青少年的上限年龄为 25 周岁，是指"不满 25 周岁"，即不包括正处在 25 周岁年龄段的人。这主要是基于以下几个理由：一是符合青少年犯罪刑事政策的传统。例如在上海有关青少年犯罪刑事政策的特殊文件中，一直将青少年界定为不满 25 周岁的人；二是符合用语习惯。按照惯例和立法原则，上限不包括本数，而下限则包括本数。例如我们在说未成年人是 18 岁以下的人时，即不包括 18 这一本数；三是符合国际惯例。例如《第十七届国际刑法大会关于"国内法与国际法下的未成年人刑事责任"的决议》主张"对未成年人使用的特殊条款可以扩大适用于 25 周岁以下的人"。这里所称的"25 周岁以下的人"，不包括 25 周岁这一本数。

关于青少年的下限年龄，目前主要有 14 周岁、16 周岁两种观点。以 14 周岁为下限，主要是考虑到刑法规定的刑事责任最低年龄是 14 周岁。以 16 周岁为下限，主要是从对"社区（闲散）青少年"传统界定的角度考虑的。我们认为，宜将青少年的下限年龄界定为 12 周岁。主要理由如下：一是适应预防青少年犯罪的实际需要。如果仅将达到刑事责任年龄的人列入工作的对象，不利于对青少年犯罪的预防；二是符合青少年违法犯罪开始阶段的特点。一般来说，年满 12 周岁的人正处在青春期，开始会有越轨行为；三是与我国青少年犯罪预防工作实际相符合。例如目前工读学校的招生对象最低年龄为 12 周岁；四是符合立法传统。我国第一部刑法典《大清新刑律》所规定的刑事责任最低年龄为 12 周岁，只是在其后发展中才逐步提高到 14 周岁；五是与其他国家和地区的做法类似。例如我国台湾地区《少年事件处理法》所规定的"少年"下限年龄即为 12 周岁。

不过，这一建议可能会与数据收集的可操作性发生冲突。目前以 12 周岁为"少年"下限年龄在操作性上还存在一定的困难。我国《刑法》规定的刑事责任起点年龄为 14 周岁，《治安管理处罚法》所规定的治安责任起点年龄也是 14 周岁，因此实践中公安机关对于 12 周岁～14 周岁儿童触犯法律的行为缺乏统计的传统。目前宜把青少年界定为已满 14 周岁不满 25 周岁的人群，同时应逐步完善对于已满 12 周岁不满 14 周岁儿童触法行为的预防、矫治及相关数据的统计分析，在条件成熟时再将青少年的下限年龄段前移至 12 周岁。

三、青少年犯罪状况监测核心指标

（一）核心指标：青少年涉罪率

国外犯罪统计中常用的"发案率"指标，可以反映一个国家的犯罪密度，能够较为客观地反映和评价一个国家的治安状况。但是，它并非是反映某种特殊群体（如青少年群体）犯罪状况最适合的指标。可以用于，也是较常用于反映某种特殊群体犯罪总体状况的指标主要有两种，一种是"绝对数指标"，比如犯罪人数、被起诉人数、被逮捕人数、有罪判决人数、在押罪犯人数等；二是"相对数指标"，也称"比率指标"。相对数指标通常是将绝对数指标与该群体一定量人口相比较。例如犯罪率、逮捕率、起诉率、监禁率等。相对而言，相对数指标能够更为准确和形象地反映某种特殊群体总体的犯罪状况。

1. 目前我国青少年犯罪率指标值得商榷

目前，国内最常用的监测、说明青少年犯罪状况的指标是"犯罪率"。与国外犯罪统计指标有所不同的是，犯罪率是以犯罪人数而非以案发数为比照值。其所测量和监控的目标指向是犯罪人本身。这样可能更有利于反映青少年这一独特主体的犯罪状况。例如《上海市妇女儿童发展十一五规划》将预防未成年人犯罪的目标设定为"未成年人犯罪率≤6/万"，即使用了未成年人犯罪率这一核心指标。未成年人犯罪率是指，某地年内被区（县）法院定罪判刑的户籍地为本地的 15 ~ 17 岁的未成年人罪犯占该地不满 18 周岁未成年人人口总数的比重，计量单位为万分比。未成年人罪犯依照法院当年有罪判决未成年人数计算，18 周岁以下未成年人人口总数依照公安局户籍统计资料认定。[1]我们认为，这一犯罪率指标至少有以下几点是值得商榷的：

一是该指标的计算方式不科学。该指标计算方式的分子是年度法院判决的 15 岁 ~ 17 岁的未成年人罪犯，而分母则是该地年末 18 周岁以下未成年人人口总数，即分母的年龄范围从 0 岁到 18 岁，分子与分母的年龄范围不相匹配。由于不满 14 周岁的未成年人不可能构成法院定罪的对象，因此，这一计算方式明显不科学，不能准确反映未成年人犯罪的实际状况。

二是该指标不能客观反映未成年人犯罪的真实状况。虽然，以法院有罪判决为依据的犯罪率指标具有很强的形式合法性[2]，但是，机械地以"程序上的犯罪"代替"事实上的犯罪"，不能客观、真实地反映未成年人犯罪状况。

我国《刑法》第 13 条规定："一切危害国家主权、领土完整和安全，分裂国家、颠覆人民民主专政的政权和推翻社会主义制度，破坏社会秩序和经济秩序，侵犯国有财产或者劳动群众集体所有的财产，侵犯公民私人所有的财产，侵犯公民的人身权利、民主权利和其他权利，以及其他危害社会的行为，依照法律应当受刑罚处罚的，都是犯罪，但是情节显著轻微危害不大的，不认为是犯罪。"根据这一规定，犯罪是指具有严重社会危害性，并触犯刑法应当给予刑罚处罚的行为。但是，在刑事司法实践中，却可能因为刑事政策等因素的影响，将一些根据《刑法》规定属于犯罪的行为排除在法院有罪判决的范围之外。例如，检察机关可以运用不起诉权，将虽然构成犯罪，但犯罪情节轻微，依照《刑法》规定不需要判处刑罚或者免除刑罚的案件作出相对不起诉决定。这类犯罪虽不会进入法院审判阶段，但其仍然是刑法意义上的犯罪。因此，我们认为，公安机关查获的犯罪嫌疑人人数要比人民法院有罪判决的人数，更接近真实的犯罪人数，更能客观反映未成年人犯罪的真实状况。

三是该指标仅仅监测"未成年人"的犯罪率，没有将已满 18 周岁不满 25 周岁的青年犯罪状况纳入监测的范围。

2. 建议以"青少年涉罪率"代替"未成年人犯罪率"

基于弥补上述不足的考虑，我们建议：以"青少年涉罪率"指标代替常用的"未成

---

[1] 上海市妇女儿童工作委员会统计协调专业委员会编：《上海市妇女儿童监测统计主要指标解读》，2008 年 3 月，第 101 页。

[2] 因为不经法院的判决，任何人都不能判定他人有罪。

年人犯罪率"指标，作为监测上海市青少年犯罪状况的核心指标。所谓青少年涉罪率，是指青少年总人口中涉嫌犯罪的人数比率。即在一定时间范围内涉嫌犯罪的总人数与一定的人口数相比较所获得的比值。取涉罪率作为青少年犯罪统计的核心指标，这事实上已经将统计口子从法院前移至公安部门。这既有利于犯罪预防，也有利于客观准确地统计。这也是国际社会中的犯罪统计数据主要来源于警察机构的重要原因。

关于"青少年涉罪率"的统计方法，以上海市为例，其计算公式如下：

$$青少年涉罪率 = \frac{上海市年度青少年犯罪嫌疑人人数}{上海市年度青少年人口总数} \times 万/万$$

本计算公式中，分子"上海市年度青少年犯罪嫌疑人人数"是指某一年度由上海市公安机关查获的犯罪嫌疑人中青少年（已满14岁不满25岁）的总人数。分母"上海市年度青少年人口总数"应指"实有"青少年（已满14岁不满25岁）人口数，而并非仅指沪籍青少年人数。

以青少年涉罪率的总体计算公式为基础，我们也可以区分"沪籍青少年"和"来沪青少年"两个基本类群，并据此分别统计"沪籍青少年涉罪率"和"来沪青少年涉罪率"，以此统计并监测"沪籍青少年"和"来沪青少年"的涉罪状况。也可以此为基础，监测这两个不同群体的涉罪特征，并有针对地制定各种刑事政策。当然，从可操作性的角度看，统计沪籍青少年涉罪率较为容易，也较为准确。而对来沪青少年涉罪率的统计，只能在逐步完善来沪青少年人口统计的基础上才能实现。

3. 未成年人犯罪率仍可作为重要参照指标

由于未成年人犯罪率这一传统指标具有数据精确、容易获取、能够反映青少年严重犯罪的状况等优势，我们认为仍然可以作为重要的参照指标来使用，但是不宜成为预防青少年违法犯罪的核心指标。同时，还应完善未成年人犯罪率指标的统计方式，计算公式如下：

$$未成年人犯罪率 = \frac{上海市年度判决未成年罪犯}{上海市年度已满14周岁不满18周岁未成年人总数} \times 万/万$$

此外，在法院审判环节，还应逐步完善对判决青年（已满18岁不满25岁）罪犯数据的收集，逐步建立青少年犯罪率指标。

4. 需要重点收集的基础性数据

基于以青少年涉罪率为预防青少年违法犯罪核心指标，以未成年人犯罪率为重要参照指标，建立预防青少年违法犯罪核心指标体系的考虑，建议应重视和完善对以下基础数据的收集：

- 公安机关查获青少年犯罪嫌疑人人数（数据来源：公安机关）
- 青少年犯罪嫌疑人中批准逮捕的人数（数据来源：公安机关、检察机关）
- 人民法院有罪判决中青少年人数（数据来源：人民法院）
- 上海市实有青少年（已满14周岁不满25周岁）人数（数据来源：公安机关、人

口办)

● 上海市实有未成年人（已满 14 周岁不满 18 周岁）人数（数据来源：公安机关、
人口办）

（二）青少年犯罪定类监测指标

确立青少年涉罪率这一核心指标后，可以在这一指标的基础上，以查获青少年嫌疑人人数为基数，建立其他有关青少年犯罪的重要监测指标。即为了全面监控青少年犯罪状况，在青少年涉罪率的基础上建立"青少年犯罪定类监测指标体系"，根据有关标准，把青少年犯罪区分为不同类型，然后以年度青少年犯罪总量为分母，以不同类型青少年犯罪量为分子，监测青少年犯罪的类型比率，以便更有效监测青少年犯罪基本特征和规律的指标体系。这种指标有些是与青少年的社会特征相关，有些是与其犯罪的具体特征相关。具体来讲，主要包括以下几个测量指标：

一是"年龄分层指标"，即监测不同年龄与青少年犯罪的关系及变化规律，其中特别需要关注的是青少年犯罪的核心年龄段，即 14 岁到未满 18 岁的未成年人；二是"性别比指标"，即监测不同性别在青少年犯罪中的具体情况；三是"文化程度指标"，即监测不同文化程度与青少年犯罪的相关性；四是"家庭类型指标"，即监测不同类型家庭与青少年犯罪的关系；五是"居住区域类型指标"，即监测生活在不同区域的青少年与犯罪之间的关系。其中，可以区分为本市与外省市，城区、郊区、城郊接合部等，但本市与外省市的差异可以成为监测指标体系中的关键性指标，因为我们尤其重视本市青少年和来沪青少年犯罪状况的监测，以此探索综合治理的依据；六是"犯罪类型指标"，即监测青少年犯罪的偏好，比较倾向从事哪类犯罪。尤其需要监测青少年犯罪的暴力性程度；七是"犯罪特征指标"，即监测青少年犯罪的基本特征。其中，可以区分为个人犯罪、团伙犯罪；故意犯罪、过失犯罪、即兴犯罪、预谋犯罪等；八是"犯罪手段指标"，即监测青少年犯罪的主要手段。其中，主要区分为暴力性手段和智力智能性手段等等。

以上指标可以个别测量，以监测某一青少年犯罪状况，也可以相互交叉测量，以监测青少年犯罪的全面状况，并为政府和相关部门采取相应的对策措施提供基本依据。此外，还可以根据预防青少年违法犯罪工作的需要，在青少年涉罪率的基础上设计其他二级监测指标。

四、预防青少年犯罪效果评价核心指标

青少年犯罪预防，一般包括三个层级：一是"一般预防"，即"超前预防"；二是"临界预防"；三是"再犯预防"。由于青少年犯罪一般预防的工作主体过于广泛，而且预防效果也难以评价，加之青少年犯罪预防工作机制是重点针对临界预防和再犯预防而建立，因此没有必要（也难以）针对一般预防设定效果评价指标。评价预防青少年犯罪效果的核心指标，宜围绕临界预防和再犯预防来具体设定。

青少年涉罪率也可作为青少年犯罪预防效果的评价指标，比如年度同比青少年涉罪率的变化、若干年度青少年涉罪率的变化等，但是，更为准确和直接的评价指标，应该

是我们的预防工作是否有效阻止了青少年行为的"恶化",例如是否防止了青少年重新违法、重新犯罪、从有不良行为恶化为实施犯罪行为等等。

就临界预防工作而言,目前尚缺乏能够有效评价其预防工作效果的指标,目前也尚难以设计出有效的评价指标。我们曾经考虑过设计"罪前不良行为率"的指标[1],但是如果考虑可操作性,这一指标还有待进一步研究。如何提炼出可以科学评价临界预防工作效果,且具有可操作性的核心指标,是一个尚需要进一步深入研究的课题。

就再犯预防而言,目前有较为公认的评价指标——重新犯罪率(简称"重犯率")。所谓"重新犯罪率",是指某一年度原犯罪被判处刑罚,刑罚执行完毕后五年内(危害国家安全罪不受时间限制)再次犯了应当被判处刑罚的故意犯罪的人数与同一年度刑罚执行完毕人员总数的比例,通常按百分比计算。重新犯罪率是各国公认的有效和权威评价犯罪矫正效果,即再犯预防效果的指标。就青少年重新犯罪率而言,其计算公式如下:

$$青少年重新犯罪率 = \frac{某一年度刑罚执行完毕后5年内又犯应判处刑罚的故意犯罪青少年罪犯数}{同一年度刑罚执行完毕人员总数} \times 百/百$$

目前国内有关部门在计算重新犯罪率时存在以下两个常见的错误:一是分母设置的错误,例如以"全部罪犯人数"作为分母,而不是"同一年度刑罚执行完毕人员总数";二是计算重新犯罪率时的时间段过短,多使用"一年内"故意犯罪作为计算重新犯罪率的基数,不能准确、客观地计算重新犯罪率。

按照惯例,青少年罪犯的确定,一般以犯罪时的年龄为准,而不是以刑罚执行完毕时的年龄为准。目前,监狱、未成年犯管教所较为重视重新犯罪率的统计指标,这与司法部以此指标作为考察改造工作效果的关键标尺有关。但是,总的来看,上海市尚缺乏专门的青少年重新犯罪率统计指标的收集和计算机制。特别是未进入监狱而在社区服刑的社区矫正人员的重新犯罪率,以及在普通监狱改造的青年(已满18周岁不满25周岁)罪犯的重新犯罪率,尚缺乏一个完整的统计,需要逐步予以完善。

五、结语

在对上海市青少年犯罪预防工作进行深入调研,并且参考国外经验的基础上,本文提炼出了青少年犯罪预防两大核心指标:涉罪率、重犯率。其中,涉罪率可以有效监测上海市青少年犯罪的现状及其发展变化状况,重犯率可以有效评估青少年再犯预防工作

---

[1]　罪前不良行为率是指年度人民法院做出有罪判决的青少年罪犯中,在犯罪前曾经有过不良行为的比率,计算单位为千分比,计算公式如下:

$$罪前不良行为率 = \frac{年度有罪判决青少年中曾经有不良行为的比率}{年度有罪判决的青少年总人数} \times 千/千$$

不良行为记录是指正式记录,记录机关主要包括:学校、工作单位、公安机关、检察院、法院、社工组织。不良行为包括:(1)严重违纪行为;(2)治安违法行为;(3)因为未达刑事责任年龄不予刑事处罚的行为;(4)因为未达治安处罚年龄而不予治安处罚的行为;(5)严重违背社会公德的行为;(6)其他正式记录的不良行为。

的成效。这两大核心指标有关数据的采集需要依赖的重点部门是：公安机关、法院、司法行政机关（特别是监狱与社区矫正部门）。目前，上海市从事青少年犯罪防控工作的各部门之间对于青少年犯罪数据的统计口径不同，而且各部门之间缺乏有效、顺畅的信息沟通和共享机制。这种状况不利于青少年犯罪预防决策，不利于形成青少年犯罪预防合力，不利于节约工作成本，急需改变。

鉴此，我们建议，在市一级层面，通过上海市预防青少年犯罪领导小组，协调公、检、法、司、青保、共青团等机关和组织，制定青少年犯罪数据采集的统一标准和要求，如统一青少年犯罪年龄的界定、统一应当重点监测的青少年犯罪类型等，并围绕青少年涉罪率、重犯率两大核心指标，建立以公安机关查获青少年犯罪嫌疑人人数、检察机关批捕青少年犯罪嫌疑人人数、人民法院判决未成年罪犯人数、重新犯罪青少年人数为基础的青少年犯罪工作数据库，以有效监测上海市青少年犯罪的现状、发展变化的特点，为青少年犯罪预防工作决策提供有价值的参考，同时为评价青少年事务社工、青保部门等预防青少年犯罪的效果，提供科学和有说服力的依据。为此，可以选定某一青少年犯罪预防工作基础较好的区县先行试点，而后再向市级层面推广。

借鉴国外经验，立足本国国情和上海市情，针对青少年违法犯罪预防工作的特殊性，本文就如何建立预防青少年违法犯罪工作核心指标提出如下主要建议：①青少年的年龄段应当统一和明确，可把青少年界定为已满 14 周岁不满 25 周岁的人群。②以公安机关查获青少年犯罪嫌疑人数据为基础，在预防青少年违法犯罪工作中，将青少年涉罪率作为核心指标，青少年犯罪率作为参照指标。③以核心指标为基础，建立青少年犯罪定类监测指标体系。④制定青少年犯罪数据采集的统一标准和要求，重视和完善各部门的数据收集与统计制度，并建立和完善公检法司、人口办、青保办、劳动部门等各相关部门有关青少年数据的共享平台。

（上海市社区青少年事务办公室委托课题成果，
载《中国青年研究》2010 年第 5 期）

附录一　部分国家（地区）的青少年违法犯罪统计

《美国的犯罪：统一犯罪报告》[1] 中的少年罪错统计

1930 年，美国国会授权联邦司法部收集并公布全国犯罪统计数字。联邦司法部将此任务交给联邦调查局。自 1930 年起，联邦调查局每年编辑一本统一犯罪报告，报告中的统计数字来自警察掌握的犯罪数字。各地警察机构每年将其所掌握的犯罪数字报告给联邦调查局，联邦调查局依据此数字编撰全国犯罪统计报告。没有法律要求警察必须向联

---

[1] Crime in the United States 2007 Uniform Crime Reports. Howard N. Snyder, Juvenile Arrests 2004. 马跃：《美国刑事司法制度》，中国政法大学出版社 2004 年版。

邦调查局报告犯罪数字，各警察机构可自愿决定是否向联邦调查局报告犯罪数字，但大多数警察机构都选择向联邦调查局提供犯罪统计数字。目前，在美国的 17 000 多个警察机构中有 16 000 多个向联邦调查局提供犯罪统计数字。

统一犯罪报告将犯罪分为两大类，一类为指数犯罪（Index Crimes，也翻译为指标犯罪），另一类为非指数犯罪（Non-Index Crimes）。指数犯罪包括八种犯罪：杀人罪、强奸罪、抢劫罪、严重伤害罪、入室盗窃罪、偷窃罪、盗车罪和纵火罪。指数犯罪之所以在统一犯罪报告中占有重要地位不仅因指数犯罪是较严重的犯罪，还因其是政府计算犯罪率的依据。

在统一犯罪报告中，发案率（我国有的学者也翻译为"犯罪率"）是一个核心指标。发案率一般标示为每 10 万人中有多少起犯罪（警察所知的犯罪）。所谓警察所知的犯罪，是根据被害人的报案来统计的。在接到报案人的报案后，警察会做核实，确定被害人的报告是否真实，再认定犯罪是否成立，这类似于我国的立案。

在美国，使用 juvenile delinquency 的概念统称少年的违法犯罪行为，国内许多学者译为"少年犯罪"或"少年违法犯罪"，我们主张译为"少年罪错"。Juvenile delinquency 不同于成人犯罪（crime），它包括两种行为：一是少年犯罪行为，即少年从事了刑法所禁止的行为；二是身份罪错行为（status offense），它是指少年从事了与未成年人身份不相符的行为，它不是触犯刑法的行为，而是触犯了少年法的行为，这种行为的特点是成年人可以做，但是因为少年未达到成年年龄而被认为不能做，例如逃学、旷课、离家出走、违反宵禁、不服家长管教等。

进入统一犯罪报告统计分析的少年罪错是指被警察逮捕的不满 18 岁少年的罪错行为。虽然少年没有明确的下限年龄，但统一犯罪报告主要统计已满 10 岁不满 18 岁少年的被捕情况，并以此计算少年犯的人口比率和进行相关的数据分析。

从联邦调查局（FBI）公布的统一犯罪报告和少年司法与少年罪错预防局（OJJDP）公布的少年逮捕情况分析来看，美国对于少年罪错监测中所使用的核心指标主要有：

被逮捕少年犯的比率，即在被捕总人数中，被捕少年犯所占的比率。在 2004 年，这一比率是 16%。同时，在相关分析报告中还特别对于各种指数犯罪中少年犯的比率进行重点分析。例如，在 2004 年，被捕少年人数在谋杀犯罪中占 8%，强奸犯罪中占 16%，盗车犯罪中占 27%，故意伤害中占 14% 等。

被逮捕少年犯的人口比率，即每 10 万已满 10 岁不满 18 岁少年人口中被捕的比率。在相关统计分析中，非常重视按指数犯罪类型进行监测，并侧重分为暴力犯罪和财产犯罪两大类犯罪进行监测。例如，从 1980 年到 2004 年，美国每 10 万 10 岁~17 岁少年暴力犯罪和财产犯罪趋势图分别如下：

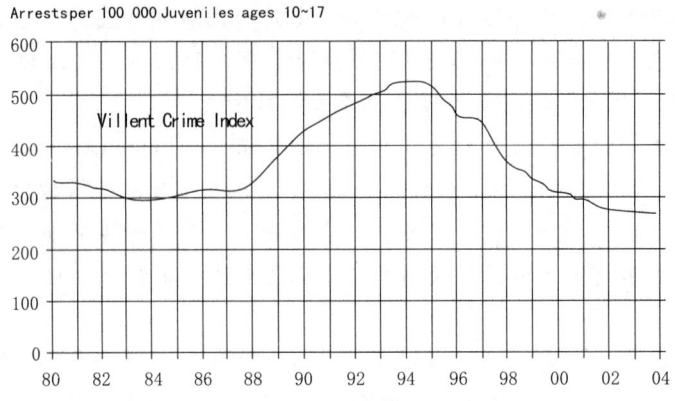

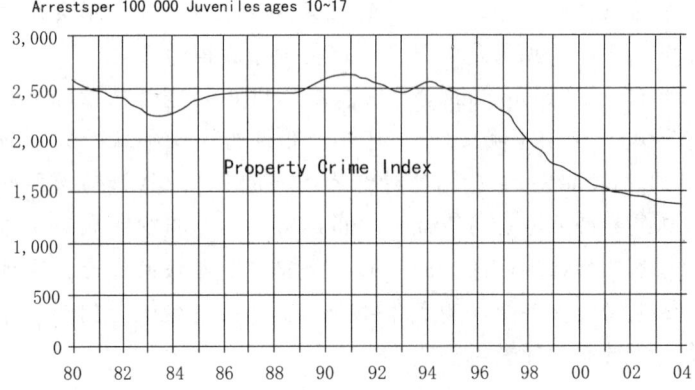

《日本犯罪白皮书》[1] 中的少年非行统计

日本自昭和35年（1960年）开始，每年由法务省综合研究所编撰和公布《犯罪白皮书》，这是日本最权威和最主要反映该国犯罪状况的资料，也是犯罪控制部门和研究人员评估日本犯罪状况的主要依据，其数据来源是执法部门，包括法务省各部门、最高法院事务总局、警察厅等。在《犯罪白皮书》中专设一篇（第四篇）统计和分析日本少年犯罪的相关数据。

在日本，青少年违法犯罪预防工作的对象以及纳入统计监测范围的青少年违法犯罪被称为"少年非行"[2]。少年非行包括：（1）14岁（刑事责任起点年龄）以上不满20岁少年的刑事犯罪行为（简称"少年犯罪行为"）；（2）未满14岁而触犯刑法的触法行为[3]（虽然触犯刑法但因未达到刑事责任年龄而不予追究刑事责任的行为，简称"少年触法行为"）；（3）有犯罪之虞的"虞犯"行为（有不服从监护人正当监督的毛病和不正当的交际等，虽然问题本身还不构成犯罪，但可以认为有犯罪的可能，简称"少

---

〔1〕 日本法务省综合研究所编，李虔译，康树华校，中国政法大学出版社1987年版。
〔2〕 有的学者译为"少年不良行为"。
〔3〕 有的学者译为"少年违法行为"。

年虞犯行为")。

《犯罪白皮书》用以分析少年非行动向与特点所使用的基础数据是来源于警方的"逮捕[1]数"。根据对逮捕人员的统计，犯罪白皮书重点提炼了以下核心指标来监测、分析少年非行状况：

被逮捕少年的人口比率（在《犯罪白皮书》中简称"人口比"）：被逮捕的少年犯同 10 岁以上未满 20 岁少年人口的比率（千分比，1946 年为 6.7，在战后日本第三次少年犯罪高峰时期的 1983 年上升到 17.1）

被逮捕少年比率（在《犯罪白皮书》中简称"少年比"）：被逮捕成年犯与少年犯相加，少年犯所占的比例（千分比，1946 年为 25.1，在战后日本第三次少年犯罪高峰时期的 1983 年上升到 30.9）。

被逮捕少年中重犯的比率：逮捕少年中曾经因为非行受到处分的比率。"处分"的内涵很宽，包括保护观察、免予审判、未决等情况，实际上只要被少年司法机关正式处理过，不论采用什么样的处理方式，都视为重犯。

此外，《犯罪白皮书》还按照被逮捕少年涉嫌的罪名进行犯罪类型分析，按性别重点分析女少年犯罪的变化。

在日本，由于虞犯少年（类似于我国《预防未成年人犯罪法》所规定的有不良行为的未成年人）可交家庭法院审判，《犯罪白皮书》主要使用的是家庭法院所处理虞犯少年的结案统计数据来监测虞犯少年的情况（主要分析虞犯的类型，所占的比例）。

《犯罪白皮书》还以专章来统计分析对非行少年的处理情况，包括对少年案件的检察、审判、少年鉴别所的观护及鉴别、少年院的处遇、少年监狱的处遇、少年的更生保护等。

最近一些年，日本政府开始使用抽样调查的方式来分析少年犯罪的状况，并且发布专门的少年犯罪白皮书。例如，日本政府于 2005 年 3 月 21 日发布了一项关于日本少年犯罪的白皮书，这项调查的对象是 3000 名 20 岁以上的日本人。

香港地区的少年犯罪统计

课题组在现有研究中尚没有发现香港、台湾地区存在类似于美国统一犯罪报告、日本犯罪白皮书这样系统、权威的犯罪统计报告。不过，可以从政府部门、司法机关（特别是警察部门）公布的统计报告中提炼出一些青少年犯罪的数据。试以香港为例，作一简要的介绍。

在香港，可以撷取青少年犯罪数据的资料来源主要有《香港警察年报》、《香港统计年刊》等。在这些统计资料中，少年的年龄在 2003 年 7 月前为已满 7 岁不满 16 岁，在 2003 年 7 月因为刑事责任年龄从 7 岁提高到 10 岁，因此少年的年龄为已满 10 岁不满 16 岁。青年的年龄为已满 16 岁不满 20 岁。下表为 1998 年到 2008 年间香港青少年被捕人

---

[1]　日本《犯罪白皮书》所称"逮捕"的概念与我国刑事诉讼法所规定的"逮捕"不同，要宽泛得多，例如对触法少年的辅导也包括在逮捕之中。

数情况：

Youth Arrested for Crime

年份 Year	少年 Juveniles	青年 Young Persons	青少年 Youth
98	5834	6613	12 447
99	5486	7038	12 524
00	6229	6465	12 694
01	5909	6145	12 054
02	5335	6027	11 362
03	5156	6018	11 174
04	4897	5812	10 709
05	4531	4780	9311
06	4510	4974	9484
07	4644	5023	9667
08	4178	4830	9008

　　从学者的研究来看，也主要是使用被捕青少年人数、被捕青少年所占的比率、被捕青少年的人口比率、犯罪类型等指标来分析青少年的犯罪的状况。以下是几份研究报告中较为典型的用以分析青少年犯罪状况的数据图：

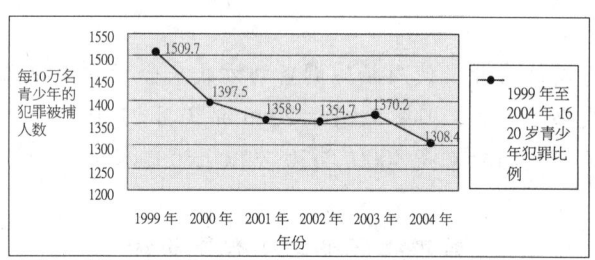

1999 年至 2004 年 16 岁～20 岁青少年犯罪比

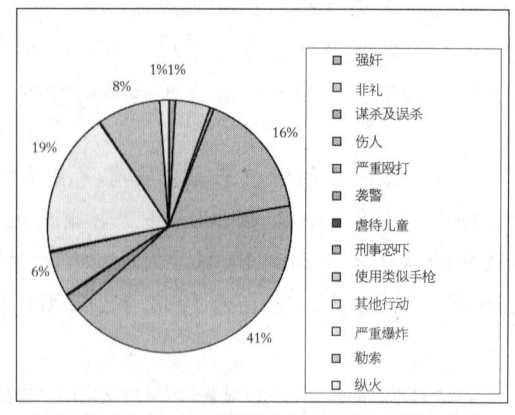

2004 年 16 岁～24 岁被捕人士所犯的暴力罪行

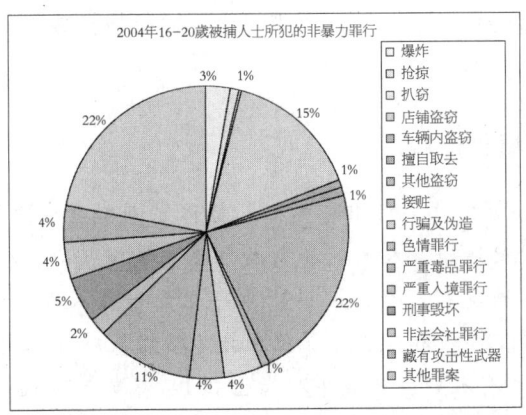

2004 年 16 岁~20 岁被捕人士所犯的非暴力罪行

附录二　关于全面推进预防青少年违法犯罪工作核心指标体系建设的实施意见（沪综治委预青领联字〔2011〕3 号）

为进一步从源头上预防和减少青少年违法犯罪，提高青少年犯罪预防工作的针对性和有效性，市综治办、团市委委托相关领域的专家学者成立课题组，研究提炼并初步建立了预防青少年违法犯罪工作核心指标体系。

从 2009 年 10 月起在宝山、长宁、黄浦和普陀等区开展预防青少年违法犯罪工作核心指标体系建设工作试点。经过一年多的实践，四个试点区坚持理念创新、制度创新和实践创新，积极整合相关职能部门力量，建立了青少年违法犯罪工作对象数据库，建立健全了承担青少年违法犯罪预防工作各机构、部门之间的工作联动和信息分享机制，加强对高危青少年的及时干预，试点工作取得了较好成效，初步探索形成了适合上海实际情况的工作模式，进一步完善了上海预防青少年违法犯罪工作核心指标，对推动和加强上海市预防青少年违法犯罪工作有着重要意义。为进一步加强预防青少年违法犯罪工作核心指标体系建设，推动预防青少年违法犯罪工作深入开展，市综治办、团市委决定在全市范围内全面推进预防青少年违法犯罪工作核心指标体系建设，相关实施意见如下：

一、指导思想

以中央综治委预防青少年违法犯罪工作领导小组全体会议和上海市深化预防和减少犯罪工作体系建设推进大会精神为指导，充分依托各区县现有的预防和减少犯罪工作体制，积极整合相关职能部门工作力量，建立健全预防青少年违法犯罪工作数据沟通共享机制，全面推进本市预防青少年违法犯罪工作核心指标体系建设。

二、工作目标

通过预防青少年违法犯罪工作核心指标体系建设，有效监测青少年违法犯罪情况，分析青少年违法犯罪的特点和原因，有针对性地采取预防青少年违法犯罪的有效措施，促进承担预防青少年违法犯罪工作的各职能部门之间的协调联动，进一步提高预防青少年违法犯罪工作的信息化和科学化水平。

三、工作内容及操作流程

1. 核心指标定义和数据收集标准。核心指标体系围绕青少年涉罪率这一核心指标，以公安机关查获青少年犯罪嫌疑人人数和未成年犯罪嫌疑人数、检察机关批捕青少年犯罪嫌疑人人数和未成年嫌疑人人数、起诉青少年犯罪嫌疑人人数和未成年嫌疑人人数、人民法院判决青少年罪犯人数和未成年罪犯人数为数据基础（本文件中青少年指已满14岁周岁未满25周岁的实有人口，未成年人指已满14周岁未满18周岁的实有人口）。青少年涉罪率可以有效检测上海市青少年犯罪的现状及其发展变化状况，其计算公式如下：青少年涉罪率＝年度青少年犯罪嫌疑人人数/年度青少年人口数×万/万。此外，青少年重新犯罪率作为评估青少年再犯预防工作成效的重要指标，对青少年罪犯矫正和安置帮教工作有重要的指导意义。由于现有统计口径尚不完全统一，此指标不做硬性要求，有条件的区可先行先试，其计算公式如下：青少年重新犯罪率＝某一年度刑罚执行完毕后5年内又故意犯罪的青少年罪犯数/同一年度刑罚执行完毕青少年人员总数×万/万。

2. 建设预防青少年违法犯罪工作信息共享平台。在各区县综治办的组织协调下，发挥各区县综治委预防青少年违法犯罪工作领导小组办公室的牵头协调作用，明确公安、检察、法院、司法（矫正办）、教育（青保办）、团委等各成员单位工作职责、各自确定一名分管领导和联络员，对预防青少年违法犯罪工作信息进行沟通共享。建立联络员数据月报制度、分管领导定期沟通制度、重大事项上报制度、优秀信息员评选制度等保障制度。

3. 建立青少年违法犯罪工作对象数据库。由各区县团委牵头，青少年事务社工站具体负责，以本区县实有人口中已满14周岁、未满25周岁的青少年为对象，收集公安、检察、法院、司法（矫正办）、教育（青保办）等单位掌握的有关青少年违法犯罪数据及具体情况，建立数据库，并实现数据的及时更新。公安、检察、法院的联络员在每年1月、4月、7月、10月分别填写上个季度本区《实有人口青少年违法犯罪情况表》（附件1）送本区县综治办（预防办）。司法（矫正办）的联络员每年1月填写《实有人口青少年再犯情况统计表》（附件2）送本区县综治办（预防办）。教育（青保办）的联络员每年1月、8月填写《实有人口中学生转入社区情况反馈表》（附件3）送本区县综治办（预防办）。区县团委指导青少年事务社工站成立工作组，15个工作日内完成全部数据的对接、核实与汇总，统计出青少年涉罪率这一核心指标，并将相关结果、分析报告反馈至综治办（预防办）。

4. 探索建立预防青少年违法犯罪工作成效评价标准。各区县团委要依托青少年违法犯罪工作对象数据库，及时统计出实有人口青少年涉罪率这一核心指标，开展数据分析，有效监测青少年犯罪的现状、发展变化特点。并适时与相关专家、职能部门共同探索，尝试应用实有人口青少年涉罪率这一核心指标评价预防青少年违法犯罪工作成效。

5. 建立健全后续跟踪服务体系。各区县团委要指导青少年事务社工站安排社工对当月数据进行排摸，通过实地走访、上门访谈等多种形式摸清情况，社工站将社工上报的数据进行整理并反馈给团委和综治办（预防办），其中属于青少年事务社工服务对象的由其跟进服务。属于矫正、禁毒、青保服务对象的，通过工作信息共享平台及时将信息移送至相关部门并由其提供跟进服务。

四、工作职责

为确保预防青少年违法犯罪工作核心指标体系建设工作的深入开展，进一步形成工作合力，特明确相关职能部门的职责：

1. 综治办（预防办）：依托已有的预防和减少犯罪工作体制，牵头召集公安、检察、法院、司法、教育（青保）、团委等相关部门，制定具体实施意见，明确相关工作制度与安排，总体协调、指导预防青少年违法犯罪工作核心指标体系建设工作的推进。

2. 团委：发挥综治委预防青少年违法犯罪工作领导小组办公室的协调作用，推进预防青少年违法犯罪工作核心指标体系建设各项工作的落实，负责指导青少年事务社工站建立，更新、维护青少年违法犯罪工作对象数据库，统计本区实有人口青少年涉罪率、重新犯罪率等指标，定期开展对青少年违法犯罪情况的调研，形成分析报告，针对预防青少年违法犯罪工作中存在的问题，提出有效措施和政策建议。督促青少年事务社工站做好后续跟进服务。

3. 公安机关：每月提供本区实有人口青少年总数、14周岁~18周岁实有未成年人总数及公安机关当月查获的区实有人口青少年违法犯罪嫌疑人情况，包括被处以警告、罚款、行政拘留、劳动教养、强制戒毒等处罚以及被移送起诉的青少年。其中，对"情节显著轻微危害不大，不认为是犯罪"的青少年或依法可以处罚或应当负刑事责任的未成年人，依据相关法律规定作出撤销案件、暂不裁决的要一并提供。

4. 检察院：每月提供本区批捕、取保候审、起诉、相对不捕、相对不诉、存疑不诉、绝对不诉的实有人口青少年犯罪嫌疑人情况，同时，对青少年犯罪嫌疑人的相关社会调查结果及已开展的帮教措施等要予以反馈。

5. 法院：每月提供本区审判的实有人口青少年被告人情况，其中，对不予受理、免予刑事处罚、终止审理、判处缓刑的违法犯罪青少年要载入统计表格。设有少年法庭的法院每月将本院审判的已满14周岁未满18周岁的未成年被告人的情况提供给被告人所在区综治办（预防办），数据具体要求同上。

6. 司法行政机关：每年由市社区矫正工作办公室提供全市参加社区矫正和安置帮教的青少年再犯率和已满14周岁未满18周岁的未成年人再犯率［本文件中再犯率＝全年重犯人数／（当年在册人数＋重犯人数＋注销人数），其中注销包括期满、死亡等情况］。充分发挥法律援助中心和基层律师事务所的作用，为青少年提供法律援助和咨询，维护其合法权益；加强与其他职能部门的衔接，做好对服刑在教人员未成年子女的教育、管理、服务、救助工作。

7. 教育部门（青保办）：提供即将转入社区的初中、高中、职业高中、工读学校学生名单，对残缺、贫困家庭学生和心理、行为有偏差学生作出备注；及时通报被勒令退学、擅自离校 1 个月以上等非正常流入社区学生情况。依法保护在校未成年人合法权益，协助处理学校突发事件，做好在校青少年群体违法犯罪的预防工作。

五、工作要求

1. 统一思想，提高认识，切实加强组织领导。各区县综治办、团委、公安、检察、法院、司法、教育部门要从预防青少年违法犯罪工作的全局出发，充分认识推进预防青少年违法犯罪工作核心指标体系建设的重要性和必要性，切实增强责任感和紧迫感，及时建立领导机构，加强组织领导。各区县综治委预防青少年违法犯罪工作领导小组办公室要在综治办的领导下，切实发挥牵头作用，做好协调工作。公安、检察、法院、司法、教育部门要密切配合，落实专人负责该项工作。

2. 明确责任，加强协作，共同落实各项工作任务。各区县综治办是推进预防青少年违法犯罪工作核心指标体系建设的领导部门，综治委预防青少年违法犯罪工作领导小组办公室负责具体协调，公安、检察、法院、司法、教育部门是推进预防青少年违法犯罪工作核心指标体系建设的重要职能部门。各有关部门要按照具体分工，切实履行职责，加强联系沟通和协作配合，做到各司其职，各尽其责，保证人员到位、措施到位、保障到位，形成工作合力，共同落实好各项工作任务。

3. 加强指导，提供支持，努力推动工作扎实开展。各有关部门要切实加强对预防青少年违法犯罪工作核心指标体系建设的指导，及时研究解决工作中的新情况新问题，逐步理顺工作机制。各区县综治办、团委要把预防青少年违法犯罪工作核心指标体系建设工作纳入社会治安综合治理和预防青少年违法犯罪工作的考核体系；有条件的地方，可把预防青少年违法犯罪工作核心指标体系建设工作经费列入预防青少年违法犯罪工作预算。

4. 认真核查，及时报送，全力确保工作数据的真实有效。及时准确地掌握预防青少年违法犯罪有关工作数据是核心指标体系建设的基础，各有关部门要以认真负责的态度核查有关工作数据，按照统一制发的表格做好统计、填报工作，力求真实、准确、无误。要按照工作职责中规定的时间节点，及时报送相关材料。

附件：

1.《实有人口青少年违法犯罪情况表》
2.《实有人口青少年再犯情况统计表》
3.《实有人口学生转入社区情况反馈表》

上海市预防青少年违法犯罪工作领导小组
2010 年 12 月 14 日

附件1

实有人口青少年违法犯罪情况表一

（＿＿＿＿＿年＿＿＿月－＿＿＿月）

填表单位：＿＿＿区公安分局　　本季度本区青少年总数：＿＿＿　　本季度本区已满14周岁未满18周岁实有未成年人总数：＿＿＿

本季度本区青少年违法犯罪嫌疑人总数：＿＿＿　　本季度本区未成年人年违法犯罪嫌疑人总数：＿＿＿　　填表时间：＿＿＿

序号	姓名	性别	出生年月	身份证号	户籍地	居住地（街镇）	家庭结构	文化程度	违法犯罪种类	违法犯罪次数	单独/共同犯罪	案发时间地点	处罚情况

说明	1、青少年对象为该区县已满14周岁未满25周岁的实有人口
	2、违法犯罪次数指本次违法犯罪为第几次，并注明之前违法犯罪的时间、地点、涉及罪名等基本情况
	3、若为共同犯罪请注明犯罪主体人数，及是否为团伙犯罪或涉黑
	4、"处罚情况"含警告、罚金、行政拘留、劳动教养、强制戒毒、起诉、暂不裁决、撤销案件等处罚

实有人口青少年违法犯罪情况表二

（＿＿＿＿＿年＿＿＿月－＿＿＿月）

填表单位：＿＿＿区检察院　　本季度本区批捕青少年犯罪嫌疑人人数：＿＿＿　　本季度本区批捕未成年犯罪嫌疑人人数：＿＿＿

本季度本区起诉青少年犯罪嫌疑人人数：＿＿＿　　本季度本区起诉未成年犯罪嫌疑人人数：＿＿＿　　填表时间：＿＿＿

序号	姓名	性别	出生年月	身份证号	户籍地	居住地（街镇）	家庭结构	文化程度	违法犯罪种类	违法犯罪次数	单独/共同犯罪	案发时间地点	处罚情况	社会调查结果	帮教措施	被害人情况

说明	1、青少年对象指该区县已满14周岁未满25周岁的实有人口，未成年人对象指该区县已满14周岁未满18周岁的实有人口；
	2、违法犯罪次数指本次违法犯罪为第几次，并注明之前违法犯罪的时间、地点、涉及罪名等基本情况；
	3、若为共同犯罪请注明犯罪主体人数，及是否为团伙犯罪或涉黑；
	4、"处罚情况"含批捕、取保候审、起诉、相对不捕、相对不诉、存疑不诉、绝对不诉；
	5、被害人情况可包括性别、年龄、职业等基本信息和受害状况。

实有人口青少年违法犯罪情况表三

（＿＿＿＿＿年＿＿＿月－＿＿＿月）

填表单位：＿＿＿＿＿区法院　　本季度本区判决青少年罪犯人数：＿＿＿　　本季度本区判决未成年罪犯人数：＿＿＿

填表时间：＿＿＿

序号	姓名	性别	出生年月	身份证号	户籍地	居住地（街镇）	家庭结构	文化程度	犯罪次数	单独/共同犯罪	案发时间地点	罪名	处罚结果	量刑情节	被害人情况

说明	1、青少年对象指该区县已满14周岁未满25周岁的实有人口，未成年人对象指该区县已满14周岁未满18周岁的实有人口；
	2、违法犯罪次数指本次违法犯罪为第几次，并注明之前违法犯罪的时间、地点、涉及罪名等基本情况；
	3、若为共同犯罪请注明犯罪主体人数，及是否为团伙犯罪或涉黑；
	4、"处罚结果"含缓判、不予受理、免予刑事处罚、终止审理等；
	5、被害人情况可包括性别、年龄、职业等基本信息和受害状况。

附件 2

实有人口青少年再犯情况统计表	
（_____年）	
填表单位：_____	填表时间：_____
当年本市社区矫正青少年再犯人数：_____	当年本市社区矫正青少年再犯率：_____
当年本市社区矫正未成年人再犯人数：_____	当年本市社区矫正未成年人再犯率：_____
当年本市安置帮教青少年再犯人数：_____	当年本市安置帮教青少年再犯率：_____
当年本市安置帮教未成年人再犯人数：_____	当年本市安置帮教未成年人再犯率：_____
说明 1、青少年对象为本市已满 14 周岁未满 25 周岁的实有人口； 2、未成年人对象为本市已满 14 周岁未满 18 周岁的实有人口；	

附件 3

实有人口学生转入社区情况反馈表									
（_____年_____月）									
填表单位：_____区教育局（青保办）							填表时间：_____		
序号	姓名	性别	出生年月	本区户籍地址（非本区户籍地址）	转出学校	转入街镇	离校时间	主要情况描述	流动人口学生转入社区居（暂）住地	备注
说明 1、此表由区县教育局（青保办）于 1 月份、8 月份填写，并反馈至区县综治办（预防办）。 2、此表中学生不包括被公安、检察、法院处理的学生										

第五章

网络色情控制与未成年人犯罪

　　网络因其交流的开放、身份的虚拟、内容的广泛、价值的多元而大受民众追捧，在国内迅速普及。据中国互联网络信息中心（CNNIC）发布的统计报告显示，截至 2009年底，中国网民规模达 3.84 亿人，其中，10 岁～19 岁网民占比为 31.8%。蓝皮书按此数据测算，中国 10 岁～19 岁网民规模超过 1.22 亿人。如果再加上 10 岁以下的网民，到去年底，中国未成年网民已超过 1.26 亿人。[1] 伴随着网络及网民数量的迅猛发展，网络色情也在短短数年间，经历 1999 年之前的"启蒙"期，1999 年至 2001 年的"摸索"期，在 2002 年之后飞速发展并逐步成熟。[2] 有数据称，目前互联网上的色情网页超过 3.7 亿个，每天约有两万张色情照片进入互联网。[3] 日益泛滥的网络色情不断激发着公众对于未成年人健康成长环境的担忧。

一、网络色情与未成年人犯罪的相关性研究

　　在未成年人犯罪原因研究中，出于对传媒因素重视的传统，网络在进入寻常百姓家之后，其对于未成年人犯罪的影响迅速成为未成年人犯罪研究学界的热点问题。网络色情，作为网络所传导出的主要不良资讯的一个重要组成部分，历来是学界关注的重点，而且相对于其他的诸如社会转型、社会道德、不良场所等社会因素，其与未成年人犯罪之间的相关性研究争议较大。综观国内学者围绕网络色情与未成年人犯罪之间存在何种联系所做的研究，可以概括出"主要诱因模式"和"中介互动模式"两种针锋相对的学说。

　　"主要诱因模式"认为，网络色情滋生和诱发了未成年人的犯罪动机，并为其实施犯罪行为提供了可资模仿和参照的对象，进而直接导致未成年人跌入犯罪的深渊。持此观点的学者主要从如下角度论述：第一，网络不良影响与青少年犯罪之间的关联性主要体现在两个方面：一是网络文化的不良影响为青少年犯罪心理的形成和发展提供了文化

---

[1]　参见俞岚："中国未成年网民超 1.26 亿，3 个网民中有 1 个未成年"，载 http://www.chinanews.com.cn/it/news/2010/06－18/2350670.shtml.

[2]　参见陈亚亚："中国网络色情现状调查"，载《中国社会导刊》2006 年第 15 期。

[3]　参见"3.7 亿个色情网页威胁青少年成长"，载 http://news.qq.com/a/20070525/000646.htm.

背景，加快了青少年犯罪的进程；二是导致了青少年犯罪形态发生新的变化。[1]第二，网络文化诱发青少年犯罪的机制表现为：扭曲青少年的价值观、弱化青少年的道德意识、强化青少年的犯罪心理、降低青少年控制犯罪的能力，因而使传统的青少年犯罪不断增多，新型的青少年犯罪大量出现。[2]第三，虽然计算机网络并非导致未成年人犯罪的直接或根本的原因，但因其所具有的交互性、开放性、匿名性、多元性、广泛性等特性与未成年人的生理、心理在走向成熟的过程中相互作用，使得计算机网络对痴迷的未成年人的人格形成产生不利影响；当我们面对控制网络信息源的难题，无法掌控信息传递者的身份及行为时，不健康因素自然会成为毒害未成年人身心健康的毒品，更成为导致未成年人走上违法犯罪道路的诱因。[3]第四，由于互联网的管理远远落后于互联网的发展，互联网上充斥着大量的不良信息，这些不良信息对正处于青春发育期、好奇心重、模仿性强、是非辨别能力较低的青少年会产生严重的负面影响，青少年在长期接触这些不良信息的过程中，容易导致心理偏差，形成违法犯罪心理，进而实施犯罪行为。[4]

而"中介互动模式"则主张，网络色情与未成年人犯罪之间存在着一个互动的过程，而这种互动的过程必须借助若干中介变量方能进行与完成，所以这些中介变量才是致使未成年人犯罪的主要推动力量，网络色情则对此不起决定作用。例如有学者引入媒介效果的三种模式——"注射"模式、"使用和满足"理论、"两级信息传播"模式进行分析后指出，与"使用和满足"理论、"两级信息传播"模式这两种模式相比，"注射"模式忽视了媒介与青少年犯罪的互动过程，忽视了在媒介与青少年犯罪之间起着重要作用的若干中介变量，而这些中介变量才是预防青少年犯罪的钥匙。后两种模式告诉我们，媒介对青少年犯罪的影响有时并不是简单的、直接的。从更深的层次看，青少年犯罪与青少年缺乏一个健康成长的生活与学习环境有直接的关联。预防青少年犯罪的重点必须放在为青少年创造健康良好的生活与学习环境上，从而培养其健康的心理和健全的人格，自觉抵制媒介的负面影响。[5]还有学者应用共青团武汉市委与武汉大学社会学研究所于2004年所做的有关"武汉市未成年人成长环境调查"的数据，实证考查互联网对上网未成年人违法犯罪的影响。在比较分析了互联网化对上网未成年人违法犯罪的影响要素后，提出了互联网因被人格化而影响上网未成年人违法犯罪的理性思考，进而提出了互联网对上网未成年人违法犯罪的工具性影响和根源性影响这样两种解释视角。认为家庭、社区以及友群环境中的不良因素，与网吧和网载文化的负面因素共同影响未成年人的违法犯罪行为。互联网在上网未成年人的违法犯罪影响因素中，属于工具性影响因素，是非人格化的。网吧、网载文化是被人格化的影响因素。家庭等环境中的不良因素是根源性影响因素，是人格化的。人格化的因素转化和强化了非人格化的因素

---

〔1〕 参见张宗亮："网络文化与青少年犯罪"，载《山东社会科学》2004年第9期。
〔2〕 参见张宗亮："网络文化与青少年犯罪"，载《山东社会科学》2004年第9期。
〔3〕 参见魏宏歆："计算机网络与未成年人犯罪"，载《中国人民公安大学学报》2005年第5期。
〔4〕 参见梅传强、李学刚："互联网对青少年犯罪心理形成的影响及防范措施"，载《青少年犯罪问题》2005年第5期。
〔5〕 参见蔡玉敏："浅析媒介暴力对青少年犯罪的影响"，载《兰州学刊》2002年第3期。

的影响作用。[1]

应该说，"主要诱因模式"秉承的是早期未成年人犯罪研究学者所持的基本观点，其研究的缺陷在于看待问题过于抽象化，简单地将未成年人孤立无助地暴露于网络色情面前，毫无保留地接受着网络色情负面效应对于其身心发展的影响，并将这种影响直接、全部地外化于行动，而不考虑其他相关的可能阻碍或者推动这种消极影响的因素的作用。因而，早期研究"最常见的形式是试图说明它是怎样成为青少年犯罪的原因的"[2]。而之后的"中介互动模式"则是在一个更接近于现实社会的视野下进行研究所得出的结论。未成年人接触的环境包括家庭、学校、社区、亲友、书籍、网络等等，是聚集着众多影响因素的集合体，网络色情只是其中之一。这些影响因素有的是正面的，有的是负面的，有的则是在正面与负面之间转化，此消彼长。因此，可以说，单一的网络色情对于未成年人的误导是不可能起决定作用的。另外，不同因素对于未成年人的影响力也大不相同。我们通常认为，家庭与学校在未成年人的成长过程中起着最具基础性的作用，相对于这两个因素，网络色情的作用则显得微不足道。同时，有别于广播、电视等媒介的被动接受性特点，网络色情内容的获取更具主动性，"网络上要访问某一信息需要一系列的确认步骤，并且往往伴有相关的说明和指示，用户出于偶然进入色情网站的机会是很小的"[3]。这就决定了家庭、学校在很大程度上能够控制未成年人接触网络色情的时间、方式、可能性，也就是说，其既可能成为未成年人与网络色情之间最佳的绝缘体，也可能为网络色情的不良侵袭推波助澜。从这一意义上说，网络色情的影响大小取决于家庭、学校、社会对于未成年人的管教、保护的措施与力度。如果将网络色情比作寒风，家庭、学校、社会就好比小孩身上的棉衣棉裤，那么唯有那些衣衫单薄、缺乏抵抗力的孩子才会因难以抵御寒风而生病。而寒风未必就是有害的，甚至有助于培养孩子的抵抗力。

国外有关色情宣传与越轨行为的相关性研究与实践则进一步证实，色情宣传与越轨之间并不存在必然的相关性。例如，美国约翰逊总统在位期间曾成立了一个专门调查色情传播活动的总统委员会，该委员会在调查后得出了以下结论：（1）虽然色情宣传对社会产生了一定的消极影响，但是并没有证据表明其直接引起了反社会行为。（2）目前没有证据来指责色情宣传在青少年和成年人的违法犯罪活动中起了重要的促进作用。[4] 欲去除邪恶必先去除神秘，色情宣传本身甚至还会带来积极的效果。一些国家色情宣传合法化的实践证实，它还有助于降低性犯罪。例如，1967 年丹麦政府规定向 16 岁以上的公民出售色情书刊为合法行为。1969 年，丹麦政府又进一步放宽了对色情宣传的限制。结果丹麦的性犯罪率急速下降，例如强奸下降16%，猥亵儿童案下降69% 。[5]

近代以来，成人社会就有着强烈的按照自己的期望有选择地将信息传递给未成年人

---

[1] 许涛、周运清："工具性影响：互联网对上网未成年人违法犯罪的影响分析"，载《青年探索》2007 年第 1 期。

[2] 蔡玉敏："浅析媒介暴力对青少年犯罪的影响"，载《兰州学刊》2002 年第 3 期。

[3] 张真理："从 CDA 违宪案看网络色情治理的相关问题"，载《法制与社会》2008 年第 18 期。

[4] 何家弘编译：《扭曲的灵魂——外国犯罪实证》，中国人民公安大学出版社 2009 年版，第 65 ~ 68 页。

[5] 何家弘编译：《扭曲的灵魂——外国犯罪实证》，中国人民公安大学出版社 2009 年版，第 67 页。

群体的冲动，并将那些不希望被未成年人所知晓的秘密，视为对未成年人有害的信息。这样的冲动是可以理解的，但容易失之偏颇。在未成年人犯罪成因领域，大可不必谈网络色情而色变。我们不否认网络色情对于未成年人健康成长的负面效应，更不排除出于对未成年人保护的必要政府应当对网络色情施加管制。但同时，也不应过分夸大网络色情对于未成年人的危害性，不要将网络色情与未成年人犯罪必然地挂起钩来。网络色情并不会直接导致未成年人犯罪，除非是因为家庭、学校、社会没能给予他正确的引导、教育、保护和照料。

二、以孩子的名义：网络色情控制中的争议问题

出于保护未成年人，降低网络色情可能对未成年人消极影响的考虑，我国政府陆续采取了一些举措，其中最为引人注目的当属"绿坝—花季护航"绿色上网过滤软件的推广。2009 年 5 月 19 日，工业和信息化部下发了《关于计算机预装绿色上网过滤软件的通知》，该通知要求 2009 年 7 月 1 日之后在中华人民共和国境内生产销售的个人计算机出厂时应预装最新版本的"绿坝——花季护航"软件，其目的在于净化网络环境，避免青少年受互联网不良信息的影响和毒害。然而，在如此无可指摘的初衷下出台的网络色情控制措施，却被舆论喊停。究其原因，我们似乎可以从美国 Reno v. ACLU 一案中寻出端倪。

同样是为保护未成年人的网络权益，1996 年 2 月 8 日美国总统克林顿签署了《传播净化法案》（简称 CDA）。该法案主要内容为：（1）任何人在州际或国际通讯中明知信息接受者在 18 岁以下，仍以电子通信手段故意传送任何淫秽或不雅的评论、要求、建议、图像或其他内容；或任何人故意允许其管理的电子通信设施传播上述信息，均处以罚款或两年以下监禁，或两刑并罚；（2）任何人在州际或国际通讯中通过电脑向成年人或 18 岁以下的未成年人发送，或通过电脑以 18 岁以下的人可能接触到的方式展示关于性活动或性器官、排泄活动或排泄器官的任何评论、要求、建议、图像或其他内容，其描述方式按照当代社区标准属于明显令人厌恶；或任何人故意允许通过其管理的电子通信设施传播上述信息，均应处以罚款或两年以下监禁，或两刑并罚。但是，色情信息提供者在遭到上述指控时，在以下条件下可以免于处罚：已尽网络管理人之责，采取合理、有效的措施和技术，防止未成年人接触网上不良信息；使用信用卡或扣账，或通过软件、密码等方式过滤未成年人用户。[1] 但该法案受到了美国公民自由联盟（简称ACLU）、出版界以及网络业者等组织和机构的联合抗议和反对，他们认为 CDA 侵犯了成年人自由传递信息的权利，甚至会使得网络审查制度干预文学艺术作品，以及与保健和性教育有关的内容；CDA 即便获准实施，由于网络具有超地域性，依然不能有效阻止向儿童传递色情内容的行为。[2] 1997 年 6 月 26 日，美国最高法院最终以 7 比 2 的明显多数，作出了否决 CDA 的历史性判决，该判决实质上体现了未成年人身心健康权利与成

---

〔1〕 张向英："《传播净化法案》：美国对色情网站的控制棋式"，载《社会科学》2006 年第 8 期。

〔2〕 张向英："《传播净化法案》：美国对色情网站的控制棋式"，载《社会科学》2006 年第 8 期。

年人的言论自由权间的冲突与平衡。[1]正如 John Paul Stevens 大法官所说："尽管政府致力于防止未成年人免受互联网有害信息的侵害，但 CDA 法案通过限制成年人的言论自由权而实现上述目的，无法满足美国宪法第一修正案的言论内容精确性要求。CDA 法案通过增加成年人的言论权的负担，而不是设置更少的限制性替代措施来实现其立法目的是不能被接受的。"这是 CDA 法案被判违宪的根本性原因。[2]紧随其后的《儿童网络隐私法》、《儿童网上保护法》、《儿童网络隐私规则》，也同样在美国宪法第一修正案前败下阵来。

反观我国"绿坝"软件的推行，其基本做法也是政府通过软件的强制安装，实现政府对于网络的实际控制权，并借此控制权来阻止网络色情对未成年人的传播。但由于软件本身存在不能完全屏蔽有害信息且可能滤掉部分无害信息的缺陷，强制安装也未能就适用对象进行区分，为了保护未成年人的利益，而将所有成年人也当作未成年人对待，限制了成年人享有的利用网络媒介自主发表正常的性言论、接受性信息的权利，实质性地损害了成年人的自由言论权在网络世界的实现，因噎废食。种种原因明确清晰地指向着一个结论：以保护孩子的名义，借"绿坝"强化对网络的控制，违背了我国《宪法》第 35 条和第 51 条所规定的公民享有言论自由的基本权利，除非该权利的行使损害国家的、社会的、集体的利益和其他公民的合法的自由和权利，否则不受限制和剥夺。"绿坝"夭折事件的这一深层次根源，告诫了我们在应对网络色情时必须遵守的一个原则，即不能借保护孩子之名行损害多数人利益之实，否则再好的初衷也会遭到民众的抵触和排斥以致难以推广实行。

三、网络色情管制基本模式比较

网络色情控制与公民享有自由言论权的矛盾和冲突，考验着政府行为的法治意识和权利意识，给基于未成年人保护的网络色情应对对策出了一个不小的难题。借鉴他国网络色情管制办法，可以提炼出两种基本管制模式：直接管制和间接管制。

直接管制模式，即通过制定系统的法律法规，授权给专门机构，对网络内容进行严格审查，直接限制网络色情内容的发布和传播。侧重这一模式的国家以德国和新加坡较为典型。德国于 2009 年修改了《电信传媒法》，修改后的法律规定，所有德国的互联网接入服务商都将承担阻止对儿童色情网页访问的法律责任；同时，德国联邦刑事局将负责搜索互联网儿童色情内容，德国政府则负责封闭违规网站。[3]而新加坡将网络定性为"广播服务"，通过《网络行为法》和《新加坡广播局法》，明确新加坡广播局（简称 SBA）主要关注在网上易于取得的色情资料，规范的重点是发布色情作品的有影响力的网址，有义务确保任何广播服务都不应有损公共利益或公共秩序、国内和平或有违良

〔1〕张向英："《传播净化法案》：美国对色情网站的控制棋式"，载《社会科学》2006 年第 8 期。

〔2〕董媛媛、王涪宁："美国防止互联网色情信息侵害未成年人的法律体系评述"，载《国际新闻界》2010 年第 2 期。

〔3〕沈青松："德国'三道防护网'打击网络色情"，载《光明日报》2009 年 12 月 25 日。

好品位或正当性，并有权对违反行为法的获执照者施以包括罚款在内的处罚。[1]

间接管制模式，主要通过行业自律以及优惠的政策鼓励特定机构自愿性地对经网络传入的内容进行过滤和限制。代表性国家如美国。美国在其网络管制立法屡因限制言论自由而被判违宪的情况下，转而采取一些较为宽松的诱导性方案，例如颁布《网络免税法》，规定政府在两年内不对网络交易服务征收新税或歧视性捐税，但如果商业性色情网站提供17岁以下未成年人浏览裸体、真实或虚拟的性行为、缺乏严肃文学、艺术、政治、科学价值的成人导向的图像和文字，不得享受网络免税的优惠；制定《儿童互联网保护法》，要求全国公共图书馆为联网计算机安装色情过滤系统，否则图书馆将无法获得政府提供的技术补助资金；在学校已开设媒体素养课程，培养未成年人获取、利用、辨别和传播信息的能力；鼓励业界为家长建立指导网站等等。[2]

比较这两种模式，其深层次区别在于国家对于公民基本权利保障的定位的不同。

直接管制的基础，是公民基本权利的"相对保障模式"，即授权普通立法对言论自由加以必要的规制。例如德国，作为其宪政体系基础的《基本法》，在第5条第1款中赋予其公民以言论自由：每个人都有表达及传播他们的观点的权利，通过书写或其他可视化方式可以通过被允许的途径获得信息而不受任何阻碍；同时，《基本法》第5条第2款立即对言论自由的保护作出了限制：所有的权利要受到一般法律的限制，这些一般法律包括对未成年人的保护和对公民个人权利的尊重。[3]再如新加坡，其宪法体现出这样一种价值观：对于公共利益、公共秩序的保护处于首要地位。正如学者指出的那样，"从新加坡的政治哲学与法治原理看，个人利益受到社会利益的合理限制是可以接受的，个人在社会中的定位要服从社会的整体利益"[4]。可见，相对保障模式基于的是社会本位思想下的言论自由保护，强调公民的个人权利，包括言论自由，应当受限、让步于社会公共利益的维护。基于这一理念，直接管制更强调"堵"，着力借助政府的行政权力对网络色情予以钳制，并制定周密的网络管理法律体系，严惩违反规定的网络传播行为，这种"严惩"往往包括较高刑期的刑事处罚。直接管制模式的优点在于从外而内地给予未成年人优良的网络环境一个更为牢固的保障，即便是在家长、学校缺位时，亦能给予未成年人一定的保护；局限性在于国内法将言论自由权置于公共利益之后，过于严厉的网络管制容易给人以借公共利益之名对公民言论自由横加过度限制之感，并且也在一定程度上阻碍了互联网行业的快速发展。

而间接管制的支持，源自公民基本权利的"绝对保障模式"，即以禁止普通立法对言论施加限制为保护原则。还是以美国为例，其宪法第一修正案规定，国会不得制定法律剥夺人民言论及出版的自由。同时，美国最高法院借谢内库诉合众国案（Schenck v. U. S.）一案提出，一切有关言论的案件，其问题在于所用的语言是否产生联邦议会有

〔1〕肖永平、李晶："新加坡网络内容管制制度评析——兼论中国相关制度之完善"，载《法学论丛》2001年第5期。
〔2〕龚文庠、张向英："美国、新加坡网络色情管制比较"，载《新闻界》2008年第5期。
〔3〕邢璐："德国网络言论自由保护与立法规制及其对我国的启示"，载《德国研究》2006年第3期。
〔4〕韩大元：《东亚法治的历史与理念》，法律出版社2000年版，第240页，转引自廖丹："试析新加坡宪法的特点"，载《东南亚纵横》2004年第5期。

权防止的实质性的危害、是否在产生明显且现实的危险的状态下被使用、是否具有产生明显且现实的危险的性质。如果有这种危险，国会就有权阻止。进而确立了对言论自由的限制标准——明显且现实的危险（clear and present dange）。[1] 该理论在惠特尼诉加利福尼亚州案（Whitney v. California）中得到完善，明确了"明显且现实的危险原则"的适用条件：从目的价值来看，必须是为了保护国家或社会极为根本和重大的利益免遭实质性的破坏；从时间条件来看，必须是非法行为即将发生，紧迫到已不可能通过更多言论使社会去自我辨明是非；从行为的限制条件来看，非法行为对社会秩序的破坏必须达到明显而严重的程度，除非限制言论自由，已无法阻止和避免。只有同时满足上述较为苛刻的条件，国会才有权对言论实施限制。[2] 可见，绝对保障并不意味着国家不得对言论加以规范，只是这种规范的标准相当之严格，以致言论自由凌驾于一般公共利益之上。因此，建立于这一理念之上的间接管制更注重于"疏"，更多依靠的是行业自律、政策鼓励、家长监督、学校教育，其优势在于尽可能发挥家长、学校的教育、监督职能，以求增强未成年人自身的免疫力，再加上行业自我约束，由内而外地改善未成年人的网络环境，同时，亦保障了言论自由权的至上；局限性则在于缺乏强制力作为后盾的行业自我管理容易流于形式，并且这种危害在家长、学校的保护缺失时将表现得更加明显。

四、基于未成年人保护的网络色情对策

虽说我国《宪法》既未明文禁止普通立法剥夺公民言论自由，也未明文授权普通立法限制公民言论自由，但就第51条公民基本权利的限制性条款可以看出，我国《宪法》在价值取向上是明确倾向于公共利益的维护的。换句话说，我国《宪法》对于公民基本权利的保护更侧重于"相对保障模式"。因此结合我国国情，出于优化未成年人的网络环境的目的，应考虑采取以直接管制为主，间接管制相辅，"堵"、"疏"结合的网络色情应对策略。

目前，就我国的网络立法而言，没有一部专门针对未成年人网络权益保护的法律法规，相关规定散见于《未成年人保护法》、《预防未成年人犯罪法》、《刑法》、《全国人大关于维护互联网安全的决定》、《计算机信息网络国际联网安全保护管理办法》、《中华人民共和国电信条例》、《互联网信息服务管理办法》、《互联网上网服务营业场所条例》等之中，并还存在着立法观念的滞后、配套法律的缺失、现有规定流于形式、工作职责没能落实、地区针对性不强等诸多问题。其实，反思我国现行网络管理制度的缺陷，可以发现：（1）尚无一部系统的法律对网络内容管制问题予以规定，有的只是一些零散的部门规章和暂行办法；（2）网络内容的管制机构多元化，易导致权力冲突；（3）许可备案制度的有关规定相互矛盾，程序冗长繁琐；（4）除了对公安机关明确规定有对网络安

---

〔1〕马聪："霍姆斯大法官的言论自由观——'明显且现实的危险'原则的发展"，载《时代法学》2007年第5期。

〔2〕马聪："霍姆斯大法官的言论自由观——'明显且现实的危险'原则的发展"，载《时代法学》2007年第5期。

全进行检查的职责外，未对其他检查主体、范围和标准予以详细规定；（5）对 ISP 和 ICP 未作区分，对网络内容提供者和使用者的权利义务几乎未作规定。[1]不难发现，我国未成年人网络保护的落后不过是我国现行网络管理制度的不足在未成年人保护领域的折射。如何完善网络管理制度，并借此落实未成年人网络立法，应成为摆在我国法治道路上的当务之急。

网络技术防控也是一项必不可少的手段。虽然我国工信部极力推崇的"绿坝"软件受到网民批评，但不少家庭、教育机构还是愿意安装，理由是"有总比没有强"。可见，对于网络技术防控还是大有需求的。但我们更应看到社会的要求与现有的技术网控能力之间的较大反差。现有的技术，一方面在对网络色情的区分度上多少显得气力不足，既不能完全屏蔽网络色情信息，同时还会将部分安全无害甚至有益的信息剔除，影响保护效果；另一方面无法针对不同人群调整防控的等级和范围，在防止未成年人接触网络不良信息的同时，家长、教师、图书馆工作人员等成年人的网络涉猎空间也不可避免地被压缩，获取信息的广泛性和多元性受到限制。我国的网络色情技术管制还有很长的路要走。

在加强网络立法、改进网控技术的同时，还应积极增进互联网行业自律，提升规范网络行为的自觉性。我国互联网协会制定有《中国互联网行业自律公约》，公约第 9 条规定，互联网信息服务者应自觉遵守国家有关互联网信息服务管理的规定，自觉履行互联网信息服务的自律义务：（1）不制作、发布或传播危害国家安全、危害社会稳定、违反法律法规以及迷信、淫秽等有害信息，依法对用户在本网站上发布的信息进行监督，及时清除有害信息；（2）不链接含有有害信息的网站，确保网络信息内容的合法、健康；（3）制作、发布或传播网络信息，要遵守有关保护知识产权的法律、法规；（4）引导广大用户文明使用网络，增强网络道德意识，自觉抵制有害信息的传播。第 11 条规定：互联网上网场所经营者要采取有效措施，营造健康文明的上网环境，引导上网人员特别是青少年健康上网。现已有超过 1500 家企业签约，自觉接受公约约束。但我们也应清楚地认识到，商业利益与社会利益矛盾始终是放在企业面前的一对难以调和的矛盾，仅仅依靠互联网行业自律是无法解决问题的，"互联网虚拟世界的治理还是不能脱离现实世界的行事原则，创建良好的网络环境，最重要的还是净化现实的生活环境，加强相关法律法规的建设，强化对网络运营商和网站的监管"[2]。未成年人网络保护亦是如此。

最后，还要加强教育引导，培养未成年人正确处理网络色情信息的能力。教育引导要达到如下目的：破除网络色情带给未成年人的神秘感，削弱未成年人对于网络色情的好奇心，从根源上打消未成年人浏览网络色情内容的驱动力。虽然教育引导的主体主要是家长和学校，但实际上教育成效的好坏，在很大程度上依赖于社会各界能否广泛参与和积极助力。因为我们不得不承认一个事实，作为教育的主要承担者之一的家长本身，

---

[1] 参见肖永平、李晶："新加坡网络内容管制制度评析——兼论中国相关制度之完善"，载《法学论丛》2001 年第 5 期。

[2] "中国信息化：互联网治理需要自律与他律并行"，载 http://www.isc.org.cn/ShowArticle.php? id=6886.

在引导未成年人正确认识网络色情方面的能力是严重欠缺的，既难以启齿，更缺乏基本的教育手段。同时，较之于美国的指导网站、新加坡的互联网顾问组，我国既未开通类似传授家长相关教育知识的渠道和途径，也未成立类似辅助家长建立相关引导能力的志愿者组织。而作为教育主力军的学校，恐怕面对此类教育也多少会显得有些不知所措。可见，如何建立我国的未成年人正确处理网络色情信息教育体系本身就是一个亟须探索、亟待解决的课题。

在我国网络管理机制尚不完善的今天，"保护孩子"显然是一种强化网络管理的重要推动力，但必须注意的是，基于未成年人保护的网络色情控制对策必须符合"儿童最大利益原则"，"为了孩子"永远都应当是"目的"而不是"手段"。

（与上海市长宁区人民检察院检察官王邕合著，
载《中国青年政治学院学报》2010 年第 4 期）

第六章

校园暴力：一个概念的界定

尽管校园暴力现象是社会公众所关注的热点问题，但校园暴力这一概念却是一个官方和校方所回避和曲解的术语，也是理论界尚未形成统一共识的术语。目前对校园暴力界定的各种观点，大体可分为以"校园"为中心的界定模式和以"师生"为中心的界定模式两种。校园暴力宜界定为发生在中小学幼儿园及其合理辐射地域，学生、教师或校外侵入人员故意攻击师生人身以及学校和师生财产，破坏学校教学管理秩序的行为。

一、校园暴力：被回避与曲解的术语

近些年来，我国校园暴力现象呈现恶化的趋势。2007 年 3 月 26 日，广东省青少年研究中心、广东省少工委办公室公布了《广东省中小学生安全意识调查报告》。报告显示，2006 年，广东省 31.8% 的中小学生曾被人踢打或者恐吓索要钱财，其中 24.9% 的中小学生"偶尔"或者"经常"遭受别人的踢打，6.9% 的中小学生"偶尔"或"经常"遭受恐吓索要钱财。2009 年 1 月 9 号《广州日报》报道了来自教育界的全国政协委员占少云的一项关于校园暴力的调查结果，在收回的 900 份学生答卷中反映出惊人的事实：关于"你身边有校园暴力吗"的问题，有 67% 的学生认为自己身边存在着暴力；18% 左右的学生认为自己的学校并不是很安全；有 80% 以上的学生表现出对校园暴力的恐惧，有 26% 的同学承认自己曾遭遇校园暴力。另据 2001 年的一项调查显示，我国 10.5% 的学生面临校园暴力的威胁。[1] 近些年来，各地连续发生了不少重大校园暴力事件，引起了社会各界的强烈关注。例如北大第一医院幼儿园 15 名儿童被砍死砍伤事件、湖南临武某小学教师砍死 4 名学童砍伤 16 名师生事件、苏州吴中区小剑桥幼儿园 28 名儿童被砍伤事件、甘肃宕昌县某小学 15 名学生被砍成重伤事件、福建南平事件等等。仅在 2004 年公安机关在全国范围内开展的学校及周边治安秩序集中整治行动中，就破获侵害师生人身财产安全的违法犯罪团伙 1358 个，查破刑事、治安案件 18 433 起，抓获违法犯罪嫌疑人 13 669 名。

针对校园暴力恶化的趋势，中央综治委、教育部、公安部等部委相继出台了不少维

---

〔1〕 杨彩霞、周罡："校园暴力的防治对策研究"，载《学习月刊》2008 年第 4 期。

护校园安全的规定，例如《关于深入开展安全文明校园创建活动的意见》（2004 年）、《公安机关维护校园及周边治安秩序八条措施》（2005 年）、《中小学幼儿园安全管理办法》（2006 年）等，2006 年新修订的《义务教育法》、《未成年人保护法》也加强了有关校园安全的规定。

不过，耐人寻味的是，有关校园安全的所有政策文件与法规中并没有专门针对校园暴力治理的，甚至连"校园暴力"一词也基本没有在这些政策文件与法规之中出现——这似乎是一种有意的回避。[1] 最近的一个例证是全国人大内务司法委员会在 2006 年 7 月 17 日提请审议的《中华人民共和国未成年人保护法（修订草案）》第 22 条第一款规定中，曾经有"学校应当建立校园安全制度，预防和制止校园暴力以及其他侵害未成年人合法权益的行为，保障未成年人的安全"的表述，明确使用了"校园暴力"一词，但是在当年 12 月正式通过的新修订《未成年人保护法》中，该款规定中"校园暴力"这一术语却被删除。

与回避校园暴力这一术语紧密联系的另一个令人深思的现象是，校园暴力这样一种以"故意侵害"为典型特征的现象被作为一种"事故"来对待。例如，2007 年 1 月发布的《教育部办公厅关于认真做好 2007 年中小学幼儿园安全工作的意见》第 5 条规定："要及时发现并妥善处置校长或教师自身存在的安全隐患或心理问题，注意化解个别师生间和学生间矛盾，避免因矛盾激化而引发伤害事故。"再如《教育部办公厅关于近期几起中小学安全事故的紧急通报》（教基厅〔2008〕2 号）将一起故意伤害致人死亡案件也列入安全事故的范围予以通报。[2] "事故"在现代汉语中的含义是"意外的损失或灾祸"[3]，而因矛盾激化所引发的"伤害"显然是一种故意侵害行为，这一规定的矛盾之处显而易见。类似的校园暴力"事故化"的现象也是其他有关校园安全法规的基本立场。例如，2002 年 8 月发布的《学生伤害事故处理办法》第 9 条第 9 款明确把教师体罚学生引起的伤害作为学生伤害事故的一种类型。2006 年 6 月发布的《中小学幼儿园安全管理办法》第 56 条也实际将重大校园暴力事件纳入"突发安全事故"的一种类型。

虽然校园事故与校园暴力同属于威胁校园安全的主要因素，但两者在性质、恶性程度、危害后果、责任认定、处理程序、防治对策等方面都有着显著的差异。不管政策与法规制定的初衷如何，不容否定的是，这种将校园暴力"事故化"的方式，客观上会起到冲淡教育部门和学校责任，淡化校园暴力现象的严重性，不利于校园暴力防治的负面作用。在我国，关于校园暴力的防治政策、法规的出台是由教育行政部门和学校主导的，或者至少也会深受其影响。对于校园暴力概念的回避和"事故化"的对待方式，至

---

〔1〕 据我对有关校园安全政策、法规的梳理，唯一的例外是教育部《中小学公共安全教育指导纲要》（2007 年）。该纲要规定"了解校园暴力造成的危害，学习应对的方法"应作为初中年级公共安全教育重点内容之一，"自觉抵制校园暴力，维护自己和同学的生命安全"应作为高中年级安全教育内容重点之一。

〔2〕 这一通报称："2008 年 3 月 11 日 18 时，云南省昭通市鲁甸县第二中学初二学生邵聪府在教室内与本班学生丁楠发生口角，被丁楠持刀刺伤，后经医院抢救无效死亡。"通报的时间是 2008 年 4 月 11 日，按照案件一般审理时间推断，该案并未判决。依照《未成年人保护法》的规定，判决前不应披露未成年犯罪嫌疑人、被告人的身份信息。这一通报显然违反了《未成年人保护法》的规定。

〔3〕 中国社会科学院语言研究所词典编辑室编：《现代汉语词典》，商务印书馆 1988 年版，第 510 页。

少表明我国的教育行政部门和学校还缺乏直面校园暴力这一已经十分严重的校园问题的勇气。在其他国家，这种情况也同样存在。例如美国学者 Schwartz 的研究发现，美国对于校园暴力所持的态度中存在两种很有趣的现象，一种是"鸵鸟综合症"（Ostrich syndrome）——虽然公众普遍认为校园暴力一直存在，但是学校领导却不愿意承认这一点，他们担心人们会排斥带有不安全标签的社区和学校，管理人员尤其担心会因为没有维护好安全而受到指责。第二种现象是学校里时有发生的政策和操作不一致的现象。尽管大多数学校和学校周边都制定了周全的关于如何处理暴力事件的规章制度，但是规章制度"执行不能始终如一或是执行不严"。[1] 这种"有趣"现象的后果是，"丧失减少暴力事件的机会"。[2]

我国官方与校方回避与曲解校园暴力这一术语的原因，也与迄今为止尚未形成统一的校园暴力定义有着重要的关系。从这个角度看，深入探究校园暴力一词的含义，并努力促成对这一概念共识的形成，也就有了特别的意义。

二、概念界定的理论分歧

与官方对校园暴力的回避不同，理论界对这一概念的界定是多样和丰富的。不过迄今为止并没有形成统一的校园暴力概念，研究者关注校园暴力时，大都并不深究校园暴力这一概念的内涵与外延。综观国内学者对校园暴力所作的界定，可以概括出两种代表性界定模式：以"校园"为中心的校园暴力界定模式和以"师生"为中心的校园暴力界定模式。需要指出的是，实际上有很多研究者在对校园暴力作界定时都综合考虑了"校园"和"师生"这两个关键词，只不过侧重点有所不同而已。

（一）以"校园"为中心的校园暴力界定模式

这种界定模式虽然也考虑侵害人、被害人等因素，但强调界定校园暴力应以学校为中心，具体来说又可分为"校园内暴力说"、"校园内及周边暴力说"和"校园被害人说"。

"校园内暴力说"强调校园暴力是发生在校园内的暴力现象。这种观点为许多教育界人士所赞同。例如，李大鹏指出"校园暴力行为是指发生于学校内的暴力行为或犯罪行为"。[3] 管晓静指出"校园暴力是指发生在校园内的暴力行为"[4]。遇旻指出"校园暴力行为是发生在校园之中的个别学生出于谋利、炫耀、控制等动机，经常性地欺负弱小同学，使其受到不同程度的侵害的不良行为。具体表现为在校的青少年学生中，某些人无端地、长期地挑衅、欺负、虐待、殴打弱小者，如：抢夺低年级同学的财物、文具，向弱小的同学勒索钱财，殴打、侮辱、责骂弱小同学，收取'保护费'等。"[5]

---

〔1〕［美］约瑟夫·P.海丝特：《应对校园暴力——学校安全信息指南》，绍常盈、吕春辉译，中国轻工业出版社 2006 年版，第 2 页。

〔2〕［美］约瑟夫·P.海丝特：《应对校园暴力——学校安全信息指南》，绍常盈、吕春辉译，中国轻工业出版社 2006 年版，第 2 页。

〔3〕李大鹏："解析校园暴力行为"，载《思想·理论·教育》2004 年第 7 期。

〔4〕管晓静："论未成年人暴力犯罪的家庭防控措施"，载《青少年犯罪问题》2002 年第 5 期。

〔5〕遇旻："强化《未成年人保护法》执行力度 切实预防制止校园暴力行为"，载《宁夏教育》2003 年第 1~2 期。

"校园内及周边暴力说"认为，校园暴力不仅仅是指发生在校园内的暴力现象，还应当包括校园周边发生的与师生有关的暴力现象。例如，朱作鑫指出："校园暴力（school violence），应当是指在学校实施正常管理、教育职能期间，发生于校园内部及其周边的，师生之间、学生之间，以及非学校人员对学校师生所实施的暴力行为，它属于社会暴力的一种。"[1]简平指出："校园暴力，顾名思义是指发生在校园及其附近的以学校教师或学生为施暴对象的恃强凌弱的暴力行为。"[2]

由于强调校园暴力是一种发生在校园内或者其周边的暴力行为，无论是"校园内暴力说"还是"校园内外暴力说"，在对校园暴力作界定时，大都也同时把被害人限定于学生或师生的范围之内。有少数研究者虽然没有在下定义时明确这样的限定，但在展开论述时实际采用了类似的观点。

"校园被害人说"则强调校园暴力是一种侵害学校学习环境和秩序的暴力行为。此说的代表性观点为严琪华的定义："校园暴力是指暴力实施者使用严重的暴力手段或以暴力手段相威胁，破坏校园的学习环境并且给校园生活秩序造成严重的危险或构成严重威胁的多种犯罪案件的总称。"[3]

值得注意的是，对于学校的类型，诸多研究者均未作深入探究和说明。不过，从对校园暴力的现有研究来看，大都以中小学校为研究对象。另有少数学者明确强调在使用校园暴力这一概念时，校园主要是指中小学。例如王鹰将校园暴力（school violence or teen violence）定义为"发生在学校（这里主要指未成年人集中的中小学校）内或者相关区域、活动中，以故意伤害他人为意图，针对学校、学校成员特别是学生的暴行、破坏，尤其是侵害生命、健康、身体的行为。"[4]

（二）以"师生"为中心的校园暴力界定模式

这种界定模式强调以师生这一特殊的主体作为界定校园暴力的中心，它大体又可分为"被害人说"、"加害人说"、"综合说"三种观点。

"被害人说"强调校园暴力是以师生为加害对象的行为。但在加害对象上又存在"学生说"、"师生说"的分歧。"学生说"认为校园暴力是一种以在校学生为加害对象的暴力行为，例如雷衡生指出"所谓校园暴力是指校园内外发生的学生侵犯学生人身、财产等权利的强暴行为。"[5]佟丽华指出："校园暴力是指发生在学校以及学校周边地区，由老师、同学和校外人员针对学生身体和精神实施的达到某种程度的侵害行为。"[6]"师生说"则强调校园暴力的被害人不仅仅指学生，还包括教师。其代表性观点如林秉智指出"所谓'校园暴力'是近年来在教育界提出的一个新概念，主要是指侵

〔1〕　朱作鑫："校园暴力之概念、现状及防治对策"，载《广西青年干部学院学报》2005年第5期。
〔2〕　简平：《阳光校园拒绝暴力》，中国福利会出版社2006年版，第194页。
〔3〕　严琪华："校园暴力的成因分析及应对措施"，载《攀登》2000年第4期。
〔4〕　王鹰："校园暴力的形成与消解"，载《政法学刊》2007年第4期。
〔5〕　雷衡生："校园暴力的成因分析与预防"，载《当代教育论坛》2002年第12期。
〔6〕　佟丽华："校园暴力以及对策研究"，载佟丽华主编：《未成年人法学·学校保护卷》，法律出版社2007年版，第74页。

犯师生人身、财产等权利的暴力行为。"〔1〕孙凌寒、朱静指出"广义来说，校园暴力是指行为人针对在校师生实施的身体上的和心理上的暴力行为，对学校财物或师生财物实施的行为，以及师生对社会人士实施的暴力行为。"〔2〕

"加害人说"强调校园暴力是一种由学生所实施的暴力行为。如严静指出"所谓校园花季暴力是指未成年学生以校园为背景，凭借个体的自然力或借助一定的、具有杀伤性能的器械以强暴手段或以其他危险方式，对人或物施暴并造成了一定损害后果或有造成损害危险的严重危害行为。"〔3〕

"综合说"则强调校园暴力是由师生所实施和以师生为加害对象的暴力行为。此说的代表性观点是徐久生所作的定义："校园暴力是指行为人针对在校师生实施的身体上的和心理上的暴力行为，对学校财物或师生财物实施的暴力行为，以及师生对社会人士实施的暴力行为。简言之，与在校师生直接有关的暴力行为，均可界定为校园暴力。"〔4〕

此外，在校园暴力的作用对象上，还存在人身说与人身及财产说的分歧。前一观点认为校园暴力的侵害对象仅限于师生的人身，而不包括校园及师生的财物。如朱作鑫认为："校园暴力的作用对象应当为针对'人'，而非物，认为校园暴力可以是学生对学校设施的破坏行为的观点是极不准确的，这一观点其实是对'暴力'这一概念有所误解。"〔5〕后一观点则认为，校园暴力的侵害对象还包括财物。前文所引多数学者的论述，均采用此种观点。

(三) 域外视角

国外及港澳台地区对于校园暴力的界定也并不统一。在美国，较有代表性的界定采用的是以校园为中心的界定模式，并且对"暴力"作较为宽泛的理解。例如美国预防校园暴力中心将校园暴力定义为："任何破坏了教育的使命、教学的气氛以及危害到校方的预防人身、财产、毒品、枪械犯罪的努力，破坏学校治安秩序的行为。"〔6〕美国学者Henry指出：校园暴力不仅指身体暴力或性暴力，还包括由于强行控制导致的情绪和心理痛苦，种族、性别和阶层歧视导致的人际关系伤害，以及集权引起的冲突。〔7〕日本学者兼头吉市主张将校园暴力区分为广义和狭义两种。狭义的校园暴力是指在校园内单独或聚众对自校师生及学校公物的暴行、伤害、胁迫、损害等行为。广义的校园暴力则包括与他校学生所发生的暴力冲突行为，而不以自校校园内所发生的暴力行为所限。〔8〕

我国台湾地区对于校园暴力的界定也倾向于以校园为中心的界定模式，大都强调校园暴力是一种发生在校园内的暴力行为。例如陈慈幸指出："在校园内，为达到特定不

〔1〕 林秉智："校园暴力归因及对策"，载《福建教育学院学报》2003年第11期。
〔2〕 孙凌寒、朱静："校园暴力与学校社会工作"，载《河北青年管理干部学院学报》2005年第4期。
〔3〕 严静："大众传媒下透视校园花季暴力"，载《中国青年研究》2005年第5期。
〔4〕 徐久生主编：《校园暴力研究》，中国方正出版社2004年版，第5页。
〔5〕 朱作鑫："校园暴力之概念、现状及防治对策"，载《广西青年干部学院学报》2005年第5期。
〔6〕 戴宜生译："美国未成年人司法制度的发展"，载《青少年犯罪问题》2005年第4期。
〔7〕 杨宏飞、叶映华："中小学师生的校园暴力内隐观研究"，载《应用心理学》2005年第3期。
〔8〕 参见蔡德辉、杨士隆：《少年犯罪：理论与实务》，五南图书出版公司1994年版，第230~231页。

法行为的犯罪意图，以强迫威胁为手段，压制被害人的抵抗能力和意图，而针对学生、老师、学校以及校外侵入者之间所发生的暴行、破坏，以及侵害生命、身体、财产的行为。"[1] 高金桂指出，校园暴力系指发生在学校之内学生与学生之间、学生与老师之间，及校外侵入者与学校师生之间，所引发的侵害生命、身体法益之犯罪行为，及以强暴、胁迫或其他手段（如使用药物），排除或压抑被害人之抵抗能力与抵抗意愿，以遂行特定不法意图之犯罪行为。[2] 许龙君认为，从校园安全的角度来看，校园暴力是指校园内的教员工生及侵入校园之人士，以语言、肢体动作侵犯他人，使对方心理及生理上受到伤害之行为。[3] 而香港地区则似乎倾向于以师生为中心的界定模式，倾向于认为校园暴力是一种由学生实施的暴力行为。例如，2004 年 2 月，香港教育工作者联会所做的校园暴力调查就主要针对学生之间的欺凌行为。[4] 不过，台湾地区和香港地区的学者和有关部门都大体认同"暴力"应作较为广义的界定，不应仅限于针对身体的暴力。

三、校园暴力的构成要素

校园暴力的定义既要能够概括这一现象的基本特征，反映社会公众对这一现象的基本认识，也要有利于对这一现象的防控，这是在对校园暴力进行界定时必须要考虑的前提。只有明确了这一前提，才可能科学、准确的界定什么是校园暴力，也才有可能形成关于校园暴力定义的共识。基于这一考虑，大体上可以把校园暴力的主要构成要素分解为以下几个方面：①发生在何处？即空间要素；②谁是加害人？即主体要素；③罪过形式是什么？即心理要素；④危害结果是什么？即被害要素；⑤以什么样的方式实施的？即行为要素。试对上述要素具体分析如下：

（一）校园暴力的空间要素

从字面上来看，校园暴力是指发生在校园内的暴力现象。但如果仅仅把校园暴力的空间要素限定在校园范围内则可能会过于狭隘，因为发生于校园外的暴力行为也可能会对师生安全和校园秩序造成威胁和侵害。从维护师生安全、校园秩序的立场出发，对校园暴力的空间要素——校园，做适当的扩充是十分必要的，这也得到了我国理论界和教育部门较为广泛的认同。

但是，应当如何适当扩充校园的空间？对这一问题，目前学界还缺乏深入的探讨。我主张"合理辐射说"，即认为校园暴力发生的空间并不仅仅限于校园范围内，还包括校园合理辐射的校外地区。何为校园合理辐射地区？对此可从三个角度去界定：一是与校园秩序和师生安全密切相关的校园周边地区。参照我国目前校园周边秩序管理的法律

〔1〕 陈慈幸：《青少年法治教育与犯罪预防》，涛石文化事业有限公司 2002 年版，第 10 页。

〔2〕 杨士隆、曾淑萍："校园暴力与防治对策"，载狄小华、刘志伟主编：《恢复性少年司法理论与实践》，群众出版社 2007 年版，第 230 页。

〔3〕 杨士隆、曾淑萍："校园暴力与防治对策"，载狄小华、刘志伟主编：《恢复性少年司法理论与实践》，群众出版社 2007 年版，第 230 页。

〔4〕 孙凌寒、朱静："校园暴力与学校社会工作"，载《河北青年管理干部学院学报》2005 年第 4 期。

法规[1]，校园周边的认定大体可采用"200米原则"。当然，必须指出的是，这只是一个参照的系数，不能予以绝对化；二是学校教育管理活动延伸至校外的空间，例如统一开展学生实践活动、集体活动的校外地域；三是学校监护责任与家长监护责任转移的过渡地区，这一般是指学校放学、放假后，学生返家时校门与家门的连接地域。如果超出了上述校园的合理辐射范围，则不宜界定为校园暴力的范畴，否则容易过渡扩充校园暴力的外延。一些以"师生"为中心的校园暴力界定模式的研究者，完全不考虑校园的合理辐射范围，而把在校外发生的所有与师生有关的暴力行为均界定为校园暴力，这是值得商榷的。

另外一个需要探讨的问题是，校园是指什么性质的校园，是否包括所有类型的校园？从校园暴力这一概念的字面含义上看，并没有体现出对校园类型的限定，因此校园暴力可以指称在任何形态校园内所发生的暴力行为。但我主张校园暴力这一概念所称的学校是指未成年人聚集的学校，即"中小学幼儿园"。具体而言主要是指普通中小学、中等职业学校、幼儿园（班）、特殊教育学校、工读学校等。也就是说，如果没有在校园暴力这一概念之前做特别的说明，例如"大学暴力"，即应当是指中小学幼儿园。之所以强调校园暴力这一概念中校园的范围是指中小学幼儿园，主要原因在于未成年人是校园暴力的主要和最大受害者，中小学幼儿园是防治校园暴力所首先应当予以关注的区域。此外，也考虑到这也是教育部等所制定的《中小学幼儿园安全管理办法》对学校范围的界定。

（二）校园暴力的主体要素

校园暴力的主体要素，即校园暴力的实施者或者说加害人。国外和我国港澳台地区倾向于认定校园暴力的实施者为未成年学生，如果从校园暴力主要在学生之间发生的角度考虑，这种观点的确有一定道理。但在我国大陆地区，校园暴力还具有明显的"外侵性"特点和"师源性"特点，即大量对未成年学生造成严重伤害的暴力侵害均来自校外侵入人员和学校内的教职员工。从维护校园安全的角度出发，这种仅将校园暴力实施主体界定为学生的观点是不适当的，因此我们主张校园暴力的实施主体除了学生外，还应当包括教职员工（统称教师）和校外侵入人员。

（三）校园暴力的心理要素

校园暴力这一概念本身就已经蕴含了它是在主观心理支配下实施的故意侵害行为的内涵，因为暴力不可能在过失心理支配下实施，如果是一种过失伤害行为则属于校园事故的范围。精神障碍者在无意识状态下在校园内及其合理辐射地域实施的暴力行为，虽然在广义上也是一种校园暴力行为，但因为其缺乏罪过心理，因此也宜归入校园事故的特殊类型之中。强调校园暴力的故意侵害心理要素，有利于纠正目前我国有关校园安全

---

〔1〕 例如，《中央社会治安综合治理委员会、国家教委、公安部关于进一步加强学校治安综合治理工作的意见》（1996年）规定："对中小学校园周边200米以内，不得开设酒吧间、歌舞厅、录像室、台球室、电子游戏室。各地要严格按此规定执行，已有的要坚决拆除。"《中小学幼儿园安全管理办法》（2006年）第52条规定："文化部门依法禁止在中学、小学校园周围200米范围内设立互联网上网服务营业场所，并依法查处接纳未成年人进入的互联网上网服务营业场所。"

的政策、法规中将校园暴力作为一种事故来对待的误解。

（四）校园暴力的被害要素

作为一种特殊类型的暴力，校园暴力的侵害客体主要是师生安全和校园教学管理秩序。这里需要对几个问题作进一步的探究：首先，一般来说校园暴力都会同时侵害师生安全和校园秩序，但不排除仅侵害其一现象的存在。例如以暴力方法故意毁坏校园财产的行为；其次，还应当明确，虽然教师等成年人以及学校财产、教学秩序等也会受到校园暴力的侵害，但校园暴力所侵害的最主要对象是学生安全；再次，校园暴力不仅仅限于对被害人生理的侵害，心理和财产也属于被侵害的对象范围。那种认为校园暴力仅限于对师生身体的侵害，不包括对心理的侵害和财产的侵害的观点，是值得商榷的。实际上，在实践中所发生的校园暴力案例，往往难以把身体与心理的伤害、财产的伤害截然地分离开来。

（五）校园暴力的行为要素

校园暴力属于一种暴力行为，这在表面上是容易理解的。但是，对于何为暴力，却并不那么容易明确界定。根据有关学者的研究，目前国际上普遍使用的定义有两个：一个是奥尔沃斯的定义，认为暴力"是一种侵犯行为，行动者用自己的身体或某件物品（包括武器）使他人遭受（比较严重的）伤害或不适"。另一个是世界卫生组织的定义，认为暴力是"对自我、他人、某个群体或某个社会有意地威胁使用或实际使用体力或武力，其结果是造成，或很可能造成伤害、死亡、心理创伤、畸形或剥夺"。[1]犯罪心理学家则一般把暴力定义为一种"意图"（intent）制造他人身体上或心理上伤害的"攻击行为"（aggressive behavior）。[2]

上述典型性定义都认同暴力是一种故意侵犯行为，只是在侵犯的方式上存在分歧。奥尔沃斯和世界卫生组织的定义都强调暴力是使用身体、物品的攻击行为，但犯罪心理学和普通汉语则并不强调对身体（体力）、物品的使用。目前，我国关于校园暴力的分歧也主要体现在对并未使用明显的体力和工具的攻击行为（可统称"武力"）——例如使用语言攻击，是否属于暴力的范围上。

否定说的学者，所持的主要理由在于认为使用语言等不具备"武力"特征的故意侵犯方式，不符合人们对暴力的通常理解。这种观点确实有一定道理，但是非武力性故意侵犯行为（通常也被称为冷暴力）的伤害后果并不会亚于武力性的故意侵犯行为。例如，我国曾经多次发生因为教师以侮辱性语言攻击学生，造成学生自杀等严重后果的事件。[3]从维护师生安全、校园秩序的角度出发，特别是基于维护未成年人身心健康的角度考虑，在界定校园暴力时宜采取广义的立场，将非武力性的故意侵犯行为，也纳入校园暴力的范围。当然，这种对暴力的广义界定不能过分扩充，否则可能会与人们对校

---

〔1〕　朱晓玉："校园暴力与暴力文化的社会学思考"，载《河北公安警察职业学院学报》2005年第3期。

〔2〕　蔡德辉、杨士隆主编：《青少年暴力行为：原因、类型与对策》，五南图书出版社公司2002年版，第120页。

〔3〕　例如，2003年4月，重庆某中学班主任对于未按时到校的15岁女中学生小婷（化名），当着其他同学的面谩骂其"学习不好，长得也不漂亮，连坐台都没有资格"，造成小婷跳楼自杀。

园暴力的通常理解落差太大，带来校园暴力概念的过于宽泛。作为一种折中性的立场，我仅主张将校园内发生频率较高的语言暴力纳入校园暴力的范畴，而不主张把并未使用武力的盗窃、诈骗等同样具有故意侵犯性的一般性违法犯罪行为也纳入校园暴力的范畴。此外，为了突出校园暴力与一般故意侵犯行为的区别，我们主张使用"攻击"一词来阐述校园暴力的行为特征。

发生上述要素的结合，即可界定为校园暴力。需要指出的是，由于学生在校园的活动以及学校的教学、管理活动存在明显的时间特点，在认定校园暴力责任的时候往往还需要考虑是否处在学校的教学管理活动期间。但是时间要素不是构成校园暴力的必备要素，也不宜认定为校园暴力这一概念的必备要素，因为对校园暴力的防范与控制即便在学校非教学时间内也需要开展。另外，即便在非教学期间，学校的管理职能一般也不会中止。如果强调时间要素为校园暴力的构成要素之一，可能会造成诸多负面影响。例如，不利于强化学校控制校园暴力的责任。

综上所述，我们主张校园暴力是指发生在中小学幼儿园及其合理辐射地域，学生、教师或校外侵入人员故意攻击师生人身以及学校和师生财产，破坏学校教学管理秩序的行为。

对校园暴力概念的回避无助于这样一种公众高度关注的校园问题的解决，我国目前所存在的回避校园暴力提法的现象应当予以改变。相关立法和政策性文件应当正视校园暴力与校园事故之间的区别，纠正"校园暴力事故化"的曲解，明确校园暴力的内涵，将校园暴力控制与校园事故控制并列为校园安全建设的两大基本内容。

根据不同的标准，可以将校园暴力分为不同的类型。例如，以暴力表现形式为标准，可以将校园暴力分为校园硬暴力与校园软暴力。以暴力来源不同，可以将校园暴力分为外侵型校园暴力和内生型校园暴力。以校园类型的不同为标准，可以分为幼儿园校园暴力、小学校园暴力、中学校园暴力、职技校校园暴力等类型。以校园暴力发生的地域不同，可以分为校园内校园暴力和校园周边校园暴力。以校园暴力实施的主体不同，可以分为学生实施的校园暴力、教师实施的校园暴力、校外人员实施的校园暴力三种基本类型。以校园暴力对象的不同，可以分为针对人身的校园暴力和针对财物的校园暴力两种基本类型。以校园暴力被害人的不同，可以分为对学生的校园暴力、对教师的校园暴力、对师生的校园暴力三种基本类型。以校园暴力实施者的性别不同，可以分为男生实施的校园暴力和女生实施的校园暴力两种类型。以校园暴力是否为校方或司法机关所发现为标准，可以分为明性校园暴力与隐性校园暴力。

基于我国校园暴力现象的特点，本书主要从青少年犯罪学的角度重点研究以未成年学生为加害人和被害人的校园暴力控制，同时也兼顾对国内多发性类型校园暴力控制，特别是外侵型校园暴力控制的研究。

（载《中国青年政治学院学报》2008 年第 4 期，
《中国社会科学文摘》2008 年第 12 期转摘）

第七章

帮派对校园的渗透与对策

——以广州"黑龙会"为例

帮派渗透中小学校园，既会对校园安全和学生健康成长造成巨大的危害，也是黑社会性质帮派组织向更高层次的黑社会发展的重要和便捷途径，必须在这一现象出现的初期阶段就予以及时地治理。未成年学生与帮派能够结合在一起主要是因为两者之间能够互相满足其功能需求使然，要想防止帮派渗透校园首先必须打破两者之间这种功能上的互补，防止家庭和学校功能的失调，以避免学生被迫向帮派这类亚文化群体寻求支持。此外，还应当采取以下防治措施：对未成年学生尽早进行拒绝加入团伙、帮派教育；重视建立和完善学生纠纷的有效调处机制；建立家庭、学校、社区、警方联动的预防与干预帮派渗透校园的机制；重视辍学现象的防治。

一、校园帮派现象的新动向

(一)"黑龙会"案件概况与特点

2007 年 8 月，广州市中级人民法院开庭审理了以冯志希、冯志钊两兄弟为头目的"黑龙会"涉黑案件，这一起案件迅速引起了社会各界的广泛关注。"黑龙会"自 2005 年 7 月建立以来先后犯下了设私刑活活打死两人、争生意枪杀毒贩、围攻村委强包工程、抢劫、持枪等累累罪行。不同于以往所发现的黑社会性质组织案件的是，"黑龙会"案件有三大明显特征：首先，被告人低龄化。14 名骨干成员中有 13 名为 1980 年以后出生；第二，该组织的发展入会对象竟然选择了在校学生，以未成年人为目标，势力渗透到广州市白云区竹料地区的中小学校；第三，和以往的黑社会性质组织相比，该帮派的组织更加严密。以往很多黑社会性质都是口头加入即"入会"，但"黑龙会"还要求加入的学生签订"保证书"或"入会书"，并留下生辰八字、电话号码和家庭情况等。[1]在这三大特征中，选择在校中小学生为发展对象是目前国内所破获的黑社会性质组织案件中所罕见的，也改变了人们对校园帮派现象的传统看法。

在以前所发现的绝大多数校园"帮派"的共同特点是由中小学生自发组成，其领导

---

[1] 此三特征为办理多起黑社会性质组织案件的主诉检察官张雁昌对"黑龙会"的概括。参见魏凯、余亚莲："广州'80 后黑帮'覆灭始末凸显犯罪低龄化"，载《新快报》2007 年 8 月 15 日。

者和骨干成员也基本上是中小学生。相对而言，这种类型的校园"帮派"虽然有不少在形式上也具备了黑社会性质组织的特点，但绝大多数的组织形式还不是太严密、模仿影视中的黑社会组织色彩较重，大多只是在校园内从事一些欺凌同学、破坏教学秩序的活动，除了极少数发展为黑社会性质的组织被公安机关摧毁外[1]，大部分在被发现后经教育强行解散，或者因为学生的毕业等原因自行消亡。因此，把这些校园帮派称为校园"团伙"可能更为恰当。而"黑龙会"案件的特殊性在于，帮派组织的领导者和骨干均为校外人员，并有组织、有目的地向中小学校渗透。据调查，"黑龙会"曾经专门派骨干到中小学校去发展学生入帮，并成功发展了60余名学生加入，这些学生都是1990年后出生，最小的仅13岁。

"黑龙会"渗透校园的主要手段是威逼利诱，要求加入组织的学生签订"保证书"，并统一安排在帮会骨干成员名下严格管理，残酷惩处违反帮规和要求退出的学生，同时采用小恩小惠的方式对他们予以拉拢、欺骗。从加入"黑龙会"的学生来看，大多数属于学校里学业、品行不良的问题学生、边缘学生，但也不乏成绩优秀的学生。加入"黑龙会"的学生处在帮派组织的最底层，构成该帮派组织的基础（参见图7-1），但不参与帮会"核心业务"，主要被老大冯志希用在"壮大声势的"场合，而"黑龙会"骨干则多为辍学青少年（受审14被告中有10人只有小学学历）。[2]

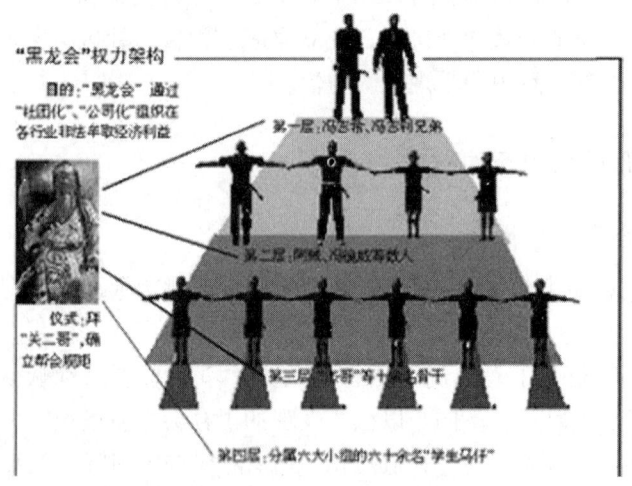

图7-1："黑龙会"组织体系图[3]

（二）域外视角

在我国大陆地区，帮派渗透校园尚属于一个新的现象，但在国外和港澳台地区，却早已经成为一个严重的社会问题。例如，由美国教育部和司法部所开展的全国性调查显

---

〔1〕 例如云南"神龙帮"、"八神帮"、长沙"朝阳十三少"等。

〔2〕 傅剑锋："'黑龙会'的少年江湖"，载《南方周末》2007年9月13日；"广州'80后'黑帮组织学生抢劫，杀死3人"，载《新快报》2007年8月14日。

〔3〕 傅剑锋："'黑龙会'的少年江湖"，载《南方周末》2007年9月13日。

示，在 2003 年有 21% 的学生发现在他们的校园中有街头帮派（street gangs）活动[1]，而在 1985 年这一比率为 15%[2]。另一项美国加州政府所进行的调查则显示，七年级到十一年级学生中有 17% 在其学校生活中曾经涉入帮派。[3]

在我国港台地区，校园帮派也十分猖獗，许多黑社会组织均积极在校园内发展学生加入帮派。例如，在 20 世纪 70 年代，香港三合会分裂成数百个互相争斗的组织，各组织为扩展势力即积极在校园内招募学生成员。[4]台湾地区帮派渗透校园现象更为严重，曾经公布的一份调查报告显示，仅在台北市的高中学生中竟然就有 1200 人是帮派分子。[5]尽管帮派渗透校园已经有较长的历史，但这一现象引起台岛的广泛关注，则主要起因于 1997 年竹联帮元老"白狼"张安乐之子张建和出殡期间，出现上百名头染金发、眼戴黑色墨镜的"小兄弟"随行的事件，其中大部分为国、高中学生。随后，台湾各大媒体纷纷对岛内各大帮派渗透中学校园的现象予以了揭露。例如，四海帮海功堂吸收了二十多所学校一百多名学生，竹联帮在台北县吸收学生成立了"梅花堂"犯罪组织，天道盟、至尊盟等帮派也侵入了五十多所学校。仅在 1999 年 4 月，警方就在全台湾地区破获了至少 6 起黑帮吸收学生入帮案件。[6]

（三）帮派渗透校园的危害与警示

我国香港、台湾地区所出现的帮派侵入校园现象有一个共同特点，即这种侵入大体都发生在帮派遭受政府打击或因为分裂而需要恢复元气和发展势力的特殊时期。例如，香港所出现的三合会入侵校园开始于三合会分裂成数百个组织需要扩充势力的特殊时期。而台湾地区出现黑帮大规模侵入校园的现象，也与台湾当局厉行扫黑造成帮派首恶纷纷入狱或避走海外，造成中生代解体或山头分立需要恢复元气密切相关。[7]从这些帮派组织渗透校园的实际效果来看，尽管学生加入帮派初期大多并不直接参与帮派核心事务，而主要是在帮派开展违法犯罪活动时发挥壮势的作用，但在其后则逐步发展为帮派的骨干，对于帮派恢复元气、壮大势力确实发挥了不可估量的作用。

学界和司法界大都认为，目前在我国大陆地区还没有出现类似于国外及港澳台地区那种典型的黑社会帮派组织，因此《刑法》也采用了"黑社会性质组织"的提法。但不容忽视的是，我国大陆地区的黑社会正处于迅速发育时期，一些初步形成的黑社会性质组织正在向典型的黑社会组织过渡。与港台地区黑社会组织遭受打击和分裂时期类似，这些黑社会性质组织也急需吸收"新鲜血液"，发掘、培养和吸收"人才"。如果从这个角度看"黑龙会"将黑手伸向中小学生事件，那么可以说这一事件的出现是有其一定必然性的，也因此而更值得警惕。"黑龙会"案件提醒司法、教育等部门，黑社会性质组

---

[1] NCES and BJS, *Indicators of School Crime and Safety*: 2005, p. 32.

[2] NCES and BJS, *Indicators of School Crime and Safety*: 2000, p. 35.

[3] 蔡德辉、杨士隆主编：《青少年暴力行为原因、类型与对策》，五南图书出版公司 2002 年版，第 294 页。

[4] 蔡德辉、杨士隆主编：《青少年暴力行为原因、类型与对策》，五南图书出版公司 2002 年版，第 294 页。

[5] "帮派组织渗透台北校园"，载《云南日报》1999 年 12 月 13 日。

[6] 蔡德辉、杨士隆主编：《青少年暴力行为原因、类型与对策》，五南图书出版公司 2002 年版，第 294～295 页。

[7] 许皆清：《台湾地区有组织犯罪与对策研究》，中国检察出版社 2006 年版，第 181 页。

织渗透校园是其向更高层次黑社会组织发展的重要步骤，必须予以及时治理。

黑社会性质的帮派组织渗透校园对于学校正常教学秩序的破坏是不言而喻的，而对于未成年学生健康成长的危害则更是巨大的。据《新快报》记者调查发现，虽然学校专门通过开班会的形式宣布司法机关摧毁"黑龙会"的消息，但许多学生仍然心有余悸，在记者采访时仍然避谈"黑龙会"〔1〕，其对学生心理所造成的恐惧和损害可见一斑。这种恐惧与损害显然并不会随着"黑龙会"的覆灭而消失，而可能会对曾经生活在这一黑社会性质组织阴影下的学生产生长期甚至持续一生的负面影响。域外学者的研究显示，一旦青少年加入帮派组织，其从事偏差行为的可能性即会大增〔2〕，帮派在校园内的活动还会大大提高校园暴力的水平〔3〕，对校园安全和社会治安都会带来重大的负面影响。这一点在"黑龙会"案件中也得到了印证。"黑龙会"在校园内的活动，对校园安全所造成的威胁是显而易见的。而由于60余名学生的加入，"黑龙会"的声势在短期内即被有效地放大，有力地促进了该组织的发展，这是"黑龙会"能够在短短两年左右时间内就发展成为组织严密、危害一方黑恶势力的关键原因。

二、学生与帮派之结合

（一）学生加入帮派的原因

未成年学生何以会加入帮派？如果把原因仅仅归结为帮派的威逼、利诱，显然是肤浅的。对这一问题，台湾地区学者已经有较为深入的研究。

蔡德辉、杨士隆的研究认为，少年加入帮派的成因主要有七点：①成功向上机会受阻，帮派提供青少年归属感，满足心灵之慰藉；②帮派满足许多少年进入成年世界之需求；③加入帮派是低阶文化价值观之自然反应；④可寻求保护，欺凌他人亦较优势；⑤好玩与支持（如获取以前失去的家庭气氛）；⑥英雄主义崇拜；⑦赚钱容易，无须辛勤工作。〔4〕

郑瑞隆提出了四点原因：①帮派可以给青少年提供他们在家庭、学校与广大社会中无法以正常方式获得的满足感、成就感与安全感；②帮派可以提供青少年走向成人世界的桥梁，许多中低阶层文化背景之青少年可以在帮派活动中学习草莽文化的成人行为；③帮派提供青少年感受成功及获取生活所需及心理满足的机会，由于青少年在家中及学校生活中常遭遇挫折、失败、空虚寂寞、物质不满足、心理失落，帮派可以满足青少年的这些需求；④帮派提供青少年庇护、归属感及与同侪互动的机会，使得青少年可互相仗势抵御外人欺侮，增强彼此认同，产生命运共同感，使其不再无助。〔5〕

---

〔1〕 魏凯、余亚莲："学校开班会宣布'黑龙会'覆灭，学生仍畏惧"，载《新快报》2007年8月15日。

〔2〕 蔡德辉、杨士隆主编：《青少年暴力行为：原因、类型与对策》，五南图书出版公司2002年版，第293页。

〔3〕 NCES and BJS, *Indicators of School Crime and Safety*: 2004, p. 46.

〔4〕 蔡德辉、杨士隆主编：《青少年暴力行为：原因、类型与对策》，五南图书出版公司2002年版，第297～299页。

〔5〕 郑瑞隆："帮派入侵校园与其因应之社会工作观点"，载《学生辅导》1999年第65期。

许春金、徐呈璋通过实证性研究发现，青少年加入帮派的原因，在远因方面，受访青少年中个人因素以反社会人格者占多数（70%），并与法律观念较差等有关；家庭背景以居住环境差、父母婚姻不和谐、父母管教宽严态度不一、家庭气氛冷漠及离家出走经验丰富等有关；学校生活以曾有过辍学经验、学业及品行较差、帮派入侵校园严重等有关；同侪关系以好友与个案偏差行为同构型高、受好友影响程度高等有关；社会环境以受大众传播媒体负面影响、社会偏差事件或扭曲现象等有关。在近因方面，许春金、徐呈璋的研究发现，青少年帮派多由于保护、好玩、赚钱、权力地位、同侪邀约及交朋友等动机而加入帮派。[1]

上述台湾地区学者关于学生加入帮派原因的分析实际上都强调了帮派对于青少年可以提供归属感、安全感、成就感等心理满足，同侪交往、家庭替代、向成人过渡等社会化支持，以及经济利益等利益获取的途径，这与国外学者的研究是一致的。例如，美国学者的研究发现，虽然每一个青少年加入帮派的原因都不一样，但大都与权力、地位、安全、友谊、家庭替代、经济利益、药物滥用等因素有关，这些都可能成为促使青少年加入帮派的原因。[2]

从"黑龙会"案件来看，这些学者所提出的理论分析也得到了印证。《南方周末》、《新快报》等媒体记者的调查发现，学生加入"黑龙会"的原因主要体现出了以下几点：一是加入后"有依靠"，学生获得归属感。加入的学生大部分都是学业不良、品行不良，在学校被边缘化的群体，而"黑龙会"则使得他们获得了心理的慰藉。例如在一些骨干成员生日时，冯氏兄弟常以庆祝生日为名宴请全部成员，还不定期地将部分违法所得作为"公费"用于组织帮派活动、补偿作案损失等。二是满足安全感和逞强好胜心理。例如，"黑龙会"在诱骗学生加入时，就常常使用"如果谁欺侮你，我们的人就会来帮架"的宣传话语。这是在校生加入帮派的一个非常主要的原因。台湾学者周文勇曾亲访多位帮派少年了解其加入帮派之原因后也发现，在校学生基本上是以寻求安全保护为加入帮派的主要原因。三是同辈群体的鼓动。冯氏兄弟本人包括其派往中小学校"揽人"的骨干，均与学生的年龄接近，他们之间较容易交流和形成共同语言。此外，可以获得一些经济利益，也是一些学生加入的重要原因之一。

而在上述原因中，帮派可以提供学生归属感与安全感是最为值得深思的。为何这些学生不能在家庭、学校获得心理上的归属感和安全感，而要到帮派这种亚文化群体中去寻求？表面上看，学生是因为受到威逼利诱而加入帮派，但在某种程度上，正是因为家庭与学校的失职与功能的失调将这些学生推进了帮派之中。对此，家长和学校都应当予以深刻的反思。

（二）帮派为何青睐未成年学生

为何帮派会将黑手伸向未成年学生？蔡德辉、杨士隆在做深入研究后，针对台湾地区帮派入侵校园现象提出了以下原因：①少年从事非法活动的刑罚较轻，故帮派乐于招

〔1〕 许春金、徐呈璋："青少年不良帮派形成过程及相关因素之研究"，载我国台湾地区"法务部犯罪研究中心"编：《刑事政策与犯罪研究论文集》（三），2000年版，第102页。

〔2〕 *Gangs and School safety*, www.schoolsecurity.org/trends/gangs.html.

募其为帮众；②少年成为帮众之各项花费与成本较低，因此可减少帮派开支，符合组织利益；③少年较为英勇，常不考虑行为后果，故为帮派所乐于吸收；④政府厉行扫黑，造成帮众群龙无首，青黄不接，故向校园"征才"；⑤少年较为忠诚，较不争权夺利。帮派组织成员常为继承问题互为斗争，甚至衍生杀机。唯就少年而言，一般对帮派首领较为忠诚，不至于在老大避居海外或入监期间谋权夺位，造成帮派组织之倾轧；⑥增加人力，壮大组织，延续帮派活动。帮派组织为维系帮派之运作，有必要招募人力、壮大组织。少年年纪轻，体能好，又较为忠诚，一方面可为帮派增加人力，撑住场面，另一方面提早入帮，熟悉帮派运作，可使帮派组织运作趋于稳定，并延续帮派活动。[1]

由于大陆地区迄今还没有形成类似台湾地区那样典型和成熟的黑社会组织，以"黑龙会"案件为代表的黑社会性质帮派组织向校园发展的现象也还不多见，因此蔡德辉、杨士隆所提出的关于帮派入侵校园的原因并不完全适合于解释大陆地区黑社会性质帮派组织渗透校园的现象，但是这些观点仍颇有启发。例如，少年从事违法犯罪的刑罚较轻、少年成为帮众的各项花费与成本较低、少年较为英勇常不考虑行为后果、少年较为忠诚较不争权夺利、可以迅速壮大和发展帮派势力等，在"黑龙会"渗透校园案件中也不乏共同之处。

不过以下几个原因，在"黑龙会"渗透校园案件中有更为明显的体现：首先，中小学是青少年集中的地方，渗透校园可以较为迅速地壮大帮派势力。冯志希在指派骨干渗透校园时，就曾经明确表达了"壮大声势"的目的。其次，冯氏兄弟及其帮派骨干都是辍学青少年，和原中小学学生均有着密切的联系，轻车熟路，容易将"黑手"伸向校园。黑老大冯志希之所以产生指使骨干发展学生加入的想法，就是因为他见有一些初中生经常和帮会的骨干混在一起。再次，"学生单纯好骗"（冯志希语）容易通过威逼利诱的方式吸收进入帮派。最后，学生加入帮派的使用成本较低，通过"给点小恩惠小恐吓就可以指挥他们"（冯志希语）。可见，在"黑龙会"这一案件中，学校管理和家长管教的疏漏给帮派分子有机可乘，加上学生对黑社会性质组织的防范意识不强，是"黑龙会"能够成功渗透校园的关键因素。

三、帮派渗透校园之防范对策

由上分析可见，学生与帮派能够结合在一起主要是因为两者之间能够互相满足其功能需求使然，因此要想防止黑社会性质组织渗透校园也首先必须打破两者之间这种功能上的互补。而其中最重要的措施是防止家庭和学校功能的失调，使学生能在家庭、学校这类主流社会组织中找到心理归属感、安全感，以避免学生被迫向帮派这类亚文化群体寻求支持。具体而言，在家庭方面应当加强对家长的亲子教育，健全家庭功能，避免因为家庭教育方式的不当和家庭功能的失调，使得未成年人出现离家出走、逆反心理等行

---

[1] 蔡德辉、杨士隆主编：《青少年暴力行为：原因、类型与对策》，五南图书出版公司2002年版，第296～297页。

为和心理上的偏差，给帮派提供乘虚而入的机会。在学校方面，应当消除各种对问题学生的歧视和边缘化的做法，应当主动关爱学生，避免将他们推向帮派等亚文化群体。

其次，应当提高未成年学生对帮派本质的认识和加入帮派危害性的认识，学会在面对同辈群体邀约入帮时"说不"。这是"黑龙会"案件给我们提供的另一条如何防止学生加入帮派的重要警示。尽管我国大陆地区目前还没有出现大规模的帮派组织渗透校园现象，但其发展趋势很可能会越来越严重，而且校园内的学生团伙问题早已经是一个不容回避的问题。因此，加强学生认识和拒绝团伙、帮派组织教育应当尽快成为学校法制教育的重要内容，同时，家长也应当在教育子女时进行拒绝加入团伙、帮派的教育。日本的一项调查发现，青少年受诱惑后立即加入帮派的比例高达 49.1%，在一起游乐深觉有趣而加入的比例也达到 32.2%。[1] 这一调查表明，教育学生认识团伙、帮派本质，学会拒绝加入团伙、帮派，能够有效发挥防止帮派组织渗透校园的作用。此外，一般来说，学生在拒绝加入团伙、帮派之时受到伤害的风险较小，[2] 而在加入团伙、帮派后再要求退出的风险较大[3]，因此这一教育应尽早从低年级学生即开始进行。

再次，学校应当重视建立和完善学生纠纷的有效调处机制。学生纠纷得不到及时、有效、公正的解决，既是校内团伙生成的重要原因，也是校外帮派能够得以渗透校园的重要原因之一。前文已经述及，在校学生加入团伙、帮派的重要原因是寻求保护，即看中的是团伙、帮派"调处"纠纷的能力。如果学校不能及时、有效、公正地解决学生之间的纠纷，那么学生就容易向团伙、帮派寻求保护和支持。有鉴于此，学校应当把建立和完善学生纠纷的有效调处机制作为一个应予以重视的专门问题来对待，这不仅是有效防止校外帮派渗透校园、校内学生组成团伙的重要机制，也是维护校园安全，防止校园暴力发生的重要机制。

第四，应当建立家庭、学校、社区、警方联动的预防与干预帮派渗透校园机制。虽然学生与帮派的结合主要是因为两者之间能够互相吸引、满足彼此需求，但其结合也夹杂着复杂的社会、经济因素，因此"帮派入侵校园问题，不能将其视为单纯的学校问题，亦可能系整个社会问题之延伸，而需分别从家庭、学校、社区及司法部门等层面，协调合作"[4]。只有建立家庭、学校、社区、警方联动的预防与干预机制，才能真正有效的解决帮派渗透校园问题。这种联动预防与干预机制应当包括以下环节：

一是信息的及时交流与共享。在我国目前所存在的对于学校的各种考核体制下，学生结成团伙或加入帮派都会对学校的利益造成重大的损害，因此很多学校对这一问题都是讳莫如深。在"黑龙会"案件中，对于"黑龙会"拉某校学生入伙一事，该校一名副校长竟然表示"学校是在经警方破案之后才有所了解"[5]，就是一个很好的例证。正视校园团

---

〔1〕 周文勇："帮派渗透校园问题之防处"，载 http://www.tosun.org.tw/database/Data/cho1.htm.

〔2〕 我国台湾学者的研究也证实了这一点。参见蔡德辉、杨士隆主编：《青少年暴力行为：原因、类型与对策》，五南图书出版公司 2002 年版，第 303 页。

〔3〕 在"黑龙会"案件中，该帮派组织严密性的一个体现就是对退帮者的残酷惩罚。

〔4〕 蔡德辉、杨士隆主编：《青少年暴力行为：原因、类型与对策》，五南图书出版公司 2002 年版，第 306 页。

〔5〕 魏凯、余亚莲："学校开班会宣布'黑龙会'覆灭，学生仍畏惧"，载《新快报》2007 年 8 月 15 日。

伙、帮派问题，及时交流有关信息，是及早发现和遏制帮派侵入校园的重要措施。

二是应当以学校为中心，建立四方共同参与的防治校园团伙及帮派入侵校园的行动方案。我国台湾地区针对帮派渗透校园现象，专门制定了家庭、学校、警政、法务及社区资源力量等共同参与的《防制黑道势力介入校园行动方案》，台湾地区各中小学也都相应制定了防治帮派渗入校园实施计划，这是值得我们借鉴的。

三是公安机关应当重视校园警务建设，将"校园警务"作为重要的工作内容，及时发现、制止和严厉打击帮派侵入校园的现象。在这方面，四川省德阳市做出了有益的探索。该市兴隆中学曾经学生团伙横行、打架斗殴、盗窃抢劫等现象严重。为了解决这一问题，兴隆派出所在学校建立了警务室，把学校安全纳入社区警务安排之中。警务室会同学校领导对有违法违纪等行为的不良学生重点进行家访并逐一帮助教育。在学生相对集中、上学、放学沿途建立监控点，选出30多名家长代表组成"维权监督岗"，成立由学校、家庭、住校民警组成的帮教组织。自从推行校园警务后，学校学生校内外违纪、违法事件基本上得到了杜绝。[1]这一做法被公安部、教育部称为"德阳经验"，其要义是"公安机关与教育部门携手，学校与社会联动，以育人和防范为主，将公安部门的治安管理优势和教育部门的教书育人优势有机结合，形成防范合力，警校共育"[2]，这一经验值得深入推广。

第五，必须重视辍学现象的防治。"黑龙会"在组织结构上的典型特征是：帮派的领导者冯氏兄弟为辍学青少年，其骨干成员也基本上是辍学青少年，而构成帮派基础的则为60余名在校学生。这样的组织结构表明，辍学生构成了帮派的核心，也成为连接帮派与校园的桥梁。国外及港澳台学者的研究也大都发现，辍学生是帮派分子的主要来源。例如，杨士隆的一项调查发现，在169名帮派少年之中，就有128名是中途辍学学生。[3]因此，要想治理青少年帮派现象，防治帮派渗透校园，其基础性工作是辍学的防治。在我国仅普及九年制义务教育的情况下，防治青少年辍学的重心是防治未成年人未完成义务教育即流入社会的情况。鉴于辍学生的偏差行为比例高，是帮派群体的主要来源等原因，国外及港澳台都十分重视辍学现象的防治。例如，美国在1997年专门通过了《全国中辍防治法案》（National Dropout Prevention Act），并推动各州开展学校辍学生防治方案。我国台湾地区也于2000年成立了"全国中辍防治咨询研究中心"致力于发展有效的教育和辅导策略，推动建立辍学生辅导与支持网络，以及采取其他措施来预防学生中途辍学。这些专门立法、成立专门研究机构、建立辍学生辅导与支持网络的做法，值得我们借鉴。

（载《中国青年研究》2008年第1期）

---

〔1〕 王鹰："校园暴力的形成与消解"，载《政法学刊》2007年第4期。
〔2〕 苏定伟："中央媒体聚焦'德阳经验'"，载《华西都市报》2006年11月1日。
〔3〕 参见杨士隆："从中辍到犯罪，其间转变常被忽略"，载《联合报》2001年8月13日。

未成年人涉酒吧犯罪的动向与对策

酒吧将罪恶的触角伸向未成年人，既在一定程度上污染了未成年人成长环境，又扰乱了社会秩序，对未成年人的身心健康带来巨大危害。未成年人涉酒吧犯罪作为近年来新兴的一类犯罪，有其深厚的背景、原因和显著的特点，诸如沪籍未成人比重大、在校学生数量多、结伙作案、家庭教育缺失等。本章以上海市中心城区未成年人涉酒吧犯罪情况与数据为基础和样本，分析未成年人酒吧犯罪的现状特点及动向，并从个人、家庭、学校、社会，以及各个职能部门协作角度，就今后如何加强社会管理创新，防范未成年人进入酒吧，减少未成年人涉酒吧犯罪案件的发生提供一些建议及对策。

一、未成年人涉酒吧犯罪的新动向

（一）上海市中心城区未成年人酒吧犯罪总体现状

未成年人涉酒吧犯罪，是指未成年人进入酒吧消费，以酒吧为犯罪地点，或以酒吧环境中酒精、灯光、音乐为犯罪诱因而实施的一系列与酒吧相关的犯罪行为，多为因酒后失控引起的寻衅滋事、聚众斗殴、盗窃、抢劫等暴力、侵犯他人财产等犯罪（此类案件中涉案酒吧主要是集休闲、娱乐为一体的中低层娱乐酒吧为主，即俗称的"夜总会"、"夜店"，高端的纯酒吧一般不包含在内）。这类案件呈现了一些新的特征：①沪籍未成年人数量多，职技校学生比重大；②犯罪主体均缺少家庭关怀；③犯罪类型集中且均为共同犯罪，具有暴力性、突发性。④酒吧招募未成年人"充场"、做"酒托"现象显著。

近年来，上海市未成年人涉酒吧犯罪案件呈现上升趋势，据各区检察院出具的数据统计，[1]黄浦区 2008 年未成年人涉酒吧案仅 1 起涉案 1 人，而截至 2012 年 8 月已有 3 起涉案 11 人，其中 9 人为未成年人，除了这些涉嫌刑事犯罪的未成年人外，今年还有 20 余名未成年人因未满刑事责任年龄、患有忧郁症等原因免于刑事处罚。静安区自去年以来发生 4 起该类案件，酒吧招募未成年人"充场"问题突出，这些充场人员包括未成年犯罪嫌疑人、证人、被害人等。徐汇区自 2009 年至 2012 年，未成年人涉酒吧案累计

---

[1] 据 2012 年 10 月在黄浦区检察院召开的中心城区酒吧综合治理工作研讨会。

发生6起涉案31人，闸北区也有此类案件发生，且案件数量不断上升，主要集中在财产犯罪和性犯罪。这些中心城区涉酒吧犯罪案件的比例已超过抢劫犯罪案件比例，情况令人担忧。

（二）未成年人酒吧犯罪的特点分析

国外学者侧重从未成年人犯罪与年龄、学历、职业、犯罪类型的关系上来分析其特点。

苏联学者从社会制度的对比上认为资本主义国家未成年人犯罪有如下特点：①未成年人犯罪现象是资产阶级内部固有的。②结构充满特点——来自最贫困居民阶层的人的"被迫"犯罪和精神上堕落分子街头犯罪的结合。③财产犯罪占极大比例。④就青少年动态来说，涉案数量在不可抑制地增长。[1]

我国大陆学者康树华从形成方式上认为未成年人犯罪主要有以下特点；①性质——日趋暴力化，犯罪类型从抢劫、故意伤人、奸淫妇女、盗窃等到参与更为严重的黑社会犯罪，手段更加凶残，无所顾忌。②动机——满足贪利性特点，初犯偶犯成为新动向。③方式——花样翻新，日趋复杂成熟，成功率提高。④组织形式——团体性，多为共同犯罪。⑤主体——农村籍未成年人犯罪比重上升。⑥年龄上低龄化。⑦反复性与突发性。[2]

上述国内外学者都强调了未成年人犯罪低龄化、财产犯罪增多、日趋暴力化等特点。苏联学者认为未成年人犯罪是资产阶级固有的犯罪带有一定的主观偏见性，未成年人犯罪作为一种社会化的现象，是客观存在于各种制度下的，并可能长期存在。

未成年人涉酒吧犯罪，作为近年来新兴的一种犯罪类型，具有未成年人犯罪的普遍特点，但也有其独特的值得深思和研究之处：

1. 未成年人涉酒吧犯罪案件数量和涉案人数呈上升态势，泡吧成为未成年群体新动向。根据上海市各中心城区检察院的数据统计，[3] 未成年人涉酒吧犯罪作为一种新兴犯罪类型，是在近几年才开始出现的，但在其萌芽之期，上海市中心城区未成年人涉酒吧犯罪案件比例已超过抢劫犯罪案件比例，且有不断恶化之势，现已到了必须引起相关部门重视和社会广泛关注的严重程度，若是任其发展，后果难以估量。

2. 沪籍未成年人数量多，职技校学生比重大。随着生活方式由传统型向现代型过渡，社会矛盾激化，大量剩余劳动力由农村涌向城市，以往的未成年人犯罪案中多以社会闲散人员及农村籍未成年人为犯罪主体，这些人员个人素养偏低、法制观念淡薄，在物质诱惑下，犯罪动机增强，犯罪可能性相应增加。而因为未成年人涉酒吧案中犯罪主要地点——酒吧自身高消费的特性，以及泡吧这种社会潮流的影响，更多追求时髦、具有一定经济能力的在校学生（尤以厌学情绪严重，不良习性居多的职技校生为主）纷纷涌向酒吧，泡吧已成为未成年群体新动向。以黄埔区为例，11名犯罪嫌疑人中，未成年人占9人，其中本市未成年人6人占67%，在校生4人占到44%（3名为职技校生）。

---

〔1〕 康树华：《犯罪学——历史·现状·未来》，群众出版社1998年版，第355页

〔2〕 康树华：《新中国犯罪学研究形成与发展》，北京大学出版社2011年版，第150页。

〔3〕 据2012年10月在黄浦区检察院召开的中心城区酒吧综合治理工作研讨会。

而外来人员在缺少消费能力和娱乐时间的前提下，往往不会以酒吧作为娱乐地点，即便进入酒吧，也多是因本市同伴相邀而往。

3. 未成年罪犯主体大多缺少家庭关怀，精神世界贫乏。据调查发现，这些涉案在校生的"抚养监护情况"和"平时表现"十分相似，均缺少父母的关爱和照顾，父母的教育方式存在一定问题。上海一起盗窃抢夺案的罪犯小敏，其从小离开父母随外公外婆居住，甚少与父母进行沟通交流，父母从未对其进行监管和教育，也未尽过抚养责任，家庭经济全部依靠外公外婆3000元的退休工资维持，家庭生活较为困难。母亲甚至有吸毒史，并曾在小敏面前吸食冰毒，小敏对其母亲极度憎恨。这些缺乏家庭温暖和良好家教的未成年罪犯往往内心空虚、孤独，没有树立正确的道德观、价值观和法治理念，极易受社会不良风气影响并对酒吧充满好奇，渴求在泡吧的小团体中寻求归属感和刺激感，这种高关注和热情一开始就为日后犯罪埋下了隐患。

4. 犯罪案件类型相对集中，犯罪动机简单，且结伙作案，偶发性与预谋性并存。未成年人涉酒吧案多表现为酒驾、聚众斗殴、寻衅滋事、盗窃、抢劫等暴力犯罪和财产犯罪行为，个别涉及性犯罪。涉案未成年人心智仍不成熟，犯罪原因相对简单，多是以争风吃醋或生活中的误会、摩擦为导火线，因酒精引起精神兴奋和冲动而在推搡中情绪失控，以致演变成聚众斗殴、寻衅滋事、故意伤人等暴力犯罪。

在黄浦区今年发生的三起案件中，一起是两拨未成年人因为在酒吧走廊上发生口角进而升级到聚众斗殴，一起系犯罪嫌疑人以介绍工作为名，将受害人骗至酒吧并抢劫其苹果手机，一起系两拨未成年人因争风吃醋而在酒吧内约架，到酒吧外拳脚相向。大部分涉案人是定期去酒吧娱乐消费的在校学生，他们在酒吧中结识与其兴趣相投的同伴，相互利用、相互壮胆，酒后临时起意的偶发性犯罪与事先分工踩点的预谋性犯罪并存。

5. 涉案酒吧环境恶劣，不良酒吧成为犯罪幕后推手。酒吧业主利益至上，"酒托"、"充场"违法现象严重。上海市中心城区许多中低层的娱乐酒吧，为提高竞争力、增加盈利，均存在"酒托"、"充场"情况，违反法律规定允许未成年人进入酒吧甚至向其出售烟酒，将大批未成年犯罪嫌疑人、受害人引入酒吧这一犯罪高危场所，酒吧关口形同虚设，不良酒吧成为未成年人犯罪的无形推手。

除此之外，部分城区未成年人涉酒吧案还具有低龄化、女性犯罪数量增多这一特点。闸北区检察院反映，涉酒吧案主要集中在财产犯罪和性犯罪，涉案未成年人年龄趋小，女性犯罪比例上升，甚至有酒吧向客人介绍幼女卖淫。黄埔区公安分局治安大队也指出，未成年涉酒吧案中"小拉拉"（女性同性恋者）犯罪——这一两年出现的新兴现象也占一定比重，她们多以包场方式因争风吃醋等各种缘由引起纠纷并产生打架斗殴、寻衅滋事等事件。在未成年人涉酒吧案中，有一定比例的女性未成年人利用娱乐酒吧嘈杂、混乱的环境为背景，与不良酒吧业主为伍，共同实施酒水诈骗犯罪；也有部分女性未成年人在心理扭曲、价值观偏离下进行援交、卖淫等违法犯罪行为，既严重危害自己的身心健康发展，也对社会风气造成不良影响。

（三）中国式问题——域外分析

我国大陆地区，未成年人涉酒吧犯罪是伴随着酒吧行业的发展，于近两年才兴起的一种新兴犯罪类型。而港台地区未成年人涉酒吧犯罪实已存在许久，大量的在校学生、辍学少年以及社会闲散人员每天混迹于各大网吧、酒吧、迪吧等娱乐场所，社会群体交叉感染，极易引起聚众斗殴、吸毒、淫乱等严重危害社会风气及个人身心健康的犯罪行为。在我国大陆地区，未成年人涉酒吧犯罪虽属于一种新兴的犯罪类型，但却有燎原之势，若在萌芽之初不对其加以警醒并关注，其将愈演愈烈并对未成年人身心健康成长和社会正常秩序带来严重危害。

相较而言，在西方尤其是北欧国家，这种情况则比较少见，而且情节轻微。人们在结束了一天忙碌的工作后结伴来到此处，放松情绪，并与友人畅聊。酒吧在西方国家更被视为一种类似书吧、咖啡吧、音乐吧的休闲去处，与我国迪吧、夜店等娱乐型酒吧的功能大不相同。这与西方严格的法律规定和管理制度有一定关系，西方国家明令禁止未成年人饮酒，烟酒的销售点严格按照有关规定设立，这就在一定程度上切断了未成年人与酒精的联系，起到了有效的防治作用。

酒吧的分类和功能定位或许也是国内外未成年人涉酒吧案不同的一大原因。依照上海公安的工作范围来看，上海的酒吧可以分为以下两大类：①休闲型酒吧。包括音乐茶吧、书吧、咖啡吧、各种酒店会所里附带的小休闲吧等，上海80%左右的酒吧属于这一类型。这类酒吧以商务、休闲功能为主，属于来源于西方的正统酒吧，受众群体主要为外籍人士和白领、精英，酒吧管理规范，气氛轻松、舒适。②娱乐型酒吧，即俗称的迪吧、夜店，许多分布于淮海中路、外滩、复兴公园、新天地等中心城区。[1]这类酒吧以娱乐功能为主，通过多彩的灯光、快节奏的音乐和舞蹈刺激人们的听觉、视觉等感官，但这种极端放纵的方式也易使人失控并在酒后犯下严重危害社会的犯罪行为。上海市未成年人涉酒吧案均发生于这一类型中的中低端酒吧，其受众面大，监管散漫，营利目的强，为提高竞争力无视相关规章制度，未成年人进入酒吧的门槛大大降低，为其犯罪提供了地点、创造了可能性。

（四）未成年人涉酒吧犯罪带来的危害与警示

酒吧的设备、环境、节目等均系为成人娱乐设计安排，人员结构复杂，未成年人出入酒吧存在多种危害和隐患。首先，未成年人常去酒吧会刺激对酒精、毒品的不良需求，影响身体的健康发育。未成年人接触酒精的年龄越小，越容易对酒精产生依赖性，去酒吧消费的次数也会增加，酒精对身体器官（尤其是肝、脏）的危害日益加深。这些进入酒吧消费的未成年人绝大部分对酒精的危害缺乏了解，甚至一无所知，纯粹为了满足好奇心理或是对成人、其他同伴行为的模仿，将此举作为其成熟的外在象征，盲目追求精神刺激，以此发泄内心不满和压力。更甚者，为了进入酒吧这一高消费之地，不择手段，通过偷窃、抢夺、敲诈勒索等方式凑集钱财并最终构成犯罪。而由于辨别能力低、戒备心理弱，常去酒吧也易使未成年人混入不良团体（这既包括未成年人团体，也包括成年人领导的小团体）形成群体交叉感染，甚至成为成年人利用的对象，受其诱惑教唆，学习新的犯罪方法并实施其他犯罪。酒吧这一地点也成为未成年人犯罪的源头

---

〔1〕 据2012年10月在黄浦区检察院召开的中心城区酒吧综合治理工作研讨会。

之地。

同时，这种泡吧的不良行为会在同龄学生中产生负面影响，破坏学校风气和正常的学习秩序。闸北区法院反映，虽然此区未成年人涉酒吧案中刑事案件所占比重比较小，但涉案未成年人数量很多，中学中平均每一个年级都有六七个同学是酒吧常客，甚至还怂恿其他同学一起加入其行列，这在同学中已经引起了一定的关注并造成了不良的学习风气，影响了学校正常秩序，百害而无一利。

未成年人去酒吧对其自身身心的成长和学校秩序的危害是不言而喻的，对社会风气、城市形象的影响更是巨大的。酒吧作为一个城市的文化坐标，在城市形象树立中扮演着重要的角色。未成年人大量混迹于酒吧甚至实施犯罪，会给市民尤其是外籍人士带去不安、担忧之感，不利于上海国际大都市形象的维护以及和谐社会的建立。

二、未成年人与酒吧

（一）未成年人去酒吧成因分析

未成年人为何会去酒吧？又为何甚至犯下严重危害社会的违法行为？若仅从案发时的导火线行为来分析这一原因往往是肤浅、不成形的，对这一问题，国内外学者有独到的见解。

学者赫希（Hirschi）指出："任何人都是潜在的犯罪人，个人与社会的联系可以阻止个人进行违反社会准则的越轨与犯罪行为，当这种联系薄弱时，个人就会无约束地随意进行犯罪行为，因此，犯罪就是个人与社会的联系薄弱或受到削弱的结果。"[1]赫希社会连接理论的核心概念是社会联系，他认为人性本是非道德的动物，人类要是不受外在法律的控制和环境的陶冶与教养，便会自然倾向犯罪。社会联系分为四大要素，即依恋、奉献、卷入和信念。其中的依恋要素（Attachment）是指只有到一个人内化了社会的道德规范以后才能成为道德的人，而赫希进一步认为，社会规范的内化，良心和超我的建立，其实质在于个人对他人的依附。而这些"他人"包括父母、家庭，学校，师生以及同龄人，个人与这些对象之间的依附程度将会体现出越轨甚至犯罪的可能性。少年犯罪即个人与传统社会联系薄弱或破裂的结果，也表现为未成年人社会化失败的结果。

德国汉斯·约阿奈德·施奈德认为，社会城市化进程中，邻里关系冷漠，人际关系遭到破坏，产生了亚文化的价值观和行为准则，并与主流价值和行为准则发生冲突，在未成年人社会化过程中不能发展自我，在家庭、学校中没有很好完成社会化过程，缺乏个性及与他人沟通交往的能力，内心越来越密闭，在成长中易产生叛逆心理，对社会偏见严重，存在不稳定因素。[2]

我国台湾学者林纪东认为，生理的、心理的、社会的因素都对犯罪形成有一定影响。家庭环境、学校环境、出身关系对一个人人格品性的形成都有很大影响。各种社会

---

〔1〕［美］赫希：《少年犯罪原因探讨》，吴宗宪等译，中国国际广播出版社1997年版，第4页
〔2〕参见［德］汉斯·约阿奈德·施奈德：《犯罪学》，吴鑫涛、马君玉译，中国人民公安大学出版社1990年版，第699～702页。

文化环境的缺陷对不良人格形成及其外化为犯罪行为起至关重要的作用。[1]

从以上学者的观点可看出，未成年人选择酒吧犯罪，与其对家庭、学校的依恋程度减少，对酒吧产生依附感、归属感有着莫大的联系。而未成年人在其社会化过程中为何会走向迷途、为何正常的家庭学校对他们失去吸引力，而酒吧等不正规场所对他们充满吸引力，也是亟待我们思考并深究的一个问题。笔者将以上海市中心城区未成年人涉酒吧案为基础，从未成年人自身、家庭、学校、社会四大方面对其选择酒吧的原因进行探讨：

1. 未成年人成长时期生理及心理特征复杂，将酒吧作为其走向成年世界的桥梁

未成年人，尤其是14岁~18岁之间的青少年未成年人，正处在生理上的发育期、心理上的"断乳期"、行为上的"叛逆期"。这一时期，青少年的身体开始发育，荷尔蒙增多，生理成长与心理成长具有不均衡性，情绪易敏感、激动，自控力差，辨别能力弱，逆反心理强，好奇心重，独立意识觉醒，对成人化的渴望性增强。未成年人在内心易形成一套自我逻辑和处事原则，对家人、长辈、学校的教导怀有逆反心理，对社会具有抗拒性，爱与同龄人相处，并形成小团体导致群体交叉感染。酒吧这一新兴、潮流的城市标识和文化坐标，以及其中充满的各种人群，满足了他们对成人世界的向往和想要融入的渴望性，而酒精、音乐、舞蹈、甚至毒品、援交则满足了他们强烈的好奇心及旺盛的荷尔蒙发泄需要，成为其走向成人世界的桥梁。在酒精，灯光、音乐的各种影响下，他们的情绪易冲动、判断力下降，为各种突发、激动、暴力犯罪埋下了隐患。同时，根据葛鲁克等人的研究（Gluck，1970），犯罪少年思想流于空幻，不切实际者较多，这思想必然导致更多的挫折、冲突矛盾，因而可能走向犯罪偏差的途径。[2]

2. 家庭教育缺失、功能失调，酒吧能弥补其空虚心灵需要

众所周知，父母和家庭是孩子的第一位老师和第一所学校，更是其社会化过程中的领路人。家庭关系、父母的教育对未成年人的生理、心理成长乃至一生的发展都起着至关重要的作用。台湾学者张华保认为，成功的父母不仅要提供生活所必需的奶，也应提供孩子对生活感到愉悦的蜜。[3]家庭破碎，父母不合甚至常起冲突，会影响一个家庭的和睦以及一个未成年孩子对家庭和社会关系应有的积极态度。单亲家庭的孩子还常被其他同龄人嘲笑并冠以标签，并产生孤僻、冷漠、敏感、自卑、多疑、怯懦等心理问题，形成生性暴动爱争强好胜的热血质冲动性格。父母类似赌博、泡吧、吸毒、召妓等不良习惯和生活作风，也会给未成年子女形成恶劣的榜样作用。而溺爱、放任不管甚至虐待的不当教育方式，会分别使未成年子女形成自我中心主义，缺乏安全感，养成说谎、欺骗的习惯甚至产生逆反心理及反家庭反社会态度，向外寻求归属感。以一起连偷带抢案为例，被告人小高的父母在其年幼时离异，现各自组织家庭，与小高缺少沟通，往往只是物质上满足其要求，缺乏教育、引导，更不了解高某的交友及在外活动情况。

酒吧这一娱乐场所里的小团体能给缺少家庭关爱的孩子提供归属感和稳定感，弥补

〔1〕 康树华：《犯罪学——历史·现状·未来》，群众出版社1998年版，第624页。
〔2〕 张华保：《少年犯罪预防及矫治》，三民书局1997年版，第62页。
〔3〕 张华保：《少年犯罪预防及矫治》，三民书局1997年版，第171页。

精神世界的空虚，并产生赫希社会控制理论中的依恋（attachment）。他们能从小团体里强出头的表现来获得认同和崇拜，恶性循环后便满足和乐于与不良之流为伍。同时，酒吧的环境也给未成年子女提供了一个发泄压力的渠道和场所，他们模仿大人的行为，通过酒精的麻醉暂时忘掉痛苦，获得短时间的情绪放松和兴奋，酒后犯罪的概率大大增加。另一起聚众斗殴案的被告人小军，自幼随父母、祖父母生活，家里长辈对其较溺爱，管教乏力，父母文化水平不高对其的提醒和引导均有限，未能有效监管其行为。不爱读书，成绩一般，小学、初中均未能正常毕业，未获得毕业证书，在上海某职业学校学习一年后，因成绩太不理想退学，之后闲散在家，结交不良青少年，出入酒吧为酒吧老板"充场"，夜不归宿。

检察官分析认为，因为缺失家庭教育，再加上与家庭成员情感交流不足、人际关系淡漠，涉案人员养成骄纵霸道、自私任性等不良性格。他们的心智不够成熟，社会经验不足，却精力充沛，热衷玩乐，极易受到不良因素的影响，走上歪路。

3. 学校教育功能缺失、弱化，学生法制观念淡薄，厌学情绪严重

家庭之外，学校是未成年人获得知识，结识同伴，长大成人最主要的场所和来源。不可否认的是，虽然早在 20 世纪 90 年代国家就已推行素质教育政策，坚持德智体美劳全面发展的教育原则，但在实践中施行结果离教育目标还存在着一定距离。许多学校仍然片面强化智力教育及书本知识的掌握，政策和原则很多时候仍停留在口号层面，忽视了对学生思想道德、体能、动手实践能力的培养。尤其是道德教育的缺失和法制宣传的减少，使学生没有形成完整、正确的道德观价值观，法律意识十分淡薄，这也是为什么很多未成年人对自己危害社会行为的性质并没有清醒的认识，甚至在犯罪后仍不明所以。同时，过高的学习压力和学校非人性化的教育和管理，比如压榨学生时间、老师专制体罚等，易导致厌学心理，对前程和理想丧失信心，不利于未成年人身体成长和心理健康。未成年人与学校之间的联系逐渐减弱，甚至失去依附感，并最终远离校园，游荡在街头甚至混迹于包括酒吧的各个娱乐场所，选择在酒吧中寻求同伴及归属感。

连偷带抢案中的被告人小高虽现在就读于某技校，但学校疏于管教，采取放任自流的态度，并未真正关怀边缘学生，其从未去上过学，长年逃学，在社会上游荡，自身缺乏主见，容易受到他人的影响。

4. 社会主流价值观的误导以及不良文化环境的影响，酒吧成为未成年人娱乐休闲之地

随着经济全球化以及 21 世纪信息世界的快速发展，社会竞争日益激烈，生存压力显著增大，成人在每日紧张压抑的工作中需要寻找一个感情出口，而酒吧在社会的强大需求下应运而生。成人为了发泄压力或者寻求刺激来到酒吧，此时的他们生理、心理发展均已成熟，社会经验丰富，大多情况下对自己的行为都有一定清醒的认识和控制。但是未成年人对泡吧潮流的盲目跟随和融入成人世界的强烈渴望并不能掩盖其辨别力低、控制能力低下、易冲动等缺点，过早泡吧易使其混入不良团体，而酒后失控犯罪的可能性也大大增加。同时，经济的快速发展虽能带给人们丰富的物质资源，但许多传统的道德如守望相助、紧急救助却未能相应提升，反而面临挑战甚至日渐瓦解，而新的道德观

价值观尚未完全建立，造成社会文化失调的现象，爱慕虚荣、拜金主义、享乐主义等非主流价值观开始盛行，未成年人因此感到迷惑，言行也因此而失一。[1] 再加上各种电视媒体和不良书籍的影响，若不加以好好引导，未成年群体易形成两种错误的犯罪的认识：①两大精神支柱——封建主义的哥们义气和吃喝玩乐的享乐主义；②三种错误观念——亡命称霸的英雄主义观、无政府主义的自由观和低级下流的乐趣观。这些非主流价值观的影响和未成年人的盲目跟随，都对涉酒吧案犯罪产生了深厚的影响

从以上分析可以看出，未成年人选择酒吧主要有来自其自身，家庭、学校、社会几大原因。未成年在长大成人的关键时期没有获得正确的教育，养成良好的道德品质和法治观念，建立起积极向上的人生观、价值观和世界观，成人化和个性化的成长形成阻碍，为其日后做出违法犯罪的行为埋下了伏笔。但一个人的发展既包括个性化过程也包括社会化的过程，仅就未成年人个体的原因是无法犯罪的，其往往依附于环境的影响和某些经历的催化。同样的环境下个人反应不同，各种因素结合和相互作用下才会导致未成年人社会化过程失败，对酒吧产生依恋，并最终走上涉酒吧犯罪这一道路。需注意的是，未成年人在这一心理成长阶段期、面临着来自自身成长、家庭关系、学业进步、同龄交往的各种压力，需要一个发泄的出口，并对归属感、温暖感、成就感、认可感、刺激感有强烈的需求。此时因家庭学校教育功能的弱化，未成年人对家庭、学校的依恋感逐渐减少；而社会可供选择的娱乐之地，或者是如同博物馆、科技馆一类过于枯燥，又或者像 KTV、电影院、游乐场一类具备娱乐功能但要求一定消费能力，真正适宜未成年娱乐休闲之处实则很少，而通过免费酒水吸引其"充场"的酒吧便成了未成年群体聚会、寻求归属之地。

（二）酒吧为何将触角伸向未成年人

学者疏克专门研究青少年犯罪与人文区位关系，他认为中心商业区（娱乐、经济、政治中心）之青少年犯罪率最高，其他社会病态现象，如精神病、逃学等，亦以其最高。在都市成长过程中，居民、文化及社会重组，在中心城区经历巨变改造之时，多种不同的文化交集，家庭经济不稳定，使其未能成长成为安定健全之社区，对青少年尤其是未成年的教育及控制犯罪均有所缺失。[2]

酒吧作为中心商业区的重要娱乐场所之一，之所以案件频发，成为高危犯罪地点，有其自身的因素。其本身经营就偏离法制轨道——高额收费牟取暴利，装饰环境有悖规范，设置封闭性很强的房间，都易诱发犯罪；而行政管理部门也大多缺乏有效的监督和管理机制并无经常性执法，在这样的情境中，加之色情信息、毒品的引诱、地痞流氓的滋扰，青春期狂躁在过量酒精的刺激下很容易失去理智。[3]

而在对上海市中心城区未成年人涉酒吧案观察和分析中发现，许多酒吧为了增加盈利，提高竞争力，招揽顾客，不仅违反《中国未成年人保护法》第 36 条规定——允许未成年人进入酒吧，甚至通过向未成年人免费提供酒水这一促销活动来吸引大批的未成

---

〔1〕 参见赵雍生：《社会变迁下的少年偏差与犯罪》，桂冠社会工作业书 1997 年版，第 66 页。
〔2〕 车炜坚：《社会转型与少年犯罪》，巨流图书公司 1986 年版，第 152 页。
〔3〕 周娅："犯罪地点选择之实证研究"，载《青少年犯罪问题》2010 年第 6 期。

年人在校生，主动给不符合条件的未成年人掩饰和通风报信，逃避相关部门的监管。这一人群往往年轻、时尚、充满活力，容易调动整个酒吧的气氛，从而吸引其他顾客的光顾。酒吧提供的酒水也十分便宜普通，这种成本极低的"充场子"促销活动为他们带来了更大的受众面和利润。

在一起聚众斗殴案件中，涉案的几名未成年人经常出入柳林路上的一家酒吧。酒吧一直用免费酒水吸引未成年人去酒吧"充场"，有时也会用"人头费"吸引未成年人拉人去给酒吧"暖场"。犯罪嫌疑人孙某交代，据他了解，近九成的散台客人均是冲着免费酒水而来的未成年人。

因法律明确规定酒吧不可雇佣不满18周岁的未成年人，酒吧为了招揽生意，便默许未成年人与正式员工私下约定零工的交易行为。这些未成年人通过在酒吧外为其招揽客人，以获取20%酒水消费的提成（正式员工只获取5%），甚至个别学生一周只工作两天却能在两个月内获得近4000元的报酬，这对自制意志不强、经济基础弱的未成年人来说充满了吸引力。而酒吧鱼龙混杂，打架斗殴等现象如同家常便饭，经营者对这些行为却都不闻不问甚至包庇纵容。

更有甚者，部分酒吧业主为了销售酒水找来许多年轻貌美的女性未成年人与男性网友聊天，并约其在酒吧见面。酒吧以几千元的高额价格向其出售成本可能只有几块钱的酒精兑水的假饮品，而此时受害人被女性魅力所吸引，判断力和控制力较低，为了博取女性的欢心往往会心甘情愿地购买甚至主动购买大额酒水。酒吧抓住受害者这一心理弱点与女性未成年人联合实施酒吧诈骗。这一阶段的女性未成年人涉世未深，在贫困的压力下或拜金主义享乐主义的驱使下也愿与酒吧联合实施这一活动，既从受害人的欣赏、追求中满足了其作为女性的虚荣心，也从犯罪活动中获得了可观的报酬。法制观念的淡薄，较弱的判断力和抵抗力，以及易操控这些特点使女性未成年人成为酒吧意向的酒托对象，甚至一同实行诈骗卖淫等犯罪行为。

（三）行业协会及职能部门的监管缺失

1. 酒吧行业缺少严格自律

让人迷离眩晕的灯光、动感喧闹的音乐、魅惑煽情的舞蹈、嘈杂的人群再加上酒精的催化作用，使得酒吧蒙上了一层神秘复杂的面纱。低判断力控制力的未成年人在这种情况下犯罪概率大大增加。针对其营业性质的复杂性和活动的特殊性，酒吧行业协会自身的监管显得尤为重要。

酒吧协会监管缺位、酒吧违规经营、管理混乱是未成年人涉酒吧犯罪、酒吧内犯罪案件多发的一个重要原因。一些酒吧经营者为了赚取最大利润，对禁止未成年人进入酒吧的有关规定视而不见，为未成年人大开绿灯，采取各种隐蔽方式逃避执法检查，在一些地方张贴的"未成年人不得入内"的标语几乎没有起到警醒规范作用，许多未成年人在酒吧里来去自如，对规定熟视无睹。尤其是黑酒吧已成滋生未成年人涉酒吧犯罪的"温床"。一方面黑酒吧逃避国家税收、工商、公安等部门的监管，收费相当便宜，这给经济不宽裕的未成年人提供了方便，另一方面黑酒吧根本没有任何监管措施，任意提供不健康娱乐活动，影响了未成年人的身心健康。同时，许多酒吧对包场这一活动并没有做出详细的规定，包场由于人员的聚集性和活动的特定性也易发生违反社会治安甚至危害社会的违法行为。酒吧周边易聚集一些社会闲散人员和危险分子，这对酒吧的安全存在一定的隐患。甚至有些酒吧把营业场所开在学校附近，大大影响了校园秩序和社会风气。

2. 酒吧行业定性不明，职能部门分工界限模糊，管理出现真空

《中华人民共和国未成年人保护法》规定，"营业性歌舞娱乐场所、互联网上网服务营业场所等不适宜未成年人活动的场所，不得允许未成年人进入，经营者应当在显著位置设置未成年人禁入标志；禁止向未成年人出售烟酒，经营者应当在显著位置设置不向未成年人出售烟酒的标志；对难以判明是否已成年的，应当要求其出示身份证件。"然而，检察官调查发现，不少部门对酒吧的行业定性存在分歧，导致管理出现真空。黄浦区承办检察官曾致电区青保委、区文化市场行政执法大队和区工商局，三部门均答复称，未成年人出入酒吧不属其管理范围。之所以出现这样的执法真空，是因为各部门对酒吧究竟是属于"娱乐场所"还是"一般的公众聚集场所"，以及是否要区分"服务业酒吧"与"娱乐业酒吧"存在分歧。因此，酒吧究竟能不能向未成年人敞开大门、是否能向未成年人出售酒精饮料，以及出现问题谁来监管、查处，这些问题都存在空白点。

同时，在酒吧的管理上存在着"多头管理、难司其职"的现象：工商、文化、药检、食品监督、卫生、劳保、消防、公安等许多部门"各管一段"，部门间的分工模糊，无统一的界限分工规范，结果是谁都在管，实际上谁都管不好，使在执行监管任务中的执行力大大降低。加之目前的酒吧管理以专项治理为主，即在一段时间内，由文化、公安、工商等部门联手对酒吧进行大规模的清查整顿，这种"狼来了"的监管方式，在短时间内能取得较好的效果，但并非长久之策。在专项治理之后，随之而来的是酒吧违规活动的普遍回潮。

三、防治未成年人涉酒吧犯罪的建议

(一) 加强酒吧行业自律

针对酒吧行业的特殊性和复杂性，预防未成年人涉酒吧案，需把酒吧行业自律摆在首位，酒吧行业自身在统一协调、组织、监管方面作用直接且执行方便。几年前未成年人涉网吧犯罪作为十分严重的一个社会问题，经过自身协会的整治、执法部门的监管和社会的监督，网吧行业营业已日趋规范化，未成年人涉网吧违法犯罪行为也大大减少。

从法律规定上来看，《中华人民共和国未成年人保护法》、《预防未成年人犯罪法》、《上海市未成年人保护条例》、《酒类流通管理办法》均明令禁止未成年人进入不适宜其活动的场所，并禁止向未成年人出售烟酒。娱乐型酒吧作为主要经营酒水等业务的娱乐场所，其经营性质和场所氛围决定了其成人化的特征，应当禁止接纳未成年人进入。

酒吧行业首先应建立业主出台政策，避免出事找不到负责人的类似情况再次发生，并且统一规范，加大对业主的监管力度和普法力度，打击援交、充场、酒托诈骗的幕后黑手。同时，各个酒吧应在醒目的位置张贴例如"未成年人不得入内""禁止吸毒"等警示标语，在吧台等位置设置不向未成年人出售烟酒的标志，并在标语上注明主管部门

及联系方式，便于投诉举报，群众集体监督。酒吧工作人员对难以判定顾客是否成年的，应当根据《中华人民共和国未成年人保护法》、《预防未成年人犯罪法》等有关规定，要求顾客出示身份证件，以有效预防和减少犯罪的发生。

（二）改善家庭学校教育方式，提高未成年人对酒吧、酒精药物的认识，普及相关法律知识

　　未成年人在家庭学校得不到认同感、安全感和归属感，内心压抑，同时又没有其他低消费，积极健康的娱乐场所作为代替，无奈去酒吧寻求刺激和发泄，并与其他不良少年混在一起组成小团体。要预防和减少未成年人酒吧犯罪，首先要切断未成年人对酒吧的这一功能需要，在家庭、学校与未成年人间建立起温馨的沟通桥梁。

　　家庭，尤其是父母，要给未成年人营造一个温馨的家庭环境，让未成人在家庭及社会关系中感到愉悦、舒适。许多父母对未成年人子女成长期的种种行为既担忧而又无法帮助，尽管他们知道自己定的一些规则未必是对的，但仍强迫孩子遵循，这样的做法易使孩子情绪化。父母首先要规范自己的行为习惯，避免给未成年子女树立不良榜样，使其盲目模范。其次，给予子女充分的关怀和照顾，对所有孩子一视同仁，顾及子女对父母教育方式的态度和感受。再次，善用奖惩原理，注重德育、智育，协助其建立正确的道德标准价值观念。同时，采取和平、民主的方式与孩子沟通和交流，关注孩子内心的想法，学会倾听和尊重，适当指导，切忌说教，注重未成年子女的全面发展。[1]

　　学校首先应改变升学主义教育，从实践上践行全面发展的素质教育政策。多数未成年人缺乏法治观念，不重视法律，而重视传统人际关系，对迷信执迷不悟，这都与教育水平的高低有关，学校在推行德、智、体、美、劳全面发展政策的同时，尤其要注重法治教育宣传，应当聘任从事法制教育的专职或者兼职教师，并开设普法宣传栏，进行各种讲座，提高同学的法律素养以及对自己行为的预测性。老师实行人性化教育和管理，对同学一致对待，不偏爱不歧视，多与同学沟通交流，坚决杜绝体罚。学校给予学生的应是辅导而非管制，以循循善诱的方式，辅导咨询的方法，取代说教式、管教式的处置。为了解决学生之状况，应设立具有功能作用的心理咨询室，关注学生内心的健康发展，并常做家庭访问，以了解学生行为之社会家庭因素，并取得家长合作，一同辅导学生。同时也要整治周边环境，为学生学习生活创造一个安静、健康的整体环境。

　　与此同时，家庭与学校都应对酒吧犯罪引起重视，依据《中华人民共和国预防未成年人犯罪法》第10条，未成年人的父母对法制教育负有直接责任，学校在对其进行预防犯罪教育时，应当将教育计划告知未成年人父母或监护人，未成年人父母或监护人应当结合学校计划，针对具体情况进行教育。针对未成年人涉酒吧这一类犯罪，不仅要注重对未成年人的普法知识教育，更要加强对未成年人酒精、医药知识的辅导。未成年人选择酒精、药物多因以下几大理由：①逃避现实压力；②遭受挫折后产生消极态度，通过酒精、药物的麻痹作用寻找幻境；③充满好奇心理，寻找刺激；④独立成熟心理作祟，产生反抗心理；⑤社会因素中交友不慎，群体中相互学习，为表示相互认同与接纳

---

〔1〕　张华保：《少年犯罪预防及矫治》，三民书局1997年版，第146页。

而相互模仿。[1]家庭学校首先应普及酒精药物的基本知识，并使未成年人对其危害有清醒的认识，敲响内心的警钟。同时，分析未成年人选择酒精药物的原因，并从根源上着手，杜绝此类现象的发生。

（三）加大社会关注和监督力度，树立合理正确的主流价值观，建设并免费开放公共文化、娱乐场所

未成年人对酒吧性质的认识不清以及法律意识的淡薄是其犯罪的重要的原因。许多未成年人进入酒吧只是盲目地随大流，犯罪后仍不知其所以然，这需要学校社会引起高度关注，加大对未成年人的法制教育。同时，随着社会竞争加剧，人情越来越淡薄，出现了许多偏离主流价值观的亚文化（如拜金主义、享乐主义、个人主义），以拥有奢侈品和进行高消费的娱乐活动为荣耀，甚至引起他人的盲目妒忌和崇拜。电视网络媒体的高度发达，微博、博文帖子的竞相疯传，使人们盲目跟随拜金主义，对社会风气造成不利影响。如何更好地对未成年人的价值观进行引导，甚至对整个社会的主流价值观进行正确引导，都是我们现在急需深思并待解决的一个重要问题。

美国犯罪委员会曾建议在每一社区建立少年事务所，作为专门处理犯罪初期或具有犯罪可能性少年的机构。内设心理辅导、社工辅导等专业人员，同时广泛举办工作营（专门吸取贫困的学生参与工作），以解决个人、学业、家庭问题，整合社区资源，组成义工队，达成社区防治少年犯罪等目的。许多大学生还广泛参与"长兄"制等辅助少年计划。每周末带一至两名少年犯外出参与各种活动，使这些少年在大学生领导下参与活动。一般少年均对大学生极为敬仰，大学生是其崇拜及模仿的榜样，与其建立密切关系是可能改变少年犯的心态人格的。[2]

以美国为例，社区可从以下措施改善这一情况：①为无家可归的未成年人设置收容所，避免其流落街头被不良少年拉入黑社会团体，并开办工作营提供工作机会，帮助其解决个人生存问题。对待不良未成年人可设立"一帮一"扶助活动，既通过优秀大学生的榜样作用给未成年人带去积极影响，又给大学生提供一个社会志愿者的实践机会。②关注各个家庭的相处情况，及时帮助协调处理家庭纠纷，为未成年人身心成长创造一个良好的家庭环境。③建立良好的社区文化，进行普法知识宣传，以先进事迹和先进人物来弘扬正确的主流价值观，为未成年人树立良好的模范榜样。

值得注意的是，现今未成年人课后娱乐场所的选择往往很少，博物馆、科技馆偏枯燥，电影院、游乐场也都有一定收费要求，不适宜无收入来源、寻求课后放松的未成年学生，剩下只有一些小KTV、小酒吧等娱乐场所。为了引导一种积极向上的娱乐取向，帮助未成年人建立正确的审美观、价值观，提高其精神需求标准，政府相关部门可出台相关政策，开放和建立一些免费的公共娱乐设施，改善社区环境。同时社区可采用俱乐部、讨论小组和业余爱好小组等形式，发扬社区精神，帮助解决青少年课余文化生活贫乏的状况，再造社区的亲和力。并定期举办有益身心、积极向上的各种聚会活动，减少

---

〔1〕 车炜坚：《社会转型与少年犯罪》，巨流图书公司1986年版，第62~64页。

〔2〕 张华保：《少年犯罪预防及矫治》，三民书局1997年版，第91页。

未成年人通过酒吧寻找伙伴、刺激及归属感的需求，使其在一个温暖、和谐的大环境中健康成长。

（四）明确牵头部门，界定分工，形成职能部门联动机制

各个职能部门首先要明确牵头部门，统一管理、避免分散；界定分工，改变以往分工界限模糊、执行相互推脱的情况，并建立各个部门问责制，形成职能部门的联动机制。同时，建立酒吧监管的长效机制，避免"间歇性"的查处带来的回潮现象。再次，定期组织酒吧经营者学习《中华人民共和国未成年人保护法》、《预防未成年人犯罪法》等法律法规，对招用未满 16 岁未成年人的违法行为由主管部门责令改正、依法给予行政处罚，加强依法经营的意识。静安区商委近日制定《酒吧经营企业须知》，明确规定酒吧不得向未成年人售酒，并应在经营场所的明显位置摆放禁止向未成年人出售烟酒商品的标示牌，对不履行规定的酒吧经营户，将按照有关规定进行处罚。另外，建议向社会公开招聘酒吧义务监督员，随时巡查酒吧经营状况，如发现酒吧违规行为及时向当地管理部门举报，建立起流动的监管体制。

工商部门推行业主备案制度，综合信息统计、收集和管理；劳保、人力资源、法制部门相互配合，定期对业主和管理人员进行培训，并进行普法教育，明令不得招募未成年人，不得进行组织卖淫嫖娼等性犯罪、利用酒托诈骗财产犯罪和毒品犯罪。各个职能部门定期联合检查，查处后根据规定严厉惩治违反规定者，不可徇私枉法。同时还要发挥 12345 市民热线和 12315 工商举报热线的功能，把整治酒吧和预防未成年人酒吧犯罪真正贯彻到实处，全民遵守，全民监督。

（与黄浦区人民检察院未检科科长赵从萍、华东政法大学青少年犯罪专业研究生温雅璐合著，载《预防青少年犯罪研究》2013 年第 2 期）

第九章

理性对待流动青少年犯罪

　　流动青少年是一个庞大的群体，也是一个具有中国特色的群体。由于城乡二元结构，特别是户籍制度的客观障碍，一方面这一群体无法融入流入地"享受同城待遇"，另一方面也因为其对流入地社会治安、管理等方面的影响而容易而被视为"问题"群体与城市治安的威胁。"教育帮扶"或者"服务管理"、"权益保护与违法犯罪预防"等具有强烈标签效应术语在这一群体中的经常性使用，可谓对这一群体特征的生动诠释。

一、流动青少年是犯罪高危主体吗？

　　对流动人口的焦虑与不满是一个自古以来就存在的根深蒂固的观念。例如，战国时期的《管子》就主张"禁迁徙，止流民"。王夫之指出"不误农桑，无有定业"者就是"流民"，顾炎武也认为"人聚于乡而治，聚于城而乱"。这些主张的一个共同特点即对人口流动有着强烈担忧与焦虑。实际上，流民也一直是历朝历代警惕和打击的对象。

　　这种历史焦虑实际上一直延续至今，很多城市管理者对于流动青少年群体仍然主要视为"问题"群体。一个经常被提出的观点是，流动青少年是青少年犯罪的主要群体，甚至是影响城市社会治安的主要群体。例如上海市的一份官方调查报告显示：2010 年 25 岁以下的青少年犯罪占整个刑事犯罪的 80%，而青少年犯罪中外来青少年的比例占到 93%。[1] 这样的调查结果并非个例，而是具有一定的普遍性。譬如，一项对流动青少年的全国性调查的基本发现是："流动青少年违法犯罪问题在一些地方近年来的确凸显出来，有的地方甚至出现'快速持续'增长的势头，对社会的安定与和谐产生了一定影响，成为影响社会治安的一个重要问题"。[2] 外来流动青少年是城市青少年犯罪主体的观点，似乎已经成为一种共识。

　　然而，一个值得思考的问题是，这种现象是否是客观的？从人民法院判决的罪犯比例构成来看，这似乎是一个事实。因为很多城市，尤其是大城市的犯罪统计数据的确展

---

　　〔1〕　上海市综治委预防青少年违法犯罪专项组等编：《2010～2012 上海市社区青少年工作蓝皮书》，上海交通大学出版社 2013 年版，第 34 页。

　　〔2〕　陈卫东主编：《流动青少年权益保护与违法犯罪预防研究报告》，中国人民公安大学出版社 2009 年版，第 10 页。

示了流动青少年比例高于本地人口的"事实"。

但一个需要思考的问题是，这种所谓"事实"是否具有人为"建构"的色彩。作为一种客观的存在，这种流动青少年为犯罪高危群体的事实的确具有人为建构的因素，这至少体现在以下几个方面：

首先是选择性执法效应的影响。对流动人口包括流动青少年的特殊管理，是各城市的通行做法。因此，相对本地青少年而言，流动青少年更可能成为警察以及其他社会治安力量"重点关注"的对象，流动青少年的违法犯罪行为也相对而言更容易被公安司法机关发现和追究。

其次是司法漏斗效应的影响。有证据表明，在刑事司法程序的初期阶段，本地青少年犯罪与流动青少年犯罪的差距并没有如此悬殊，但是随着刑事司法程序的推进，这一比例差距越来越大。造成这种结果的原因是公安机关、人民检察院、人民法院都有职权将一部分案子筛选分流出去，通常是那些被认为罪行轻微、当事人和解、再犯危险性小的嫌疑人。而本地青少年通常都要比流动青少年具有更好的监管条件、和解可能性更大等优势，因此也更容易被从刑事司法程序中分流出去。

从很多城市的司法实践来看，流动青少年犯罪后的处遇的确与本地青少年有着显著的差异。无论是审前非羁押率、不起诉率还是缓刑率，犯罪的本地青少年都要比犯罪的流动青少年要高得多。例如，上海法院的调查曾经发现，非上海籍未成年罪犯缓刑比例与上海籍未成年罪犯缓刑比例相差高达 5 倍~10 倍。[1]也就是说，基本相似的罪行，本地青少年远比流动青少年更可能被宽缓处理。

二、流动青少年的融入之困

中国人历来安土重迁，流动意味着颠沛流离、离乡背井，这与中国人传统的民族性是完全相悖的。然而，为什么还有那么多青少年要离乡背井呢？

自古以来的人口流动主要有两大原因，一是避难，二是求生。[2]在今天，为躲避灾祸而流动的已经很罕见，更多的是为了求生即为了生活得更好。按照习近平总书记的说法就是期盼有更好的教育、更稳定的工作、更满意的收入、更可靠的社会保障、更高水平的医疗卫生服务、更舒适的居住条件、更优美的环境，期盼着孩子们能成长得更好、工作得更好、生活得更好。说得直接一点，这些青少年流动起来，就是为了实现中国梦。这样的动机无可非议，也是中国梦的重要组成部分。

但对于很多城市管理者而言，却并不认同这样的"中国梦"，并实际为流动青少年实现这些梦想设置了种种障碍。一个常见的观点认为不能对流动青少年太好，不能让他们享受同城待遇，因为如果给予同城待遇将会导致流动人口蜂拥而至使城市不堪重负。这是一个看上去有说服力，但却经不起推敲的观点。如果这一观点能够成立，那么那些没有户籍制度国家的城市管理应当混乱不堪，但实际情况却并非如此。

---

〔1〕 朱秒等："非上海籍未成年人缓刑适用状况及对策"，载《中国少年司法》2011 年第 1 期。

〔2〕 路德阳：《流民史》，上海文艺出版社 1997 年版，第 5 页。

作为一种客观的事实，流动青少年在所流入的城市往往面临着非常强的社会排斥，比如就业排斥、就学排斥、社区（居住）排斥、心理排斥。在所有的排斥中，心理排斥是最为令人担忧的现象。例如，在上海市开展的一项调研结果中，针对流动青少年关于"你在上海市和你较好的朋友当中有多少是上海市人"这一问题的回答中，只有1%的人选择我的较好的朋友是上海市人。[1]这种情况不仅仅在上海市，而是在很多城市都很普遍。

当流动青少年颠沛流离进入一个新的城市来追求中国梦的时候，却发现自己掉到了一个玻璃瓶里面，玻璃瓶上有一个玻璃顶，尽管他看得到顶但是却永远跳不出去，例如无法平等享受医疗、教育、社会保障等待遇，也很难融入所流入的城市。这正是流动青少年之所以比本地青少年犯罪率更高的关键原因。

最近一些年，农民工二代犯罪开始成为一个让人关注的议题，在很多城市都出现了农民工二代犯罪严重化现象。农民工二代的特点是，出生于城市或者自幼随父母生活于城市，但却因为父辈农民工身份原因而不被城市所接收，无法市民化。在反思这一群体犯罪原因时，社会融入的困境，也被视为一个最为关键的原因。

流动青少年的社会融入是一个必须重视的问题，如果不能得以有效解决，其产生的社会问题将不断累计，甚至演变为影响社会稳定的潜在威胁。从这个角度看，某些城市管理者对流动青少年的"警惕"亦并非完全没有道理的。

三、既来之，则安之：流动青少年犯罪预防的基本政策

与我国不同的是，一些国家对于外来人群不但没有采取排斥性政策，反而给予了更加优惠的待遇。例如，瑞典对于新移民规定了优先给予住房保障、优先给予教育保障、鼓励学习母语等特殊政策，以让新移民尽快融入和安稳生活。这种政策看似"不聪明"，但却是一种更为明智的做法，而这也是移民犯罪在瑞典并未成为社会问题的重要原因。

社会转型期的中国，人口的大规模流动仍将会是一个长期的现象。以"排斥"为中心的管理模式既不现实，也是一种人为制造社会问题的不明智做法。"既来之，则安之"，让流动青少年有序融入流入地应当成为对待流动青少年的基本立场，而这也将成为我国未来经济发展的动力之源。

可喜的是，十八届三中全会专门对户籍制度进行了重大的改革，要求加快户籍制度改革，全面放开建制镇和小城市落户限制，有序放开中等城市落户限制，合理确定大城市落户条件，严格控制特大城市人口规模，稳步推进城镇基本公共服务常住人口全覆盖，把进城落户农民完全纳入城镇住房和社会保障体系，在农村参加的养老保险和医疗保险规范接入城镇社保体系。这一户籍制度改革的方向是逐步消除对流动青少年的社会排斥，促进其有序融入流入地，消除人群隔阂。

针对流动青少年，"教育帮扶"等具有较为明显标签效应的用语应当谨慎使用。对

---

〔1〕 上海市综治委预防青少年违法犯罪专项组等编：《2010～2012 上海市社区青少年工作蓝皮书》，上海交通大学出版社 2013 年版，第 35 页。

于流动青少年不应当以预防犯罪为重心，而应当以福利关怀为重心。正如德国著名刑法学家李斯特的经典论断：最好的社会政策就是最好的刑事政策。需要特别指出的是，尽管宪法中没有规定迁移权，但流动青少年的福利与融入绝不应当是"施恩"，而是他们应当享有的基本权利。

流动青少年的"社会融入"急需要观念革新，也是一个需要进行策略性考虑的问题。在短期内全面放开流动人口的管理有一定困难，但是以青少年作为流动人口享受"同城待遇"的优先群体，却是一个可以探索的尝试。在这一探索过程中，基于儿童最大利益原则的考量，让流动青少年中的未成年人群体率先享受同城待遇，应当成为一种基本的政策选择。

四、结语

流动青少年是犯罪的高危群体既具有人为建构的色彩，也是一个客观的事实。造成流动青少年犯罪率相对较高最为关键的原因是城市管理中对流动青少年的社会排斥。最好的社会政策即是最好的刑事政策，逐步让流动青少年享受同城待遇，消除对这一群体的各种社会排斥，是预防流动青少年犯罪的基本政策选择。

这需要的不仅仅是制度改革，更需要的是观念的革新。

（载《青年学报》2014 年第 5 期）

第十章

赵琛与《少年犯罪之刑事政策》

1939 年，长沙商务印书馆出版了赵琛所著《少年犯罪之刑事政策》（36 开本，共计 232 页，纳入王云五主编的"百科小丛书"出版，1945 年重庆商务印书馆再版），这是中国犯罪学史上的一部重要著作，也是中国第一本少年犯罪问题研究专著，在中国犯罪学史、少年法学史上占有重要的地位。该书的产生与 20 世纪二三十年代中国犯罪学受到重视；法律院校开设犯罪学、少年犯罪学课程；国际社会对少年犯罪问题的重视及国民党政府内忧外患等历史背景有关。该书对于推动中国犯罪学、刑法学的发展，推动中国少年司法制度的产生起到了积极作用，其所提出的"少年犯罪综合治理思想"等均具有较高的理论、实践与历史价值。

一、赵琛其人

赵琛（1899～1969），浙江东阳人，字韵逸。中学毕业后留学日本，入明治学习法律。1924 年归国，历任安徽大学、复旦大学和政治大学教授。1925 年加入国民党。1928 年在上海兼行律师业务。1933 年任行宪前立半委员，参订"五五宪章"（即 1936 年公布的《中华民国宪法草案》）。1936 年任中央警官学校教授。1943 年受聘中央训练团台湾行政干部训练班司法组导师。抗战胜利后，任首都高等法院推事兼院长、审理汉奸溥侗、殷汝耕、王荫泰、梅思平、周佛海、林伯生等案。1948 年底，任司法行政部政务次长、代理部长职务。去台湾后历任台湾大学、陆军大学等校教授，及至"最高法院"检察署检察长等职。[1] 赵琛为民国时期著名法学家，涉猎广泛，在刑法学、监狱学、行政法学、保险法学等方面均有很深的造诣。尤在刑法学上造诣与影响最大，与王宠惠、居正、王觐、郗朝俊、陈瑾昆、张知本、蔡枢衡、瞿同祖等人为中国刑法学的创立与发展做出了巨大贡献。

除了《少年犯罪之刑事政策》[2] 外，赵琛的其他重要法学著作还包括《刑法分则

---

[1] 笔者在中国家谱网（HTTP：//WWW. CHINA - STEMMATA. COM）上查到赵琛简历，此君与赵云、赵飞燕、赵子云、赵匡胤等 25 人共列赵氏历史名人之列，其历史地位与影响力超出笔者所预期。

[2] 1939 年，长沙商务印书馆版，36 开本，共计 232 页，纳入王云五主编的"百科小丛书"出版，1945 年重庆商务印书馆再版。

实用》〔1〕、《中国刑法总论》〔2〕、《新刑法原理》〔3〕、《刑法总则讲义》〔4〕、《刑法总则》〔5〕、《最新行政法各论》〔6〕、《最新行政法总论》〔7〕、《监狱学》〔8〕、《法理学讲义》〔9〕、《保险法纲要》〔10〕等。

二、成书背景

犯罪学是研究犯罪现象、犯罪原因以及对犯罪的反应的综合性学科〔11〕，一般认为是在 19 世纪中叶以后方才成为一门独立的学科。1885 年，加罗法洛将其研究犯罪的著作称为《犯罪学》，此后犯罪学这一概念便被广为采用。〔12〕

20 世纪初，受到西方各国重视犯罪学研究的影响，中国自 20 世纪 20 年代末期开始重视犯罪学的研究。从出版的有关犯罪学著作和法律院校课程设置来看，20 年代末 30 年代初是新中国成立前犯罪学教学、研究方面一个比较活跃的时期。〔13〕与其他法学部

〔1〕　重庆大东书局 1946 年版，1947 沪 4 版，1979 年台湾梅川印刷公司出版第 13 版（2 册，979 页）。本书按国民政府 1935 年刑法分则之体例配以例证逐条说明。第一册包括内乱罪、外患罪、妨害国交罪、渎职罪、妨害公务罪、妨害投票罪、妨害秩序罪、脱逃罪、藏匿人犯湮灭证据罪、伪证及诬告罪等 10 种。第二册包括公共危险罪、伪造货币罪、伪造有价证券罪、伪造度量衡罪、伪造文书印文罪、妨害风化罪、妨害婚姻及家庭罪、褻渎祀典及侵害坟墓尸体罪、妨害农工商罪、鸦片罪、赌博罪。

〔2〕　上海世界书局 1935 年版，1947 新 1 版，25 开本，共 261 页。分绪论和总论。绪论概述刑法的本质、沿革、学派及刑罚权、刑法学、刑法解释、犯罪预防原则等。总论分法例、犯罪论、刑罚论、保安处分论 4 编，论述了犯罪的一般要素、犯罪构成要素及量刑等。

〔3〕　上海中华书局 1930 年版，25 开，2 册，共 578 页。民国初年将《大清新刑律》略加修改定名为《暂行新刑律》于 1912 年 3 月 10 日公布援用；1914 年北洋政府法律编查会又将《暂行新刑律》加以修改为《刑法第二次修正案》；1927 年 4 月国民政府司法部依据《第二次刑法修正草案》增删编订《新刑法》，1928 年 3 月 10 日公布。本书即论述这部刑法的原理、原则、立法精神。除绪论外，分犯罪论和刑罚论 2 编。后附《新旧刑法总则之比较》及刑法学的参考书目。

〔4〕　1947 年沈阳中央警官学校第三分校印行，348 页，32 开。按 1935 年刑法分 12 章，概述法例、刑事责任、未遂、共犯、刑名、累犯、数罪并罚、加减刑、缓刑、假释、时效、保安处分等。

〔5〕　赵琛编著，"司法院"法官训练所编。重庆商务印书馆 1944 年版，1945 年沪初版、1947 沪 3 版，423 页，32 开。分法例、刑事责任、未遂犯、共犯、刑、累犯、数罪并罚、刑的酌科及加减、缓刑、假释、时效、保安处分等 12 章，援引例证及中外法条讲述犯罪的一般构成要件及适用刑罚的一般原则等，并逐条加以说明。

〔6〕　上海法学编译社 1932 年版，1933 再版，372 页，25 开。除绪论概述行政法各论的研究范围及方法外，分纯粹行政、司法行政、立法行政、监察行政、考试行政 5 类。广收行政法规，就其特殊的法理原则，研究其规律性。

〔7〕　上海法学编译社 1931 年版，1933 丛书本出版、1937 五版，270 页，25 开。分绪论与本论两部分。绪论概述行政及行政法的观念，行政学与行政法学，行政法的研究方法及法原；本论分公法关系、行政组织、行政作用、行政争讼 4 章。

〔8〕　上海法学编译社 1931 年版、1932 再版、1937 六版，358 页，25 开。分绪论、监狱与监狱学、监狱史及监狱学史、犯罪与刑罚、监狱之主体与客体、监狱之制度、犯罪之预防、监狱构造法等 8 章。旨在讨论监狱学上的一般原理原则，至于监狱内各种实务，本书概未涉及。

〔9〕　上海法政学院 1931 年版，79 页，16 开。概述研究法哲学的目的法的理念、本质、进化、派别等。关于法律的进化，著者引述了美国庞德的五个时期说，即：古代法时代，严格法时代，自然及衡平法时代，法律成熟时代，法律社会化时代。后附著者的《最近法理学之新学派》。本书共分 5 章，脱稿于 1931 年 5 月。

〔10〕　上海 1929 年版。这是中国第一本保险法著作。参见何勤华：《中国古代法学的死亡与再生——关于中国法学近代化的一点思考》。

〔11〕　吴宗宪：《西方犯罪学》，法律出版社 1999 年版，第 1～2 页。

〔12〕　康树华：《犯罪学——历史现状与未来》，群众出版社 1998 年版，第 4 页。

〔13〕　康树华主编：《比较犯罪学》，北京大学出版社 1994 年版，第 109 页。

门[1]的发展类似，中国犯罪学研究最早也起步于移译西方著作。这一时期所翻译的西方犯罪学著作中有代表性的如龙勃罗梭的《犯罪人论》（译名为《郎伯罗梭氏犯罪学》，刘麟生译，1922年版），菲利的《实证派犯罪学》（许楼庭译，1936年版），马勃的《审判心理学大意》（陈大齐译，1922年版），寺田精一的《犯罪心理学》（张廷键译，1927年版），胜水淳行的《犯罪社会学》（郑玑译，1929年版），齐林的《犯罪及刑罚学》（查良鉴译，1936年版）等。除了翻译外国著作，这一时期的国内学者也非常重视犯罪学研究，一些大学法律院系也开设了犯罪学课程。为了适应教学所需，中国最早的一批犯罪学著作在这一时期诞生。这些代表性著作主要有许鹏飞的《犯罪学大纲》（1923年版），李剑华的《犯罪学》（1932年版）、《犯罪社会学》（1935年版），鲍如为的《犯罪学概论》（1933年版），孙雄的《犯罪学研究》，以及王克继、陈文藻、韦端民分别撰写的《犯罪学》。《少年犯罪之刑事政策》也是赵琛为中央警官学校学生开设少年犯罪研究讲座，感到相关书籍、资料太少，因而参引日本人原房孝与白井勇松及各国少年犯罪的统计等资料写作而成的。[2]

从西方犯罪学发展史来看，有一种引人注目的有趣现象，那就是极为重视少年犯罪问题的研究。西方犯罪学中的著名理论与研究，例如标签理论、中和技术与漂移理论、生活史研究、帮伙研究等，均是以少年犯罪为研究对象而产生的。究其缘由，似可归结为两点：其一，少年犯罪是成年人犯罪的前奏，成年人犯罪大都能发现其少年时代不良行为的印记。因此，传统犯罪学家大都把少年犯罪研究作为犯罪原因研究的基础，据以形成各种犯罪学理论。其二，少年作为人类社会的一个特殊群体，大处着眼，代表着人类社会的希望和未来，其健康成长对于国家、民族乃至人类社会至关重要。小处着眼，其健康成长对于一个家庭的幸福、社会的稳定至关重要。少年犯罪问题理所当然地成为成人社会所关注的焦点，也理所当然地成为"成人犯罪学家"所关注的焦点。因此，"无论就犯罪学理论研究，或犯罪预防与抗制及治疗之观点，少年犯罪之研究是研究犯罪行为之最重要发展基础，其重要性与价值性均属最高。"[3]考察中国犯罪学发展史，也能发现与西方犯罪学发展的类似之处，尽管这种类似在中国犯罪学的复创阶段更为明显[4]。赵琛著《少年犯罪之刑事政策》充分体现了中国犯罪学科草创之初，早期犯罪学家对于少年犯罪问题的关注与重视。正如该书弁言所云："今日之儿童，即次代之国民，欲求国民道德之向上与民族基础之强固，必须扶植今日可爱之儿童，养成次代健全

---

[1] 关于犯罪学是否应当归属于法学的范围尚存在争议，笔者在此尊重国内法学界的通说与实际，将犯罪学列入法学之中。

[2] 赵琛在《少年犯罪之刑事政策》"弁言"中写道："中央警官学校当局，以少年犯罪研究讲座，就商余，余有感于少年犯罪问题之严重，毅然受聘。惟以参考书籍过少，而统计资料，尤感贫乏，颇以为苦，乃参引日人原房孝与白井勇松二君及各国少年犯罪之统计，以说明少年犯罪原因，继复发挥余关于立法上司法上及社会上之意见，以树立防止少年犯罪之刑事政策。"

[3] 引自我国台湾地区警察大学犯罪防治学系"少年犯罪研究室"简介，载 http://163.25.6.227/prevention/f7. htm.

[4] 新中国成立后直到"文革"结束，中国犯罪学的发展基本中断。直到20世纪70年代末期，才开始复创。而这种复创，就是以青少年犯罪研究为起点与契机的。正因为如此，在中国青少年犯罪研究会建立多年后，方才成立了中国犯罪学研究会，也有先有青少年犯罪学后有犯罪学的说法。

之国民，为目前最大之任务"，"大多数成年人犯罪，其始皆由于少年堕落而起，则关于少年犯罪之预防，尤为防止犯罪之根本要图也"。[1]

在启蒙运动的推动下，从 17 世纪开始，"童年"（childhood）观念逐渐随着资本主义的勃兴而发展了起来。19 世纪，美国改革者杰克索尼所倡导的"拯救儿童运动"开始蓬勃开展起来。"拯救儿童运动"兴起于北美国家，波及西欧国家，它对促进各国少年犯罪研究以及少年司法制度的诞生产生了深远的影响，并引发了 19 世纪末的欧美少年法院运动。到 1925 年，美国、英国、加拿大、瑞士、法国、比利时、匈牙利、克罗地亚、阿根廷、奥地利、印度、荷兰、马达加斯加、日本、德国、巴西和西班牙等国都为少年建立了独立的司法制度——建立了独立的审理少年犯罪案件的机构、组建了专门的少年司法工作者队伍、制定了专门的少年法。[2]而为少年法制建设提供理论支撑的少年犯罪研究，当然地成为当时犯罪学研究的热点与重点，而这不可避免地会对以学习西方为起点的中国犯罪学研究产生重大影响。

20 世纪 30 年代，当时的国民党政府内忧外患。"外有强敌侵略，内则农村崩溃，国计民生日趋危殆，一般国民惶惶不可终日，而儿童亦多陷于失教失养饥寒流浪之悲境"[3]。伴随着内忧外患、社会动荡的，必然是儿童权益的忽视和少年犯罪现象的增加。据当时的统计数字，"全国学龄儿童，约有五千万，其未受教育之儿童，犹有三千万之谱。又依二十三年司法统计，全国在监囚犯有十二万六千八百八十一名，内中少年犯人数，年有增加，二十二年度，犹不过三千三百名，二十三年度之少年犯，已突增至六千一百六十二名。失学儿童与犯罪少年，竟有若是惊人之数字，究应若何补救与防止，诚为当前首要之任务矣"。[4]《少年犯罪之刑事政策》正是在这种背景下诞生的。

三、主要内容与评析

《少年犯罪之刑事政策》包括弁言和九章内容，分述如下：

弁言。简要论述了少年犯罪现状和少年犯罪研究的价值、重要性和紧迫性，以及写作本书的起因。赵琛在弁言结尾语重心长地强调："尤望举国上下，一致努力，设法预防少年使其不至犯罪，岂仅数千待救之儿童，得受惠赐，即巩固国家复兴民族之基，亦端赖于是矣。"[5]这使笔者想到 40 年后《中共中央转发中央宣传部等八个单位〈关于提请全党重视解决青少年违法犯罪问题的报告〉的通知》（1979 年 8 月 17 日）中的话："青少年是我们的希望，是我们的未来。十年树木，百年树人……这一工作的好坏，不仅关系到安定团结政治局面的长期巩固，关系到社会主义现代化建设的加速发展，而且直接影响着新的一代人的成长，关系到我们党和国家的前途，关系到我们民族的兴衰"。[6]这

〔1〕 赵琛：《少年犯罪之刑事政策》，商务印书馆 1939 年版，弁言第 1~2 页。
〔2〕 姚建龙：《长大成人：少年司法制度的建构》，中国人民公安大学出版社 2003 年版，第 1~9 页。
〔3〕 赵琛：《少年犯罪之刑事政策》，商务印书馆 1939 年版，弁言第 1 页。
〔4〕 赵琛：《少年犯罪之刑事政策》，商务印书馆 1939 年版，弁言第 1 页。
〔5〕 赵琛：《少年犯罪之刑事政策》，商务印书馆 1939 年版，弁言第 2 页。
〔6〕 中国青少年犯罪研究会编：《中国青少年按罪研究年鉴》（1987·首卷），春秋出版社 1988 年版，第 11 页。

似乎印证了这样一个规律：每一个重要的历史时刻，尤其是国家危亡或复兴的重要历史时刻，必然有有识之士意识到青少年健康成长，防治青少年犯罪的重要性。

第一章少年犯罪之意义。界定少年犯罪为"未满二十岁之男女，触犯国家法令，违背社会道德，破坏人类生活之反社会性的行为也"。[1]这是结合生理学、犯罪学及当时刑法及民法规定所下的定义。

第二章少年犯罪研究之必要。一是"少年为我辈之继续，负将来复兴民族富强国家之重任"；二是"少年犯罪之研究，足以遏止犯罪之发生"，是最易实行、能收效果、经济且治本的措施；三是大多数习惯犯在少年时代养成反之罪的习惯，因此"少年犯罪之研究，非仅足以改善少年，且于一般犯罪之减少，亦有其效果也"。[2]

第三章少年犯罪之概观。指出一战后各国少年犯罪日见增多，具有①狡猾性者居多，强暴者较少；②犯财产罪犯罪者居多，尤以盗窃为甚；③伤害罪居于财产罪之次位的三大趋势。根据司法行政部统计数字，指出中国少年犯罪具有鸦片罪居第一位、日趋严重等特点。

第四章少年犯罪之原因。介绍了龙伯罗梭、爱尔乌德、韩德生、菲利等犯罪学家的犯罪愿意理论。探讨了少年犯罪的个人的原因（年龄、遗传、性别、精神状态、生理状态、嗜好、教育、性欲）、自然的原因（地域、季节）和社会的原因（家庭、职业、经济、交友、习俗、都市、政治）。主要通过国外学者的调查研究（特别是日本学者）数据进行介绍和论证。

第五章少年犯罪之动机。指出少年犯罪与成人犯罪的重大区别："少年心理，本极单纯，故其犯罪之动机，大抵出于冲动，而不暇深思熟虑，已有所欲，必思夺取，已所愤恨必思报复，此与成年人之富有理性者颇异其趣"。[3]少年犯罪动机错综复杂，其陷于犯罪并非偶然。应当关注少年累犯问题，注意犯罪的常习性。

第六章少年犯之处遇问题。介绍了欧美各国少年犯处遇政策的发展演变以及国际监狱及刑罚会议对于少年犯处遇问题的决议。

第七章对于少年犯罪之刑事立法政策。对1935年民国时期新刑法中的少年犯罪刑事责任、刑之宽宥、保安处分进行了介绍。主张制定专门的少年法和感化法："刑法上虽有关于少年犯少数之条文，不过举其重大者而为规定，而欲贯彻防止少年犯罪之方针，尤非专为少年人另定若干辅助法不可。"[4]

第八章对于少年犯罪之刑事司法政策。介绍了少年法院的基础观念、产生的历史、国外少年审判机构设置情况、少年法院的设置原则。指出："少年裁判制度之重要意义，在乎打破责罚观念，代以慈爱精神，其性质半为法律机关半为社会组织，与普通法院诸多不同"，不无感情的提出："愿社会上有志之士及为民众喉舌之新闻纸，极力鼓吹提倡

---

〔1〕 赵琛：《少年犯罪之刑事政策》，商务印书馆1939年版，第3页。
〔2〕 赵琛：《少年犯罪之刑事政策》，商务印书馆1939年版，第5～6页。
〔3〕 赵琛：《少年犯罪之刑事政策》，商务印书馆1939年版，第137页。
〔4〕 赵琛：《少年犯罪之刑事政策》，商务印书馆1939年版，第176页。

各种保护儿童之事业，使少年法院之成立，得早日见于事实也。"[1]介绍了少年监狱的历史及意大利、英国、日本等国及当时的国民党政府少年监狱的情况。介绍了各国感化院情况，主张扩充添置感化院以改善因年龄问题不予刑罚制裁之少年。主张添置查访少年犯的专门警察："警察机关中亦应仿照各国设置儿童部，并添置专对少年犯罪之男女警察"[2]

第九章对于少年犯罪之刑事社会政策。这些刑事社会政策包括虐待儿童之防止、儿童给食与收容、戏剧电影之取缔、不良图书之取缔、恶性遗传之防止、儿童教育之注意、改善儿童之家庭环境等。

《少年犯罪之刑事政策》是我国犯罪学、刑法学与少年法学研究史上的重要著作，其贡献绝非仅仅在其历史价值，即便是在今天，其所提出的许多观点仍是值得称赞和有价值的。笔者认为《少年犯罪之刑事政策》的价值主要表现在以下几个方面：

其一，它是我国第一部少年犯罪研究专著，对于推动中国犯罪学、刑法学、少年法学的创立或发展功不可没。

其二，提出了少年犯罪的多因素论。"少年犯罪之构成，绝非一朝一夕之事，实由内外种种情形，交互错综，于长年月间，缠绕少年之周围，驱使其陷入犯罪之途，莫能自拔也。"[3]强调要关注导致少年犯罪原因的外界诱导性动机因素，强调少年犯罪原因与成人犯罪原因的差别性。

其三，介绍了当时国际少年法制建设的情况，及时总结和论证了当时少年法制建设中的新探索，提出中国应当制定独立的少年法、建立专门的少年法院、少年监狱、感化院、建立专门的少年警察，这对于推动中国少年司法制度的诞生起到了非常重要的作用。1922年2月国民党政府颁行了《感化学校暂行章程》，同年秋天北平香山慈幼会创设了香山感化院，第二年又与司法部合组北京感化院。1933年，济南成立了少年监狱，第二年武昌也建立了少年监狱。1935年国民党政府颁行了新刑法，这部刑法在刑罚上，除了规定对于少年犯的不罚、减轻处罚及不得处死刑或无期徒刑外，并以感化教育及保护管束等保安处分，取代或补充刑罚的不足。在少年审判方面，国民党政府于1935年7月1日颁行了《审理少年案件应行注意事项》，其内容包括少年法官之指定、少年犯罪之审慎起诉、判前调查之实施、审理方式之弹性化、少年犯羁押之力求避免等。《少年犯罪之刑事政策》强调少年犯罪与成人犯罪的区别对待，及时对上述改革措施进行了论证与总结，并提出了新的改革建议，例如主张制定独立的少年法、建立专门的少年法院。这对于中国少年司法制度的建立与发展起到了重大的推动作用。尤值一提的是，本书在主张建立少年法院之时，特别强调："少年法院惟依法律为相当之保护处分，矫正少年犯之性格，而其事业之收效，则有待于从事于保护事业的慈善事业多数有志者之援助，否则虽有少年法院之设置，徒存躯壳而已。"[4]此番论述，对于今天筹建少年法

---

[1]　赵琛：《少年犯罪之刑事政策》，商务印书馆1939年版，第186页。
[2]　赵琛：《少年犯罪之刑事政策》，商务印书馆1939年版，第204页。
[3]　赵琛：《少年犯罪之刑事政策》，商务印书馆1939年版，第137页。
[4]　赵琛：《少年犯罪之刑事政策》，商务印书馆1939年版，第185页。

院，仍有重大的借鉴价值。

其四，提出要从立法、司法、社会等方面综合防治少年犯罪，表达了青少年犯罪综合治理的思想，这与 40 年后逐渐主导中国犯罪防治对策的 "社会治安综合治理方针" 有着异曲同工之处。[1]

作为中国首部专门研究少年犯罪问题的专著，这部著作存在不足之处也是难免的。例如对中国当时的少年犯罪问题缺乏实证性研究。[2] 再如本书主要是参考日本学者的著作写成，许多数据资料均为日本学者调查所得，许多篇幅均属介绍性的，独创性略显不足。此外，在今人、今日看来，有些观点也有值得商榷甚至是错误的地方。例如赞赏希特勒的人种优化论，主张 "我国犯罪激增，人种夭弱，为改良民族与防止遗传计划，则断种或去势之采行，实亦刻不容缓者也"。[3] 但是，作为开山之作的《少年犯罪之刑事政策》，其重大历史价值、学术价值仍是不言而喻的。

遗憾的是，在祖国大陆这部著作却长期被埋没。即便是在 20 世纪七八十年代青少年犯罪学研究一度成为显学的时代，这部著作也很少为人所提及。这种状况直到现在，也没有改变。中国犯罪学、青少年犯罪学的发展虽然历经二十余年的复兴，却依然处于一种幼稚状态[4]；祖国大陆少年司法制度建设直到今天依然举步维艰，仍然处于发展的初级阶段；直到今天也还没有一部可以指导少年司法实践的专门少年法；还在进行建立少年法院的论证；已经发展近二十年的少年司法制度，实际仍然以远不成熟的少年法学理论为根基，这些均与学术研究（当然包括在少年法学研究领域）的人为性割裂或忽略，不无关联。这不能不说是一种令人扼腕的遗憾。

国外少年犯罪研究往往充当的是刑事法学研究的先驱者角色，对犯罪少年的保护水平及少年司法制度建设水平被认为是衡量一国法治文明发展程度的重要标志，少年司法制度建设与少年司法改革也已经成为国际性的热点问题，当前祖国大陆正在抓紧进行建立少年法院试点的论证与推动工作，在这样的背景下重提 60 余年前的《少年犯罪之刑事政策》，其意义是显然的。

（载《青少年犯罪问题》2004 年第 4 期）

---

〔1〕 有趣的是，20 世纪 70 年代末期社会治安综合治理方针的提出，最初正是为了解决青少年犯罪问题。1979 年 8 月，中共中央 58 号文件批转了中共中央宣传部、教育部、文化部、公安部、国家劳动总局、全国总工会、共青团中央、全国妇联等 8 个单位的《关于提请全党重视解决青少年违法犯罪问题的报告》。在中央这个文件中，虽然还没有使用综合治理这一概念，但已经比较系统地提出了对青少年犯罪实行综合治理的思想。1981 年 6 月中共中央 21 号文件又批转了北京、天津、上海、广州、武汉《五大城市治安座谈会纪要》，在这个文件中，党中央第一次提出 "综合治理" 这个概念，正式把 "综合治理" 作为解决社会治安问题的方针。

〔2〕 赵琛在 "弁言" 中亦坦言："按各国学者调查少年犯罪，每不辞跋涉长途，亲至各地监狱或感化院，对于少年犯罪为个别之访问，用能将个人的自然的或社会的犯罪原因，调查清晰，织屑靡遗。余因职务所羁，不能亲自分别访查，本书之作内容虽欠充实……有志之士，诚能依余方法，进而为亲人狱门之调查工作，则于斯学之成就，必有绝大之贡献。" 参见赵琛：《少年犯罪之刑事政策》，商务印书馆 1939 年版，弁言第 2 页。

〔3〕 赵琛：《少年犯罪之刑事政策》，商务印书馆 1939 年版，第 222 页。

〔4〕 例如当前的少年犯罪研究还在纠缠于概念之争，如到底是使用 "少年" 合适还是使用 "未成年人"、"青少年" 合适。回顾青少年犯罪研究，二十余年所获得的成果并未对这部六十余年前的著作有多大的突破，尚处于 "研究成果" 的低水平的重复状态，仍然欠缺本土性的实证性研究，还十分欠缺少年法学研究专家。

第二编

司法论

第十一章

国家亲权理论与少年司法

国家亲权理论是英美法系国家少年司法制度的基本理论根基，它强调国家对未成年人的积极保护责任，要求超越报应主义观念，遵循"未成年人最大利益原则"来处理少年罪错行为。国家亲权理论对于克服刑事古典学派的弊端，推动少年司法制度的进步发挥了重要的作用。但国家亲权理论在少年司法中的应用容易产生理念与实践之间的落差，如何缩小这种落差是英美国家少年司法改革的重要特征。中国的少年司法政策与国家亲权理论存在一定的类同之处，在今后的少年司法改革中应当注意吸收国家亲权理论与英美国家少年司法整合历程中的经验与教训。

一、国家亲权的起源与国家亲权理论的基本内涵

国家亲权（Parens patriae）[1]来自于拉丁语，其字面上的含义即"国家家长"（parent of the country），传统的含义则是指国家居于无法律能力者（如未成年人或者精神病人）的君主和监护人的地位。

国家亲权是从父母亲权中逐步脱胎而来的，这一过程大体经历了三个阶段：第一时期是绝对亲权时期。在这一时期，家庭事务完全由父母（主要是父亲）负责，父母对子女具有生杀予夺的大权，国家并不予以干预。例如《十二铜表法》、《苏美尔法》等早期法典均肯定了父母的这种绝对亲权地位，明确规定父母可以对冒犯其权威的子女行使惩罚包括处死的权利。第二时期是国家亲权辅助父母亲权时期。在这一时期，父母仍然享有对子女的管教权力，但这种绝对的亲权开始受到限制。在父母与国家的关系上，父母亲权居于主导地位，国家亲权只是居于辅助地位。这一时期，虽然已经在一定程度上开始强调对子女的保护，但仍是以父母为本位的，其价值取向仍在于维护父母对子女的权威和控制。例如，"当罗马不再准许父亲杀死子女的时候，官吏们对子女则处以父亲所愿意给予的刑罚。"[2]殖民地时代的美国，国家亲权的发展大体也处于这一阶段。例

---

〔1〕　国内又译"国王亲权"、"国家监护权"、"国亲"、"公民家长"、"人民之父"等。
〔2〕　［法］孟德斯鸠：《论法的精神》（上），张雁深译，商务印书馆1961年版，第255页。

如，有的州法律曾经规定，父母对于不服管教的子女，可以提请法院将其处死。[1]第三时期是国家亲权超越父母亲权时期。这一时期，国家亲权获得了对父母亲权的超越性地位，被认为是未成年人的最终监护人，负有保护未成年人的重要职责，在特定情况下可以限制和剥夺父母亲权。这一时期亲权与国家亲权的关系已经转移到子女本位，在父母不能或者不宜行使对子女监护职责时，则由国家代为行使父母的这种监护职责。19 世纪之后的英美国家，国家亲权已经开始发展到这一阶段。需要指出的一点是，上述关于国家亲权演变的三个阶段只是大体的划分，并不排除在同一历史时期存在着一定的交叉。

通常认为，国家亲权理论有以下三个基本内涵：首先，认为国家居于未成年人最终监护人的地位，负有保护未成年人的职责，并应当积极行使这一职责；其次，强调国家亲权高于父母的亲权，即便未成年人的父母健在，但是如果缺乏保护子女的能力以及不履行或者不适当履行监护其子女职责的时候，国家可以超越父母的亲权而对未成年人进行强制性干预和保护；再次，主张国家在充任未成年人"父母"时，应当为了孩子的利益行事[2]（in the interests of the child），即应以孩子的福利为本位。

二、国家亲权理论与少年司法的结合

英美法系国家大都将国家亲权理论作为其少年司法制度的理论根基，其中尤以少年司法制度的起源国——美国为代表。美国少年司法以国家亲权理论为其制度根基，是对英国将国家亲权理论运用于有关未成年人的司法之中作法的继承和发展。[3]中世纪时期，英国大法官法庭（Chancery Court）首先开始运用国家亲权理论作为干预未成年人的合理化根据。当时的大法官法庭主要关心的是财产权利的保护，但其管辖权已经涉及儿童福利。具体来说，中世纪时期英国大法官法庭审理的案件主要包括监护人职责（guardianship）、财产的使用和控制、臣民与君主的关系等。大法官法庭奉行的一个重要理论是认为未成年人和其他无行为能力人都处于国王的保护之下，这样一种理论被称为国家亲权（parens patriae）理论。为了使干涉封臣（wassals）子女（他们的地位和财产直接与君主利益相关）生活的做法合理化，英国国王首先应用起了国家亲权这样一种理论，使之成为大法官法庭维护国王利益的理论基础。不过，大法官法庭仅仅处理富有阶层（wealthier classes）的财产及监护（custody）问题，并不管辖少年犯罪案件，少年犯罪案件仍然是在普通刑事司法体系中处理。[4]

可见，中世纪时期大法官法庭在应用国家亲权理论时，其最初的目的在于维护君主

---

〔1〕 See Randall G. Shelden, *Controlling the Dangerous Classes: A Critical Introduction to the History of Criminal Justice*, Ally and Bacon, 2001, p. 199.

〔2〕 See Joseph J. Senna and Larry J. Siegel, *Introduction to Criminal Justice*, West Publishing Company, 1996, p. 707.

〔3〕 See Douglas R. Rendleman, "Parens Patriae: From Chancer to the Juvenile Court", *South Carolina Law Review*, Vol. 23, 1971, pp. 205 ~209. 需要指出的是，美国在对国家亲权思想的继承上，"不是以国家法律作为整体加以承袭，而是各州各自继承了英国'国家亲权'的思想，并体现在有关立法中"。参见何勤华主编：《美国法律发达史》，上海人民出版社 1998 年版，第 280 页。

〔4〕 See Joseph J. Senna and Larry J. Siegel, *Introduction to Criminal Justice*, West Publishing Company, 1996, pp. 707 ~708.

的统治权，而不是未成年人的权益。因此，台湾学者朱胜群称之为仅有消极的意义。但是，这种仅有消极意义的国家亲权理论逐步演变为具有保护未成年人的积极意义："迨17世纪，英国法院就国王此项权力之性质，谓国王经由衡平法院对于未成年人行使监护权，尤于身心发生障碍孤苦无依之儿童有保护之权责，迭于判例中说明。至此，监护权乃脱为国王行使此项权力，对于身心发育失常，孤苦无依，被虐待及其他失所教养之未成年人，有保护及教养之责任，而具积极作用。"[1]

美国自殖民地时代起即继受国家亲权理论，并运用于对未成年人的干预和保护。在殖民地时代，官员可以让那些存在父母贫穷、不能提供良好的养育条件、懒惰等情况的孩子去当学徒。[2]尽管在当时，这种法律被认为是"善举"，但由于这一时期仍注重的是父母亲权的维护和社会利益的保护，造成被强行干预的少年实际上境遇悲惨。正如沃尔特·特拉特纳在《寻找未成年人的战争》中所指出的："这种表面上很是仁善的举动……通常不是为了未成年人的利益，而是为了雇佣者的利益。雇佣者会认为受自己托管的人是一种廉价的劳动力，并强迫他（她）努力地工作很长时间，经常是干些家务劳动，这样，等他期满后，让他们没有一分钱，也没有任何一门手艺，就这样进入一个竞争极其残酷的世界。"[3]

到19世纪，国家亲权理论开始演变成为少年庇护所（Refuge）等矫正机构强制收容、保护罪错少年（delinquent）的合法化与合理化的依据。在1839年的克劳斯案（Ex parte Crouse）中，宾夕法尼亚州高级法院首次引用国家亲权理论作为庇护所对少年进行干预和保护的合法化依据。在此后的罗斯诉庇护所（Roth v. House of Refuge）、普雷斯科特诉俄亥俄州（Prescott v. State）等案件中，国家亲权理论又被广泛地引用。[4]通过这些案例，国家亲权理论的内涵及其应用范围得到了拓展：至少在形式上已经转变为少年本位，强调干预的目的是为了少年的福利，而不是为了惩罚；被明确地赋予了高于父母亲权的地位，并开始应用于干预罪错少年等。

1899年伊利诺伊州《少年法院法》所建立的少年司法模式，进一步明确地将国家亲权理论作为其建立的哲理根基。例如，伊利诺伊州通过《少年法院法》时，芝加哥律师协会（the Chicago Bar Association）就对这种国家亲权理论与少年法院的关系予以了明确地说明："少年法院的基本观念即为给予少年健康的环境，少年如果被发现处在足以养成犯罪的社会或个人不利环境中时，州政府应立即采取行动予以保护……特此建议州政府对少年的任何处遇应待之如被监护人，而不是一般的罪犯或刑事被告。"[5]在少年法院运动中，这种国家亲权理论得到了更为广泛地运用和传播，终演变成为英美法系国家

〔1〕朱胜群编著：《少年事件处理法新论》，三民书局1976年版，第33页。

〔2〕See Randall G. Shelden, *Controlling the Dangerous Classes: A Critical Introduction to the History of Criminal Justice*, Ally and Bacon, 2001, p. 199.

〔3〕［美］理查德·扎克斯：《西方文明的另类历史》，李斯译，海南出版社2002年版，第39页。

〔4〕关于这些案例的评述，详见姚建龙："少年司法的起源：美国少年矫正机构运动的兴起"，载《环球法律评论》2007年第1期。

〔5〕See Timothy D. Hurley, Origin of the Illinois Juvenile Court Law, *The Child, the Clinic and the Court*, Johnsom Reprint, 1970, pp. 325~326. Arnold Binder, Gibert Geis and Dickson Bruce, *Juvenile Delinquency: Historical, cultural, Legal Perspectives*, Macmillan Publishing Company, 1988, p. 231.

少年司法的哲理根基。哈特（Hastings H. Hart）曾经对此评价说："少年法院运动的实质是重视伟大的祖国母亲对她的那些被遗弃和做错事孩子的责任，这种责任是在处理他们的时候把它们当作孩子，保护他们，而不是把他们界定为罪犯，不是通过严厉的措施把它们驱赶到堕落和犯罪之列。"[1]

三、国家亲权理论对于少年司法改革的贡献

在 18 世纪，以贝卡利亚、边沁等为代表的刑事古典学派基于犯罪人是具有自由意志理性人的假设，强调理性人会遵循趋利避害的功利主义原则行事，其犯罪行为是其自由意志选择的结果，因此刑事责任的本质在于道义非难，刑罚的本质则在于报应，决定刑罚质和量的是表露于外部的客观存在的犯罪行为，罪与刑之间应当均衡，应当遵循罪刑法定原则等。这些主张促成了西方刑事司法制度的第一次重大改良，剔除了封建刑事司法的罪刑擅断、身份不平等、刑罚残酷、与宗教不分等弊端。但是因为将所有的犯罪人均视为理性人的基本立场，在刑事古典学派理论指导下的刑事司法，仍存在重视刑罚的报应主义、忽视特殊人群——尤其是弱势群体特殊性的弊端。例如 1791 年所制定的《法国刑法典》深受刑事古典学派思想的影响，它忽视了犯罪人之间的个别差异和实施犯罪情景之间的不同，对少年、精神病人和智力发育迟滞者规定了与普通成人同样的刑罚。对此，美国刑法学家休·泰特斯·李德曾经不免感慨地说："古典时期严厉的刑法典最令人震惊的方面也许是没有规定对犯罪儿童作分别处理。"[2]

根据国家亲权理论，如果一个少年发生罪错行为，其父母就被认为失职了，不配再做父母。法院可代表政府将抚养、管教、治疗孩子的责任全面接管过来。作为国家监护人，法院的职责不是惩罚孩子，而是找出问题的症结，并根据问题症结开处方加以治疗。孩子做错事本身并不重要，关键是要诊断出其原因所在。就如同医生看病一样，不仅仅是看病人的病征，更重要的是要通过病征找出病因。少年法院审理的重点不是发现当事人有罪或无罪，而是找出少年失足的原因，寻找治疗方案，维护少年的利益是核心。因此少年法院的审理不能就事论事，还要考察少年的社会和家庭背景与成长经历。[3] 这样一种观念和实践，使得少年司法与在刑事古典学派思想支配下的传统刑事司法之间形成了明显的区别：

首先，少年司法具有明显的福利化取向。它以"儿童最大利益原则"的实现为最高目标，少年司法对罪错少年的干预主要关注的是其福利保护的需要（needs）而不是根据其危害社会的行为（deeds）给予相应的惩罚。[4] 同时，基于"儿童必须生活于家庭

---

〔1〕 See Hastings H. Hart, "Distinctive Features of the Juvenile Court", *Annals of the American Academy of Political and Social Science*, Vol. 36, No. 1, Administration of Justice in the United States , Jul. 1910, p. 57.

〔2〕 参见［美］休·泰特斯·李德："古典学派、新古典学派和实证学派"，载北京政治学院刑法教研室编：《外国刑法研究资料》（第 1 辑），北京政法学院刑法教研室 1982 年版，第 136 页。

〔3〕 参见刘卫政、司徒颖怡：《疏漏的天网——美国刑事司法制度》，中国社会科学出版社 2000 年版，第 238 页。

〔4〕 See Adam Graycat and Peter Grabosky （eds.）, *The Cambridge Handbook of Australian Criminology* , Cambridge University Press , 2002, p. 213.

中"[1]的儿童福利理念,强调少年法院应当给以其所管辖的孩子以家庭式的处遇,即便这些孩子实施了危害社会的行为。[2]基于这样的观念,少年法院更像儿童福利机构而不是"法院"。

其次,少年司法排斥报应主义思想,是一种典型的矫正模式。传统刑事司法追求罪刑相适应,实质上追求的是对于犯罪的等价报应。但是,在国家亲权理论指导下的少年司法则认为报应主义是与未成年人福利相悖的,也是与作为国家监护人的角色相矛盾的——有哪一个家长惩罚孩子的目的会是报应主义呢?因此,少年司法的运作超越了罪与刑之间的对应关系,根本排斥报应主义观念,而追求的是对罪错少年的矫正。

再次,少年司法具有高度追求司法个别化的特征。为了实现未成年人福利与矫正罪错少年的目的,少年司法的运作引入了专业性的社会工作方法,设置了社会调查制度、观护制度、心理鉴别制度等司法个别化的特殊制度,而且强调司法程序的弹性,以利于能够给予罪错少年最适当的个别化处遇。这种个别化,使得少年司法的运作具有明显的倾向性,而与传统刑事司法为了追求刑罚平等性而强调司法人员的中立性、排斥个别化明显不同。

国家亲权理论指导下的少年司法所具备的上述特点,同时也是与刑事实证学派的主张遥相呼应的。19世纪后半期所逐步兴起的刑事实证学派,提出了诸多试图克服刑事古典学派理论缺陷的主张,其中一个重要主张就是认为少年犯罪应当与成人犯罪区别对待。例如刑事立法应当将少年刑法与普通刑法分离、强调少年犯罪的早期预防、主张建立独立的少年矫正机构、反对监禁少年等。[3]刑事实证学派的这些观点,契合国家亲权理论应当给予少年犯罪特别处遇的观念。但是,刑事实证学派对少年犯罪与成人犯罪区别对待的主张,是建立在社会防卫论基础之上的,而不是以未成年人福利为本位,这与国家亲权理论所主张的未成年人福利本位有着本质的区别。国家亲权理论强调国家保护未成年人的责任、强调未成年人最大利益原则、强调对罪错少年进行积极性干预的主张,对于纠正传统刑事司法制度处理少年罪错行为上的弊端发挥了重要的作用。

国家亲权理论与少年司法的结合受到了广泛的赞誉,被高度评价为代表了刑事司法制度进步的方向。例如,Robert G. Caldwell曾经对少年司法的意义评价说:它开创了法律、科学和社会工作在儿童福利领域合作的新时代,它预示着所有罪犯,不管是少年和成人,都将通过科学和案例工作(case work)获得个别化的处遇,而不是通过刑法的方法来惩罚。[4]而庞德则称之为自1215年英国大宪章签署以来,英美司法制度最重大之进展。[5]

---

[1] 郭静晃:《儿童福利》,扬智文化事业股份有限公司2004年版,第21页。

[2] 参见姚建龙:"美国少年法院运动起源与展开",载《法学评论》2008年第1期。

[3] 参见姚建龙:《少年刑法与刑法变革》,中国人民公安大学出版社2005年版,第38～48页。

[4] See Robert G. Caldwell, "The Juvenile Court: Its Development and Some Major Problems", *Journal of Criminal Law, Criminology, and Police Science*, Vol. 51, No. 5, Jan. ～ Feb., 1961, p. 493.

[5] See Gustav L. Schramm, "Philosophy of the Juvenile Court", *Annals of the American Academy of Political and Social Science*, Vol. 261, Juvenile Delinquency, Jan., 1949, p. 101.

四、对国家亲权理论的质疑与改革

国家亲权理论曾经稳固地指导着英美法系国家少年司法的实践，这样一种福利型少年司法模式也曾经是大陆法系国家少年司法制度建设所效仿的蓝本。不过，在 20世纪 50 年代之后，它开始受到了强烈的质疑。概括而言，这些质疑主要集中在三个方面：

其一，国家亲权理论主张在父母不宜和不能履行监护责任时，由国家代父母履行保护少年之责的做法，造成少年司法的干预圈过大。例如将少年身份罪错（status offense）这样一种轻微触法行为也纳入少年法院的管辖范围，引起国家的正式反应，这实际上是在父母无法或者未能有效控制少年的情况下加强对少年控制的做法，而并非为了少年的利益。例如，有的学者就曾指出，国家亲权理论是伪善的，是披着保护主义的外衣，行社会控制之实。[1]还有的学者指出，在国家亲权理论外衣下，少年实际上受到的并不是什么保护，而是被侵害和控制："保护名为人道主义的慈爱、关怀做法，其实际上不过是一种国家强制力介入的合理化及正当化借口而已，即使是保护，仍然是一种强而有力且个人无法抗拒的拘束力展现。"[2]

其二，国家亲权所主张的未成年人本位理念与少年司法实践之间存在着巨大的落差。这种落差至少体现在以下方面：一是过渡扩充的少年司法干预圈，不但不利于罪错少年的矫正，反而会带来标签效应，不利于罪错少年的健康成长；二是名为给予罪错少年家庭式的受益性处遇，但少年法院所采用的诸种所谓保护处分，实际上与刑罚之间的差异并不明显；第三，虽然要求排斥报应主义，但"实际上，少年法院常常并不是根据少年的最大利益来对待少年，而是仅仅因为他们的罪过而予以处罚"[3]。

其三，由于不认为少年罪错是一种犯罪行为，同时认为过于正式的程序不利于少年法院给予罪错少年最佳处遇，因此少年司法脱离了正当法律程序的约束，在对罪错少年进行审理时没有赋予其类似于刑事犯罪被告人那样的正当法律程序权。当国家亲权理念与少年司法实践之间的落差被揭露时，这种做法被抨击为是对少年宪法权利的侵犯。

上述对福利型少年司法的批评焦点实际都集中在少年司法理念与实践之间所发生的断裂上。国家亲权理论对于少年司法的要求既是理想的、完美的，也是难以实践的。或许是基于对这种现实的无奈，以 1967 年的高尔特案件（In re Gault）为转折点，美国少年司法制度开始了转型性的改革。这种转型性改革是以回到正当法律程序的约束之下为先导的，在少年司法与刑事司法在程序上的界限日益模糊后，又在 20 世纪 70 年代后期重新肯定刑事古典学派报应主义观念的价值，出现严罚主义的走势，甚至出现了废除少年法院的思潮和实践。例如，在 1999 年少年法院诞生 100 年之际，少年司法的诞生

---

〔1〕 See William B. Waegel, *Delinquency and Juvenile Control: A Sociological Perspective*, Prentice – Hall, 1989.

〔2〕 陈孟萱：《少年司法保护制度之契机：以美国少年法制为借镜》，台湾大学 2001 年硕士学位论文，第 34 页。

〔3〕 Thomas J. Bernard, *The Cycle of Juvenile Justice*, Oxford University Press, 1992, p. 108.

地——美国伊利诺伊州竟通过了废除少年法院的议案。[1] 不过，这种放弃传统少年司法理念的思潮与做法，受到了学术界广泛的批评与反对。直到今天，美国绝大多数州仍然坚持了独立少年司法制度与刑事司法制度分立的二元体系。而在 2005 年 3 月，美国联邦最高法院做出禁止对不满 18 周岁少年判处死刑的裁定，再次肯定了国家亲权理论的保护主义理念。

综观 20 世纪 60 年代后美国少年司法的改革，尽管废除少年法院的思潮曾经一度十分兴盛，但是少年司法改革的重心实际放在纠正国家亲权理论与少年司法实践之间的落差上，而不是放在背弃国家亲权理论之上。这种纠正具体体现在两个方面：一是为了避免在爱的名义下实际损害罪错少年权利的现象，逐步赋予罪错少年正当法律程序的保障；二是认识到对于所有罪错少年均坚持国家亲权理论太过理想化，也为少年司法实践所难以践行。因此调整国家亲权理论的适用面，采取"轻轻重重的刑事政策"将极少数恶性罪错少年排除在少年司法保护的范围内，以确保大多数罪错少年可以得到受益性处分。这是通览美国少年司法变迁的历史过程（而不是截取某一断面），所得出的一个基本结论，也是英美法系国家少年司法演变的一个共同特点。

五、中国少年司法政策与国家亲权理论的暗合

中国古代以"天地君亲师"为五伦，君王与庶民的关系高于家长。儒家文化的"恤幼"思想主张国家、社会和长者对未成年人的健康成长负有不可推卸的责任，主张对少年实行一种迥异于成年人的特别宽容。两者均与国家亲权理论有一定的程度的暗合。但"天地君亲师"是以义务关系与等级关系为核心的，恤幼则具有"施恩"的特点，两者均未演变成类似于国家亲权理论那样强调国家对未成年人的保护责任以及儿童最大利益原则的系统理论体系，更未能发展成为当代中国少年司法制度的理论基础。当然，这种有着悠久历史的观念，仍在诸多方面对于当代中国的少年司法制度有着重大的影响。例如，《未成年人保护法》明确规定国家保护高于家庭保护，在家长侵犯未成年人的权益时，国家可以剥夺其监护权另行指定监护人。再如，《刑法》、《刑事诉讼法》、《治安管理处罚法》等法律也规定，对违法犯罪未成年人应当给予不同于成人的特别宽容与保护。

中国最接近国家亲权理论的少年司法政策，莫过于"三像方针"。1981 年 8 月，彭真视察秦皇岛市劳动教养所时，要求司法干警像家长对待子女，像医生对待病人，像老师对待学生一样教育失足青少年，这一指示即"三像方针"的起源与基本内涵。"三像方针"明确提出了对待违法犯罪青少年应当像父母对待子女，与国家亲权理论有着异曲同工之处。不过，两者之间也有着明显的区别。

国家亲权理论指导下的英美法系国家少年司法制度，在创始之初更像一位慈母对待犯了错的孩子，强调对罪错少年应当坚持儿童最大利益原则，要求排斥报应主义和惩

---

〔1〕 李茂生："新少年事件处理法的立法基本策略——后现代法秩序序说"，载《台大法学论丛》（第 28 卷）1999 年第 2 期。

罚。而中国的少年司法虽然也强调要像父母对待孩子，但是"三像方针"在转变为规范少年司法的法律规定时，既强调应坚持"教育、感化"，也强调应坚持"教育为主，惩罚为辅"，这样的司法模式更像一位严厉的父亲对待犯了错的孩子。对于两者的这种差异，很难以孰优孰劣去评价。不过，在英美法系国家少年司法的演变过程中"慈母"型少年司法出现了向"严父"型少年司法转变的特征。而中国的少年司法制度在发展过程中，则也出现了吸收"慈母"型少年司法做法，强调未成年人福利保护的特点。这样一种互补性借鉴发展，符合制度变迁的一般规律，也是值得肯定的。

需要特别指出的是，英美国家少年司法在践行国家亲权理论中所出现的理念与实践之间的落差，以及致力于克服和缩小这种落差的改革历程颇值得中国少年司法改革借鉴。就"三像"方针、"教育、感化、挽救"方针以及"教育为主，惩罚为辅"等中国少年司法政策而言，并不逊色于国家亲权理论。无论是理论界还是实践部门，都赞同"三像方针"，均主张应当坚持"教育为主"原则，坚持"教育、感化、挽救"。但是无论是从刑事立法还是刑事司法来看，却均缺乏真正体现和贯彻这些思想的制度，尤其缺乏有效和系统的刑罚替代措施和制度保障。在此种情况之下，刑罚仍然不得不成为抗制少年犯罪的主要手段。少年司法政策与少年司法制度设计之间所存在的这种落差已经成为中国少年司法制度发展的瓶颈性问题，应当引起充分的重视。

（载《法学杂志》2007 年第 3 期）

第十二章

唐律与现行刑法未成年人刑事责任制度的比较

何谓刑事责任，迄今为止仍未达成共识。我国刑法理论界关于刑事责任的界定，就有心理状态说、法律责任说、强制方法（刑罚处罚）说、法律关系说、否定评价（责难或谴责）说、双向说、法律（刑事）义务说、法律后果说、负担说等诸多观点。[1]我们主张刑事责任是行为人因犯罪行为所应负担的刑事法律义务，它是国家对犯罪人采取刑罚或刑罚替代措施的根据。[2]

唐律是中国乃至世界法制史上的瑰宝，在中国法典中，无论是体例结构，还是具体内容都居领先地位，被认为是中国古代立法中的最善者。[3]其关于未成年人刑事责任制度的规定可谓集前世立法之大成，对后世未成年人刑事责任立法均产生了深远的影响，即便是在现行1997年《刑法》中，仍然可以发现唐律规定的渊源。

一、未成年人刑事责任起因的比较

犯罪与刑事责任之间有着密切的关系，犯罪是刑事责任的起因，刑事责任是犯罪的必然后果。这一原则最明显地体现于现行《刑法》总则第二章第一节"犯罪和刑事责任"及分则各条文之中。例如总则第14条第二款规定"故意犯罪，应当负刑事责任"，第十五条第二款规定"过失犯罪，法律有规定的才负刑事责任"等。分则各条文在描述个罪的构成要件后，确定了相应的刑事法律后果。

为了严格犯罪与刑事责任之间的这种紧密关系，1997年刑法废除了1979年刑法的类推原则，确立了"罪刑法定原则"。该法第三条规定："法律明文规定为犯罪行为的，依照法律定罪处刑；法律没有明文规定为犯罪行为的，不得定罪处刑。"这一法律规定，明确了只有法律所明确规定的本人的犯罪行为才是引起刑事责任的唯一原因。这样一个原则同样适用于未成年人刑事责任，与成人刑事责任的起因没有什么不同。

唐律也将犯罪规定为未成年人刑事责任的起因，但这里存在一个争议性的问题。有

---

〔1〕　参见王晨：《刑事责任的一般理论》，武汉大学出版社1998年版，第41～58页；张文等：《刑事责任要义》，北京大学出版社1997年版，第52～53页。

〔2〕　参见姚建龙："我国未成年人刑事责任制度之理论检讨"，载《法律科学》2006年第3期。

〔3〕　王立民：《唐律新探》（第2版），上海社会科学院出版社2001年版，绪论一，第1页。

很多学者认为中国古代法律具有"刑民不分"的特点，用刑罚去制裁民事违法或者行政违法行为，也即认为中国古代不仅仅是犯罪会引起刑事责任，民事行为、行政行为也会引起刑事责任。我认为这是一种误解，这种观点是用现代犯罪观曲解古代法律的结果。古代犯罪观与现代犯罪观有很大的不同。现代犯罪观认为，只有具备严重社会危害性、刑事违法性、刑罚当罚性三大特征的行为才是犯罪，犯罪圈以刑法的形式做了严格地圈定。但是古代犯罪规则具有模糊性的特点，其犯罪圈远宽泛于今天。今天被视为民事行为、行政行为，甚至合法的行为在古代则被当作了犯罪，要承担刑事责任，并以刑罚的形式予以制裁。例如《唐律疏议·户婚》规定，"诸卑幼在外……未成者，听尊长，违者，杖一百。"该规定将违反尊长意愿擅自结婚的行为界定为犯罪，要以刑罚予以制裁，而在今天，这种行为并不视为犯罪，甚至也不被视为违法行为。我们不能因为古代犯罪圈远宽泛于今天，而误认为犯罪行为之外的行为也会承担刑事责任。

唐律关于未成年人刑事责任的起因还有一个不同于现行刑法的特点，即规定了缘坐制度，他人的犯罪行为也会引起未成年人的刑事责任。例如，《唐律疏议·贼盗》规定，"诸谋反及大逆者，皆斩；父子年十六以上皆绞，十五岁以下及母女、妻妾、祖孙、兄弟、姊妹若部曲、田宅并没官，男夫年八十岁及笃疾、妇人年六十及废疾者并免；伯叔父、兄弟之子皆流三千里，不限籍之同异"。

唐律与现行《刑法》关于未成年人刑事责任起因的两大不同：犯罪圈庞大与缘坐，鲜明地体现了封建刑法与现代刑法的差别。

二、未成年人刑事责任阶梯的比较

唐律和现行《刑法》均以年龄为刻度，确立了不同年龄段的未成年人刑事责任有无及其程度差别的刑事责任阶梯制度。

唐律将未成年人刑事责任规定为三个阶梯：[1]

1. 7 岁以下。这个年龄阶段类似于现代刑法中的完全不负刑事责任年龄阶段，但是并不等同。《名例律》第 30 条规定："七岁以下，虽有死罪，不加刑。"这一规定确立了七岁以下的儿童对于死罪也不承担刑事责任。

2. 7 岁至 10 岁（含 10 岁）。对这个年龄阶段的未成年人，《名例律》规定"犯反、逆、杀人应死者，上请；盗及伤人者，亦收赎。余皆勿论。"根据这一规定可见，对七岁至十岁的人，一般犯罪不予处罚；犯盗及伤人之罪，允许收赎，即使是谋反、谋大逆、杀人应死这样的重罪，也适用"上请"的特别程序，由皇帝决断。由此可见，这个年龄阶段和现代刑法中的相对负刑事责任年龄阶段相类似。

3. 10 岁至 15 岁（含 15 岁）。达到这个年龄阶段的人，原则上对所有犯罪均承担刑事责任，但是可以从轻发落。这与现行《刑法》中的减轻刑事责任年龄阶段相类似。《名例律》第 30 条规定："诸年七十以上、十五岁以下及废疾，犯流罪以下，收赎。犯加役流、反逆缘坐流、会赦犹流者，不用此律。"对于犯流罪以下的，即使是十恶之罪，

---

[1] 刘斌："浅议唐律中的刑事责任年龄"，载《湖北师范学院学报（哲学社会科学版）》2004 年第 1 期。

都可以收赎。但是，犯加役流、反逆缘坐流、会赦犹流的除外，不过在这几种情况下，仍然可以免去劳作。

现行《刑法》将未成年人刑事责任确立为三个阶梯：

1. 不满 14 周岁者。根据《刑法》第 17 条规定，14 周岁以下的儿童为绝对无刑事责任时期，对其任何危害行为均不承担刑事责任。但应责令他的家长或者监护人加以管教，在必要的时候，也可以由政府收容教养。

2. 14 周岁以上 16 周岁未满者。《刑法》第 17 条第 2 款规定，已满 14 周岁不满 16 周岁的人，犯故意杀人、故意伤害致人重伤或者死亡、强奸、抢劫、贩卖毒品、放火、爆炸、投毒罪的，应当负刑事责任，且应从轻或者减轻处罚。这个年龄段通常也称为相对负刑事责任年龄时期。

3. 年长未成年人（16 周岁以上 18 周岁未满者）。根据《刑法》第 17 条规定，年满 16 周岁应当负刑事责任，但是已满 14 周岁不满 18 周岁的人犯罪，应当从轻或者减轻处罚。

由上可见，唐律和现行《刑法》在未成年人刑事责任阶梯的划分上具有以下共同点：（1）均以年龄作为划分阶梯的刻度；（2）均将未成年人刑事责任划分为三个阶梯；（3）三个阶梯基本上可以对应，大体均分为无刑事责任年龄阶段、相对负刑事责任年龄阶段、减轻刑事责任年龄阶段；（4）相对负刑事责任年龄阶段的未成年人负刑事责任的情形设置是一致的，即均采用了"明定罪名规则"来确立这一年龄段的未成年人所应当负刑事责任的情形。唐律规定，在 7 岁至 10 岁（含 10 岁）年龄阶段的人，"犯反、逆、杀人应死者，上请；盗及伤人者，亦收赎。余皆勿论。"即明确规定对于反、逆、杀人、盗及伤人五种犯罪可能负刑事责任，而对其他一切犯罪均不负刑事责任。现行《刑法》的规定与此类似，规定已满 14 周岁不满 16 周岁的人，犯故意杀人、故意伤害致人重伤或者死亡、强奸、抢劫、贩卖毒品、放火、爆炸、投毒罪的，应当负刑事责任，而对其他类型的犯罪一律不负刑事责任。虽然应当承担刑事责任的犯罪类型有所扩充，但是确立承担刑事责任情形的规则仍延续了唐律的做法。

但是，唐律与现行《刑法》关于未成年人刑事责任阶梯的划分上也存在诸多不同，主要包括以下几个方面：

明显的差别是，现行《刑法》将唐律刑事责任阶梯的刻度年龄均有较大的提高，从 7 岁、10 岁、15 岁，分别提高到了 14 岁、16 岁、18 岁。

各对应刑事责任段之间也存在着一些差别，分述如下：

对于 7 岁以下的儿童，唐律和现行《刑法》大体都规定为绝对不负刑事责任年龄时期，但是唐律有例外："缘坐应配没者不用此律"，即因家人谋反、逆，依律连坐配没者，尽管其自身没有犯罪，但是仍要承担刑事责任。《疏议》曰："缘坐应配没者，谓父祖反、逆，罪状已成，子孙七岁仍合配役。"

相对负刑事责任年龄阶段，现行《刑法》的犯罪类型有较大的扩充，从五类犯罪，扩大到了八类犯罪。而且在确立他们的刑事责任上，唐律采用了一种灵活的方式，规定"反、逆、杀人应死者"通过"上请"的方式来确立他们是否应当承担刑事责任，"盗及伤人者"，通过"收赎"的方式实现刑事责任。而现行《刑法》规定，对于犯故意杀人、故意伤害致人重伤或者死亡、强奸、抢劫、贩卖毒品、放火、爆炸、投毒罪的，应当负刑事责任。

唐律以 15 岁为刑事成年年龄，对于 15 岁以上的人应当负完全刑事责任，但是对于 70 岁以上的老年人则又有一些特殊的从轻减轻或者免除刑事责任的规定。刑事成年人为完全负刑事责任年龄阶段，应对任何犯罪均承担刑事责任，而且一般也不会因为年龄因素而被减免刑事责任。当然，这一规定并不是绝对的，也存在特殊情况。例如，《户婚律》规定："诸嫁娶违律，祖父母、父母主婚者，独坐主婚"，"其男女被逼，若男年十八以下及在室之女，亦主婚独坐"。即男女若为家长所逼，男方十八岁以下免罪。那么，如果超过十八岁，就要依律论处。由此可见，被逼违律条为婚，男方承担刑事责任的年龄是已满十八岁。〔1〕现行《刑法》以 18 岁为刑事成年年龄，虽然较唐律有提高，但是对于成年者在刑事责任的规定方面，没有特别的规定。

三、未成年人刑事责任理论基础的比较

为什么唐律和现行《刑法》均将一定年龄下的儿童排除于承担刑事责任的主体之外，而却部分问责少年？这种刑事责任制度的理论基础何在？

概括而言，古今中外关于未成年人刑事责任的理论，大体有三种：（1）刑事责任能力说。刑事责任能力说认为未成年人刑事责任制度的理论基础在于不同年龄的人，其刑事责任能力不同。一定年龄下的儿童无刑事责任能力，居于某年龄段的少年具有一定的刑事责任能力，成人具有完全的刑事责任能力，因此儿童对任何危害行为都不承担刑事责任，少年负部分刑事责任，成人则完全负刑事责任。刑事责任能力说，又可分为辨认控制能力论和刑罚适应能力论。辨认控制能力论认为刑事责任能力的本质是辨认和控制能力，或者说意志自由、犯罪能力。儿童没有辨认和控制能力故对其危害行为不承担刑事责任；少年已经有一定的辨认和控制能力，因此应当部分承担刑事责任。刑罚适应力论的基本主张是：儿童不具有刑罚适应力，少年具有部分刑罚适应力，因此儿童不负刑事责任，少年部分负刑事责任。（2）刑事政策说。刑事政策说认为，未成年人刑事责任制度的设置基础并不在于辨认和控制能力，也不在于刑罚适应能力，而是基于未成年人保护的刑事政策。基于刑事政策，儿童被推定为没有刑事责任能力，少年部分具有刑事责任能力，因此儿童不负刑事责任，少年部分承担刑事责任。（3）折中说。折中说认为未成年人刑事责任制度是以行为人辨认和控制能力为基础，以未成年人保护的刑事政策为基本原则而建立。〔2〕

唐律未成年人刑事责任制度的理论基础采用的是侧重辨认和控制能力的折中说。《疏议》曰"悼耄之人，皆少智力"，这一解释明确地表明了唐律将是否具有"智力"以及"智力"的多少，作为是否承担刑事责任以及承担何种程度刑事责任基础的立场。

〔1〕 刘斌："浅议唐律中的刑事责任年龄"，载《湖北师范学院学报（哲学社会科学版）》2004 年第 1 期。
〔2〕 参见姚建龙："我国少年刑事责任制度之理论检讨"，载《法律科学》2006 年第 3 期。

同时，《疏议》在对《名例律》"老小废疾有犯"条解释说，法律应有"矜老小废疾"和"爱幼养老之义"，[1]这体现的是对未成年人进行特别保护的刑事政策说的思想。不过，唐律所采用的折中说，侧重的是儒家恤幼思想。

现行《刑法》未成年人刑事责任制度的理论基础同样也采用的是折中说，但侧重的是辨认控制能力论。[2]这里体现了当代与唐代在对于未成年人辨认和控制能力理解上的差别。例如，唐代认为7岁左右的孩子不具有辨认和控制能力，而当代则推定14岁以下的孩子不具有辨认和控制能力。这种差距的形成，与经济形态、科学发展水平、人道主义观念的发展等因素有关。不过，总的看来，在未成年人刑事责任制度的理论基础上，现行《刑法》基本秉承了唐律传统。

四、未成年人刑事责任实现方式的比较

刑事责任的实现是指代表国家的司法机关对犯罪行为所作的否定评价和对犯罪人的谴责成为事实，其具体表现是犯罪人实际感受到由上述否定评价和谴责所引起的在社会生活上、名誉上的不利反应。[3]

无论是唐律还是现行刑法，均将刑罚作为刑事责任的主要实现方式。唐律所规定的刑罚主要是指五刑，即笞、杖、徒、流、死。除了刑罚外，唐律还规定了收赎、官当、没官、连坐等刑事制裁方式。[4]除了刑事制裁方式外，赔偿、改正、征收、还官主、离婚等民事制裁方式，以及除名、免官、免所居官等行政制裁方式，也是实现刑事责任的重要途径。但一般来说由于未成年人，都还不会担任官职，因此未成年人刑事责任的实现方式，还是以刑罚为主，民事制裁方式为辅，行政制裁方式一般不会适用。尤其值得一提的是，强调尊长应对未成年人的犯罪行为承担较重的责任，是唐律所规定的未成年人刑事责任的一种特殊实现形式。如《名例》规定，"若家人共犯，止罪尊长。"

现行《刑法》所规定的未成年人刑事责任的实现形式有三种，一是通过给予刑罚处罚来实现；二是通过非刑罚的处罚方法来追究刑事责任；三是通过宣布行为是犯罪、行为人是犯罪人来实现。[5]刑罚有主刑五种，即管制、拘役、有期徒刑、无期徒刑、死刑，附加刑有四种，即罚金、剥夺政治权利、没收财产、驱逐出境。就未成年人而言，可以适用的刑罚排除了死刑。另外，2006年新近颁布的最高人民法院司法解释也大大限制了无期徒刑的适用，规定13岁~16岁的未成年人不适用无期徒刑、16岁~18岁的人严格限制无期徒刑。非刑罚处罚方式包括三种：（1）赔偿经济损失或者责令赔偿损失；（2）训诫、责令具结悔过及赔礼道歉；（3）由主管部门予以行政处罚或者行政处分。就未成年人而言，主要是适用前两种非刑罚处理方法。宣告有罪但免予刑罚处罚，是未成年人刑事责任实现的重要方式，体现了现行刑法对未成年人适用刑罚的谦抑性理念。可

---

[1]　王立民：《唐律新探》（第2版），上海社会科学院出版社2001年版，第11页。

[2]　参见姚建龙："我国少年刑事责任制度之理论检讨"，载《法律科学》2006年第3期。

[3]　参见苏惠渔主编：《刑法学》，中国政法大学出版社1997年版，第273页。

[4]　王立民：《唐律新探》（第2版），上海社会科学院出版社2001年版，第109~118页。

[5]　参见苏惠渔主编：《刑法学》，中国政法大学出版社1997年版，第274页。

见，现行刑法仍保留了唐律未成年人刑事责任多样化的特点。

我国早在古代就已经建立了较为完备的未成年人刑事责任制度，尤其以唐律为集大成。唐律所确立的未成年人刑事责任制度，代表了我国古代未成年人刑事责任制度发展的顶峰，不仅对后世未成年人刑事责任制度产生了深远的影响，即便是在今天，我们仍可以从现行《刑法》中发现唐律的历史渊源。可以说，在未成年人刑事责任制度的规定上，无论是"形"还是"神"，现行《刑法》基本上还没有超出唐律传统，我们在钦佩唐律立法成就的同时，也应对这一现象进行反思。

（载《文史博览》2007 年第 3 期）

第十三章

未成年人犯罪非监禁化理念与实现

　　"把少年投入监禁机关始终应是万不得已的处理办法，其期限应是尽可能最短的必要时间。"

——《北京规则》

　　监禁处遇对于未成年犯罪人而言更意味着消极性，而不是积极性。对于未成年犯罪人尽量避免监禁，已经成为各国少年司法制度共同的理念。非监禁化应当包括三个紧密联系的环节：审前的非监禁化、刑罚选择（量刑）的非监禁化（包括监禁刑的避免适用和虚置）、刑罚执行的非监禁化（行刑社会化）。实现未成年犯罪人非监禁化理念应当推行转处制度；建立健全少年保释制度，提高未成年人取保候审率；尽量适用非刑罚处理方法和非监禁刑，提高缓刑适用率；行刑社会化，开展社区矫正。在推行未成年犯罪人非监禁化理念改革中，应当完善风险评估与责任制度，完善非监禁化的社会支持系统。

一、监禁刑的弊端与非监禁化的界定

　　从刑罚史的角度考察，人类社会对于犯罪反应的基本手段经历了从死刑、肉刑到监禁刑的演变过程。尽管从目前各国刑罚制度的现状来看，基本上还是处于以监禁刑为主体的阶段。但是，刑罚的轻缓化、人道化已经成为共同的发展方向。笔者曾经提出"如果把传统刑法的产生、发展、兴盛史称为民法的刑法化史，那么现代市民刑法的构建、繁荣史似乎可以认为是刑法的民法化史。"[1]刑法的民法化首先是刑罚的非刑罚化，一方面传统意义上的刑罚日益改造、退化成为一种非刑罚性的措施，逐渐失去传统刑罚的形式；另一方面，传统的不作为刑罚适用的手段，逐渐介入刑法领域，替代传统刑罚，甚至直接被赋予刑罚的地位。近些年来，各国的非监禁化改革就是这一变革的重要体现。

　　监禁刑的负面性早已多有诟病，概括而言主要包括以下几个方面：①监禁刑对改善

---

　　〔1〕　姚建龙："论刑法的民法化"，载《华东政法学院学报》2001年第4期。

犯罪人的效果不大；②监禁刑使坏人变得更坏；③监禁刑不符合人道精神；④监禁刑的行刑成本很高；⑤监禁刑与现代刑罚目的不符；⑥监禁刑对被害人无益。[1] 正是鉴于监禁刑的诸多弊端，推动刑罚制度改革，降低乃至逐步废弃监禁刑成为许多国家刑法改革的目标，一些国家已经取得了令人瞩目的成就。例如，德国自1970年起，法院判处的罚金刑的案件急剧增加，自由刑的比重相应下降。1990年依据普通刑法典的判决中，罚金刑占83.3%；进入90年代以后，罚金刑在判决中的比重上升到90%以上，自由刑却不足10%。1991年德国大约有84%的被判刑的成年人被处以罚金刑，只有约16%的行为人被科处自由刑，而这其中又有68%的行为人被给予缓刑交付考验；判处1年以下自由刑被缓刑的比例更是高达75%。在1991年大约只有5%的被判刑的成年人被实际执行了自由刑。[2]

为了避免监禁刑的弊端，可以有以下几种选择的路径：一是监禁刑的避免适用。即在刑罚选择的时候，尽量采用非监禁性的刑罚和非刑罚处理方法。二是监禁刑的虚置。这主要是指通过缓刑的方法来实现。三是监禁刑行刑的社会化。也就是在不得已必须将罪犯投入监禁机构的情况下，以社会化的方式执行监禁刑，如降低监禁刑的监禁程度，缩小监禁机构、罪犯与社会的隔离度。

以上是从刑罚的角度探讨监禁的负面性及其避免问题，但是实际上犯罪人在进入刑事司法系统后，并不只是在刑罚的选择及其执行环节（即审判和行刑阶段）会面临监禁刑的威胁。实际上，在审前阶段仍然可能处于被监禁状态，如被刑事拘留、逮捕，因而同样带来类似于适用监禁刑的负面影响。这种负面影响同样包括因为交叉感染而使犯罪人变得更坏、花费高昂的司法成本、不符合人道主义精神等。

因此，要真正避免因为监禁刑或者"类监禁刑"而带来的对于犯罪人、国家、社会的负面影响，必然要求实现整个刑事司法系统对犯罪人反应的非监禁化。这种非监禁化应当包括三个紧密联系的环节：审前的非监禁化、刑罚选择（量刑）的非监禁化（包括监禁刑的避免适用和虚置）、刑罚执行的非监禁化（行刑社会化），这就是笔者所界定的非监禁化所应具备的基本内涵。

二、未成年人犯罪非监禁化原则

未成年人是不同于成年人的特殊群体，如果对于犯罪未成年人适用监禁处遇将带来较成年人更为严重的消极性，这至少包括以下几个方面：①监禁将迫使未成年人与监护人、亲朋隔离，这是与人类情感相悖的不人道行为；②未成年人对于监禁痛苦的感受不同于成年人，监禁更容易带来对未成年人身心健康的伤害。由于未成年人的自我保护能力低，在监禁机构内（特别是在审前羁押阶段），其合法权益也更容易受到侵害；③监禁将带来"标签效应"，进入监禁机构将给未成年人的一生烙下沉重的犯罪标签，严重影响未成年犯罪人之后漫长的生活、成长与发展；④未成年人的辨别能力低，在监禁机

---

[1] 吴宗宪等：《非监禁刑》，中国人民公安大学出版社2003年版，第83～101页。
[2] 马登民、张长红："德国刑事政策的任务、原则及司法实践"，载《政法论坛（中国政法大学学报）》2001年第6期。

构内未成年人的交叉感染可能性相对成年人更高，监禁将使未成年人更容易变得更"坏"；⑤监禁将使未成年人与正常的社会隔离，而未成年犯罪人的社会化尚未完成，监禁状态将导致未成年人正常社会化的中断或者畸变，其对未成年人健康成长的影响将是巨大的，也是成年人所无法比拟的。此外，监禁未成年人所花费的司法成本也要高于监禁成年人。[1] 这些弊端的最集中表现便是，监禁容易导致未成年犯罪人向惯犯、累犯转变。犯罪学研究表明，困扰犯罪控制有效实现的成年惯犯、累犯中，大部分均有在未成年时期犯罪的经历。这些人的违法犯罪行为之所以没有随着年龄的增长而"自动愈合"[2]，与他们曾经遭受过监禁有着密切的关联。

从某种程度上说，监禁处遇对于未成年犯罪人而言更意味着消极性，而不是积极性。"面对一种杀人罪，即使是儿童所为，不判决是困难的。但是，我们每次都应当提醒我们自己，采取监禁刑罚尤其是长期监禁，对于减少少年犯罪是毫无作用的。按照大众所相信的说法，监狱对于儿童仅仅是犯罪的学校，而对成年人则是真正的大学。"[3] 对于未成年犯罪人尽量避免监禁，实现非监禁化，已经成为各国少年司法制度共同的理念。为了促使各国贯彻未成年人非监禁化理念，《北京规则》特别强调："进步的犯罪学主张采用非监禁办法代替监禁教改办法。就其成果而言，监禁与非监禁之间，并无很大或根本没有任何差别。任何监禁机构似乎不可避免地会对个人带来许多消极影响；很明显，这种影响不能通过教改努力予以抵消。少年的情况尤为如此，因为他们最易受到消极影响的侵袭。此外，由于少年正处于早期发育成长阶段，不仅失去自由而且与正常的社会环境隔绝，这对他们所产生的影响无疑较成人更为严重"[4]。"把少年投入监禁机关始终应是万不得已的处理办法，其期限应是尽可能最短的必要时间"[5]。此外，《公民权利和政治权利国际公约》第9条第3款规定："任何因刑事指控而被逮捕或拘禁之人……有权在合理的时间内受审判或被释放。等候审判的人受监禁不应作为一般规则。但可规定释放时应保证在司法程序的任何阶段出席审判，并在必要时报道，听候执行判决。"人权委员会在它的第8总评论中再一次确认："审前羁押应是一种例外，并尽可能的短暂"。[6]《保护羁押或监禁人的原则》第39条指出：除了在由法律规定的特殊案件中，由司法或其他机关由于司法利益而决定，被告人应有权被释放等待审判。《儿童权利公约》第3条规定："关于儿童的一切行动，不论是由公私社会福利机构、法院、行政当局或立法机构执行，均应以儿童的最大利益为一种首要考虑"；第37条b款规定"不得非法或任意剥夺任何儿童的自由。对儿童的逮捕、拘留或监禁应符合法律规定并仅应作为最后手段，期限应为最短的适当时间。"可见，"非监禁化"是联合国少年司法

---

〔1〕 例如，在我国，少年管教所的财政拨款标准高于成年监狱。

〔2〕 自动愈合论是西方犯罪学中解释少年犯罪的一种理论，这种理论认为少年犯罪是人在未成年时期的一种正常现象，在一般情况下，随着年龄的增长，绝大多数人都会自动放弃犯罪行为，即"自动愈合"。

〔3〕 [意] 保罗·维切罗纳："少年刑法的演变"，载《未成年人犯罪的预防审判矫治国际研讨会论文集》（1992年），第18页。

〔4〕《北京规则》第19条"说明"。

〔5〕《北京规则》第19条。

〔6〕 陈光中、[加] 丹尼尔·普瑞方廷主编：《联合国刑事司法准则与中国刑事法制》，法律出版社1998年版，第193页。

的一项重要准则。

非监禁化也是我国少年法所确立的一项重要原则。①在审前阶段，有关法律规定应当尽量避免未成年人被羁押，严格限制对于未成年人适用逮捕、拘留等监禁性强制措施。就公安机关工作而言，《公安机关办理未成年人违法犯罪案件的规定》（1995）第15条特别规定："办理未成年人违法犯罪案件，应当严格限制和尽量减少使用强制措施。"《公安机关办理刑事案件程序规定》（1998）第139条再次强调："办理未成年人犯罪案件，应当严格控制和尽量减少使用强制措施"。这里所说的强制措施主要是指拘留、逮捕两类监禁性的强制措施。就检察机关工作而言，《人民检察院办理未成年人刑事案件的规定》（2002）第13条规定："严格掌握审查批准逮捕未成年犯罪嫌疑人的条件"，对于罪行较轻，具备有效监护条件或者社会帮教措施，能够保证诉讼正常进行，并具有过失犯罪等没有逮捕必要情节的，可以作出不批准逮捕决定。②在法庭审判阶段，有关法律规定对于未成年犯罪人，应当坚持"教育为主，惩罚为辅"的原则，刑罚选择的非监禁化是这一原则的必然要求。《未成年人保护法》第54条规定："对违法犯罪的未成年人，实行教育、感化、挽救的方针，坚持教育为主、惩罚为辅的原则"。《刑法》第17条第3款规定："已满十四周岁不满十八周岁的人犯罪，应当从轻或者减轻处罚。"《办理未成年人刑事案件适用法律的若干问题的解释》（1995）规定："对未成年罪犯适用刑罚应当坚持'教育为主，惩罚为辅'的原则"。③在行刑阶段，非监禁化也是一项重要的原则。例如，规定对于少年犯适用减刑、假释条件宽于成年罪犯[1]，罪行轻微、主观恶性不大的未成年犯是社区矫正的重点对象之一等[2]。

三、未成年人犯罪非监禁化的实现

自我国少年司法制度诞生以来，不乏关于未成年犯罪人非监禁化的探索。然而，总体上而言，非监禁化仍然是我国少年司法制度需要追逐的应然性目标。回顾我国少年司法制度近二十年的发展历程，非监禁化的实现程度依然不尽人意。例如，审前羁押率较高、在少年刑罚选择上依然以有期徒刑等监禁刑为主、缓刑适用率偏低、假释率低等。这种状况已经远落后于国外犯罪人非监禁化的发展趋势。未成年犯罪人的非监禁化应当成为我国当前少年司法改革的重要环节，也是需要我们长期奋斗的目标。对我国未成年犯罪人非监禁化的实现问题，笔者提出如下建议：

（一）转处的推行与完善

转处（division），或称转向处分、司法转处等，起源于20世纪60年代的美国儿童保护运动（Child – Savers – Movement），"简言之，即对于轻微犯罪之少年，不予审判，更不予处罚，而代以教育性之辅助措施。因此转向处分，可谓'以辅助代替刑罚'（Hilfe statt strafe）之措施也。可予转介处分之少年犯，仅限于轻微犯罪之行为者

---

〔1〕 姚建龙：《长大成人：少年司法制度的建构》，中国人民公安大学出版社2003年版，第151～153页。

〔2〕《最高人民法院、最高人民检察院、公安部、司法部关于开展社区矫正试点工作的通知》（2003）。

（Bagatellttäer），并非所有少年犯人。"[1] 随着转处计划的开展，目前转处已经扩展到成人刑事司法中。"合格的转处必须是在审判之前和法律禁止的行为发生之后采取的"。麦卡锡等人根据在转处计划中对犯罪人是否附加一定条件，将转处计划划分为两类：第一类是无条件转处计划；第二类是附条件转处计划。[2] 转处可以使未成年人尽快脱离刑事司法系统，避免刑罚的适用。因此是实现未成年犯罪人非监禁化的重要途径。在我国，也存在类似于美国转处制度的具体制度与做法，对这些制度和做法的完善与推广是实现未成年犯罪人处遇非监禁化的重要环节。

公安机关应当依法严格掌握未成年人刑事案件的立案标准，避免将严重不良行为案件引入刑事司法系统。同时，应当积极探索新的转处实现模式。上海市南汇公安分局曾经推行的"缓处考察制度"，是一种类似于美国的附条件转处计划的措施。缓处考察的对象包括（1）年满 14 周岁，未满 16 周岁的未成年人，因违法犯罪尚不足以刑事处罚，或违反《治安管理处罚条例》，符合治安管理处罚的，可暂缓裁决处理；（2）年满 16 周岁，未满 18 周岁的未成年人，且属在校学生的，违反《治安管理处罚条例》，符合治安管理处罚的，可暂缓裁决处理。对于屡教不改、流窜作案、监护人和学校没有监护、教育条件的不给予暂缓处理。缓处考察的期限一般为 3 个月～6 个月，对在考察期内又违法犯罪或不服帮教的，撤销对其缓处考察决定，由承办单位按照《治安管理处罚条例》依法处理。[3] 笔者认为，缓处考察制度在试点后条件成熟时，可以为其他公安部门所借鉴。

根据我国《刑事诉讼法》的规定，检察机关拥有不起诉权。在法定不起诉与存疑不起诉这两种情况下，检察机关基本上没有起诉裁量权，但在相对不起诉条件下检察机关拥有起诉裁量权[4]。在司法实践中，我国未检部门还积极探索了第四种不起诉类型——暂缓起诉[5]。暂缓起诉简称缓诉，也有人称之为诉前取保候审、缓诉帮教[6]，虽然各地方的少年缓诉制度在具体做法上有一些差别，但基本上是指人民检察院审查公安机关侦查终结移送起诉及检察机关自行侦查终结的未成年人犯罪案件（有的地方还包括小年龄成年学生犯罪案件），对罪该起诉但犯罪情节较轻（一般规定为 3 年以下有期徒刑），以暂不起诉更为适宜的被告人，采用取保候审的方式设定一定的考察期（一般在 3 个月以上 12 个月以下的幅度内），进行考察帮教。考察期限届满，检察机关认为确有悔改表现并不致再危害社会，即对少年犯罪嫌疑人做出不起诉处理；如在考察期限内不思悔改，又违法犯罪（有的规定为犯新罪，有的规定为违法或犯罪），则撤销取保候

---

〔1〕 沈银和：《中德少年刑法比较研究》，五南图书出版公司 1988 年版，第 128 页。

〔2〕 吴宗宪等：《非监禁刑》，中国人民公安大学出版社 2003 年版，第 218 页。

〔3〕 上海市公安局南汇分局：《关于建立缓处考察制度的情况汇报提纲》，"未成年人保释国际研讨会"（2004年 4 月）材料。

〔4〕 姚建龙："暂缓起诉制度研究"，载《青少年犯罪研究》2003 年第 4 期。

〔5〕 关于暂缓起诉是否属于独立的不起诉类型，理论界存在争议。笔者认为暂缓起诉不同于相对不起诉，应当是我国未检工作实践所创造的不起诉新类型。参见姚建龙："暂缓起诉制度研究"，载《青少年犯罪研究》2003 年第 4 期。

〔6〕 章建新："在未成年人刑事检察中试行暂缓起诉的思考"，载《上海市政法管理干部学院学报》2000 年第5 期。

审，与前罪一并起诉。[1]暂缓起诉也属于一种附条件的转处方式，同样是实现未成年犯罪人处遇非监禁化的重要途径，应予完善、规范和推广，使其成为未成年人非监禁化工作体系的重要一环。在暂缓起诉探索的基础上，2012年《刑事诉讼法》的修订正式增设了附条件不起诉，扩大了检察机关对于未成年人刑事案件的起诉裁量权。在未成年人刑事案件中，检察机关应当充分利用起诉裁量权，将未成年人转出刑事司法系统，这也是未成年犯罪人处遇非监禁化的重要一环。

（二）审前的非监禁化：建立健全少年保释制度，提高未成年人取保候审率

保释原本属于英美法系国家所特有的一项以保护人身自由为目的的权利制度，其基本含义是指被拘捕的犯罪嫌疑人、被告人[2]在被拘捕后以钱财或保证人为担保条件获得释放，同时要求他在随后的司法程序或其他程序中按照指定的时间和地点出庭或到场。在我国，一般认为取保候审制度是与国外保释制度相对应的制度，它是指公安机关、人民检察院和人民法院责令犯罪嫌疑人、被告人提出保证人或者交纳保证金，以保证其在取保候审期间不逃避侦查和审判，并随传随到的一种刑事诉讼强制措施。保释可以有效避免审前羁押的发生，是实现未成年犯罪人非监禁化的重要途径。我国目前应当健全少年保释制度，以提高未成年人保释适用率，例如将取保候审更名为保释、明确保释作为未成年人权利的权利性质和对未成年人保护的保护性质、制定统一的少年保释法、放宽少年保释的适用条件、保证方式多样化等。[3]

（三）量刑的非监禁化：尽量适用非刑罚处理方法和非监禁刑，提高缓刑适用率

在未成年人犯罪案件中，人民法院在定罪量刑时，应当将监禁刑作为一种不得已的选择。

首先应尽量适用非刑罚处理方法。非刑罚处理方法，是指人民法院根据案件的不同情况，对犯罪分子直接适用或者建议主管部门适用的刑罚以外的其他处理方法的总称。[4]《刑法》第37条规定："对于犯罪情节轻微不需要判处刑罚的，可以免予刑事处罚，但是可以根据案件的不同情况，予以训诫或者责令具结悔过、赔礼道歉、赔偿损失，或者由主管部门予以行政处罚或者行政处分。"非刑罚处理方法也是刑事责任的实现方式，但采用的是非刑罚的方法，也是一种非监禁性措施，它既体现了从宽原则，又不至于失之过宽，而且强调犯罪人与被害人之间矛盾的修复。这与少年司法制度特性的要求以及近些年来的发展趋势相吻合，也是实现未成年犯罪人非监禁化的重要手段，因此应重视非刑罚方法在少年司法中的作用与地位。

其次，应当尽量适用非监禁刑。在我国，非监禁刑主要包括管制、罚金、剥夺政治

---

〔1〕 上海市长宁区人民检察院未成年人刑事检察科："缓诉在未成年人案件中的地位及运用"，载《青少年犯罪问题》1995年第1期；上海市长宁区人民检察院《关于未成年人刑事案件相对不起诉的规则》（征求意见稿）；刘桃荣："对暂缓起诉制度的质疑"，载《中国刑事法杂志》2001年第1期；《江西省吉安市人民检察院缓诉试行办法》等。

〔2〕 有的国家还包括已经被定罪的人，如在英国定罪后因违反缓刑条件、社区服务的要求和宵禁令而在法院受审者，亦可保释。请参见孙长永：《侦察程序与人权——比较法考察》，中国方正出版社2000年版，第250页。

〔3〕 姚建龙："中国少年保释制度的完善与发展"，载《青少年犯罪研究》2003年第1期。

〔4〕 马克昌主编：《刑罚通论》，武汉大学出版社1999年版，第731页。

权利、没收财产、驱逐出境。剥夺政治权利刑基本上可以视为是为成年人设计的刑罚类型。由于少年的未成年特性，实际上对于大部分政治权利都无享有资格或基本没有行使的现实可能性。因此，对于少年犯罪单独适用剥夺政治权利，基本没有现实意义。附加适用剥夺政治权利刑的实际意义也并不大，而且与少年司法制度的基本理念多有违背。由于少年犯大都尚无独立的经济收入和来源，对其适用没收财产刑没有什么实际意义，即便少年犯有个人财产，全部没收也会给少年犯日后的生活与成长带来不利影响，因此有的学者反对没收财产刑适用于少年犯罪。在我国少年司法实践中，没收财产刑的运用也较少见。而有些国家则明确规定对于未成年人不得适用没收财产。[1] 驱逐出境是一种适用于外国人的刑罚方法，不具有普遍适用性。对于少年犯是否应当适用罚金刑，长期以来无论是理论界还是司法实践部门都存在着截然对立的观点。笔者赞同罚金刑可以适用于未成年人的观点。[2] 可见，适合于未成年人的非监禁刑实际主要是管制和罚金。

尽管我们主张刑罚选择的非监禁化，但是从现实性的角度来看，要在量刑阶段实现未成年人的非监禁化，主要还是得依靠缓刑。尽管缓刑的价值已经广为人知，但是缓刑适用率偏低一直是我国整个刑事司法制度中难以突破的瓶颈。由于未成年人的特殊性，在少年司法领域突破这一瓶颈阻碍性与风险性相对要低一些。但是，要想使未成年人缓刑适用率有较为显著的改观，除了观念更新之外，当前更应当积极探索如何降低司法人员适用缓刑的风险与责任。

（四）监禁刑执行的非监禁化：行刑社会化

这是推行非监禁化的第四个重要环节。关于行刑社会化的内涵，国内学者有不同的观点。[3] 笔者所主张的行刑社会化是指监禁刑执行的非监禁化，具体而言包括以下三个紧密联系的环节：①降低监禁度。具体包括通过监禁设施、管理方式、引入社会力量参与罪犯矫正、推行"三试"、放假制度等方面的改革，缩小监禁场所与社会的隔离度；②缩短监禁刑的时间。这主要依靠减刑、赦免等方式来实现。③在社会场所开放式行刑，也即推行社区矫正替代监禁场所内矫正。根据《最高人民法院、最高人民检察院、公安部、司法部关于开展社区矫正试点工作的通知》（2003），暂予监外执行、假释的罪犯属于五种社区矫正的对象范围。为了充分发挥社区矫正对机构内矫正的替代性作用，当前应当扩大未成年犯假释率，同时大力完善社区矫正制度。

（五）风险评估与责任制度的健全

在笔者看来，我国开展未成年犯罪人非监禁化改革，应当着重注意的是如何完善未成年犯罪人非监禁化的风险评估机制，降低非监禁化的风险，以避免非监禁化所可能带来的负面影响。完善未成年犯罪人社会调查报告制度，在相应的司法部门建立未成年犯罪人非监禁化处遇专门评估组织（或者建立统一的评估组织），淡化少年司法工作人员

---

〔1〕 如1951年《保加利亚刑法典》第43条第2款规定，对未成年人不得适用没收财产的刑罚；1968年《罗马尼亚刑法典》第109规定，对未成年人不得适用没收财产等附加刑。

〔2〕 关于上述刑罚在未成年人犯罪中的适用问题，参见姚建龙：《长大成人：少年司法制度的建构》，中国人民公安大学出版社2003年版，第146～148页。

〔3〕 冯卫国：《行刑社会化研究》，北京大学出版社2003年版，第39～42页。

和机构在推行非监禁化中的办案责任（只要是严格按照法律、政策规定的标准推行非监禁化，即便出现消极情况也不应追究办案责任），也许是一种可供选择的方案。

（六）非监禁化的社会支持问题

未成年犯罪人非监禁化的必然结果是使大量未成年人犯罪人流入社会，这对社会支持系统的配套改革提出了较高的要求。在传统的、计划经济体制下的社区解体，而适合于市场经济社会的社区发育尚不成熟的转型时期，如果将过多的期望寄托于不完善的社区单位，是一种不现实的选择。在这样的情况下，作出非监禁化处遇的司法机关仍应当在矫治未成年犯罪人工作中继续扮演一个积极的、主导性的角色，起到社会支持系统组织者、督促者的作用。上海已经发育出了中国首批专业社工队伍和社工组织，在条件成熟时，司法机关可以更加合理地确定其在未成年人社区矫正中的地位，而由社工发挥更加重要的在非监禁状态中矫治未成年犯罪人的作用。

（载《政法学刊》2004 年第 5 期）

第十四章

少年司法制度发展中的问题与少年法院的创设

自 1984 年上海市长宁区法院第一个少年法庭建立以来，我国少年司法制度已经走过了 30 年的发展历程。30 年来，少年司法制度在控制青少年违法犯罪、保护青少年合法权益等方面发挥了重大作用。但是，少年司法制度发展到今天也出现了许多问题，少年法院的创设是解决这些问题所必然寻求的出路。我国的少年司法制度应是一种多元化的格局，而少年法院创设的意义在更大程度上是为少年司法制度的完善与发展提供契机和动力。

一、新中国少年司法制度的发展之路

在我国，青少年违法犯罪成为一个突出的社会问题，并引起社会的广泛关注主要开始于"文革"结束以后。与 1899 年美国伊利诺伊州芝加哥市建立了世界上第一个少年法庭的历史背景类似，出于治理日益严重的青少年违法犯罪的需要，1984 年上海市长宁区法院在全国率先试点建立了我国第一个少年法庭。因为特定的历史背景、法律依据等因素的考虑，当时的少年法庭实质只是附设于刑庭的少年刑事案件合议庭，1988 年才开始出现独立建制的少年庭。少年法庭一出现就以其独特的视角、针对性的做法和良好的实践效果引起司法界的重视、社会公众的认可和欢迎。在最高人民法院的支持下，长宁区少年法庭的成功经验在全国得以推广。1986 年少年法庭发展到 100 多个。1988 年 5 月，最高人民法院在上海召开"全国法院审理未成年人刑事案件经验交流会"时，全国已经建立起 400 多个少年法庭。1990 年 10 月，最高人民法院在南京召开"全国法院审理少年刑事案件工作会议"，将少年刑事审判推向了一个新的阶段。在南京会议的推动下，迎来了少年法庭发展的春天，到 1990 年年底，全国少年法庭已经达到 2400 余个。截至 1998 年年底，全国共有 3694 个少年法庭。

今天少年法庭的组织形式大体上包括以下几种：（1）少年刑事案件审判庭——专门受理未成年人刑事犯罪案件；（2）少年刑事案件合议庭——附设于刑庭内，受理未成年人刑事案件；（3）综合性少年案件审判庭。这种少年庭不仅受理少年刑事案件，还受理有关未成年人保护的民事、行政案件。另外还有一种特殊形式，即在刑庭中指定专人办理少年刑事案件。与少年审判机构相适应，部分省市的公、检、司等机关也设立了相应少年机构，配套成龙，初步显示了少年司法的整体优势。

一般都认为，长宁区少年法庭的建立是我国少年司法制度发展的起点。少年司法制度自创立以来，在保护未成年人合法权益、治理青少年违法犯罪中发挥了重大的作用，近二十年的实践证明我国少年司法制度的实践从总体上而言是成功的。

二、目前少年司法制度发展中所存在的主要问题

在肯定我国少年司法制度的贡献与成就时，有一点不能回避：我国少年司法制度发展到现在，客观上也存在诸多问题。江苏省高级人民法院副院长田幸在评价我国少年司法制度走过的 17 年历程时这样说道："少年司法机构就像一个总也长不大的孩子，法律上没有地位，职能上难以健全，甚至其存在都受到了威胁，十多年来少年法庭走过的道路，经历了一个由热到冷、由蓬勃发展到徘徊观望的过程。"[1] 今天全国各地的少年法庭普遍存在案源过少，少年法庭的生存受到冲击等困难。少年法庭鼎盛时期一度超过3500 个，而截至 2000 年底，大约剧减了 1000 个，直到今天少年法庭的数量仍然保持在2400 个左右。

我国目前少年司法制度在发展进程中所面临的问题可以概括为"三个矛盾"和"一个举步维艰"：

（一）现有立法的束缚与少年司法制度完善和发展之间的矛盾

少年法庭酝酿时期所面临的最大难题是法律依据问题，当时所寻找到的主要法律依据只有 1983 年全国人大常委会修改通过的《中华人民共和国人民法院组织法》中的一条规定，"人民法院审判案件，实行合议制。""合议庭由院长或庭长指定审判员一人担任审判长"。以此为依据，在解放思想、实践是检验真理的唯一标准的思想指导下，我国少年司法制度的开拓者们勇敢地走出了创建"审理少年刑事案件合议庭"的重要一步。1988 年建立独立建制的少年刑事案件审判庭时，同样面临一个法律依据问题，当时人们认为《法院组织法》虽然没有规定设立少年刑事案件审判庭，但也并没有规定不允许设立少年庭。确切地说，这些法律依据多少还是有点勉强的。

与国外相比较，我国的未成年人立法还有一定差距，例如日本制定有《少年法》、《少年审判规则》、《儿童福利法》等，对少年司法制度有较完备的法律规定。虽然我国在少年法庭建立之后，大大加强了未成年人立法工作，《中华人民共和国未成年人保护法》和《中华人民共和国预防未成年人犯罪法》也先后出台。但是，遗憾的是这两部全国性法律均未对少年法庭有明确的认可，更未对少年司法制度做必要的完备性规定。《人民法院组织法》、《刑法》、《刑事诉讼法》等法律亦尚未对少年司法制度，特别是少年法庭的地位问题做明确的规定和认可，有同志据此鲜明地指出"少年审判组织尚未得到法律的认可"。其结果是少年法庭的地位得不到保障，少年法庭工作人员难以安心少年审判工作。由于少年法庭尚未得到法律的明确认可，少年法庭的存在都受到威胁，更不用说实践中一些对少年司法制度的有益探索。例如，1991 年江苏省常州市天宁区曾经

---

〔1〕 田幸："建立少年法院的几点设想"，载《青少年犯罪问题》2001 年第 4 期。

试点建立审理涉外刑事、民事、行政案件的综合审判机构——少年案件审判庭，此举大大拓展了少年法庭的工作领域，使少年司法体系更加独立，把少年司法制度向前推进了一大步。然而这种曾经引起全国同行广泛兴趣的模式却没有得到肯定。全国大多数建立综合性少年法庭的试点都举步维艰，重新回到寄身于刑事审判内部的不稳定状态。由于案件数量和审判力量的不均衡，单纯从事少年刑事审判的少年法庭受到来自方方面面的冲击。确切地说，我国目前的少年司法制度所面临的主要问题也许还不是完善和发展，而是生存。全国少年法庭数量大幅度下降的实际情况和继续下降的趋势、许多地方的少年法庭合议庭有的形同虚设、设置于高级人民法院一级以上的少年法庭指导小组软弱无力等实际情况，证实这并非危言耸听。

（二）刑事单一化、审判单一化与有力保障未成年人合法权益之间矛盾

刑事单一化是指少年司法制度尤其是审判制度主要与未成年人犯罪及相关刑事处罚联系在一起，忽略了未成年人其他合法权益的保障；少年法庭绝大多数都只是少年刑事案件审判（合议）庭，主要受理未成年人刑事犯罪案件。虽然学者们在论述我国少年司法制度时大都不忘强调少年司法制度本质上而言应该是保护性、预防性的，而非惩罚性或镇压性的。但是，这更多的是从少年司法制度的应然性上讲的。不容否定的是我国少年司法制度的起步与"文革"后青少年犯罪成为一个突出的社会问题密切相关，在当时的历史背景下，出于遏制青少年违法犯罪的意图而创设少年司法制度是很明显的。既然少年司法制度的基本理念是保护未成年人，但是普通刑事司法制度的直接职能却是重在惩罚——刑事单一化的少年司法制度如何来实现保护未成年人的目的？

《未成年人保护法》和《预防未成年人犯罪法》对未成年人的保护提出了较高的要求，以现有少年司法制度落实《未成年人保护法》与《预防未成年人犯罪法》所提出的保护未成年人的要求是很困难的。现有少年司法制度对未成年人民事、行政、治安方面的合法权益明显保护不力。譬如，劳动教养和工读学校是目前矫治有严重不良行为未成年人的重要途径，但是由于审批决定权在行政部门，法院不能介入，其结果是这些未成年人的权益遭受侵犯难以避免，也难以得到司法保护与救济。在国际社会普遍提倡对未成年人合法权益进行全面保护、注重未成年人犯罪预防和我国独生子女比重日益提高的背景下，仅以未成年人刑事案件为审理对象的少年法庭制度，已不相适宜。有些地方的少年综合庭尝试将一部分未成年人抚养、监护、伤害类案件归并管辖，但由于立法根据、实践经验不足，最终大都流于形式，或者流产。

有些同志认为，我国刑事单一化的少年司法制度正好避免了美国、英国等国家曾经出现过对少年过度司法干预而适得其反的经验教训，是科学的，因而反对扩大我国少年司法的干预度。这种观点值得商榷。笔者以为，我国少年司法制度起步较晚，现在所面临的主要和最大问题是司法干预太少以致无法有力保障未成年人合法权益，而并非司法干预过度的问题。旁观他人噎而废己食，实不足取。

少年司法制度可以从广义和狭义两个方面来理解。狭义的少年司法制度仅指少年案件（主要是少年刑事案件）审判制度。广义的少年司法制度不仅指少年审判制度，还包括少年警察制度、少年检察制度、少年监狱制度、少年律师制度、少年调解制度、少年

仲裁制度和少年公证制度等等。纵观各国少年司法制度的发展历程，大都经历了一个由狭义少年司法制度向广义少年司法制度过渡发展的过程。虽然存在对广义少年司法制度范围理解上的差异，但有一点已为大多数国家所认同——少年司法制度至少应包括一种对少年刑事被告人羁押、预审、起诉、审判、辩护、管教"一条龙"的工作体系。而我国在这一点上尚存在差距，除上海等少数几个少年司法制度发展较快、相对成熟的省市外，大多数省市少年司法制度刑事审判单一化，没有形成与少年法庭配套成龙的少年警察、少年检察、少年辩护等制度，少年司法制度的整体优势无法形成和体现。譬如许多国家都有专业性的少年警察，他们不是单纯地制止和打击少年违法犯罪，另有一项重要任务是帮助、保护少年。要实现有力保障未成年人合法权益的目的，这种审判单一化（刑事审判单一化）的现象急需改变。

（三）少年审判人员职责范围与现有法官评价体系、法官职能之间的矛盾

北京市高院丁凤春同志曾经对少年法庭审判人员是否安心工作的问题作过深入调查，结果发现：热爱少年法庭工作的人大有人在，安心少年法庭工作的人却寥寥无几。[1] 实践中，这是一种并非个别而是较为普遍的现象。其主要原因除了他所指出的当前少年法庭这种组织形式不稳定和有些领导不能正视少年法庭工作外，笔者以为更重要的原因还在于少年案件审判人员、职责范围与现有法官评价体系、法官职能之间的矛盾上。现代司法制度要求法官独立，居中裁判，保持一种"超然"的姿态，而少年司法制度却要求法官积极主动的参与少年审判，表现为法官还需要承担对少年犯罪嫌疑人、被告人或少年犯的调查、教育、帮教回访等职能。如社会调查制度、寓教于审原则、庭审前后延伸工作等，实践中有些少年法庭法官甚至还要为回归社会的失足少年解决就业、升学等困难。少年法官职能的扩大化也正是少年司法的特殊性所在，但这种特殊性却没有得到相关配套制度与措施的保障。现有法官评价体系、对法官职能的界定还是一种以成人模式为主导的司法制度下的法官评价体系和对法官职能的界定方式。少年法官所付出的成效显著的辛勤劳动不但得不到肯定，反而受到是否超出法官职责范围的质疑。人民法院现行的目标管理制度用以评价少年法庭审判人员显然不尽合理，而这已经影响到少年审判工作的发展。少年司法制度迫切需要突破寄身于成人司法模式下的格局，显现其特殊性与独立性。

（四）为解决少年司法制度发展困难而试行的指定管辖举措举步维艰且带来新的弊端

指定管辖的实施并非如一些学者后来所言的是为了向少年法院过渡做准备，而是由于刑事单一化，造成少年法庭案源严重不足的突出矛盾，出于解决这一矛盾及节约审判力量、减少量刑不一等弊端的目的所寻求的举措。少年刑事案件指定管辖最初由连云港市首倡，后为上海等地所借鉴和发展完善。1999年3月上海市高院以沪高法第122号文件发布了《关于本市未成年人刑事案件指定管辖的通知》。据此上海市法院系统率先调整本市少年法庭结构，撤销大部分基层法院少年法庭，仅在长宁区法院、闵行区法院、

---

〔1〕 丁凤春："设置少年法院是中国少年审判工作向前发展的必然"，载《青少年犯罪问题》2001年第5期。

普陀区法院、闸北区法院设少年法庭，并改变未成年人刑事案件的管辖，通过指定管辖分别审理全市大部分的未成年人刑事案件。指定管辖虽然在一定程度上缓解了少年法庭案源过少的矛盾，但却带来了诸多新的弊端，也没有也不可能从根本上解决少年司法制度发展中所面临的困境。

姑且不论这种指定管辖本身是否合法，其所带来的弊端也是很明显的，主要表现在：其一，这种指定管辖打破了原有司法管辖体系，而少年案件审判需要公、检、法、司等相关部门的互相配合与制约，难免造成诸多协调上的矛盾与困难，即便在相关部门的协调下能达成某种协议，但因为缺乏法律依据，其执行仍然很困难；其二，给人民群众造成诉讼不便，增加其诉讼成本；其三，不利于对少年犯的跟踪帮教。少年司法十几年的发展已经形成了少年法庭对少年犯的帮教制度，跨地域式指定管辖的实施不仅使这种成效显著且与国际相通的经验被丢弃，而且严重影响缓刑、免刑少年犯的矫治；其四，各行政区域都有独立的财政，甲地财政支出，办乙地少年犯罪案件，其财政部门、行政长官是否心甘情愿，会带来什么不良影响，值得思考。[1]其五，指定管辖还带来具体执行上的困惑、审判组织上的困惑、定罪量刑平衡上的困惑等新的问题。[2]

以上弊端的存在使得指定管辖在全国普遍推广是不大可能的，从指定管辖在全国实际实施情况来看，也仅仅是在江苏、上海等少数几个省市。

三、少年法院的创设与少年司法制度的发展

从治理青少年犯罪到保护青少年的理念转变要求相应司法体制的变化，少年司法制度的发展要求对成人司法模式的突破，显现少年司法的独立性与特殊性。专家、学者与少年司法实际工作者们在探求目前少年司法制度所存在的矛盾及其发展问题时，几乎不约而同地都想到了少年法院的创设。有关未来少年法院的模式设计，明显具有针对性解决目前少年司法制度所面临的矛盾的意图。人们普遍把解决少年司法制度发展中所存在的问题，寄希望于少年法院的创设。[3]少年司法制度发展到今天，少年法庭向少年法院过渡的必然性已经为越来越多的人所认可，其法律依据和可能性向现实性发展所需的条件也已经成熟。[4]创设少年法院已是众望所归，而在上海这一工作已经开始酝酿。但是，少年法院的创设真的可以解决少年司法制度发展中的诸多矛盾与问题吗？或者说创设少年法院的意义何在？我们应该如何看待少年法院的创设？

有一点是肯定的，由于我国地域辽阔，各地区实际情况千差万别，少年司法制度的发展水平不一，在短期内少年法院不可能在全国范围内普遍建立起来，至少从一定时期来看，也不大可能成为我国少年司法制度的主体。因此，孤立地看少年法院的创设，以

---

〔1〕 丁凤春："设置少年法院是中国少年审判工作向前发展的必然"，载《青少年犯罪问题》2001 年第 5 期。

〔2〕 万秀华："未成年人刑事案件指定管辖后新情况的思考"，载《青少年犯罪问题》2000 年第 5 期。

〔3〕 国内有关少年法院创设问题的研讨，可参阅《青少年犯罪问题》2001 年第 4～5 期集中刊载的"五省市少年审判工作研讨会"专题论文。

〔4〕 姚建龙："从少年法庭到少年法院——对我国目前创设少年法院的几点思考"，载《中国青年研究》2001 年第 6 期。

为仅仅通过创设少年法院、设计有针对性的少年法院就可以解决我国少年司法制度发展中所存在的诸多问题，是不符合实际的也是不现实的。笔者认为，我国的少年司法制度应是一种多元化的格局，少年法院的创设是必然的，而其创设的意义更大程度上是为我国少年司法制度的发展与完善提供契机和动力。少年法院的创设将极大地促进我国少年司法制度的发展和完善，特别是立法的完善，由此给我国少年法庭地位的确定和巩固提供契机。少年法院在我国少年司法制度中的地位应是领导性的，而我国少年司法制度的主要组织形式还应以少年法庭为主体，这也符合国外成功少年司法制度的发展经验。美国在1899年设立第一个少年法庭后，到1920年除了三个州外其余各州都制定了青少年法，建立了少年法庭。今天，美国的50个州和哥伦比亚特区都颁布了少年法院组织法。但是美国少年司法制度的主体仍然是少年法庭，而并非少年法院。美国目前大约有三千个少年法庭，其中独立建制的少年法庭有一百个左右，不过这一百个左右少年法庭在美国少年司法制度中的作用却是至关重要的。

目前许多省市创设少年法院的热情都很高，都希望开创先河，为我国少年司法制度的发展和完善做贡献，这种热情值得肯定。但如果不正确认识少年司法制度的发展方向，难免造成不必要的损失。

（载《青年研究》2001年第12期）

第十五章

未成年人检察制度的发展与完善

自 1986 年上海市长宁区人民检察院建立我国第一个未检专门办案机构以来，我国未成年人检察制度的发展已经走过了 28 年的历程。尽管我国未成年人检察制度已初步成型，但总的来看还需要在发展中不断完善，例如存在理念与实践有待深化、职能形式单一化、队伍构成有待优化等问题。我国未成年人检察制度应当进一步更新理念、完善未检职能和未检具体制度，在未成年人保护中发挥更加积极的作用。

一、未成年人检察制度发展现状评析

经过 28 年的发展，大陆的未成年人检察制度已初步成型。对其基本状况，可以概括如下：

（一）制定了相应的法律法规，规范了办案依据

目前，我国基本上已经形成了以《宪法》为核心，以未成年人保护专门性立法如《未成年人保护法》、《预防未成年人犯罪法》以及《刑法》、《刑事诉讼法》、《婚姻法》等基本法律为主干，以司法解释、行政法规和规章、地方性法规为配套的相对完善的法律体系。[1] 同时，我国先后批准了联合国《儿童权利公约》、《经济、社会及文化权利国际公约》等涉及未成年人诉讼权利保护的一般性或专门性国际公约，并积极参加了一些保护未成年人权利的国际性文件的制定工作，如《联合国少年司法最低限度标准规则（北京规则）》。

由国际公约、国内法律法规以及相关司法解释构成的未成年人法律保护体系为保护未成年人健康成长、预防未成年人违法犯罪工作提供了坚实的法律保障和后盾。

（二）建立了专业的未检办案队伍，确保工作的稳定

未成年人检察工作的特殊性，决定了未成年人检察队伍必须走专业化发展的道路。

---

〔1〕 近三十年来，我国先后颁布了一系列未成年人诉讼权益保障的立法，这些立法既包括一般性未成年人保护立法，如国家的根本大法《宪法》确立了对未成年人特殊保护的原则；还包括了许多专门性立法，如《未成年人保护法》、《预防未成年人犯罪法》等；以及为数众多的司法解释、行政法规与规章以及地方性法规规章，如中央综治委预防青少年违法犯罪工作领导小组、最高人民法院、最高人民检察院、公安部、司法部、团中央联合颁布的《关于进一步建立和完善办理未成年人刑事案件配套工作体系的若干意见》。

一方面要制定具有专业特色的未检办案人员职业技能标准，推进队伍的专业化、标准化建设；另一方面要建立未检干部的专业资格制度，使未检干部不仅成为熟悉审查逮捕、审查起诉、出庭公诉、监所检察以及其他诉讼监督等多个检察业务的复合型人才，而且应当具备心理学、社会学、教育学、犯罪学等学科的基本知识，善于做未成年人的思想教育工作。[1]

难能可贵的是，当前全国未检工作已经基本形成了专业办理未成年人案件的工作队伍。而专业化机构体现出前所未有的优势：一是专业化审理机制有了机构依托和保障，便于集中力量进行未检工作研究与探索，大大加快了未检工作发展速度，提升了未检工作水平；二是将专业化审理的范围由审查起诉工作扩展到审查逮捕、诉讼监督、犯罪预防等环节，放大了专业化审理机制的积极作用，强化了教育、挽救以及监督的效果；三是延伸了未检工作的职能，为未检部门参与构建未成年人刑事司法体系与未成年人犯罪预防社会化帮教体系提供了有力支点；四是未检工作的机构独立化为保持一支相对稳定的未检人才队伍提供了必要保障。[2]

（三）培育了办理未成年人案件的特殊工作理念

未成年人司法制度强调对涉罪未成年人的特殊化处理，尊重未成年人的特殊性，强调教育感化、区别对待，深入践行从形式正义到实质正义，从报应刑论到教育刑论，从刑法一般化到刑法个别化的原则，从而走出了刑事司法的樊笼。新修订的《刑事诉讼法》更是在第 266 条明确规定了此原则，从而为未检工作的特殊工作理念提供了明确而强力的法律后盾。[3] 当前，各级未检部门牢固树立了"教育为主，惩罚为辅"的特殊司法理念。坚持将"以不捕为原则，逮捕为例外"，避免"交叉感染"和"标签效应"等办案理念融入日常未成年人权益维护与犯罪预防之中。在多年的未成年人刑事检察工作中，各级未检部门在实践中逐步形成了一系列适合未成年人刑事检察特点的理念，如"非犯罪化"、"非监禁化"、"非刑罚化"的处置理念。对这些理念的践行成为未检职业群体的角色特征，概括来说，就是努力使儿童最大利益原则在少年司法中得以实现。[4]

---

[1] 如，上海作为中国大陆少年司法制度的发源地，很早就注意和重视专门办案队伍的培养和机构的设置。早在 1986 年，上海市长宁区检察院在全国率先成立第一个未成年人刑事案件审查起诉办案小组。1990 年底，全市的基层院相继设立了少年起诉组。1992 年 8 月，虹口区检察院建立了第一个未成年人刑事检察科，至 1996 年全市基层院普遍建立未检科。1997 年，上海市检察院成立了未检工作指导科。2009 年 11 月 12 日，上海市检察院正式成立未检处。2010 年之前，上海市两个分院相继成立未检处。至此，上海未检机构建设完全齐备，已经完成三级建制的未检队伍。未检专门机构建设已经走过 28 载，目前全市共有 150 余名检察干警从事未检工作。参见张相军、樊荣庆、吴燕："未成年人检察制度的改革与立法完善"，载《青少年犯罪问题》2007 年第 4 期。

[2] 上海市人民检察院副检察长余啸波在上海未检工作 25 周年纪念大会上的讲话，转引自樊荣庆："未成年人特别诉讼程序与检察制度完善的思考"，载《青少年犯罪问题》2013 年第 4 期。

[3]《刑事诉讼法》第 266 条规定："对犯罪的未成年人实行教育、感化、挽救的方针，坚持教育为主、惩罚为辅的原则。人民法院、人民检察院和公安机关办理未成年人刑事案件，应当保障未成年人行使其诉讼权利，保障未成年人得到法律帮助，并由熟悉未成年人身心特点的审判人员、检察人员、侦查人员承办。"

[4] 姚建龙、尤丽娜："对办理未成年人案件检察官群体的初步研究"，载《预防青少年犯罪研究》2012 年第 1 期。同时，该理念也为上海市检察机关所认可。

（四）探索了适合未成年人身心特点的办案制度

自 1986 年上海市长宁区检察院组建了全国首个未成年人刑事案件审查起诉办案组以来，各地检察机关从未成年人身心特点和未成年人司法保护工作实际出发，立足检察职能，积极探索未成年人犯罪检察制度的改革和完善工作，不断加大对未成年人的司法保护力度，在维护涉案未成年人合法权益，优化未成年人成长环境，预防、矫治、减少未成年人违法犯罪方面取得明显成效，探索了一系列适合未成年人成长和保护的办案制度。如"前科封存制度"、"合适成年人到场制度"、"社会调查制度"、"附条件不起诉制度"等特色制度。这一系列特殊的未成年人检察制度的构建，为教育、保护、挽救诉讼中涉罪未成年人提供了重要的保障。如 2012 年新修订的《刑事诉讼法》增设了未成年人刑事案件特别程序专章，其中吸收了各省市在未成年人刑事检察制度方面探索的比较成熟的特殊制度，如社会调查制度、刑事污点限制公开（前科消灭）制度、法律援助制度、合适成年人参与制度等等。同时，《刑事诉讼法》增设的专章规定也为科学规范地办理未成年人刑事案件提供了坚实的制度保障和有效的法律依据。

二、未成年人检察发展中所存在的问题

总的来看，我国未成年人检察制度还不完善，无论是理念还是具体制度设计，都存在较多需要改进的地方。

（一）未成年人检察理念与实践有待深化

自美国 1899 年伊利诺伊州创立少年法庭以来，根据国家亲权理论和未成年人特别保护观念及"儿童权利最大化"的国际准则，国际社会一直对未成年人司法程序和组织安排本着人性化的制度设计，建构适应未成年人身心发展特点的未成年人刑事司法制度，如司法人员专业化和审判方式特别化的原则，对未成年人处遇追求"非犯罪化、非监禁化、非刑罚化"。我国自少年司法制度建构之初，一直本着对涉罪未成年人"教育、感化、挽救"方针和"教育为主、惩罚为辅"原则，遵循《儿童权利公约》等国际公约的标准与要求，开展未成年人权益保护工作。但无论在理念还是实践方面，与国际社会的标准仍有相当的差距。

首先，现行的少年司法理念与国际通行的理念相比，还有待深化。当前，我国已经形成了对涉罪未成年人特殊处遇的基本理念和制度。如刑诉法明确规定了对涉罪未成年人实施"教育、感化、挽救"方针和"教育为主、惩罚为辅"原则及相关制度。相较而言，与《儿童权利公约》倡导的"儿童利益最大化"原则及西方国家践行已久的"司法分流"、"特殊保护"等特殊保护理念相比，我们当前的理念尚处于初步阶段，急需深化和提升。而表现在具体程序和制度层面，各级人大等立法机关和部门依旧未跳出传统刑事司法的窠臼，尚未摆脱传统刑事司法的影响，导致刑诉法关于未成年人的专章规定大打折扣。[1]

---

〔1〕 姚建龙："刑事诉讼法修订与少年司法的法典化"，载《预防青少年犯罪研究》2012 年第 5 期。

其次，许多成熟的少年司法制度未被纳入其中。刑诉法虽然肯定了少年司法自下而上的探索之路，将社会调查制度、合适成年人参与制度等制度纳入其中，但也忽略了实践中一些特别重要且比较成熟的制度，如圆桌审判制度、法庭教育制度等，而这无疑在一定程度上浇灭了实务部门对相关制度进行探索的热情和积极性。同时，刑诉法已经规定的很多特殊制度也出现了与实践出入或争议的情况，如全国各地对于社会调查制度的主体、性质就存在多元并立的格局，刑诉法的明文规定并没有将实践定纷止争。

再次，配套制度不完善。徒法不足以自行，把刑诉法对于未成年人特殊保护制度的规定真正践行到实践中，还需要一系列配套手续和工作。良好的法律必须依赖于司法过程才能实现其效果，实现法律效果和社会效果的结合。然而，由于我国少年司法走的是一条自下而上的探索道路，各地司法理念和实践存在多元、复杂等特征，由此也给我们的司法带来一定的难度。如何将目前"看上去很美"的法律践行到各地未成年人权益保护工作中去，保证少年司法工作的规范化、有序化，也是目前摆在我们工作中的难题，如尽管我们对涉罪未成年人奉行"非监禁化"的理念，但目前广泛存在的对未成年人的高羁押率无疑是一个赤裸裸的讽刺。

（二）未成年人检察职能的刑事单一化

未成年人权益保护工作和预防未成年人犯罪工作是一项系统、综合性工程，单靠一个部门的力量是远远不够的，需要社会多个职能部门的有效协作与配合。而未成年人刑事检察作为系统中的一个因子，也往往力有不逮。如未成年人刑事检察由于性质所限，主要的业务功能往往定位于刑事检察，这导致未检专门机构与少年法庭业务范围的不协调。[1] 未检干部对于如何适用经验法则、权衡利益、实现司法的引导功能，从而保证儿童利益最大化，尚缺乏相应的民法思维和实践能力。

其次，检察功能与未成年人权益保护及犯罪预防的综合性之间存在矛盾。未成年人权益保护和预防未成年人犯罪是个系统性工程，不但需要司法保护及预防，还需要社会保护、家庭保护、政府保护等环节，即这是一个系统的综合性工程，不但需要程序内的保护和预防，更需要程序外的配合和努力。毕竟进入司法程序的未成年人只是工作中的一小部分，更多的工作需要在司法程序之外协调和努力，如涉罪未成年人的帮教工作不但需要司法程序环节过程中减少对未成年人的伤害，提高司法程序内的教育矫治效果，更需要政府各职能部门、社会团体、家长在未成年人社会化过程中的配合及帮助，构筑适合未成年人成长和社会化的健康环境及协作力量。

（三）未成年人检察队伍有待优化

未成年人检察队伍专业化建设，是提升检察机关法律监督能力建设的必要途径，对于保证贯彻教育保护方针、提高司法效率，应对新形势下的未成年人检察工作具有重要意义。未检机构专业化是熔炉，专业化的未检人才是基石，而涵盖这些内容的未检队伍

---

〔1〕 自2006年开始，法院系统所开展的少年综合审判改革已经将涉少民事、行政案件纳入了少年法庭受案范围。当前，我国未检工作无论在司法实践还是在研究领域中尚停留在重刑轻民的层面上，未成年人检察业务的发展已经落后于未成年人审判业务的需求，二者不能形成完整的对接。

专业化建设已成为未成年人检察事业蓬勃发展的核心动力。未检办案人员是贯彻对未成年人教育保护的人才基础和保障。当前，我们虽然形成了稳定的办案队伍，专业的未检办案人员，但仍存在一些问题值得我们去关注和改善，如各地未检队伍构成具有女性检察官占主体地位的特点，未检工作队伍组成有待优化；未检办案人员流动性较大，导致未检专家人才青黄不接；未检工作队伍培训缺乏深度和广度，导致未检干部专业化程度不高等问题。只有正视和解决未检发展的这些问题，才能保证我们的工作健康发展。

三、未成年人检察制度的完善建议

2012 年 10 月，最高人民检察院专门颁布的《关于加强未成年人刑事检察工作的意见》明确要求各级人民检察院要认真抓好未成年人刑事检察工作，确保取得实实在在的效果。加强未检工作，建立更加完善的未成年人检察制度，我们认为，应坚持本职理念先行、制度跟进的基本思路，具体从以下几个方面着手：

（一）深化未检保护涉罪未成年人的办案理念

各级未检部门应该深化保护涉罪未成年人的办案理念。刑诉法开宗明义地规定了未成年人保护的方针和原则，即对犯罪的未成年人实行"教育、感化、挽救"的方针和"教育为主，惩罚为辅"的原则。这首先为未检部门办理未成年人刑事案件规定了统一明确的宏观指导思想，奠定了总体的基调，保证未成年人刑事案件无论在刑事诉讼程序的任何环节都能得到贯彻实施，进而保证了未检部门办理未成年人刑事案件所遵循的法律效果和社会效果的统一性。我们认为，在法律规范之外，未检部门还应遵循国际上通行的未成年人保护理念。

首先是"儿童利益最大化"原则。1959 年的《儿童权利宣言》明确规定了"儿童利益最大化"原则。我国早在 1992 年加入的联合国《儿童权利公约》第 3 条第 1 款强调关于儿童的一切行动，不论是公、私社会福利机构、法院、行政当局或立法机构执行，均应以儿童的最大利益为首要考虑。在我国现有的刑事司法体系中，儿童利益最大化可以体现在以下几个方面：（1）司法个别化，尊重未成年人的特殊主体人格。"少年刑法中之处遇措施，应依据少年身心发展及其成熟程度为出发点，并非纯粹以犯罪行为为根据。"[1] 由此，未检部门应该在遵循未成年人身心特点基础上，在"爱的名义"下，对症下药，尊重《预防未成年人犯罪法》、《未成年人保护法》关于"教育、感化、挽救"的方针和"教育为主、惩罚为辅"的刑事政策。多年的未检工作实践证明，涉罪未成年人的成功帮教和彻底转变，往往不是源于抽象的少年刑事司法体制的感化，而是心悦诚服于具体办案人员的能动司法进而油然而生的触动和震撼。司法往往意味着中立和冷漠，但少年司法必须将情感融入于其中，检察官必须"弯下腰"来与孩子对话。[2]（2）处遇相称。处遇相称要求未检部门在司法程序中，更加注重未成年犯利益的保护，不仅是未成年犯，被害人的因素同样也应该被充分考量进来。（3）未成年人利

---

〔1〕　沈银和：《中德少年刑法比较研究》，五南图书出版公司 1988 年版，第 5 页。
〔2〕　姚建龙："理解未成年人检察制度"，载《青少年犯罪问题》2007 年第 2 期。

益优先。未成年人利益优先原则作为未成年人刑事立法的基础，未检部门在遇到社会利益与未成年人利益发生冲突时，社会利益应让位于未成年人利益。

其次是保护优先主义原则。"少年司法没有惩罚，只有保护。"[1]英国在吸收继承罗马法中的国家亲权理论后，逐渐形成了"国家是少年儿童最高监护人，而不是惩办的官吏"的衡平法理论[2]，这一理论为大多数拥有独立少年司法制度的国家所吸收承认。国家亲权理论的确立在于为少年司法制度的保护优先于惩罚的主体理念奠定了基础。所谓少年不能预谋犯罪，少年犯罪是一种错，而父母、社会和国家必须对此负责，国家在父母管教无力之时，出面代替父母对罪错未成年人进行必要的管教，这种管教不是建立在纯粹的惩罚目的上面，而是出于对未成年人成长的保护。由此，未成年人违法犯罪之后，未检部门应当给予涉罪未成年人足够的权利保护，通过保护其财产权、人格权，来保障未成年人的健康成长权。同时，在保护优先主义的理念下，未检部门应该重视对未成年人的教育矫正，用教育的方式体现保护。

再次是去刑事司法化原则。未成年人处于身心的特殊发展阶段，齐姆林教授将具有一定特性的青春期概称为人生发展的"见习许可期"，即在这一人生发展的特殊阶段中，少年只有通过正常的社会实践方能习得长大成人的经验，犯错误是正常现象，虽有一定程度的可归责性，但有着相当程度上的可宽宥性，其正常社会化及人格发展机会是应当尽量予以保全的。[3]《儿童权利公约》、《北京规则》、《利雅得准则》等国际公约充分认识到未成年人的特殊性，在预防犯罪工作中，规定对于涉罪未成年人，应该尽量避免进入司法程序，减少对他们实施司法处遇的可能和选择，将司法处遇作为处理未成年人犯罪的最后选择手段[4]，避免司法程序对未成年人的伤害和消极影响。

由此，未检部门应该建立"保护优先"的理念，即在处理未成年人刑事案件时，尽可能采取越来越趋向于民事程序的规则和措施，尽量排除涉罪未成年人刑事司法干预的可能、过程及影响。这个表面看起来似乎有点拗口和矛盾的目的正是少年司法体系的真谛所在。同时，未检应在未成年人的非刑事司法化的两个方面，即程序的非正式化和处罚的非正式化上下功夫。未检部门尽量在未成年人刑事程序中逐渐减少刑事处遇的色彩，更多地将保护性的处遇方法融入其中。为了尽量减少刑事程序给罪错少年带来的负面影响，在处理未成年人刑事案件时必须确立"迅速、简约"的指导理念，对于一切可以简化之程序尽量简化。

---

[1] 沈德咏主编：《中国少年司法》（第1辑），人民法院出版社2010年版，第33页。

[2] 参见康树华、郭翔主编：《青少年法学概论》，中国政法大学出版社1987年版，第268～269页。

[3] See Franklin E. Zimring, *American Juvenile Justice*, Oxford University Press, 2005, chapter 2, 转引自高维俭："少年司法之人格调查报告制度论要"，载《环球法律评论》2010年第3期。

[4] 如《北京规则》规定："应充分注意采取积极措施，这些措施涉及充分调动所有可能的资源，包括家庭、志愿人员及其他社区团体以及学校和其他社区机构，以便促进少年的幸福，减少根据法律进行干预的必要，并在他们触犯法律时对他们加以有效、公平及合乎人道的处理。"《利雅得准则》规定："应认识到制定进步的预防少年违法犯罪政策以及系统研究和详细拟订措施的必要性和重要性。这些政策措施应避免对未造成严重损害其发展危害他人行为而给儿童定罪和处罚；在防止少年违法犯罪中，应发展以社区为基础的服务和方案，特别是在还没有设立任何机构的地方。正规的社会管制机构只应作为最后的手段来利用。"

（二）贯彻落实刑诉法的未检制度、完善办案制度的配套机制

未检工作的开展，不但需要先进理念的指导，更需要健全的工作制度将未检的日常工作规范化、常态化。修正后的《刑事诉讼法》在特别程序篇设立了"未成年人刑事案件诉讼程序"专章，不但明确规定了办理未成年人刑事案件的方针和原则，而且将实践中发育比较成熟的社会调查、附条件不起诉、犯罪记录封存等符合未成年人特点的刑事检察制度规定为法律，赋予了检察机关在教育、感化、挽救涉罪未成年人工作中十分重要的法定职责。

当前，各级未成年人检察机关应以贯彻刑诉法的规定为契机，调整工作思路，注重工作成效，进一步深化目前的未成年人刑事检察制度，解决目前的工作难题，为预防未成年人犯罪和保护未成年人权益做出积极的努力和探索。同时，除了抓紧抓好有关司法解释制度工作之外，一些相关配套机制也应该积极着手进行补充调整和健全完善，以全面适应刑诉法规定的有关未成年人刑事审判制度的法律要求和审判工作需要。

1. 深化合适成年人在场制度[1]，保护未成年人的合法权益。深化合适成年人参与制度，是对未成年犯罪嫌疑人权利特殊保护的积极需求。合适成年人以中立角色进入刑事程序中，可以起到缓冲、疏导、沟通、监督、见证以及教育感化的作用。但在各地司法实践中，合适成年人也遇到一些问题。我们认为，未检应该从以下几个角度发挥合适成年人的作用：

第一，未检部门应尊重合适成年人的诉讼地位。应该承认，合适成年人在目前的司法实践中起到了预期的司法效果和社会效果。由此，未检部门应该尊重其在场权，如为切实保障未成年人诉讼权利，未检部门需多次讯问、询问涉罪未成年人的，应不打折扣地每次都通知法定代理人（合适成年人）到场。同时，应该排除法定代理人（合适成年人）不在场时的口供效力，如《刑事诉讼法》第54条明确规定了非法方式收集的证据属于非法证据应当予以排除。

第二，未检部门应该构建稳定的合适成年人队伍。合适成年人作为涉罪未成年人的权利保护者，对缓解涉罪未成年人的紧张情绪，监督审讯审判人员的行为，帮助未成年人与未检人员进行沟通，教育涉罪未成年人，避免其再次犯罪，帮助其重新回归社会起着重要的作用。合适成年人参与刑事诉讼程序要成为一种行之有效、实之有用的制度，必须依靠一支对未成年人保护事业有责任心，对未成年人充满爱心的合适成年人队伍。合适成年人的积极作用给未检部门选任合适成年人提出较高的要求。首先，未检部门应该建立严格的合适成年人选任制度和准入机制。比如，选任的合适成年人不但应该具有乐于付出、身体健康、品质良好等基本要求，还应该具有专业的法律知识、心理知识、社会学知识等知识储备，从而能够保障其发挥作用。其次，未检部门应该对合适成年人实施"业务培训机制"，如应联合法院少年庭、团委等相关部门，积极搭建平台，对合适成年人进行相关业务培训，提高合适成年人的业务素质和业务水平，确保合适成年人

[1] 合适成年人参与制度是指在未成年人刑事案件中，在未成年人法定代理人等不能到场情况下，由合适成年人参与到诉讼中来，帮助维护未成年人的权益，起到沟通、抚慰、教育、监督等功能的制度。参见姚建龙：《权利的细微关怀——"合适成年人"参与未成年人刑事诉讼制度的移植与本土化》，北京大学出版社2010年版。

· 157 ·

能够有效履行职能，维护好未成年人的合法权益。再次，未检部门对合适成年人应建立合理的使用机制。针对合适成年人的具体选择问题，未检部门应该对合适成年人进行轮流使用，让每个合适成年人都能参与到具体诉讼中，帮助合适成年人积累执业经验，做到合适成年人参与概率的平衡。如通过建立"数据库机制"和"公正使用机制"，将合适成年人的相关信息建立数据库，对每次出庭的合适成年人进行有计划的选择和使用，确保每个合适成年人都有机会参与到诉讼中，从而帮助合适成年人积累经验，提高他们参与诉讼维护未成年人合法权益的水平。同时，未检部门对于实际中大量存在的合适成年人消极"到场"，不积极履行职责甚至走过场的情形，应该积极发挥检察职能，采用监督劝退等政策。

2. 深化社会调查制度，重视社会调查报告的作用。《刑事诉讼法》第268条规定了未成年人的社会调查制度。[1] 同时，全国各地对于社会调查制度的探索取得了一定的成果，如制定了相关法律法规作为开展社会调查的权利基础。[2] 社会调查报告基本能够全面反映涉罪未成年人的情况，为审判机构和矫正机构提供了很多帮助和参考。然而，社会调查制度的发展很不统一，存在很多不完善的地方，比如社会调查报告的性质定位不明确、社会调查报告的主体和形式不统一等。尽管问题和争议存在，但我们认为未检部门应该继续明确社会调查报告的性质、统一和明确社会调查报告主体和内容、充分重视社会调查报告的作用，尊重社会调查报告在诉讼程序中的价值。

首先，未检部门应厘清社会调查报告的属性。社会调查报告的法律属性目前存在疑问，社会调查报告是否具有证据的效力，目前没有定论。当前，对于社会调查报告的属性问题，主要存在三种观点：如有些学者认为社会调查报告对教育、感化涉罪未成年人具有重要的参考意义，但不具有证据效力；有些学者认为社会调查报告符合证据的关联性、[3] 客观性等特征，属于证据；还有些学者认为社会调查报告具有证据的属性，但非证据的"双重属性"特征。

我们认为，社会调查报告应该是实现少年司法目的的重要途径。少年司法的基本理念是关注涉罪行为人，而非行为；关注涉罪未成年人的未来，而非过去的事实。整个少年司法不是关注有违法犯罪行为的人，而是涉罪未成年人如何回归社会。由此，少年司法研究中不宜把社会调查认定为传统刑事司法中的某一具体制度，而是少年司法中的特殊制度。社会调查报告首先是诊断报告，类似于医生对于病人病症的描述，从而让审判机关和矫正部门详细了解和把握"病人"的"病情"。其次，社会调查报告还是治疗方

---

〔1〕《刑事诉讼法》第268条：公安机关、人民检察院、人民法院办理未成年人刑事案件，根据情况可以对未成年犯罪嫌疑人、被告人的成长经历、犯罪原因、监护教育等情况进行调查。

〔2〕如高检院分别出台了工作规定，如2001年，最高人民法院在《关于审理未成年人刑事案件的若干规定》中就对社会调查员制度作了规定："开庭审理前，控辩双方可以分别就未成年被告人的性格特点、家庭情况、社会交往、成长经历以及实施被指控的犯罪前后的表现等情况进行调查……必要时，人民法院也可以委托有关社会团体组织就上述情况进行调查或者自行进行调查。"2002年的最高人民检察院在《人民检察院办理未成年人刑事案件的规定》第15条指出："审查起诉未成年犯罪嫌疑人，应当听取其父母或者其他法定代理人、辩护人、未成年被害人及其法定代理人的意见。可以结合社会调查，通过学校、家庭等有关组织和人员，了解未成年犯罪嫌疑人的成长经历、家庭环境、个性特点、社会活动等情况，为办案提供参考。"

〔3〕吴燕、吴翎翎："未成年人品格证据若干问题探析"，载《青少年犯罪问题》2008年第5期。

案，是针对涉罪未成年人的"病症"而对症下药的"药方"，而不能把社会调查报告看成简单的量刑参考，它有独特的少年司法属性。

其次，未检部门应充分重视社会调查制度在刑事诉讼程序中的作用。（1）未检部门应充分重视社会调查制度在审查逮捕中的作用。通过详细的社会调查，有利于未成年人检察部门更好地查明未成年犯罪嫌疑人是否具有逮捕的必要。（2）未检部门应充分重视社会调查制度在审查起诉中的作用。通过对学校、社区、家庭等有关组织和人员的调查，调查报告综合反映了未成年犯罪嫌疑人的成长经历、家庭环境、个性特点、社会活动等情况，从而有助于人民检察院决定是否提起公诉、暂缓起诉或不起诉，为办案提供参考。（3）未检部门应充分重视社会调查制度在缓刑建议中的作用。调查报告所反映未成年犯罪嫌疑人家庭和社区的情况也是未成年罪犯具有有效监护、帮教条件的证明材料，能保证缓刑的正确实施，从而在社区内实现矫正未成年犯罪嫌疑人。

再次，未检部门应厘清社会调查报告的问题。（1）主体要素即调查主体。调查主体即具体负责社会调查的组织或个人，调查主体的身份性质有时会决定社会调查报告的价值及效能。从当前的司法实践及发展趋势来看，我们认为未检部门应该将社会调查报告的主体社会化、中立化、专业化，以保证社会调查报告的价值中立及内容客观，从而慢慢往"刑事证据"方向发展。（2）客体要素即调查内容。从调查内容来看，社会调查是对未成年犯罪人的个人情况进行全面调查。我们认为，未检应该对涉罪未成年人的社会调查内容进行分类，如对未成年人的社会调查内容主要包括未成年人的主观情况和客观情况；同时对社会调查报告的内容分为症状情况（涉罪未成年人的事实情况）和药方情况（对涉罪未成年人的基本处遇方案）。一份完整的社会调查报告应该包含涉罪未成年人的上述基本情况，并根据上述基本情况，从客观、系统的视角对涉罪未成年人的人身危险性、悔罪程度提出调查主体对未成年人采取相应处遇措施的合理建议。

3. 规范附条件不起诉制度，创新监督制度。附条件不起诉，是指检察机关在审查起诉时，根据被告人的年龄、性格、情况、犯罪性质和情节、犯罪原因以及犯罪后的悔过表现等，对较轻罪行的被告人设定一定的条件，如果在法定的期限内，被告人履行了相关的义务，检察机关就作出不起诉的决定。《刑事诉讼法》第271条到第273条详细规定了附条件不起诉制度。

首先，要厘清附条件不起诉和相对不起诉之间的关系。司法实践中，特别是遇到犯罪嫌疑人可能被判处一年以下有期徒刑刑罚时，司法机关既可以作出相对不起诉，又可以作出附条件不起诉，如何进行选择？笔者认为，附条件不起诉和相对不起诉的条件最大的区别在于适用的条件。相对不起诉就是可以不起诉，而附条件不起诉就是必须起诉，首先符合了起诉的条件。如果犯罪嫌疑人可以不起诉，那么就应当直接作出相对不起诉。附条件不起诉就是因为犯罪嫌疑人应当起诉，但是由于犯罪嫌疑人所被指控罪刑相对较轻，并存在悔罪等情形，故作出附条件的不起诉。

其次，正确把握附条件不起诉的适用条件。我们认为，《刑事诉讼法》规定的非常明确：首先附条件不起诉适用的案件是触犯刑法分则第四、五、六章规定的犯罪，且犯罪嫌疑人被判处刑罚为一年有期徒刑以下的刑罚。当然，很多学者和实务部门对于"一年有期徒刑以下刑罚"的适用条件存在很大分歧，认为这不但限制了附条件不起诉制度的发挥，也在一定程度上降低了未检办案机关的热情和主观能动性。我们认为，在现有条件和状况下，首先应该遵照刑诉法的规定和标准进行司法操作，但本着大胆建设，小心求证的态度，各地在遵循法律依据的基础上循序渐进，探索符合各地特色的附条件不起诉制度，既遵守法律法规进行司法实践但又不囿于法律的规定而阻碍实践的发展。其次，附条件不起诉适用的主体对象是未成年人，并且涉罪未成年人主观方面必须具有悔罪的表现，如交代犯罪的事实、作出悔改的表现；再次，附条件不起诉的程序条件：作出附条件不起诉的检察机关必须通知公安机关和被害人，听取他们的意见。

再次，严格把握效果考察程序。考察程序是附条件不起诉的环节。对于附条件不起诉对象在考验期的情况是检察机关作出相对不起诉的相应依据。考察制度包括考察主体、考察期限和考察内容三个方面。然而作为一种考察性的观护措施，仅仅依靠检察机关一家是不够的，未检部门应该广开门路，积极开拓资源，积极牵头成立考察小组，吸纳社会组织共同参与到对涉罪未成年人的考察过程中来，即小组成员由案件承办人和外设人员组成，对涉罪未成年人矫治教育工作则可以交给社工组织等专业人员。同时，对于矫治与教育，未检部门应该积极联系公安机关及其他司法机关与涉罪未成年人的监护人配合、衔接，确保涉罪未成年人的良好矫治效果。

4. 严格犯罪记录封存制度，帮助涉罪未成年人再社会化。修改后的《刑事诉讼法》第275条规定了对涉罪未成年人的犯罪记录封存制度，体现了刑法的谦抑性和人道主义色彩。然而，由于法条本身的特性，刑诉法仅对封存制度进行了制度构建，程序问题基本未涉及，封存的启动形式、封存决定作出的时间点与裁判文书送达范围的衔接、犯罪记录违法泄露后的责任追究等程序问题，刑诉法并没有明确的规定。由此，未检部门应充分发挥职能，积极做好涉罪未成年人的犯罪记录封存的保障工作，帮助涉罪未成年人再社会化。

首先，未检部门应该明确"前科"的内涵，确立犯罪记录封存的范围。我国有关前科的定义，基本上来自刑法理论界学者的研究结论。[1] 我国刑法理论界对于构成前科是否要求同时具备定罪和处刑两个条件也存在很大的争议。有学者认为，"前科是指曾被宣告犯有罪行或被判处刑罚的事实。"[2] 也有学者认为，只要前行为被宣告有罪，即可构成前科。[3] 我们认为，未检部门依照刑事诉讼法的规定决定不予起诉的，也应该纳入犯罪记录封存的范围。其次，未检部门应联合相关司法部门共同规范前科消灭的考察程序，包括考察的主体、考察的对象、考察的程序、考察的内容、考察的法律后果等考察事项，从而解决实务中的司法争论。再次，未检部门应该联合相关部门建立和完善前科消灭的配套措施，如建立未成年人犯罪信息登记、规范前科消灭的卷宗管理、协助建立前科消灭的管理机构（类似于罪犯的减刑、假释程序的部门，包括考察机关、决定机关、监督机关），完善前科消灭者的再社会化机制，规范前科消灭后的查询机制

〔1〕 于志刚：《刑法消灭制度研究》，法律出版社2000年版，第631~654页。
〔2〕 马克昌主编：《刑罚通论》，武汉大学出版社1999年版，第709页。
〔3〕 房清侠："前科消灭制度研究"，载《法学研究》2001年第4期。

（法院的判决或者检察机关相对不起诉决定，以及公安机关有关记录，纸质记录容易封存，电子记录则比较难，封存后其他地方的司法机关依旧可以通过网上查询系统进行查询，不利于信息保密）等。

5. 探索建立涉罪未成年人观护体系。社会控制理论认为，犯罪行为的发生与各种社会控制的减弱密切相关。赫希认为："任何人都是潜在的犯罪人，个人与社会的联系可以阻止个人进行违反社会准则的越轨与犯罪行为，当这种联系薄弱时，个人就会无约束地随意进行犯罪行为，少年犯罪是个人与社会的联系薄弱或受到削弱的结果。"[1] 未成年犯重新犯罪在很大程度上是由于社会控制力度的缺乏。服刑完毕的未成年人重新走上社会后，由于与原来生活环境联系的切断或减弱，缺乏对原先学校、同伴等的依恋和融入观念，客观上降低了矫正效果和质量，从而再次走上犯罪道路。由此，为了帮助服刑完毕的未成年人顺利复归社会，未检部门应该加强涉罪未成年人对原来生活环境的联系，重新培养未成年犯对学校、家庭、同伴等的依恋感，帮助未成年犯重新融入这个团体，树立其对原来生活环境共同价值体系、道德观念的信奉和对传统活动的奉献和投入。未检部门应该积极发挥职能，积极发挥一般预防、临界预防、再犯预防的三重预防网络功能，紧密未成年人生活学习的家庭、学校、社会环境，充分利用司法资源，将未成年人紧紧依附在父母、老师、亲人周围，让未成年人更加充分的参与到学校社区等活动中来，为未成年人的成长提供信念支持和感情寄托，从而有效加强对未成年人的社会控制，减少未成年人实施越轨行为的可能性。

（三）积极探索，延伸未检职能

当前，我国正处在法治国家的建设进程之中，现实的法治状况还存在不完善之处，因此不能把未成年人检察官的公诉职能孤立起来，不去考虑未成年人的再社会化等问题。强调未检队伍的职业化、专业化并不意味着检察官应该与民众相脱离。"法的形成和适用是一种艺术，这种法的艺术表现为什么样式，取决于谁是艺术家。"[2] 因此，尽管未成年人检察官必须经过系统学习和训练才能进入，但同时未成年人检察官的职业也面临着一个社会认同问题。由此，在涉罪未成年人的案件中，未成年人检察官职业化的同时要保障其不与社会脱节，不与普通民众相隔离，未成年人检察官应始终坚持教育感化，惩教结合，从"爱"出发，从"帮"入手，未成年人检察官应同时承载多重社会角色，[3] 即做到未检行使法律监督等职能和参加社会管理职能的协调，从而取得法律效果与社会效果的统一。

1. 发挥检察机关的监督职能，督促职能部门履行保护未成年人权益的职责，加强与多部门联系，共同参与社会管理，多元化解决社会矛盾。在社会管理创新这个系统工程

---

〔1〕吴宗宪：《西方犯罪学》（第 2 版），法律出版社 2006 年版，第 386 页。

〔2〕德国法学家莱茵斯坦语，转引自〔日〕大本雅夫：《比较法》，范愉译，法律出版社 1999 年版，第 264 页。

〔3〕未成年人检察官具有许多鲜明的角色特点：既是检察官，又是教师、家长、社会帮教者；既要严肃认真，又要富有耐心；既要维护法律的权威和社会的正义，还要充满爱心、同情心；既要求高效快捷，又要显得"婆婆妈妈"；既要严格执法，也要司法能动；既要专业化，也要社会化。

中，未成年人检察机关可以尝试改变以往"头痛医头、脚痛医脚"的单一模式，由仅仅依靠法律手段，转向行政手段、法律手段、经济手段、社会手段等多元、多样、多方的管理模式。当然，这并不是要检察机关去做力所不能及的事情，而是在法律规范和制度的支撑下，加强与其他政府部门、事业单位、社会团体的联系，有限度地延伸检察职能，促使一个完整的社会管理系统的形成，共同作用于社会事务的管理。

2. 参与社会管理综合治理工作，为未成年人营造良好的生活环境。攻击行为的学习理论认为，攻击行为是一个学习的过程，学习的环境主要是家庭、学校、同龄人群以及其他较为亲密的集团内部。而未成年人由于处在身心发育的特定阶段，各个方面不是很成熟，特别容易模仿大人们的行为，更由于未成年人辨别是非能力的限制，不会对成人世界的行为作出选择，从而容易不加鉴别地模仿"学习"。预防未成年人犯罪工作是一项具有长期性、复杂性的社会系统工程，需要各级政府职能部门及全社会的共同努力，才能取得预防工作的实效。我们认为，未检机关办理未成年人刑事案件，必须与社会管理综合治理工作形成有机整体。针对未成年人处在青春期，性格、情绪容易反复，辨别是非能力和控制能力相对较差的特点，检察工作必须具有综合治理意识，不能"就案办案"，要充分发挥政法和社会"两条龙"[1]帮教作用。应该积极探索联席会议制度，建立和健全工作联动和协调机制，实现未成年人保护工作的综合化、制度化、规范化和常态化发展，形成各部门之间相互协调、相互配合的综合治理的工作格局，从而将教育和拯救未成年人融入提前预防、出庭公诉及回访跟踪各个阶段，同时与各相关单位密切配合与联系，不放过任何一个教育、拯救未成年人的机会，利用社会合力，积极参加社会治安综合治理。

3. 实现检察职能与社区教育相结合，共同预防未成年人犯罪。就像美国犯罪学家特拉维斯·赫希在论述社会控制理论（Social Control Theory）时指出的那样，个人与社会的联系可以阻止个人进行违反社会准则的越轨与犯罪行为，当这种联系薄弱时，个人就会无约束地随意进行犯罪行为。由此，未成年人检察部门应结合办案开展预防青少年犯罪的工作，将其作为未成年人案件检察工作的重要环节。首先，未检部门应与社区、学校和家庭建立联系，与辖区的企、事业单位建立"综合治理联系点"或"法制教育基地"，对青少年较集中的单位，重点实施犯罪预防工作，加强未成年人与生活的社区、学校、家庭之间的联系。同时，通过法制宣传等手段，未检积极与社区、学校、家庭联动，形成全社会预防未成年人犯罪的工作格局。其次，建立检察官兼任中小学校的校外辅导员制度。通过在中小学生中进行法制教育，深入接触，掌握未成年人群中的特殊动态，分析犯罪现象的原因、规律等，制定切实可行的对策。再次，未检应积极开展法制宣传活动，通过建立青少年法律咨询电话和法律信箱等方式，为青少年及家长提供法律服务。最后，在司法层面，未检部门对于犯罪情节轻微、不以犯罪论处的未成年人，在作出不批准逮捕、不予起诉决定的同时，作出对其实行"帮教考察"的决定并探索建立帮教考察机制，连同该未成年人的家长、学校、当地公安机关、政府管理部门等，成立

---

〔1〕 即由政法委、公安局、检察院、法院、司法局等部门共同组成的政法"一条龙"工作体系和由政府有关部门以及工会、共青团、关工委等社会团体共同组成的社会"一条龙"工作体系。

联合帮教小组，明确责任，相互配合，定期对被帮教人员进行思想教育，开展帮教，帮助未成年人克服不良习惯，解决生活、学习中的困难等。

4. 参与网络虚拟社会的监督管理。近年来，未成年人犯罪形式变化多样，新出现的情况也必须引起我们的重视，未成年人网络犯罪即是新出现的一种犯罪类型。未成年人网络犯罪是指未成年人以网络为犯罪诱因或犯罪手段，以网吧及其附近为犯罪地点，进行的所有与网络有直接或关联的犯罪行为。如以"尊龙名社案"为典型的未成年人网络犯罪，即因未成年人沉迷于网络而发生的违法犯罪事件。网络已经影响到人们的行为方式，已形成一定规模的网络虚拟社会，进而影响到现实社会管理。在新的历史时期，深入了解和把握未成年人接触和利用网络的状况，探索网络环境下未成年人保护问题，促使未成年人健康成长，已成为我国在社会转型期亟待解决的崭新课题。

我们认为，未成年人检察机关应面对新情况、新形势积极发挥职能，对未成年人参与网络虚拟社会进行监督管理。首先，未检部门可以通过挂职法制副校长、开展法制教育等形式，加强对未成年人网络道德教育，对未成年人进行理想、道德、纪律、法制教育，通过生动形象的教育和引导，增强他们对真善美和假恶丑的辨别能力。其次，未检部门应该协同职能部门，规范网吧等互联网经营场所的行为，积极参与对网络虚拟社会的建设管理，坚决依法打击利用网络对未成年人实施的诈骗、盗窃和"黄赌毒"等各种犯罪活动，维护未成年人网上秩序，净化未成年人生活学习的网络环境。再次，未检部门应该积极应对形势的挑战，针对网络在未成人群体中普及的现实，积极开展网络安全教育宣传，鼓励社会参与，发挥人才优势，制作各种适合未成年人身心特点的网络节目或者网络安全使用指南等预防措施，提高未成年人自我辨识能力和控制能力，从而提高教育和保护未成年人的效果。

5. 深化重点群体的管理和保护工作。近年来，重点群体的犯罪形势不容乐观，了解和把握重点群体的犯罪状态，是我们科学开展犯罪预防及未成年人权益保护工作的前提。如当前在北京、上海等大城市中，外来未成年人是对社会治安稳定有着重大影响的特殊群体，同时又是青少年群体中需要予以特殊关注的弱势群体。[1][2]在城市生活中，外来未成年人作为外来工的重要组成部分，由于社会阅历浅薄，朋友义气和老乡情感通常占据到他们心理生活的大部分，这在帮助他们融入打工地生活的同时，固有的农村生活情感与阅历也在一定程度上限制了他们更好地融入城市这个群体[3]，而老乡群体和朋友义气更在一定程度上"帮了倒忙"，从而容易引发外来未成年人不适应城市生活的

---

〔1〕 外来青少年很大一部分在14周岁到25周岁之间，而在这一年龄段的青年多处于学习、发展阶段，具有不成熟性和可塑性，如果失学、失业、失管很可能面临权益受损、发展受限和误入歧途的不利地境。根据社会学网络理论的研究成果，网络规模对外来工的经济排斥有削弱作用，打工地好友数量的增加对外来工经济排斥感有明显削弱作用。参见陈黎："外来工社会排斥感分析"，载《社会》2010年第4期。

〔2〕 经济排斥感的强烈程度构成了外来人员融入城市与否的关键。外来工的社会网络可以在外来工流动过程中降低成本，但阻碍了他们对城市的认同和融合。参见李培林："流动农民工的社会网络和社会地位"，载《社会学研究》1994年第4期。

〔3〕 这在一定程度上加强了他们交往群体的封闭性，在市场情境下，外来工网络的封闭固然有利于群体对社会的适应，但在心理上减弱了外来人员对城市文化和观念的接受程度。参见 Portes, Alejandro and Patricia Landolt, "The Downside of Social Capital", *American Prospect*, 1996, (26)，转引自陈黎："外来工社会排斥感分析"，载《社会》2010年第4期。

情况。在辨认能力和控制能力不成熟的情况下，外来未成年人更容易走上犯罪的道路。

由此，未检部门要重视和保护外来未成年人的合法权益，同时做好预防外来未成年人犯罪的准备工作。首先，针对外来未成年人这一重点群体，各级未成年人检察部门应该将其作为观护工作的重点，以"三无"（无监护人、无经济来源、无固定住所）未成年人作为重中之重，积极探索建立专门针对"三无"未成年人的特殊观护机制。未检部门应该以企业或工读学校作为观护点，为其提供必要的食宿和帮教条件，由企业或学校派员作为取保候审措施的保证人或者适用监视居住措施，并增加知识学习和劳动技能培训等观护内容。[1]其次，未检部门应该积极发挥职能，构建观护体系，解决各地区观护工作发展不平衡的问题。同时，对于跨区域的涉罪未成年人，尝试建立以作案地未检部门牵头、居住地检察机关协调、居住地观护体系承担的配合衔接机制。对于在本地确实难以落实观护条件的外来涉罪未成年人，未检部门应该加强与其户籍所在地有关部门的联系，探索开展在原籍就地观护的特殊机制。

（本章系上海政法学院刑事司法学院与上海市徐汇区人民检察院合作研究课题"未成年人刑事检察工作参与社会管理创新的思考"成果，与上海市徐汇区人民检察院检察长储国樑、副检察长张卫东、华东政法大学《青少年犯罪问题》杂志编辑田相夏合著，载《人民检察》2014 年第 21 期）

---

[1] 如上海市徐汇检察院在深入调研基础上，针对预防对象的相关特点提出了一系列举措。如中职技校犯罪预防不仅仅是针对全体中职技校学生的面上常规预防，更要明确重点，针对"重点时间"、"重点学生群体"、"重点学校"开展专项预防，使有限的学校精力、政府精力、司法精力有的放矢，确保犯罪预防确有实效。

第十六章

少年司法职业共同体的形成与养成

——以上海市办理未成年人案件检察官群体为例

职业化的法律家是社会分工的产物，而司法的专业化发展则进一步促进了法律职业的独立性、自治性和垄断性，从而给法律家共同体的孕育、成长和发展提出了内在要求及外在的机遇。

作为一种新的、逐步受到关注的法律职业群体，专门从事少年司法业务的法律家群体的初步形成正是司法专业化发展的产物。1984 年 11 月，上海市长宁区人民法院率先在全国建立了第一个专门审理少年犯罪案件的机构——少年[1]犯合议庭，指定了一名老审判员同两名人民陪审员共同审理未成年人犯罪案件[2]。经过近三十年的发展，专门审理未成年人案件的法官群体已经发展到了 7018 人[3]。1986 年 6 月，上海市长宁区人民检察院也率先在全国检察机关成立了首个办理未成年人犯罪案件的专门机构——少年起诉组。截至 2008 年年底，全国检察机关共有 1755 个公诉部门设立了办理未成年人犯罪案件的专门机构或专门工作小组，占全部公诉部门的 47.27%。[4]检察机关专门办理未成年人案件检察官的具体数量尚缺乏权威统计，但可以肯定的是其已经初步成为一种新的检察业务群体。

从全国范围来看，专门从事少年司法工作的司法人员总数量估计已经超过 1 万人，但是对这一群体尚缺乏专门性的研究。本文试图以上海市办理未成年人案件检察官群体（简称"未检干部"）为切入点，对少年司法职业共同体做一初步的研究。

一、发展轨迹：形而下的实证考察

从无到有——上海办理未成年人案件检察官的诞生。20 世纪 80 年代中期，我国步入改革开放的历史时期，经济、社会在高速发展的同时，刑事犯罪尤其是未成年人犯罪呈现出日趋严重的态势，引起了社会各界的广泛关注。1985 年 10 月 4 日，中共中央发

---

〔1〕 本书所使用少年一词与未成年人一词含义基本相同。

〔2〕 参见李成仁等："长宁区人民法院设立'少年犯合议庭'的探索"，载上海市高级人民法院、上海市长宁区人民法院编：《中国少年法庭之路》，人民法院出版社 1994 年版，第 112 页。

〔3〕 2006 年 2 月，第五次少年法庭工作会议（广州会议）统计数据。

〔4〕 参见刘瑜："未成年人检察制度寻找新突破"，载《民主与法制》2010 年第 17 期。

布了《关于进一步加强青少年教育、预防青少年犯罪的通知》，建议立法机关加紧制定保护青少年的有关法律。与此同时，上海启动了保护青少年的地方性立法，《上海市青少年保护条例》开始起草。1985 年 11 月 29 日，联合国第 96 次全体会议在北京通过了《联合国少年司法最低限度标准准则》（即《北京规则》），表明了少年司法的国际发展趋势，对中国未成年人刑事司法理念与实践产生了重大影响。正是在这样的背景下，在上海法院系统少年审判改革〔1〕的推动下，1986 年 6 月，上海市第一个"少年起诉组"在长宁区人民检察院成立。尽管"少年起诉组"初设时期仅有两名成员——助理检察员丁永龄、书记员秦双顺，但它却标志着上海检察机关迈出了对未成年人进行特殊司法保护的第一步，也是我国办理未成年人案件检察官共同体形成的开始。

从点到线——上海办理未成年人案件检察官群体的形成。长宁区少年起诉组的设置很快产生了辐射效应，截止 1990 年底，上海所有基层检察机关（当时上海有 20 个区县检察院）相继在起诉科内设立了少年起诉组，共配备了 55 名专职干部，主要承担未成年人刑事案件的审查起诉、出庭公诉和预防犯罪等工作，形成了未检机构与队伍的雏形。1992 年 8 月，上海首个集未成年人刑事案件审查批捕、审查起诉、犯罪预防等检察工作于一体的"未成年人刑事检察科"在虹口区人民检察院成立。至 1996 年 6 月，上海全市所有区县检察院均成立了独立建制的未检科（处），并配置了 100 余名未检干部，承担未成年人刑事案件的审查批捕、审查起诉、出庭公诉和参与预防未成年人犯罪的社会治安综合治理等工作，上海市检察院第一、二分院也实行了未成年人案件专人办理制度。此后，根据最高人民检察院刑检厅的建议，上海市检察院还设立了未检业务指导科，以加强对全市未检工作的协调和指导。自此，上海市各级检察机关未成年人刑事检察部门经过十年的不懈努力、开拓和探索，已在全国检察系统率内先全部实现独立建制，专门办理未成年人案件的检察官也首先在上海市成为一种新的、专门的法律职业群体。

由线到面——上海办理未成年人案件检察官群体的发展。2009 年 11 月，中国首家省级检察机关未成年人刑事检察专门机构——上海市检察院未成年人刑事检察处（简称"未检处"）成立，不久上海市检察院第一分院也成立了专门的未检处。至此，上海已形成区（县）、市检察分院、市检察院三级专门工作机构，从而成为中国首个未成年人刑事检察机构全覆盖的省级城市。市检察院设置专门未检处的意义在于改变了未检业务附设于侦监处的状态，意味着未检率先在上海市被正式承认为一项专业的检察业务，而办理未成年人案件的检察官群体则终于有了独立的归属。

法院少年综合审判试点的推进，也进一步促进了未检的发展。上海市长宁区人民检察院首先对少年综合审判的发展趋势做出反应，开始了未检职能一体化的探索和实践，试点将批捕、起诉、预防、刑罚执行监督以及民事行政检察、被害人为未成年人的案件办理等统归未检职能。这一试点受到上海市检察机关领导及业务处的肯定。这一试点将

---

〔1〕 上海市长宁区人民法院于 1984 年底在刑庭的五个合议庭中，选择了一个合议庭，先是指派一名具有审判经验、热心做失足少年教育感化工作的老审判员同两名人民陪审员一起，组成"少年犯合议庭"，后挑选一名懂得心理学、犯罪学等相关知识的女审判员，担任合议庭审判长，集中审理未成年人犯罪案件。

为办理未成年人案件检察官群体人数的扩大、内涵的提升，留下更加广阔的发展空间。

二、核心变量的引入：共同体的形态确定

近些年来，核心能力[1]建设作为一种管理理念在检察机关一再被提及并倡导，这为未成年人案件检察官职业共同体的研究提供了新的思路。"对于核心能力，与其说人们对其现状感兴趣，不如说人们更关心未来可能性的探索，关心为核心能力演化所提供的机制"。[2]如果说企业核心能力是一种竞争能力，检察核心能力则应该是一种发展能力。从学理的角度，借助核心能力理论可以将对我国少年司法制度发展战略的研究映射为从动态的角度理解少年司法机关培养和获取核心能力的过程。

我们认为，可以把办理未成年人案件检察官的"司法保护能力"[3]这一核心能力从动态、立体的角度进行考量，并从这一"核心变量"的三个维度分层进行研究，由此可以确定办理未成年人案件检察官职业共同体的形态。

（一）"核心变量"维度一：角色期待

检察官作为一种职业化的社会角色，包含了多重角色期待：一方面要求检察官追诉犯罪，实现社会秩序的有序化；另一方面又要求检察官在追诉犯罪的过程中维护司法公正。这一状况使得检察官承受了比其他社会角色更为多元的压力，非常容易形成"角色超载"。虽然角色超载并不一定就会导致角色紧张与角色冲突，但是在多重角色中某一角色要求妨碍另一角色要求的实现时，还是有发生角色冲突的可能性。[4]

办理未成年人案件检察官实际上就是一个角色冲突的典型案例：打击与保护并肩、预防与整治同行。如果没有挑战如此沉重的角色期待的勇气和信心，是很难同时扮演好这些角色的。上海未成年人刑事检察工作之所以能够取得长足的发展，主要原因在于开创和秉承了"能动司法"的工作模式，并形成了一系列适合未成年人刑事检察特点的先进理念，如少年优先、平等保护的价值理念，非监禁化、非刑罚化的处置理念，宽严相济、区别对待的实体理念，权利保障、寓教于审的程序理念等。

这种平衡角色冲突的努力实际上试图解决的是少年司法中一个"古老"的难题，即如何在社会保护与少年保护之间找到最佳平衡点。值得注意的是，这种努力已经体现了促使儿童最大利益原则在少年司法中实现的特点。

---

[1] 进入21世纪以来，"核心能力"一词伴随着企业管理理论在我国兴起。企业核心能力理论起源于传统的企业能力理论，最早可以追溯到18世纪亚当·斯密的企业分工理论。核心竞争力又称核心能力，这一概念由美国著名管理学家普拉哈拉德（C. K. Prahalad）和甘瑞·哈默（G. Hamel）于1990年提出，在他们所著的《企业核心竞争力》（The Core Competence of the Corporation）一文中，把核心竞争力界定为"使得商业个体能够迅速适应变化环境的技术和生产技能"，是"组织中的累积性学识，特别是运用企业资源的独特能力"。

[2] 吴远巍："基于能力本体的核心能力再诠释"，载《技术经济与管理研究》2008年第1期。

[3] 关于把"司法保护能力"确定为未检队伍核心能力的分析，详见姚建龙、顾晓军、顾小琼：《未检队伍特殊核心能力体系及构建战略——以我国少年司法制度发展为视角》中论述。

[4] 参见[美]S.科弗曼："角色超载、角色紧张及紧张感——试论多重角色要求的后果"，载苏国勋、刘小枫：《社会理论的诸理论》，上海三联书店、华东师范大学出版社2005年版，第387页。

（二）"核心变量"维度二：策略本能

虽然在普遍倾向于人性自私的社会舆论里讨论利益本能是一件非常危险的事情，但是我们之所以没有选择回避而是主动正视，是因为我们感觉到有一个问题必须要在这里澄清和解释，那就是社会上对未检制度的一些"利益性"质疑问题："小儿科"的事情是否值得花费如此心思、投入如此人力物力、如此慎重地当成事业来做？

"青少年犯罪某种程度上是身心发育过程所决定的游戏性和不安分行为举止的表现，这种举止行为是出于儿童及青少年的冒险欲望，有时则出于青春期的好斗性。因此可以说，绝大部分青少年犯罪行为是一特定阶段的特殊表现而已。"[1] 用犯罪的概念去定义孩子好奇、天真、冒险的天性，显然是不合情理的。孩子犯下罪错，其实是一种机遇与挑战并存的现象：机遇在于，让孩子知道了不能这样做，也让我们知道了什么会促使孩子这样做，而结果往往是家庭、学校、社会存在的缺陷和投射的阴影所致，亡羊补牢、为时不晚；挑战在于，如何让孩子真正知道为什么不能这样做，敷衍的处理只会给孩子留下侥幸再犯的机会，过重的处罚又会泯灭孩子天性的发挥。

只有明白了这一点，才能理解办理未成年人案件检察官选择和付出的价值。费埃德伯格的一句话一语中的："行为不仅仅归于以往的社会化，也归因于他们对行动领域里给予的制约力量的感知，还应归因于他们对其各自短期利益或长远利益的理解"。[2] 作为一个事业共同体，由利益需求和技能培养养成了对法律精神和法治理念的信奉和追求。法治精神维系着法律职业共同体，否则，只能是法律从业者个体的聚合。

恤幼是人类的天性，现代文明时刻提醒我们，对孩子的关爱不应再单纯地基于人类同情和怜悯弱者的朴素情感，未成年人作为人类社会的一类特殊群体，代表着人类社会的希望和未来，其健康成长对于国家、民族乃至全人类至关重要，因此需要对他们给予特别的关注和倾注更多的爱心。"透过任何一项事业的表象，可以在其背后发现有一种无形的、支撑这一事业的时代精神力量；这种以社会精神气质为表现的时代精神，与特定社会文化背景有着某种内在的渊源关系；在一定条件下，这种精神力量决定着这项事业的成败"。[3]

（三）"核心变量"维度三：法律思维

季卫东把法律职业共同体的思维特征概括为三点：一切依法办事的卫道精神、兼听则明的长处和以三段论推理为基础。[4] 如果熟悉办理未成年人案件的检察官，那么就会对比发现，未检制度的运行往往反对卫道精神、突破三段论，唯一坚持的可能就是"兼听则明的长处"。不仅如此，未检制度甚至很多都是于法无据的探索。

---

[1] 姚建龙：《少年刑法与刑法变革》，中国人民公安大学出版社 2005 年版，第 52 页。

[2] ［法］埃哈尔·费埃德伯格：《权力与规则——组织行动的动力》，张月等译，上海人民出版社 2005 年版，第 215～216 页。

[3] 苏国勋：《理性化及其限制——韦伯思想引论》，上海人民出版社 1988 年版，第 2 页。

[4] 参见季卫东："法律职业的定位——日本改造权力结构的实践"，载《中国社会科学》1994 年第 2 期。

值得关注的是，面对质疑、甚至叫停，[1] 上海的未检干警没有气馁，更没有放弃。因为他们坚信，司法改革往往既是热点又是难点，司法改革的艰难源自其本身的悖论：一方面，法制统一的原则要求已经颁行的法律得到普遍的遵从，司法逾越立法为成文法系国家所禁止；另一方面，司法创新又要求突破现行的法律规定。既为"改革"，就是要破旧立新。如果仅仅是现行法律的执行或遵守，而不能越"法"的雷池一步，那便只能称之为"执法"或"司法"，而绝对是不能称为"改革"的。

办理未成年人案件检察官是国家公职人员，同时又是特殊的法律职业者，他们有着其特有的信仰与利益追求。"在其位，谋其政"，检察机关是司法系统的一部分，具有法律监督的职能，办理未成年人案件检察官作为具体实施法律监督职能的主体，对未成年人罪错行为进行特殊刑事检察，遵循特殊的未成年人司法原则，依据特殊的程序和方式进行侦查、审判和执行监督。检察官进行未成年人的特殊保护，为未成年人的健康成长营造良好的环境，对问题未成年人起到预防犯罪的作用，使未成年罪错者悔过自新。预防、挽救、控制未成年罪错者，促进未成年人的健康成长和人类的可持续发展，真正地符合社会主义和谐社会构建要求是这一特殊检察官群体的信仰追求。

经过 25 年的开拓创新和与时俱进，上海办理未成年人案件检察官渐渐形成了一个独具特色的特殊的职业共同体。这一特殊职业共同体的共同特征可以概括为以下几个方面：（1）工作重点是未成年人刑事检察，并逐步拓展到未成年人民事、行政检察。在立足检察职能的同时，还适度延伸到对未成年人犯罪的事前预防、对涉罪未成年人的事后回归性帮教和社会治安的综合治理等工作。（2）经过专门的法律训练和长期的司法实践，拥有专业的法律知识、技能和法律思维，胜任特殊检察工作。同时还要求具备适合未成年人工作的特殊专业技能，例如熟悉心理学、社会学、教育学等学科内容，具备综合性学科知识的融会贯通能力和实践运用能力。（3）具有高尚的道德操守和司法素质，具有依法独立行使国家检察权的地位。同时要求禀赋特殊的细腻、敏感和温柔，拥有深邃的洞察力和深远的感染力，言传身教和因势利导能力贯穿办案始终。

三、未来展望：未检职业群体的优化

其实上文对"核心变量"三个维度的分析绝大部分都维持在"应然"的角度，因此积极的比较多。如果我们换个角度，也就是从"实然"的层面再来看上海未成年人检察官职业共同体的"核心变量"，那么就不会再那么乐观了。

1. 避免过度女性化。在办理未成年人案件检察官群体中，女性居于绝对的优势地位。这种优势地位首先体现在女性检察官的比例上。据统计，目前上海市 18 个区县院共有未检干部 119 名，其中女性 83 名，占总人数的 69.75%。长宁、黄浦、崇明、杨

---

[1] 曾经，社会服务令对于完善少年司法制度具有重要的意义，但是由于没有法律依据，之前的试点工作局限在小的范围内，其巨大的潜力尚无法显现，甚至还受到"非法、违规操作"的质疑，被最高院下令暂停。据报道，在广州试点签发社会服务令不久，最高法院便下文广东省高院，要求在现行法律未修改的情况下，暂停签发此令。而暂停的主要原因，就在于这一制度"目前无法可依，法律对监督主体、效果评价、惩罚措施、执行者人身保障等相关事项均无明确规定"。参见王琳："专家视点：社会服务令的司法难题"，载《羊城晚报》2005 年 7 月 8 日。

浦、卢湾未检科 100% 都是女性干部。更主要体现女性在这一特殊职业共同体中占主导地位的是全市未检科（处）长大多数为女性，在各类评比中获奖的，女性基本上均占绝对优势。例如在 2010 年上海市未检办案能手评比中，无一名男性检察官获奖。就办理未成年人案件而言，女检察官有其细腻、耐心、母性等独特的优势。但是未检干部的过度女性化，则值得反思。

未成年人犯罪主体中男性居于绝对的比例，且犯罪时期多正值青春期，而处于青春期的男性叛逆心理很严重。女检察官们虽然有细腻的心思，但是对于青春期男生的所想、所为，她们大都无法触碰、无法理解。而男性检察官则可以以过来人的身份去理解、去开导未成年罪错者，引导他们度过这种尴尬的时期，教导他们如何正确看待青春期不合理的行为。就少年司法的特性而言，福利型少年司法模式更多体现的是母性色彩，司法型少年司法模式则更多体现的是父性色彩，而我国目前少年司法的结构特征是司法型。这样的制度设计，显然不能忽视男性检察官的作用。

2. 避免过度年轻化。目前上海市一百余名未检干部大部分年龄都在 35 岁以下，具有明显的年轻化特征，这种年轻化特征具有一定的合理性。未成年人犯罪与其监管人（父母、老师等）缺乏心灵沟通及人性关怀有相当大的关系，他们最欠缺的是关心、鼓励、沟通和理解。年轻检察官思维活跃，容易接受新事物，而大多涉案未成年人犯罪的原因与其泛滥的新潮观念有关，由此，年轻检察官与青少年罪错者在沟通方面不会产生太大的代沟，易于被青少年罪错者接受。同时年轻检察官事业上取得的成就，可以让嫌疑人好好思考自己的人生、反省自己的行为，给他们一个现身教育的机会，帮助其积极向上地回归社会。

但与此同时，我们也感受到了"妈妈级"、"爸爸级"，特别是拥有抚育青春期孩子经验的检察官在教育、感化涉罪未成年人方面的优势。因为有效的"谆谆教诲"不是一个空洞的字眼，不可能通过纯理论或者纯想象就能"制造"出来，它需要实践的积累，特别需要在一次次真实场景中反复尝试和修改，才能实现"取精华、去糟粕"的有效提升。

3. 防止流动性过大。其实这个问题可以说是上面一个问题的延续。由于检察机关现有的人才选拔使用机制有简单化倾向，造成业务发展的通道非常狭窄。"不想当将军的兵不是好兵"，成为一名中层管理者、甚至成为行政管理领导几乎是所有中青年业务人才追求的终极目标，也是他们唯一的发展通道。这一现象已经极大地影响了未检队伍的职业心态，对未检队伍专业化建设造成了一定的负效应。未检工作由于处于快速发展时期，比较容易做出一定的业绩。经验丰富、精通未检业务的检察官往往会在三五年之后，由于升迁或其他原因调离工作岗位，造成未检工作唯一不变的是专业组织而非人员，因而"专业条件和特别资历"的要求实现起来颇为困难，使得未检核心能力的打造成为空中楼阁，这严重制约了未检工作的发展。

4. 完善招录机制。对发展变革中的组织来说，关键的问题不在于现有能力的大小，而是在于提高能力的难易程度。所以未检干部具备的个体禀赋、潜在素质是否符合未检工作的本质特点要求至关重要，因此需要在新进人员招录这一程序中把好入口关。我们感到，当前检察机关的人才招录基本上以公务员考试、面试等方式进行筛选甄别，具有程式化、主观判断性强和岗位针对性不够的缺憾，不利于将来人才的专业化发展和培养。事实上，现代的人才测评理论与工具被引入我国已有 20 年，在组织招聘、选拔、配置、规划等方面发挥出很大作用。建议检察机关开发人才招录、测评的软件，编制符合检察特色、岗位要求的人才素质测评量表，为未检、反贪等部门的特殊人才招录需要提供科学手段。

对于未检核心能力培养的需要而言，首先要测评应聘者的职业倾向。人生最大的幸福就是做自己感兴趣的事情。未检工作是一项需要倾注大量爱心、耐心的检察业务，兴趣对未检干部的工作态度产生重要影响，兴趣也是应聘者职业取向的重要体现，缔结专业心理契约应当从招聘开始，这是保持未检队伍稳定的重要前提；其次要建立性格测评量表、沟通能力测评量表等，以测定应聘者是否具有从事未检工作所需要的积极外向、勇于担当、宽容亲和、乐于助人等能力潜质；最后要加强对应聘人员的品德测评。作为青少年德育建设的推动者之一，未检部门对其成员应有严格的思想道德素质要求，因此对应聘人员也要进行品德测试，建议采用量表测评法和主观投射法。量表测评法是根据品德的内容（如勇敢正直、廉政自律、乐于奉献等）编制成等级量表，在应聘者之中进行比较，找出他们在群体中的相对位置。主观投射法是事先设计一些材料，其中包括一些品德方面的问题，通过应聘者的不同反应，了解他的品德态度及行为的可能性。

5. 建立科学的考评机制。未检是一项新的职业，应该建立开放式的绩效考评系统，通过考核办案的质量和效率，以及征求相关部门及人员（如法官、侦查人员、青保老师、社工、犯罪嫌疑人及其法定代理人）的反馈，对未检干部的业绩、品德、才能、素质、潜力、长处、短处、个性、抱负等多个方面进行立体的考察与测评，从而得出被考评者对未检工作的胜任能力如何以及是否需要训练的结论，并把绩效考评与未检干部的奖励、晋升与资格的认定、能力的确认等制度挂钩。通过绩效考核，一方面可以把未检业务骨干中有管理潜质的人才选拔到未检部门中层岗位上来，避免造成"外行领导内行"的现象，有利于未检中层干部按照未成年人检察工作的特点规律来管理队伍；另一方面可以把不适合管理岗位的未检业务人才实行分类培养、使用、管理，给未检人才一个比较公平的发展机会，形成完善的利益分配格局，切实保证"不当官"也有相应的精神待遇和物质保障。这样才能使一些学有所长的未检业务专门人才产生良好的个人价值感和职业荣誉感，有利于营造发展培育未检核心能力的良好氛围。

此外，还应针对未成年人检察业务的特点，制定有针对性的培训方案。《北京规则》要求"应利用专业教育、在职培训、进修课程以及其他各种适宜的授课方式，使所有处理少年案件的人员具备并保持必要的专业能力"。我们认为那些内化于整个组织体系、建立在系统学习的经验基础之上的专长，比建立在个别骨干基础之上的专长具有更好的持久发展力。因此要从解决未检核心技能培养问题着手，确立培训方案，设计培训过程。[1]

---

〔1〕　参见姚建龙、顾晓军、顾小琼："未检队伍特殊核心能力体系及构建战略——以我国少年司法制度发展为视角"，载《犯罪研究》2010 年第 4 期。

少年司法无疑是一种新兴的特殊的法律职业，如何养成与其特性需求相适应的职业群体，乃至形成少年司法职业共同体，是少年司法制度走向成熟的关键一环。这是一个应予深入关注的课题，而本文的探索只是初步的。

（与长宁区人民检察院尤丽娜检察官合著，
载《预防青少年犯罪研究》2012 年第 1 期）

第十七章

社会调查的概念及在国内外的发展

一、社会调查制度的概念分析

社会调查制度是西方舶来品，是西方少年司法发展史上的一个重要制度。社会调查制度是指在未成年人刑事诉讼程序中，由专门机构的人员对涉罪未成年人的成长经历、生活环境、实施犯罪的情况及悔改表现等具体情况展开的调查，并根据调查情况对未成年人的人身危险性及悔罪程度进行评估而制作调查报告，目的在于对涉罪未成年人定罪、量刑、教育矫正提供参考或依据。

社会调查的称谓很多，学者对社会调查的称谓也不尽一致，如由于调查的内容涉及未成年人的性格特征等，社会调查制度又被称为品格证据调查；也有的被称为判前调查制度[1]；也有的地方出于人格调查的称谓更具有主题鲜明的特点，能够直接反映调查的目的与内容，社会调查的称谓过于宽泛等原因，由此称之为人格调查。[2] 解析社会调查制度的具体内容，如调查主体、调查内容、调查方式、调查报告的性质等因素，可以帮助我们更好地了解社会调查制度的内涵。

主体要素即调查主体。调查主体即具体负责社会调查的组织或个人，调查主体的身份性质有时会决定社会调查报告的价值及效能。调查主体一般具有专业性，只有专业的调查人员，才能根据专业的调查方法、严谨的调查程序，剥茧抽丝，展开由表及里的调查，综合把握涉罪未成年人的情况，确保调查报告的价值和法律属性。目前，在各国少年司法中，实施社会调查的主体包括警察机构、检察官、法官、独立的第三方如保释机构或监督机构、社会工作者，在中国还可能包含共青团组织、司法矫正机构等部门。

客体要素即调查内容。少年司法中，对未成年人的社会调查内容主要包括未成年人的主观情况和客观情况。前者指未成人的年龄、性别、身体状况、兴趣爱好、性格特征、犯罪原因、犯罪中的地位、心理状况、悔罪态度等，后者指未成人生活的家庭状况、社区环境、学习情况、同伴交往状况等外在生活经历情况。一份完整的社会调查报

---

〔1〕　［日］菊田幸一：《犯罪学》，海沫等译，群众出版社 1989 年版，第 178 页，转引自陈兴良：《刑法的人性基础》，中国方正出版社 1996 年版，第 425 页。

〔2〕　邹川宁主编：《少年刑事审判若干程序问题研究》，法律出版社 2007 年版，第 113 页。

告应该包含涉罪未成年人的上述基本情况，并根据上述基本情况，从客观、系统的视角根据涉罪未成年人的人身危险性、悔罪程度，提出调查主体对未成年人采取相应处遇措施的合理建议。

价值要素即调查性质。调查报告的性质即社会调查报告对涉罪未成年人的功效或者社会调查报告在少年刑事司法中的地位。由于各国司法理念及实践的不同，社会调查报告在少年司法中的地位和价值不一。有些国家将社会调查报告作为对未成人定罪量刑的参考，如在美国，审判前的社会调查制度是为审判机关处理被告人提供判决的依据，审判后的社会调查作为对犯罪人收监进行分类的根据，以及服刑过程中折减刑期、提前释放等重返社会方案的依据。[1]

二、社会调查制度在中国的起源与发展

（一）中国关于未成年人社会调查制度的法律基础

在社会主义法制体系基本形成的大环境下，我国积极借鉴国外先进经验，建立和健全关于未成年人权益保护的制度。在未成年人社会调查制度的法律基础方面，《联合国少年司法最低限度标准规则》（《北京规则》）第16条规定："所有案件除涉及轻微违法行为的案件外，在主管当局作出判决前的最后处置之前，应对少年生活的背景和环境或犯罪的条件进行适当的调查，以便主管当局对案件作出明智的审判。"为了贯彻该公约的规定，我国最高司法机关出台了司法解释，认可了这种社会调查制度。

2001年，最高人民法院在《关于审理未成年人刑事案件的若干规定》中就对社会调查员制度作了规定："开庭审理前，控辩双方可以分别就未成年被告人的性格特点、家庭情况、社会交往、成长经历以及实施被指控的犯罪前后的表现等情况进行调查……必要时，人民法院也可以委托有关社会团体组织就上述情况进行调查或者自行进行调查。"2002年最高人民检察院在《人民检察院办理未成年人刑事案件的规定》第15条指出，"审查起诉未成年犯罪嫌疑人，应当听取其父母或者其他法定代理人、辩护人、未成年被害人及其法定代理人的意见。可以结合社会调查，通过学校、家庭等有关组织和人员，了解未成年犯罪嫌疑人的成长经历、家庭环境、个性特点、社会活动等情况，为办案提供参考。"根据以上规定，我国针对未成年人的社会调查的启动主体可以是法院、检察院和辩护人。审前社会调查制度是对我国未成年刑事社会调查制度的发展，是对社区矫正制度的补充。地方层面，各地积极试点与探索社会调查制度，出台了一系列工作细则和规定[2]，为本地的未成年人社会调查制度提供法律基础。

---

〔1〕 刘立霞、路海霞、尹璐：《品格证据在刑事案件中的运用》，中国检察出版社2008年版，第26页。

〔2〕 地方层面，长宁区法院制定了《长宁区未成年人刑事案件社会调查工作若干规定（试行）》、重庆市高级人民法院制定了《审理未成年人刑事案件社会调查工作暂行规定》，河南省淅川县检察院、县公安局、县法院联合制定了《在办理未成年人刑事案件中推行社会调查制度实施办法》，北京市丰台区检察院、丰台区法院会同丰台区预防青少年违法犯罪工作领导小组、丰台区未成年人保护委员会四家单位联合制定了《关于丰台区未成年刑事案件社会调查工作的若干规定（试行）》等。

（二）我国大陆各省市关于未成年人社会调查制度的探索

随着对未成年人权益的重视和对未成年人"教育、感化、挽救"的方针和"预防为主、惩罚为辅"的原则的落实，社会调查制度在我国也逐渐推广开来，比较有代表性的是上海长宁、河南兰考、北京海淀、重庆沙坪坝等，同时，山东、江苏、北京等省市也逐渐推广开来。[1]

1. 上海长宁区的未成年人社会调查制度。上海长宁区法院少年庭自 1984 年创设以来，一直坚持对未成年被告人案发前的表现情况进行社会调查。社会调查在长宁区的发展大致经历了创设阶段（1982～1988 年）、初步规范阶段（1988～1997 年）、社会组织介入阶段（1997～2009 年）三个阶段。在创设阶段，社会调查报告主要由本院法官进行调查，运用"五个注重"的工作方法，以谈话记录为社会调查报告载体；在初步规范阶段，研究制定了《未成年人刑事审判工作细则》，辟专章规定社会调查报告的方式，规范化地开展社会调查，并提出"主体社会化、内容公开化、程序规范化"的社会调查设想；在社会组织介入阶段，在践行上一段调查设想后，将社会调查工作转移给本区青保办承担，调查内容更宽泛、调查程序更明确规范、调查工作方法更科学合理，基本实现"主体社会化、内容公开化、程序规范化"的社会调查设想。[2]其中，1999 年上海市长宁区法院在全国首创了聘请社会调查员对未成年刑事被告人进行社会调查的制度，并由长宁区社会治安综合治理委员会和青少年保护委员会联合下发了《长宁区未成年人刑事案件社会调查工作若干规定（试行）》。

关于社会调查报告的作用与价值。在上海长宁区，调查报告反映的内容是对未成年被告人量刑的酌定情节之一；调查报告为法庭教育提供了有价值的材料；调查报告为未成年人裁判文书充实了具体内容；调查报告为跟踪帮教提供了有效的参考资料；调查报告制度的确立为未成年人刑事诉讼其他方法的探索创新提供了示范。[3]

2. 重庆沙坪坝区的未成年人社会调查制度。[4]重庆市沙坪坝区人民法院则是由担任法律援助工作的援助律师或者未成年被告人的辩护律师承担社会调查工作。按照沙坪坝区法院《未成年刑事案件社会调查制度》第 4 条的规定："向未成年被告人的家长或辩护人、指定辩护人送达我院制作的《社会调查报告》，由辩护人或者指定辩护人协助家长共同完成填写《社会调查报告》中的内容，并在开庭前或庭审中提交合议庭或独任审判员。"在此基础之上，该少年法庭与司法行政机关进行工作协作，要求承担法律援助的律师完成《社会调查报告》。在该庭制作的《社会调查报告》中，涉及未成年被告人基本情况、家庭情况、受教育情况、学习、生活、表现、爱好等多项内容，基本能达到对未成年被告人全面了解的要求。辩护律师或者承担法律援助的律师在社会调查的基础上对未成年被告人进行全面的了解，便于其为未成年被告人进行全面的辩护，也为辩

[1] 李璞荣、司明灯："我国未成年被告人社会调查制度运行模式的比较分析"，载《青少年犯罪问题》2003 年第 1 期。

[2] 邹碧华主编：《少年法庭的创设与探索》，法律出版社 2009 年版，第 65～69 页。

[3] 邹碧华主编：《少年法庭的创设与探索》，法律出版社 2009 年版，第 69～71 页。

[4] 本部分参见杨飞雪："未成年人刑事案件社会调查制度研究"，载《人民司法》2009 年第 3 期。

护方对被告人的量刑提出合理的辩护理由。目前这种模式主要用于外区域的未成年被告人。另一种模式为以基层司法行政机构作为调查主体。随着社区矫正试点的逐步推开，该院于 2007 年底与司法局共同签署《沙坪坝区未成年犯帮教矫治暂行规定》，本区域未成年刑事被告人的社会调查由专职考察员交由街镇司法所的司法员、社区矫正组织工作人员完成。这种模式用于户籍地和经常居住地为本区域的未成年被告人。

3. 云南盘龙地区的社会调查制度更显特色。在英国救助儿童会组织的帮助下，云南盘龙的少年司法形成特色的合适成年人制度〔1〕。合适成年人队伍具有一定的专业性和稳定性，成员构成较为合理。在云南盘龙，合适成年人不仅参与公安侦查期间对涉罪未成年人的讯问和询问，还负责对未成年人的社会调查。在侦查机关做出是否对未成年人取保候审的决定时，"合适成年人"在未成年人的家庭、学校、社区等地对未成年人平时表现进行调查后向侦查机关提交《关于对触法未成年人背景情况的调查报告》。这份报告将成为侦查机关决定是否对涉法未成年人适用取保候审的重要参考。如果案件在公安侦查阶段不能办结，被移送至检察院和法院阶段，"合适成年人"要继续对涉法的未成年人进行社会背景的调查，并据此向检察院和法院提出对未成年人处理的意见和建议等。

4. 河南兰考县的未成年人社会调查制度。为了推行社会调查制度，河南兰考专门制定了工作细则。根据《兰考县人民法院青少年刑事案件审判社会调查工作规则（试行）》第 4 条规定："青少年法庭设社会调查员，负责社会调查，制作社会调查报告，参与法庭审理，跟踪帮教考察等工作。"〔2〕为此，河南省兰考县法院在其青少年庭内，未成年人刑事案件合议庭之外，设立了一名相对固定的社会调查员。〔3〕社会调查员在未成年人刑事审判庭内都设有专门席位（设立在审判台与被告人席之间，与书记员并列的位置）并全程参与庭审。社会调查员在开展社会调查工作并制作报告后，在发挥社会调查员一般职能外，还在法庭教育阶段主持开展对涉罪未成年人的法制教育工作并对涉罪未成年人的具体适用刑罚赋有建议权，而且承担对涉罪未成年人的定期回访矫正教育工作，全程参与未成年人的矫正教育。

（三）港澳台地区的未成年人社会调查制度

港澳台地区相较而言，少年司法制度发育相对成熟，未成年人权益保护的各项制度走在大陆前面，未成年人社会调查制度亦如此。在我国香港地区，为了对未成年犯罪人适用最适合他本人的矫正措施，法律要求法官在判决时要充分考虑青少年犯罪人的个性、体能、精神状况等情况。在开庭之前，一般由社会福利署的工作人员先对违法少年

---

〔1〕 合适成年人参与制度是指在未成年人刑事案件中，在未成年人法定代理人等不能到场情况下，由合适成年人参与到诉讼中来，帮助维护未成年人的权益，起到沟通、抚慰、教育、监督等功能的制度。关于合适成年人制度的理论与实践情况，参见姚建龙：《权利的细微关怀——"合适成年人"参与未成年人刑事诉讼制度的移植与本土化》，北京大学出版社 2010 年版。

〔2〕 李璞荣、司明灯："我国未成年被告人社会调查制度运行模式的比较分析"，载《青少年犯罪问题》2003 年第 1 期。

〔3〕 李璞荣、司明灯："我国未成年被告人社会调查制度运行模式的比较分析"，载《青少年犯罪问题》2003 年第 1 期。

的有关个人情况进行调查，调查内容包括犯罪成因、身心发育状况、情感类型、兴趣爱好、成长环境、学业情况等，并起草调查报告向法庭提供。在我国澳门地区，根据刑事诉讼法的有关规定，未成年疑犯在接受未成年人法庭询问之前，社会重返厅的技术人员会对该未成年人的心理、家庭、学校、人际关系等方面作出评估，然后向法庭提交报告。法官在定罪量刑时必须充分考虑未成年犯罪人的人格状况和再社会化需要。在我国台湾地区，依《少年事件处理法》的规定在少年法院专设少年调查官，调查该少年与事件有关之行为、其人之品格、经历、身心状况、家庭情形、社会环境、教育程度以及其他必要之事项，提出报告并附具建议。少年法院依少年调查官调查之结果，参酌事件之性质与少年之身心、环境状态，作出最合适的处分措施。[1]

（四）我国社会调查制度的总体发展特征

总体而言，由于我国少年司法处在起步阶段，未成年人权益保护的各项制度也基本处于摸索探索阶段，各地对少年司法各制度处在探索争鸣的阶段，没有形成统一的模式，未成年人刑事案件的社会调查制度亦不免俗。各地对于社会调查制度的探索取得了一定的成果，如初步形成了开展社会调查的稳定队伍，制定了相关法律法规作为开展社会调查的权利基础[2]，社会调查报告基本能够全面反映涉罪未成年人的情况，为审判机构和矫正机构提供了很多帮助和参考，社会调查制度对未成年人权益保护起到了一定的作用。

但由于处在起步探索阶段，社会调查制度在我国也暴露出很多问题。各地由于司法实践环境和具体情况的不同，造成社会调查制度怪象丛生。表现如下：

首先，社会调查制度的调查主体不一，有的地方由检察官、法官开展调查并制作报告，有的地方由共青团组织承担，有的地方由专门的社工、合适成年人承担，等等。而且社会调查员是否参与庭审质证各地也不尽一致。调查主体的人员素质参差不齐，一定程度上也影响了社会调查报告的效力。

其次，社会调查报告的内容不同，社会调查报告基本包括涉罪未成年人的基本信息、家庭背景、社会环境、受教育状况等信息，但各地的侧重点不同，另外加上社会调查员的关注点和未成年人的信息不一，也在一定程度上给社会调查报告的内容和效力打

---

〔1〕 冯卫国："未成年人刑事案件的审前调查制度探讨"，载《青少年犯罪问题》2007 年第 1 期。

〔2〕 如最高人民法院、最高人民检察院分别出台了工作规定。2001 年，最高人民法院在《关于审理未成年人刑事案件的若干规定》中就对社会调查员制度作了规定："开庭审理前，控辩双方可以分别就未成年被告人的性格特点、家庭情况、社会交往、成长经历以及实施被指控的犯罪前后的表现等情况进行调查……必要时，人民法院也可以委托有关社会团体组织就上述情况进行调查或者自行进行调查。"2002 年的最高人民检察院在《人民检察院办理未成年人刑事案件的规定》第 15 条指出："审查起诉未成年犯罪嫌疑人，应当听取其父母或者其他法定代理人、辩护人、未成年被害人及其法定代理人的意见。可以结合社会调查，通过学校、家庭等有关组织和人员，了解未成年犯罪嫌疑人的成长经历、家庭环境、个性特点、社会活动等情况，为办案提供参考。"地方层面，长宁区法院制定了《长宁区未成年人刑事案件社会调查工作若干规定（试行）》、重庆市高级人民法院制定了《审理未成年人刑事案件社会调查工作暂行规定》，河南省淅川县检察院、县公安局、县法院联合制定了《在办理未成年人刑事案件中推行社会调查制度实施办法》，北京市丰台区检察院、丰台区法院会同丰台区预防青少年违法犯罪工作领导小组、丰台区未成年人保护委员会四家单位联合制定了《关于丰台区未成年刑事案件社会调查工作的若干规定（试行）》等。

上折扣。

再次，社会调查报告的法律属性有疑问，社会调查报告是否具有证据的效力，目前没有定论，尽管绝大部分认为不具有证据效力，但也有相反的观点。如有些认为社会调查报告对未成年犯罪嫌疑人具有重要的参考意义，但不具有证据效力；也有观点认为社会调查报告符合证据的相关性[1]，由此对未成年犯罪嫌疑人具有证据价值。

最后，社会调查报告目前只在检察机关审查起诉和法院判决阶段开展，并没有合理延伸到公安侦查阶段，这在一定程度上限制了社会调查报告的价值和效能。

三、国外社会调查制度的基本状况

19 世纪后半期，伴随着刑罚个别化思潮的发展，教育刑逐渐替代了以惩罚和威慑为主的报应刑，西方社会逐渐接受了教育刑的思想。教育刑所主张的"因材施教"的刑罚个别化思想也顺势登上历史舞台。人们逐渐认识到，要真正矫正好每个犯罪人，帮助他们重新再社会化，必须认清每个犯罪人的具体情况。这些个人情况包括犯罪人的性格特征、生活环境、平时表现、犯罪原因、悔改表现等等因素，只有查明这些与犯罪人息息相关的因素，才能更有效地采取合理的处遇措施，帮助犯罪人顺利再社会化。意大利学者格拉马蒂卡是最早积极倡导社会调查制度的学者，并以此作为反社会制度的衡量标准。[2]法国学者安塞尔在此基础上进一步主张：人格调查不同于 19 世纪为刑罚个别化而进行的司法评价，前者调查的范围广于后者；采纳英美法系先定罪后量刑的两阶段制，人格调查就在两阶段之间进行；人格调查还应进一步与行刑阶段联系。[3]随着刑罚个别化观念的深入人心，社会调查制度日益受到各国重视，美国、德国、日本等国均已实行这一制度，尤其在未成年人刑事司法中，往往以对犯罪人进行社会调查作为审判的基础。

（一）美国社会调查制度

美国是世界少年司法的发源地，世界上第一个少年法庭就诞生在美国。1899 年美国伊利诺伊州颁布的《少年法庭法》更是世界上最早的一部有关青少年的专门刑事法规。在国家亲权理论的指导和影响下，美国各项少年司法制度的探索都打上了国家亲权的烙印。美国的社会调查制度贯穿于刑事诉讼的全过程，包括庭前调查和判刑前调查。根据各州法律规定，少年法院或者少年法庭除设立少年法官外，另设缓刑官员。少年法院在接到相关人员或机构提出的控告后，由缓刑官员启动案件的社会调查程序，对涉案青少年的背景性材料进行调查。[4]美国判决前的社会调查主要包括以下内容：目前的罪行、以前的犯罪史、家史、教育程度、就业史、兵役史、目前经济状况、医疗史、如有可能

[1] 吴燕、吴翎翎："未成年人品格证据若干问题探析"，载《青少年犯罪问题》2008 年第 5 期。
[2] 刘立霞、路海霞、尹璐：《品格证据在刑事案件中的运用》，中国检察出版社 2008 年版，第 26 页。
[3] 马克昌：《近代西方刑法学史略》，中国检察出版社 1996 年版，第 323 页，转引自刘立霞、路海霞、尹璐：《品格证据在刑事案件中的运用》，中国检察出版社 2008 年版，第 26 页。
[4] 康树华、郭翔：《青少年法学参考资料》，中国政法大学出版社 1987 年版，第 727～728 页。

还要提供心理和精神状态的评估等。[1]未成年人的社会调查主要由缓刑官负责。根据美国少年司法程序，这种初步的调查的目的不是为了确定被告人是否有罪，而是为争取案件的非正式处理提供参考依据的。[2]依据调查的情况，只有那些严重罪错的未成年人才会被提出正式的诉状，进入刑事诉讼程序。[3]未成年人被正式起诉后，缓刑官展开进一步的社会调查，这是判刑前的社会调查。为给少年缓刑官充足的社会调查时间，少年法院正探索将审理阶段和判决阶段分开。[4]缓刑官要证实所收集信息的客观真实性，综合评价这些信息。经过调查后，缓刑官应当撰写调查报告，并提交少年法官。在法院对被告进行处理性审理时，缓刑官负责向法院展示被告人的基本信息和情况，帮助法官做出既满足量刑的惩罚、威慑功能，又满足其矫正功能的公正量刑。[5]

（二）英国社会调查制度

英国关于未成年人社会调查制度的规定体现在英国《刑事审判法》、英国《青少年法》等规定中。英国《刑事审判法》第156～160条具体规定了未成年人社会调查报告的含义、调查主体、具体披露情形等，如开展社会调查的目的规定为"适用判刑前的报告以帮助法院在针对一种犯罪处理任何人时确定最恰当的方法。"[6]具体承担社会调查任务的主体包括地方缓刑委员会官员、青少年违法犯罪工作组成员、地方当局社会服务部门的社会工作者等。《英国青少年法》第3条第2款规定：调查内容除少年犯的背景外，还包括家庭情况、父母情况、学校情况、家庭住址等，[7]同时调查员还需要对未成年人的社会危害性进行评估，这种评估通常采用心理学的方式进行。英国的社会调查制度同样包括庭前社会调查和判刑前社会调查。庭前社会调查的作用主要体现在保释制度中。在保释之前，调查员通过对未成年被告人的前科、居住状况、家庭及个人交往方面，教育、工作及培训状况，健康状况，对保释支持的态度及个人情绪等[8]进行调查，作出风险评估，确保被保释者不逃匿，能够按时接受审判。调查完毕，调查员应当为法官提供评估资料，法官根据风险评估和相关材料决定是否准予保释。另外，英国的法院在选择适当的刑罚之前都要对犯罪人的个别情况作进一步的了解。对于处于羁押性处罚危险的未成年人必须制作社会调查报告，并向法庭出示、当庭宣读。无论是庭前犯罪背景调查报告还是判刑前报告，法官获取调查报告后，应当向少年犯及其父母或监护人、起诉人等送达副本，但法院认为向少年犯及其父母或监护人披露某些信息可能存在对罪犯产生重大损害的危险时，则不必向上述人员送达完整的报告副本。[9]

---

　　[1]　[美]大卫·E.杜菲：《美国矫正政策与实践》，吴宗宪等译，中国人民公安大学出版社1992年版，第197页，转引自姚建龙：《少年刑法与刑法变革》，中国人民公安大学出版社2005年版，第263页。

　　[2]　杨雄："论未成年人刑事案件中社会调查制度的运用"，载《法学论坛》2008年第1期。

　　[3]　曾康："未成年人刑事审判程序研究"，西南政法大学2007年博士学位论文。

　　[4]　温小洁：《我国未成年人刑事案件诉讼程序研究》，中国人民公安大学出版社2003年版，第78～79页。

　　[5]　刘立霞、路海霞、尹璐：《品格证据在刑事案件中的运用》，中国检察出版社2008年版，第40页。

　　[6]　《英国2003年〈刑事审判法〉及其释义》，孙长永等译，法律出版社2005年版，第129～133页。

　　[7]　康树华、郭翔：《青少年法学参考资料》，中国政法大学出版社1987年版，第642页。

　　[8]　刘立霞、路海霞、尹璐：《品格证据在刑事案件中的运用》，中国检察出版社2008年版，第40页。

　　[9]　《英国2003年〈刑事审判法〉及其释义》，孙长永等译，法律出版社2005年版，第129～133页。

（三）德国社会调查制度

不同于英美等法系少年司法制度的"国家亲权"的基本理念，德国少年司法保护的理论基础是罗马法关于"儿童不能预谋犯罪"的古典学说以及由此得出的"少年宜教不宜罚"的理念。[1] 德国少年司法制度起步于 20 世纪，相较于其他西方国家略晚，如德国第一个少年法院建立于 1908 年，关于少年司法制度的法律《少年福利法》和《少年法院法》则通过于更晚的 1923 年。德国在分析少年犯罪原因和处理少年案件时，充分关注犯罪本身以外的非法律因素如性格、家庭、成长背景、阶层归属、社会交往等的影响，从而对少年案件的庭前调查给予了极大的重视。关于未成年人社会调查制度的法律规定体现在德国《少年法院法》中，其第 43 条对少年案件的人格调查给予了明确而详尽的规定：诉讼程序开始后，为有助于判断被告人心理上、精神上和性格上的特点，应尽快调查其生活和家庭状况、成长过程、现在的行为及其他有关事项，应当尽可能将上述调查情况告知监护人、法定代理人、学校及教师，或职业培训中的师傅。如将上述调查情况告知上述人员将会对少年造成不利后果的，尤其是可能失去培训或工作岗位的，可不予告知。德国少年法院帮助机构作为具体承担上述调查工作的少年司法机构，必须就少年的生活环境、生理和心理特征、个性、行为的社会背景以及犯罪情况等事项进行深入的调查研究，向少年法庭提交书面报告，并提出应采取的措施供少年法庭参考。[2]

（四）日本社会调查制度。

日本为了更好地保护未成年人的权益，制定了完善的未成年人法律，如 1922 年日本制定了《少年法》，1923 年实施《矫正院法》，1933 年又制定了《少年救护法》等。二战后，从 1947 年到 1949 年短短的 3 年时间内，日本先后制定了《儿童福利法》、《少年法院法》、《少年审判规则》和《少年法》等四部法律。关于社会调查的规定，主要体现在日本《少年法》中。在日本，开展社会调查属于家庭法院审理未成年人案件的前置程序，家庭法院受理少年案件后，必须对"少年、监护人或可以提供参考资料的人员，进行必要的调查"（调查先行主义）。[3] 社会调查的主体由家庭法院的调查官根据承办少年案件的法官的命令担任。关于未成年人社会调查的规定主要体现在其《少年法》中，如关于未成年人社会调查的内容，日本《少年法》第 9 条规定，家庭裁判所考虑对少年的审判时应对案件进行调查，在调查时务必要根据少年、保护人或者有关人员的品行、经历、素质、环境，充分利用医学、心理学、教育学、社会学及其专业知识，特别是少年鉴定所的鉴定结果。[4]

〔1〕 康树华：《青少年法学》，北京大学出版社 1986 年版，第 287 页；甘雨沛、何鹏：《外国刑法学》（上册），北京大学出版社 1984 年版，第 577 页，转引自陈冰、李雅华："德国少年司法保护简述"，载《青少年犯罪问题》2005 年第 3 期。
〔2〕 陈冰、李雅华："德国少年司法保护简述"，载《青少年犯罪问题》2005 年第 3 期。
〔3〕 尤丽娜："从日本的保护处分制度看我国的少年教养制度"，载《青少年犯罪问题》2006 年第 2 期。
〔4〕 尹琳：《日本少年法研究》，中国人民公安大学出版社 2005 年版，第 256 页。

四、国外社会调查制度的总体特征

西方国家的少年司法制度经过多年的发展，发育比较成熟。未成年人社会调查制度作为贯彻国家亲权原则的重要制度，经过多年的发展形成了专业的调查机构和稳定的调查群体，科学的调查方法，全面的调查内容，对于未成年人权益保护发挥了重要的价值和作用。

首先，从适用对象来看，国外社会调查制度一般也称为人格调查制度，其适用范围虽然以少年案件为重点，但是已经推广适用于成年人案件之中。[1]不过，从各国立法和实践来看，社会调查制度主要适用于未成年人犯罪的刑事案件。另外，未成年社会调查制度仅适用未成年犯罪嫌疑人、被告人，而不是其他诉讼参与人。

其次，从调查主体来看，在欧洲的少年司法实践中，为了保障未成年人的权益，贯彻国家亲权原则，加上未成年人刑事案件本身的专业性，未成年人刑事案件的社会调查大多由专门机构或者专门人员实施，这些机构主要是受法院委托的独立于审判组织之外的专门机构或社会团体，如美国的缓刑官、日本家庭法院的调查官等。

再次，从调查内容来看，社会调查是对未成年犯罪人的个人情况进行全面调查。调查的内容是未成年犯罪嫌疑人、被告人的生活经历、平时表现等情况，如未成年人本人基本信息、家庭环境、教育背景、社区状况、同伴交往状况等。通过综合把握未成年人的时空存在，分析未成年人的犯罪原因与矫正对策。为了帮助法官对少年犯罪者作出正确处理，美国负责社会调查的缓刑官须就犯罪少年的生活环境、学习经历等进行查访，会见少年被告人及其父母，有的还得走访逮捕官、学校老师、邻里以及少年被告人的伙伴，并制作调查报告。缓刑官一般要花 30 天～60 天时间方能准备好社会调查报告。在撰写的报告中，须包括少年被告人的逮捕记录、最新的犯罪事实、对少年被告人的心理评估、社会机构所提供的信息。[2]《德意志联邦共和国青少年刑法》第 43 条规定：在审理开始之前，应当尽快地对有助于判断被告人道德、思想和个性特点的被告人的生活和家庭情况、成长过程、迄今为止的行为以及所有其他情况进行调查。日本《刑事诉讼法》第 248 条规定：根据犯人的性格、年龄和境遇，犯罪的轻重、情节以及犯罪后的状况，认为没有追究刑事责任之必要时，可以不提起公诉。日本《少年法》第 9 条规定：家庭裁判所考虑对该少年应当审判时，应对案件进行调查，在调查时，务必调查少年、监护人或者有关人员的人格、经历、素质、环境。英国《治安法院（少年儿童）规则》（1970 年）第 10 条规定：法院必须考虑有关儿童或者少年的平常行为、家庭环境、学校档案和病史的资料，以便对案件作出最符合其利益的处理。

最后，从调查性质来看，社会调查为法官对未成年被告人定罪量刑时考虑从轻、减轻处罚提供法律依据。社会调查反映了未成年犯罪嫌疑人、被告人的人身危险性和责任程度。社会调查结束后，相关人员制作社会调查报告提交法院，法官可以根据社会调查

---

〔1〕　姚建龙：《少年刑法与刑法变革》，中国人民公安大学出版社 2005 年版，第 264 页。
〔2〕　王运生、严军兴：《英国刑事司法与替刑制度》，中国法制出版社 1999 年版，第 86 页。

报告反映的情况选择对其最适当合理的处理方式，如决定对其是否能够适用非监禁刑、适用哪种非监禁刑罚，是否考虑从轻或者减轻处罚。少年司法制度较为发达的国家，社会调查除了可以帮助法官公正合理地量刑，还为假释、缓刑、服刑管理、跟踪帮助提供参考依据，如在美国成年人的刑事诉讼程序中，社会调查报告只在量刑阶段发挥作用。而未成年人刑事案件中，一些成文法和判例认为在案件的裁决阶段也依赖社会调查报告。[1] 在德国的少年法院，"刑事诉讼程序启动之后，侦查人员收集与嫌疑人个人及其相关社会因素的信息来评估未成年犯罪嫌疑人的性格并选取相应的处理措施。在程序启动后，必须及时通知少年法院的助手、社会工作者调查未成年犯罪嫌疑人的性格及其社会状况的信息，以便让法庭在此基础上适当处置。"[2]

（与西南政法大学博士生、华东政法大学《青少年犯罪问题》杂志编辑田相夏合著，载路琦、席小华主编：《未成年人刑事案件社会调查理论与实务》，中国人民公安大学出版社2012年版，第一章第一节）

---

[1] "Employment of Social Investigation Reports in Criminal and Juvenile Proceedings", *Columbia Law Review*, Vol. 58, No. 5. , 1958, pp. 716, 722, 723, 转引自杨雄："论未成年人刑事案件中社会调查制度的运用"，载《法学论坛》2008年第1期。

[2] Hans–Jorg Albrecht, Youth Justice in Germany, 31 The University of Chicago Crime and Justice, 2004, pp. 453, 471, 转引自杨雄："论未成年人刑事案件中社会调查制度的运用"，载《法学论坛》2008年第1期。

第十八章

未成年人审前羁押制度检讨与改进建议

　　我国审前羁押制度所存在的弊端早已备受诟病，例如审前羁押率过高、隐形超期羁押现象仍较严重、看守所管理不容乐观等。针对这些弊端，近些年来我国采取了诸多改革措施，但是始终未见有显著的进步。针对这样的困境，一些学者提出重新进行审前羁押权力配置，废除检察机关审查逮捕权，将审前羁押决定权交给法院行使的建议，以从根本上改革我国审前羁押制度。尽管这一改革方案的推行在我国台湾地区被普遍视为取得了成功，但其在大陆地区的推行显然尚不具有现实的可行性。一个保守但务实的思路是在保持现有公检法三机关权力结构，不重新配置羁押权的前提下改革我国审前羁押制度所存在的弊端。这种改良主义而非革命主义的路径能否成功？

　　尽管本章研究的重心是未成年人审前羁押制度，但并不仅为了促进少年司法制度的完善，更在于为我国审前羁押制度、检察制度的改革寻求一种出路。少年司法改革是刑事司法改革的先驱和试验田，如果未成年人审前羁押制度改革都不能成功，那么重新配置羁押权，进而动摇检察机关的"司法机关"地位很可能成为一种必然的选择。

一、比较视野中的未成年人审前羁押制度

　　审前羁押的正当性受到国际准则的严格限制，在非羁押状态下等待审判作为一项基本原则被多种国际公约所强调。例如《公民权利和政治权利国际公约》第9条第3款规定："任何因刑事指控而被逮捕或拘禁之人，……有权在合理的时间内受审判或被释放。等候审判的人受监禁不应作为一般规则。但可规定释放时应保证在司法程序的任何阶段出席审判，并在必要时报道听候执行判决。"

　　由于未成年人身心特点的特殊性，审前羁押的例外性更被联合国少年司法准则所高度强调。例如《联合国儿童权利公约》第37条规定："……（2）不得非法或任意剥夺任何儿童的自由。对儿童的逮捕、拘留或监禁应符合法律规定并仅应作为最后手段，期限应为最短的适当时间；（3）所有被剥夺自由的儿童应受到人道待遇，其任何固有尊严应受尊重，并应考虑到他们这个年龄的人的需要的方式加以对待。特别是，所有被剥夺自由的儿童应同成人隔开，除非认为反之最有利于儿童，并有权通过信件和探访同家人保持联系，但特殊情况除外；（4）所有被剥夺自由的儿童均有权迅速获得法律及其适当

援助，并有权向法院或其他独立的主管当局就其被剥夺自由一事之合法性提出异议，并有权迅速就任何此类行动得到裁定。"

《联合国少年司法最低限度标准规则》（北京规则）第 13 条更加明确地强调："少年被羁押等待审判仅应作为万不得已的手段使用，而且时间应尽可能短。如有可能，应采取其他替代办法。"《联合国保护被剥夺自由少年规则》（利雅得准则）系统规定了保护被剥夺自由少年所应遵循的规则，其中第 17 条规定："被逮捕扣押的少年或待审讯（或未审讯）的少年应假定是无罪的，并当作无罪者对待。应尽可能避免审讯前拘留的情况，并只限于特殊情况。因此，应作出一切努力，采用其他的替代方法。在不得已采取预防性拘留的情况下，少年法院和调查机构应给予最优先处理，以最快捷方式处理此种案件，以保证尽可能缩短拘留时间。应将未审讯的居留者与已判罪的少年分隔开来。"

此外，涉及未成年人审前羁押的其他的国际规则还有《保护羁押或监禁人的原则》第 39 条、《公民权利和政治权利国际公约》第 9 条第 3 款、《国内法与国际法下的未成年人刑事责任决议》等。

综合上述国际公约、规则，可以将未成年人审前羁押的国际准则概括为以下几点：（1）对未成年人进行审前羁押也应建立在无罪推定原则的基础之上。（2）在非羁押状态等待审判是犯罪嫌疑人的一项基本权利，更是未成年犯罪嫌疑人、被告人的一项基本权利。（3）审前被羁押是例外，而非原则。对于未成年犯罪嫌疑人而言，审前羁押仅应作为"万不得已"的手段使用，是例外中的例外。对于不满 16 周岁的未成年人予以审前羁押基本不具有正当性。（4）审前羁押决定应由司法机关（狭义的司法机关）通过审理的方式作出。（5）如果不得已对未成年人在审前予以羁押，该案件应最优先得到处理，以尽可能缩短对未成年人的羁押时间。（6）只要有可能，应采取审前羁押替代措施。（7）未成年人审前羁押期间应实行分押分管、辅以教育措施等特殊处遇。

基于人权保障的视角，西方国家对于如何限制未成年人审前羁押均有明确的立场和完备的保障性措施与制度，并且呈现出严格遵守国际规则，以确保未成年人审前羁押真正成为一种"例外"。综合考察美国、英国、德国、法国、日本等国家的未成年人审前羁押制度设计与实际运作，并与我国进行比较，可以发现以下共性：

（一）以无罪推定原则为基础

"现代国家基于无罪推定原则，普遍认为审判前的羁押只是一种例外的程序上的预防性措施，以避免让在法律上无罪的人承受有罪处罚的待遇。"[1]无罪推定是西方国家审前羁押制度，包括未成年人审前羁押制度设计的一个核心原则，在这一原则下审前羁押的正当性必然受到严格的限制。例如审前羁押只被视作一种程序上的预防措施，排斥审前羁押的惩罚性质（甚至否定防止再犯罪的性质）；为了控制审前羁押及确保其正当性，羁押决定权由法官享有等。

尽管这种预防性的审前羁押制度在英美法系国家也存在较大的争议（比如如何判断嫌疑人有逃避审判或者再次犯罪的可能），但就其核心价值在于确保嫌疑人到庭接受审

_____
〔1〕 孙长永：《侦查程序与人权——比较法考察》，中国方正出版社 2000 年版，第 192 页。

判这一点而言则是被认同的。由于国外审前羁押制度建立在无罪推定的基础上，因此重大犯罪嫌疑人仍然可能在自己家中而不是看守所中等待法官的传讯出庭，这一点在我国是几乎不可能发生和出现的。

总体上看，我国审前羁押制度设计仍具有浓厚的有罪推定色彩和惩罚性质。审前羁押没有明确的时间限制，而是基本附随于司法机关的办案时间，并且在羁押的决定与持续上实际取决于各诉讼阶段的公检法机关，司法机关程序性、预防性措施的性质反而相对较淡，这在未成年人审前羁押制度中也不例外。

（二）审前羁押的权力配置：逮捕与羁押的分离

在国外，逮捕和羁押是分离的。简单地说，国外的逮捕基本上是一个动作，仅作为一种临时性应急措施。除了警察外，检察官、甚至一般公民都有逮捕权。但是羁押则是一种剥夺人身自由的状态，须由法官决定。正因为逮捕并不意味着审前羁押，逮捕后只可临时羁押犯罪嫌疑人，所以临时羁押的时间受到严格限制，持续时间十分短暂，一般以小时计算。在逮捕后须尽快提请法官决定是否予以羁押。

这种逮捕与羁押分离的程序设计对于降低审前羁押率，减少羁押时间发挥了重要的作用，例如西德地区各州在2000年共有超过36 000人被实行审前羁押，大约仅占在刑事法院被判决的人的4%。[1]从法律上看，有的国家虽然对未成年人审前羁押的时间规定得并不短，但实际上基本不会出现我国在司法实践中普遍存在的"用足期限"的现象，确保了未成年人审前羁押实际时间的尽量缩短，例如在美国涉案少年在拘留所留置的时间平均为15天，少年拘留所也因此被戏称为"公交车站（bus stops）"。[2]在英国，犯罪嫌疑人、被告人平均审前羁押的时间为49天[3]，而未成年人审前羁押的期限则更短。

在我国，捕与押是合一的。从形式上看刑事强制措施中的"拘留"也是一种临时性、应急性措施，类似于国外的"逮捕"动作，但其期限实际上最长可达37天，明显与这种强制措施的性质定位不相称。如果犯罪嫌疑人被"批准逮捕"则将带来更加长期的羁押结果，而且与国外不同的是这种长期羁押决定权掌握在控诉方——检察官手中。这种捕押合一的制度设计是导致包括我国未成年人审前羁押率居高不下，且羁押时间普遍较长的重要原因。

（三）未成年人审前羁押的特殊目的：保护性

基于无罪推定原则，国外刑事法理论均明确否定审前羁押的惩罚性质，尽管有些学者通过对审前羁押实际情况的考察对此持怀疑态度。成人法理论对审前羁押目的的判断大体仍适用于少年法，例如审前羁押是为了确保到庭审判、保持证据的完整性、预防再犯罪。但是对于未成年人审前羁押的目的，国外少年法大都强调其特殊性，这种特殊性主要体现在保护性上。例如美国对于罪错少年的审前拘留制度始创于1899年，而制度创设

---

〔1〕　[德] 托马斯·魏根特：《德国刑事诉讼程序》，岳礼玲译，中国政法大学出版社2004年版，第95页。

〔2〕　张鸿巍：《少年司法通论》，人民出版社2008年版，第304页。

〔3〕　朗胜主编：《欧盟国家审前羁押与保释制度》，法律出版社2006年版，第55页。

的原初目的即在于将可能在审前逃逸或再犯的少年实现审前与成年人的分别羁押[1]，体现了保护性目的。全美少年拘留协会（National Juvenile Detention Association）在对少年拘留进行定义时也强调少年拘留是将被指控实施少年法院所禁止行为的未成年人暂时而安全地予以拘禁以待法院安置、保护该未成年人以及社区的制度，为无家可归的问题少年提供临时性拘留场所也是少年拘留所通常具有的三个目的之一。[2]

对于保护性目的的强调有利于限制对未成年人审前羁押的适用，同时也有利于改善羁押期间未成年犯罪嫌疑人、被告人的待遇。但在我国，尽管现行刑事诉讼法亦有保护性拘留的规定[3]，但并未明确规定未成年人审前羁押的保护性目的。从未成年人审前羁押制度的实际运作来看，也并不具有这样的目的，事实上也发挥不了这样的功能。

（四）对未成年人审前羁押的适用进行明确限制

为了避免审前羁押的负面影响，许多国家对未成年人审前羁押进行了明确的限制，这种限制主要体现在四个方面：一是强调审前羁押的被迫性。例如日本《少年法》第43条第3款规定："检察官在少年嫌疑案件中，非在不得已的情况下，不得向法院提出拘留的申请。"二是根据年龄进行限制，明确规定一定年龄下的未成年人一律不得羁押。例如澳大利亚规定16岁以下未成年人一律不得予以拘留；16岁～18岁少年可被拘留，但须与成年人分开羁押。[4]三是根据罪行性质进行限制，规定犯轻罪不能被审前羁押，如法国规定对不满13周岁的未成年人不得实施监禁，13周岁以上不满16周岁的未成年人，仅在犯重罪被当场抓获的情况下才能被监禁，如犯轻罪则不能适用。[5]四是根据可能判处的刑罚进行限制，以使审前羁押符合"比例性原则"，防止审前羁押时间与刑罚时间不相匹配的情况出现。

我国目前并未对未成年人审前羁押予以明确的限制，仅仅笼统地规定对未成年人"可捕可不捕的不捕"。如《人民检察院关于办理未成年人刑事案件的规定》第12条规定："人民检察院审查批准逮捕未成年犯罪嫌疑人，应当根据未成年犯罪嫌疑人涉嫌犯罪的事实、主观恶性、有无监护与社会帮教条件等，综合衡量其社会危险性，确定是否有逮捕必要，慎用逮捕措施，可捕可不捕的不捕。"

总体看来，我国对未成年人审前羁押的适用缺乏确保其成为一种"万不得已"选择的保障性措施和可操作性标准，其与成年人审前羁押制度的适用之间也缺乏必要的区别。相对而言，未成年人逮捕的适用尚在程序上与条件适用上受到一定的限制，而刑事拘留的适用则更加随意。

---

〔1〕 张鸿巍：《少年司法通论》，人民出版社2008年版，第303页。

〔2〕 张鸿巍：《少年司法通论》，人民出版社2008年版，第305页。

〔3〕《公安机关办理未成年人违法犯罪案件的规定》第16条规定："对不符合拘留、逮捕条件，但其自身安全受到严重威胁的违法犯罪未成年人，经征得家长或监护人同意，可以依法采取必要的人身保护措施、危险消除后，应当立即解除保护措施。"第17条："对正在实施犯罪或者犯罪后有行凶、逃跑、自杀等紧急情况的未成年被告人，可以依法予以拘留。"

〔4〕 张鸿巍：《少年司法通论》，人民出版社2008年版，第307页。

〔5〕 卢敏："法国设置特殊程序审理未成年人犯罪案件"，载《检察日报》2008年9月1日。

（五）强调采用审前羁押替代措施

不管是采用福利型少年司法模式的国家还是采用刑事型少年司法模式的国家，都非常强调审前羁押替代性措施的运用。福利型少年司法模式国家多强调以"观察保护"（观护）代替审前羁押，例如日本《少年法》第 43 条第 1 款规定：检察官对少年嫌疑案件可以向法官提出以教育家庭裁判所调查官观察保护、解送少年鉴别所（从收容起不超过 72 小时）替代。在美国，法官也可以裁定由观护人（缓刑考察官）观护的方式代替羁押，或者责令戴电子监控器在家庭、社区待审。而刑事型少年司法模式国家则强调以保释的方式替代监禁，并且将保释视为犯罪嫌疑人的权利。

我国的少年司法制度总体上属于刑事型模式，与其他刑事型少年司法模式国家不同的是我国少年司法中还没有形成完善的审前羁押替代措施，现行刑事诉讼法也没有将取保候审界定为犯罪嫌疑人的一项基本权利。绝大多数未成年犯罪嫌疑人、被告人须在羁押而不是非羁押状态中等待审判。

（六）审前羁押程序的正当化

国外非常强调审前羁押程序的正当化，具体表现在以下几个方面：首先，逮捕及羁押期间的讯问应有律师、法定代理人或者其他合适成年人在场，没有律师、法定代理人或者其他合适成年人在场讯问犯罪嫌疑人所获得的口供等材料属于非法证据，应予以排除。有的国家，例如法国还规定应当在讯问未成年犯罪嫌疑人时进行同步录音录像。[1]其次，决定审前羁押须通过庭审（听审）的方式进行，并且由法官当场决定，例如在法国对于性质严重的案件，当检察官要求对未成年人进行羁押时，法官将召集检察官、律师及未成年人本人，由"控辩"双方就是否应该羁押展开对抗辩论，这类似一个简易的庭审，而后才能作出是否羁押的决定。[2]

我国目前的审前羁押程序的正当性存在明显的弊端。首先，拘留、逮捕期间的讯问，法定代理人及其他合适成年人的到场是无法保证的，除了少数试点地区，在讯问时律师也不能到场。其次，羁押决定程序是一个封闭的系统，缺乏必要的外部监督制约机制，例如可长达 37 天的拘留完全由公安机关自行决定，而逮捕则是由作为控诉方的检察机关决定。

（七）审前羁押的执行方式特殊化

国外多以专门的少年拘留所或者其他形式的符合少年身心特点的专门场所执行审前羁押，其在教育管理方式上显著区别于成年人拘留所。例如美国少年拘留所针对少年的身心特点，在审前羁押的拘留所中采取了一系列有针对性的教育、管理措施，例如考虑到未成人的身高，会在拘留所的卫生间设置合适高度的马桶；针对未成年人生理发展的阶段，采用合适的方式对未成年人进行性教育。德国更是通过专门少年法的方式规定了对少年拘留所的限制，例如《德国少年法院法》第 93 条规定："（1）对少年的审前拘留，应尽可能在特定的拘留所或在某一拘留所的特定部门执行，或者至少在少年禁闭机

---

〔1〕　卢敏："法国设置特殊程序审理未成年人犯罪案件"，载《检察日报》2008 年 9 月 1 日。
〔2〕　卢敏："法国设置特殊程序审理未成年人犯罪案件"，载《检察日报》2008 年 9 月 1 日。

构执行。（2）审前拘留的执行应力图具有教育效果。"

相较于外国专门的少年审前羁押场所和成熟的审前羁押执行方式，我国目前对未成年人的审前羁押仍由设置于公安机关的看守所执行。看守所对于未成年犯罪嫌疑人的管理与成年犯罪嫌疑人的区别并不大，对未成年犯罪嫌疑人特殊性的考虑是不足的，有的地方即便是分别羁押也无法确保。

二、我国未成年人审前羁押制度的实际运行状况

通过与国外未成年人审前羁押制度的比较，可以发现我国未成年人审前羁押制度存在着制度设计上的诸多弊端。从未成年人审前羁押制度的实际运行状况来看，这种制度设计上的缺陷是值得反思的。

（一）未成年人审前羁押率明显偏高

相较于国外审前羁押措施的程序保障功能，我国目前的审前羁押措施仍具有很强的惩罚色彩。这样一种"押"与"罪"之间的过分密切关联，是导致审前羁押率过高的重要原因。根据最高人民检察院的工作报告，自1997年新刑事诉讼法实施以来，每年逮捕人数与起诉人数之比约为90%～102% [1]，2008年略有下降，但捕诉百分比也高达83% [2]。

就未成年人而言，审前逮捕率也明显过高，而且较之成年人并没有明显的区别。以少年司法制度相对较为发达的上海市为例，2007年审前逮捕率（捕诉比）为79.2%，2008年为75%，2009年为69%，近三年审前平均诉前逮捕率也近75%。而且捕后不诉、判处罚金、缓诉、管制、拘役、免刑等措施的占到被逮人数的30%左右。从数据分析来看，未成年人高逮捕率是存在完善空间的。

另一个容易被忽视的方面是，由于刑事诉讼法对于刑事拘留适用条件的规定非常宽泛，司法实践中先行刑事拘留成为一种常态。从这个角度看，未成年犯罪嫌疑人在审前不被羁押反而成了一种例外。

（二）未成年人审前羁押的期限明显过长

与国外审前羁押制度形成鲜明对比的是，国外对于未成年人审前羁押的期限以天计算，而我国则是以月计算。根据笔者估算，未成年犯罪嫌疑人审前羁押的时间与办案期限是重合的，平均高达5个月。而且在笔者看来，如此之长的羁押时间主要并非由于未成年人案件的疑难导致的，而是因为制度设计的缺陷，例如上海市某区的实验发现未成年人涉罪案件全程办理期限平均为151天，但是通过推行以提高未成年人案件办理优先性为特点的简案快审改革后，这一期限大幅度降到平均约80天。

造成未成年人审前羁押期限过长的主要原因是公安司法机关普遍存在的"用足"办案期限现象。以刑事拘留为例，据统计，上海市公安机关提请批准逮捕的未成年犯罪嫌

---

〔1〕 李昌林："降低羁押率的途径探析"，载《中国刑事法杂志》2009年第4期。

〔2〕 2008年全年共批准逮捕各类刑事犯罪嫌疑人952 583人，提起公诉1 143 897人。参见最高人民检察院工作报告，2009年3月10日。

疑人中，刑事拘留满 30 天的比例分别为 2007 年 97.6%、2008 年 97.7% 和 2009 年 97.87%。刑事拘留在 3 天之内就报捕或变更强制措施的，2007 年为 0.8%，2008 年为 0.3%，2009 年为 0.8%。[1] 但按照刑事诉讼法的规定，刑事拘留的期限原则上只有三天，在特殊情况下，经县级以上公安机关负责人批准，提请审查批准的时间可以延长 1 日至 4 日。只有对于流窜作案、多次作案、结伙作案的重大嫌疑分子，经县级以上公安机关负责人批准，提请审查批准的时间才可以延长至 30 日。也就是说，绝大多数未成年犯罪嫌疑人都被公安机关轻易地认定为具有"流窜作案、多次作案、结伙作案"这样一种特殊原因而用足了刑事拘留期限。在逮捕后的诉讼程序中，公、检、法机关通常也会继续"用足"办案期限，"用活"延长办案期限的规定。

（三）审前羁押事实上具有惩罚的性质并具有预判的效力

从理论上来说，审前羁押不应当具有惩罚的性质，但是不能否认这种与刑罚执行基本无异的措施在事实上所具有的惩罚性质。正如贝卡利亚所言："在被宣判为罪犯之前，监禁只不过是对一个公民的简单看守；这种看守实质上是惩罚性的，所以持续的时间应该尽量短暂，对犯人也不要苛刻"。[2] 我国审前羁押刑期折抵制度，更加强化了这样一种审前羁押与刑罚之间的对等性。

审前是否羁押可以对案件处理产生至少以下三个方面的"预判"效应：罪与非罪（诉与不诉）的选择、虚刑与实刑的裁量、刑期长短的裁判。通常，被逮捕的嫌疑人基本不可能适用不起诉措施，即便逮捕不当也可能因此"将错就错"；被逮捕的被告人一般不会判处缓刑；而审前羁押的期限会对判处刑期的长短产生重大甚至决定性影响。例如 2009 年某地所办理的未成年人王某抢夺案，王某抢夺财物的价值为人民币 800 元，法院本欲对王某作出拘役四个月的刑事处罚，但判决前发现王某已被羁押五个月，遂对其作出拘役五个月十五天的刑罚。[3]

（四）本地与外地未成年人审前羁押的适用明显不平等

一个在刑事司法中日渐突出的问题是外来犯罪人与本地犯罪人的司法差别日益加大，例如外地犯罪嫌疑人犯罪的入罪门槛更低，获得取保候审、缓刑等宽缓性司法处遇的机会更少。

近些年来，本地涉罪未成年人与外来涉罪未成年人的司法处遇差距越来越大，这一点不但深刻地体现在取保候审率差别等程序性方面，更体现在实刑裁判的差距方面。以北京市海淀区检察院 2005 年到 2007 年对涉罪本地人员与外来人员的措施比较，外地人一般都被提请逮捕，检察机关也基本批准了对涉罪外来人员的批捕，而对本地人，采取措施往往都不提请逮捕，两者相差近三倍，而且呈日益扩大的趋势。（见表 19 - 1）。

---

〔1〕 参见上海市检察院 2010 年调研课题报告：《未成年人审前羁押制度研究》。
〔2〕 ［意］贝卡利亚：《论犯罪与刑罚》，黄风译，中国大百科全书出版社 1993 年版，第 56 页。
〔3〕 参见上海市检察院 2010 年调研课题报告：《未成年人审前羁押制度研究》。

表 19-1　北京海淀检察院 2005~2007 年本地与外来人员审前羁押措施比较[1]

年份	户籍	移送起诉	羁押数	审前羁押率
2005	北京	142	70	49.3%
	外地	388	301	77.6%
2006	北京	107	44	41.1%
	外地	298	248	83.2%
2007	北京	89	37	41.6%
	外地	274	223	81.4%

造成这种差距的原因既有司法机关观念上的因素，也与制度设计的不足有关。对于未成年人案件，相关司法解释在刑事诉讼法所规定的取保候审适用条件之外强调具有监护和帮教条件，而对于绝大多数外来未成年而言这样的条件显然是不可能具备的。例如《最高人民检察院关于在检察工作贯彻宽严相济刑事司法政策的若干意见》第 11 条规定：对未成年人犯罪案件依法从宽处理。要对未成年犯罪嫌疑人的情况进行调查，了解未成年人的性格特点、家庭情况、社会交往、成长经历以及有无帮教条件等情况，除主观恶性大、社会危害严重的以外，根据案件具体情况，可捕可不捕的不捕，可诉可不诉的不诉。

（五）缺乏完善的审前羁押替代机制

我国目前还没有适合未成年人特点的审前羁押替代制度。尽管刑事诉讼法规定了取保候审、监视居住两种可发挥审前羁押替代功能的强制措施，但其在司法实践中的实际运用受到了严格的限制。《最高人民检察院关于在检察工作贯彻宽严相济刑事司法政策的若干意见》第 13 条规定：对于罪行较轻，具备有效监护条件或者社会帮教措施，没有社会危险性或者社会危险性较小，不会妨害诉讼正常进行的未成年犯罪嫌疑人，一般不予批准逮捕。

在外来未成年人犯罪率高的情况下，未成年人取保候审的风险很大，而且由于缺乏对外来涉罪未成年人的监护和帮教等客观条件，办案机关对外来涉罪人员往往采取和执行了逮捕措施。另外由于目前的司法环境，取保候审措施的适用现状往往具有更多人为运作的色彩，而非制度本身发展的结果，这也在一定程度上导致人们对司法公正的质疑。

（六）未成年人在羁押期间的状况令人担忧

看守所管理所存在的弊端长期备受诟病，就未成年人而言，尽管法律明确规定应当与成年人有所区别，但其在看守所羁押期间的状况并不容乐观，甚至连分押分管的底线要求都无法做到。以少年司法发育相对较好的某市为例，在 2007、2008、2009 三年中就分别有 142、109、96 名未成年人与成年人混同关押。除了分押分管无法完全做到外，未

---

〔1〕　卢建平主编：《京师刑事政策评论》（第 3 卷），北京师范大学出版社 2010 年版，第 249 页。

成年犯罪嫌疑人在羁押期间的管理也与成年犯罪嫌疑人的差异不大，未成年人身心的特殊性并没有得到应有的照顾。

三、未成年人审前羁押制度改革的若干思考与建议

未成年人审前羁押制度改革应从三个方面着手：一是降低羁押率，二是减少羁押时间，三是改善羁押期间对犯罪嫌疑人的处遇。具体而言，可以从以下几个方面进行努力：

（一）不仅要按法条办案，更要按信条办案〔1〕

在少年司法中，按法条办案是一种底线要求，按信条办案则是一种基本的要求。按法条办案不会妨碍司法机关与承办人员对于案件的处理从自身的利益角度出发，但是按信条办案则要求司法机关与承办人员坚持"儿童本位"，确保儿童最大利益原则在少年司法中的实现。强调按信条办案有助于纠正目前少年司法中普遍存在的司法机关用足办案期限的弊端。

联合国《儿童权利公约》第3条第1款规定："关于儿童的一切行为，不论是由公私社会福利机构、法院、行政当局或立法机构执行，均应以儿童的最大利益为一种首要考虑。"儿童最大利益是否被作为一种首要考虑，至少有以下三个层次的衡量标准：第一层，优先性。这是对行为者客观行为的直观评价，即关于儿童的一切行为是否以儿童利益优先，例如对于是否羁押未成年犯罪嫌疑人首先考虑的是儿童的利益还是"考核"的需要。第二层，特殊性。这是对行为者行为方式的特殊要求，即关于儿童的一切行为是否充分考虑到了儿童身心发展和权利的特殊性，并给予了充分的尊重，比如在看守所时，是否给予了符合未成年人身心特点的待遇，在讯问未成年人时是否采用了符合其身心特点的方式和方法。第三层，本位性。这主要是对行为者主观动机的衡量，即关于儿童的一切行为是否真正以儿童为本位，例如从表面上看司法机关在办理未成年人案件时遵循了法律的规定，但是却并非基于有利于教育、感化、挽救未成年人的考虑，而是为了规避自身的办案风险。

（二）切断办案人员与案件之间的利益纽带，避免将未成年人"非人格化"

我国目前对于办案人员的量化和考核指标的设置在一定程度上会导致办案人员与案件的最后处理之间产生不正当的利益联系。例如某市对于检察机关办理未成年人案件的考核中有这样的规定，如果追捕一名未成年犯罪嫌疑人则在考核时要加分，如果被追捕的未成年人判处刑罚越重，考核加分越高。〔2〕这样的考核方式客观上产生了鼓励对未成年人予以审前羁押及重刑化的效果，显然与未成年人非监禁化及轻刑化的要求是相悖的。

为了改变与消除这种不合理机制的影响，首先必须割断审前羁押与承办人员之间的利益与风险联系性，否则司法人员难免会将审前羁押用到极致，审前羁押成为一种万不

---

〔1〕　在印象中，这句精辟的概括最早由现任《民主与法制》总编刘桂明使用。

〔2〕　发现使用取保候审强制措施不当应逮捕的，书面建议公安机关追捕，且追捕已批准逮捕的未成年人5分。

得已的措施也只能是一句空话。其次，考核机制不应鼓励审前羁押，应当废除追捕加分等类似不适当的考核规定。再次，考核机制应当避免产生将未成年犯罪嫌疑人"客体化"、"符号化"、"利益化"的后果，基于这样的考虑，我们认为计分考核的做法并不适合于少年司法。最后考核机制要有容错率，以避免"逼良为娼"、"将错就错"。正是从这个意义上看，我们认为在少年司法中探索建立"风险责任免责机制"[1]是一种值得肯定的改革思路。

（三）加强对公安、检察机关的外部制衡，审前羁押决定程序应当"准司法化"

"在没有外部制衡监督的情况下，滥押的情况难免发生。"[2]正因为如此，发达国家多采取由中立的法院享有审前羁押决定权的制度设计。台湾地区审前羁押制度改革成功的经验正在于加强对公安机关审前羁押提请权力的监督，将审前羁押的决定权交由法院行使，从而将审前羁押纳入司法程序。

我国目前尚不具备由法院行使审前羁押决定权的条件，在维持现有权力配置的情况下，可以借鉴域外的成功经验，逐步推动审前程序的正当化改革，例如在讯问程序中推行合适成年人、律师在场制度，在审查逮捕阶段引入准司法程序，由检察机关采取召开由公安机关、被告人、律师（合适成年人）参加的听证会的方式，综合考虑各方关于是否逮捕的意见，通过公开透明、多方参与的听证程序，最后决定是否对被告人予以逮捕。

（四）完善审前羁押替代性措施

事实上，司法实践中所存在的未成年人审前高羁押率与审前羁押时间过长的状况，在某种程度上是缺乏可行的审前羁押替代措施而被迫造成的。要想有效降低审前羁押率，必须探索建立或完善适合于未成年人的审前羁押替代性措施。

首先，应当完善我国的取保候审制度。针对未成年人案件的特点，可以通过完善目前的保证人制度来提高取保候审的适用比例，使取保候审成为审前羁押的一种有效替代措施。我国可以借鉴国外的"观察保护"制度，由专门的观护人担任保证人，以避免由于难以找到合适的保证人而被迫羁押未成年人的情况。

其次，可以探索新的羁押替代方式，比如推广"电子手铐"。"电子手铐"是一种利用电子设备监控、约束犯罪嫌疑人、被告人或罪犯等特定对象行踪的现代科技手段。借助这种电子监控手段可以确定被监控者所在的位置。同时借助这个系统，被监控者可以在一定范围内自由活动，有别于剥夺人身自由的羁押性控制手段。与传统的限制人身自由的非羁押性控制手段相比，"电子手铐"在监控的实效性和经济性上有比较明显的优势。美国、韩国等发达国家已经对部分犯罪群体实施了此项制度，此制度也值得在未成年人审前羁押改革中率先借鉴。

---

〔1〕 程晓璐："未成年人审前羁押的实证分析及对策研究"，载卢建平、徐汉明主编：《京师刑事政策评论》（第3卷），北京师范大学出版社2010年版，第256页。

〔2〕 陈玉洁："羁押制度的改革与台湾的经验"，载 http://www.usasialaw.org/? p = 2798.

（五）完善强制措施变更制度

及时变更不当的刑事拘留、逮捕为非羁押性强制措施可以有效纠正不适当的审前羁押。但是目前我国尚缺乏有效的强制措施变更制度。就刑事拘留而言，目前并没有变更机制，而逮捕的变更机制也受到了严格的限制，仅在发现案件确有错误，需要撤案以及捕后出现了《刑事诉讼法》所规定的情形才可以变更。这样的规定意味着一旦司法机关变更强制措施，则承认先前的羁押决定是错误的，这样非此即彼的制度设计显然没有尊重司法实践的特殊性。

相较于成年人变更强制措施的严格程序，对未成年人变更强制措施尚具有一定的操作空间。如《人民检察院办理未成年人刑事案件的规定》（2006年12月）第16条第3款："未成年犯罪嫌疑人被羁押的，人民检察院应当审查是否有必要继续羁押"，这一规定考虑到了审前羁押过程中可能出现可以不羁押的情况，但是对于"是否有必要继续羁押"的判断标准、判断程序以及如何变更逮捕等，尚缺乏必要的规定，实践中也还没有形成成熟的做法。对此应当通过修改刑事诉讼法的方式予以明确。

（六）改善被羁押未成年人的特殊处遇

根据目前未成年人审前羁押出现的问题，综合其他学者的研究，笔者主张可以通过以下几方面努力来改善被羁押未成年人的特殊待遇：一是改进看守所的监舍设置，严格做到分押分管。二是推动建立统一的少年看守所，并将少年看守所从公安体系中分离出来，设置于司法行政机关。三是制定未成年犯罪嫌疑人、被告人审前羁押管理、教育的特殊标准，这可以借鉴目前未成年犯管教所已经成熟的一些做法。四是探索半羁押方式，探索羁押社会化路径，例如可以借鉴其他国家的成功经验，推行家中拘禁、周末拘禁、离所探亲、亲情餐厅、志愿者进所帮教、离所学习等方式[1]。

此外，由于我国目前审前羁押制度是依附于办案期限的，因此可以通过对未成年人案件的快捕、快诉、快判等减少办案时间的方式来减少未成年人审前羁押时间，同时还应当明确禁止利用补充侦查、重新计算羁押期限等规定变相延长未成年人羁押时间的行为。

（载《中国刑事法杂志》2011年第4期）

---

[1] "改革未成年人审前羁押制度"，载《检察日报》2007年11月26日。

第十九章

合适成年人在场权的提出与论证

合适成年人在场权是指未成年犯罪嫌疑人在侦查讯问等刑事诉讼活动中所享有的应有合适的成年人到场参与的权利。合适成年人的到场改变了讯问程序的封闭性和未成年犯罪嫌疑人孤立无援的境地，对于维护未成年犯罪嫌疑人的身心健康、减少司法伤害以及促进刑事诉讼的顺利进行均可以产生积极的影响。合适成年人在场权应当被确立为未成年犯罪嫌疑人的一项新的诉讼权利，同时必须注意的是这一权利与监护人在场权和律师在场权有着重大的区别。

一、合适成年人在场权的界定

合适成年人（Appropriate Adult）[1]在场权亦可称为合适成年人参与权，简单地说它是指未成年犯罪嫌疑人在侦查讯问等刑事诉讼活动中所享有的应有合适的成年人到场参与的权利。

未成年人的监护人（通常是其父母）是"天然的"合适成年人，但是监护人并非总是"合适的"到场人（如与案件有牵连、与未成年人关系紧张等），或者因为特殊原因（如拒绝到场、监护人不明、没有监护人等）而不能到场。因此，为了保障未成年犯罪嫌疑人的合适成年人在场权，一些国家建立了专门的合适成年人队伍，为出现监护人不能、不宜或者拒绝到场情形的未成年人提供合适成年人服务。我国上海、云南、江苏、浙江、福建等省市司法实践部门在试点合适成年人参与制度[2]中也建立了类似的专门

---

〔1〕"合适成年人"一词直译于英国《1984年警察与刑事证据法》，尽管略显拗口，但目前已经被少年刑事司法理论和实践部门所认同和采用。有关这一术语起源的进一步探讨，参见姚建龙："英国适当成年人介入制度及其在中国的引入"，载《中国刑事法杂志》2004年第4期。

〔2〕从目前已知省市所试点的合适成年人参与制度来看，可以从合适成年人与法定代理人的关系角度概括为三种基本的模式：第一种模式为救济模式，主要为上海、江苏、浙江三省市采用，因为首先是在上海试点，因此亦可称为上海模式。这种模式的特点是把合适成年人定位为在讯问未成年犯罪嫌疑人时，如果法定代理人不能到场则由其到场的救济方式。第二种模式为独立模式，目前仅见在云南省昆明市盘龙区采用，因此亦可称为盘龙模式。这种模式的特点是把合适成年人看成一种独立于法定代理人的诉讼参与人，法定代理人是否到场并不影响合适成年人对刑事诉讼的介入。第三种为包容模式，目前仅见为福建省厦门市同安区采用，因此亦可称为同安模式。这种模式的特点是把法定代理人也视为合适成年人之一种，并且在讯问被取保候审的未成年犯罪嫌疑人时，法定代理人具有到场的优先性。从三种模式的认可度来看，救济模式得到了最为广泛的支持。

合适成年人队伍。此时所称的合适成年人通常不是指监护人而是其他成年人——特别是经过选拔、培训的专门合适成年人。我国目前理论界和实务部门所使用的合适成年人概念主要是指这个意义上的狭义合适成年人，其他国家也类似，例如澳大利亚开展的"充当讯问朋友项目"（The act interview friends program）也是在这个意义上使用"讯问朋友"的概念。当然，如果把这样一种概念使用的倾向性理解为监护人不属于合适成年人的范围，显然也是不恰当的。

合适成年人在场权的内涵可以从多个角度作进一步的明确。从合适成年人参与刑事诉讼阶段的角度，可以对合适成年人在场权作最狭义、狭义、中义和广义四层次的界定。最狭义的合适成年人在场权仅仅指未成年犯罪嫌疑人在侦查讯问程序中所享有的应当有合适的成年人到场参与的权利。狭义的合适成年人在场权是指未成年犯罪嫌疑人在审前讯问程序中（包括侦查阶段的讯问和审查起诉阶段的讯问）所享有的应当有合适的成年人到场参与的权利。中义的合适成年人在场权是指未成年犯罪嫌疑人、被告人在讯问、审判程序中所享有的应当有合适的成年人参与的权利。广义的合适成年人在场权则是指未成年犯罪嫌疑人、被告人在整个刑事诉讼程序中所享有的应当有合适成年人到场参与的权利，从诉讼内容的角度来看，它包括在讯问、辨认、搜查、扣押、庭审等各种诉讼活动中未成年犯罪嫌疑人、被告人均享有合适的成年人到场参与的权利；从诉讼阶段来看，它包括在刑事诉讼的侦查、起诉、审判等各个阶段，未成年犯罪嫌疑人、被告人均享有合适的成年人到场参与的权利。

如果从合适成年人参与制度的起源国——英国《1984年警察与刑事证据法》的规定来看，合适成年人对刑事诉讼的参与主要在侦查讯问阶段。虽然这部法律没有明确提出合适成年人在场权的概念，但可以推断出其对合适成年人在场权的界定基本采用的是最狭义说的立场，这也是研究合适成年人在场权和合适成年人参与制度所必须考虑的一个前提，正因为如此本文所适用的合适成年人在场权这一概念取最狭义。

合适成年人在场权是未成年犯罪嫌疑人所应当享有的一项尚未引起重视的重要诉讼权利，其最核心的特征在于权利设计的儿童[1]本位——它不是合适成年人的权利，而是未成年犯罪嫌疑人的权利。具体而言，这项权利设计的儿童本位至少应体现在以下五个基本方面：一是强调讯问时应当有除未成年犯罪嫌疑人和讯问人员之外的第三方到场，不应当出现未成年犯罪嫌疑人直接面对讯问人员这样一种将未成年人陷入孤立困境的情形出现。二是强调讯问时到场成年人的"合适性"。评价合适性的标准主要是看该成年人的到场是否符合儿童最大利益原则的要求，看其是否有助于实现未成年犯罪嫌疑人的最大利益，例如以下几种情况一般认为并不具有"合适性"：与案件有牵连者、未成年人明确拒绝者、警方聘用者等。三是强调到场合适成年人的积极性，要求其并非消极地旁观讯问，而应积极地追求儿童最大利益的实现，例如抚慰未成年人紧张、恐惧、焦虑等情绪、及时制止警方的不当或违法讯问行为、积极协助未成年犯罪嫌疑人与警方

---

〔1〕　本文所使用的"儿童"一词是从联合国《儿童权利公约》角度所使用的一个概念（公约规定儿童的年龄不得高于18周岁），在国内法语境下，其与我国未成年人保护法所界定的"未成年人"（不满18周岁之任何人）一词含义相同。

沟通等。四是应当根据未成年犯罪嫌疑人的年龄和成熟程度，尊重其对合适成年人的选择权。五是要求建立合适成年人在场权的保障制度。这种保障制度的理想形式是建立非法证据排除制度，即将无合适成年人在场所取得的讯问口供及相关证据明确规定为非法证据予以排除。即便不能一步到位建立无合适成年人到场所取得的口供及其他相关证据的排除机制，也应将合适成年人的到场作为一种法律上的强制性要求。同时，这一保障制度也应包括建立一支具有专业性、常备性的合适成年人队伍以确保未成年犯罪嫌疑人无论在什么情况下均可以及时获得合适成年人的服务。

如果权利设计并不符合上述五个方面的要求，即便法律规定讯问时应当通知相关成年人，如法定代理人、教师等到场，亦不能认为确立了未成年犯罪嫌疑人的合适成年人在场权，或者至少不能称为确立了完全意义上的合适成年人在场权。

需要强调的是合适成年人在场权的儿童本位并不意味着该权利的实现需要构成对刑事诉讼顺利进行的妨碍和司法机关利益的损害，相反这被认为有助于儿童最大利益原则的实现。因为如果赋予未成年犯罪嫌疑人某项权利会妨碍刑事诉讼的顺利进行，甚至构成对司法机关利益的损害，或者带来其他过于严重的负面影响，那么在司法机关主导推动刑事诉讼进行的现实下，即便这一权利被强行规定，也很可能会被虚置或者难以得到切实的保障和实现。"双赢"才最有利于权利的实现，也符合儿童最大利益的要求。

合适成年人在场权正是这样一种具有"双赢"特点的权利。因为合适成年人的在场不仅仅可以起到抚慰未成年犯罪嫌疑人、监督讯问合法性等保障未成年人权益的作用，也可以为讯问人员的合法讯问行为提供有说服力的旁证，降低讯问人员遭受非法讯问控诉的风险。同时，合适成年人的在场也会大大提高讯问时所获取的证据，特别是口供的证据效力，也有助于固定口供，降低犯罪嫌疑人翻供的风险。

合适成年人在场权是基于未成年犯罪嫌疑人身心发育不成熟等主体的特殊性而设计的一项特别诉讼权利，这项权利一般不为成年犯罪嫌疑人所享有。不过有少数国家的法律（如英国《1984 年警察与刑事证据法》）也规定了精神错乱或精神障碍者这一类似"未成年人"的成年人拥有合适成年人在场权。

二、合适成年人在场权的国际法渊源与理论基础

联合国《儿童权利公约》第 3 条第 1 款明确规定："关于儿童的一切行动，不论是由公私社会福利机构、法院、行政当局或立法机构执行，均应以儿童的最大利益（The best interests of the child）为一种首要考虑"，此即被奉为国际儿童人权法的核心原则——儿童最大利益原则。为了在少年司法中贯彻儿童最大利益原则，《儿童权利公约》第 37 条、第 40 条规定了少年司法所应遵守的基本规定，同时联合国还制定了《少年司法最低限度标准规则》、《保护被剥夺自由少年规则》等专门的规则以指导各国的少年司法。目前，儿童最大利益原则已经得到了国际社会的普遍认同，成为各国处理有关儿童事务的最高准则和制定儿童政策、法律的基本指针。

尽管已经有学者指出儿童"最大利益"的含义具有模糊性，但这一原则仍然具有一些得到广泛认同的基本衡量标准。这些标准可以概括为以下几点：一是优先性标准，即

关于儿童的一切行为是否以儿童利益优先，这是对行为者客观行为的直观评价。二是特殊性标准，即关于儿童的一切行为是否充分考虑到了儿童身心发展和权利的特殊性，并给予了充分的尊重，这是对行为者行为方式的特殊要求。三是本位性标准，即关于儿童的一切行为是否真正以儿童为本位，这主要是对行为者主观动机或者制度设计动机的衡量。

合适成年人介入讯问的重要作用正是为了确保儿童的最大利益在少年司法制度中得到实现。[1] 合适成年人在场权是儿童最大利益原则在未成年人刑事诉讼程序中贯彻的要求，它体现了对未成年犯罪嫌疑人身心发育特点的尊重（如讯问时对父母等成年人在场的期待、家庭式的讯问氛围、尽量降低司法伤害等），体现了对未成年人的优先保护性（儿童保护的价值追求优先于发现犯罪真相），也体现了对未成年人的特殊保护性（合适成年人在场权主要为未成年人所享有）等。

在联合国《儿童权利公约》、《少年司法最低限度标准规则》等中，虽然并没有明确使用"合适成年人"的概念，但是基于儿童最大利益原则的要求，对此也做出了相应的规定，例如《儿童权利公约》第37条规定："所有被剥夺自由的儿童应受到人道待遇，其人格固有尊严应受尊重，并应考虑到他们这个年龄的人的需要的方式加以对待"，"所有被剥夺自由的儿童均有权迅速获得法律及其他适当援助"。第40条规定："所有被指称或指控触犯刑法的儿童至少应得到下列保证：……要求独立公正的主管当局或司法机构在其得到法律或其他适当协助的情况下，通过依法公正审理迅速作出判决，并且须有其父母或法定监护人在场，除非认为这样做不符合儿童的最大利益，特别要考虑到其年龄或状况……"《少年司法最低限度标准规则》7.1条规定："在诉讼的各个阶段，应保证基本程序方面的保障措施，诸如假定无罪指控罪状通知本人的权利、保持沉默的权利、请律师的权利、要求父亲或母亲或监护人在场的权利、与证人对质的权利和向上级机关上诉的权利"。第15.2条规定："父母或监护人应有权参加诉讼，主管当局可以要求他们为了少年的利益参加诉讼。但是如果有理由认为，为了维护少年的利益必须排除他们参加诉讼，则主管当局可以拒绝他们参加"。第15条的"说明"进一步阐释："规则15.2中所述的父母或监护人参加的权利则应被视为是对少年一般的心理和感情上的援助，在整个程序过程中都是如此"，"主管当局在对案件寻求适当处理时可能特别会从少年的法律代表（或少年可以而且真正信任的某个其他个人助理）的合作中获益。"

可以把联合国的上述规定概括为以下几个要点：首先，父亲或母亲或监护人在场的权利应被明确为少年所享有的一项基本诉讼权利。其次，父母或监护人到场的目的是为了少年的利益，是对少年一般的心理和感情上的援助。再次，如果父母或监护人到场会妨碍少年利益则他们应被拒绝参加诉讼。由此可见，虽然《儿童权利公约》、《少年司法最低限度标准规则》并没有明确使用"合适成年人"的概念，但是合适成年人在场权的基本精神已经得以确立，例如到场的成年人应满足符合儿童最大利益的"合适性"要求；合适成年人的到场应当视为少年的一种诉讼权利；监护人具有作为合适成年人的优

---

〔1〕 约翰·皮兹：《项目评估标准》，第二次中欧少年司法制度——合适成年人参与制度研讨会（上海·华东政法学院，2003年10月）会议资料。

先性，但是在可能妨碍少年利益时则应丧失这种到场的优先性等。

合适成年人在场权的一个显著特征是基于儿童最大利益原则，在讯问程序中对到场成年人的"合适性"要求可以超越父母亲权，如果父母到场可能有损于儿童最大利益时，可以禁止其到场而由其他合适成年人到场。合适成年人到场权这样一种超越"亲权"的理论依据来源于少年司法的传统哲理根基——国家亲权（Parens patriae）理论。

通常认为国家亲权理论有以下三个基本内涵：[1]首先，认为国家居于未成年人最终监护人的地位，负有保护未成年人的职责，并应当积极行使这一职责。其次，强调国家亲权高于父母的亲权，即便未成年人的父母健在，但是如果缺乏保护子女的能力以及不履行或者不适当履行监护其子女职责的时候，国家可以超越父母的亲权而对未成年人进行强制性干预和保护。再次，主张国家在充任未成年人"父母"时，应当为了孩子的利益行事[2]（in the interests of the child），即应以孩子的福利为本位。

国家亲权理论不仅仅是少年司法的理论基础，也是合适成年人在场权设计的重要哲理根基。根据国家亲权理论，国家负有保护未成年人的最终职责，因此应当在设计刑事诉讼程序时，充分尊重未成年犯罪嫌疑人身心发育的特点和教育、矫正的需要。赋予未成年犯罪嫌疑人合适成年人在场权，并且保障这一权利的实现，正是这样一种需要的体现。根据国家亲权理论，父母不应具有在讯问程序中的绝对到场权，如果其到场并不符合未成年犯罪嫌疑人利益的要求，则可以被排除在到场成年人的范围之内，而被其他更适合到场的成年人所替代。同时根据国家亲权理论，讯问程序应当具有个别化、矫正模式、家庭模式的色彩。虽然发现犯罪真相是讯问程序的主要目的之一，但是实现儿童最大利益则应是未成年人讯问程序的首要价值和不能违背的基本原则，这与普通讯问程序以发现犯罪真相为首要目标有着重大差别。

合适成年人介入讯问具有明显通过赋予未成年犯罪嫌疑人特别的诉讼权利以平衡未成年犯罪嫌疑人与警方力量对比的特点。合适成年人有助于维持诉讼参与各方力量的基本平衡（fundamental balance）[3]，因此赋予未成年犯罪嫌疑人合适成年人在场权、建立合适成年人参与制度也被认为是加强少年司法正当法律程序的体现。

正当法律程序化是自 1967 年高尔特案（In re Gault）以来国际少年司法改革的重要趋势，它具有反思传统少年司法福利模式忽视未成年人程序权利以致实际损害其利益的特点，也是对犯罪控制模式适用于处理未成年人案件弊端的纠正。但是从儿童最大利益原则的视角看，正当法律程序模式仍然并不理想，因为通过平等武装与对抗的方式来保护未成年犯罪嫌疑人虽然有其价值和意义，但是也会强化司法程序的紧张与对抗性，增大司法程序对未成年犯罪嫌疑人的司法伤害。

合适成年人在场权确实具有加强正当法律程序的色彩，也是对刑事诉讼正当程序模式的吸收。但是如果从国家亲权理论的视角出发，则可以发现合适成年人在场权并不仅

---

〔1〕 参见姚建龙："国家亲权理论与少年司法"，载《法学杂志》2008 年第 3 期。

〔2〕 Joseph J. Senna and Larry J. Siegel, *Introduction to Criminal Justice*, West Publishing Company, 1996, p. 707.

〔3〕 "The Appropriate Adult", *Probation Journal*, Vol. 41, No. 3, September 1994.

仅是正当法律程序的体现，更是少年司法程序"家庭模式化"〔1〕的体现，例如合适成年人与律师不同，他是以"类家长"的角色特点介入讯问，在介入讯问过程中致力于给予未成年犯罪嫌疑人以家长式的保护，同时也强调通过平缓未成年犯罪嫌疑人与警方的对抗性以减轻司法伤害。这与正当法律模式通过"平等武装"加强犯罪嫌疑人对抗能力的特点有着鲜明的区别。

家庭模式体现了对传统少年司法福利模式与正当法律程序模式的折中，它吸收了早期少年司法福利模式所主张的程序自由化有利于给予未成年人个别化处遇，避免司法伤害的优点，但是扬弃了其完全忽视正当法律程序而实际损害未成年人权益的弊端；同时，也在强调程序保护的同时降低了正当法律程序的过分对抗、紧张而给未成年犯罪嫌疑人所造成的身心伤害；而且还主张创造一种家庭会议式的氛围，平衡儿童保护与社会安宁两大价值目标的内在紧张与冲突，实现一种双赢。这样一种少年司法程序模式是值得期待的。

三、与监护人在场权的联系与区别

监护人在场权是监护权在刑事诉讼中的自然延伸，就侦查讯问程序而言，它是指监护人所享有的在司法机关讯问其所监护的未成年人时到场参与的权利。由于未成年人的监护人即刑事诉讼中的法定代理人，因此监护人在场权亦可称为法定代理人到场权。

我国《刑事诉讼法》、《未成年人保护法》均明确赋予了监护人在讯问程序中的在场权，而且这种权利已经成为一种讯问机关在法律上必须尊重的权利。《刑事诉讼法》第270条第1款规定："对于未成年人刑事犯罪，在讯问和审判的时候，应当通知未成年犯罪嫌疑人、被告人的法定代理人到场。……"《未成年人保护法》（2012年修订）第56条也规定，公安机关、人民检察院讯问未成年犯罪嫌疑人，应当通知监护人到场。这两部法律均把法定代理人的到场作为一种"应当"性的强制要求。

监护人在场权与合适成年人在场权有着紧密的联系：（1）两种权利在维护未成年人利益的角度上具有一定的"殊途同归性"。由于监护既是一种权利也是一种责任，因此监护人在场权也蕴含着维护被监护未成年人利益的内涵，监护人在场权的实现亦可发挥监督讯问等有利于未成年犯罪嫌疑人之利益维护的功能。（2）由于监护人往往是在讯问时最合适在场的"合适成年人"，因此监护人在场权与未成年犯罪嫌疑人所拥有的"合适成年人在场权"在实现的时候往往体现出一定的重合性。（3）合适成年人在场权在不违背儿童最大利益原则的前提下尊重监护人的在场权，即附条件承认监护人到场的优先

---

〔1〕 一般认为，"家庭模式"的概念是美国耶鲁大学副教授格里费斯（J. Griffith）在1970年发表的《刑事程序中的理念——刑事程序的第三种模式》一文中所最早提出。在论文中，格里费斯批判了美国学者帕卡所提出的著名的"犯罪控制模式"与"正当程序模式"刑事程序模式学说，指出与其说帕卡所主张的模式是两个模式，不如说本质上就是一种模式，即"争斗模式"（battle model），而正当合理的刑事程序模式应是与"争斗模式"相对立的"家庭模式"（family model）。格里费斯指出与争斗模式把被告利益与国家利益利害调整的不可能作为前提的思考正好相反，家庭模式则像理想的家庭那样，是把利害调整的可能性和爱的理念作为前提的。格里费斯把被告人比作犯了错的孩子，并且指出家庭模式将使刑事程序本身的教育功能得到最有效的发挥。参见李心鉴：《刑事诉讼构造论》，中国政法大学出版社1992年版，第45～46页。

性。(4) 从两种权利渊源关系来看，合适成年人在场权是在监护人在场权的基础上产生和发展而来的。正因为监护人在场权与合适成年人在场权之间这种紧密的关联性，两者之间常常容易被混同。

但是监护人在场权与合适成年人在场权之间有着立场上的区别。监护人在场权是指在讯问未成年犯罪嫌疑人时，未成年犯罪嫌疑人的监护人所拥有的可以在场的权利。而合适成年人在场权是指在讯问未成年犯罪嫌疑人时，未成年犯罪嫌疑人所拥有的应有合适的成年人在场的权利。前者是一种以成年监护人为本位的权利，而后者则是一种以儿童为本位的权利。

仅仅确定监护人在场权的法律一般都具有以下以监护人为权利本位的特点：(1) 监护人具有是否到场的决定权，监护人可以到场也可以不到场，并且对于不到场不需要承担任何法律责任。(2) 监护人到场与否不受未成年犯罪嫌疑人意志的影响。讯问机关只负有通知监护人的义务，而不负有征求未成年犯罪嫌疑人意见的义务。未成年犯罪嫌疑人对于监护人是否到场、由哪个监护人到场等均没有选择的权利。(3) 监护人到场与否主要并非基于未成年人利益的考虑。在监护人到场不符合儿童最大利益原则的要求时，并不具有排除或替代机制。(4) 在监护人出现不能到场的情形时（如与案件有牵连、在外地无法在合理时间到场等），缺乏基于儿童最大利益考虑而设计的替代机制。(5) 监护人到场后的权利义务不明确，并不需要按照儿童最大利益原则的要求行事。中国目前刑事诉讼法关于法定代理人在场的规定，就是这样一种代表性模式。虽然刑事诉讼法的这种规定常常被解释为有利于未成年人的保护，但实际上却并不问法定代理人到场是否具有"合适性"，也没有相应的救济机制。

监护人在场权是合适成年人在场权发育的早期阶段，也是合适成年人在场权确立的基础。晚近以来，监护人在场权出现了向合适成年人在场权转化的发展趋势。1972 年在英国发生的肯费特（Maxwell Confait）案〔1〕是促进这种转化的标志性案件。这一案件让英国认识到监护人在场权并不能有效保护未成年犯罪嫌疑人，因此在《1984 年警察与刑事证据法》中率先将监护人在场权发展为合适成年人在场权，并且建立了较为完善的保障这一权利实现的合适成年人参与制度。联合国少年司法准则虽然还没有系统规定合适成年人在场权，但已经较为明显地体现了要求各国将监护人在场权向合适成年人在场权转化的精神，例如基于儿童最大利益原则的考虑，明确将监护人在场权从监护人的权

〔1〕 1972 年 4 月，肯费特被谋杀，三名少年（一名 14 岁，一名 15 岁，另一名虽刚满 18 岁但发育迟钝，心理年龄只有 8 岁）被怀疑是凶手。尽管当时的法律规定："在实际可行的范围内儿童（不管是否涉嫌犯罪）仅应在父母或监护人在场的情况下被讯问，或者，如果其父母或监护人不在场，有非警方人员且与儿童性别相同者在场的情况下被讯问。"然而三名少年均在没有任何其他成年人在场的情况下被讯问并做出了有罪供述，三名少年也因此被判有罪。此案最终被证实为一起冤案，在英国引起了广泛的反响，推动了《1984 年警察与刑事证据法》的出台。肯费特案件表明法律的务实——例如规定在讯问未成年犯罪嫌疑人时应通知父母到场但却留下"在实际可行的情况下"的弹性空间（我国现行刑事诉讼法的规定与此类似），难以产生对警察的实际约束力，也并不能有效地保护未成年犯罪嫌疑人。正是基于这样的认识，英国通过《1984 年警察与刑事证据法》建立了合适成年人参与制度，将合适成年人的到场作为了一种强制性的规定，而且为了避免这一强制性规定被警察规避，还较为系统地规定了合适成年人参与的具体制度，例如规定如果父母不能到场，则应通知其他合适成年人到场，还规定如果在讯问未成年犯罪嫌疑人时没有合适成年人到场，则口供属于非法证据应予以排除。

利转化为了未成年犯罪嫌疑人的权利，并且强调监护人到场的优先性只有在符合儿童最大利益的要求时才会被尊重等等。

近些年来，我国刑事诉讼法也出现了这样一种转化的趋势。这种趋势主要体现在以下几个方面：（1）由于在一般情况下监护人到场符合儿童最大利益原则的要求，因此《未成年人保护法》等法律和司法解释强化了监护人到场的必然性，将刑事诉讼法规定讯问、审判时可以通知监护人到场修改为应当通知到场。（2）扩大了到场成年人的选择范围，开始初步建立了监护人缺位时替代到场的机制。如公安部《公安机关办理未成年人违法犯罪案件的规定》第11条、《公安机关办理刑事案件程序规定》第182条等，将可以通知的成年人从监护人一种对象扩充到监护人和教师两种对象。（3）少年司法实践部门，已经开始借鉴英国的法律规定，探索合适成年人参与制度，这种探索至少已经在上海、云南、福建、江苏、浙江等省市展开。不过值得注意的是，由于无法突破现有法律的框架，这种探索大都仍未能摆脱监护人在场权的影响。

20世纪以来，监护日益被视为一种成年人对未成年人保护的义务而不是监护人的权利，这要求监护人行使监护权应当为了被监护未成年人的利益。在讯问程序中可以基于未成年人的利益而排除监护人的到场，也符合现代监护理论与立法发展的趋势。

尽管合适成年人在场权与监护人在场权有着立场性的区别，但是合适成年人在场权在实现"权利的转化"的同时，也吸收了监护人在场权的积极方面。由于监护人在一般情况下是最合适的"合适成年人"，因此合适成年人在场权尊重监护人到场的优先性——更准确地说，基于儿童最大利益原则要求监护人具有到场的责任和到场后维护未成年人利益的责任。同时在监护人不能到场或者不宜到场等情况下，亦要求选任专门的合适成年人按照"父母般"的原则介入讯问，具有"准家长"的色彩。

四、与律师在场权的联系与区别

近些年来，随着对刑事诉讼法再修改研究的深入，律师在场权逐步成为刑事诉讼法研究中的热点问题之一，我国许多学者均主张刑事诉讼法应当确立律师在场权。

律师在场权可以宽泛地理解为侦查人员和司法人员对犯罪嫌疑人、被告人进行讯问、辨认、审问等行为时，律师有在场的权利。[1]但目前学界多是从讯问程序角度界定律师在场权，具体来说主要有三种观点：广义说主张律师在场权是指刑事诉讼中，侦查人员、检察人员、审判人员讯问犯罪嫌疑人、被告人时，辩护律师享有在场的权利。[2]中义说主张律师在场权是指在刑事诉讼的侦查阶段，凡是与犯罪嫌疑人有关的侦讯行为，辩护人均有权在场为其提供法律帮助。[3]狭义说主张律师在场权是指侦查

---

[1]　参见杨宇冠："律师在场权研究"，载樊崇义主编：《刑事审前程序改革实证研究——侦查讯问程序中律师在场（试验）》，中国人民公安大学出版社2006年版，第130页。
[2]　参见樊崇义等：《刑事诉讼法修改专题研究报告》，中国人民公安大学出版社2004年版，第203页。
[3]　参见方振华："浅析辩护律师在场权"，载陈卫东主编：《司法公正与律师辩护》，中国检察出版社2002年版，第370～371页。

人员讯问犯罪嫌疑人时，辩护律师享有在场的权利。[1]值得注意的是，也有的学者在界定律师在场权时没有采用"律师享有在场的权利"的提法，而是强调这是犯罪嫌疑人、被告人所享有的权利。[2]目前大多数学者是从狭义的角度研究律师在场权。

律师在场权与合适成年人在场权同样有着紧密的关联性：首先，从形式上说，根据律师在场权而在讯问时介入的律师也是讯问中除了讯问人员、未成年犯罪嫌疑人之外在场的成年人之一种，这与合适成年人有着类同之处，在某种程度上也可将律师介入讯问视为合适成年人参与制度的范围。其次，从功能上说，两者也具有一定的重合性，例如两者都具有监督讯问合法性的功能，保护讯问人员、见证讯问合法性的功能，防止翻供、提高口供证据效力的功能，为未成年犯罪嫌疑人提供心理支持的功能等。

但是律师在场权与合适成年人在场权亦有着重大的区别：首先，律师在场权具有权利的二重属性，它既是辩护律师的权利，也是犯罪嫌疑人的权利。从目前我国大多数学者对其所作的界定来看，它主要被视为了律师的权利。合适成年人在场权则是未成年犯罪嫌疑人的权利，而并不被视为是合适成年人享有的权利。其次，从权利享有者的范围来说，律师在场权的享有者广泛，它是辩护律师的一项重要权利，也被视为所有犯罪嫌疑人都应享有的一项权利，但无论是在理论上还是实践中，合适成年人在场权则主要被视为未成年犯罪嫌疑人所特有的一项权利。再次，从资质的区别性来说，根据律师在场权而在讯问时介入讯问的律师必须具有律师资格和执业资质，属于专业性的法律人士，但是根据合适成年人在场权而介入讯问的合适成年人并非法律专业人士，而更强调社会工作技能，其角色类似于"准家长"，而非专业法律职业者。复次，从功能上说，虽然两者有一致之处，但也有着重大的区别。律师在场主要是为未成年犯罪嫌疑人提供法律帮助，但是提供法律帮助并非合适成年人的主要职责也并非其专长。同时，合适成年人具有律师所不具备或者不宜具备的特别功能，例如：（1）教育功能。由于律师是犯罪嫌疑人的委托人或者指定的辩护人，基于职业伦理的要求，律师不宜具有教育的功能，尤其不宜具有教育犯罪嫌疑人认罪伏法的功能；（2）减少司法伤害的功能。律师到场虽然也可以发挥抚慰犯罪嫌疑人心理的作用，但是律师到场可能不但不会减少诉讼过程对未成年犯罪嫌疑人的心理伤害，相反因为增强了讯问程序的紧张和对抗性，还可能强化对于未成年人身心健康的司法伤害，而合适成年人到场则具有缓和讯问程序的紧张和对抗性（也不具有增强对抗性的专长）、减少司法伤害的功能；（3）合适成年人到场具有协助沟通，促进讯问顺利进行的功能。但律师属于犯罪嫌疑人的辩护人，协助沟通并非律师的主要功能，甚至也不应具有这一功能，这在赋予了犯罪嫌疑人沉默权的国家尤其突出。在论述英国合适成年人参与制度是否可以移植到美国时，Paul G. Cassell 教授就曾经指出，其最大的障碍可能是米兰达规则，因为合适成年人可以被论证为是律师，而律师

［1］ 参见潘金贵："论辩护律师讯问在场权"，载张长永主编：《刑事诉讼证据与程序》，中国检察出版社 2003 年版，第 236 页。

［2］ 例如有的学者将律师在场权界定为："在刑事诉讼的审前程序中，侦查人员、检察人员在针对犯罪嫌疑人进行侦讯行为时，犯罪嫌疑人享有律师在场帮助的权利。"参见程滔："律师的在场权"，载陈光中、姜伟主编：《诉讼法论丛》（第 11 卷），法律出版社 2006 年版，第 108 页。

可能阻止任何形式的提问，不管这种提问是多么的合适和公平。[1]最后从可行性的角度来看，合适成年人在场权较之律师在场权更具有可行性，例如推行的成本相对低廉、推行的阻力相对较小、对侦查效率的妨碍相对较低等。

目前，我国刑事诉讼法既没有确立真正意义上的合适成年人在场权，也没有规定律师在场权，讯问程序完全是一种封闭式的秘密程序，一旦进入讯问程序，未成年犯罪嫌疑人就处于孤立无援的困境之中，这种状况急需改变。近些年来，合适成年人参与制度在上海、云南、江苏、浙江、福建等省市的移植，正在为改变这种状况提供实践与立法完善的样本。

五、结语

如果不关注法律的实际运作，我们就容易被蒙着美丽面纱的条文所迷惑。尽管刑事诉讼法关于讯问未成年人犯罪嫌疑人时可以通知法定代理人到场的规定常被解释为对未成年犯罪嫌疑人进行特别保护的条款，但实际上这一条款是一种典型的成人本位立法，其确立的是监护人的权利，而非未成年犯罪嫌疑人的权利。同时，这一规定还掩盖了这样一个事实：少年司法实践中法定代理人的到场率非常低，绝大部分未成年犯罪嫌疑人一旦进入讯问程序即将孤立地面对强大的侦查机关。随着与父母分离的外来未成年人犯罪日益突出，这种情况正在进一步严重化。

近些年来，主张确立律师到场权、建立讯问程序律师在场制度的观点得到日益广泛的支持，许多学者也因此对于合适成年人参与制度建立的必要性产生了怀疑，他们认为在未成年人讯问程序中，只要律师到场即可，合适成年人的到场是没有必要的。这样的主张忽视了合适成年人参与制度较之律师到场制度更具有建构可行性的事实，同时抹杀了少年司法程序与普通刑事司法程序之间的差异性，没有注意到律师到场并不能（也不宜）完全替代合适成年人功能的特点。

英国、澳大利亚等国合适成年人参与制度的最大特色在于合适成年人的介入对于警方讯问合法性及所获得口供效力的影响，没有合适成年人介入的讯问是非法的，所取得的口供亦可作为非法证据予以排除。移植合适成年人参与制度不应仅仅停留于"剧场化"的"观赏"效果，也不应仅仅停留于弥补现行法律关于法定代理人实际到场率低的不足之上，而应致力于提高合适成年人是否到场的实际影响力——当然这有赖于刑事诉讼法的修订。

最近，一些试点合适成年人参与制度的省市已经开始将合适成年人参与制度应用于未成年人刑事诉讼程序的全过程，也有的开始应用于对未成年被害人的询问、有精神障碍的成年犯罪嫌疑人的讯问等程序之中，这是值得进一步关注的发展趋势。

（载《政治与法律》2010 年第 7 期）

---

[1]　Paul G. Cassell, "The Guilty and the 'Innocent': An Examination of Alleged Cases of Wrongful Conviction from False Confessions", *Harvard Journal of Law & Public Policy*, Spring, 1999.

第二十章

附条件不起诉制度适用中的若干问题

未成年人附条件不起诉是指检察机关对于已经涉嫌犯罪，具备起诉条件的未成年犯罪嫌疑人，基于其犯罪事实、犯罪情节、社会危害性及犯罪后的表现等因素考虑，暂时不予起诉，而是要求其在一定期限内履行一定的义务，并视其履行义务的情况最终决定是否对其提起公诉的一种起诉裁量制度。

2012 年修改后的刑诉法专门设立了"未成年人刑事案件诉讼程序"，并规定了未成年人附条件不起诉制度。附条件不起诉制度在立法上的确立，对于依法降低未成年人的批捕率、起诉率、监禁率，改造犯罪未成年人并使其顺利回归正常生活具有重要意义，是未成年人司法的巨大进步。2014 年 1 月 6 日，修订后的《人民检察院办理未成年人刑事案件的规定》设立专节对附条件不起诉予以规范。2013 年 1 月至 11 月，全国检察机关对近 3000 名未成年犯罪嫌疑人决定附条件不起诉。

一、附条件不起诉制度的理念与价值

附条件不起诉制度的特点是"含而不露，隐而不发"，即在犯罪事实清楚、证据确实充分、符合起诉条件的前提下，再给未成年犯罪嫌疑人一次悔过的机会，同时利用现实的刑事追诉威慑力与实际的考察帮教措施促进未成年犯罪嫌疑人改过自新。新刑事诉讼法正式确立的附条件不起诉制度既是国外少年法中的常见性制度设计，也是对我国未成年人检察实践部门探索经验的确认。这样的制度设计非常适合失足未成年人矫正的需要，有利于最大可能的教育、感化、挽救未成年犯罪嫌疑人。

这一制度在刑事诉讼法中的确立，使"教育、感化、挽救"、"教育为主、惩罚为辅"的未成年人司法抽象理念得以在未成年人检察工作中获得具体的制度支撑和实现路径，在很大程度上破解了困扰未成年人司法实践的"要么追诉，要么一放了之"的难题，使我国未成年人司法制度具有了"宽容而不纵容"的色彩，在追求未成年人最大利益原则的同时，兼顾了社会保护的需求与平衡。

二、附条件不起诉制度适用中应重点把握的内容

从修订后的《刑事诉讼法》、《人民检察院刑事诉讼规则（试行）》以及《人民检察

院办理未成年人刑事案件的规定》来看，附条件不起诉适用的条件、程序、考察帮教等是较为明确的，但结合实践情况，建议在具体操作时注意把握以下几个方面：

一是应积极适用附条件不起诉制度。新刑诉法实施以来，一些检察机关存在"怕麻烦"、"不方便"、"考察帮教条件不具备"等主客观问题，导致附条件不起诉的适用案件数量在总体上与预期存在一定距离。附条件不起诉制度是一项有利于教育、感化、挽救未成年人的重要制度，也是一项对于完善检察制度具有"先行先试"意义的制度。地方检察机关应当克服主客观障碍，对于符合法定条件的未成年人刑事案件积极适用附条件不起诉制度。

二是要完善考察帮教措施，慎重撤销附条件不起诉。在各地实践中出现了一些撤销附条件不起诉的案例，尽管在形式上符合撤销附条件不起诉的条件，但更主要是对象选择不当或者考察帮教措施不到位所导致。需要注意的是，附条件不起诉不仅具有考察的功能，客观上还有惩戒的效果。尽管没有给以刑罚，但在考验期中未成年犯罪嫌疑人所受到的限制与影响在某种程度上并不亚于管制、缓刑的执行。因此，一方面，要对附条件不起诉的案件依法适用，避免将符合相对不起诉条件的对象进行附条件不起诉，另一方面，要加强对未成年犯罪嫌疑人的考察帮教，确保考察帮教措施的到位。同时也应当慎重撤销附条件不起诉。

三是要注意附条件不起诉与相对不起诉的区别。一些检察机关在适用附条件不起诉制度时产生了与相对不起诉如何区分的困惑，这与新刑事诉讼法对于附条件不起诉制度规定了较为严格的条件和最低长达六个月的考察期限有关，也与新刑事诉讼法增加附条件不起诉制度之前很多地方检察院所试点的诸如暂缓起诉、诉前考察等制度也借用了相对不起诉的形式有关。

根据修改后的刑事诉讼法的规定，附条件不起诉和相对不起诉应当注意以下两个主要区别：其一，"相对不起诉"的本质是"微罪"不起诉，"附条件不起诉"的本质是"轻罪"不起诉。在立法上两者行为的社会危害性是能够讲清楚的。前者不需要判处刑罚，而后者有一定的社会危害性，原本就应当起诉和判处刑罚，但通过一定的考察帮教，如果人身危险性消除则可以给予避免受到刑罚处罚的机会。其二，相对不起诉主要考虑客观行为，只要行为的社会危害性属于轻微犯罪，不需要判处刑罚，即便犯罪嫌疑人的主观表现不佳仍应不起诉。附条件不起诉则侧重考量犯罪嫌疑人的主观表现，要重点看是否有悔罪表现，即便在客观行为上社会危害性比较大，甚至属于再犯，如果在审查起诉阶段确有悔罪表现仍可以做附条件不起诉。

虽然二者在立法和理论上容易区分，但是在司法实践中针对个案有时候是模糊的。什么是微罪、轻罪，有时候并不容易区分。相比之下，主观悔罪表现和客观社会危害性的区分则相对容易。例如，上海市某区检察院曾经试点过一起案件，一个即将面临高考的未成年人二次涉罪，用砖头砸别人脑袋抢劫，虽然没有造成严重后果，抢劫的财物数量也较少，但属于再犯，手段恶劣，行为的社会危害性也很明显。这一案件作相对不起诉可以说是不可能的。但是该未成年犯罪嫌疑人在审查起诉阶段非常懊悔，确有悔罪表现，有挽救的可能性，检察机关综合考虑后作出了附条件不起诉决定，实际效果也很好。这一案例对于如何区分相对不起诉和附条件不起诉较有参考价值。

三、附条件不起诉制度中的被害人介入

从制度设计的初衷来看，附条件不起诉制度是将符合起诉条件的未成年犯罪嫌疑人附条件不予起诉的制度，属于未成年犯罪嫌疑人受益性制度。如果未成年犯罪嫌疑人对附条件不起诉提出"异议"，则最有可能是因为出现了如下情况：一是附条件不起诉的适用对象错误，例如将本应相对不起诉或者法定不起诉的未成年人予以了附条件不起诉；二是附条件不起诉的考察帮教不当，例如考察帮教的"痛苦"超越了可能判处的刑罚所带来的"痛苦"，因此未成年犯罪嫌疑人宁愿选择终止附条件不起诉而"求判"。此外还有可能是因为未成年犯罪嫌疑人及其法定代理人对于附条件不起诉的决定与考察帮教等存在着认识的不当。无论未成年犯罪嫌疑人基于何种原因提出异议，均对于附条件不起诉制度的正确适用有着重要的意义，这也是保证未成年犯罪嫌疑人对附条件不起诉决定异议权的重要意义之所在。

从实践来看，在多个省市均已经出现了未成年犯罪嫌疑人及其法定代理人对附条件不起诉决定提出异议的情况。异议者多为外来未成年犯罪嫌疑人及其法定代理人，且多在考察帮教期间提出。检察机关也多能尊重异议并及时提起公诉。但需要注意的是，《刑事诉讼法》第271条第3款规定未成年犯罪嫌疑人及其法定代理人对人民检察院决定附条件不起诉有异议的，人民检察院应当作出起诉的决定。这一规定并未充分考虑未成年犯罪嫌疑人及其法定代理人异议的不同情形，应当在实践中予以细化，例如应当明确未成年犯罪嫌疑人及其法定代理人对附条件不起诉决定提出异议的时间、提出异议的程序、对异议内容的审查方式、异议的不同法律后果等。

在实践中，检察机关在作出附条件不起诉决定前均非常重视被害人的意见，在附条件不起诉考察帮教期间也较为重视被害人的参与。刑事诉讼法也明确在附条件不起诉决定前应听取被害人意见、在决定附条件不起诉后被害人享有充分的申诉权，可以说充分保障了被害人的权利。由此带来的一个争议性问题是被害人是否还可以对附条件不起诉决定提起自诉。对此，理论界和实务部门存在争议，新修订的《人民检察院办理未成年人刑事案件的规定》也留下了探讨的空间。个人认为自诉权是被害人的一项重要诉讼权利，也是对附条件不起诉制度进行监督与制约的重要方式，尽管可能存在逻辑上的不合理与必要性上的争议，但由于刑事诉讼法在增设附条件不起诉制度的同时并没有明确规定被害人将由此丧失自诉权，因此对于附条件不起诉决定以及附条件不起诉考察期满后依法所作出的不起诉决定，被害人仍然享有自诉权。

四、附条件不起诉的考察帮教问题

修改后的刑诉法赋予检察机关对被附条件不起诉的未成年犯罪嫌疑人进行监督考察的主体地位。作为附条件不起诉程序中的核心环节，帮教考察工作意义重大。

新刑诉法把附条件不起诉监督考察的责任主体设定为检察机关，这具有一定的合理性，但是作为司法机关与法律监督机关，检察机关并不具有亲力亲为进行考察帮教的专

业优势与职能优势。在附条件不起诉考察帮教过程中更需要专业社工、心理学专家、犯罪学专家、社会学专家、教育专家甚至是医学专家的参与。

需要指出的是，由于有些地方的社会发育不成熟，尽管形式上也成立了多方力量组成的考察小组，但是缺乏社工、心理学专家、教育专家等专业力量的参与，存在考察帮教专业性欠缺的不足。此外，附条件不起诉的考察应当在吸收多方力量尤其是家长、教师、社区工作人员等参与的同时，也应当有专门力量以防止考察的形式化。有的地方检察机关在未检机构中专设负责考察工作的检察官，也有的试点由专门社工等负责考察帮教，确保了附条件不起诉考察帮教的落实，这是值得肯定的探索。

外来未成年犯罪嫌疑人的附条件不起诉考察帮教是一个困扰未成年人检察实践的难题。其原因主要在于外来未成年犯罪嫌疑人在犯罪地往往缺乏监护条件，包括缺乏生活、工作或者学习的场所，因此附条件不起诉的风险较大，这在一定程度上影响了附条件不起诉适用的平等性。为了解决这一难题，各地检察机关殊途同归，大都采用了建立专门观护基地（管护基地、帮教基地等），并将被附条件不起诉未成年人安置于基地考察帮教的做法。这种探索通过创造"类监护"条件，有效解决了未成年犯罪嫌疑人的生活、工作、学习等现实困难，有利于未成年犯罪嫌疑人的考察帮教，成效显著。但是一些地方在探索中也存在变相羁押、隐私泄露、涉罪成年人与未成年人未予以分离等不足，这是应当注意避免与克服的。必须注意的是，建立观护基地的主要目的应是教育、感化、挽救未成年犯罪嫌疑人，而并非"管控"，应当符合未成年人最大利益原则的要求。

五、附条件不起诉制度配套体系

实践先行是未成年人司法改革的特点也是成功的经验。无论是附条件不起诉制度，还是《人民检察院办理未成年人刑事案件的规定》所规定的心理疏导、心理测评等制度，均是实践先行探索的结果。今后未成年人刑事检察改革仍应坚持这一改革路径，即应当允许地方检察机关在实践中先行先试，对于实践探索证明成功、有效的经验与做法，则应及时通过立法与司法解释等方式予以吸收、确立和规范。

与普通刑事司法不同，未成年人刑事司法所追求的并不仅仅是定罪量刑的准确，更是教育、感化、挽救的效果。正因为如此，未成年人司法制度建设具有需要建立"两条龙"体系的特点，即"司法一条龙"和"社会一条龙"。在正式的规范性文件中"司法一条龙"多称为"办理未成年人刑事案件配套工作体系"，其基本内涵是指办理未成年人案件的公安、检察、法院、司法行政部门在刑事司法程序的全过程中形成相互配套衔接的工作机制，这种一条龙工作机制更多的是要求公检法及司法行政部门均建立"专办"机制。"社会一条龙"亦称"社会帮教一条龙"、"社会支持一条龙"、"未成年人犯罪社会化帮教预防体系"，其基本含义是指应当整合社会资源，建立未成年人司法的社会支持体系。未成年司法工作的一大特点是基于教育主义的要求，司法机关在办案过程中需要大量案外工作的支持，以使未成年犯罪嫌疑人能够回归社会、融入社会，避免教育为主、惩罚为辅可能带来的社会风险。这些案外工作多在司法机关传统职能之外，同时也非司法机关的专长。在未成年人司法发展的早期阶段，司法机关往往基于教育主义的需要亲力亲为包揽关怀未成年人的案外工作，事实上此非司法机关可以单独完成的工作，也导致未成年人司法机关遭受了不务正业的批评。随着我国未成年人司法制度的发展，未成年人司法机关逐步向整合社会资源转化，致力于建立未成年人司法的社会支持体系，改变了扩充司法机关本身社会职能的发展思路。例如上海市未检工作经过多年的探索，提出了"办案专业化、预防维权社会化"的工作思路，标志着未成年人检察工作进入了向成熟期过渡的阶段。这一工作思路对于检察机关如何建立健全社会化帮教预防体系仍不乏指导意义。

六、附条件不起诉制度的矛盾与完善

修改后的《人民检察院办理未成年人刑事案件的规定》第4条规定"人民检察院办理未成年人刑事案件，应当在依照法定程序和保证办案质量的前提下，快速办理，减少刑事诉讼对未成年人的不利影响。"事实上，"迅速简约原则"是未成年人司法的一项重要原则，例如《联合国少年司法最低限度标准规则》第20条也强调："每一案件从一开始就应迅速办理，不应有任何不必要的拖延。"

但是迅速简约原则的要求与"教育、感化、挽救"方针、"教育为主、惩罚为辅"原则的要求在形式上存在着冲突，这在附条件不起诉制度中尤为突出。新刑事诉讼法对于附条件不起诉规定了六个月至一年的考察期，这意味着如果未成年犯罪嫌疑人一旦被决定附条件不起诉，就将至少在形式上多在刑事诉讼程序中停留六个月至一年，如果该未成年人最终仍被起诉，显然将严重违背迅速简约原则的要求。未成年人司法中的其他教育性措施与程序也可能存在违背迅速简约原则要求的现象。

需要注意的是，这种担心附条件不起诉制度违背迅速简约原则要求的观点在某种程度上是一种误解。因为未成年人司法所追求的首要目标是"教育、感化、挽救"，这一目标也已经成为我国新刑事诉讼法对于未成年人刑事案件的法定要求。也就是说，追求程序上的迅速简约不能违背教育、感化、挽救的要求，因为迅速简约原则排斥的是"不必要的拖延"而并非教育、感化、挽救未成年人的必要程序与措施。当然，在启动附条件不起诉制度之前的对象选择是一个关键性的步骤。需要指出的是目前刑事诉讼法对于附条件不起诉考察期的规定也的确存在着最低期限过长的显著弊端，以至于目前一些检察机关适用的附条件不起诉案例中已经出现未成年犯罪嫌疑人及其家长主动要求终止附条件不起诉，要求起诉判刑，希望尽快从司法程序中脱离出来的现象。

附条件不起诉制度是未成年人司法中具有广泛应用价值的制度。在新刑事诉讼法确立这一制度之前，地方检察机关在探索中通常将刑罚条件设定为可能判处三年有期徒刑以下刑罚，考察期设定为三个月至一年，实践表明这一刑罚条件与考察期限较为符合未成年人司法的特点和实践需求。但是新刑事诉讼法相对较为保守，规定的附条件不起诉适用的条件是可能判处有期徒刑一年以下刑罚，而且限定在触犯刑法分则四、五、六章的罪名，考验期为六个月到一年，因此适用空间还非常有限。

尽管如此，附条件不起诉监督制约机制的完善仍然是一个需要重视的问题。《人民

检察院办理未成年人刑事案件的规定》设定了较为多样和完善的监督制约机制，包括听取利害关系人意见、听证会（不公开）、公安机关复议复核申请权、被害人或者其近亲属及其诉讼代理人申诉权、未成年犯罪嫌疑人异议权等，这些监督机制应当切实得以落实。

（以与北京师范大学教授宋英辉、最高人民检察院公诉厅副厅长史卫忠对话形式，发表于《人民检察》2014 年第 5 期）

第二十一章

未成年人"强索类"案件疑难问题与破解

近年来，未成年人违法犯罪数量和比例逐年上升，逐渐成为社会普遍关注的问题。而未成年人犯罪形式的团伙化、结构的低龄化、手段的暴力化、动机的趋财化也越来越引起社会的重视。如何处理这些具有不良行为的未成年人，在给予相应处遇措施的同时保证他们顺利社会化，体现社会对未成年人的特殊人文、法律关怀却又能保证社会的安定和利益不受损害，这成为司法实践中必须处理的难题。强索行为作为未成年人违法犯罪案件中的一种典型行为，由于强索行为的表现形式多样、实施暴力的程度轻重不一、行为危害后果较为复杂，而这也与刑法规范中的抢劫罪、寻衅滋事罪等罪名的犯罪构成有一定程度上的类似，特别是抢劫罪没有规定数额限制，如何正确界定未成年人强索行为成为实践中的一大难点。

一、未成年人"强索行为"界定及特点

强索行为作为一种外延较为广泛的行为，它并非属于严格意义上的刑法学概念，其外延包容抢劫行为、强行向他人索要财物行为、寻衅滋事行为以及其他相关行为方式的行为。强索行为是人们对于类似抢劫行为的一组行为的统称，更多的是一种高于生活的通俗说法，属于一种社会学上的概念。

（一）未成年人强索行为的界定

通说认为，未成年人强索行为[1]是指未成年人以大欺小、以多欺少、以强凌弱，采取语言威胁或暴力手段，用强拿、硬要、假借、敲诈、勒索等方式，公开非法获取他人财物的行为。强索行为在各地称谓不同，比如四川有称之为"校园强索"、上海称之

---

[1] 强索行为并非严格刑法学意义上的行为，其更多的是专属于以未成年人为主体实施的类似行为的专门术语。虽然我国刑法条文并没有直接规定强索行为，但《中华人民共和国预防未成年人犯罪保护法》规定的不良行为和严重不良行为中包含了强行向他人索要财物行为和情节严重的强行索要他人财物的行为。很多学者在关于未成年人实施的类似行为上都使用强索行为的叫法，如刘玉奇："浅议未成年人强索他人少量钱财案件的审理"，载上海市高级人民法院、上海市长宁区法院：《中国少年法庭之路》（三），人民法院出版社 1994 年版，第 337 页；姚建龙：《少年刑法与刑法变革》，中国人民公安大学出版社 2005 年版，第 113 页；其他的专门论文如康树华："审理未成年人刑事案件的最新司法解释"，载《法学杂志》2006 年第 3 期；周幽丽："少年'强索'类案件适用法律的探讨"，载《青少年犯罪问题》1999 年第 5 期；另《青少年犯罪问题》杂志也曾出过一组少年强索行为的文章。

为"少年强索"、还有些地方叫作"暴力逼取"。虽然名称各异，但名称都基本包括了未成年人使用暴力或者强制手段进行索取财物行为的典型特征。

（二）未成年人强索行为的要素

未成年人强索行为的内涵反映了这一行为的本质属性和特征，体现了人们观念中与抢劫等行为本质区别。而强索行为的外延就是组成此种行为的各种要素。只有综合认识适合这个概念的一切对象的范围，才能更好地把握未成年人强索行为的特质。笔者在此将强索行为分为主体要素、行为要素、心理要素、时空要素、被害要素等，通过认识这一概念的各个组成部分，综合把握强索行为的界限。

首先是主体要素。未成年人强索行为多发生在学生群体之间，其主体是少年，包括年幼少年和年长少年，即14周岁到18周岁的未成年人。按照我国《刑法》第17条关于刑事责任年龄的规定，已满14周岁不满16周岁的人犯抢劫罪应当负刑事责任。所以对于年幼少年而言，实施了情节严重的强索行为也进入了刑法规范进行评价的年龄界限，属于规范进行规制的年龄范围。而对于年长少年而言，如果实施了情节较为轻微的强行索要他人财物的行为，即便不属于刑法规范的评价范围，也违反了预防法关于未成年人不良行为的规定，属于未成年人成长中不良行为的一种，由此也进入了规范评价的范围。

其次是行为要素。未成年人强索行为的行为既表现为以大欺小、以多欺少、以强凌弱等轻微的暴力形式，也可以覆盖强拿、硬要、敲诈、勒索等较为严重的行为方式；既可以通过语言方式进行威胁利诱，也可以通过强拿等行动方式直接索取。正是因为强索的行为方式比较广泛，从轻微到严重的程度不等，才造成在刑法适用上可能进入寻衅滋事、敲诈勒索、抢劫等罪名的评价范围引起司法实践中法律适用上的不统一。

再次是时空要素。未成年人强索行为由于其游戏性心理，作案一般不考虑时间、地点和环境等条件对自己是否有利，一般作案地点较为固定，其强拿硬要多发生在公共场合，在众目睽睽之下进行，有时行为人甚至在抢得财物后大摇大摆，毫无惊慌躲避之意，而这与传统的抢劫财物的行为完全不同。学生之间的强索行为一般发生在校园周围或校园合理辐射区[1]，时间多发生在课间和学生上学放学回家的时间。

复次是心理要素。强索行为根据主观动机和心理的不同，可以分为追求物质满足和精神满足两种。追求物质满足一般表现为劫取财物，其实强索行为的动机和对象一般比较明确，指向被害者的财物。为了获取财物，其行为往往会伴随着故意或者放任对被害者的身体的伤害，但其主观动机是获取财物。追求精神的满足是指实施强索行为的主观动机并非追求财物，未成年人实施强索行为的动机起因比较单纯和随意，其劫取财物、破坏社会秩序只是满足他们不成熟心理的手段，这与成年人实施强索行为针对钱财迥异。实践中甚至不乏少年劫得被害人财物后出于"可怜"对方，又将财物交还的案例。由于青少年处于生理和心理的发育期，大多数少年的强索行为更多是为了填充空虚的心理，获得精神上的慰藉，而这也在一定程度上反映了强索行为人的主观恶性程度并不

---

[1]　姚建龙："校园暴力：一个概念的界定"，载《中国青年政治学院学报》2008年第4期。

严重。

最后是被害方面的要素。强索行为的客体一般指向人身权利、财产权利、社会秩序。情节较为严重的强拿硬要行为一般侵害了社会公共管理秩序和学校正常教学秩序，如学生之间的强索行为很容易引起被害学生产生心理恐惧不敢去上课，从而影响了正常的教学秩序。而行为对象明确、暴力程度严重的强索行为动机比较明确，一般指向财产权利，为了劫得财物，放纵对受害对象人身权利的侵害。被害对象方面，由于追求精神刺激，通常采取以大欺小、倚强凌弱的形式，所以未成年人强索行为一般发生在同龄人之间，即被害对象也一般是未成年人，特别是在校学生。

（三）未成年人强索行为的特点

作为未成年人不良行为的一种，强索行为与抢劫罪中的抢劫行为不甚相同，是一种"非典型犯罪[1]"。有学者认为，未成年人强索行为与成年人实施的有预谋的抢劫财物有诸多不同，属于非典型的抢劫行为，集中表现为未成年人强索行为一般具有未成年人对未成年人实施、作案时主观动机不明确、行为暴力程度轻微、对象一般针对生活用品、无严重危害后果等特点。具体表现为：第一，实施主体具有特殊性，少年强索的主体是未成年人而不是小大人，是生理、心理和社会化程度迥异于成年人的人[2]，他们处于身心的发育时期，个性处在人生的塑造期和多变期，其实施不良行为也具有一定的可恕性。第二，其获取的财物一般指向学生随身携带的生活用品，如手机、书包、文具等，其价值比较小，情节较为轻微。第三，强索行为的动机具有特殊性，由于未成年人的辨认能力和控制能力还不成熟，他们实施强索行为更多是盲目逞强、虚荣心等不成熟的心理状态在作祟，另外他们较少有预谋，常常是受到某种因素诱发或一时的感情冲动而突然犯罪。只有少数惯犯或连续作案的才具有预谋性，而多数在作案前犯意并不明显，其人身危险性不大，主观恶性较小。第四，强索行为社会危害程度有限，未成年人强索行为一般针对在校学生进行，表现为同学之间的以大欺小、恃强凌弱等，一般不会造成很严重的社会危害后果。第五，暴力程度具有轻微性，未成年人强索行为由于其主观恶性以及主体的原因，其实施的暴力一般比较轻微，很少携带凶器进行，往往是吓唬下对方、踢几脚、打个耳光，或者捡个树枝等，一般不会对被害人造成身体伤害。第六，外在诱发性，少年实施强索行为更多的是外在环境的诱发，比如盲目的哥们义气、学校教学的失败、家庭的温暖和照顾的缺乏。社会控制理论认为犯罪的产生与个人和社会的联系削弱有关，由于未成年人与社会联系的减弱或破裂，外在不良行为的推力导致他们缺乏对社会的依恋和参与，从而缺乏对他人利益的敏感性，因而实施犯罪。

二、对未成年人强索类案件法律适用的分歧

目前，我国法律对此种强索行为的法律适用散见于《刑法》、《预防未成年人犯罪法》，如《刑法》第263条关于抢劫罪、第293条关于寻衅滋事罪的规定；《预防法》第

---

[1] 姚建龙：《少年刑法与刑法变革》，中国人民公安大学出版社2005年版，第113页。
[2] 徐建："少年犯罪实体法适用中的犯罪构成特殊性探析"，载《青少年犯罪问题》1997年第6期。

14 条和第 34 条关于少年不良行为及严重不良行为的规定。在司法实践中,为了正确适用两法,最高人民法院 2006 年专门出台了《关于审理未成年人刑事案件具体应用法律若干问题的解释》[1](以下简称解释),通过第 7、8 条详细规制了两法的适用界限,通过第 17 条规定了对少年强索行为的保护性处理措施;另外《治安管理处罚法》第 26 条[2]也做了相关规定,各地司法部门也针对此种未成年人强索行为出台了相关内部解释和适用标准。

情节严重的劫取财物行为一般定性为抢劫罪,这在实践中没有异议。但对于那些在团伙犯罪中未成年人实施的索取财物行为如何判断其暴力严重程度、行为动机以及危害后果的严重程度成为矛盾的焦点,而这又是对未成年人强索行为进行定性并采取合理有效处遇措施的基础。如案例:2008 年 1 月 5 日 17 时许,朱某(26 周岁)伙同施某(17 周岁),张某某(15 周岁)等人至某区一社区学院门口,先后拦截路过的徐某某(18 周岁),李某(18 周岁),赵某某(18 周岁),称要借用手机,因徐某某等人不从,三人遂对被害人拳打脚踢并搜身,共取得手机三部(价值人民币 2000 元)及现金人民币 200 元,未造成轻微伤或其他危害后果。虽然有两部法律及相关法规的规定,但由于未成年人主体、危害后果、危害对象、暴力程度等行为方式的特殊性,及罪与非罪之间、抢劫罪与寻衅滋事罪等罪名在刑事责任年龄、法定刑等方面的差距,如何依法定罪量刑却又保护未成年犯罪嫌疑人的顺利成长,贯彻少年司法制度的双保护原则,从而调衡社会利益与未成年人利益之间的差距,成为司法实践定性少年强索行为、法律适用以及法定刑裁判方面的难点。由于没有统一的认识和适用标准,不同的各种外在环境因素影响、案件的复杂程度不同以及法官认识的差异性等原因,基于不同的视角往往会得出不同的结论。

1. 认定为抢劫罪。根据《中华人民共和国刑法》第 263 条规定,行为人只要以非法占有为目的,对财产的所有人、保管人当场使用暴力、胁迫或其他方法,强行将公私财物抢走,其行为就构成抢劫罪。我国刑法并未对抢劫罪的暴力行为的程度作任何限制,只要行为属于暴力的范畴,又是当场针对被害人人身实施,并取得了财物,就应当认定为抢劫,但也有认为,暴力行为要达到足以抑制对方反抗的程度[3]。案例中朱某等人在上下班高峰时间的"学院门口"这一公共场所公开拦路抢劫,行为时间和场所都具有一定的公开性,且实施了拳打脚踢的暴力方式,压制了被害人的反抗行为,并先后取得价值 2200 多元的财物和人民币,参照上海市法院系统内部关于扒窃数额的规定,已经达

---

[1]《关于审理未成年人刑事案件具体应用法律若干问题的解释》中第 7 条:"已满十四周岁不满十六周岁的人使用轻微暴力或者威胁,强行索要其他未成年人随身携带的生活、学习用品或者钱财数量不大,且未造成被害人轻微伤以上或者不敢正常到校学习、生活等危害后果的,不认为是犯罪;已满十六周岁不满十八周岁的人具有前款规定情形的,一般也不认为是犯罪。"第 8 条:"已满十六周岁不满十八周岁的人出于以大欺小、以强凌弱或者寻求精神刺激,随意殴打其他未成年人、多次对其他未成年人强拿硬要或者任意损毁公私财物,扰乱学校及其他公共场所秩序,情节严重的,以寻衅滋事罪定罪处罚。"

[2]《治安管理处罚法》第 26 条规定:"有下列行为之一的,处五日以上十日以下拘留,可以并处五百元以下罚款;情节较重的,处十日以上十五日以下拘留,可以并处一千元以下罚款:(一)结伙斗殴的;(二)追逐、拦截他人的;(三)强拿硬要或者任意损毁、占用公私财物的;(四)其他寻衅滋事行为。"

[3] 参见张明楷:《刑法学》(第 3 版),法律出版社 2007 年版,第 710 页。

到数额较大的标准，故定性为抢劫罪。

2. 认定为寻衅滋事罪。由于未成年人强索行为的特殊性，情节较为轻微，社会危害性较小，本着对未成年人教育为主、惩罚为辅的原则，我国法律将未成年人实施的部分强索行为拟制为寻衅滋事罪。2006年《最高人民法院关于办理未成年人刑事案件适用法律的若干问题的解释》第8条规定："已满十六周岁不满十八周岁的人出于以大欺小、以强凌弱或者寻求精神刺激，随意殴打其他未成年人、多次对其他未成年人强拿硬要或者任意损毁公私财物，扰乱学校及其他公共场所秩序，情节严重的，以寻衅滋事罪定罪处罚。"案例中，共犯朱某、张某虽然通过强索行为获取了财物，但其对被害人实施的拳打脚踢仅属于轻微暴力行为，并未达到被害人不能反抗的程度，且未造成轻微伤或其他危害后果，因此对朱某和施某以寻衅滋事罪追究刑事责任，对张某某不追究刑事责任。

3. 认定为犯罪，但不予起诉或免于刑事处罚。未成年人实施的强索行为社会危害性较小，情节较为轻微，由于符合了刑法的构成要件，必须给予刑法上的否定评价。但从感化挽救的角度，有必要给予未成年人特殊的处遇措施。根据《刑法》第37条规定："对于犯罪情节轻微不需要判处刑罚的，可以免予刑事处罚，但是可以根据案件的不同情况，予以训诫或者责令具结悔过、赔礼道歉、赔偿损失，或者由主管部门予以行政处罚或者行政处分"，故可将未成年人的强索行为通过刑法做否定性评价，但为了避免刑罚对未成年人的社会化产生不利影响，而免于刑事处罚。另外，《解释》第17条将刑法第37条的规定予以细化："未成年罪犯根据其所犯罪行，可能被判处拘役、三年以下有期徒刑，如果悔罪表现好，并具有下列情形之一的，应当依照刑法第三十七条的规定免予刑事处罚：（一）系又聋又哑的人或者盲人；（二）防卫过当或者避险过当；（三）犯罪预备、中止或者未遂；（四）共同犯罪中从犯、胁从犯；（五）犯罪后自首或者有立功表现；（六）其他犯罪情节轻微不需要判处刑罚的。"由此，明确了特殊处遇措施的适用根据和标准。

4. 轻微的强索行为不认定为犯罪。对于主观上为玩玩游戏索取少量钱财，客观上仅使用轻微的暴力、胁迫手段，危害后果不大，偶尔实施的强索行为不认定为犯罪[1]。对于此类型的案件，因为被告人自身是未成年人，侵害的对象往往也是未成年人，实施威胁或暴力的程度轻微，侵害对象也往往指向一般生活用品，对被告人行为性质的认识、行为的社会危害程度等方面与刑法规定一般意义上的抢劫罪有着明显的区别，属于非典型抢劫行为，我们应结合犯罪嫌疑人的主观状态及客观暴力行为进行综合判断。根据《中华人民共和国刑法》第13条规定，情节显著轻微、危害不大的，不认为是犯罪。另外2006年《最高人民法院关于办理未成年人刑事案件适用法律的若干问题的解释》第7条规定："已满十四周岁不满十六周岁的人使用轻微暴力或者威胁，强行索要其他未成年人随身携带的生活、学习用品或者钱财数量不大，且未造成被害人轻微伤以上或者不敢正常到校学习、生活等危害后果的，不认为是犯罪。"

---

〔1〕 参见刘玉奇："浅议未成年人强索他人少量钱财案件的审理"，载上海市高级人民法院、上海市长宁区人民法院：《中国少年法庭之路》（三），人民法院出版社1994年版，第337～341页。

三、适用法律出现分歧的根源

情节轻微的未成年人强索行为按照《解释》第7条的规定不认定为犯罪，在司法实践中也比较容易认定，一般不存在适用法律上的争议，因此不是本文讨论的重点，在此不再细表。但未成年人实施的强索行为更多的是自身蕴含的故意概括性、行为持续性、场所特定性、取物的劫夺性，这也造成了在法律适用上容易产生分歧。情节较为严重的强索行为在实践中与抢劫的行为要件类似，都具有通过暴力取得财物的行为，但由于其主观恶性较小，社会危险性较小，我国法律将情节不严重的强索行为拟制为寻衅滋事。但在实践中，未成年人实施强索行为的作案情况复杂，如采用暴力行为因场合的不同而比较难判断轻重、社会危害性的大小没有明确的界限，动机比较随机和单纯、钱财数额大小不等，而且抢劫罪也没有规定数额界限，导致认定行为性质时因为缺乏明确的量化要件而出现较大分歧，从而导致各地适用法律不统一，影响了法律的公正效力。在此我们希望从强索行为的各种具体要件区分，努力量化强索行为进入刑法评价的要素，合理比较抢劫罪与寻衅滋事罪等罪名的异同，为实践中出现的强索行为的定性以及法律适用提供参考。

（一）客观标准的不统一

对于未成年人强索类案件，不但各地定性的根据不同，相同地区的公安机关、检察部门、法院等部门之间办案也可能出于不同的角度和职责，适用不同的标准。

（1）不同部门之间的差距。公安部门作为打击犯罪、维护社会治安的主要力量，不但要考虑各种行为事实，还要兼顾被害人等公众群体的力量。"两抢一盗"案件作为公安部门保证民生、维护社会和谐政策打击的重点，强索行为虽然案情较为简单，但在很大程度上与抢劫行为有很强的相似性，为了兼顾被害人的意见，公安机关一般从事实出发，祛除政策的个人价值判断色彩，只要行为符合刑法规范的构成要件，不管是否未成年人，一般都对其进行定罪进行移交起诉。检察机关和法院在考虑案情的基础上，从兼顾未成年被告人再社会化的角度，对于被告人往往做轻缓化处理。

（2）财物数额的适用标准。未成年人强索案件一般都会涉及财物数额问题，其获得的钱财数额大小对于社会危害性大小的影响程度，以及如何判断数额大小都没有客观的判断标准。而由于抢劫罪没有数额规定，在实践中如何适用法律容易产生分歧，有些地区参照抢夺罪的数额标准，也有些地区参照盗窃的数额标准，从而因为索取的钱财数额的不同在各地适用了不同的罪名和处罚措施。

（3）共同犯罪的复杂程度。未成年人实施的强索行为一般通过团伙化的方式，在同一犯罪行为中，如果都是未成年人，通过一案处理适用罪名没有争议。但对于共同犯罪中既有成年人，又有未成年人的强索行为，如何进行处理成为司法处理的另一难点。有学者从行为共同说的角度，认为在共同犯罪中每个人都有自己的主观故意，对于共同犯意范围内的犯罪行为，应该适用同一罪名；对于超出共同犯意造成的个别危害后果，应当按照具体犯罪的故意进行定罪处罚，比如在共同犯罪的犯罪形态中，大塚仁主张"部分行为共同责任说"，〔1〕主张共同犯罪中的脱离问题，由此可能适用不同的罪名。也有学者从犯罪共同说的角度认为，对于未成年人与成年人共同实施的强索行为应该按照目前的司法实践，使用同一罪名进行定罪，而在处罚方面，应该参照成年人的刑罚幅度，对未成年人减轻处罚。

（二）暴力程度的判断

未成年人强索行为往往都夹杂着使用暴力，但一般采用拳打脚踢、言语威胁，通常不会造成轻伤等进入规范评价的身体伤害程度，故暴力程度的轻重难以判断。但我们认为抢劫罪的行为人往往为了追求财物，其暴力一般针对人身实施，程度一般较为严重，而且实施的劫取财物的行为往往具有当场发生的可能性；而寻衅滋事行为的暴力程度一般较低，强制性不会达到让人不能反抗的程度。而在侵害客体方面，抢劫罪侵犯的必要客体是公民的财产权利和人身权利；而寻衅滋事罪侵犯的必要客体是社会公共秩序，其强拿硬要的暴力往往不针对人身实施。其对公民的人身或财产权利的侵犯只是随机客体。〔2〕另外寻衅滋事的行为人虽然实施一定的暴力，但一般不会携带或者使用凶器。在行为的暴力程度上，多数未成年人强索行为以拳打脚踢或威胁要打人的方法索要钱财；有时在被害人难以制服时，就地取材，使用砖头、木棍等器具作案。还有些会使用随身携带的水果刀、匕首等凶器威胁被侵害对象。在对被害人造成人身伤害程度上，大多数强索行为对被害人未造成任何身体损伤，有些仅造成被害人皮肤挫伤，有些则导致被害人轻微伤、轻伤等后果。而抢劫罪的行为主体不排除使用凶器，其危害后果往往会对受害人造成较为严重的身体伤害。

（三）主观动机的判断

主观故意的内容是抢劫罪与寻衅滋事罪的根本区别。实践中，未成年人实施的强索行为都在一定程度上实施了言语威胁或者暴力威胁，往往都伴随着暴力行径，但由于主观动机属于主观范畴，具有一定的综合性，没有可以参照的客观标准，而抢劫罪并没有钱财数额的限制，由此容易将未成年人的强索行为认定为抢劫罪。我们认为将未成年人的强索行为定性为抢劫罪还是寻衅滋事罪的主要区别之一在于主观方面的不同，包括行为动机和目的的不同。在主观故意方面，抢劫罪的主观故意表现为以暴力和暴力胁迫方式非法占有公共财物，非法占有公私财物是其主要、终极的目的，虽然也往往伴随着威胁、侵害他人身体权利的行为，但抢劫者意欲达到的侵犯目标是财物，伤害他人身体只是其行为的手段。而寻衅滋事罪的主观方面更多的是因为心理空虚而非追求财物。他们非法占有他人财物更重要的是作为满足其不成熟心理的手段而并非其实施行为的主观目的，其主观恶性较小。未成年人通过强拿硬要、以大欺小的手段实施寻衅滋事行为，动机一般比较单纯和随意，其弄点钱或出于上网、抽烟等简单行为所驱动，或被高年级同学指使，或出于找点乐子，寻求精神刺激，由此满足主观空虚的心理。另外，由于未成年人作案团伙化的特点，少年在实施强索行为时往往因哥们义气而被动卷入团伙作案当

---

〔1〕 ［日］大塚仁：《刑法概说（总论）》，冯军译，中国人民大学出版社2003年版，第294页。
〔2〕 张永红、兰志龙："论轻微暴力索财案件的定性"，载《吉林公安高等专科学校学报》2007年第6期。

中，他们实施强索行为并非是出于自己的主观意思表示，其主观恶性不大，而且在团伙作案后实际分得赃款数量也比较少。由此，对于未成年人实施强索行为，我们应该仔细分析其作案时的主观心理状态，辨别其动机和目的，如果他们主观恶性较小，欠缺占有财物的目的，或者在团伙作案中没有明确的劫财的目的，只是团伙从犯的未成年人（如案例中的施某），笔者倾向将其认定为寻衅滋事罪而非抢劫罪。

四、未成年人强索类案件法律适用的基本立场

青少年处在身心发育的不成熟时期，主观辨认能力和控制能力区别于成年人，其实施不良行为具有青少年成长中"自然行为"的特质，是社会化不完整的一个畸形产物。由此，我们在处理未成年人强索类案件时应该遵循不同于成年人的立场，认清不良行为少年的特殊性；严格未成年人强索行为的入罪机制，从而避免标签效应对他们的负面影响；鼓励对涉罪未成年人采用非监禁刑处罚措施，避免交叉感染对他们再社会化的影响；采取各种符合儿童利益最大化的措施，追求法律效果与社会效果的统一。

（一）细化强索行为的操作规则

未成年人强索行为由于暴力程度、主观动机以及危害后果的不同，不但有可能涉及不同的罪名，更可能由于缺乏客观的操作标准，造成罪与非罪本质区别之间界限的模糊。针对未成年人强索行为的特殊性和复杂性，必须构建适合司法操作的实体规则和实体标准[1]。笔者主张应该对强索行为的具体构成要件如主体要素、行为要素、心理要素等进行区分和量化，严格各行为要件的认同标准，区分主犯与从犯之间的差距，从而正确定罪与量刑。对于由未成年人对未成年人实施的暴力程度轻微、危害性不大、动机不明确、索取钱财数额较少的非典型犯罪行为要坚决不以犯罪来认定。对于将多次实施强索他人少量钱财的行为认定为寻衅滋事罪时也要谨慎，其中"多次"是必要条件，而非充分条件[2]，严格入罪的各项认定标准。同时为了统一司法适用标准，更好地贯彻宽严相济的刑事政策，必须在公检法三部门之间统一入罪和处罚标准，并将其贯彻到各相关司法部门的具体工作中，保证在定罪与否及罪名之间在时间和空间上的协调统一[3]。比如公安机关必须有确实充分的证据证明未成年人实施的强索行为构成寻衅滋事罪或者抢劫罪，然后再将提请逮捕纳入其程序，严格谨慎逮捕具有强索行为的未成年人，从而能够有效避免公安机关为了推脱逮捕证据不确实的责任，或者避免因逮捕错误而撤案引起的相关法律责任追究等错误而人为地将强索行为办成刑事案件。检察机关和法院要各负其责，严守法律监督和审判职能，不能因为"扛不住"相关部门的压力，而认同案件前手相关部门的错误意见。由此，通过建立时间和空间统一适用的标准，增加

---

〔1〕 很多学者和实务部门的人员都有这个提议，如2010年5月28日，在由上海市检察院检委会未成年人犯罪研究小组和上海市普陀区人民检察院共同举办的"未成年人强索类案件法律适用研讨会"上，与会代表如华东政法大学杨兴培教授和上海市检察院未检处葛建军科长在发言中都有关于建立强索行为操作标准的提议。

〔2〕 参见刘玉奇："浅议未成年人强索他人少量钱财案件的审理"，载上海市高级人民法院、上海市长宁区人民法院：《中国少年法庭之路》（三），人民法院出版社1994年版，第337～341页。

〔3〕 谢彤：《未成年人犯罪的定罪与量刑》，人民法院出版社2002年版第，70～71页。

司法操作的统一适用性和权威性，正确定罪与量刑。

（二）宜教不宜罚

未成年人是社会的特殊群体，应该认识到他们实施不良行为，走上犯罪道路与成年人不同，由此应该适用不同的刑事责任。我国目前关于未成年人刑罚及刑事责任的规定散见于《刑法》、《预防未成年人犯罪法》、《未成年人保护法》等法律法规，由于部门利益，各种法律、司法解释欠缺系统性，有关未成人的专门法律适用率较低，由此在适用过程中造成了司法的不统一，损害了司法权威性和统一性。根据未成年人的生理和心理等特点，适用符合他们身心发展的法律，尽快完善和细化关于未成年人保护的相关法律规范以及司法解释，加大对未成年人的保护力度，体现了对他们的人文关怀和特殊关怀。这也有利于解决困扰刑法适用的不统一问题，而且有利于给予未成年人特殊保护，贯彻教育、感化、挽救的方针，将宽严相济的刑事政策具体体现和落实。

有学者认为，对于目前未成年人强索行为的处理应该遵循客观主义的立场，参照司法解释关于扒窃的犯罪数额，对于达到1000元数额较大的标准的犯罪，应该按照抢劫罪进行认定，从而区分抢劫罪与寻衅滋事罪之间的界限。我们认为传统刑法已经不能满足对未成年人特殊保护的需要，对于未成年人实施的违法犯罪行为应该严格遵循2006年最高院《关于审理未成年人刑事案件具体应用法律若干问题的解释》的规定和精神，遵循司法解释的指导思想。考虑到未成年人可塑性强的特点，对于具有不良行为或犯罪的未成年人应当尽量采用教育性手段，不宜施以惩罚，惩罚少年只是一种不得已而为之的最后手段[1]。对于未成年人强索类刑事案件，司法处遇应该"以不入罪为原则、以寻衅滋事罪为补充，以抢劫罪为例外"，[2]严格贯彻"教育为主，惩罚为辅"的司法解释原则，对于未成年人强行"索要钱财"不认为是犯罪；"以大欺小"以寻衅滋事罪处罚[3]，但同时也遵循适度保护的理性选择[4]。对于那些强索行为动机难以判断、暴力程度复杂的强索行为，应该综合考虑各种事实，严格其入罪和处理机制。对于那些劫财动机明确、危害后果严重、符合犯罪构成的强索行为而言，按照教育为主、惩罚为辅的原则，合理定罪和确定刑罚幅度，做到刑罚与犯罪的相称[5]。

（三）宽容而不纵容

标签理论认为，贴标签是违法犯罪的催化剂，长此以往，被贴标签者便会认可这种标签，进而实施更加严重的违法犯罪行为。[6]在现行罪刑法定主义思想的影响下，我们必须依法定罪量刑，严格依法办事，在保证刑法规范适用的统一性和有效性、维护司法权威的同时，特别注意对不良行为少年采取的处遇措施，避免将未成年人推向严重犯

---

[1] 姚建龙：《长大成人：少年司法制度的建构》，中国人民公安大学出版社2003年版，第45页。

[2] 在2010年5月28日由上海市检察院检委会未成年人犯罪研究小组和上海市普陀区人民检察院共同举办的"未成年人强索类案件法律适用研讨会"上，与会代表姚建龙教授提出对于强索行为适用的处理原则。

[3] 康树华："审理未成年人刑事案件的最新司法解释"，载《法学杂志》2006年第3期。

[4] 楼笑明、吴永强："未成年人是否构成抢劫罪不应以抢劫对象为标准"，载《人民检察》2007年第10期。

[5] ［意］贝卡利亚：《论犯罪与刑罚》，黄风译，中国大百科全书出版社1993年版，第34页。

[6] 许章润主编：《犯罪学》（第3版），法律出版社2007年版，第44页。

罪的深渊。但对未成年人犯罪并非一味地宽大，对青少年犯一味强调从宽和非犯罪化，副作用也是明显的[1]。通过严格入罪和处罚机制，贯彻宽容而不纵容的保护精神，贯彻双向保护原则。为此，必须通过严格未成年人的入罪机制，避免标签效应对未成年人的不利影响；其次，通过对表现较好的入罪未成年人推行前科消灭制度，降低有前科的罪错未成年人复归社会的成本。

具体到少年强索案件而言，首先要严格罪与非罪的界限，严格入罪机制。对于未成年人的入罪保持慎重，严格按照刑法的规定进行定罪，对于那些情节轻微，社会危害性不大的强索行为，应该严格按照《刑法》第 13 条的规定进行排除，不认为其是犯罪行为。当然，宽容不等于纵容，对于那些情节严重的强索行为，要严格按照相应规范条文给予否定性评价，确保未成年人的入罪机制是公平合理的。其次，要正确确定罪名，对于未成年人的强索行为，要综合判断案件的各种事实，综合考虑案件的情节、危害和影响，合理确定行为的罪名，正确区分寻衅滋事罪和抢劫罪以及其他罪名，做到依法裁判，正确定罪。再次，要合理确定未成年人的处遇措施和刑罚幅度，做到宽严相济。对于行为要件虽然符合刑法的规定，但是社会危害性较小，可以通过其他非刑罚措施处理的案件要严格适用《刑法》第 37 条的规定，先给予刑法的否定评价，再通过其他非刑罚措施处理，给予其合理的处罚，对于情节不甚严重，但又需要给予处理的未成年人，要本着教育、感化、挽救的方针，确定合理的刑罚。

（四）追求法律效果与社会效果的统一

未成年人是国家和民族的希望和未来，对于具有不良行为的未成年人，我们应该在儿童利益最大化原则的指导下尊重少年的个性特征，对于他们的不良行为的教育放弃社会防卫和报应的思想，采取有针对性的立法对策和司法对策，使用个别化的教育方法，注重特殊预防。针对少年的强索行为本着教育、保护的目的，适用不同于成年人的规范，注重他们的个别化与特殊性，超越刑事司法的界限，采取各种适合未成年人身心的措施感化他们，帮助他们改掉恶习，顺利复归社会。按照规范对未成年人强索行为定性是一方面，如何处罚未成年人、追究其相关的责任却又是另外一个方面。考虑到未成年人强索案件的案情相对简单和主体特殊性，即便是达到抢劫罪的强索行为，其社会危害性也与一般的成年人实施的抢劫行为性质不同，而社会危害性是客观危害与主观恶性的统一[2]，在一定程度上决定了刑事处罚和刑事政策的取向。由此，我们在量刑方面不单单要考虑强索行为的社会危害程度等客观方面，还要综合平衡未成年人本人的特殊情况（如犯罪的诱因、主观可责性、矫正的难度、可塑性较强、社会的特殊保护政策）以及被害人的特殊情况，将教育矫正思想贯彻到具体刑罚当中，将刑事和解观念融入对未成年人的处理程序中，综合平衡被告人和被害人的合法权益，将《北京规则》关于少年司法的相称原则落实于行动，从而平衡规范与事实之间的差距。

对未成年人强索行为的处罚，一方面通过正确地适用法律，满足大众对罪刑法定、

---

〔1〕　康均心、杜辉："对未成年人犯罪出罪化解释的刑事政策审视"，载《青少年犯罪问题》2008 年第 4 期。

〔2〕　陈兴良：《刑法哲学》，中国政法大学出版社 1992 年版，第 126 页。

适用刑法平等等一般社会公正的追求，确立法律和司法的权威，保护社会利益。另外，由于未成年人实施的强索行为案件事实一般比较简单，对于未成年人实施的违法犯罪行为，稀缺的司法资源更应该关注如何保证他们再社会化，合理适用刑罚措施，预防再犯，体现对他们的特殊关怀政策，同时兼顾被害人的利益。未成年人实施的强索行为情节一般较为轻微，危害后果并不严重，本着对未成年人教育、感化、挽救的方针，应该尽量适用非监禁刑，同时建议通过刑事立法的形式完善对于未成年犯罪人的非刑罚处理方法[1]。通过对未成年人适用缓刑等非监禁刑罚，能够有效避免监禁刑的交叉感染带给未成年人的不利影响，有助于对不良行为少年的改造，保证他们顺利再社会化，而这也符合恢复性司法关于刑法谦抑性和刑罚轻缓化的精神。同时，对于危害性不大的轻微强索行为，要适时引导适用刑事和解，减少法律干预，这样才能在保护未成年犯基本权利的同时，保护被害人的利益，满足社会的需要。这也体现了中国传统的"和为贵"的和合文化[2]，体现了保护社会利益和未成年人利益的双保护原则，平稳地兼顾了矛盾双方的利益，符合构建和谐社会的需要，体现了对法律效果和社会效果的统一。

（与西南政法大学博士生、华东政法大学《青少年犯罪问题》
杂志编辑田相夏合著，载《青少年犯罪问题》2010 年第 3 期）

---

[1] 张忠斌：《未成年人犯罪的刑事责任》，知识产权出版社 2008 年版，第 184 页。
[2] 杨兴培："刑事和解制度在中国的构建"，载《法学》2006 年第 8 期。

第二十二章

禁止令：实然、应然和理性试析

《刑法修正案（八）》新增了有关对判处管制、宣告缓刑的犯罪分子，人民法院可以根据犯罪情况，同时禁止其在管制执行期间、缓刑考验期限内"从事特定活动，进入特定区域、场所，接触特定的人"的规定，以加强对管制犯、缓刑犯的监管，促进犯罪分子教育矫正，同时有效保护被害人、证人等人员的安全，维护正常社会秩序。为确保禁止令这项新制度得到正确适用和执行，最高人民法院、最高人民检察院、公安部、司法部联合发布了《关于对判处管制、宣告缓刑的犯罪分子适用禁止令有关问题的规定（试行）》（以下简称《规定》），对在理解和适用禁止令制度过程中需要进一步明确的有关问题进行了较为全面的规定，特别是对三个"特定"进行了"列举加兜底"式阐述，较好地解决了在成年司法领域禁止令适用的实体法依据问题。对于质疑声比较集中的程序性操作难点，尤其是针对"全日性的监督无力"问题，上海市徐汇区司法局试行了"电子手铐"[1]，运用定位技术对特定社区服刑人员实施监管和管控。

然而当我们的视野从成人司法转向少年司法的时候，明显感受到了现有禁止令规定的"成人化模式"，下面我们就以全国首例未成年人禁止令试点案例为例对禁止令进行简要分析。

一、尴尬的实然：禁止令备受成人司法思维的桎梏

2011 年 5 月 3 日上海市长宁区人民检察院会同长宁区法院、长宁区司法局对两名未成年被告人盗窃一案进行了全国首例禁止令适用试点[2]。在中国现阶段少年刑法、少

---

[1]　一台形似手机的电子设备，附加了实时定位功能，被判禁止令的被告人每天所处位置、行为轨迹等在徐汇区司法局康健街道司法所的监控电脑上一目了然。参见刘海："一社区服刑人员首戴'电子手铐'"，载《上海法治报》2011 年 5 月 18 日。

[2]　基本案情：计某某和叶某从小学开始就是同学，案发前两人在同一所职校学习，过着逃学旷课、警告处分的生活。他们实施的第一次盗窃，起因于想报复一个"有些嚣张"的同班同学。2010 年 4 月 23 日晚，计某某、叶某和另外两名男生经过预谋，携带大力钳，潜到那名同班同学的家里，两名男生在弄堂口望风，计某某和叶某用大力钳剪开车锁，将价值 3000 余元的白色助动车窃走。第一次动手如此顺利，计某某、叶某的胆子大了。从 2010 年 4 月至 2010 年 6 月案发，计某某、叶某等人先后四次伙同作案，盗窃 4 辆助力车、电动自行车。同年 6 月 29 日，两人相继被警方抓获。案发后两人在家长的协助下或归还窃车，或作价赔偿被害人损失。由于作案时都不满 18 周岁，两人被取保候审。就在取保候审过程中，叶某又以身试法，2010 年 7 月中旬的一天晚上，叶某与朋友小强〔另

年刑事诉讼法等专门性少年法律、法规缺位的情况下，我们不得不把在成人刑法中寻找少年司法的"合理依据"作为权宜之计，禁止令也不例外。在拨开"第一"、"首例"等宣传性、渲染性的字眼后，我们就会发现禁止令本身的设立宗旨就是有违少年司法理念的。最高人民法院、最高人民检察院、公安部、司法部有关负责人就《规定》答记者问（以下简称"答记者问"）时指出，"从立法精神看，禁止令的主要目的在于强化对犯罪分子的有效监管，促进其教育校正，防止其再次危害社会"，在提到适用禁止令的注意事项时，进一步明确"在斟酌是否宣告禁止令时，要根据对犯罪分子的犯罪情况和人格情况的综合分析，准确判断其有无再次危害社会的人身危险性，进而做出决定"。由此看出，此次禁止令的出台，根本上是为预防被告人再次犯罪服务的，是抑止性的，受益方为社会公众。而少年司法的基本理念恰恰相反。林赛法官更提出了一条更为权威的立法界限——"只要切实可行，任何越轨少年都不应当被当作罪犯来对待，而是被视为被错误引导的、需要支援、鼓励、帮助和扶携的。"[1]简言之，少年司法是恢复性的，受益方是罪错少年本人，实现其本身的悔改和回归。

设立禁止令的宗旨的偏移，直接导致了禁止令相关禁止内容、禁止方式等方面的成人化、简单化倾向，或者说是隐埋的成年刑法"过于自私"的局限。我们以长宁案件为例来看这个问题，判决书中长宁法院采纳长宁检察院的建议，判决"计某某无正当理由，不得与同案犯交往；叶某无正当理由，不得与同案犯交往，未经社区矫正部门批准，不得在外过夜"。根据《刑法修正案（八）》，长宁法院判决中"禁止与同案犯交往"的部分，属于"禁止接触特定的人"的范围，就《规定》中条文来说，对应于第5条"（四）禁止接触同案犯"。但是如果要给判决中"不得在外过夜"的禁止内容寻找法律依据，恐怕又要遭遇"于法无据"的质疑了。"不得在外过夜"明显不属于"进入特定区域、场所"和"接触特定的人"的范畴，如果硬要和"从事特定活动"联系起来，最多只能说是打了个"过夜"也是"一种活动"的擦边球。但实际上在"答记者问"中已经明确，"应当根据犯罪分子的犯罪原因、犯罪性质、犯罪手段、犯罪后的悔罪表现、个人一贯表现等情况，充分考虑与犯罪分子所犯罪行的关联程度，有针对性地决定禁止其在管制执行期间、缓刑考验期间内'从事特定活动……'的一项或者几项内容。"之后列举的几个例子也体现出了禁止令内容和犯罪行为应该具有相对直接的关联性："犯罪分子是因长期在网吧上网，形成网瘾，进而走上犯罪道路的，可作出禁止其进入网吧的决定；如果犯罪分子是因为在夜总会、酒吧沾染恶习实施犯罪的，则可作出禁止

（接上页）案处理]借宿到朋友小文家玩，发现小文家有台看上去不错的笔记本电脑。次日，叶某与小强商量把这台笔记本电脑偷出来，换点钱用。于是小强找借口将小文引出门外，叶某谎称肚子痛要方便，回小文家借用厕所。当小文再次回家后发现笔记本不翼而飞于是报案。而叶某刚刚以500元将电脑转手后，就被警方抓获。上海长宁区人民检察院的承办人在量刑建议中，建议法院判决禁止计某某无正当理由缓刑考验期内与同案犯联系。禁止叶某无正当理由缓刑考验期内与同案犯联系、禁止在外过夜。法院最后采纳了检察院的建议，判处计某某有期徒刑1年，缓刑1年；叶某有期徒刑10个月，缓刑10个月，并做出了禁止计某某、叶某在缓刑考验期内与同案犯接触；禁止叶某未经矫正部门批准在外过夜的判决。

〔1〕[美]查尔斯·拉而森（Charles Larsen）：《成功的战斗：本·B.林赛的生活及时代》（The Good Fight：The life and Times of Ben B. Lindsey），芝加哥：方庭书社（Quardrangle Books）1972年版，第34页，转引自[美]富兰克林·E.齐姆林：《美国少年司法》，高维检译，中国人民公安大学出版社2010年版，第13页。

其进入夜总会、酒吧的决定；犯罪分子在犯罪前后有滋扰证人行为的，可作出禁止其接触证人的决定；犯罪分子是在酒后犯罪，且有酗酒习性的，可作出禁止其饮酒的决定"。而在长宁的案例中，没有证据证明被告人叶某在犯罪之前有彻夜不归的经历，故彻夜不归和叶某犯罪似乎没有什么联系，所以对叶某判决禁止在外过夜是很难依法归类的[1]。但是又如检察院承办人所说："叶某自控能力较差，虽然通过训诫表现有所改观，但是其在取保候审期间出现了彻夜不归的现象，且未归的当夜又从事了违法行为，结合未成年人特有的贪玩、盲从、冲动等天性，从预防叶某再次犯罪、提高监管效果等角度出发，故我院建议法院对其适用禁止在外过夜的判决。"[2]禁止叶某彻夜不归主要是为预防犯罪服务的，更是由未成年人特殊的身心发育特点决定的。无独有偶，重庆南岸区法院对涉嫌抢劫犯罪的王小判决禁止"在缓刑考验期内，脱离法定监护人在外过夜"[3]；浙江丽水莲都区法院对14岁的小蓝判处缓刑时禁止其"不得脱离监护人单独居住"[4]；无锡南长法院对3名未成年被告人判处缓刑的同时"分别作出了6到12个月不等时期内不得进入网吧，未经监护人同意不得在外过夜的禁止令"[5]。各地法院之所以以冒天下之大不韪的勇气作出类似于法无据的判决，正说明了现行禁止令在少年司法领域中运用的尴尬局面：好刀用不到刀刃上。当禁止令所蕴含的价值追求已成为势所必然，那么对上述质疑、尴尬与困惑作些梳理，进而对少年司法中禁止令的实践理性地进行相关思考无疑具有重要意义。

二、迫切的应然：禁止令主要适用于少年司法领域

根据现行法律规定，禁止令的适用对象是被判处管制、宣告缓刑的犯罪分子，也就是被判刑罚比较轻的人员。而未成年被告人恰恰是被轻判的"主力军"。从"上海市长宁区人民检察院未检科2001年至2010年十年间决定起诉的未成年人最后被判刑罚统计表"来看，可以适用禁止令的未成年被告人（即被判管制、宣告缓刑的未成年被告人）分别占到了该院未检科当年决定起诉未成年犯罪嫌疑人的34.33%、26.23%、27.91%、41.67%、33.78%、27.40%、22.22%、38.82%、37.78%、10%。除了2010年有世博安保特殊因素的影响[6]，其他九年中可以适用禁止令的未成年被告人分别占到了该院未检科决定起诉未成年人犯罪嫌疑人的二成至四成以上，都预示了禁止令将在少年司法

---

〔1〕 而在很多国家，"在外过夜"属于未成年人身份违法，早已将其列入法律规制的范畴。详见本文第二部分论述。

〔2〕 笔者于2011年5月16日与本案的承办人，即长宁区人民检察院未检科干部汤汝燕就禁止令相关问题进行了交流。

〔3〕 参见"15岁少年受邀参与抢劫 法官开禁止令禁其在外过夜"，载 http://www.chinanews.com/fz/2011/05-06/3020907.shtml.

〔4〕 参见"丽水莲都法院判决首例适用'禁止令'案件"，载 http://www.qtfz.gov.cn/zjfzol/system/2011/05/11/013722112.shtml.

〔5〕 参见"无锡南长：组织帮教对象旁听无锡市首例宣告禁止令案件宣判"，载 http://js.jcrb.com/jcdt/201105/t20110525_547278.shtml.

〔6〕 2010年上海公安大部分警力投入了世博安保工作，故大多数轻微案件在公安阶段就得以分流，造成了法院判处缓刑案件的大幅下降。

中独占鳌头的发展趋势。

表 23 - 1　上海市长宁区人民检察院未检科 2001 年至 2010 年十年间
决定起诉的未成年人最后被判刑罚统计表

	起诉的未成年人数	五年以上徒刑	三年以上不满五年徒刑	不满三年徒刑	拘役	不满三年徒刑宣告缓刑	拘役宣告缓刑	管制	单处罚金	免于刑事处罚	宣告无罪
2001	67	0	3	30	6	17	6	0	1	0	0
2002	61	0	5	29	4	11	5	0	1	1	0
2003	43	0	1	23	4	6	6	0	0	2	0
2004	60	0	6	32	8	15	10	0	0	0	0
2005	74	0	1	26	22	7	18	0	0	0	0
2006	73	1	4	33	17	11	9	0	0	1	0
2007	72	1	4	30	11	0	16	0	0	0	0
2008	85	2	4	31	19	19	14	0	0	0	0
2009	45	0	2	16	10	7	10	0	0	1	0
2010	20	1	0	12	3	1	1	0	1	0	0

在少年司法领域适用的广泛性要求禁止令必须进行相应的改良，除了要修正"立法宗旨"，还要特别丰富和完善"三个特定"的内涵，否则少年司法中的禁止令难逃"名不正则言不顺"的尴尬。现有禁止令的规定完全是以一个理性成年人的应为和不应为作为出发点和落脚点，对未成年人常见的、特有的"身份违法"[1] 问题更是采取了回避的态度，而这恰恰是预防未成年人违法甚至是犯罪的关键。早期干预的犯罪预防模式，一定程度上比"亡羊补牢"后的悔恨和无奈要更具理性，更何况在中国这样一个"望子成龙"、"父以子贵"的小宗族式家庭模式占主导地位的国家，一个孩子的违法犯罪关系的就不仅仅是一个人，而是一个家庭，甚至一个家族的命运。

其实我国的立法者和整个社会已意识到了未成年人身份违法与犯罪之间的紧密关系。我国于 1999 年颁布的《预防未成年人犯罪法》首次正式将"不良行为"作为一个

---

〔1〕　身份违法指如果换了成年人实施，不被法律处罚，但是对于未成年人而言，如果实施了这些行为，就需要政府或司法干预，这些行为包括离家出走、逃学、饮酒、不服管教、违反宵禁等，参见张文娟：《中美少年司法制度探索比较研究》，法律出版社 2010 年版，第 302 页。美国身份违法制度开始于 20 世纪 60 年代，是对有一定风险的少年的干预，即在发现有些少年有某种不良行为如果不干预可能会犯罪，而父母或学校又缺乏这种干预能力时，由政府或司法部门予以干预的一种制度。

专属于未成年人的法律术语使用。该法所规定的不良行为可以分为严重违背社会公德的一般不良行为（第 14 条）和具有严重社会危害性但尚不够刑事处罚的严重不良行为（第 34 条）两类。根据《预防未成年人犯罪法》第 14 条规定，少年的一般不良行为主要包括以下几种：

(1) 旷课、夜不归宿。

(2) 携带管制刀具。

(3) 打架斗殴、辱骂他人。

(4) 强行向他人索要财物。

(5) 偷窃、故意毁坏财物。

(6) 参与赌博或者变相赌博。

(7) 观看、收听色情、淫秽的音像制品、读物等。

(8) 进入法律、法规规定少年不宜进入的营业性歌舞厅等场所。

(9) 其他严重违背社会公德的不良行为（如吸烟、酗酒、与有犯罪习性的人交往等）。

其中有三类行为是很特殊的，仅是未成年人不能实施的，类似于美国的身份违法行为：一是旷课、夜不归宿；二是观看、收听色情、淫秽的音像制品、读物；三是进入法律、法规规定未成年人不适宜进入的营业性歌舞厅等场所。

目前我们国家预防犯罪的重心仍然侧重于已有严重不良行为[1]、犯罪行为的孩子。完善有身份违法行为的未成年人和家庭失灵的未成年人的干预机制非常迫切，但是政府和决策者似乎对此还没有足够重视，这次的禁止令就是忽视这种转化的一个典型例证，《刑法修正案（八）》及《规定》中有关禁止令的规定没有体现未成年人身心特点的专项措施。因此，上海长宁发出"禁止叶某未经矫正部门批准在外过夜"，对现行法律规定是有一定突破的。正是这种突破，标志着中国少年司法成长的勇气和信心，也是我们成年一代对强加于未成年一代的所谓"成年人理性"的救赎。

少年司法不是单纯的刑事诉讼程序的迷你版，它应该是一项综合性的程序。当然，严格限定未成年人犯罪的标准是必要的，在当前我国未成年人刑事司法体制与成年人没有多大区别的情况下，如果让更多案件进入刑事程序将严重侵害孩子的权益。因此我们这里说的少年司法是广义的，是一体化的[2]。在美国，青少年犯罪（Juvenile delinquency）至少包括了我国语言环境中的未成年人犯罪、违法以及部分严重不良行为等，如小额盗窃、打架斗殴、强行向他人索要财物等。这种制度设计体现了美国司法制度的一个特点，那就是对青少年的不良行为不能放任，针对任何不良行为都要有相应的矫治方法。所以在美国尽管说是青少年犯罪，但处罚的方法往往不是我们所认为的有期徒刑等刑罚，更多的是各种社会矫治措施，如命令青少年缴纳罚款、命令青少年参加社区劳动，把青少年安置在多人家庭、寄养家庭或类似机构，要求青少年进入非经允许不得离

---

〔1〕　对严重不良行为相关内容，笔者将在第三部分中论述。

〔2〕　关于"未检一体化"的相关设想和初步构建，已经在 2011 年 4 月 20 日召开的"上海检察机关未成年人刑事检察工作创建 25 周年纪念大会"上确认，上海的长宁检察院已迈出了最早的一步。

开的安全场所等。

因此，把未成年人身份违法写入禁止令中是应该也是必需的。刑罚执行方式的多元化或者多元化的安置措施的探索，是少年司法制度的基础组成部分。让人非常欣慰的是最高人民法院已经意识到这个问题的重要性，在《人民法院第三个五年改革纲要（2009～2013）》[1]中明确提到，"完善未成年人案件审判制度和机构建设，推进适合未成年人生理特点和心理特征的案件审理方式及刑罚执行方式的改革"。保护属性和社会属性将成为少年司法的特质与光辉，这不仅仅对推动我国少年司法改革具有重要的启发，更应该是今后少年司法改革的切入点和发展方向。

三、憧憬的理性：禁止令可以成为少年司法改革的切入点

少年司法领域中的禁止令，根本目标是恢复，恢复对象既包括未成年人自身的行为问题，也包括将未成年人置于危险境地或犯罪边缘的家庭处境。少年司法的关注对象是"人"，而不是"行为"：关注"人"，才能突破单纯的行为评价局限，向前关注"人"产生罪错的原因，向后延伸"人"恢复纯真的条件，实现对"人"的保护化和社会化。

（一）保护化

禁止令改良的首要宗旨是要实现对未成年人的保护，这应该成为少年司法改革的基本方向。

总体而言，未成年人的违法犯罪较成年人而言是相对较轻的，这就需要我们在设计少年刑法的时候加以考虑"少年法之理论在刑事法中独自成体系，在少年犯罪处置上由'处罚'演进为'保护'，不仅对少年犯避免动之以刑，代之以教育方法加以改善，而且就未犯罪之虞犯少年，亦以教育之方法预防其犯罪，此种'代替刑罚之教育方法'，即所谓保护处分也。"[2]少年司法就是要创制以保护主义为最高价值目标的保护处分措施以替代刑罚，并基于预防与保护的需要延伸适用于具有严重不良行为少年。

我们所说的保护处分是超越"保安处分"[3]概念的，它"（1）更为彻底地实现了对刑罚的超越，剔除了保安处分所残存的刑罚印迹……（2）从保安处分立足于人身危险性的社会本位，转变为立足于少年保护、福利的权利本位……（3）危害行为与保安处分之间的逻辑关系进一步打破……"[4]现代少年刑法发育成熟的国家无不规定保护处分具有优先于刑罚适用的效力。从各国保护处分的适用对象来看，保护处分主要是替代犯罪少年和触法少年的刑罚，使之免受刑罚的制裁，有的国家还基于预防和保护的思想将保护处分扩大适用于虞犯少年。而在我国，根据《预防未成年人犯罪法》第34条，

---

〔1〕 摘自最高人民法院网站：http://www.court.gov.cn/spyw/sfgg/201002/t2010023—1776.htm.

〔2〕 陈敏男："少年事件处理法之保护与刑法保安处分之比较研究"，辅仁大学2002年度硕士论文，第33页。

〔3〕 "保安处分"曾被誉为是近代刑罚观由报应刑论向教育刑论转变的结果，是刑罚理念改革的理论结晶，"为二十世纪刑法放一异彩"。在修订1928《中华民国刑法》的过程中，保安处分这一西方新鲜制度受到了许多学者的关注和重视，并最终被规定于1935年《中华民国刑法》中，中国也成了最早将保安处分理论制度化的国家之一。

〔4〕 姚建龙：《少年刑法与刑法变革》，中国人民公安大学出版社2005年版，第170页。

九类型属于少年严重不良行为[1]。我国对严重不良行为少年的处置措施是：除了严加管教和工读教育以外，其他处置措施均非专为有严重不良行为的少年设计，而是把适用于违法成年人的处置措施基本未加改造地适用于少年；措施都具有很强的处罚性质，基本上都属于强制性教育改造措施或行政处罚措施；措施多涉及少年的人身自由，而且剥夺或限制少年人身自由的时间都较长；措施大部分都是在封闭性或半封闭性的机构中执行[2]，最为严重的是，我国的少年教养执行场所极不规范。我国的少年教养的管教工作也存在严重缺陷。就法律规定来说，除了在与成年人分别编队，在劳动和生活待遇上适当照顾做了规定外，其余的均未做详细具体的规定。实际工作中，在管理、教育的方法、手段、方针、政策以及警戒制度、戒具制度、禁闭制度和生活卫生、通信接见等制度上均与成年人相同，没有形成针对少年人身心特点的一套管教方法和制度。[3]

这与英、美、日等国家或"台湾"等地区专门设计适用于少年的保护性（而非处罚性）措施，一般由专设少年审判机构经过审理后以判决方式决定适用，且多以社会化的方式执行等均有很大不同。因此完善或设计适合于严重不良行为少年需要的处置措施，将其纳入刑事法治的视野，应当成为今后少年刑法，乃至少年司法改革中的一个重点课题。而禁止令的颁布、实施正好是一个突破桎梏的契机。美英型少年法及日本少年法所调整的少年行为虽然大体不脱离刑事法的范围，但大都并非仅指传统刑法意义上的犯罪，而是包括可能发展为犯罪的虞犯行为、身份犯罪等多种类型。刑法将少年严重不良行为排除于犯罪之外，虽然使有严重不良行为少年免受刑罚的处罚，但另一方面却让这些少年坠入收容教养、劳动教养等以剥夺人身自由为特征的行政处罚性措施的阴影中，或者使社会面临恶性少年的威胁。对这类纯粹刑法犯罪之外不良行为的关注应当成为少年刑法区别于成人刑法的显著特点，这也是刑事一体化研究与实践的有益尝试，更是少年刑法预防和保护思想的体现和要求。

（二）社会化

禁止令执行方式追求的是改造社会化，这应该是少年司法改革的内在要求。

大墙内改造的弊端已为大多数学者所诟病，对社会化改造模式的探索和追求也早已在理论和实务界迈出步伐。相信大家都不会忘记2001年5月国内媒体争相报道的河北石家庄市长安区检察院向未成年犯罪人发出中国第一份"社会服务令"的消息，这一在国外已很常见的做法引起了当时舆论的普遍关注。人们倒不在意它是否符合已有的法律规定，而是看重其更深远的社会价值取向。[4]但是专家、学者的高呼"但愿它对促进刑

---

[1] 此九种少年不良行为是：①纠集他人结伙滋事，扰乱治安。②携带管制刀具，屡教不改。③多次拦截殴打他人或者强行索要他人财物。④传播淫秽的读物或者音像制品等。⑤进行淫乱或者色情、卖淫活动。⑥多次偷窃。⑦参与赌博，屡教不改。⑧吸食、注射毒品。⑨其他严重危害社会的行为。

[2] 姚建龙：《长大成人：少年司法制度的构建》，中国人民公安大学出版社2003年版，第136页。

[3] 夏宗素：《劳动教养制度改革问题研究》，法律出版社2001年版，第223页。

[4] 当时长宁法院做法成效显著，"根据未成年人的身心特点与案件具体情况，规定提供服务的时间一般为1至3个月，也可以用小时来计算，如200小时等，并可视其表现情况延长或减少社会服务劳动时间。从服务地点来看，主要是在固定的基地内提供服务劳动，也有的到居住地所在的社区从事各种公益性服务劳动。为了推进和完善'社会服务令'，该院还在少年法庭中任命了一名法官担任专职'考察官'，负责失足少年的考察帮教工作。试行'社

事法优化所具有的开拓价值，不被埋没在巨大司法惯性之中"[1]还未尘埃落定，最高人民法院便向各地高院发出通知，要求全国法院系统不再开展暂缓判决、监管令、社会服务令等未成年人审判中的探索性工作。

如果把这份通知看成是一张对少年司法改革的绊脚纸而进行尘封，那就大错特错了。仔细再看一下通知的内容，该通知称"部分地方在未成年人审判工作中，进行了一些探索，做了一些改革，并取得一定成效。但在改革过程中，要注意有法律上的依据。目前像暂缓判决、监管令、社会服务令这些改革在修改有关法律法规后才能进行，因此应暂停探索。该通知还要求已经做过的法院要总结经验并上报，为将来修改完善相关法规提供实践经验"[2]。

不是不该做，而是应该做得更好。2004年4月，上海市宝山监狱首推"周末监禁"[3]的社会化行刑方式，成为突破我国现有监禁模式的第一个吃螃蟹者。这一大胆举措对我国行刑的理论和实践的冲击是巨大的，将极大地改变我国行刑的现状。"在中国特色社会主义法律体系形成、全面实施依法治国基本方略的新的历史阶段，检察机关要把握机遇，乘势而上，深入推进未成年人刑事司法工作体制和机制改革，开创未成年人保护和犯罪预防工作的新局面"[4]。这是时代的呼唤，也是潮流所趋，把个人责任和社会保护，"社区为本，康复为重"的精神作为未成年人犯罪处遇的重要原则，应该永远得到保持，并不断发扬光大。

随着《刑法修正案（八）》的实施与实践中判例的出现，禁止令作为我国刑罚执行中的一项重要新制度进入了公众的视野。但禁止令的设计具有明显的以理性成年人为假设对象的特点，在具体运用于未成年人案件时出现了诸多不相适应的地方，迫切需要改良。禁止令在少年司法中有着广阔的运用前景，也是促进少年司法深度改革的切入点，而实现禁止令的"少年化"是这种深度变革的开始。

（与长宁区人民检察院检察官尤丽娜合著）

（接上页）会服务令'两年来，该院共向27名失足少年发送了31份社会服务令"。参见陈忠仪、朱静："长宁法院'社会服务令'见成效"，载《人民法院报》2005年4月14日。

〔1〕 王利荣："完善犯罪预防的重要尝试——谈我国第一个'社会服务令'"，载《人民检察》2003年第3期。

〔2〕 王俊："最高院叫停监管令社会服务令"，载《广州日报》2005年7月8日。

〔3〕 周末监禁方式不是刑种概念，它是自由刑的变通形式，是介于封闭的监狱与开放的社会之间的中间状态。周末监禁是指对那些犯罪主观恶性不深、社会危害不大、经过评估确无重新犯罪可能且余刑不满6个月的罪犯，给予狱外社会实践的机会，让其周一至周五在社会生产单位参加有偿劳动，周末回监狱服刑。参见晁根芳："周末监禁方式的理性思考"，载《华北水利水电学院学报（社科版）》（第21卷）2005年第1期。

〔4〕 摘自上海市委政法委吴志明书记于2011年4月20日在"上海检察机关未成年人刑事检察工作创建二十五周年纪念大会"上的讲话。

第二十三章

未成年人不判死刑原则及其确立与延伸

禁止对未成年人判处死刑是联合国《儿童权利公约》、《少年司法最低限度标准规则》、《公民权利与政治权利国际公约》等所确立的一项基本原则。自 20 世纪初以来，中国即开始了确立这一原则的努力，但直到 1997 年刑法典才实现了与这一原则的"无缝衔接"。考察未成年人不判死刑原则在中国确立的历程，至少有三点启示：（1）尽管艰难，但彻底废除死刑在中国仍具有实现的可能性；（2）从犯罪主体（强调其社会弱势群体特征）的角度废除死刑要比从罪行性质的角度入手更具可行性，也更为平等和较少带来负面影响；（3）青年，尤其是年轻青年与未成年人有着诸多类似之处，可以而且应当首先将未成年人不判死刑规则延伸于这一群体，这也是避免误判不满 18 岁未成年人死刑的需要。

一、未成年人不判死刑原则的国际法渊源

自贝卡利亚第一次明确提出废除死刑以来，死刑的存废之争就成为远远超出刑法界的引人注目的大论战。值得注意的是不管保留死刑论者的理由多么充分，对于未成年人犯罪应当废除死刑并无多大的悬念和争议。从各国刑法的规定来看，即便是目前保留死刑的国家也大都明确禁止对于未成年犯罪人适用死刑，例如日本《少年法》（2004 年修订）第 51 条规定：对于不满 18 周岁的少年不能判处死刑；相当于死刑的，判处无期徒刑。越南《刑法典》（1999 年通过）第 35 条规定，对未成年人犯罪不适用死刑。俄罗斯联邦《刑法典》（2003 年修订）第 88 条也明确排除死刑适用于未成年人。

对未成年人不得判处死刑已经成为联合国人权公约和少年司法准则中关于少年刑罚配置与适用的一项基本原则。有儿童权利宪章之称的联合国《儿童权利公约》是迄今为止得到最广泛认同的国际公约。在 1990 年 1 月 26 日开放联合国《儿童权利公约》的签署工作当天就有 61 个国家签字，这是空前和罕见的。目前世界上只有美国和索马里两个国家没有批准《儿童权利公约》，这充分表明了世界各国对儿童权利保护的认同。《儿童权利公约》确立了儿童权利保护的三大基本原则：18 岁原则，无歧视原则和儿童最大

利益原则。18 岁原则确定"儿童系指 18 岁以下的任何人"（公约第 1 条）[1]，无歧视原则规定每一个儿童都平等地享有《儿童权利公约》规定的权利（公约第 2 条），儿童最大利益原则则要求"关于儿童的一切行动，不论是公私社会福利机构、法院、行政当局或立法机构执行，均应以儿童的最大利益为一种首要考虑"（公约第 3 条第 1 款）。按照此三大原则的要求，少年司法必然是一种矫正模式而不应为报应模式，这也已经为联合国有关少年司法的公约、规则所确立，例如联合国 1985 年《少年司法最低限度标准规则》（北京规则）第 5.1 条规定"少年司法制度应强调少年的幸福"。北京规则在对这一关于少年司法目的的说明中，进一步明确指出这一少年司法首要目的的贯彻可以"避免只采用惩罚性的处分"。再如联合国《公民权利与政治权利国际公约》第 14 条之 4 也规定："对少年的案件，在程序上应考虑到他们的年龄和帮助他们重新做人的需要"。

由于死刑是一种原始而又残酷的刑罚，是一种彻底放弃教育、感化犯罪人努力与责任的刑罚，它不符合少年司法矫正模式的要求，更与儿童最大利益原则的精神相悖，因此禁止对未成年人判处死刑自然成为联合国有关公约和规则中所反复强调的基本原则。例如《儿童权利公约》第 37 条 a 项规定：对未满 18 岁的人所犯罪行不得判以死刑。《少年司法最低限度标准规则》（北京规则）第 17.2 条规定：少年犯任何罪行都不得判处死刑。《公民权利与政治权利国际公约》第 6 条第 5 款规定："对 18 岁以下的人所犯的罪，不得判处死刑"。《保护面临死刑者权利的保障措施》第 3 条规定："犯罪时未满18 周岁的人不得判处死刑"。

上述国际公约所确立的对未成年人不得判处死刑原则实际上包括了以下三个方面的内涵：首先，禁止适用死刑的人群是指未满 18 周岁的未成年人（儿童）；其次，未成年人无论犯任何罪行都不得适用死刑；再次，不得适用死刑是指不得判处死刑。只要判处了死刑，不管是否实际执行死刑都属于违背了这一原则，执行死刑和私用死刑自然更属于被禁止的范畴。可见联合国在禁止对未成年人判处死刑上的立场是坚决而无回旋余地的。[2] 正因为如此，虽然我国 1979 年刑法规定犯罪的时候不满 18 岁的人不适用死刑，已满 16 岁不满 18 岁的人仅可判死缓，但因为可以据此对未成年人判处死刑，仍然属于对这一国际公约所确立的原则的违背。而且最高人民法院于 1983 年 9 月发布的《关于人民法院审判严重刑事犯罪案件中具体应用法律的若干问题的答复》第 2 条规定："因犯罪时不满 18 岁而被判处死缓的人，在死刑缓期执行期间，满了 18 岁以后，抗拒改造情节恶劣、查证属实的，可以依照法律规定执行死刑"，也就是说这种死缓判决，还可能转化为实际执行。

据英国学者罗吉尔·胡德的研究，迄今为止至少还有阿富汗、孟加拉国、布隆迪等16 个《儿童权利公约》的缔约国没有正式废除对未成年犯的死刑。[3] 这些国家所遭受

---

〔1〕 中国《未成年人保护法》将不满 18 岁的人统称为"未成年人"。

〔2〕 考虑到未成年人"不适用"死刑的提法并不能排除判处死刑但不实际执行死刑这种情况，因此我们将这一原则归纳为"未成年人不判死刑原则"。

〔3〕 参见〔英〕罗吉尔·胡德：《死刑的全球观察》，刘仁文、周振杰译，中国人民公安大学出版社 2005 年版，第 215 页。

的国际舆论压力也是空前的。1999 年，联合国人权促进保障委员会曾经严正谴责"对犯罪时未满十八周岁者判处并执行死刑"的行为，并号召所有国家致力于废除对这一群体的死刑。[1] 许多国际人权组织特别是国际儿童权利保护组织所推动的儿童权利保障行动，对那些没有禁止对未成年人判处死刑的国家形成了空前的舆论压力。例如 2005 年 3 月 1 日美国联邦最高法院在洛普诉西蒙斯一案（Roper v. Simmons）中做出了废除不满 18 岁的未成年犯适用死刑的裁决，认定"宪法第 8 和第 14 修正案禁止将死刑施加于犯罪时不满十八岁的人"。从某种程度上说，这一裁决的形成就是这种国际舆论压力影响的结果，即便肯尼迪大法官起草的裁决书也不得不承认这一点。[2]

正因为国际舆论和世界上绝大多数国家都接受了未成年人不判死刑原则，因此这一原则也被认为是一项国际习惯法原则。也就是说一个国家无论是否批准联合国有关规定未成年人不得判处死刑的国际公约，都应当接受这一原则的约束。

二、未成年人不判死刑原则在中国确立的历程

尽管未成年人不判死刑原则是一条重要的国际人权保障原则，但很大程度上中国对于确立这一原则的最初动力是源于恤幼的文化传统。或许也正是由于这一原因，中国在废除未成年人死刑立法上长期保留了不彻底的特点。因为恤幼所体现的儿童观是将儿童保护视为成人社会的一种"宽容"和"怜爱"，而且这种宽容和怜爱往往以不危及成人社会的伦理观念和安全感为前提，而不是把儿童受到特别保护视为儿童所应享有的一种权利[3]。

中国各朝代并不乏对于尚未成年（丁年）的幼年人免予死刑适用的规定，例如《唐律》曾经规定"七岁以下，虽有死罪，不加刑"，沈家本在《大清新刑律》编辑宗旨的奏折中也曾经有"夫刑为最后之制裁，丁年以内乃教育之主体，非刑罚之主体"[4]的立法思想阐述。但纵观中国刑事立法的发展历史，首开对于 18 岁以下之未成年人犯罪不得判处死刑之立法先河的当属 1935 年的《中华民国新刑法典》。该刑法典第 63 条规定："未满十八岁人……犯罪者，不得处死刑或无期徒刑，本刑为死刑或无期徒刑者，减轻其刑。"不过遗憾的是，1935 年刑法原本规定未满 18 岁者一律不得处死刑或无期徒刑，但是此修正案的规定受到吴经雄的反对，吴氏提出如杀直系血亲尊亲属应不在此限制的范围。这一反对意见得到程中行、刘克俊等人的赞同，他们提出了国外（如日本）有立法例，未满 18 岁的人杀直系尊亲属恐无法感化等立法理由。[5] 吴氏提案在交付表决后得到多数"立法委员"的赞同并获得通过。结果 1935 年刑法典留下了未满 18 岁未成年人如果杀直系尊亲属可判死刑的例外性规定，这不可谓是中国废除未成年犯死刑进

---

[1] 参见〔英〕罗吉尔·胡德：《死刑的全球观察》，刘仁文、周振杰译，中国人民公安大学出版社 2005 年版，第 214～215 页。

[2] 参见姚建龙："未成年犯死刑的废除与美国少年司法的走势"，载《青少年犯罪问题》2007 年第 4 期。

[3] 《儿童权利公约》即将"受保护权"视为儿童所应享有的四大基本权利之一，否定了将受保护视为来自成人社会宽容和怜爱的旧儿童观。

[4] 谢振民编著：《中华民国立法史》（下册），中国政法大学出版社 2000 年版，第 886 页。

[5] 参见谢振民编著：《中华民国立法史》（下册），中国政法大学出版社 2000 年版，第 925 页。

程中的一大遗憾。

中华人民共和国成立后对未成年人犯罪不适用死刑原则曾经一度得以确立。早在1951 年，"对于十八岁以下的少年罪犯，即便情节严重，罪当处死，也不能处死"[1]就已经确立为指导司法实践的刑事政策。从 20 世纪 50 年代到《1979 年刑法》颁布前的历部刑法草案均曾有明确、彻底禁止对不满 18 周岁的未成年人犯罪适用死刑的条款。例如，1954 年 9 月《中华人民共和国刑法指导原则草案（初稿）》第 10 条第 3 款、1957年 6 月《中华人民共和国刑法草案（初稿）》（第 22 次稿）第 48 条、1963 年 10 月《中华人民共和国刑法草案（修正稿）》（第 33 次稿）第 48 条、1979 年 5 月《中华人民共和国刑法草案（法治委员会修正第二稿）》（第 37 次稿）第 43 条等，都有此种规定。[2]

中华人民共和国首部刑法典——《1979 年刑法》也规定对于未满 18 岁之人不得判处死刑，但遗憾的是，却也如同《1935 年刑法》一样没有彻底禁止对未成年人判处死刑，而是留下了可以判处死缓这样一个自相矛盾的尾巴。该刑法第 44 条规定："犯罪的时候不满十八周岁的人……不适用死刑。已满十六周岁不满十八周岁的，如果所犯罪行特别严重，可以判处死刑缓期二年执行。"这一刑法典一反历部刑法草案彻底禁止对未成年人犯罪判处死刑的规定，显然是受到了 20 世纪 70 年代末所出现的青少年犯罪恶化的影响。据统计，1978、1979 和 1980 年青少年犯罪达到新中国成立以来的最高峰，犯罪青少年占整个刑事犯罪作案成员总数的百分比，大中城市达 70% ~ 80%，农村也达到60% ~ 70%，[3] 青少年犯罪骤然演变成为一个危害社会治安的严重社会问题。1979 年8 月，中共中央还专门转发了《关于提醒全党重视解决青少年违法犯罪问题的报告》，体现了这一问题的严重性。在这样的背景下，实现彻底禁止对未成年人犯罪判处死刑的难度的确很大，《1979 年刑法》在废除对未成年人犯罪适用死刑上留下残余也是可以解释的。

但是在中国刑法中死缓并非独立的刑种，而是死刑的一种执行方式，《1979 年刑法》第 44 条的矛盾性是显而易见的，也折射出立法者在对待未成年人犯罪是否适用死刑上的一种矛盾心态。这一条文所存在的立法逻辑上的矛盾还表现为：如果在死缓期内未成年罪犯抗拒改造将会造成刑法第 46 条和第 44 条矛盾——前者规定应当改死缓为死刑立即执行，而后者又规定不得对未满 18 周岁的人适用死刑。[4]

针对《1979 年刑法》第 44 条的其他代表性批评则分别是从未成年人犯罪特殊刑事政策和未成年人的辨别控制能力不健全的两个角度展开。前者认为彻底废除未成年犯死刑（包括死缓）是对未成年人进行特殊保护刑事政策、"教育、感化、挽救"方针、"教育为主，惩罚为辅"原则的要求和体现；而后者则认为未成年人的辨认和控制能力尚不健全，尚不具有完全的刑事责任能力，因此死缓的适用仍过于严苛。此外，还有的

---

〔1〕 《中央公安部关于处理女犯、少年犯及老年犯的指示》，1951 年 10 月。
〔2〕 上述刑法草案载于高铭暄、赵秉志编：《中国刑法立法文献资料精选》，法律出版社 2007 年版。
〔3〕 参见康树华：《当代中国犯罪主体》，群众出版社 2005 年版，第 16 页。
〔4〕 参见任志中、汪敏："未成年人不适用死刑的若干问题"，载《人民司法》2006 年第 10 期。

学者注意到了禁止对未成年人适用死刑是国际刑罚改革的趋势和中国签署并批准生效的《儿童权利公约》等国际公约的要求。[1]

上述对于未成年人犯罪不应适用包括死缓在内死刑的意见，逐步得到了理论界较为广泛的认同，并对刑法的修改产生了影响。这一意见在"对现行法律规定的死刑，原则上不减也不增加"[2]的刑法修改指导原则下，仍然得以例外性地被1997年新刑法所采纳。修正后的《刑法》第49条规定："犯罪的时候不满十八周岁的人和审判的时候怀孕的妇女，不适用死刑。"这一规定正式确立了未成年人犯罪绝对不适用死刑的原则（包括不得适用死缓），实现了与未成年人不判死刑原则这一国际准则的"无缝衔接"，将3.41亿未成年人口[3]从死刑的阴影中解脱了出来。

值得注意的是，20世纪90年代中期，中国的青少年犯罪问题虽然有所好转，但仍然被视为一个严重的社会问题。在新刑法典出台前夕的1995年、1996年，中国的治安形势还呈恶化态势，青少年罪犯和全国罪犯判决数都出现了增长的高峰（参见图24-1）。也就是说，1997年刑法典彻底禁止对未成年人犯罪判处死刑的规定，超越了社会治安形势这一阻碍中国废除死刑的重要因素，突破了"乱世用重典"的传统思维，可谓是对成人本位儿童观和报应主义刑罚观的超越，体现了中国儿童观和刑罚观发展的重大进步，不愧为中国刑事法治发展的重大进步。[4]

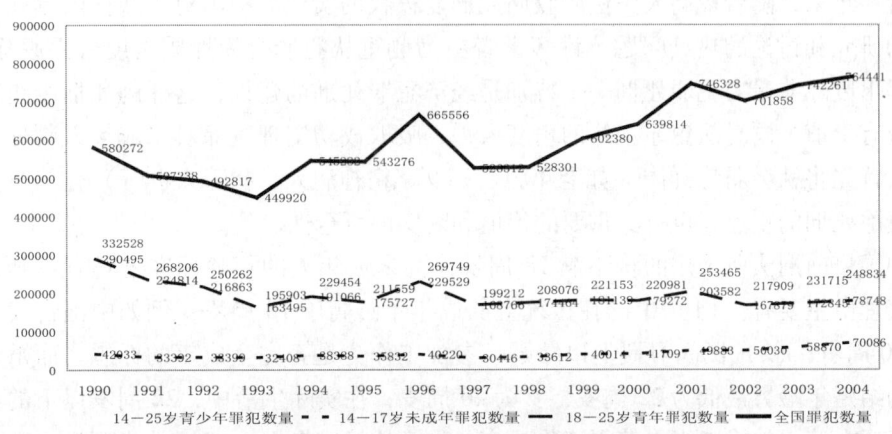

图24-1　全国罪犯及青少年罪犯数量变化对照图[5]

---

[1] 参见赵秉志：《犯罪主体论》，中国人民公安大学出版社1989年版，第395页；钊作俊：《死刑限制论》，武汉大学出版社2001年版，第148~149页。

[2] 王汉斌："关于《中华人民共和国刑法（修订草案）》的说明"，载高铭暄、赵秉志编：《中国刑法立法文献资料精选》，法律出版社2007年版，第872页。

[3] 根据国家统计局2005年全国1%人口册调查样本结果推算，中国未成年人约有3.41亿。数据见全国人大内司委未成年人法修订起草组编：《未成年人保护法学习读本》，中国民主法制出版社2007年版，第17页。

[4] 这一进步实属不易，全国人大常委会法工委从1988年12月提出的刑法修改稿（第44条第1款），到1996年10月的修订草案征求意见稿（第47条）中都仍然保留了可以对年长少年（16周岁以上不满18周岁的人）判处死缓的条款。上述刑法草案载于高铭暄、赵秉志编：《中国刑法立法文献资料精选》，法律出版社2007年版。

[5] 鞠青："中国青少年犯罪演进的定量分析"，载《青少年犯罪问题》2007年第5期。

三、未成年人不判死刑原则的延伸

在刑事法律制度的演进过程中，少年法往往发挥着先驱者的作用，制度的进步常常首先作为一种例外为少年法制所采用和实践，而后再从例外走向原则，推广到成人法中去，例如缓刑制度、不定期刑制度、恢复性司法等均是如此。台湾著名学者林纪东先生曾经指出："少年法之理论，与传统之刑事法理论（包括刑法、刑事诉讼法及监狱法理论），虽多距离，然对旧日之刑事法，正有推陈出新之作用，刑事法之改正，将于少年法始肇其端"〔1〕，"今后刑事法改正之途径，均可于少年法之检讨，见其端倪。"〔2〕未成年人死刑成功废除的历程（特别是这种跨越的关键步骤是在中国治安形势和青少年犯罪状况还出现恶化的背景下实现的），使我们对于废除死刑的理想在中国实现的可能性有了较为乐观的估计。

当然，在中国现阶段及将来较长的一段时间之内彻底废除死刑，还是一个较难实现的理想。不过，限制死刑和尽量少用死刑，则是一种已经被较为广泛接受的观点和中国死刑刑事政策的基本内容，这也是实现彻底废除死刑目标的必由之路。限制死刑适用主要可以从犯罪主体和犯罪行为两个角度展开。中国废除对未成年人判处死刑的历史也给我们这样一个启示：从犯罪主体（强调其社会弱势群体特征）的角度废除死刑要比从罪行性质的角度入手相对而言更具可行性，也更为平等和较少带来负面影响。

近些年来，随着最高人民法院收回死刑复核权的实现，中国对于如何限制死刑的适用成为研究和讨论的热点问题。许多学者更为侧重从犯罪行为性质角度着手废除死刑，例如提出废除非暴力犯罪死刑——特别是经济犯罪死刑的建议，这样的死刑废止路径确实十分有价值。同时从犯罪主体的角度入手，吸取成功实现废除对未成年人判处死刑的经验，首先将社会弱势群体（如老年犯、妇女、精神病人、智障人群等）作为下一阶段中国废除死刑的重点，也有其重要的价值和现实的可行性。

中国目前刑法所采用的将不满 18 周岁作为未成年人的年龄标准还具有可延伸的空间。其理由主要有：（1）中国在传统上的成年年龄高于 18 周岁，例如中国古代弱冠年龄为 20 周岁；（2）民间习惯上以结婚、参加工作为是否完全成年的标志。而婚姻法所规定的结婚年龄男最低为 22 周岁，女为 20 周岁；在实际生活中，22 周岁以下的年幼青年一般还在读大学或者尚未获得工作机会，大都均很难自立；（3）从生理、心理发育上说，25 周岁以下的青年还未完全成熟。如女性的身高发育可以延续到 23 岁；男性一般长到 23、24 岁，有的甚至延续到 26 岁。〔3〕也就是说，现行法律所拟制的成人年龄实际上是偏低的。由于就学期的延长、就业压力的加大等因素的影响，目前中国也正在出现"老少年"现象，成年年龄还在进一步实际推迟。考虑到青年〔4〕与未成年人并无本质

---

〔1〕 林纪东：《少年法概论》，"台湾编译馆" 1972 年版，第 15 页。

〔2〕 林纪东：《少年法概论》，"台湾编译馆" 1972 年版，第 45 页。

〔3〕 参见林崇德：《发展心理学》，浙江教育出版社 2002 年版，第 365 页。

〔4〕 本文所称青年是指 18 周岁以上不满 25 周岁之人，它包括年轻青年和年长青年两部分人群。其中年轻青年是指 18 周岁以上不满 22 周岁之人、年长青年是指 22 周岁以上未满 25 周岁之人。详见姚建龙："刑事法视野中的少年：概念之辨"，载《青少年犯罪问题》2005 年第 3 期。

区别，我们建议刑法典将未成年人不判死刑原则延伸于青年群体。具体建议是：对于年轻的青年绝对不得适用死刑，年长青年一般也不得适用死刑，如果罪行特别严重者可以判处死缓。

这一建议也是联合国少年司法准则的要求。北京规则第3.3条要求"应致力将本规则中体现的原则扩大应用于年纪轻的成年罪犯"。第17届国际刑法大会关于国内法与国际法下的未成年人刑事责任的决议第6条也建议："对未成年人适用的特殊条款可以扩大适用于25周岁以下的人"。同时这一建议也符合"按少年法之潮流及社会实况之演进，少年之年龄有逐渐提高之势"。[1] 此外，国外也不乏禁止适用死刑年龄超过18周岁的立法例，例如保加利亚、古巴、匈牙利（三国为20岁）、希腊（为20岁）、巴拉圭（为22岁）等国。[2]

这一建议的另一重要且颇具现实性的作用在于可以最大限度地降低因为年龄计算和认定偏差而误判未成年人死刑的风险，相当于给不判未满18周岁未成年人死刑原则的贯彻加了一道保险阀。实际上，如何避免对不满18周岁的未成年人误判死刑已经成为司法实践中的一个现实挑战。在法律条文上规定禁止对不满18周岁的未成年人判处死刑是容易的，但是如何真实、准确地做出年龄的判断以避免未成年人误判死刑在一些情况下是十分困难的。从其他国家的实践来看，由于年龄无法实际查明而导致误判未成年人死刑也是一个困扰的问题。例如据英国学者罗吉尔·胡德的研究，菲律宾虽然禁止对不满18周岁的未成年人判处死刑，但是仍怀疑有13名在犯罪时未满18周岁的少年犯被判处死刑，截至2001年底仍有9名面临被执行的危险。[3]

在中国，目前完善的出生登记制度尚不健全，一些外来犯罪嫌疑人，特别是流窜作案犯罪嫌疑人，在很多时候都可能出现无法查明年龄的情况，加上民间采用阴历的传统习惯或方便外出打工以及其他原因，来自农村或落后地区的犯罪嫌疑人往往登记的年龄会比实际年龄大一些，[4] 这更容易导致一些实际未满18周岁的未成年人被误判死刑。有证据表明上述原因所导致的"误判"很可能实际发生过，例如在河北省保定市所发生的曾经引起广泛关注的高攀案。[5] 尽管中国目前规定了年龄不明时有利于犯罪嫌疑人、被告人的处理原则[6]，并且在司法实践中还常常采用骨龄鉴定等科技手段[7]，但是

---

〔1〕　朱胜群编著：《少年事件处理法新论》，三民书局1976年版，第57页。

〔2〕　参见赵秉志等译：《现代世界死刑概况》，中国人民大学出版社1992年版，第294－297页。

〔3〕　参见〔英〕罗吉尔·胡德：《死刑的全球观察》，刘仁文、周振杰译，中国人民公安大学出版社2005年版，第217页。

〔4〕　参见周凯："上海法院避免未成年人被误判死刑必要时进行骨龄鉴定"，载《中国青年报》2006年12月6日。

〔5〕　参见刘畅："'枪下留人'后高攀再被判死刑　年龄谜团无定论"，载《中国青年报》2004年4月19日。

〔6〕　最高人民法院研究室关致广东省高级人民法院《关于如何认定被告人犯罪时年龄问题的电话答复》（1991年7月22日）规定："在审判中，特别是在处理死刑案件时，必须把被告人犯罪时的实际年龄作为案件的重要事实予以查清。在一般情况下，认定被告人的实际年龄应当以户口登记为基本依据，结合人口普查登记和其他有关资料，并经过认真调查核实后加以确定。对被告人实际年龄有异议或者疑义时，更应当多方查证核实。如果有足够证据认定户口登记簿上记载的年龄有误，就应以查明的实际年龄来认定。如果经反复调查，确实查不清的，应当按照从宽的原则予以掌握，以留有余地。"

〔7〕　目前中国骨龄鉴定技术水平可以达到的年龄误差在正负1岁之间。

仍难以完全避免这样的误判发生。特别是有利于犯罪嫌疑人、被告人原则以及骨龄鉴定等技术手段的运用，只在对年龄有疑问和争议的情况下才会采用，如果司法机关和当事人都无疑问，那么几乎不可能避免误判的发生。从这一角度来看，确立年轻青年绝对不判死刑、年长青年一般不判死刑原则，对于杜绝不满 18 周岁未成年人误判死刑现象的发生的确十分必要。

四、结语

当 2005 年 3 月美国联邦最高法院做出禁止对不满 18 周岁未成年人适用死刑的裁定时，曾经有美国学者评价它开启了废除死刑之门，这一评价既精确又颇具启发性。纵观各国废除死刑的历史，未成年人大都是首先摆脱死刑威胁的群体，然后逐步延伸于成年人。

在中国，废除死刑的希望之门也首先是从未成年人开启的，但自 1997 年刑法典确立未成年人不判死刑原则以后，这一课题似乎就逐步淡出了人们的视线。如何从成功废除未成年犯死刑的历程中进一步发掘开启中国死刑废除大门的杠杆，应当引起刑法学界的高度重视。

（与北京师范大学刑事法律科学研究院院长赵秉志教授合著，载《河北法学》2008 年第 2 期）

第二十四章

社会排斥理论与未成年人犯罪记录封存制度改革

2012 年刑事诉讼法增设了未成年人犯罪记录封存制度，这是我国少年司法制度发展的一大进步。然而，无论是理论界还是实务部门，对这一制度建立的理论基础、实践运作，均还存在着诸多分歧。尤其是对为什么封存犯罪记录、封存犯罪记录追求的效果是什么等基础性问题，似乎还欠缺必要的明晰的认识。

一、标识犯罪人的方式与功能

自古以来，人类社会就有将异己分子标识出来的强烈冲动。各国古代刑罚制度都有一个共同特点，即通过烙刻犯罪人肌体的方式，以让曾经犯罪的人（罪犯）易于被识别。这种做法本身可能即为刑罚之一种，例如中国古代的具有耻辱刑和肉刑合一性质的墨刑。也可能是犯罪的附随性后果，例如中世纪的欧洲以脸上或身上的烙印来标识其所犯罪的类型："R"代表抢劫犯，"B"代表亵渎神者，"S"代表奴隶，"SL"代表煽动诽谤者，"F"代表制造事端者——因扰乱教堂而获罪的人。[1]

在古代，每个人的身份难以辨别和确认。因此通过烙刻犯罪人肌肤的方式来标识曾经犯罪之人也就成为了一种自然的选择。这种方式虽然原始、野蛮，但却能够简单而有效的让公众和司法机关识别犯罪人的身份。

近代以降，通过烙刻肌肤的方式标识罪犯身份的做法逐步从各国刑罚制度中隐退和废弃，这往往被解读为刑事司法制度文明化进程的重要体现。其发生的原因一方面是以贝卡利亚为代表的刑事古典学派倡导刑事司法文明化的结果，另一方面则与科技的发展和刑事司法制度的完善使得标识犯罪人身份的方法无需通过刻烙肌肤这样一种野蛮而又原始的方式有着重要的关联，例如人体测量技术的应用、指纹科学的兴起直至 DNA 检测、基因测试技术的应用、完善的犯罪档案保存制度等，取而代之的是前科制度。

无论是烙刻犯罪人肉体的野蛮做法，还是采用指纹技术等"文明"方式，其共同特点都是试图将犯罪人的犯罪前科"记录"下来，以使犯罪人容易被识别。当然，识别犯罪人的身份并非"记录"的主要目的，而是为了有效将有犯罪前科的犯罪人从正常人群

---

〔1〕　参见［英］凯伦·法林顿：《刑罚的历史》，陈丽红、李臻译，希望出版社 2003 年版，第 25 页。

中区别开来，犯罪人作为"异类"。

将有犯罪前科的犯罪人标识为"异类"，有其合理性或者积极作用，具体来说至少包括以下三点：

一是惩罚的作用。早期通过烙刻犯罪人肌肤的做法不管是否明定为刑罚之一种，但这种做法本身毫无疑问是一种非常有力的兼具肉体痛苦和精神羞辱的惩罚手段。尽管随着这种手段的废弃，标识犯罪人的惩罚作用也以一种"隐性"的方式表现出来。一旦一个人有了犯罪的前科，那么他将面临被隔离出"正常人"社会的严重后果。在很多时候，这种后果要比刑罚惩罚要更为持久和严厉，因为犯罪人要重新回归正常人社会，将十分困难，甚至是永远不再可能。这意味着有犯罪前科的人，将不能再获得正常人的社会地位、职业、教育、社会保障等。

二是社会防卫的作用。有犯罪前科的人是否实际上是危险人群并不重要，但是在"正常人"的通常观念中，他们毫无疑问属于高危险的人群。将有犯罪前科的人"标识"出来，可以使"正常人"时刻保持对这一高危险人群的警惕，确保群体安全。当然，随着烙刻犯罪人的野蛮做法被现代犯罪记录制度所替代，司法机关也替代公众担负起了警惕、监督有犯罪前科人群的主要职责。

三是预防犯罪的作用。标识犯罪人的犯罪预防作用不仅仅是通过这一做法的惩罚作用而体现出来，更重要的是通过标识犯罪人的方式来维持"正常人"与"犯罪人"之间的界限，强化两类人群之间的对立与冲突，对于维护"正常人"的群体意识、群体身份，防止"正常人"向"犯罪人"异化——犯罪，有着更为特殊的意义。这样的判断也符合美国社会学家刘易斯·科赛（Lewis Coser）关于冲突有助于群体身份界定的观点。

标识犯罪人面临着一个必须明确的前提，那就是"犯罪人"的标准是什么，亦即判断"前科"的标准是什么？从不同的视角，可能得出不同的结论，但得到最为广泛认同也是最为权威的标准是"定罪说"[1]，这种观点认为，只要被正式定罪则前科即成立，犯罪人的身份亦被标识确定。不过，持"定罪说"观点的学者往往只看到了《刑事诉讼法》第12条关于"未经人民法院依法判决，对任何人都不得确定有罪"，而遗漏了我国检察机关实际上也享有定罪权的事实[2]，因此常常容易缩小前科的外延。当然，由于检察机关行使酌定不起诉权"定罪"所形成的前科与法院定罪所形成的前科相比，对当事人所造成的不利影响要小得多，为便于区别，可以将法院定罪所形成的前科称为狭义的前科，将包括检察机关定罪所形成的前科归入广义前科的范畴，而广义的前科亦可称为"犯罪记录"。[3]需要注意的是，前科的概念通常仅仅是指狭义。

---

〔1〕 详见房清侠："前科消灭制度研究"，载《法学研究》2001年第4期。我曾经亦指出前科是"曾经被定罪的事实"（姚建龙：《少年刑法与刑法变革》，中国人民公安大学出版社2005年版，第293页）。正因为前科是一种被定罪的客观"事实"，因此它无法予以消灭。从这个角度来看，近期中央政法委在有关司法改革的文件中提出要建立"未成年人犯罪轻罪记录有条件消灭制度"，而没有使用理论界通常使用的"前科消灭制度"的概念，是有其合理性的。

〔2〕 我国检察机关享有酌定不起诉权，可以在认定"犯罪情节轻微，依照刑法规定不需要判处刑罚或者免除刑罚的"的情况下做出不起诉的决定。

〔3〕 值得注意的是，中央政法委关于司法改革的文件中曾经提出要建立"轻罪犯罪记录消灭制度"，并没有使用前科的概念，2012年修订的刑事诉讼法使用的也是"犯罪记录"的概念。

在现代社会，虽然烙刻犯罪人肌肤的做法早已经不被采用，但是犯罪人的前科会通过更为精细的方式被正式记录下来。例如，公安机关的数据系统（户籍资料、人案管理系统、罪犯指纹系统等）、司法机关的案卷、人事档案等。尽管如此，从犯罪烙刻到犯罪记录的转变带来了两个值得注意的变化：一是犯罪人身份公开范围被大大限制，一般公众难以通过外表的判断获悉犯罪人的前科身份。二是犯罪前科的事实与犯罪前科记录之间存在脱离的可能，即可以通过封存或者销毁犯罪前科记录的方式来在形式上"消灭"犯罪人的前科，最大限度消除前科给曾经犯罪之人带来的不利影响，这为犯罪前科记录封存制度，乃至消灭制度的产生留下了空间。

二、社会排斥理论的解释框架

对于有前科的人来说，被标识为犯罪人的不利后果主要二：一是再犯加重惩罚，其主要表现是刑法所确定的累犯制度；二是社会排斥的后果，有过犯罪前科人将因为其犯罪人的身份遭受各种社会排斥。这种社会排斥具有如影相随的特点，只要前科记录不被正式消灭，社会排斥的后果将伴随其一生，这也正是前科之非正式惩罚功能的主要体现，也是社会防卫、预防犯罪功能得以实现的媒介。与累犯加重处罚的后果不同，社会排斥并不是一种或然性的结果，而是犯罪人面临的必然后果。

对"社会排斥"的研究开始于20世纪60年代，当时主要关注的是贫困问题和社会不平等，如今已经成为解释各种社会问题的一个核心概念，这一理论模式不仅仅对于社会问题根源的解释更为深入，而且对社会问题的解决也提供了新的思路。[1]对于社会排斥的内涵存在不同的界定[2]，但大体上都是在最早使用"社会排斥"（social exclusion）一词的法国学者勒内·勒努瓦（Rene Lenoir）观点基础上的发展。在勒内·勒努瓦看来，社会排斥是指某些社会群体被排除在了社会安全体系之外。[3]

借鉴社会排斥理论对于社会排斥维度的分析，[4]可以将有前科记录犯罪人所遭受到的社会排斥类型分为以下几种：

一是经济排斥。"经济排斥是指个人和家庭未能有效参与生产、交换和消费等经济活动"。[5]就犯罪人而言，其主要表现是就业排斥，有过前科的犯罪人被明确禁止从事某些特定的职业，而这些职业往往属于高社会地位、高收入、稳定性强的行业，例如公务员、军人、教师、医生、律师、社会团体负责人、会计、公司董事监事经理等。这意味着，[6]有前科的犯罪人将基本丧失进入主流社会的可能性。尽管有的国家法律也有禁

〔1〕　参见景晓芬："'社会排斥'理论研究综述"，载《甘肃理论学刊》2004年第2期。
〔2〕　关于社会排斥概念的梳理，详见王立业："社会排斥理论研究综述"，载《重庆工商大学学报（社会科学版）》2008年第3期；代利凤："社会排斥理论综述"，载《当代经理人》2006年第4期；黄佳豪："西方社会排斥理论研究述略"，载《理论与现代化》2008年第6期。
〔3〕　Lenoir and R. Lesexclus, *Un Francais Sur Dix*, Pairs: Seuil, 1974, 转引自牟永福："'社会排斥'解释框架与城市居民收入的差异性分析"，载《河北学刊》2008年第5期。
〔4〕　参见黄佳豪："西方社会排斥理论研究述略"，载《理论与现代化》2008年第6期。
〔5〕　参见黄佳豪："西方社会排斥理论研究述略"，载《理论与现代化》2008年第6期。
〔6〕　参见黄佳豪："西方社会排斥理论研究述略"，载《理论与现代化》2008年第6期。

止有犯罪前科人员进入某些职业领域的规定，但是其就业排斥的范围受到严格限制，一般有一定的禁止年限，而且大都有前科消灭制度作为救济，以避免犯罪人受到过渡排斥。但在我国，就业排斥的范围并无明确的限制，且有不断扩大的趋势，而且一般都是终身禁止有犯罪前科的人进入这些行业，同时没有简历前科消灭制度作为就业排斥救济的途径。

二是政治排斥。"政治排斥是指个人和团体被排斥出政治决策过程，这些个人和团体缺乏权力，没有代表他们利益的声音。"有前科的犯罪人，即便没有附加剥夺政治权利刑或者剥夺政治权利刑执行完毕，其政治参与权仍然会遭受重大的限制，不可能参与政治决策，包括对涉及其利益的政治决策，其结果是这一群体缺乏利益代言人。在我国，虽然《选举法》仅禁止被剥夺政治权利的享有选举权和被选举权，但是在实践中，有前科犯罪人实际享有被选举权作为候选人的事例是罕见的，即便出现一些特例也常常受到质疑。

三是教育排斥。教育是一个人发展的重要基础，但是有前科者的教育权亦受到了重大的限制。例如，我国各地高考规定中长期明确禁止有前科的考生参加高考，或者明确规定"有违法犯罪行为"的考生属于不予录取的范围。尽管近些年来有些地区的这一规定开始松动，[1]但是由于高等院校招生机制中存在政审机制，有前科的考生即便有幸参加高考但其获得录取机会的可能性是十分微小的。教育排斥剥夺了有前科犯罪人的发展权，使得他们无法通过教育这样以种最主要的方式获得个人发展，进入主流社会的机会。

四是社区排斥。社区排斥表现为有前科的犯罪人将被隔离出正常的社区生活之外，无法融入所生活的社区，或者其社区迁移受到重大限制，不能够选择适合于自己的生活社区。在我国，社区中的前科人员一般都会作为重点管控人群而受到严密监控，一些地方性法规更是明确禁止有前科之人的迁入[2]，或者虽然不通过地方性法规的方式进行禁止而采取所谓"劝离"[3]的方式，尽管这种做法受到了是否合法的质疑，但据说仍得到了公安部的肯定[4]，更有一些民众建议采取遣返制度，使有前科之人离开本地区。[5]

五是心理排斥。对于有前科之犯罪人来说，无形但却又最为沉重的社会排斥来自于其他人的心理。在我国，对于有前科犯罪人存在着厚重的歧视性文化和普遍性的排除性心理。"近朱者赤，近墨者黑"的观念深入人心，因此在普通人的观念中，有前科劣迹的人往往被视为高危险的另类人群，属于不可交往的人群。心理排斥会给有前科者造成巨大的心理压力，阻碍其回归社会，其后果是迫使这部分人群生活于亚文化群体中，进入重新犯罪的恶性循环。

---

〔1〕 参见"京高校首次允许录取有前科的考生"，载 http://www.jxnews.com.cn.
〔2〕 例如，山东济南曾经在2002年在户籍制度改革实施细则中明确规定，对有刑事犯罪记录的外地人员，无论什么情况，均不予批准迁入。参见俞评："'有刑事犯罪记录'者该上哪?"，载《法制日报》2002年1月27日。
〔3〕 温州鹿城区劝离有前科暂住者。载 http://news.sina.com.cn/c/2007-06-05/122213157312.shtml.
〔4〕 "鹿城做法得到公安部肯定"，载《法制日报》2007年6月7日。
〔5〕 "严打中要把所有有前科的外地人员遣送回家不准进入慈溪"，载 http://bbs.cixi.cn/dispbbs.asp? boardid = 53&id = 269151；《建议：深圳应该不准外地有前科的人进入，限制不文明》。

　　根据有的学者统计，在我国现有生效的法律中，除了刑法典及其相应的辅助性刑法外，大约有 160 余部法律对接受过刑事处罚的公民的权利予以了规定。其中人大常委会立法 17 部，包括法官法、检察官法、人民警察法、公证法、律师法、执业医师法、注册会计师法、教师法、对外贸易法、拍卖法、收养法等等；行政法规 10 部，包括导游人员管理条例、国家自然科学基金条例、国际海运条例、社会团体登记条例等等；其余的主要是部门规章 130 余部以及少量的立法解释和司法解释。而其中部门规章的制定部门主要有：文化部、卫生部、教育部、人事部、司法部、公安部、建设部、国家知识产权局、海关总署、税务总局等。这些行政法律对刑事处罚的规定绝大多数集中在资格限制方面，即受过刑事处罚的公民无法获得相应的资格或受到资格限制。见到如此广泛和深入的对有犯罪前科之人的正式社会排斥，这位学者不禁感慨地说：

　　这 160 多部法律所设下的樊篱几乎将受过刑事处罚的公民完全隔绝在公共服务领域以外。他们从此再也不是国家人，而成为游荡于体制之外的社会人。我国是一个国家本位和官本位为核心的社会，制度的基本出发点是国家利益，社会分层的主要标准是官阶。由于我国没有一个相对自足的市民社会的存在，如果一个人被排斥出国家体制，成为一个体制外的人，那就意味着被放逐，意味着失去基本的保障。[1]

　　社会排斥理论的研究者注意到，社会排斥的发生往往是强势群体利用其优势地位而对弱势群体进行的，与对其他群体的社会排斥往往较为"隐讳"不同，对犯罪人的社会排斥是直接的、正式的、制度性的，甚至是通过立法的形式确立的。在我国，这一点尤为突出。尽管在合理限度内保持对有前科犯罪人的社会排斥有其合理性，但在我国，这种对前科犯罪人的社会排斥明显过度和滥用。社会排斥的不良后果是显而易见的，有学者将其归纳为导致贫困、不利于社会整合、造成被排斥者巨大的社会焦虑和心理压力、违背了社会公正原则等四个主要方面。[2]就对有犯罪前科者的社会排斥而言，其悖论主要在于与现代矫正理论、矫正体系及刑事政策的冲突。现代矫正理论的一个基本立场是认为犯罪人是可以矫正的，惩罚不是目的，犯罪人可以而且应当重新社会化、回归社会。[3]目前，各国犯罪矫正体系都是在这样一种以矫正为目的理论基础之上的。针对有前科犯罪人，各国刑事政策的一个基本立场毫无例外都是主张其回归社会、重新融入社会。

　　对有前科犯罪人过度社会排斥的严重后果是，人为的制造一个不断膨胀、恶化、难以消解的社会敌对阶层，其最终后果是构成对社会安全的严重威胁。社会排斥可能存在

---

　　〔1〕　"从隐形的刑法到刑法背后的隐形——从两起刑事案件说起"，载 http://www.bloglegal.com/blog/cac/1450004586.htm.

　　〔2〕　参见景晓芬："'社会排斥'理论研究综述"，载《甘肃理论学刊》2004 年第 2 期。

　　〔3〕　20 世纪 70 年代中期以美国学者马丁森（Robert Martinson）为代表的一些学者的实证性研究认为犯罪人可以被矫正是一种幻想，这一结论被认为是投给现代矫正理论与矫正体系的"重磅炸弹"，也曾经引起了巨大的争议。但是，马丁森的反对者们也通过实证研究多方法证明犯罪矫正的有效性，证实了犯罪人是可以被矫正的。参见刘强、王贵芳："美国新'改造无效论'对我们的启示——评《重思罪犯改造》一书"，载《青少年犯罪问题》2008 年第 5 期；姚建龙：《超越刑事司法：美国少年司法史纲》，法律出版社 2009 年版。

的社会防卫、预防犯罪等积极作用，也将不复存在。颇值得深思的是，试图通过犯罪记录的方式来达到社会防卫目的的最终后果是，走向了制度设计的对立面。

正因为认识到了对有犯罪前科之人社会排斥所存在的这一显著弊端，许多国家都致力于建立针对有前科犯罪人的反社会排斥机制。例如，中途之家、前科消灭制度、归正群体就业特别政策等。由于前科消灭制度可以从根本上消除社会排斥，同时还可以尽量发挥社会排斥的积极作用，因此也被视为这一反社会排斥机制的核心。

我国目前前科制度的显著弊端是，一方面对于有前科者的社会排斥处于过度反应的状态，例如社会排斥的范围过大、社会排斥的时间往往终身相伴。另一方面又缺乏前科消灭这样一种救济机制。一旦被贴上犯罪人的标签，几乎意味着有前科者被永远的隔离于主流社会之外，被永远的作为异类对待，对其的社会排斥将无法消除。这对于有前科之人的心理、生存所造成的压力是巨大的。一个人为造成且不断膨胀的社会敌对阶层，将时刻威胁社会的安宁。

令人费解的是，我国刑法还在第 100 条规定了前科报告制度，要求有犯罪前科者在参军、就业时必须如实报告曾经受过处罚的经历，将有前科者通过隐瞒前科这一唯一对抗社会排斥的自救途径也予以了堵塞。尽管刑法并没有规定没有如实报告前科记录的法律后果，但是这种在前科制度架构中有报告和确立机制，而无消除机制的立法，显然是我国刑事立法的一大硬伤。[1]

三、犯罪记录封存制度的确立与反思

国家"不能仅满足对于违法者的处罚，而且还必须考虑到，在刑罚执行完毕后，他能够在社会上重新找到一个适当的位置。"[2]对于受过刑罚干预的失足未成年人，国家更负有如何使他重新回归社会的义务。基于这样一种认识，美国、日本、俄罗斯、法国、瑞士等国家纷纷在有关法律中明确规定了未成年人犯罪前科消灭制度，以最大限度地保护未成年人的健康成长，其实践也取得了良好的社会效果。

联合国少年司法规则及我国针对未成年人的专门立法均毫无例外的对这种过度社会排斥为特点的前科制度予以了明确否定。例如，《联合国保护被剥夺自由少年规则》第 19 条规定："释放时，少年的记录应封存，并在适当时候加以销毁"，明确提出应建立犯罪记录消灭制度。尽管这一规则没有适用前科消灭的概念，但是对于犯罪记录的销毁也意味着前科事实的被"抹销"。此外，《联合国少年司法最低限度标准规则》还规定要对未成年人的犯罪档案严格保密："未成年罪犯的档案不得在其后的成人诉讼案中加以引用，对未成年罪犯的档案应严格保密，不能让第三方利用。只有与案件直接相关的工作人员或其他经正式授权的人员才能接触这些档案。"

我国的刑事立法尚未正面承认前科及其消灭制度，这是一个遗憾。但同时又存在这

〔1〕 有的学者把我国前科制度的这一弊端概述为"有始无终"。参见于志刚：《刑罚消灭制度研究》，法律出版社 2002 年版。

〔2〕 ［德］汉斯·海因里希·邓赛克、托马斯·魏根特：《德国刑法教科书（总论）》，徐久生译，中国法制出版社 2001 年版，第 1097 页。

样一个不争的事实——有过犯罪前科的未成年人将承受各种不利的影响，甚至是伴随终生的不利影响。与国外建立前科消灭制度背道而驰的是，刑法第 100 条甚至还规定："依法受过刑事处罚的人，在入伍、就业的时候，应当如实向有关单位报告自己曾受过刑事处罚，不得隐瞒"，并且在 2011 年以前连未成年人也不例外。未成年人的人生旅途还很长，前科报告制度实际剥夺了未成年归正人员平等受教育权、平等就业权等一系列获得平等尊重的权利与机会，这不仅无助于他们的再社会化，而且从根本上也不利于社会的稳定以及和谐社会建设。

在我国，由于恤幼传统文化的深入影响，对于未成年人有着特别的宽容——即便他们行使了危害社会的犯罪行为。不仅仅是在犯罪学理论上，而且是在一般公众的观念中，对于未成年人犯罪的归因与对策大体存在以下共识：一是在未成年犯罪人原因上，具有外部归因的特点。在我国，未成年人是纯洁的观念自古即被广泛认同，体现于未成年人犯罪规因上，强调未成年人犯罪主要并非个人的理性选择，而是受到了外部不良环境的影响，与成人社会的失职，没有保护好未成年人，没有净化好未成年人成长的环境密切相关。具体体现为"综合治理"、"教育为主，惩罚为辅"的未成年人犯罪刑事政策。二是认为未成年犯罪人的社会化尚未完成，具有较强的可塑性，即便一时失足，也具有矫正的可能性。因此，如果未成年人犯罪，不能单纯地予以惩罚，而应注重矫正。具体体现为我国未成年人刑事政策与立法的"教育、感化、挽救"原则。

对待未成年犯罪人的"一日是贼，终身是贼"的过度社会排斥，与未成年人犯罪刑事政策之间存在着明显的对立性冲突，也不符合一般公众对于失足未成年人的通常观念。正因为如此，在立法改革之前，建立前科消灭制度的实践探索已在体现宽严相济刑事政策的思路下，先行出现于中央有关司法改革的文件中。中央政法委在有关司法改革纲要中明确提出，要"按照教育为主、惩罚为辅的原则，探索处理未成年人犯罪的司法制度。有条件地建立未成年人犯罪记录消灭制度，明确其条件、期限、程序和法律后果。"《人民法院第三个五年改革纲要（2009～2013）》中也提出，要配合有关部门有条件地建立未成年人轻罪犯罪记录消灭制度，明确其条件、范围和程序。在法律还没有修改以前，上海、河北、重庆、宁波、四川、山东等地先行在少年司法实践中开始了建立未成年人犯罪前科消灭制度的试点改革，例如封存犯罪（刑事污点）记录、出具前科消灭证明书、做出消灭前科的裁定等，这些改革大都取得了很好的社会效果，积累了宝贵的实践经验。

在司法实践先行探索轻罪犯罪记录消灭制度的基础上，2011 年的《刑法修正案（八）》在第 100 条中增加了一款限制性规定："犯罪的时候不满十八周岁，被判处五年有期徒刑以下刑罚的，免除前款规定的报告义务"，这是难得的进步。

在《刑法修正案（八）》免除被判处五年以下刑罚未成年犯罪人的前科报告义务基础之上，2012 年修订的新《刑事诉讼法》275 条更进一步规定："犯罪的时候不满十八周岁，被判处五年有期徒刑以下刑罚的，应当对相关犯罪记录予以封存。犯罪记录被封存的，不得向任何单位和个人提供，但司法机关为办案需要或者有关单位根据国家规定进行查询的除外。依法进行查询的单位，应当对被封存的犯罪记录的情况予以保密"。

由此正式确定了未成年人犯罪记录封存制度，这是我国司法改革尤其是少年司法改革的重大成果与进步。

值得注意的是，刑事诉讼法所正式确立的是"犯罪记录封存制度"，而非前期实践探索中所使用的"轻罪记录消灭制度"。这一制度出台后，理论界和实务部门颇多赞誉，并且都在关心如何具体"封存"记录。譬如，《人民检察院办理未成年人刑事案件的规定》（2013）有关未成年人犯罪记录封存的规定，主要着眼的是"工作记录"与"相关文档"的封存，如第62条规定："犯罪的时候不满十八周岁，被判处五年有期徒刑以下刑罚的，人民检察院应当在收到人民法院生效判决后，对犯罪记录予以封存。对于二审案件，上级人民检察院封存犯罪记录时，应当通知下级人民检察院对相关犯罪记录予以封存"，第63条规定："人民检察院应当将拟封存的未成年人犯罪记录、卷宗等相关材料装订成册，加密保存，不予公开，并建立专门的未成年人犯罪档案库，执行严格的保管制度"。《最高人民法院关于使用〈中华人民共和国刑事诉讼法〉的解释》（2012）第487条、489条等也有类似的条文规定。

然而，如果从社会排斥的理论框架下来审视司法实践中曾经探索的未成年人轻罪记录消灭制度改革以及刑事诉讼法所正式确立的未成年人犯罪记录封存制度，这样的视角是存在局限性的。

新刑事诉讼法所确立的未成年人犯罪记录封存制度，采取的是隐瞒模式，即将未成年人曾经犯罪的信息隐瞒在尽可能小的范围之内。这种隐瞒模式，当然是一种封存方式，也是一种可能有一定作用的方法。但必须注意的是，犯罪事实是无法消灭的，无论怎么隐瞒都是有漏洞的。例如，未成年人犯罪信息可能通过口耳相传、媒体、档案等记录和传播。隐瞒也并不是一种最核心的保护涉罪未成年人的方式。

社会排斥理论的启示是，犯罪记录封存制度的重心应当是消除因为犯罪前科而对涉罪未成年人所带来的社会排斥，简单地说即不能因为犯罪前科而遭受歧视性待遇——即便有关单位和部门知道了涉罪未成年人曾经犯罪，也不能给予歧视，这才是未成年人犯罪记录封存制度的重心。目前，立法与司法实践以"隐瞒"犯罪记录为中心的改革思路显然是值得反思的。

悔过自新的失足未成年人重新融入社会仅仅依靠犯罪记录封存是远远不够的，还需要对档案制度、政审制度、考试制度等相关制度进行配套改革，当然，比制度完善更重要的是观念的更新。从这个意义上看，未成年人犯罪记录封存制度的真正建立是一个系统工程。

刑事诉讼法所确立的未成年人犯罪记录封存制度还有一个漏洞，即没有确立与之相衔接的犯罪记录消灭制度。犯罪记录封存应当有期限，如果涉罪未成年人符合一定条件，应当永久消除其犯罪记录。违法记录、相对不起诉决定等因为同样会带来社会排斥的后果，所以也应当予以封存。

另一个应当关注的不能回避的议题是，如何更加科学的将一部分确实不适合进行犯罪记录封存的人筛选出去，确保未成年人保护与社会保护之间的最佳平衡，也应当予以必要的关注。新《刑事诉讼法》第275条第1款规定："犯罪的时候不满十八周岁，被判处五年有期徒刑以下刑罚的，应当对相关犯罪记录予以封存"。这一规定对于未成年人犯罪记录封存的条件规定只有宣告刑一个标准——不需要涉罪未成年人申请、不需要考察、不论罪名。从比较研究的视野看，这种类型的犯罪记录封存制度是罕见的，某种程度上并不利于促进涉罪未成年人的重新融入社会，也不利于社会安宁的保护。

尽管也存在诸多弊端，但是犯罪记录制度也有着社会防卫、预防犯罪等重大功能。在国外，犯罪记录封存制度的确立是谨慎的，多有例外性规定或者程序限制，以在犯罪人保护与社会保护之间达成平衡。以著名的美国梅根法案为例，对于与有犯罪前科之人中犯性犯罪的，将严格排除在隐私保护的范围之内。美国有些州的法律甚至还要求性犯罪人无论迁到什么地方，都要把他的名字、罪名贴在窗户上，提醒所有社区的人对他保持警惕警示。尽管我是非常坚定的儿童权利保护主义者，但是不兼顾社会保护的儿童保护，并不是真正的儿童保护主义。

总之，新刑事诉讼法所确立的未成年人犯罪记录是一大进步，但这一制度设计确实还需要进一步完善和发展。

第二十五章

智障少年犯罪与矫正制度之检讨

自上世纪初美国心理学家亨利·戈达德提出低能理论，学界关于低能与犯罪关系的研究历时已近百年。然而，遗憾的是我国少年司法制度对于智障少年犯罪的特殊性至今未能给予应有的重视，尤其体现在少年司法矫正制度领域，关于智障少年犯罪的特别处遇规定和矫正措施近乎是一片空白。这种真空状态已受到日益严峻的挑战，迫切需要得到填补和充实。为此，本章将侧重发掘智障少年犯罪的特殊性及其对少年司法矫正体系的特别要求，检讨我国目前少年司法体系的不足，并试图在此基础上提出有针对性的完善建议。

一、智障少年犯罪的研究范式

智障也被称为智力残疾，是指智力显著低于一般人水平，并伴有适应行为的障碍。此类残疾是由于神经系统结构、功能障碍使个体活动和参与受到限制，需要环境提供全面、广泛、有限和间歇的支持。智力残疾包括在智力发育期间（18 岁之前），由于各种有害因素导致的精神发育不全或智力迟滞；或者智力发育成熟之后，由于各种有害因素导致的智力损害或智力明显衰退。[1] 这是一种社会模式视野下的残疾观，与从病理学角度将智障看作是一种病理症状表现的医疗模式残疾观相对应，反映出以权利为本处理残疾问题的趋势。[2] 依此定义，智障少年即为处于智力发育期间的智力残疾群体。世界卫生组织和美国智力低下协会按照智力商数和社会适应行为水平将智障划分为：重度（一级、二级）、中度（三级）、轻度（四级）。苏联心理学家鲁宾斯坦把智力残疾分为三个程度：（1）愚鲁。约占智障病例的 80% 以上。这类患者仅有轻度的异常现象，有的则完全正常。智商一般为 50~69。（2）痴愚。身心两方面均有明显障碍，智商一般为 25~49。（3）白痴。这种患者伴有严重的身体畸形，智商在 25 以下。一般说来，愚鲁是可教育的，痴愚需要训练，而白痴则需终身监护。[3]

国内外学者就智力与犯罪之间的关系问题进行过不同程度的分析和探讨，为探索智

---

〔1〕 参见"第二次全国残疾人抽样调查残疾标准"，载《中国残疾人》2006 年第 5 期。

〔2〕 参见汪海萍："以社会模式的残疾观推进智障人士的社会融合"，载《中国特殊教育》2006 年第 9 期。

〔3〕 参见王辅贤主编：《残疾人社会工作》，北京大学出版社 2008 年版，第 67~68 页。

障少年犯罪的特殊性提供了指引。国外相关研究起步较早。在智商测试发明之前，达尔文的自然选择理论被运用于犯罪学领域，犯罪的不幸因此被归结为退化家族的遗传和血统延续。随着 1905 年比奈 - 西蒙智力标准的面世，智力有了精确的测量方法，可以进行精确的比较。放之于犯罪学便开始了智力与犯罪行为之间关系的决定性研究。美国心理学家亨利·戈达德对监狱、拘留所、医院和其他公共机构的被羁押人员进行了智力测试，并考察了大量有关犯罪人智力的研究。在这些研究中，犯罪人被确定为智力低下的比例在 28% 到 29% 之间，趋向中间的研究的结果显示，有 70% 的犯罪人智力低下。据此，戈达德指出大多数犯罪人都智力低下。[1] 戈达德还通过研究卡利卡克家族得出结论，每个低能者都是一个潜在的犯罪人，他是否会真正成为一个犯罪人取决于两个条件，一是气质，二是周围的环境。[2] 1976 年戈登发表论文指出智商得分的分布与青少年犯罪的分布之间存在相似性，并认为只要假设所有智商低于一定水平的青少年都是犯罪人，而智商高于这个水平的青少年都不是犯罪人，就会得到与费城青少年犯罪的法庭记录数据和国家对智力培训学校的授权率相似的数据。[3] 随后的赫希和欣德郎又为智商与青少年犯罪之间的联系提供了证据支持。他们回顾了大量关于这一课题的研究后指出，青少年犯罪人与非青少年犯罪人群体之间的差异从未完全消失过，而且似乎一直稳定在智商相差约八分左右的水平。[4] 后来的研究也发现较严重的犯罪人的智商得分比轻微的犯罪人智商得分要低。儿童的智商得分较低与后来这些儿童变成青少年和成年人后实施的犯罪行为存在联系。[5]

我国学者也为探索智力与青少年犯罪之间的联系性做出过尝试和努力。例如孙春霞等选取某市少年管教所在押少年犯 108 名男性（年龄 16～17 岁）为研究组，选取与研究组同一城市某职业中学学生 100 名为对照组（年龄16～17 岁），采用中国修订韦氏成人智力量表对两组少年进行智商测定，结果发现：（1）研究组智商（IQ）、言语智商（VIQ）、操作智商（PIQ）均明显低于对照组，有非常显著性差异（P < 0.01）；（2）IQ < 90 者，研究组占 25.0%，对照组中仅占 1.0%；IQ > 120 者，研究组明显少于对照组。经检验，两组有非常显著性差异（P < 0.01）；（3）以 P - V > 12.0 为分界点，结果 P > V 征者犯罪组较对照组多，但无显著性差异，以 P - V 的绝对值 > 10 为分界时，P - V 征者，在两组间亦无显著性差异。这一结果显示男性少年犯中部分人智能偏低，虽然犯罪原因错综复杂，但偏低的 IQ 与少年犯罪确有一定的关联性，是不容忽视的因素之一。另外，这次调查还显示，PIQ、VIQ 在研究组均较对照组为低，而显著的 PIQ、VIQ 发展不平衡不是导致少年犯罪的主要因素。[6] 罗雪莲对 89 例 18 岁以下违法犯罪青少年进行司法精神医学鉴定分析。结果显示诊断为无精神疾病作案的 21.3%，有精神疾病作案的 78.7%。在这些精神疾病中，精神发育迟滞占 53.9% 居首。这些智能低下的青少年同时

〔1〕　参见［美］沃尔德等：《理论犯罪学》，方鹏译，中国政法大学出版社 2005 年版，第 74 页。

〔2〕　参见吴宗宪：《西方犯罪学》（第 2 版），法律出版社 2006 年版，第 192 页。

〔3〕　参见［美］沃尔德等：《理论犯罪学》，方鹏译，中国政法大学出版社 2005 年版，第 78 页。

〔4〕　参见［美］沃尔德等：《理论犯罪学》，方鹏译，中国政法大学出版社 2005 年版，第 79～81 页。

〔5〕　参见［美］沃尔德等：《理论犯罪学》，方鹏译，中国政法大学出版社 2005 年版，第 81 页。

〔6〕　参见孙春霞等："男性犯罪少年智能特征对照研究"，载《中华神经科杂志》1994 年第 2 期。

伴有不同程度的感知、情感、行为异常所造成的全面精神活动不健全从而引起本能行为的异常，如盗窃、攻击破坏主要是受直观本能的驱使，缺乏理解力、判断力，自我控制能力差，易激动兴奋、受诱惑，加之劣等情感，易受教唆煽动，往往轻微的刺激即可产生强烈的仇恨和凶狠的报复行为。[1]

总体说来，大多数研究此问题的学者包括先前提到的戈登、赫希、欣德郎等，均不认可智商低是引发日后犯罪的唯一原因，而只将此看作是导致犯罪的众多介入因素中的"普通一员"而已。毕竟"智力本身是无法测量的，测量智力的主要措施——智商得分——可能反而只测量了阅读能力或者在学习目标上获得成功的动力。如果事实如此，那么青少年犯罪人和非青少年犯罪人之间的智商得分的整个差异，很有可能反映的是环境因素，而非遗传因素"。[2]

二、智障少年犯罪及矫正的特殊性分析

智力残疾已经被科学验证与犯罪之间没有直接、必然的联系。但是智障少年犯罪本身经仔细研究却能从中发现一些特殊的规律，归纳起来主要体现在以下几方面：

第一，智障少年先天的不足为其后天失足埋下隐患。2006 年全国智力残疾儿童抽样调查显示，在致残原因排名中，遗传、产伤和新生儿窒息、早产低体重和过期产等先天性因素分列第二、三、五位，所占比重高达 28.9%。[3] 智障少年对此没有选择只能承受，承受由于智力残疾所带来的一系列不良认知特点、情感特点、意志特点，诸如感受慢且范围狭窄，区分能力薄弱，知觉心理过程的积极主动性很差，语言发展缓慢，概括能力薄弱，思维有较明显的刻板性，经常不考虑自己的行为，不能预见自己行为的后果，情绪表现方式单调，对情感调节功能减弱，意志比较薄弱，行为带有很大的盲目性，且容易受人唆使干出荒唐事情等等。[4] 类似心理特点可以说为智障少年日后容易冲动犯罪或被教唆犯罪埋下了隐患。另一方面，语言、学习、认知、协调能力的落后令其在家中遭训斥，在学校遭嘲笑，活动时被闲置一旁，就业时被歧视、抛弃。社会在逐渐远离智障少年的同时，智障少年也更加束缚自我，减少与外界的接触。恶性循环下智障少年与社会的隔离与排斥日益加剧，进而发展成一种敌视和对立。日积月累，反社会行为便如绷紧的弓弦一触即发。但求本溯源，其形成却无法苛责于智障少年，尤其不可丝毫归咎于先天性的智障少年。

第二，导致智障少年犯罪的因素中，家庭、社会责任远大于自身责任。在对精神发育迟滞患者犯罪行为的主要相关因素的研究中发现，犯罪组较对照组在家庭监护能力、是否自感受歧视、临床表现、辨认能力、是否伴有精神病性症状及既往有无违法史等因

---

〔1〕 参见罗雪莲："18 岁以下青少年违法犯罪 89 例司法精神医学鉴定分析"，载《南通医学院学报》1997 年第 4 期。

〔2〕 参见［美］沃尔德等：《理论犯罪学》，方鹏译，中国政法大学出版社 2005 年版，第 86 页。

〔3〕 参见熊妮娜等："2006 年中国智力残疾儿童流行情况及致残原因调查"，载《中国儿童保健杂志》2009 年第 1 期。

〔4〕 参见王辅贤主编：《残疾人社会工作》，北京大学出版社 2008 年版，第 68 ~ 69 页。

素方面均有显著差异。犯罪组的 131 例中，有 36 例与他人合伙犯罪，19 例明显受骗而犯罪，皆因为家庭监护能力差，缺乏管理任其自流，滥交友，致使易于犯罪。[1]家庭是社会的细胞，父母是孩子的第一老师。如果说尽责的父母是保护孩子避免失足的第一道防线，那么监护能力薄弱、教育方法失当、缺乏耐心态度差等不良家庭环境无异于泯灭了智障少年远离犯罪深渊的最初希望。社会在保护、接纳、教育、扶持智障少年的责任承担上表现得也不尽如人意。例如，一项关于智障人士社会接纳度的调查显示，社区居民对智障人士的接纳存在一定程度的法律认识与行为接纳上的不一致。调查中有 92% 以上的调查对象支持社区为智障人士的融合添置康复设施、建立专门机构、开展就业培训，但同时，有 11.1% 的人不愿意做智障人士的朋友，有 16.4% 和 34.0% 的人明确提出不愿意或"不确定"让智障人士来家做客，高达 70.5% 的居民表示在公共场所会尽量回避智障人士。[2]又如在对南京市 216 名智障者教育及生存发展等状况的调查中发现，智障少年的教育公平状况应得到更多的关注。目前困扰这一问题的因素主要有：理念落后与法律滞后；政府职能缺失，资金和政策上的干预力度小；教育投入不足，教育资源分配不公；全纳教育落实不力，特殊教育尚待完善；扶助智障群体的非政府组织的缺失等。[3]社会的不宽容、责任的不落实对本已游离于社会边缘的智障少年又是一个沉重的打击。

第三，犯罪智障少年在身心方面所表现出的病理并非简单地依靠药物所能控制，其改善需要的是完备而周到的社会支持体系。我国对于城市弱势群体的支持可分为两大类，一是正式的社会支持，二是非正式的社会支持。前者指来自政府、社会正式组织的各种制度性支持，后者则主要指来自家庭、亲友、邻里和非正式组织的支持。[4]智障少年迫切需要解决的问题诸如功能训练、社区服务、就业安置、学龄教育等均离不开社会支持。虽然随着国家经济的高速发展、人民综合素质的日益提高，智障少年的社会支持网络建设在一定程度上得到了政策的支持、资金的投入、人民的配合，但总体情况是，目前所能给予智障少年的社会支持仍是非常的有限和滞后，无法完全满足现实需要，直接地影响了智障少年的社会融合进程，在一定程度上导致其继续边缘化、犯罪化。

第四，实体法在给予犯罪智障少年宽大处理的同时缺乏有效的保护管束措施的跟进，以致实践中与抑制重新犯罪的效果相矛盾。我国实体法对于智障少年犯罪的法律规制主要体现在《刑法》第 18 条：精神病人在不能辨认或者不能控制自己行为的时候造成危害结果，经法定程序鉴定确认的，不负刑事责任，但是应当责令他的家属或者监护人严加看管和医疗；在必要的时候，由政府强制医疗。间歇性的精神病人在精神正常的

---

〔1〕　参见崔承英等："精神发育迟滞患者犯罪行为的相关因素分析"，载《临床精神医学杂志》1999 年第 4 期。

〔2〕　参见上海市残疾人联合会、华东师范大学学前教育与特殊教育学院主编：《智障人士社会融合的理论与实践——上海市"智障人士阳光行动"报告》，华东师范大学出版社 2007 年版，第 147～148 页。

〔3〕　参见何侃等："智障群体的教育公平现状及思考"，载《中国特殊教育》2008 年第 1 期。

〔4〕　参见张友琴："社会支持与社会支持网——弱势群体社会支持的工作模式初探"，载《厦门大学学报（哲学社会科学版）》2002 年第 3 期。

时候犯罪，应当负刑事责任。尚未完全丧失辨认或者控制自己行为能力的精神病人犯罪的，应当负刑事责任，但是可以从轻或者减轻处罚。该规定体现了我国刑法对于处理犯罪智障少年的慎重和宽大。但这也同时暴露出一个问题，一方面由于刑事责任构建的基础是行为人的辨认和控制能力而非社会危害性，犯罪智障少年往往被判决不负刑事责任或者可以从轻、减轻处罚，而在没有保证得到有效的监护、医治、矫正的前提下就被释放；另一方面，虽然刑法同时规定有强制医疗措施，但其适用对象较为严苛，必须同时满足两个条件：其一，行为人必须是在不能辨认或者不能控制自己行为的时候造成了危害社会的结果；其二，行为人必须是经法定程序鉴定为不负刑事责任的精神病人，这又将大批需加看管的犯罪智障少年排除在外。缺乏后续跟进措施的宽大，导致"这些案犯往往中午送回家，下午又作案，成为影响社会安全的重点问题"[1]。

智障少年犯罪所表现出的特殊性对少年矫正制度提出了挑战。对此，回归社会理论倡导将残疾人置于积极的社会关系之中。同时，少年犯和智障犯的双重特性也决定了其应当在一个较为开放和宽松的环境中接受矫治，这对少年矫正体系提出了特别要求。

第一，对于判处刑罚的犯罪智障少年的矫正应尽可能地实现非监禁化。智障少年不良心理的形成除了是由于智力残疾所导致的认知、学习、反映能力的迟缓与不协调，社会的排斥和不接纳也是重要的祸因。智力残疾轻微的智障少年如果因犯罪被判处刑罚而不得不关押于封闭性的矫正设施内进行矫正，则难以真正消除或减轻其与社会之间的隔阂，消极、紧张的监狱生活甚至会进一步加剧犯罪智障少年对于社会的冷漠和不满。因而被判处刑罚的犯罪智障少年的矫正应当更多地适用社区矫正或者置于开放式、半开放式的监狱中进行。对于经风险评估无法社会化行刑的犯罪智障少年，则可考虑效仿日本的少年院[2]设置专门的矫正设施并辅以个别化、针对性的矫正方案。犯罪智障少年的矫正要同时达到如下效果：一是转变智障少年的消极、悲观心理，学会在面对社会歧视时的自我调适；二是提高智障少年自身的社会适应能力，能够与他人正常地沟通和交流；三是帮助智障少年在生活、就学、就业上得到妥善的安置。

第二，把培育良好的社会融合度作为犯罪智障少年矫正工作的重要任务。矫正智障少年犯的最终目的在于帮助智障少年顺利地回到社区，过上正常生活，实现社会化。但是，智障少年犯罪的最大隐患在于边缘化和社会歧视。如果不能努力改变社会接纳度低这种不利的现实状况，矫正出狱的智障少年犯除非是被严格看管于福利机构，否则在社会排斥之下也就只剩重返大墙一途。为此，矫正机构一方面要尽可能地矫正智障少年犯自身所存在的不良习性，并为其提供生活、就业的安置和培训渠道；另一方面则要依托

---

〔1〕 参见罗雪莲："18 岁以下青少年违法犯罪 89 例司法精神医学鉴定分析"，载《南通大学医学院学报》1997 年第 4 期。

〔2〕 日本十分重视对违法犯罪少年的矫正，设置有儿童商谈所、少年鉴别所、教养院与养护设施、保护观察所、少年院、少年刑务所等矫正机构。其中，少年院是封闭式处遇的矫正机构，具体可划分为初等少年院、中等少年院、特别少年院和医疗少年院 4 种类型。中等少年院为短期处遇，特别少年院和医疗少年院属于长期处遇的类型，这三种少年院开设的教育课程中均包含有特殊教育课程，对象有两类：其一，因智能障碍而采取必要医疗措施后身心没有明显障碍的人，以及有必要进行准智能障碍处遇的人；其二，思想不成熟情绪不稳定，不适应社会的特征明显有必要进行专门治疗教育的人。参见鲁兰：《中日矫正理念与实务比较研究》，北京大学出版社 2005 年版，第 254～255 页。

社区、走入社会，倡导与协助建立智障少年的社会支持网络，培育良好的社会融合环境。这种良好的社会环境应至少同时具备两种属性，即接纳犯罪少年和接纳智障少年。

第三，对于不负刑事责任的犯罪智障少年仍应给予管束和帮助。智力残疾较为严重的犯罪智障少年往往因其病理特点而被判不负刑事责任或免予刑罚，但他们同样需要教育、支持、矫正和帮助，这既是为了挽救和保护智障少年，也是为了消除社会危害性以维护社会公众利益。德国的教育帮助作为其少年教养制度中教育处分的一种措施，是通过1961年少年福利法补充法案而引入少年法的。教育帮助者的任务是对未成年人及享有教育权力者提供咨询和支持性帮助。根据少年法院法规定，少年实施了犯罪行为，或者虽犯罪但因其心智发育未成熟而依法宣布无罪的，只要具备少年福利法规定之条件，法官则可给予其教育帮助措施。依少年福利法规定，实施教育帮助的要求有如下三点：犯罪行为人必须是未成年人，即未满18周岁者；行为人的身心发育不健全；措施在防止危害或消除损害等方面必须适当和到位。[1]我国台湾地区《少年事件处理法》亦规定有保护管束、感化教育等多种形式的非刑罚矫正措施，并惠及智障少年。例如该法第42条规定：少年法庭在对少年作出管训处分裁定时，还将一并作下列的处分：……二、少年身体或精神状态显有缺陷者，令入相当处所实施治疗。第51条规定：观护人应告之少年以应遵守的事项，与之常保接触，注意其行动，随时加以指示，并就少年的教养、医治疾病、谋求职业及改善环境，予以相当辅导，观护人因执行前项职务，应与少年之法定代理人或现在保护少年之人为必要之洽商。[2]这些非刑罚矫正措施恰到好处地化解了不负刑事责任或有罪但免于处罚的智障少年的保护与社会利益保护之间的矛盾。

三、我国犯罪智障少年矫正制度的反思与完善

在犯罪智障少年矫正特殊性要求的审视下，我国少年司法矫正体系在涉及智障少年的矫正立法、矫正方式、更生保护等方面凸显出太多的不足，亟待改进与突破。

首先，犯罪智障少年矫正立法存在空白。我国少年司法制度建设中的探索和突破大都集中于少年刑事诉讼程序方面，而犯罪智障少年矫正立法却长期为人所忽视，基本处于真空状态，主要表现为：第一，没有关于犯罪智障少年矫正的特别规定。除《刑法》第18条的规定外，少年司法立法实践中，尤其是在少年矫正领域，几乎找不到一丝一毫直接针对犯罪智障少年特殊性的特别矫正法律规定。这不能不说是一种遗憾。第二，少年矫正法律的原则性规定也未能在智障少年矫正实践中得到体现。虽然《监狱法》、《未成年犯管教所管理规定》等均要求"对未成年犯和女犯的改造，应当照顾其生理、心理特点"、"对未成年犯的改造，应当根据其生理、心理、行为特点，以教育为主，坚持因人施教、以理服人、形式多样的教育改造方式"，但是在矫正实践中，犯罪智障少年特殊的身心特点却并没有得到应有的关注。这种状况已远远落后于矫正犯罪智障少年的现实需要。

---

〔1〕　参见李亚学主编：《少年教养制度比较研究》，群众出版社2004年版，第218～220页。
〔2〕　参见陈树恒："台湾'少年事件处理法'简介"，载《当代青年研究》1991年第3期。

其次，犯罪智障少年矫正手段的非监禁化程度不高。目前少年司法矫正体系在犯罪智障少年非监禁化矫正的推行上主要有两种方式，一是直接对犯罪智障少年适用非刑罚矫正措施。而我国法律规定的非刑罚矫正措施中，直接涉及智障少年的只有责令看管、强制医疗区区两项，针对的还仅是不负刑事责任的智障少年，并且存在着适用范围狭窄、缺少程序设计、效果有限等诸多问题。可以说，我国少年矫正体系中专门适用于犯罪智障少年的非刑罚矫正措施形同虚设，难以发挥有效的教育、感化、保护、挽救、矫治功能，严重阻碍了犯罪智障少年矫正计划的制定和开展。二是通过管制、罚金等非监禁刑的判处依托社区矫正实现社会化行刑。但是目前我国的社区矫正对象仅限于被判处管制、缓刑、暂予监外执行、假释、剥夺政治权利五类，适用面显得相对狭窄；"司法牵头、公安配合"的管理体制在我国实践和国外实践中显现出不妥；工作人员在知识、技能、经验的专业化程度上均显不足；矫正项目缺乏丰富性和针对性。诸多问题致使犯罪智障少年一方面难以得到非监禁化的处遇，另一方面即使有幸获此殊遇却仍难以得到切实有效的矫正。

再次，智障少年的更生保护亟须加强。犯罪智障少年在身份上具有双重属性，既是犯罪少年又是残疾少年，加倍地受到社会排斥。双重的标签同时也加剧了更生保护工作的难度。在少年犯更生保护方面相比发达国家有专司释前训练、辅导之职的保护观察所、训练中心、回归中心、中途之家等管理机构以及比较完备的法律和周详的方案，我国在规范化程度上显现出明显不足。此外，发达国家还培育、吸收大量志愿者团体广泛参与少年更生保护工作，例如日本的更生保护会，经营管理着100多处收容保护措施，可收容2000多人，其中有70多处是专为不满23岁的青少年设置的；全国有500多个兄姐会，会员8000多人，通过现身说法引导犯罪少年走上正确道路；会员总数20多万人的更生保护妇女会帮助违法犯罪少年改过自新等等。[1]这些都值得我国少年矫正体系学习和借鉴，以求加强、提高智障少年更生保护的能力和成效。

面对我国少年矫正体系在犯罪智障少年矫正实务中所显现出的不足，笔者试图就如何完善犯罪智障少年矫正制度提出如下建议：

1. 健全特别的处遇设施和矫正措施

如同生产工具的变化会带动生产力的极大进步，矫正处遇措施的丰富与改善也将给智障少年矫正效果带来新气象。健全智障少年特别的处遇设施和矫正措施就是要：第一，降低社区矫正门槛，拓展社区矫正项目，建立专业化队伍，把更多的犯罪智障少年纳入社区矫正体系下给予帮助、管束、矫治和指导。第二，借鉴日本的医疗少年院，建立区域性的智障少年矫正中心，将一定区域内经风险评估难以收容于社区矫正机构的智障少年集中起来进行医治、矫正、看管，以提升矫正机构设置的专业性、科学性和经济性。第三，依据智障少年智力残疾程度的不同设计个别化的矫正方案，例如愚鲁少年是可教育的，矫正方案中应强化教育科目的比重；痴愚少年是需要训练的，矫正计划中就应添加训练科目。如此方能做到"因材施教"。第四，增设和改进智障少年非刑罚矫正

---

〔1〕 参见李亚学主编：《少年教养制度比较研究》，群众出版社2004年版，第258～260页。

措施。一是扩大强制医疗的适用范围，把不负刑事责任却又无人监护、需要治疗同时又具有社会危害性的犯罪智障少年囊括其中，统一由政府出资收入特设机构予以看管和治疗；二是对责令看管和医疗的智障少年的家属或监护人，在不履行看管、监护、医疗职责导致智障少年再次犯罪时规定处以具体的行政处罚措施，督促他们承担起必要的监管、保护责任；三是增设类似教育帮助、保护管束的非刑罚矫正措施，对因不负刑事责任而适用责令看管、医疗的智障少年予以保护性、帮助性、监督性的教育和管束。

2. 进一步加强与社会相关组织之间的合作

矫正好智障少年令其成功重返社会充满艰辛，少年矫正机构对此恐怕难以单独胜任。一方面智障少年的更生所必需的生活能力、社会交往能力、简单劳动能力等的培训并非少年矫正机构所能一力承担；另一方面智障少年的回归更为需要的是社会的理解和支持，这需要长时间的大量的付出，少年矫正机构也无力承受。而一些社会组织依托社区建置，建立志愿者队伍、有能力也有实力为智障少年的社会融合添砖加瓦。例如上海市于 2005 年初开始实施的"智障人士阳光行动"，以"社会融合"为理念在每个街道、乡镇建立了智障人士"阳光之家"，开展教育培训、简单劳动、康复训练和特奥活动。至 2007 年 7 月底，上海市"阳光行动"共建设完成 196 个"阳光之家"、41 个"阳光工程"，初步形成了较为完善的智障人士社区融合的服务体系。[1]少年矫正机构应当加强与相关服务机构、福利机构、民非机构等社会组织的合作，借助其政策优势、专业优势、资源优势，携手推进犯罪智障少年的社会融合。

3. 完善针对性的少年矫正立法

在法治的背景下，唯有通过健全智障少年矫正立法，方能从制度上保障智障少年在矫正过程中能够得到特殊处遇的程序和设施，能够配备最为适合的矫正计划和方案。完善智障少年矫正立法具体说来：第一，明文规定犯罪智障少年需要特别处遇时应当给予特别处遇，同时健全智障少年的非刑罚矫正措施体系并完善相关程序设计。第二，加快社区矫正立法步伐，大力完善社区矫正制度。第三，明确犯罪智障少年应在社区矫正机构或智障少年矫正中心内进行矫正，应制定适合其身心特点的矫正计划。第四，赋予智障少年本人及其监护、看管人员在智障少年特殊处遇权利受到侵犯时的救济权利，并为此制定具体、简便、高效的程序和途径。第五，重视智障少年的社会帮教工作，加强相应的立法工作，最大程度地调动社会组织的积极性，广泛吸收社会各界力量，充满活力地投身于智障少年的矫正、更生工作。

（与长宁区人民检察院检察官王邕合著，

载《中国监狱学刊》2011 年第 5 期）

---

〔1〕　参见上海市残疾人联合会、华东师范大学学前教育与特殊教育学院主编：《智障人士社会融合的理论与实践——上海市"智障人士阳光行动"报告》，华东师范大学出版社 2007 年版，第 1 页。

第二十六章

恢复性少年司法在中国的实践与前景

现代恢复性司法（Restorative Justice）的发展历史不过 30 余年，但是全球的恢复性司法项目迄今已经多达 1000 多个[1]，联合国亦在《制定和实施刑事司法调解和恢复性司法措施》（1999 年 4 月）、《关于在刑事事项中采用恢复性方案的基本原则》（2002 年 4 月）、《关于犯罪与司法：迎接二十一世纪的挑战的维也纳宣言》（2000 年 12 月）等文件中多次提倡和鼓励各国适用恢复性司法政策、程序和方案。恢复性司法已不仅仅是西方国家刑事司法改革中最为耀眼的环节，而正在成为一场全球性的运动。

近些年来，方兴未艾的恢复性司法运动也正对中国的刑事司法改革产生着日益广泛的影响，北京、上海、重庆、江苏等许多省市已经着手进行恢复性司法改革的试点。有趣的是正如恢复性司法起源于少年司法一样，中国目前正在逐步兴起的恢复性司法改革亦将少年司法作为最主要的领域之一。

一、恢复性少年司法的理想

学界一般认为，基奇纳（Kitchener）实验是最早正式探索恢复性司法的试验。1974 年加拿大安大略省的基奇纳地区发生了一起少年犯罪案件，两个少年共同抢劫并毁坏了 21 家民房，他们在认罪后与 21 家受害人代表进入调解程序，结果他们以负责任的态度，对 21 个被害家庭，为其所造成的损害郑重道歉，并在其能力范围与被害人可接受程度之间达成关于损害赔偿数目与时间表的协议。[2] 此后，以利益相关者参与（尤其是被害人参与）、调解、协商、补偿为基本特征的恢复性司法开始在加拿大、英国、芬兰、美国、澳大利亚、日本、德国等国的少年司法中广泛运用，并逐步拓展于普通刑事司法领域，适用于对成人犯罪案件的处理。

30 余年来，恢复性司法作为一种全新的司法理念和看待犯罪、正义的新视角，对各国刑事司法制度产生了十分广泛的影响。尽管迄今为止对于何谓恢复性司法并没有形成完全统一的定义，但各种对于恢复性司法的理解和定义大体具有以下几个共同的特征：

---

〔1〕 刘仁文："恢复性司法与和谐社会"，载《福建公安高等专科学校学报》2007 年第 1 期。

〔2〕 Peggy L. Chown and John H. Parham："Can We Talk? Mediation in Juvenile Cases"，*FBI Law Enforcement Bulletin*，November 1995.

（1）利益相关者（尤其是曾经被传统刑事司法体制所漠视了的被害人）的广泛参与，中立方的组织和协调；（2）追求恢复犯罪创伤的具体、明确的目标；（3）道歉、补偿、归还、社区服务等务实的责任承担方式和恢复犯罪创伤的途径；（4）被害人（得到心理、物质等方面的补偿以及安全的保障）、犯罪人（摆脱或减轻传统刑事司法的制裁，减轻罪责感，获得谅解、重新融入社会）、社区（恢复被犯罪破坏的安宁，获得未来安全的保障）、国家（节约司法成本，有效控制犯罪）等各方利益兼顾和满足的美好预期。

恢复性司法起源于少年司法，也最为广泛地运用于少年司法。许多国家在其少年司法系统中都特别注重实施恢复性司法措施[1]，形成了多种有代表性的恢复性少年司法模式，例如发端于新西兰的家庭团体会议模式（Family Group Conference Model）、广泛运用于美国的平衡与恢复性司法（Balanced and Restorative Justice Model）模式[2]、被认为是恢复性司法本原的被害人——犯罪人调解模式（Victim - Offender Meditation Model）等。这些模式有的仍然仅适用于少年司法，如平衡与恢复性司法模式[3]，有的则已经扩展运用于普通刑事司法体系适用于处理成年人犯罪案件，如家庭团体会议模式、被害人——犯罪人调解模式。

恢复性少年司法引入了被害人的作用、补偿性的积极惩罚、非正式的争议解决程序、思考正义及人类关系的新思路，试图纠正传统少年司法在防治少年犯罪效果上的不足，以及忽视、拆散被害人、犯罪人和社区之间所存在的真正问题的不足。它提供了一种不同的视角去看待犯罪问题，提供了一种对犯罪所造成伤害的适当的反应方式。作为一种全新的哲学，恢复性少年司法要求政策的制定与执行者重新思考少年司法的惩罚、康复和公众安全的功能，并且增加被害人参与整个少年司法流程。恢复性少年司法关注的既不是惩罚也不是宽容，其首要目标是修复犯罪人对被害人所造成的伤害，通过和平的方式修复、调和被害人、犯罪人和社区之间的关系，并通过这种和平解决矛盾的方式去实现社会的安全。[4]

恢复性少年司法和以奉行少年最大利益原则给予罪错少年康复性处遇为主要目标的福利型少年司法，以及根据少年的行为危害性给予相应惩罚为主要任务的报应型少年司法均有着显著的区别。它强调的是恢复和整合因犯罪和被害所造成的社会关系的破坏，强调的是恢复原有的和谐的社会关系与秩序，其根本目的在于消除仇恨，化解矛盾，使当事方都能够不因犯罪和被害而影响融入社会以及重新生活和工作。[5]

恢复性少年司法既是对福利型少年司法和报应型少年司法的折中，也是对两者的超越。报应型少年司法关注的是公众报应（vengeance）的需要和通过对抗式的程序给予相应的惩罚。而恢复性少年司法关注的则主要是犯罪人、被害人和社区三者之间的关系，优先修复犯罪对被害人和被害社区的损害或者伤害。在恢复性少年司法看来，犯罪并不

---

〔1〕联合国经济及社会理事会预防犯罪和刑事司法委员会："恢复性司法：秘书长的报告"，2002年4月。

〔2〕又译为平衡性司法方案，参见陈晓明：《修复性司法的理论与实践》，法律出版社2006年版，第110页。

〔3〕陈晓明：《修复性司法的理论与实践》，法律出版社2006年版，第111页。

〔4〕OJJDP, *Balanced and Restorative Justice for Juveniles: A Framework for Juvenile Justice in the 21st Century*, 1997, p. 16.

〔5〕施慧玲：《家庭·法律·福利国家》，元照出版公司2001年版，第295~296页。

仅仅是单纯地犯法（lawbreaking）或者对政府权威的违犯，犯罪行为的最大的后果是导致对被害人、社区和犯罪人自身的伤害。少年司法的最大功能应是确保伤害被修复。同时，恢复性少年司法并不排斥惩罚，也并不排除将恶性犯罪人隔离于社区之外以确保社区的安全，但是它赋予了惩罚以修复伤害的积极作用。

恢复性少年司法也吸收了福利型少年司法的积极方面，它同样强调罪错少年的康复和保护，只不过侧重通过促进罪错少年的能力发展（competence development）来实现。它与福利型少年司法最大的区别在于将被害人补偿、社区安全和罪错少年的康复放在了同一地位，并认为缺少任何一方，都难以满足三者的真正需求，这与福利型少年司法遵循少年最大利益原则的观念以及报应型少年司法侧重社会保护的观念形成了鲜明的区别。

恢复性少年司法不仅仅体现了试图走出福利与惩罚两极化或折中路径的尝试与努力，还具有融合国家对少年罪错的正式控制机制与被害人、社区等非正式控制机制于一体的特色，可谓少年司法发展的第三条道路。

二、实践中的恢复性少年司法

恢复性司法在 2002 年左右方才译介入我国，但是自 2004 年开始，恢复性司法就迅速成为理论研究的热点课题，也迅速对司法实践和相关法律文件的制定、修改产生重要的影响。

就我的了解范围，至少已有北京、上海、山东、江苏、重庆、湖南、广东等近十个省市明确开展了恢复性司法的试点工作，而少年司法均是这些试点的主要和重点领域。对这些省市恢复性少年司法实践探索的基本情况概述如下：

1. 改革的推动者。恢复性司法是经由学术界引入我国的，在实践探索过程中学术界起到了重要的推动作用，其形式包括与实践部门合作召开关于恢复性司法的研讨会、与司法机关共同合作建立恢复性司法研究、实践基地等。在具体操作过程中，目前的探索有的以检察院主导推动，例如湖南省。有的由政法委牵头，如山东省烟台市。少数地方由法院主导推动，例如北京市丰台区。

2. 对恢复性少年司法理念的理解和界定。通过恢复性的程序寻求恢复性结果，侧重于对因为犯罪所侵害的社会关系的修复等关于恢复性司法内涵的通常界定，基本为各试点地方所接受和体现。例如《苏州市沧浪区人民法院恢复性司法操作规则》（2006 年 10 月 21 日）将恢复性司法界定为：通过让犯罪人与被害人面对面接触，并让法官、社区工作人员、教师等作为中立的第三者进行调解，通过沟通和交流，促使犯罪人认识到自己的犯罪行为造成的危害，并用道歉、赔偿、社区服务、生活帮助、自觉接受监禁改造等方式向被害人表明自己的悔罪心情，从而获得对方和社会的谅解与接纳，最终法院在实际审理中在刑事责任上酌予从轻处罚。也有的地方如烟台市检察院采用了"平和司法"的提法，但就本质而言仍属于借鉴和探索恢复性司法的范畴。[1]

---

〔1〕 冉多文："烟台探索'平和司法'办案理念"，载《法制日报》2006 年 8 月 26 日。

3. 适用的原则。各地的试点大都强调依法、自愿、公平公正、不损害第三方利益等原则。例如《湖南省人民检察院关于检察机关适用刑事和解办理刑事案件的规定（试行）》（2006年11月）规定：开展刑事和解应当坚持严格依法、当事人自愿和公平公正的原则，不得损害国家、集体和其他公民的合法权益，不得损害社会公共利益，不得违反法律和社会公德。

4. 适用的阶段。具有恢复性司法色彩的措施和方案已经在司法流程中的公、检、法三个阶段均开始了探索。公安阶段的探索相对来说还比较初步，我尚没有发现专门在公安阶段以恢复性司法名义所开展的试点，但近年来在一些省市公安机关办理未成年人违法犯罪案件所探索的一些制度中有的吸收了恢复性司法的理念，例如上海市《关于青少年事务社工参与对违法情节较轻的非在校未成年人试行"缓处考察教育"的实施细则（试行）》（上海团市委、社区青少年事务办公室、阳光社区青少年事务中心，2005年7月）将"案件中如有被害人的，被害人或其监护人同意"作为对违法未成年人进行缓处考察教育的必备条件之一（第3条），规定缓处考察教育的内容包括定期的公益活动，在社工和监护人陪同下在指定地点向被害人赔礼道歉，取得被害人及其监护人的谅解（第9条）。

从目前各省市试点的情况来看，检察机关对恢复性少年司法的探索相对较为深入。许多省市的试点直接以"恢复性司法"为名，不少地方还制定了具体的方案和操作规定。从具体做法来看，审查批捕和审查起诉阶段是恢复性少年司法试点的主要环节，并多采用"和解不批捕"、"和解不起诉"的形式，基于检察机关的批捕权、不起诉权促使犯罪人与被害人关系的修复，并将犯罪人修复犯罪伤害的表现作为检察机关是否批捕、是否起诉或者是否提出有利于犯罪人的检察建议的条件。这实际上是一种吸收恢复性司法理念，同时吸收以前探索"附条件不起诉"（暂缓起诉）等经验的做法，例如《湖南省人民检察院关于检察机关适用刑事和解办理刑事案件的规定（试行）》（2006年11月）明确规定，检察机关经过审查经济赔偿数额和其他补救办法，认为刑事和解合法、真实、有效，可以依法对犯罪嫌疑人、被告人不批准逮捕，或者不起诉，或者起诉后建议法院从轻、减轻判处。

与检察机关"大张旗鼓"探索恢复性司法不同，法院在审判阶段的探索则相对保持了一种谨慎的态度。[1] 除了对检察机关所开展的试点给予相应支持外，法院吸收恢复性司法理念的探索主要表现在将庭外和解制度拓展应用于刑事案件（特别是轻伤害案件）。这一做法最早由北京市朝阳区人民法院于2005年10月10日开始探索，[2] 而后为许多地方借鉴。例如上海出台的《关于轻伤害案件委托人民调解的若干意见》（2006年5月）第4章第3节规定，人民法院对于符合条件的轻伤害自诉、公诉案件，可以委托

---

〔1〕　这可能与法院裁判的终极性太过敏感有关，例如广东东莞的两级法院在多宗刑事附带民事赔偿的案件中提倡对民事部分进行调解，并对做出经济赔偿的被告人给予从轻处罚。这显然也是一种带有恢复性司法性质的探索，但这样的探索被许多人简单地理解为"赔钱减刑"，由此也招来了诸多非议。

〔2〕　桑东辉："和谐社会语境下的刑事和解——对北京朝阳区法院将庭外和解引入刑事案件的思考"，载《学术交流》2006年第7期。

人民调解委员会调解，对于达成调解协议并履行的自诉案件，由人民法院通知自诉人办理撤诉手续，公诉案件由人民法院恢复审理并可酌情对被告人做出免予刑事处罚处理。需要指出的是，虽然各地在关于轻伤害案件吸收恢复性司法理念的相关规范性文件中大都没有把未成年人案件作为单独的类型，但在实际操作中大都把未成年人轻伤害案件作为实施的重点。

5. 适用的程序模式。主要采用以刑事调解形式出现的被害人 – 犯罪人调解模式，不过在调解的主持者上各地有些不同，有的由司法机关主持、有的由综合治理机构主持还有的委托人民调解组织调解委员会主持。另一种有代表性的形式是以考察帮教小组和缓刑听证等形式出现的会议模式，前者如上海市所试点的"考察教育制度"，后者如山东省枣庄市中级人民检察院的探索。

6. 修复犯罪伤害的途径。侧重犯罪人对被害人的物质和心理的补偿、司法机关在做出对于触法少年的最终决定时重视被害人是否谅解的意见，有的还采用要求触法少年从事社区公益服务的方式为其危害社会的行为做出积极的补偿。

实践中的恢复性少年司法得到了广泛的肯定性评价，从公开报道的案件来看确实达到了促成触法少年悔罪改过、被害人获得务实的补偿、因违法犯罪所损害的社会关系得到修复的效果。[1] 这些探索也为中国少年司法制度的完善提供了实践参考经验和新的思路，最高人民法院和最高人民检察院于近年所通过的规范少年司法的重要司法解释，都不同程度地体现了对这些经验的肯定与吸收。例如 2005 年 12 月通过的《最高人民法院关于审理未成年人刑事案件具体应用法律若干问题的解释》（法释〔2006〕1 号）第 16 条将积极退赃或赔偿被害人经济损失作为应当宣告未成年罪犯缓刑的条件情形之一。第 19 条第 2 款亦明确规定"被告人对被害人物质损失的赔偿情况，可以作为量刑情节予以考虑。"最高人民检察院新近公布的《人民检察院办理未成年人刑事案件的规定》（2006 年 12 月）也体现了吸收恢复性司法理念和实践经验的特点。该规定第 13 条第 2款将"犯罪后能够如实交代罪行，认识自己行为的危害性、违法性，积极退赃，尽力减少和赔偿损失，得到被害人谅解的"作为对于罪行比较严重的案件依法不予逮捕的情形之一。第 21 条规定："对于未成年人实施的轻伤害案件、初次犯罪、过失犯罪、犯罪未遂的案件以及被诱骗或者被教唆实施的犯罪案件等，情节轻微，犯罪嫌疑人确有悔罪表现，当事人双方自愿就民事赔偿达成协议并切实履行，符合刑法第三十七条规定的，人民检察院可以依照刑事诉讼法第一百四十二条第二款的规定做出不起诉的决定，并可以根据案件的不同情况，予以训诫或者责令具结悔过、赔礼道歉。"第 31 条也将被害人同意和解作为人民检察院建议人民法院适用缓刑的条件之一。从这些规定来看，两份司法解释采用了地方省市探索恢复性少年司法的基本做法，即把恢复性司法作为一种对触法少年"分流"、非监禁化、轻刑化处遇的手段或程序。

三、恢复性少年司法的发展前景与建议

自 1984 年 11 月上海市长宁区人民法院建立中国大陆第一个少年法庭以来，中国大

---

[1] 参见文后所附典型案例。

陆的少年司法改革大体上都是以触法少年为中心的。具体而言是以触法少年危害社会的行为为基础，在主要以成人为假设对象所建构的法律框架下，艰难地试图照顾触法少年的特性和福利保护的需要。这是一种坚持报应型少年司法模式，同时逐步吸收福利型少年司法保护主义理念的折中主义路径。

在这样的少年司法改革思路下，少年触法事件的利益相关者被抽象为罪错少年和社会两方，被害人、社区、国家等主体的利益被归属于社会一方。少年司法机构——尤其是独立设置的少年司法机构被赋予了少年利益维护者的角色（体现为奉行"教育、感化、挽救"方针），同时亦被要求作为社会利益的保护者和代表者（体现为坚持"教育为主，惩罚为辅"的原则）。

理论界将少年司法运作的这一核心特征概括为遵循实现少年保护与社会保护相统一的"双保护"原则[1]，有的还根据少年司法改革的趋势或者作为一种理想的图景，将之发展为"儿童最大利益原则"[2]、"双向保护，少年优先原则"[3]。尽管在少年司法实践中对被害人、社区的补偿、道歉、服务等恢复犯罪创伤的表现一般也会对触法少年的最终处理产生影响，但是被害人、社区始终没有成为少年司法独立的一方，也长期没有成为少年司法改革中的一个独立问题。

因此，总的看来，在中国少年司法20余年的改革过程中，对触法少年的"教育、感化和挽救"与保护日益成为一个具体努力的目标，但是社会利益的保护则大体上停留为一个模糊而又抽象的概念。并且基于现行的少年司法制度设计，根据触法少年危害社会行为的大小和人身危险性的大小给予相应的处罚（尤其是监禁性的、较重的处罚），在一般情况下即被认为是维护社会利益，或者侧重维护社会利益的表现，往往并不深思这样的处理是否真的符合具体被害人、具体社区的利益诉求；而以宽缓的方式[4]处理少年触法事件，通常也被视为维护或者侧重维护了少年的利益，同样难以兼顾这样的宽容是否真的有利于少年的矫正和健康成长。

当恢复性少年司法理念引入中国时，此种少年司法模式的缺漏明显暴露出来，例如社会保护过于抽象化，忽视了被害人、社区遭受犯罪侵害后的现实需求，忽视了触法少年与被害人关系的修复以及为其危害社会的行为承担积极的责任形式（并非消极的惩罚）对于少年矫正和健康成长的意义，等等。恢复性司法理念的引入，将抽象的社会利益保护具体化、现实化为首先是对被害人的心理和物质补偿、社区安宁的恢复，也将实现社会利益保护的方式和评价标准按照被害人、社区的实际需求予以了具体化，同时也为进一步抵制原始的报复性正义观念的影响，革除报应型少年司法的弊端，进一步超越少年的"危害行为"，根据有益于其教育、感化和挽救的需要采取更加宽缓、人道的措施减少了风险、赋予了更加合理的"外衣"。

---

〔1〕　姚建龙：《长大成人：少年司法制度的建构》，中国人民公安大学出版社2003年版，第49~50页。

〔2〕　姚建龙：《少年刑法与刑法变革》，中国人民公安大学出版社2005年版，第58~60页。

〔3〕　上海市高级人民法院2005年重点调研课题成果：《上海未成年人犯罪状况与少年审判工作研究》。

〔4〕　主要表现为避免少年进入正式司法体系或尽早脱离正式司法体系的"分流"措施，或给予较轻的处罚尤其是非监禁性的处罚等。

恢复性少年司法所描绘出的远景对于当代中国的少年司法改革的确太富吸引力了：它与中国传统的"和合"哲学和中庸的民族性契合，有调解、社区矫正、综合治理等实践基础，附和"和谐社会"、"宽严相济"等流行政治话语，有助于针对性地减少被害人上访等治安"顽症"，还有着恢复社区安宁、节约司法成本、减少犯罪等诸多美好的制度预期。因此，我们并不难理解为何它在引介入中国后短短两三年内就迅速对少年司法实践产生了日益广泛和深入的影响，也不难理解这一司法模式在中国未来的发展将会有着怎样的前景。

从普通公众的视角来看，对恢复性司法的担心和质疑主要体现在两个方面：一是对司法腐败的担心，例如网民对恢复性司法的典型批评是："这只是变相贪钱而已"、"就法院这些个歪嘴和尚迟早要把'私下和解'给弄成拿钱买刑。"我曾经与经济落后地区的检察官谈论恢复性少年司法，他们对此类案件所蕴含的富有"油水"且低风险腐败的可能性也做了深刻地揭示。二是对有罪必罚的传统正义观念的冲击，例如一些网民对恢复性司法这样评价："就是用钱买刑"、"这证明是不是只要有钱，就可以杀人取乐。反正赔得起"。但是，相对恢复性少年司法的诱惑而言，这些担心和质疑显然并不足以阻止恢复性少年司法在中国的实践和发展。

在我看来，恢复性少年司法的探索正在把实践中的"潜规则"和人之常情〔1〕从幕后推向台前，转化为明规则和规范化的操作，转化为一种触法少年都有可能平等获得的机会。这并非容易滋生腐败，相反有助于我国少年司法制度的进一步规范和防止司法腐败，也并非加剧法律适用的不平等，而是提高了法律适用的平等度。在有着悠久"恤幼"传统的中国，基于对未成年人特别宽容的文化土壤，恢复性少年司法的实践与提倡也将对公众根深蒂固的报应主义观念起到积极的革新作用。

我国目前正处于社会转型时期，流动人口犯罪日趋严重，在许多地方外来少年违法犯罪的比例均已经超过了本地少年。由于这些少年往往缺乏较好的监护条件，因此大大提高了恢复性司法适用的风险，这成为阻碍恢复性少年司法广泛、平等适用的重大障碍。从目前恢复性少年司法的实践以及最高人民法院、最高人民检察院指导少年司法的司法解释来看，几乎无一例外地要求将良好的监护条件作为适用恢复性司法的前提。这实际上剥夺了大部分触法少年进入恢复性司法程序的可能性，其实际的不平等性是显而易见的，也大大限制了恢复性少年司法积极作用的发挥。我国在恢复性少年司法今后的实践中应当致力于为缺乏良好监护条件的触法少年建立一种替代监护体系，保证这些少年也能平等享有恢复性少年司法的政策优惠，而不应以风险过高为名机械地把他们排除在外。目前上海采用青少年社工、"合适成年人"等具有"代理家长"性质的做法是十分有益的探索，值得深入总结、广泛推广。

西方国家所推行的恢复性少年司法都十分重视社区的作用，甚至强烈依赖社区的支

---

〔1〕 在实际办案过程中，犯罪人积极退赃、赔偿被害人、向被害人诚恳道歉寻求谅解等表现一般也会被认定为认罪、悔罪表现，即便是在恢复性司法探索以前，大都也会对案件的处理产生有利于犯罪人的影响。只不过这样的规则虽然在相关法律法规中有所体现，但在实际操作上大体还是停留在"潜规则"和人之常情阶段，因此容易滋生"不正之风"或者被误解为司法腐败。

持，也特别注重对犯罪所侵害的社区安宁的恢复。这种高度重视社区的角色和利益是西方国家恢复性少年司法的重要成果经验，也与西方国家的社区发育较为成熟密切相关。正处于社会转型时期的中国，传统单位社会正在逐步瓦解，单位人逐步回归社会人、回归社区，但是与此同时社区的发育还普遍很不成熟。大部分"社区"虽然有着一定地域的人口、相对稳定的地理空间等社区必备的形式要素，但却缺乏居民对社区的心理归属感、文化认同感、居民相互之间的互动与社区公共意识。这种发育不成熟的社区往往难以成为恢复性少年司法的积极介入者和支持者，这将成为恢复性少年司法在我国深入推广的重大障碍。必须认识到社区的发育成熟难以在短期内完成，因此我国在探索恢复性少年司法时，应当对社区的角色与作用有着符合中国国情的定位，而不能照搬西方恢复性少年司法的经验与模式。我的建议是在加快社区建设的同时发掘中国的本土资源和社区司法的特点，重点发挥和整合我国丰富的青少年保护资源（如团组织、妇联儿童保护组织、关工委等），让它们替代社区的角色。

我国目前的贫富分化正在逐步加剧，触法少年及其家庭修复犯罪创伤的能力千差万别。对于以主观主义司法和个别化司法为特色的恢复性少年司法而言，这将一方面带来同样罪责但却不同法律后果的不平等现象，另一方面也容易给公众形成"以钱赎刑"的不良印象，进而阻碍恢复性少年司法的深入开展。为了解决这一难题可以尝试建立犯罪人援助制度、按揭式补偿等新的恢复犯罪创伤的方式，也应进一步发展社区公益服务等可以弥补修复犯罪创伤能力不一致缺陷的补偿方式。

社会转型时期容易割裂传统，忽视传统法律文化中的精髓。如何探索本土特色的恢复性少年司法模式是一个富有挑战的课题。值得欣慰的是，这个问题已经被理论界和实务部门所认识，并且做出了有益的探索，如烟台检察院探索的"平和司法"就带有"中西合璧"的色彩。但被实践部门所疏漏的是，现有探索还没有完全认识到中国少年司法制度与西方少年司法制度的差异，没有使恢复性司法与中国特色的少年司法完全结合。目前对恢复性少年司法的探索基本上限于对少年犯罪做出反应的少年刑事司法体系，而基本上还没有拓展到对少年不良行为事件的处理领域，而在国外这恰恰是恢复性少年司法适用的重点。今后我国应当致力于将恢复性司法广泛运用于对少年不良行为，特别是严重不良行为事件的处理。

目前的探索还有一个特点：将恢复性司法作为一种将触法少年分流出正式司法体系或者采取非监禁化、轻刑化处遇的途径。如果做这样的定位，那么恢复性少年司法的适用范围将会受到极大的限制，仅能适用于十分有限的案件。这只是吸收了恢复性司法的"形"，而未吸收运用其"神"。恢复性司法不仅可以运用于轻微违法犯罪案件，还可以运用于严重犯罪案件。追求犯罪创伤的完全"恢复"是理想的，但部分恢复亦是值得追求的，恢复犯罪创伤也并不意味着对恶性犯罪人给予惩罚的绝对排斥。此外，恢复性司法还应当广泛运用于少年司法流程的全过程，包括侦查、起诉、审判、执行等各个环节。

目前实践中的探索较为注重将"恢复性司法"这一"时髦"的术语与已经有的做法相结合，这是值得深思的。恢复性司法不应仅仅起到为现行、已有制度做进一步合理化的作用，更应当成为一种重要的少年司法政策，一种重新审视我国目前少年司法制度建设的宏观政策与理念。

（载《社会科学》2007年第8期）

附 适用恢复性少年司法的几个典型案例

[**14周岁中学生故意伤害他人致死案**] 中学生小河（刚满14周岁）因一瓶矿泉水与同学发生争执，情急之下拔出水果刀乱刺，导致同学小康因颈动脉被刺断引发失血性休克死亡。小河父母在法院和学校的促成之下与小康父母达成了赔偿5万元的和解协议，小河还被小康的父母接纳为"义子"，双方矛盾圆满解决。人民法院以小河案发时刚满14岁，具有自首情节，同时因其是在校生，民事赔偿部分也兑现，并得到了被害学生家长的谅解等情况为依据，决定对其从轻判处有期徒刑3年，缓刑3年。[1]

[**17岁未成年人盗窃案**] 上海市闵行区人民检察院首次借鉴"恢复性司法理念"处理一起盗窃案件，犯罪嫌疑人和被害人坐在一起促膝谈心，商谈如何处理犯罪后果，以及案件对未来生活的影响，双方最终握手言和。据了解，检察院将作出刑事和解的处理决定，未成年犯罪嫌疑人悔过自新，将免受法庭审判。今年4月，17岁的小杰参与了盗窃电动自行车的犯罪活动，公安机关将小杰等3人移送检察机关。承办此案的检察官得知小杰就读于一所技校，当他知道自己盗窃的一辆电动自行车属于住在同楼的梅阿姨后觉得内心愧疚，一再表示如果可能他愿意当面向梅阿姨道歉。为此，检察官约见了梅女士。起初梅女士不太理解，她先后有5辆电动自行车被偷，严重影响了其工作和生活。但是经过开导，她表示小杰还是学生，他既然知错，就没有理由再恨他了。检察官约梅女士和小杰坐到一起，小杰拿出认真写好的"致歉书"送到梅女士手上。梅女士表示："只要勇敢地站起来，还是好孩子。"经过在社区3个月的教育考察，小杰的综合表现良好，被害人又当面表示谅解，检察院借鉴国外的"恢复性司法理念"，将对案件作出对双方当事人都有利的处理决定。[2]

[**17岁学生孙某故意伤害案**] 孙某因琐事在烟台双语实验学校院内对该校学生李某拳打、巴掌打，将李某右耳部打伤，后经法医鉴定为轻伤。该院了解到孙某的父母已筹集了近万元的现金，主动要求赔偿所有经济损失，愿意接受司法部门、所在学校的监督。受害人亲属也认为对方还是学生，只要赔礼道歉、赔偿损失，不要求追究其刑事责任。双方最终在检察机关的主持下达成协议：由加害方孙某及其亲属向受害方赔礼道歉、赔偿损失，受害方不要求追究加害人刑事责任，双方握手言和。芝罘区检察院将这

---

〔1〕 万兴华："刑事和解：逐步被接纳的'私了'"，载《中国青年报》2006年7月25日。
〔2〕 龚瑜："上海检察院'恢复性司法'处理青少年刑事案件"，载《中国青年报》2006年10月23日。

一情况向公安机关做了通报，由公安机关对该案作了撤案处理。〔1〕

[**5 名未成年人故意伤害案**] 5 名未成年人因将 2 名同龄人砍伤而被送上法庭，法院开庭时几名被告人毫无悔意，有的甚至还当庭嬉笑。为教育这几名未成年被告人，重庆市大渡口区检察院近日将涉案被告人和该案被害人以及双方的父母请到了会议室。"想到自己的手可能残疾，我就害怕，就想哭。"受伤的一名未成年人哭着说，并将伤口给大家看，他才 14 岁。"每天，他都对着天花板发呆。"一旁的母亲声泪俱下，她说当全家老少赶到医院抢救室时，大家握紧的手都不敢松开，怕一松劲儿子就没了。说起抢救儿子那揪心的 8 个多小时，另一名受伤未成年人的父亲忍不住埋头痛哭。此时，一名未成年被告人低下了头，说："没想到他受伤这么严重，会这么痛苦！"而在庭审时他还满不在乎地说："砍了就砍了。"其他几名被告人此时也后悔地低下了头，低声啜泣。被告人的家长也面色凝重，表示愿意赔偿被害人的损失。"让这些未成年被告人从内心深处认识到自己的错误，这是帮教的开始。"大渡口区检察院副检察长熊勤说，更重要的是要修复他们破损的情感世界。〔2〕

[**4 名未成年人抢劫案**] 11 月 6 日 15 时许，在苏仙区湘南中学附近发生了一起在校中学生的共同抢劫案。公安机关接到报案后及时组织侦查，迅速抓获了参与作案的 7 名在校中学生。为了能在惩治犯罪的同时，教育、挽救和矫治未成年违法青少年，苏仙区检察院侦查监督部门派员介入该案侦查，首先建议公安机关对 3 名年龄不满 16 岁的犯罪嫌疑人采取非羁押性的强制措施。11 月 16 日，苏仙区公安分局以涉嫌抢劫罪提请批准逮捕另外 4 名已满 16 岁不满 18 岁的未成年犯罪嫌疑人时，苏仙区检察院侦查监督部门又指派专人审查材料及证据。在提审犯罪嫌疑人时，检察人员详细了解了 4 名犯罪嫌疑人的思想动态和作案原因，耐心地对他们进行法制宣传教育，使他们认识到自己的行为给受害人带来的危害，真诚地写出悔过书。随后苏仙区检察院专门召集犯罪嫌疑人亲属座谈，请求家长支持犯罪嫌疑人赔偿受害人损失的愿望，并责成家长落实管理、教育的责任，要求每位家长拟定具体的管教措施。犯罪嫌疑人就读中学的校领导和班主任也表示将切实加强帮教工作，不歧视犯罪嫌疑人。经过努力，被害人及亲属明确表示谅解未成年犯罪嫌疑人，同意检察机关不追究刑事责任。12 月 4 日，苏仙区检察院依法作出了不批准逮捕的决定。苏仙区检察院副检察长范小琳说，这几名在校未成年学生犯罪嫌疑人确实实施了"严重危害社会的不良行为"，但确有悔罪表现，家属又赔偿了被害人的全部经济损失，当事人双方也已达成和解协议。据此，根据《刑法》第 13 条、最高人民法院《关于审理未成年人刑事案件具体应用法律若干问题的解释》第 7 条、湖南省人民检察院《关于检察机关适用刑事和解办理刑事案件的规定（试行）》第 4 条、第 10 条之规定，这 4 名犯罪嫌疑人犯罪情节显著轻微，可不以犯罪论处。〔3〕

---

〔1〕 欧光清、吴军、衡蕊："论检察执法实现法治权威的途径"，载 http：//www. baojian. gov. cn/science/detail. aspx？ articleid = 2784&classcode = 00060002.

〔2〕 "重庆大渡口检察院：'恢复性司法矫正''问题少年'"，载 http：//news. xinhuanet. com/legal/2007 - 01/06/content_ 5571840. htm.

〔3〕 "湖南郴州参与抢劫的 4 名未成年学生达成刑事和解"，载 http：//news. xinhuanet. com/legal/2006 - 12/20/content_ 5511842. htm.

第三编

权利论

第二十七章

未成年人维权若干问题

一、未成年人及其基本权利

（一）未成年人的涵义：以"青少年"为引题

随着我国少年司法制度的建立以及共青团中央倡导的创建"青少年维权岗"活动的开展，"青少年维权"逐渐成为一个耳熟能详的概念。然而人们对"青少年"这一概念的理解，尤其是对其年龄范围的界定，往往因为使用者的立场和侧重点不同而存在着较大的差异，如有的确定为 18 岁以下，有的确定为 25 岁以下，有的确定为 28 岁以下，有的确定为 35 岁以下，还有的确定为 6 岁~25 岁、14 岁~18 岁、6 岁~28 岁等等。从法律上来看，尽管儿童、少年、青年、青少年等词并不乏见，但并无对青少年年龄范围做出明确界定的全国性法律。[1] 因此，从严格意义上来说青少年并非是一个法学概念，而是一个社会学概念。为方便讨论，本章不采"青少年"一词，而以"未成年人"为关键词展开论述。

所谓未成年人，是指不满 18 周岁的自然人，既包括低龄的婴幼未成年人，也包括 18 岁以下的身体和心智尚在发育中的少年。本书采用未成年人这一主题词，除了避免不必要的概念之争外，还基于以下几点考虑：

其一，从维权活动的实践经验的角度看，尽管创建优秀"青少年维权岗"等全国性青少年维权活动把超过 18 岁的小年龄成年人也纳入青少年维权的对象范围[2]，但无论是检察机关等司法主体的青少年维权，还是其他社会主体的维权，维权工作的主要对象都是 18 周岁以下的未成年人。

---

〔1〕　地方性法规中有例外，如我国第一个专门性的青少年保护法规《上海市青少年保护条例》明确将青少年的年龄范围界定为未满 18 周岁的未成年人。但这种对青少年的界定显然并没有得到全国性立法的支持，如 1991 年颁布的《未成年人保护法》并没有采用频繁出现于党、政府有关文件中的青少年一词，而采用的是未成年人一词，并将未成年人的年龄范围界定为 18 周岁以下的群体。

〔2〕　如团中央书记赵勇在全国法院系统优秀"青少年维权岗"首批命名仪式上的讲话（1998 年 3 月 18 日）中指出："我国现有近 4 亿青少年，其中少年有 1.3 亿多，还有 0.8 亿外来务工人员，其中青年占绝大多数。他们在生存、发展问题上经常面临严峻的挑战，如果不及时维护他们的权益，势必会影响他们的健康成长。"外来务工人员大多数均超过 18 周岁。

其二，从维权活动的规范依据的角度看，青少年维权的主要法律依据是联合国《儿童权利公约》、我国《未成年人保护法》及《预防未成年人犯罪法》等青少年保护专门立法，而这些国际、国内法对于保护对象的年龄界定均为 18 周岁以下，如联合国《儿童权利公约》第 1 条便明确规定："为本公约之目的，儿童系指 18 岁以下的任何人"。我国的立法文件在确定公民享有权利、履行义务和承担责任的基本身份特征时，大多也是以 18 周岁为坐标点的（刑法虽然以 16 岁为刑事责任年龄，但 18 岁"底线"仍然是定罪量刑诸多场合必须考虑的问题，如死刑的适用等）。我国《民法通则》第 11 条规定："十八周岁以上的公民是成年人，具有完全民事行为能力，可以独立进行民事活动，是完全民事行为能力人。"而未成年人维权的专门法律依据《未成年人保护法》第 2 条规定："本法所称未成年人是指未满十八周岁的公民。"

其三，从维权对象的自然属性的角度看，未满 18 周岁的人是最需要外界保护的群体。究其原因是因为未满 18 岁的人属于典型的弱势群体，其身心发育尚未成熟，自我保护意识和能力远不及成年人群体，容易受到各种侵害和外界不良环境的影响，因此这一群体的生存和发展最需要外界力量的介入，以弥补其能力的不足，维护其合法权益，促进其健康成长。

（二）未成年人的基本特征

从教育学、心理学、社会学等学科的角度考察，未成年人具有以下基本特征：

其一，未成年人处在成长时期。一方面未成年人群体中的一部分已经具备了一定的辨别是非和自我控制能力，但另一方面就其整体而言，未成年人的身心发育尚不成熟，辨知和自我控制能力还不及成年人。因此未成年人维权工作的原则、理念、方法等都均应当具有不同于成人的特殊性。

其二，处于成长阶段的未成年人特别容易受到外界环境的影响。具体而言，一方面是指未成年人的自我保护能力尚差，很可能受到恶劣环境的伤害，而另一方面未成年人也容易受到不良环境的感染、诱惑而发生犯罪和不良行为，从而危害社会，或者虽未危害社会但却因为自身的人格偏差而给未来的社会埋下危险种子。因此，为了避免未成年人成为环境的牺牲品，避免未成年人、社会两受其害，对于未成年人应该注重教育和保护，采取特殊的教育保护措施。

其三，未成年人容易发生违法犯罪和不良行为。近现代生理学、心理学、教育学、社会学等学科的研究都表明：在人的一生中有一段非常特殊的时期。这一段时期被认为是一个人从未成年人向成年人飞跃的特殊时期，在这段特殊时期里，人将面临各种生理、心理等方面的矛盾与困惑，也特别容易发生越轨行为。因此这一段时期也被心理学家、教育学家等形象地比喻为"困难期"、"危机期"、"反抗期"、"冲突期"等等。正因为未成年人具有这样复杂、矛盾的性格，因此有国外的中学教师曾感叹地说，世界上再没有比中学生更可怕的东西了。[1]

其四，未成年人作为人类社会的一个特殊群体，具有特殊的重要意义。从大处着

---

[1] ［日］北泽杏子：《性教育启蒙Ⅲ》（日文版），小畅书房 1971 年版，第 242 页。

眼，未成年人代表着人类社会的希望和未来，其健康成长对于国家、民族乃至人类社会至关重要；从小处着眼，未成年人的健康成长对于一个家庭的幸福、社会的稳定至关重要。基于此，未成年人群体需要社会给予特别的关注和倾注更多的爱心，国家、社会和家庭也对未成年人的健康成长负有不可推卸的责任。从古罗马法中发展而来的"国家亲权"理论强调的正是国家对于未成年人健康成长的责任。为了防止未成年人走上违法犯罪歧途，国家、社会和家庭不能漠视未成年人的存在，而应当积极担负起保证未成年人健康成长的重任。

（三）未成年人的基本权利

从"人权天赋"的角度讲，未成年人作为公民中的一个群体，享有法律所赋予一般公民的所有合法权利，如平等权、政治权利、经济权利、人身权利和文化权利等。同时未成年人作为公民群体中相对于成年人的弱势群体和特殊群体，《儿童权利公约》等国际法以及我国《宪法》、《未成年人保护法》等国内法也赋予了他们一些特别的权利，或者强调了一些应当特别予以关注与保护的利益。综合起来看，未成年人的基本权利可以概括为以下几个方面[1]：

一是生存权。生存是人的第一本能，生存权也是一个广义上的概念，即保持生命存续权、获得身体健康权和免受物质匮乏权等的总称。所有未成年人都有生存的权利，"这不仅指他/她有要求自己的生命存活的权利，而且还包括享有该生命存在所必需的最基本生活保障的权利。"[2]《儿童权利公约》第6条明确规定："缔约国确认每个儿童均有固有的生命权；缔约国最大限度地确保儿童的生存与发展。"国家、社会、家庭等均有责任维护未成年人的生存权，有责任消除威胁未成年人生存的因素，如法院不得判处未成年人死刑，国家应确保未成年人受到家庭和社会的爱及关怀，应向未成年人提供营养食物、医疗服务、教育、住所等。

二是受保护权。未成年人获得保护权的法理基础至少可以追溯到古罗马的"国家亲权"（Parens patriae）[3]学说，这一学说主张"父母只是一家之主，而国王则是一国之君，他是他的国家和全体臣民的家长。因此他有责任也有权利保护他的臣民（在当时主要是指保护他的臣民的财产），特别是必须保护那些没有能力照管自己及财产的儿童"，与国王（包括现代市民国家）保护责任相对应的即是儿童的受保护权。与其他权利不同的是，未成年人的受保护权主要目的在于使遭受侵害的未成年人及时得以救济，并使有遭受侵害之虞的未成年人免受侵害。未成年人的受保护权主要包括受家庭特殊保护的权利、受社会特殊保护的权利和受司法特殊保护的权利。这一保护的必要性主要源于未成年人生理、心理、智力方面的幼弱性和易受害性，及其在人类群体中地位的重要性。相对于成人而言，受保护权是未成年人的一项特别权利。

---

〔1〕　有的学者称把未成年人相对于成人所享有的独特权利概括为获得抚养、教育权；获得卫生保健权；受教育权；特殊的诉讼权、获得健康成长的环境权（请参见莫洪宪、康均心主编：《未成年人权益保护及救济理论与实务》，武汉大学出版社2001年版，第63~73页），这些权利均可以归入下述四部分权利之中。

〔2〕　参见英国救助儿童会编：《联合国〈儿童权利公约〉参与式培训手册》，1999年版，第33页。

〔3〕　又译"国王亲权"、"国家监护权"、"国亲思想"等。

三是发展权。未成年人正处于成长的过程之中，因而也有各种异于成年人群体的特殊需要，未成年人发展的权利体现的就是这些需要得到满足的合理性。发展权主要是相对于生存权来说的，未成年人的发展权应包括接受一切形式的教育（正规的和非正规的教育）的权利，以及获得能够给予未成年人的身体、心理、精神、道德与社交发展的生活水平。联合国《儿童权利宣言》原则四、原则七以及《儿童权利公约》第17、28、31条等规定的受教育权、休息和娱乐权、享受社会保障权、不受危害性传媒信息侵害权、不受有害传统习俗影响权等均体现了重视未成年人发展权的宗旨。联合国《发展权利宣言》在"联合国人权宪章"三公约确定的基本人权的基础上进一步承认"发展是经济、社会、文化和政治的全面进程，其目的是在全体人民和所有个人积极、自由和有意义地参与发展及其带来的利益的公平分配的基础上，不断改善全体人民和所有个人的福利"，强调"发展权利是一项不可剥夺的人权"。从实践的角度讲，家庭、学校、社会、国家等应当保障未成年人的发展权，创造未成年人发展的良好环境，尽量满足未成年人发展的各种需要，这一满足"具体表现在教育、资讯和心理、娱乐和闲暇、参与文化活动、思想和宗教信仰自由、性格发展、身份和国籍、健康的身体、意见被接纳和和睦家庭等方面。"〔1〕

四是参与权。在美国著名社会心理学家马斯洛的《人的动机理论》一书中，人的需求层次被描述为较低层次的生存需求、安全需求和较高层次的尊重需求、爱和归属感的需求以及自我实现的需求。未成年人虽然尚处幼年，但是他们作为社会成员同样也有获得更多满足和实现更高发展的需求，这一需求实际上就是发展权和参与权的基本内涵。发展权如前边所阐述，未成年人的参与权则主要是指未成年人"参与家庭、文化和社会生活的权利"〔2〕。联合国《儿童权利公约》第12、13、14、15、23条等规定的发表意见权、结社自由权等均体现了对未成年人参与权的保护。从实践的角度讲，未成年人的参与权要求保障有主见能力的未成年人有权对影响到其本人的一切事项自由发表自己的意见，对未成年人的意见应按照其年龄和成熟程度给予适当的对待，特别是在司法程序中；要求保障未成年人的言论、出版自由、集会、结社等自由表达意见的自由；保障未成年人的知情权等。在我国，未成年人的参与权不被尊重和保障的现象较为严重，也容易被未成年人维权工作所忽视。加强未成年人参与权的维护应当引起未成年人维权工作的重视。

以上四类基本权利是未成年人所享有的最基本的权益，也是最容易受到侵害的权利，因而应当给予特别保护的权利。对这些权利的维护应当成为未成年人维权工作的主题。

二、未成年人维权的特征与内涵

总体而言，在17世纪之前人类社会基本上就是没有未成年人观念的成人社会，未

〔1〕 英国救助儿童会编：《联合国〈儿童权利公约〉参与式培训手册》，1999年版，第47～48页。
〔2〕 英国救助儿童会编：《联合国〈儿童权利公约〉参与式培训手册》，1999年版，第53页。

成年人群体的特殊意义和特殊权利并没有得到应有的重视。他们或者被当作"小成人"来看待，或者被当作成人的所有物或附属物。随着人类社会的发展、文明的进步，尤其是启蒙运动的推动，未成年人群体的特性与权益开始受到成人社会的关注。[1] 19 世纪，美国改革者杰克索尼所倡导的"拯救儿童运动"开始在西方各国蓬勃开展起来，并进而对世界各国产生了重大影响。改革者们主张改善未成年人的环境，给他们提供各方面的有利条件，促进儿童福利的发展，建立促进少年儿童身心正常发展的各种专门机构，对有违法犯罪行为的少年进行更生照管。[2] 这是近代意义上未成年人维权运动的开始。我国具有"恤幼"的传统，但"恤幼"属于强调等级名分儒家文化的重要内容，它与近现代意义上强调平等、自由、人性、权利观念的未成年人维权有着重大区别。"文革"结束初期，社会治安状况的恶化、未成年人犯罪率的陡增引起党和国家以及社会各界对未成年人犯罪和权益保护问题的高度重视。1979 年 8 月 17 日，中共中央转发了中央宣传部等八个单位《关于提请全党重视解决未成年人违法犯罪问题的报告》。1980 年 3 月，共青团中央在北京召开了"青少年保护法座谈会"。1987 年上海市人大颁布了我国第一个未成年人保护法规——《上海市青少年保护条例》。1991 年全国人大颁布了《未成年人保护法》。1998 年 3 月，全国法院系统首批优秀"青少年维权岗"命名仪式在北京举行，全国性的创建优秀"青少年维权岗"活动正式启动。随后，共青团中央联合最高人民法院（1998 年 12 月）、国家质量技术监督局（1998 年 12 月）、最高人民检察院（1999 年 1 月）、公安部（1999 年 3 月）、司法部（1999 年 4 月）、新闻出版署（1999 年 7 月）等部门先后发布了在相应系统开展创建"青少年维权岗"的通知，同时命名了一批"青少年维权岗"（分为全国、省、地市、县区四级）。创建"青少年维权岗"的活动逐步在全国展开。2002 年 9 月，共青团中央等 11 单位印发了《全国优秀"青少年维权岗"创建、评比、表彰、考核及管理办法（试行）》，青少年维权工作向规范化、制度化方向发展。[3] 随着创建优秀"青少年维权岗"活动的开展，青少年维权一词逐渐被广泛接受和认同。因此对未成年人维权一词内涵的理解与界定，不能脱离创建优秀"青少年维权岗"活动及相应通知、决定、办法等规定。

考察近代以来各国维护未成年人权益的实践、我国未成年人维权的历史与实践，尤其是 1998 年以来创建优秀"青少年维权岗"活动及相应通知、决定、办法等的规定，可以概括出我国未成年人维权的以下基本特征：

其一，维权主体的广泛性。《未成年人保护法》第 6 条第 1 款规定："保护未成年人，是国家机关、武装力量、政党、社会团体、企业事业组织、城乡基层群众性自治组织、未成年人的监护人和其他成年公民的共同责任"，由此确定了保护未成年人的共同责任原则。这意味着全社会——无论是成年公民个人、政府组织和非政府组织，都负有维护未成年人合法权益的责任，都是未成年人维权主体，体现了未成年人维权主体的广泛性。对未成年人维权起到重大推动作用的创建优秀"青少年维权岗"活动在共青团、

〔1〕　参见姚建龙：《长大成人：少年司法制度的建构》，中国人民公安大学出版社 2003 年版，第 1～9 页。
〔2〕　参见康树华、郭翔主编：《青少年法学概论》，中国政法大学出版社 1988 年版，第 271 页。
〔3〕　关于未成年人维权的历史与现状，详见本书第二章。

综治办、人民法院、人民检察院、公安、司法、劳动保障、民政、教育、建设、文化、广播电影电视、工商、新闻出版、质量技术监督等系统和行业中开展〔1〕，也充分体现了未成年人维权主体的广泛性特征。

其二，维权力量的外部性。广义的未成年人维权包括外部维权和未成年人自我维权两个方面的内容。近些年来，未成年人权利意识日益提高，广大未成年人越来越懂得如何利用各种合法手段维护自己的合法权益。但是未成年人的自我保护意识和能力毕竟是很弱的，他们合法权益的维护更需要借助于外部的力量。即便是自我维权意识与能力也需要借助于家庭、学校等外部力量的培养。通常所说的未成年人自护工作主要是指培育未成年人自我保护意识和能力的工作，实质上也属于外部维权的范畴。因此，未成年人维权主要是指外部维权。《未成年人保护法》从家庭、学校、社会、司法等各个环节强调了外部力量对未成年人的保护责任，并在第6条第3款规定："国家、社会、学校和家庭应当教育和帮助未成年人运用法律手段，维护自己的合法权益。"从未成年人维权实践来看，对未成年人权益的维护活动主要是指与未成年人权益密切相关的外部组织对未成年人权益的维护。在我国这些组织主要包括共青团、综治办、人民法院、人民检察院、公安、司法、劳动保障、民政、教育、建设、文化、广播电影电视、工商、新闻出版、质量技术监督等行业和系统的相关部门或组织。

其三，维权对象的特定性。未成年人维权的对象是与成人相对的未成年人群体。尽管实践中"青少年维权岗"等的保护和服务对象往往也包括超过18周岁的小年龄成年人，但青少年的主体部分无疑是未满18周岁的未成年人。关于未成年人特殊群体范畴的问题，我们在前边已经详细阐述过，此处不再多施笔墨。

其四，维权方式的特殊性。这种特殊性主要表现在以下几个方面：一是注重未成年人不同于成人的特性和成长中的特点，体现出不同的成人性和阶段性〔2〕。《未成年人保护法》第4条规定，保护未成年人的工作应当遵循适应未成年人身心发展特点的原则，这无疑是对未成年人维权方式特殊性最有力的诠释；二是动员全社会力量，从家庭、学校、社会到司法构建一个未成年人维权的完整网络；三是建立专门的组织从事未成年人维权工作，如共青团权益部、少年法庭、未成年人犯罪案件检察科、少年管教所等。

其五，维权目的的二重性。根据《宪法》、《未成年人保护》、《全国优秀"青少年维权岗"创建、评比、表彰、考核及管理办法（试行）》等法律、法规、文件等的规定及未成年人维权工作实践，开展未成年人维权工作主要是为了达到两个基本目标：一是预防和减少未成年人违法犯罪，促进社会稳定；二是营造未成年人健康成长的良好环境，促进未成年人健康成长。未成年人是容易产生违法犯罪等社会越轨行为的群体，但这并不意味着未成年人必然产生违法犯罪行为。大量实证性研究表明，对未成年人权益的漠视与侵犯是未成年人产生违法犯罪的关键性社会原因。从维护未成年人权益的角度预防未成年人违法犯罪，进而维护整个社会的治安与稳定，无疑是一种高屋建瓴的犯罪

---

〔1〕 参见《全国优秀"青少年维权岗"创建、评比、表彰、考核及管理办法（试行）》，第3条。
〔2〕 即根据未成年人成长发育各个阶段的特点，采取不同的维权方式。

防治策略。[1]但是预防和减少未成年人违法犯罪仅仅是最基本的目标，维护未成年人权益最终目标是营造未成年人健康成长环境，促进未成年人健康成长，这是一种更高层次的目标。

根据上述特点，我们可以对未成年人维权的基本含义做如下界定：未成年人维权主要是指成年公民个人、群众团体、政府部门、司法机关等外部力量根据未成年人身心发育等特点所进行的维护未成年人群体合法权益的活动、工作的总称，其目的是为了促进社会治安稳定和保障未成年人健康成长。从社会效果的角度看，未成年人维权工作有利于动员社会各方面力量，创造未成年人健康成长的环境；有利于缓解社会矛盾，预防和减少未成年人犯罪，在维护社会稳定中发挥积极作用；有利于加强相关部门内部建设，树立良好社会形象；有利于密切党和群众的血肉联系，调动广大未成年人投身两个文明建设的积极性。我们应当充分认识未成年人维权工作的价值和意义，推动和实践未成年人维权工作。

根据已有的未成年人维权实践，未成年人维权工作的内容主要包括三部分：一是保障未成年人合法权益不受侵犯，对侵犯未成年人合法权益的行为予以劝阻、制止或者向有关部门提出检举或者控告；二是教育和帮助未成年人提高自我维权意识和能力，教育和帮助未成年人运用法律手段维护自己的合法权益；三是创造、维护和提供未成年人健康成长所必需的优良环境和其他必须的条件，特别是为那些处于特殊状态下的未成年人，如违法犯罪未成年人、残疾未成年人等。此外，从所维护的未成年人权益类型的角度可以把未成年人维权工作的内容分为未成年人生存权维护工作、未成年人保护权维护工作、未成年人发展权维护工作和未成年人参与权维护工作四个部分。未成年人维权工作的内容十分丰富，在实践中，各部门、组织开展未成年人维权工作均有其侧重点。

三、未成年人维权工作的基本原则

《未成年人保护法》第5条规定："保护未成年人的工作，应当遵循下列原则：（一）保障未成年人的合法权益；（二）尊重未成年人的人格尊严；（三）适应未成年人身心发展的特点；（四）教育与保护相结合。"这也是未成年人维权工作必须遵守的四项基本原则，它们是未成年人保护法及其他法律所规定的对未成年人维权实践工作起着普遍指导性的基本准则，是未成年人维权实践经验的高度概括和总结，即具有法律规定性、普遍指导性和高度概括性特征。

（一）保障未成年人合法权益原则

这一原则是未成年人维权工作的题中应有之意。法律规定未成年人享有广泛的权利，但是由于未成年人的幼弱性和不成熟性，这些应然权利转化为未成年人所实际享有的权利需要借助于外部力量的保障。贯彻保障未成年人合法权益原则应当注意以下两点：其一，前文已经论及，未成年人合法权益可以分为一般权利和特别权利两部分，遵循保障未成年人合法权益原则意味着在未成年人维权工作中，应当对未成年人的合法权

---

[1] 关于未成年人维权与青少年犯罪的关系的探讨，详见本书"未成年人犯罪预防与维权"一章。

益进行全面保护。但是，未成年人维权工作更应当注重对未成年人特别权利的维护，即重点维护未成年人的生存权、获得保护权、发展权与参与权。其二，保障未成年人合法权益应当以未成年人的最大利益为首要考虑。《儿童权利公约》第 3 条第 1 款规定"关于儿童的一切行动，不论是公私社会福利机构、法院、行政当局或立法机构执行，均应以儿童的最大利益为一种首要考虑"，这就是所谓的儿童最大利益原则。《儿童权利公约》没有指明"儿童"的最大利益是什么，但在实际工作中我们要随时注意到儿童的利益，并将他们的利益放在工作的首位。[1]

（二）尊重未成年人人格尊严的原则

未成年人保护法所确立的这一原则具有特别重要的现实意义。因为"从传统到现实，人们往往更多地把儿童当作弱小被动的保护对象，而较少把他们当作积极主动的权利主体来对待。从这样一种儿童观出发，社会把儿童仅仅看作未来的就业者，家庭把儿童看作私有财产，于是成人往往把自己的意志和价值标准强加给儿童，较少考虑儿童自己的需要与愿望"。[2] 这种"出于好意的'保护'"结果造成的"往往是对儿童的伤害"。[3] "把儿童看作积极主动的权利主体是现代儿童权利保护的基点。虽然由于儿童在生理和心理上的弱小和不成熟，需要成人的保护，但是保护不等于放弃对他们的尊重。恰恰相反，保护的前提是尊重。缺乏尊重的保护可能会变成对儿童权利的剥夺。只有在尊重的前提下才能真正实现保护。保护与尊重是相辅相成的。保护的根本目的是了不保护，是为了培养独立成熟的权利主体。独立成熟的权利主体的成长，既需要保护，更需要尊重。只有在尊重的环境中体验到尊重，儿童才能学会尊重与自尊。家庭、学校和社会都要为独立成熟的权利主体的成长创造条件，提供机会。"[4]

（三）适应未成年人身心发展特点的原则

处在成长过程中是未成年人的最大特点，每一个发展阶段的未成年人都有其不同的特点。早在古希腊时期，人们就已经注意到了未成年人身心发展的不同特点。被誉为"七贤"之一的梭伦曾以年龄为界点把人生分为 7 年一个周期：7 岁换牙，14 岁进入青春期，21 岁长出胡须，28 岁肌肉最强，35 岁结婚和有所作为，42 岁性格最终定型。[5]此后，其他一些学者以不同的标准对未成年人做了不同的阶段划分，从不同角度揭示了未成年人的身心发展特点。[6] 贯彻适应未成年人身心发展特点原则，要求未成年人维权工作必须具有灵活性，采取不同的维权工作方式，关注未成年人的发展性、不成熟性等特点。机械、武断的维权方式很可能实际伤害未成年人的身心健康及合法权益。在未

---

〔1〕 英国救助儿童会编：《联合国〈儿童权利公约〉参与式培训手册》，1999 年版，第 18 页。

〔2〕 美国影片《马蒂达》中，校长和父亲在"教育"小女孩马蒂尔达说："我大你小，我对你错，这是不可改变的事实"，颇值青少年维权工作者深思。

〔3〕 英国救助儿童会编：《联合国〈儿童权利公约〉参与式培训手册》，1999 年版，第 41 页。

〔4〕 英国救助儿童会编：《联合国〈儿童权利公约〉参与式培训手册》，1999 年版，第 41 页。

〔5〕 ［美］威廉·C. 格莱因：《儿童心理发展的理论》，计文莹等译，湖南教育出版社 1983 年版，第 18 ~ 21 页。

〔6〕 参见莫洪宪、康均心主编：《未成年人保护及权益救济理论与实务》，武汉大学出版社 2001 年版，第 18 ~ 19 页。

成年人维权工作中贯彻这一原则，除了应当注重未成年人身心发展的一般特征外，还应当注重未成年人的个性特征，维权要有针对性、个别化。

（四）教育与保护相结合原则

未成年人尚未完全成熟，教育是他们健康成长、走向成熟的主要途径。实质上，教育也是一种对未成年人的保护，教育的主要目的是为了不保护，因而是一种更为积极的保护。教育与保护相结合原则侧重保护的是未成年人的生存权、获得保护权和发展权。在未成年人维权工作中应当严格遵循教育与保护相结合原则，这一原则不仅仅适用于一般未成年人，也适用于特殊未成年人，包括女性未成年人、残疾未成年人、违法犯罪未成年人、有特殊天赋或者贡献的未成年人等。教育与保护相结合这一原则在司法维权中具有突出的地位。根据《未成年人保护法》第54条的规定，对违法犯罪的未成年人，国家机关应当实行教育、感化、挽救的方针，坚持教育为主、惩罚为辅的宗旨，司法机关在办理未成年人违法犯罪案件的过程中也务必要遵循教育与保护相结合原则，不能仅以惩罚为目的。

四、未成年人维权的网络

未成年人维权工作是一个复杂的系统工程，由于未成年人的幼弱性，他在逐渐社会化的各个过程中，都可能遭受来自方方面面的各种侵害。这些侵害可能是个人的，也可能是组织的，可能是人类社会的，也可能是自然界的。要维护好未成年人权益、保障未成年人在人生的每一个环节均能健康成长，必须构筑一个严密的维权网络，以保障他们在社会化的全过程中均能免受非法侵害和不良影响。《未成年人保护法》基于这样的思想，从家庭保护、学校保护、社会保护、司法保护四个方面，为未成年人健康成长构筑了一个立体的、严密的、衔接有致的维权网络。这一网络主要是通过规定有关主体的维权义务、违反义务的法律责任、侵害未成年人权益行为的防止等方式来构筑的。

（一）家庭维权

联合国《儿童权利公约》第18条第1款规定，缔约国应尽其最大努力，确保父母双方对儿童的养育和发展负有共同责任的原则得到确认；父母或视具体情况而定的法定监护人对儿童的养育和发展负有首要责任；儿童的最大利益将是他们主要关心的事。这是联合国对家庭保护系未成年人维权"首要责任者"的基本表述。《东亚及太平洋地区21国2001—2010年为儿童的承诺》（《北京宣言》）第30条规定，承认并支持父母和家庭作为儿童的主要抚育者，加强他们为儿童提供最佳照料、哺育和保护的能力。联合国《儿童权利宣言》原则六和原则七也表达了大致相同的立场。根据这一立场我们认为，家庭维权主要是指父母、监护人及其他与未成年人共同生活的成年亲属基于亲权和监护权等身份利益而对未成年人合法权益的维护。家庭维权具有特殊的重要性，它在未成年人维权网络中居于基础性地位。这是因为：

其一，家庭是未成年人的人生第一站，也是最长的一站，是与未成年人权益有着最密切联系的领域。在通常情况下，未成年人自诞生之日起即生活于家庭之中，这一过程基本上持续到未成年人长大成人。未成年人的生存权、获得保护权、发展权、参与权等四大基本权利的基本保障均有赖于家庭。

其二，由于传统观念的影响，在家庭领域中未成年人处于绝对的弱者地位，在家庭领域中侵害未成年人合法权益的现象较为普遍。父母视子女为私人财产，认为子女应当绝对地服从长辈，认为在爱的名义下可以随意左右子女的意志、行为等旧观念仍有很大的影响。因此，在家庭领域中最容易发生侵害未成年人权益的现象，而且这种侵害具有隐蔽性、不易纠正性、不易救济性等特点。

其三，家庭维权的好坏对未成年人健康成长起着决定性的作用。家庭维权工作没有做好，势必增加学校维权、社会维权和司法维权的困难，影响其成效。未成年人犯罪学理论研究也表明，未成年人发生越轨行为与家庭维权的好坏有着密切的联系。未成年人越轨行为的产生往往有家庭侵权（积极的或者消极的）背景的存在。因此，许多学者都把家庭称为未成年人犯罪预防的第一道防线。

在家庭维权法律关系中，负有维权职责的主要是父母、监护人以及其他与未成年人共同生活的成年亲属。父母、监护人及其他成年家属与未成年人之间的权利义务是不对等的，这种不对等性表现为前者对未成年人承担更多的义务而较少享有权利。法律之所以这样规定，主要是因为他们之间的特殊人身关系、未成年人的弱势地位等因素。根据《未成年人保护法》及其他有关法律的规定，父母、监护人及其他成年亲属的维权职责主要表现在以下几个方面：

其一，维护未成年人的生存权。父母或者其他监护人应当依法履行对未成年人的监护职责和抚养义务，不得虐待、遗弃未成年人；不得歧视女性未成年人或者有残疾的未成年人；不得溺婴、弃婴。

其二，维护未成年人的发展权。父母或者其他监护人应当尊重未成年人接受教育的权利，必须使适龄未成年人按照规定接受义务教育，不得使在校接受义务教育的未成年人辍学。父母或者其他监护人应当以健康的思想、品行和适当的方法教育未成年人，引导未成年人进行有益身心健康的活动，预防和制止未成年人吸烟、酗酒、流浪以及聚赌、吸毒、卖淫等行为的发生。

其三，维护未成年人的获得保护权。在未成年人遭受侵害或者有遭受侵害之虞时，未成年人的监护人等应当采取必要的措施保护未成年人。例如在未成年人遭受非法侵害时，未成年人的监护人应当代理未成年人进行损害赔偿请求诉讼。

其四，维护未成年人的参与权。父母或者其他监护人不得允许或者迫使未成年人结婚，不得为未成年人订立婚约；在家庭生活中应当尊重未成年人的意见，特别是在决定、处理与未成年人权益有密切关系的事项时，未成年人的监护人等不得以"未成年"为理由，漠视未成年人发表意见、观点的权利。

父母或者其他监护人不履行监护职责，或者侵害被监护的未成年人合法权益的，应当依法承担责任。如果经教育不改的，人民法院可以根据有关人员或者有关单位的申请，撤销其监护人的资格，并依照民法通则有关规定另行确定监护人。对于父母、监护人或者其他成年亲属侵害未成年人合法权益的其他行为，根据《治安管理处罚条例》、《刑法》等法律规定，国家机关可以追究其相应的法律责任。

在一般家庭中，父母、监护人及其他成年亲属大都较为重视维护未成年人的生存权、发展权和获得保护权，但是对于未成年人参与权的维护则较为薄弱，这主要是因为旧观念的作用。是否重视未成年人参与权的维护，在某种程度上可以成为衡量家庭维权水平和社会文明程度的标尺。因为这体现了现代社会对未成年人主体人格的尊重，体现了对传统家庭保护把未成年人作为单纯保护客体观念的革新。

（二）学校维权

在通常情况下，未成年人均要进入相应学校学习。除了家庭外，与未成年人权益维护最为密切的当属学校，因此与家庭一样，学校也被认为是未成年人维权的主阵地。联合国《儿童权利公约》第28条和《儿童权利宣言》原则七表达了儿童的受教育权和教育主体所应承担的义务，即教育要"尊重儿童的个性和尊严，增进儿童的知识和能力，培养儿童的道德和责任"。根据这一立场并根据我国《未成年人保护法》等其他有关法律规定，学校维权主要是指学校及其教职员工对未成年人权益的维护。学校是指对受教育者实施有目的、有计划、有系统、有组织的教育的专门机构[1]，包括幼儿园、中小学、各种中等职业技术教育学校、特殊教育学校和工读学校，以及其他教育机构（如各种招收未成年人的文艺、体育学校、高等学校等）。

学校维权与未成年人维权网络中其他环节的维权相比具有三个基本特征：一是维权责任主体的特殊性。在学校维权法律关系中，负有维护未成年人权益职责的主要是学校及其教职员工，他们被称为"人类灵魂的工程师"。二是维权对象的特殊性。学校维权的对象是具有学生身份的未成年人，这一身份所标志的是一个人一生中最为重要的成长期。三是维权工作内容的特殊性。学校是专门的教育机构，学校维权工作与学校教育活动紧密联系在一起，具有其他维权所不具有或不完全具有的特殊的精神内涵。

学校维权在未成年人维权网络中居于十分突出的地位，发挥着十分突出的作用。这种突出地位和作用主要决定于以下几个因素：

其一，学校是培养未成年人获得正确的社会道德观念、思想政治素质、基本知识技能、健康的体质和心理的主要场所。在促进未成年人健康成长，维护未成年人发展权和生存权方面，学校具有未成年人维权网络中其他维权环节所不具有的独特优势。

其二，学校不仅具有未成年人维权专门机构的性质，学校维权还具有承接及监督家庭维权和社会维权的特殊纽带作用。由于学校功能、条件、法律地位的特点，它在未成年人维权工作中具有特殊的优势。同时它不仅享有在日常教学管理活动中维护未成年学生权益的权利和义务，而且还"享有对社会、家庭及公民侵害未成年学生合法权益和身心健康时的干预权，保护未成年学生民事权利的代理权，申请主管行政机关处理的申诉权，向人民法院提起诉讼的起诉权，借助大众传播媒介的舆论批评权，家庭教育的指导权等等"。[2]

其三，学校维权在防治未成年人违法犯罪中具有关键性的作用。未成年人维权的最

---

〔1〕　谢发友、李萍主编：《未成年人保护法新释与例解》，同心出版社2001年版，第86页。

〔2〕　谢发友、李萍主编：《未成年人保护法新释与例解》，同心出版社2001年版，第87～88页。

基本目标是预防和减少未成年人违法犯罪，而学校维权的成败与未成年人社会越轨行为的产生与否有着直接的关联。学校是未成年人违法犯罪的第二道防线，学校维护好了未成年学生的受教育权，不任意开除学生，则流落于社会的闲散未成年人将大大减少，而闲散未成年人是未成年人违法犯罪的高危群体。学校没有或者较少发生侵害未成年学生权益的行为，则受害学生逆变产生违法犯罪行为的几率将大大减少。学校尊重未成年学生的人格权，则未成年学生因逆反心理产生社会越轨行为的可能性也会大大减少。

学校维权工作的内容同样也主要是围绕未成年学生的生存权、获得保护权、发展权、参与权展开，但因为学校维权的特殊性，其在具体内容的表现上呈现出一定特色。《未成年人保护法》、《预防未成年人犯罪法》等法律特别规定了学校维权的重点内容，这些重点内容具体体现在以下几个方面：

其一，维护未成年学生的受教育权。学校不得随意开除未成年学生；学校应当全面贯彻国家的教育方针，对未成年学生进行德育、智育、体育、美育、劳动教育以及社会生活指导和青春期教育，促进未成年人健康成长；按照国家有关规定送工读学校接受义务教育的未成年人，工读学校应当对其进行思想教育、文化教育、劳动技术教育和职业教育。

其二，维护未成年学生的平等权。学校应当关心、爱护学生，对品行有缺点、学习有困难的学生应当耐心教育、帮助，不得歧视。工读学校的教职员应当关心、爱护、尊重学生，不得歧视、厌弃。

其三，维护未成年学生的人身权。学校、幼儿园的教职员应当尊重未成年人的人格尊严，不得对未成年学生和儿童实施体罚、变相体罚或者其他侮辱人格尊严的行为；学校不得使未成年学生在危及人身安全、健康的校舍和其他教育教学设施中活动，在安排学生从事集体活动时，应当防止发生人身安全事故。

其四，维护未成年学生的休闲、游戏权。学校和幼儿园应当有适当的休闲和娱乐设施满足未成年学生身心发展的需要，在安排未成年学生和儿童参加集会、文化娱乐、社会实践等集体活动时，应当秉着有利于未成年人健康成长的原则进行。

（三）社会维权

广义上说，家庭、学校均属于社会的一部分。此处所称社会维权特指除家庭环境、学校环境之外的其他社会生活环境中有关维权责任主体对未成年人所实施的维权活动。社会维权的发生和发展源于社会对未成年人的"共同责任"理念，基于这一理念，《东亚及太平洋地区21国2001～2010年为儿童的承诺》（《北京宣言》）第32条明确表示"欢迎社区、当地政府、社会、文化、宗教、商界、媒体、群众组织、儿童组织、民间社会分担责任，以保证儿童的福祉"。与家庭维权、学校维权和司法维权相比，社会维权具有以下两个基本特征：

其一，社会维权法律关系中未成年人法律地位的独立性。在家庭生活中，未成年人是被监护的对象；在学校生活中，未成年人是被教育和管理的学生；在司法环境中，违法犯罪的未成年人是被教育挽救的对象。未成年人在这些环境中都处于一定的具体法律关系中，具有一定程度的从属地位，其行为都有人指导，其生活都有人安排，其思想都有人关注。唯独在社会生活环境中，未成年人的地位是独立的，无论是游览公共娱乐场所、欣赏文学艺术作品、观看电影电视节目，还是保护其智力劳动成果，未成年人都具有独立的主体资格，与有关组织或者其他个人"平起平坐"。[1]有关维权责任主体与未成年人之间基本上不存在从属性的特殊法律关系。从这个角度说，未成年人的"未成年"的特性并没有被突显出来，而是与成人一样作为一个自然人与社会组织、个人发生关系。

其二，社会维权责任主体的多样性。《未成年人保护法》第 6 条确立了保护未成年人的共同责任原则，这意味着所有与未成年人有着直接或间接联系的组织或者个人，都是未成年人维权责任主体。社会环境具有不同于家庭环境、学校环境和司法环境的复杂性、多样性，可能与未成年人发生直接或者间接联系的组织或者个人十分广泛。一般公民个人和组织负有消极维权义务，即不得实施侵害未成年人权益的行为。而某些特定组织及其工作人员则负有维护未成年人合法权益的积极义务，这些组织主要是指未成年人维权专门组织，或者未成年人维权工作属于其主要职责或者重要职责的组织。在我国，这些组织也很广泛，概括而言主要有：

1. 人大有关部门。全国人民代表大会下设的内务司法委员会负责妇女儿童权益保障的立法和执法监督检查，委员会内设妇女、儿童专门小组，配有专职人员负责未成年人保护工作。地方各级人大也有相应的内设机构，负责未成年人维权工作。

2. 政协有关部门。全国政协社会与法制委员会的职能之一就是监督和促进国家有关妇女、青年、儿童等方面的法律、法规的实施，并向国家立法、行政部门提出建议。地方各级政协也有相应的内设机构，负责未成年人维权工作。

3. 政府有关部门、组织。国务院设有妇女儿童工作委员会，负责协调和推动政府有关部门开展未成年人保护工作，实施有关儿童发展规划。中央综合治理委员会成立了预防未成年人违法犯罪工作领导小组。各地综合治理委员会办公室也均设置有未成年人保护及预防犯罪机构。上海、福建、北京、天津等20几个省市先后根据各地方特点，建立了政府牵头包括司法机关、政府职能部门和群众团体组织在内的协调机构——青少年保护委员会（有的称为未成年人保护委员会）及其办公室。青少年保护委员会及其办公室在政府未成年人维权工作中居于核心地位。如上海市于1987年制定全国第一部保护未成年人的地方性法规——《上海市青少年保护条例》后，于同年 9 月建立了政府专门维权机构——上海市青少年保护委员会，委员会常设青少年保护办公室，由上海市教育局、公安局、团市委派员联合办公。青少年保护委员会的主要任务是："（1）制定全市青少年保护工作规划，贯彻实施中央与上海市有关青少年保护法律法规；（2）组织、协调社会各界优化青少年成长环境，维护青少年合法权益；（3）督促政府有关职能部门制定有关保护青少年的规定和工作计划；（4）就上海市青少年儿童健康成长的重大问题开展调查研究；（5）组织对各青少年保护委员会委员单位和区县政府依法保护青少年工作情况的检查，并对专兼职青保工作干部进行业务培训；（6）开展少年儿童保护工作方面

---

〔1〕 参见全国青少年立法工作办公室编著：《中华人民共和国未成年人保护法讲话》，法律出版社1992年版，第140页。

的国内国际交流、学习活动；（7）开展对有行为偏差和有轻微违法犯罪倾向的未成年人综合治理和帮教工作。"〔1〕上述机构均属于政府牵头主导，带有协调性质的未成年人维权机构。此外，在政府部门中还有一些具体的机构，它们虽然不是未成年人维权的专门机构，但是由于与未成年人权益保护直接相关，因而也在未成年人维权工作中处于重要地位。在建立有青少年保护委员会的地方，这些机构一般都属于其成员单位，主要包括政府的劳动保障、民政、教育、建设、文化、广播电影电视、工商、新闻出版、质量技术监督部门。这些部门，特别是其基层单位的职责均直接与未成年人权益密切相关。

4. 群众团体。主要有：（1）共青团。共青团是中国共产党领导的先进青年的群众组织，也是未成年人权益保护的主要组织。全国性的创建优秀青少年维权岗活动，就是团中央联合各有关部门开展起来的。共青团设有权益部专门负责未成年人权益的维护工作，权益部的主要职责是研究未成年人保护、管理和发展问题，参与未成年人保护法的制定、修改；参与未成年人法律法规的执行，处理有关侵害未成年人权益的投诉；开展未成年人法制宣传教育；预防和减少未成年人犯罪；建立和完善未成年人维权工作的社会协作网络；研究和参与制定未成年人社会服务发展规划，为未成年人健康成长提供切实服务等。（2）青年联合会。青年联合会是在中国共产党领导下，以共青团为核心力量的各青年团体的联合组织，是各族青年的爱国统一战线组织。青年联合会在反映未成年人愿望和呼声，维护未成年人权益方面，发挥着重要作用。（3）妇女联合会儿童工作部。妇女联合会儿童工作部以促进少年儿童健康成长为主要任务，面向 0 岁 ~ 14 岁少年儿童及其家长，以科研和活动的方式协调社会各方，努力为儿童提供医疗卫生条件和教育机会，营造安全、健康、和谐的生存环境。

5. 未成年人福利机构。包括儿童福利院、流浪儿童保护中心、SOS 儿童村等，这些福利机构是纯粹公益性的社会主体，它们主要针对未成年人中的特殊群体如孤残儿童、流浪儿童等实施维权活动，侧重于对上述未成年人群体基本的生存权和发展权的保障。

由于社会关系的复杂性和多样性，社会维权的内容十分丰富，《未成年人保护法》等法律、法规所规定的社会维权的具体内容主要包括以下几个方面：

第一，强调维护未成年人的生存权。具体而言是：（1）对流浪乞讨、离家出走等生存权受到威胁的未成年人的权益进行特别维护。《未成年人保护法》规定：对流浪乞讨或者离家出走的未成年人，民政部门或者其他有关部门应当负责交送其父母或者其他监护人；暂时无法查明其父母或者其他监护人的由民政部门设立的儿童福利机构收容抚养。（2）为未成年人提供卫生保健条件。《未成年人保护法》规定：卫生部门和学校应当为未成年人提供必要的卫生保健条件，做好预防疾病工作。卫生部门应当对儿童实行预防接种证制度，积极防治儿童常见病、多发病，加强对传染病防治工作的监督管理和对托儿所、幼儿园卫生保健的业务指导。（3）对未成年人进行职业技术培训，以提高其生存技能，并对未成年人的劳动权予以特殊保护。《未成年人保护法》规定：未成年人已经接受完规定年限的义务教育不再升学的，政府有关部门和社会团体、企业事业组织

---

〔1〕 金大陆主编：《上海青年志》，上海市社会科学院出版社 2002 年版，第 1215 页。

应当根据实际情况对他们进行职业技术培训，为他们创造劳动就业条件。任何组织和个人不得招用未满 16 周岁的未成年人，国家另有规定的除外。任何组织和个人依照国家有关规定招收已满 16 周岁未满 18 周岁的未成年人的，应当在工种、劳动时间、劳动强度和保护措施等方面执行国家有关规定，不得安排其从事过重、有毒、有害的劳动或者危险作业。

第二，重点维护未成年人的发展权，满足未成年人成长中的各种需要，为未成年人健康成长创造良好的社会环境。《未成年人保护法》规定：国家鼓励社会团体、企业事业组织和其他组织及公民，开展多种形式的有利于未成年人健康成长的社会活动。国家鼓励新闻、出版、广播、电影、电视、文艺等单位和作家、科学家、艺术家及其他公民，创作或者提供有益于未成年人健康成长的作品。出版专门以未成年人为对象的图书、报刊、音像制品等出版物，国家给予扶持。各级人民政府应当创造条件，建立和改善适合未成年人文化生活需要的活动场所和设施。博物馆、纪念馆、科技馆、文化馆、影剧院、体育场（馆）、动物园、公园等场所应当对中小学生优惠开放。营业性舞厅等不适宜未成年人活动的场所，有关主管部门和经营者应当采取措施，不得允许未成年人进入。严禁任何组织和个人向未成年人出售、出租或者以其他方式传播淫秽、暴力、凶杀、恐怖等毒害未成年人的图书、报刊、音像制品。儿童食品、玩具、用具和游乐设施不得有害于儿童的安全和健康。任何人不得在中小学、幼儿园、托儿所的教室、寝室、活动室和其他未成年人集中活动的室内吸烟。对有特殊天赋或者有突出成就的未成年人，国家、社会、家庭和学校应当为他们的健康发展创造有利条件。

第三，维护未成年人隐私权、知识产权、荣誉权等其他具体权利。具体而言是：（1）维护未成年人隐私权。《未成年人保护法》规定：任何组织和个人不得披露未成年人的个人隐私。对未成年人的信件，任何组织和个人不得隐匿、毁弃；除因追查犯罪的需要由公安机关或者人民检察院依照法律规定的程序进行检查，或者对无行为能力的未成年人的信件由其父母或者其他监护人代为开拆外，任何组织或者个人不得开拆。（2）维护未成年人知识产权。《未成年人保护法》规定：国家依法保护未成年人的智力成果不受侵犯。（3）维护未成年人荣誉权。《未成年人保护法》规定：国家依法保护未成年人的荣誉权不受侵犯。

社会保护是未成年人维权网络中的重要一环。尽管未成年人在其成长过程中的大部分都是在家庭和学校中度过的，但是家庭和学校并非完全封闭式的环境，必然受到来自社会的各种因素的影响，这种影响因素可能是有利的，也可能是有害的。因此必须通过社会维权才能防止不利的因素妨碍未成年人的健康成长。未成年人的成长过程其实就是一个逐渐社会化的过程，未成年人迟早要走向社会，不可能也不应该生活在封闭的家庭和学校中。试图把未成年人完全封闭保护在家庭和学校中的做法，事实上反而会有害于未成年人的健康成长。因此家庭维权和学校维权必须与社会维权互相配合，方能真正维护好未成年人的权益，方能保证未成年人健康成长。

（四）司法维权

获得公正的司法保护的权利，是《世界人权宣言》、联合国《公民权利和政治权利公约》、《儿童权利公约》等规定的公民的基本人权之一。所谓司法维权，是指司法机关所实施的维护未成年人权益的活动。在我国司法机关是广义上的，包括公安机关、人民检察院、人民法院及少年管教所、少年教养所等矫正机关。按照维权责任主体性质的不同，司法维权可以分为公安维权、检察维权、法院维权等不同的类型，他们共同构成了未成年人司法维权工作体系。从相关法律及实践来看，司法维权工作的具体内容主要体现在四个方面：一是通过打击侵犯未成年人的违法犯罪行为以达到保护少年的目的；二是在特殊案件，即少年违法犯罪案件中保护失足少年的合法权益；三是在离婚、继承、收养等一般民事、行政案件的处理过程中维护未成年人的权益；四是通过司法的力量为未成年人健康成长创造良好的社会环境。此外，司法人员对未成年人进行法制教育、与未成年人联谊等活动也被视为属于司法维权工作的内容。

司法维权在未成年人维权体系中居于重要地位。公、检、法、司等司法机关的职责和功能直接以国家强制力为后盾，因此它们也是未成年人权益的最有力度的维护者。除了直接发挥着维护未成年人权益的作用外，司法维权还是家庭维权、学校维权、社会维权的保障，不但起着监督家庭维权、学校维权、社会维权的重要作用，还发挥着解决家庭维权、学校维权、社会维权工作中所产生纠纷的作用。

随着未成年人维权工作的深入开展，我国逐渐建立、健全了专门性的未成年人司法机构体系。未成年人司法机构属于专门的未成年人维权机构，目前以处理未成年人违法犯罪案件为主，其维权的主要对象是有违法犯罪行为的未成年人，因此在司法维权体系中居于核心地位。这些专门机构主要有以下几类：

1. 少年警察机构。最高人民法院、最高人民检察院、公安部、司法部《关于办理少年刑事案件建立互相配套工作体系的通知》（1991 年）及《公安机关办理未成年人违法犯罪案件的规定》（1995 年）等法律均规定："公安机关应当设置专门机构或者专职人员承办未成年人违法犯罪案件。"上海是我国少年警察建设较早和相对较完善的地区。早在 1986 年，长宁公安分局即建立了上海市第一个少年嫌疑犯专门预审组（根据笔者掌握的资料这也是全国第一个），吸取少年法庭的审判经验，将那些适合于少年犯生理心理特点的办案原则和审理方式运用到预审程序中来，并且形成了特色，在 1994 年 3 月正式挂牌成立了少年案件审理科。目前我国专门性少年警察机构的主要形式按照其独立性由弱到强排列，主要包括三种：办理少年案件的专门警察、少年嫌疑犯专门预审组和少年案件审理科。

2. 少年检察机构。据不完全统计，在全国 3000 多个基层检察院中，已经有 2/3 以上设置了专门机构，而绝大部分检察院则完善了少年案件检察制度。[1]最高人民检察院在刑事检察厅设置了"少年犯罪检察处"（后改设于侦查监督厅），地方各级人民检察院也大都建立了由部门处、科长负责的少年检察专门机构，条件不具备的地方也指定了少年检察员或少年案件专办组（浙江省余姚市人民检察院即是如此），专门办理少年犯罪案件。总的来看，从最高人民检察院到各基层人民检察院的少年检察机构体系已经在我

---

〔1〕 参见刘雅清："运用检察职能维护未成年人合法权益"，载《人民检察》1994 年第 6 期。

国初步建立。概括而言，我国目前的少年检察机构主要包括三种类别：一是独立建制的少年检察机构，包括科级、处级两个级别，名称不统一，有的称为少年检察科（处），有的称为少年刑事起诉科，有的称为少年刑事检察科（处），还有的称为少年犯罪检察科（处）等等；二是依附于普通检察机构中，具有半独立性的少年检察组，其名称也不统一；三是少年检察员。即在不具备建立独立或半独立少年检察机构的地方，确定一至二名少年检察员专门办理少年犯罪案件。少年检察机构的职能范围在各地不是十分统一，有的专司少年犯罪案件起诉职责，有的还负责少年犯罪案件的审查批捕，有的集审查批捕、审查起诉、出庭公诉、检察预防、监所检察业务为一体。

3. 少年法庭。自1984年11月上海市长宁区人民法院建立中国大陆第一个少年法庭，在近20年的发展历程中，少年法庭的形式也不断发展和创新。今天，我国已经建立了少年刑事案件合议庭、少年刑事案件审判庭、少年综合案件审判庭、少年案件指定管辖审判庭以及青少年法庭并存的多元少年法庭体系。少年刑事案件合议庭，又称未成年人刑事案件合议庭，简称"少年合议庭"，它是少年法庭的最早形式，迄今为止也是主要形式。这种形式的少年法庭于1984年11月底由上海市长宁区人民法院率先创立[1]，因此也被称为"长宁模式"。少年刑事案件合议庭附设于刑庭之中，其独立性相对较弱，一般是在刑庭中指定一名或多名熟悉少年审判工作的审判人员，有的还邀请若干特邀陪审员组成。这种形式少年法庭受案范围单一，仅限于少年刑事犯罪案件。少年刑事案件审判庭又称未成年人刑事案件审判庭，简称"少年刑庭"。这种独立建制的少年法庭的独立性较强，少年案件审判力量也强。少年综合案件审判庭，又称未成年人综合案件审判庭，简称"少年综合庭"，它是1991年8月由江苏省常州市天宁区人民法院首创，因此也被称为"天宁模式"。"天宁模式"的少年法庭突破了先前其他少年法庭的纯刑事性，把涉及少年的民事、行政案件甚至经济案件都纳入少年法庭管辖范围，从而大大拓展了少年法庭的工作领域。少年案件指定管辖审判庭，又称未成年人案件指定管辖审判庭，简称"少年指定管辖庭"。各地指定管辖庭的基本做法是将某地的少年案件通过由上级法院指定管辖的形式，集中给若干少年法庭管辖，其他少年法庭不再保留。大多数地区的少年案件指定管辖庭受案范围是"窄幅型"，即仅限于少年刑事犯罪案件，也有少数地方是"宽幅型"的，其受案范围与少年综合庭类似。青少年刑事案件审判庭，简称"青少年刑庭"，其最主要的特点是受案范围为被告人或被害人年龄在25岁以下（含25岁）的刑事案件。

4. 少年矫正机构。目前我国主要有少年管教所、少年教养所、工读学校三种专门少年矫正机构。少年管教所，又称少年犯管教所、未成年犯管教所，通常简称少管所，它是监狱的一种，是国家的刑罚执行机关，也是教育改造犯罪少年的专门性矫正机构。少年教养所是少年收容教养人员及少年劳动教养人员的专门机构，前者是指有轻微违法犯罪行为，尚不够追究刑事责任条件或虽然不予追究刑事责任，但是屡教不改，危害社会

---

[1]　它的最初名称为"少年犯合议庭"，后易名为"审理未成年人刑事案件合议庭"。参见"上海市长宁区人民法院少年法庭大事记"（1984年10月~1994年8月），载上海市高级人民法院、长宁区人民法院编：《中国少年法庭之路》，人民法院出版社1994年版，第357页。

的 16~18 周岁少年，后者是指实施了严重危害社会的行为，但因为不满 16 周岁而不予刑事处罚的少年。此外工读学校也是有中国特色的少年矫正机构，但是从法律性质上来说它是普通教育中的一种特殊形式，也是实施九年义务教育的一种不可缺少的教育形式。因此，我们并不把它列入司法维权体系中。

五、未成年人维权的冲突与协调

《未成年人保护法》等法律法规为未成年人构建了一个完整的维权网络，在保护未成年人的共同责任原则下，这一维权网络基本上涵盖了未成年人成长的每一个环节，体现了试图全面保护未成年人的立法思路。但是，建立在未成年人维权共同责任原则基础上的未成年人维权网络，在实践运作中容易产生未成年人维权工作的冲突等问题。这种冲突主要表现在以下数方面：

一是未成年人维权与公共利益的冲突问题。这实际上是一个价值层面上的问题。从根本上讲，未成年人维权的最终目的在于为未成年人提供良好的成长环境和社会氛围，预防和减少未成年人违法犯罪的发生，因此未成年人维权与社会公共利益本质上是统一的。但是由于未成年人特别是未成年犯罪人本身的特殊性，"罪而不纠"或者"有罪轻纠"的现象常常是不可避免的，这也是未成年人维权中"教育优先"原则的必然要求。但是在未成年人犯罪的场合如何把握"惩罚"和"教育"关系的度，的确是一个棘手的问题。也就是说，如何既有效地保护和教育未成年人，同时又有效地保障社会秩序而不放纵犯罪，维权工作不得不加以认真思考和慎重把握，这实际上也就是未成年人维权和公共利益的局部冲突问题。日本《少年法》的修改和美国少年司法制度的演进似乎很能反映这一问题。[1]在价值层面的两难之间寻求平衡需要社会有高度的智慧和完善的制度构建，而这需要一个长期的过程和大量耐心细致的工作，也需要社会公众对维权工作全方位的认同和支持。二是维权主体的本职工作与未成年人维权工作之间的冲突。这应当是技术层面上未成年人维权冲突的最主要表现。根据《未成年人保护法》的规定，全社会——无论是成年公民个人、政府组织还是非政府组织，都负有维护未成年人合法权益的责任，都是未成年人维权主体。但是，事实上真正的专职性的未成年人维权主体只是极少数，绝大部分维权主体都是有其相应的本职工作。如果忽视了未成年人维权工作，则意味着违背了《未成年人保护法》等确定的未成年人维权职责，而如果过分强调

---

〔1〕 2001 年日本《少年法》修正案施行之前，日本少年法律也是极其重视对少年的教育与帮助，而警方的侦破和法院的审判等都因此受到相应限制。但这种宽松的少年法律氛围却无助于遏止日渐高涨的青少年犯罪形势，在 2000 年前后，青少年重大刑事案件的发生率达到了历史最高纪录，如 1997 年神户的初三学生连续杀死两名小学生案、2003 年长崎的 12 岁少年杀死 4 岁幼童案，以及肆虐日本各地的"暴走族"寻衅滋事案件，无不令日本社会震惊。在这一青少年犯罪高发的巨大压力下，日本于 2000 年修改并于 2001 年实施了新的《少年法》，将少年免于追究刑事责任的年龄从 16 岁降为 14 岁，延长少年犯罪的拘留时间，严格重罪少年的假释条件等，希图通过加大惩罚和打击力度来控制日益严重的青少年犯罪。美国少年司法制度初创时期也是奉行少年福利与保护主义的基本价值目标，但二战后青少年犯罪的激增逐渐引起了公众对少年司法制度宽容倾向的不满，于是美国少年司法制度理念开始转型，经由修正的保护主义而转向严罚主义。参见姚建龙：《长大成人：少年司法制度的建构》，中国人民公安大学出版社 2003 年版，第 312~324 页。

未成年人维权工作又势必影响本职工作的开展。本职工作与维权工作的冲突是一种较为普遍的现象，也是理论与实践上都必须解决的重要问题。三是维权工作内容方面的冲突。未成年人权益保护工作的具体内容是十分广泛的，维权责任主体在开展未成年人维权工作中容易产生工作内容的重叠与冲突问题，例如大多数维权部门均把对中小学生开展法制教育作为未成年人维权工作的重要内容。试想如果某区域中的维权责任主体都去中小学校开展法制教育，自然就难免发生内容的重叠和日程的冲突，还可能会干扰学校正常的教学、管理活动，有碍于维权资源的优化配置和合理使用，并衍生其他一系列问题。

笔者认为，为了保证未成年人维权工作协调、科学、有序进行，应当注意以下几个方面：

其一，合理确定未成年人维权的主要责任主体，贯彻未成年人维权组织专门化、专业化原则。我们虽然应当强调和贯彻未成年人维权共同责任原则，但是在未成年人维权的具体实践中应当合理确定未成年人维权工作的主要责任主体，由他们主导未成年人维权工作。这是未成年人维权工作有序、持续和有效率进行的重要一环。应当建立健全专门的未成年人维权机构，或者由专人负责未成年人维权工作。未成年人维权工作人员应当专业化，具有相应的素质能力。

其二，合理确定未成年人维权的重点对象人群。我们认为以下五类未成年人应当成为未成年人维权的重点人员：一是生存权受到威胁的未成年人。主要有流浪未成年人、被拐卖的未成年人、孤儿、弃婴、童工、受虐待未成年人、离家出走未成年人等。二是处于严重困境需要保护的未成年人。联合国界定的这些未成年人主要有三类：受歧视未成年人（如农村中的部分女童）、受剥削和虐待的未成年人（如受父母虐待的未成年人）以及处于紧急状态下的未成年人（如自然灾害、社会灾难时期的未成年人）。三是处于司法程序中的违法犯罪未成年人。由于此类未成年人在强大的国家司法机关面前处于绝对弱势地位，易受司法权力的伤害（如紧张诉讼程序对青少年身心的不良影响，违法犯罪前科对青少年回归社会及今后生存与发展的不良影响等），因此他们也属于需要特别保护的未成年人群体。四是有不良行为的未成年人。不良行为有时也被称为"非行行为"，它表明的是未成年人的行为出现了偏差，预兆了未来的违法犯罪，因此此类未成年人也需要维权工作予以特别关注。五是遭受违法犯罪等侵害的未成年人，尤其是刑事被害未成年人，他们在遭受犯罪侵害的同时，也有可能因为不适当的司法程序而"二次受害"，或者因为"恶逆变"而走上犯罪道路，因此特别需要予以更多关注和保护。

其三，处理好本职工作与维权工作的关系，合理划分维权工作的范围与重心。大部分未成年人维权责任主体都不是单一的未成年人维权机构，往往还是其他社会职能的主要承担者（检察机关便是典型代表）。为了避免本职工作与未成年人维权工作发生冲突，非专门性的未成年人维权机构的维权工作应当紧密结合本职工作进行，既不能片面强调所谓本职工作，以至于忽视未成年人维权职责，也不能片面强调未成年人维权工作，以至于对本职工作造成冲击和不利影响。

其四，加强未成年人维权工作的联系与协调。政府未成年人保护机构和共青团组织等与未成年人维权工作有"最密切联系"的部门应当在未成年人维权工作的联系与协调方面发挥作用。[1] 未成年人维权责任主体也应当经常性的沟通和交流，全国性的争创"优秀青少年维权岗"活动应当继续发挥在未成年人维权联系与协调工作中的重要作用。

（载张利兆主编：《检察视野中的未成年人维权》，
中国检察出版社 2004 年版，第一章）

---

　　[1] 20 世纪 80 年代中后期以来，我国许多省市建立了由与青少年权益保护密切相关的部门参加的委员会形式的青少年保护机构，并设置办公室作为管理日常事务的机构。这种委员会形式的青少年保护机构对于协调青少年维权工作起到了重要重用。但是近些年来，这种青少年保护机构出现了松散、工作力度有待提高、法律地位有待确定等问题。青少年保护机构亟待完善与发展。

第二十八章

未成年人保护应有顶层设计思维

近些年来，几乎每年都会发生多起引起全国性关注的未成年人保护公共事件。这些公共事件大体包括两类：一是未成年人受侵害的事件，例如 2008 年的"三鹿奶粉事件"、2009 年的"天津无肛女婴事件"、2010 年的"母亲溺死脑瘫双胞胎儿子案"、2011 年的"小悦悦遭碾 18 名路人无人援手案"、2012 年的"颜艳红虐童事件"、贵州"毕节五男童垃圾箱取暖身亡事件"、2013 年的长春"盗车杀婴案"、南京"饿死女童事件"、海南"校长带小学生开房事件"、山西"男童遭挖眼事件"等；二是未成年人违法犯罪事件，例如 2012 年湖南省衡阳"12 岁男孩杀害姑姑一家案"、2013 年的"李某某轮奸案"、重庆"10 岁女孩摔童案"等。

一、社会转型期的未成年人保护

保护未成年人是人类自然情感的体现，而这些未成年人公共事件常以其惨烈和骇人听闻挑战着正常人的容忍极限，也因其频发而似乎正在引发一种对我国未成年人保护状况的全民性焦虑。

有人说这种全民性焦虑是新媒体时代"孕妇效应"的结果——即偶然因素因为关注而令人觉得是个普遍现象，其实我国未成年人保护的状况持续且已经有重大的改善。这种观点当然有一定道理，但忽略了这样一个客观事实，那就是在新社会环境下我国未成年人保护的观念也已经有重大发展，对于侵犯未成年人权益现象的"零容忍"正在成为一种共识。

另一个不得不承认的事实是处于社会转型加速期的我国正日益具有"风险社会"的特点，而未成年人则最容易在这样一个特殊时期成为受害者。这种现象其实具有一定的普遍性，例如美国在社会转型加速期的"进步时代"，儿童受害也曾经被视为"严峻的、根本性的国家问题"，以至于美国总统罗斯福专门于 1909 年在白宫首次召开了被认为具有历史、划时代意义的白宫儿童福利会议来专门讨论儿童福利与保护问题，并促成了联邦儿童福利局于 1912 年的成立。

在社会转型加速期未成年人保护具有特殊的意义。一方面，未成年人保护问题往往是社会问题的集中折射，例如"李某某事件"之所以会引起如此大的社会反应，正是因为其聚焦了仇官、仇富、对司法公正的不信任等元素。因此加强未成年人保护也有助于推动关联性社会问题的解决。另一方面，未成年人保护是关系到社会稳定的基础性工作，也因此被形象地称为社会"稳压器"。一个值得关注的现象是在很多群体性事件中，未成年人往往容易成为事件发生的导火索，或者成为事件中的"主力军"，例如在2008年发生的"6·28瓮安事件"中，导火索是一名初中女生的溺亡，而在这一震惊中外的群体性事件中冲在最前面的是一百多名未成年人。国外也不乏类似的例子，例如2005年法国巴黎骚乱的导火索也是两名少年因警察的追捕触电身亡，因而引发数百名青少年率先走上街头。类似的例子不胜枚举。某种程度上可以说，未成年人保护是最大的政治。

社会转型加速期对未成年人保护机制的完善提出了更高的要求，而一些恶性未成年人保护事件的发生也在客观上暴露出我国未成年人保护机制存在着急需解决的硬伤，例如2003年"3岁幼女李思怡饿死事件"、2013年南京"两名女童饿死事件"、2014年1月7日西安曲江东曲江十村"7岁女童饿死事件"，警示我国急需完善儿童福利制度，建立国家对父母监护的监督与干预制度。再如重庆"10岁女孩摔童事件"中，警方对于危险女孩不能刑事处罚只能一放了之，警示我国应当建立独立的少年司法制度，加强对罪错未成年人的预防性干预。

二、我国未成年人保护体系的完善

我国早在1991年就颁布了未成年人保护法，但这部法律似乎并未能发挥期待中的有效保护未成年人的功能。针对近期未成年人保护典型事件和热点案例，很多部门均提出了修订未成年人保护法的建议。但需要注意的是，未成年人保护机制的完善需要有顶层设计的思维，而不能拘泥于对热点事件疲于回应式的零敲碎补。

第一，应当树立国家监护的理念，按照政府是未成年人的最终监护人与未成年人最大利益原则去设计与完善我国的未成年人保护机制。国家亲权原则被称为儿童福利制度的重要理论基础。按照这一原则，国家是未成年人的最终监护人，国家亲权高于父母亲权，强调的是未成年人保护的国家责任。儿童最大利益原则是联合国儿童权利公约规定的未成年人保护基本原则，要求"关于儿童的一切行动，不论是由公私社会福利机构、法院、行政当局或立法机构执行，均应以儿童的最大利益为一种首要考虑"。

第二，我国应当尽快建立可操作性的、符合儿童最大利益原则要求的监护权变更机制。在南京"饿死女童事件"中，女童母亲被以故意杀人罪判处无期徒刑。她当然应当受到惩罚，但是政府为何需要等到悲剧性事件发生后才以追诉者的形象出现呢？根据国家亲权原则，对于不适宜担任监护人的父母，国家有权力也有责任进行干预，撤销其监护人资格并重建监护关系。但需要注意的是转移监护权不仅仅是一个司法问题，更是一个复杂的工程，也是一个系统的工程。在转移监护权制度设计中，至少应当要考虑以下机制：一是监督机制，即要有专门的人员与机构监督父母监护权的行使，对于不履行、急于履行或者不当履行监护权的父母，要能够及时发现和进行干预；二是评估机制，即要有对父母监护资质的科学评估方法，确保撤销监护权的准确性，尤其应当防止转移监护权的滥用，例如对"有心无力"父母的监护权不能剥夺，而应提供支持性儿童福利服务；三是回转机制，即允许在父母恢复监护能力与资质时，基于儿童最大利益原则让孩子回到父母身边；四是托底机制，即通过家庭寄养、收养等方法确保被从父母身边带走的孩子能够重新生活在家庭环境之中，并对此进行跟踪服务与监督，以确保被从原父母身边带走的孩子能够生活得更健康、更美好。

第三，立法是未成年人保护机制完善的基础，未成年人保护立法应当是一个体系，而不能将一两部法律视为未成年人立法的全部。《未成年人保护法》仅仅类似于一部未成年人保护的"小宪法"，要为未成年人提供强有力的法律保障还有待于建构完善的未成年人保护法律体系来实现。借鉴国外未成年人保护立法经验，我国目前应抓紧制定《儿童福利法》，同时尽快启动对《预防未成年人犯罪法》和《未成年人保护法》的修订以及通过刑法修正案九的形式在刑法典中增设未成年人专章。当然，在重视未成年人法律体系建设的同时，也要注意未成年人保护更需要不仅仅限于执法者、专职未成年人保护工作者们基于良心和信念的实际行动。

第四，未成年人保护机制应当进行空间扩容。按照对未成年人生存空间的判断，我国的未成年人保护法将保护体系划分为家庭保护、学校保护、社会保护和司法保护，编织了一张未成年人保护网。然而这部法律实施20多年来，社会环境发生了巨大变化，未成年人的生活和成长空间也发生了重大变化。网络时代和陌生人社会的到来，使未成年人的活动空间大为拓展，也对未成年人保护提出了更高要求。空间的扩展首先表现为互联网对未成年人生活空间的介入。尤其是新媒体的兴起，让父母、老师和孩子生疏起来。以前父母只需要"偷偷"看一眼孩子的日记本，老师只需要找学生谈谈心或者安插几个"耳目"，大体就可以掌握孩子的行为规律乃至内心世界。但是现在的微博、微信等新媒体工具，孩子们总能熟练自如，大人们却常常不明就里，导致了成人社会的焦虑。这种焦虑并非空穴来风。有关未成年人涉网络犯罪，或者互联网上针对未成年人的犯罪已经屡见不鲜。今天的孩子在网上接触色情、暴力、恐怖等各种不良内容并非难事。以前很多父母会说不回家的孩子"难管"，但现在他们发现天天宅在家里上网的孩子也面临风险，网络虚拟世界对未成年人心理和人格的影响已经超越了传统的家庭教育与学校教育。以前父母、老师会希望在社会与孩子之间建立起防火墙，把未成年人的活动范围主要限定在特定区域与人群的社区中，然而今天的成年人发现，即使是社区也充满着种种诱惑和风险。对比这样的改变，未成年人保护法所构建的保护体系显得过于宏观，需要将网络虚拟空间和社区保护纳入未成年人保护专门体系的范畴，在未成年人保护法中专门增设"网络保护"和"社区保护"专章。同时，也可以考虑制定专门的未成年人网络保护条例与未成年人社区保护条例。

第五，未成年人保护应当建立专门机构与形成专门机制。未成年人保护工作要落实到位，不仅仅需要人财物投入，更是一个需要"用心"的过程。未成年人保护领域的共同责任原则与综合治理思维仍需要坚持，但在新时代环境下的未成年人保护工作也应当日益体现为一种专业与专门化的工作。其中最重要的是政府应当建立负责未成年人保护事务的专门部门，这也是各国的通常做法。

"一切为了孩子，为了一切孩子，为了孩子的一切"，在今天我们有更好的条件去实现宋庆龄先生当年的这一心愿，也更有责任让"孩子们能成长得更好"！

（本文系 2014 年提交全国人大《未成年人保护法》执法检查座谈会参考的专家建议，部分内容发表于《人民日报》、《法制日报》、《上海法治报》等）

第二十九章

微博打拐与未成年人保护机制反思

2011 年春节前后，在于建嵘教授的倡议下微博打拐骤然之间演变成了至少有数十万网友参与的"运动"，短短数十日内就有数以千计乞讨儿童照片被发布于微博之上，并引发了强烈的舆论关注。在倡导微博打拐不久后，于建嵘教授进一步提出"全面禁止儿童乞讨"的主张，并且试图通过推动立法的方式将这一主张转化为法律。于建嵘教授及其支持者的善良初衷是毫无疑问的，其所引发的公众对于儿童权利保护的再一次广泛关注也必然会对我国儿童保护事业的进步产生深远的积极影响。

微博打拐运动是审视与反思我国儿童保护机制的一面极佳的镜子，然而通过这面镜子，我们的结论无法乐观。

一、情绪、悖论与异化

显然，微博打拐的倡导者、参与者忽略了这样一个事实：在我国，被拐卖的儿童绝大多数是被非法收养而非强迫乞讨。尽管街头乞讨儿童并不乏被拐卖的案例，但是其中的比例十分微小，更普遍的是被父母、亲友携带、教唆甚至是"租借"。但这样一个事实却在微博打拐兴起之初就被有意或者无意忽视了。

微博打拐在兴起之初实际上就已经"异化"为微博打乞。当公安部和媒体将街头乞讨儿童中被拐卖者较为罕见的事实披露后，于建嵘教授干脆提出了"全面禁止儿童乞讨"的主张，而之所以呼吁立法全面禁止儿童乞讨，其理由竟然是"解救乞讨儿童"，这样的主张显然过于情绪化。

儿童乞讨的原因很多，但大体可以归纳为三种方式：一是强迫型乞讨，主要表现为使用暴力、胁迫等手段迫使儿童乞讨。二是牟利型乞讨，主要表现为利用儿童乞讨作为牟利的工具。三是自救型乞讨，主要表现为因生活无着，或者其他"困境性"原因而采取的不具有强迫、牟利性质的"自救"性乞讨行为，这可能是儿童自主行为，也可能是家庭行为。我国还存在数量庞大的贫困人群，而且目前的社会保障制度、儿童福利制度还很不健全。对于强迫型和牟利型儿童乞讨现象当然应当严厉禁止，包括对情节极为恶劣者适用死刑、剥夺监护权等方式，但是对于自救型乞讨，显然难以也不应当采取严禁的立场。

"全面禁止儿童乞讨"的倡议缺乏对儿童权利的应有尊重。尽管打着"为了孩子"的旗号，但实际上是"在爱的名义下"对儿童权利的侵犯，违背了儿童最大利益原则[1]的要求。我国的社会福利制度和儿童福利制度还很不健全，还有一部分处于困境状态的儿童需要通过乞讨来求得生存和发展。微博打拐，更准确地说是"微博清理街头乞讨儿童运动"实际上反映的是"中产阶级观念与最底层民众生存方式的冲突"。

即便是学龄前儿童也并非完全没有是非判断力和独立主张的个体，所谓"穷人的孩子早当家"，而按照联合国《儿童权利公约》及我国《未成年人保护法》的规定，儿童的上限年龄为18周岁。对儿童的自主权应当给予与其年龄、身心发育程度相适应的应有尊重——即便他们选择了乞讨这样一种不体面的自救方式。

"全面禁止儿童乞讨"的另一个显悖人伦的后果是——可能变相剥夺那些处于赤贫等困境状态底层民众抚养孩子的权利。因为如果全面禁止儿童乞讨，携带子女乞讨的父母可因此而被剥夺监护子女的权利。

"恶"才应当被禁止，但乞讨本身不是罪恶，也不必然导致罪恶。历史上自幼乞讨，但最后大有成就、受人尊重的人物不胜枚举，例如中国近代群众办学的先驱者，享誉中外的贫民教育家、慈善家武训，自7岁丧父后即以乞讨为生，并通过乞讨的方式兴学，赢得世人尊重。朱元璋也是在未成年时期即开始乞讨，但终成明朝开国皇帝。乞讨也不是乞讨者的罪恶，更不是儿童乞讨者的罪恶。从某种程度上说，儿童乞讨现象的存在是社会问题的折射。将严禁的矛头指向这样一个"有口难辩"的特殊弱势群体，包括其身后并非都"恶毒"的父母显然是值得商榷的。

全面禁止儿童乞讨还会带来"乞讨是恶"的标签效应，这种标签效应对于乞讨儿童的伤害更为严重。从另一个角度来看，乞讨与施舍也是社会财富再分配的方式，特别是财富从中上阶层向低下阶层转换的方式。这种分配方式就像高考一样，也可能改变一部分底层儿童的生活境遇与社会阶层。从某种程度上，这样一种分配方式具有一定的合理性，尽管看上去有些令人难以接受。

二、中国式未成年人保护？

之所以会出现微博打拐这样一种有些"莫名其妙"的"解救儿童"方式，在我看来一个关键的原因是这种方式简单易行——情绪化的公众人人皆可以参与到这样一场假想的解救被拐儿童行动之中，并借此宣泄一种复杂的情绪。这种情绪包括对被拐儿童及其家属的同情，对拐卖儿童犯罪的愤怒，试图成为儿童拯救者的冲动，也包括对司法机关在打拐中表现的不满以及对公权力机关的愤懑。对于绝大多数参与者而言，这样一种复杂的情绪能够宣泄就可以了，至于是否真的符合儿童最大利益原则的要求则实际无人去深究。令人诧异的是，曝光乞讨儿童照片、倡导对乞讨儿童不施舍等做法也被认为是"解救"行动。这样带有明显情绪化的儿童保护冲动，显然是无法持久的，而"解救儿童"事实上也不过成了宣泄情绪的一种载体。儿童保护的感性与情绪化正是我国儿童保

---

[1] 亦称为"儿童最佳利益原则"。

护机制的显著弊端。

注重"以孩子的名义"而不是"儿童本位",也是当前我国儿童保护机制的一个显著特征和弊端。很多以保护儿童名义所采取的行动实际目的与效果往往在儿童保护之外。例如在 2010 年的整治互联网和手机媒体淫秽色情及低俗信息专项行动中,"救救孩子"的呼声在很大程度上只是为这一行动提供了合理化的支持,而儿童是否真正由此受益和受到保护似乎并没有成为这一行动的核心。正如美国学者帕金翰(David Buckingham)所言:"在此重演的情况是,保护儿童的呼吁被当作一项强而有力的手段,用来动员群众的支持。对于那些怀有各式各样动机的人来说,成人的政治策略通常是借着童年的名义来实行的。"[1]儿童问题是社会问题的折射,借助儿童这样一个具有号召性的群体去解决社会问题无可厚非,在一定程度上也有助于推动儿童保护的发展,但是如果将儿童过度工具化,脱离了儿童本位与儿童最大利益原则,则显然也是值得商榷的。

在这场微博打拐运动中,儿童被假设为纯粹的、没有自主性的受害群体,甚至连儿童是否有乞讨的权利也没有认真地讨论过。一个浅显的道理是儿童乞讨并不完全是被胁迫、诱骗,还可能因为生存、自救而为之,甚至只不过是底层民众的一种生存方式。从某种程度上说,一个贫困家庭的孩子随父母在街头乞讨与一个富二代从小随父母经商其实并没有本质的区别。微博打拐运动折射出了我国儿童保护机制的第三大弊端——儿童(尤其是底层儿童)的自主性、独立意识得不到应有尊重。必须承认,儿童是不成熟的个体,但儿童是与成人本质不同的独立个体,而并非单纯的没有独立意识的个体。对于儿童的意见、参与权、自主权等也应当给予相应的尊重,而不能在"保护儿童"的名义下视而不见。除了此次微博打拐运动外,类似的例子随处可见,例如有关儿童的立法往往成了纯粹的成人立法,儿童被假设为不够成熟,其意见和参与的权利基本上不被重视和尊重。即便儿童的意见被点缀性地听取,被选择的儿童也往往是优秀儿童,例如《广东省预防未成年人犯罪条例》的立法过程就体现了这样的特点。

我国儿童保护机制的第四大弊端是儿童优先、儿童神圣的观念尚未成为一种社会共识,更未成为有关儿童行动所遵循的基本准则。我国有着恤幼的儒家传统,但是却缺乏儿童优先、儿童神圣的文化。尽管不乏"为了孩子"的口号,但在功利主义的目的下儿童利益往往被忽视。例如在此次微博打拐事件中,一些地方政府的本能反应是清理街头儿童避免其影响城市形象。再如在三鹿奶粉事件善后处理过程中,儿童的利益显然被让位于奶业复兴、维稳等功利化的需求。在我看来,这是我国儿童保护机制最大的弊端,也是最难以克服的弊端。也正因为如此,近些年来我国儿童群体性受害事件层出不穷,但是没有一次事件成为撬动我国儿童保护机制变革的契机。相反,公众似乎正逐步陷于习以为常的麻木之中。

从三鹿奶粉事件,幼儿园屠童事件,再到微博打拐事件,我们发现尽管参与儿童保护讨论与行动的机构与个人很多,但在任何一次儿童权利危机事件中始终都缺乏持续且强有力的机构作为儿童利益的代言人,这是我国儿童保护机制的第五大弊端。儿童被排

---

〔1〕 〔美〕大卫·白金汉:《童年之死:在电子媒体时代下长大的孩童》,杨雅婷译,巨流图书公司 2003 年版,第 12 页。

斥于成人社会之外，没有政治权利，也没有就业、参与社会管理等权利，同时还被假设为不成熟的需要保护的群体。相对妇女、老人等弱势群体而言，儿童更需要稳定且强有力的利益代言人。早在1991年，《未成年人保护法》即确立了儿童保护的共同责任原则，这一原则起到了强调各相关主体、个人均应担负儿童保护责任的作用，但是在众多责任主体中也应当确立或者组建首要主体与责任人，否则儿童权利缺乏持续且强有力代言人的局面将难以改变。

三、呼吁未成年人保护机制的变革

最近一些年我国连续发生了多起影响恶劣的儿童群体性受害事件，尽管每一事件都能引起社会的强烈反响，但是在喧嚣后儿童受害事件却依然频发甚至愈演愈烈。例如早在2004年安徽阜阳即曝光了劣质奶粉致大头娃娃事件，2008年更为恶性的"三鹿奶粉事件"被揭露，数十万婴儿受害。再如早在2004年全国就连续发生多起侵入幼儿园杀害学生案，2010年福建南平等地又连续发生多起震惊全国的中小学幼儿园血案……令人痛心的是儿童群体性受害事件循环往复，始终没有能够得到有效解决。透过微博打拐运动可以发现，我国目前的儿童保护机制尚处于主要依靠情绪而非理性的初级阶段，它再次提醒我们，如果不对滞后的儿童保护机制进行变革，儿童群体性受害的恶性循环就难以避免：

一是应当更新儿童观，倡导儿童优先、儿童神圣的理念，将儿童最大利益原则确立为涉及儿童事项所应遵循的基本原则。联合国《儿童权利公约》第3条第1款规定："关于儿童的一切行为，不论是由公私社会福利机构、法院、行政当局或立法机构执行，均应以儿童的最大利益为一种首要考虑"，此即儿童保护所应遵循的最大利益原则。2006年我国新修订的《未成年人保护法》第3条规定了儿童特殊、优先保护原则，但儿童优先并不能完整表达儿童最大利益原则的内涵，建议在下一次《未成年人保护法》的修订中明确确立儿童最大利益原则。宋庆龄有句名言："一切为了孩子，为了孩子的一切，为了一切的孩子"，这是儿童最大利益原则的生动阐述。儿童最大利益原则的切实践行需要的不仅仅是宣传性的口号，更需要营造一种"一切为了孩子，为了孩子的一切，为了一切的孩子"的文化氛围，同时还需要立法和司法的保障，将儿童确立为违法犯罪的"高压线"，给予那些违背儿童最大利益原则、侵犯儿童权益行为以最严厉的惩罚。

二是应当将国家亲权理论作为建构儿童福利制度的理论基础，强化政府在儿童保护中的责任，完善儿童福利制度。国家亲权理论是发达国家建立儿童福利制度的重要理论基础，其基本含义有三：首先，认为国家居于未成年人最终监护人的地位，负有保护儿童的职责，并应当积极行使这一职责；其次，强调国家亲权高于父母的亲权，即便儿童的父母健在，但是如果缺乏保护子女的能力以及不履行或者不适当履行监护其子女职责的时候，国家可以超越父母的亲权而对儿童进行强制性干预和保护；再次，主张国家在充任儿童"父母"时，应当为了孩子的利益行事（in the interests of the child），即应以孩子的福利为本位。[1] 根据国家亲权理论的要求，我国应当完善现行儿童福利制度，尤其是应将狭义的儿童福利制度发展为广义的儿童福利制度，不仅仅为孤残儿童提供福利保障，还应致力于为所有儿童的生存、发展提供福利保障。

三是应当在政府内建立儿童保护专门机构。在政府设立独立的儿童保护专门机构是国外的通行做法，例如早在1909年美国就在联邦政府内设立了儿童局，印度则在1985年即成立了妇女与儿童发展司，日本也在政府部门设立有儿童和家庭局。我国目前具有儿童保护职责的机构很多，包括妇女儿童权益协调机构——妇儿委，政府职能机构——民政、教育部门，以及群众性组织——共青团、妇联等，但是儿童保护职能是分散的，政府中始终缺乏保护儿童权益的统一、专门机构，儿童始终缺乏持续且强有力的利益代言人，这种状况急需改变。建议将分散于妇儿委、民政、共青团、妇联等部门、组织中的儿童保护职能整合为一体，在政府序列中建立独立的儿童保护机构。

四是应当建立健全儿童保护法律体系。儿童保护需要系统性法律的保障，尽管我国已经制定了《未成年人保护法》、《义务教育法》、《预防未成年人犯罪法》三大儿童保护的基本法典，但是儿童保护法律体系的基本框架尚未形成，当前应当首先抓紧制定《儿童福利法》、《少年司法法》这两部儿童法律体系的支柱型法典，建成儿童保护法律体系的基本框架，同时还应当注重采取专项立法的形式，不断促进我国儿童保护法律体系的完善。

五是应当注重儿童保护社会力量的培育和引导。社会保护是对政府保护的补充、监督和推动，这是国外儿童保护的成功经验。例如，各国在政府部门设置儿童保护专门机构、建立专门的少年法院、出台儿童保护的专门立法等均得益于兴起于民间的拯救儿童运动的影响。在我国，目前儿童保护社会力量的发育尚不成熟，政府应当积极加强扶持、鼓励和引导。

四、结语

微博打拐在兴起之初实际上就已经"异化"为微博打乞，"全面禁止儿童乞讨"的倡议缺乏对儿童权利的应有尊重。对于强迫型和牟利型儿童乞讨现象当然应当严厉禁止，包括对情节极为恶劣者适用死刑、剥夺监护权等方式，但是对于自救型乞讨，显然难以也不应当采取严禁的立场。如果不对滞后的儿童保护机制进行变革，儿童群体性受害的恶性循环就难以避免。

有效的儿童保护机制是社会转型的稳压器，完善儿童保护机制不仅仅是儿童保护的需要，也是平稳完成社会转型、维系社会稳定、有序发展的需要，期待微博打拐能够成为我国儿童保护机制变革的契机。

（载《东方法学》2011年第2期）

---

[1]　姚建龙："国家亲权理论与少年司法"，载《法学杂志》2008年第3期。

第三十章

医院内滞留儿童调查与对策建议

"医院内滞留儿童"[1]是指患儿的家属以各种理由拒办出院手续和拒付医疗费，被长期滞留在医院的患儿，它与弃婴和孤儿有所不同。根据民政部 2001 年发布实施的《儿童社会福利机构基本规范》中对相关术语的界定，弃婴是指查不到生父母的 1 周岁以内的儿童；孤儿则是指失去父母的未成年人。此外，根据相关规定，目前上海市的儿童福利机构主要承担弃婴的养护、保健、康复、教育等工作；上海市儿童看护中心则主要是接收本市范围发现的疑似弃儿（1 周岁以上 14 周岁以下），为其提供临时生活照料。而医院内滞留儿童作为一个特殊的群体有其独特的特点，即其父母明确但不履行监护职责，因此既不属于弃婴，也不属于孤儿，难以纳入国家民政救济儿童范围之中。

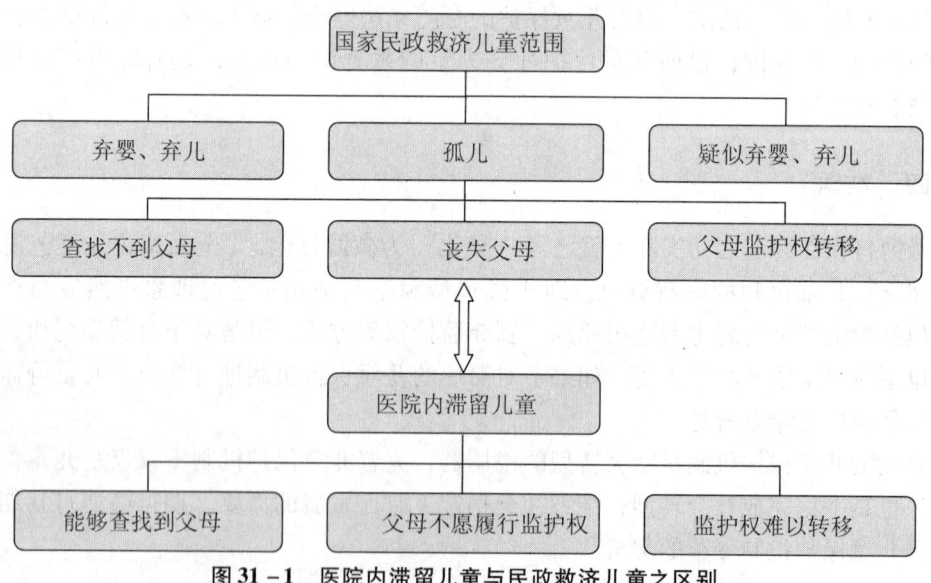

图 31-1 医院内滞留儿童与民政救济儿童之区别

2013 年 5 月，上海市人大代表唐曙建向上海市民政局提出有关《尽快研究解决医院内弃婴问题的意见》，并且在意见中指出滞留在医院的滞留儿童主要是由于这些孩子的父

---

[1] 也曾经使用"弃婴"、"疑婴"、"医院内困境儿童"等概念。

母以各种理由拒办出院手续或拒付医疗费，而将这些孩子长期滞留在医院中。这一方面影响到了医院正常的医疗秩序，另一方面对于这些孩子以后的成长与教育都有着很多不利的影响。

为此，上海市民政局给予了回应，并指出由于相关制度的空白，医院内滞留儿童问题难以纳入到现有的民政救济体系中解决，同时提出建议由卫生局牵头，对全市类似情况进行全面调研，形成调研报告。在此背景下，上海市妇联在刘琪副主席和郑珊副主席的组织协调下，与上海政法学院联合成立课题组深入开展调查研究，并形成了初步调研报告。在调研过程中，课题组得到了上海市各区医院尤其是儿科医院、新华医院、儿童医院、儿童医学中心的大力支持，特致谢意，并特别要感谢上海市卫生局妇幼处为调研问卷的发放与回收所提供的关键性支持。

一、上海市医院内滞留儿童问题现状

为了全面了解和摸清上海市各类医院中的滞留儿童实际状况，以更有针对性地解决医院内滞留儿童问题，更为有效地保护好未成年人，课题组专门设计了一套数据收集方案，向上海市所有具有儿童收治或接生资质的医院收集 2009 年到 2013 年这五年中的滞留儿童的信息。在市妇联的指导下，在市卫生局及医疗机构的帮助下，经过两次摸排，六个多月的努力，完成数据信息收集工作，并以此为基础形成了数据调查报告。[1]

从整体情况来看，对医院滞留儿童数据信息收集大致分为两类：一类为滞留儿童所在医院的基本情况，包括性质、等级和所在区县等；另一类为滞留儿童状况，包括滞留儿童数量、年龄、性别、健康状况、滞留时间的跨度、遗弃原因、最终流向等相关信息。调研主要通过摸排调研和座谈调研两种方式进行。摸排调查分为两个阶段，并与座谈调研交叉进行，以确保数据的准确性和解决问题的针对性。从信息搜集的总体状况来看，在摸排的第一阶段，课题组共向上海市 17 个区县近 80 家医院收集近五年的弃婴信息，其中有弃婴的医院有 24 家，共 1289 例弃婴，其他医院则无弃婴申报。后经座谈和深入摸排发现，医院弃婴包括两部分，一部分为法定可以为民政收养的弃婴，一部分为缺乏救济手段的滞留儿童。而我们课题初衷是想为滞留儿童寻求出路。因此，课题组又对有弃婴的 24 家医院进行重新摸排，最后确定 8 个区县有滞留儿童（具体区县分布如图 31 -2），共 10 个医院。上海滞留儿童状况摸排清楚。

---

〔1〕　需要说明的是，由于在对家庭背景的调查中，各医院对 99% 的家庭背景中的所有信息表示不清楚。这表明医院对婴幼儿患者家庭信息存在普遍不关心、不了解状态，这也使得医院在应对弃婴或者滞留婴儿问题时，缺乏有效信息和有效抓手。另一方面，由于 1% 家庭背景信息基本不具有统计意义，因此，本报告不对家庭信息做统计分析。

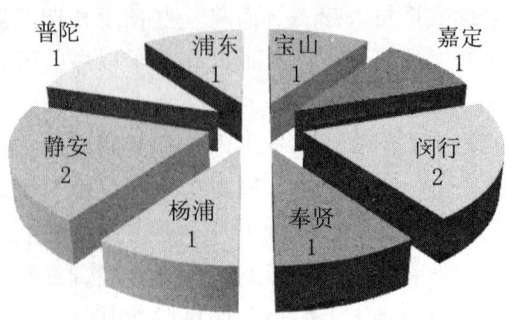

图 31 - 2　上海市八区县滞留儿童分布图

从医院的性质来看，滞留儿童主要发生在综合医院。具体而言，在有滞留儿童的 10 家医院中，妇幼保健院有两个；综合医院有 5 个；儿科专科医院有 2 个；其他医院有 1 个。

	Frequency	Percent	Valid Percent	Cumulative Percent
妇幼保健院	2	20.0	20.0	20.0
综合医院	5	50.0	50.0	70.0
其他医院	1	10.0	10.0	80.0
儿科专科医院	2	20.0	20.0	100.0
合计	10	100.0	100.0	

从有滞留儿童的医院等级来看，全部发生在区县和市级医院，乡镇街道层面的医院没有滞留儿童案例。具体来说，三级医院有 7 家，二级医院有 2 家，其他有 1 家。

	Frequency	Percent	Valid Percent	Cumulative Percent
三级	7	70.0	70.0	70.0
二级	2	20.0	20.0	90.0
其他	1	10.0	10.0	100.0
合计	10	100.0	100.0	

具体而言：

第一，上海市医院内滞留儿童人群整体数量大，分布广。通过对上海市所有医院进行摸底，包括市级、区县级和乡镇街道等具有收治和生育资质的医院，共收集上海市 17 个区、县近 80 家医院数据，其中有遗弃婴幼儿（含滞留儿童）的医院有 24 家，其他医院无弃婴。仅 24 家医院内弃婴（含滞留儿童）数量总和就达到 1289 人，中位数为 24 人，医院弃婴（含滞留儿童）的数量从最小值 1 人到最大值 478 人不等分布，平均每家医院就有大约 54 个弃婴（含滞留儿童）存在。

　　仅就医院内滞留儿童这一部分群体而言，在 144 例弃婴中，能找到父母的有 38 例，这部分儿童属于医院内滞留儿童的范畴。父母不明确的 96 例被民政收养，死亡 5 例，转至其他医院的有 1 例。而在 38 例滞留儿童中，送还父母的有 28 例，依然滞留医院的有 10 例。

　　从 38 名滞留儿童的户籍状况看，弃婴中父母双方或一方为上海户籍的有 14 例，弃婴父母都为外地户籍的有 24 例，其余的都是户籍身份难以查找和确认的弃婴。而在 10 名仍然滞留医院的滞留儿童中，有 4 人父母双方或一方为上海户籍。如果考虑到统计黑数的存在，实际人数可能更大。由此可见上海市医院内滞留儿童是具有一定普遍性的现象，同时也反映出了关注这个群体的必要性。

　　第二，滞留原因与性别歧视无关，与儿童身体健康状况有关。从此次的调研数据显示，上海市滞留儿童的身体状况中残疾或有缺陷的孩子最多，比例为 76.59%，一般疾病的滞留儿童比例大幅减少到 9.09%，重症或危重症紧随其后，比例为 7.20%，健康的滞留儿童比例与重症或危重症比例大致不相上下，比例为 6.14%，而手术患者最少，比例仅为 0.98%。（具体分布情况详见图 31-3）对医院滞留儿童性别数据进行分析可以发现，男孩比例稍微高于女孩，比例分别为 55.06%、44.94%，由此可见性别并不是儿童被滞留的主要原因。

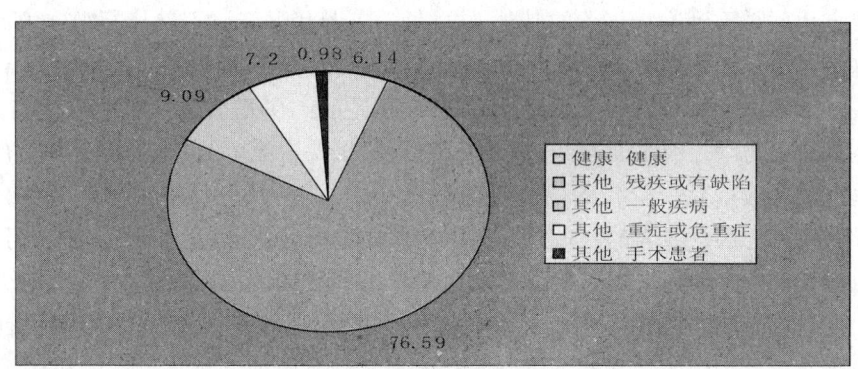

图 31-3　医院困境儿童身体状况比例图

　　患病或残疾儿童的照料给医院带来了沉重的经济负担。从调研所得的数据显示，医院在滞留儿童滞留过程中，开支负担共计 11 634 280 元。其中，由儿童家属支付的有 39 970 元，占所有经费支出的 0.3%；医院支付的有 2 368 914 元，占所有经费支出的 20.4%；政府支付 8 137 293 元，占所有经费支出的 69.9%；而救济基金支付 141 200 元，占所有经费支出的 1.2%。其中，两家医院总体医疗和护理费用高达 246 万余元，儿童家属支付的仅占总支出的 2.85%；社会救济占总支出的 5.28%，其余所有经费均由医院和政府承担。巨额的医疗费用造成医院财政流转困难，给医院的正常医疗秩序和设备更新带来了巨大的压力。

　　第三，儿童长期滞留医院，其正常的生长环境和教育环境难以得到保障。儿童成长需要来自父母、亲人乃至社会的共同支持和关爱，其心智走向成熟需要获得正常的人际交往、社会互动和自然熏陶。但是，医院作为医疗场所，不能为儿童提供所必需的成长环境。因此，儿童长期困于医院，其身心成长必会造成不可逆转的严重损害，此外，由于滞留儿童往往年龄不一且共处一室，存在年长儿童对年幼、疾病儿童造成严重伤害甚至死亡的潜在风险。

对于长期滞留在医院的滞留儿童来说，他们还将面临无法同正常的适龄儿童一样接受正规教育的问题。由于他们的父母或监护人将他们遗弃在医院中，而医院又不具备送养资格，所以这些滞留儿童的户籍问题就会一直得不到解决，进而导致这些适龄的医院内滞留儿童失去同其他孩子一样接受正常的教育机会。

二、父母不管、医院难顾、民政不收：医院滞留儿童问题的困局

第一，医院内滞留儿童主要是由于其父母不愿履行其监护职责、承担抚养义务造成的。医院与父母联系断裂导致了医院内儿童最终陷入"无人管、无法管"的困境。失联父母有两个方面的原因：一方面，一部分父母是被动失去联络。如因父母双方或一方犯罪，无法尽到抚养教育义务。根据调查发现，部分滞留儿童长期滞留在医院中并不是因为受到父母或监护人的遗弃，而是由于其父母因为犯罪在押而无法尽到抚养义务，还有的是因为父母贩毒在逃，而被遗弃在医院里无人照料。根据调研结果显示：这种情况占被遗弃原因的0.65%。因此，在现实中，这些医院内滞留儿童的父母无法履行其抚养义务，而院方也联系不到这些孩子的其他监护人（或者其近亲属不愿履行监护义务），最终导致这些孩子长期滞留在医院内。另一方面，父母主动断开与医院的联系。出现这种情况主要是因为医疗纠纷所触发的。据调查研究显示：在儿童医院滞留的6名儿童中，有1名儿童是因为医疗纠纷而遭到遗弃的；在儿科医院中滞留的20名儿童中，有5名儿童是因医疗纠纷被遗弃；在1289个医院困境儿童中，就有39个是因为医疗纠纷或无力支付医疗费用的原因被遗弃的，占遗弃原因的2.84%。由此，医疗纠纷同样是引发滞留儿童现象产生的一个原因。当这种情况产生时，一些婴幼儿的父母便将这些婴幼儿留在医院中，要求院方以赔偿或照顾小孩来承担责任[1]。医疗纠纷问题难以得到有效快速地解决，这不仅影响医院日常的工作，而且也为父母或监护人将孩子滞留在医院中留下了借口。

此外，公安机关将医院内滞留儿童问题民事化处理，导致对滞留儿童父母缺乏强制性约束力。在发生儿童滞留医院问题时，公安机关倾向于将之作为医疗机构与患者之间的民事矛盾或医疗纠纷，故而采取协调或调解的方式解决问题。但是，根据《治安管理处罚法》第45条规定，遗弃没有独立生活能力的被抚养人的，处五日以下拘留或者警告。《刑法》第261条遗弃罪规定，对于年老、年幼、患病或者其他没有独立生活能力的人，负有扶养义务而拒绝扶养，情节恶劣的行为，处五年以下有期徒刑、拘役或者管制。此外，《未成年人保护法》、《残疾人保护法》、《收养法》等一系列法律也均有相关规定。然而就目前情况来看，公安机关没有充分用足或用活相关立法，在客观上纵容了

---

〔1〕 邢凯慧、薄涛："弃婴引发的思考"，载《医学与哲学》2012年总第458期。

一部分责任心不强的父母，将子女遗留医院逃避自己应尽的监护职责。

第二，医院作为医疗机构不具备救济滞留儿童的适当条件。儿童长期滞留在医院中影响医院的正常工作的运行，同时不利于医院正常的医疗秩序。因此，困境儿童在医院中完成医学方面的治疗程序，具备出院指征后，就应及时移出并进入适当的教养机构。

第三，监护权障碍导致滞留儿童不符合民政救济的收养标准。根据《收养法》第五条的规定，只有监护人、社会福利机构和有特殊困难无力抚养子女的生父母才有送养资格。滞留儿童父母明确，但既不放弃监护权，也不适当履行监护权。由于《未成年人保护法》规定抽象，导致滞留儿童监护权无法有效转移。我国《未成年人保护法》第53条规定："父母不履行监护职责或者侵害被监护的未成年人的合法权益，经教育不改的，人民法院可以根据有关人员或者有关单位的申请，撤销其监护人的资格，依法另行指定监护人。"同时，《民法通则》第18条规定，父母监护权撤销的前提条件是，父母不履行监护职责或者侵害被监护人的合法权益。从表面上看，我国在监护权剥夺和转移制度上已经有相关的法律依据，但是由于立法过于抽象，到目前为止，国内尚未有此类判例。这其中既有撤销监护权之诉提起主体不明确的原因也有对不履行"监护职责"解释不具体导致难以操作的因素。因此，一旦滞留儿童父母不主动放弃对滞留儿童的监护权，相关政府部门就难以介入并提供相应的救济。

同时，根据上海市政府法制办2004年2号文的规定，上海市儿童临时看护中心主要接收本市范围内发现的疑似弃儿（1周岁以上14周岁以下），并提供临时生活照料。但是，医院内滞留儿童大多为1周岁以下，小于6个月的占最大比例约为56.48%，超过了总数的50%，6~12个月、1~2岁、2~3岁困境儿童比例则依次减少，比例分别约为15.52%、12.49%、7.45%，加之滞留儿童父母明确，难以认定为是弃儿，因此，医院内滞留儿童也不属于上海市儿童临时看护中心的接收范围，难以得到有效安置。

三、解决医院内滞留儿童问题的对策与建议

第一，高度重视，统一认识。医院滞留儿童问题不仅是医院所面临的难题，更是政府乃至全社会所应当承担的责任。从根本上分析，医院滞留儿童问题的解决关键在于克服"监护权"的障碍。正是由于父母"监护权转移或者强制剥夺"制度的缺失，导致儿童因父母不适当履行监护权而置于困难乃至危险的境地。也正是由于监护权转移的困难，国家救济难以覆盖到医院滞留儿童群体，形成国家福利救济的"死角"。一言以蔽之，我们急需以国家亲权来接管父母亲权的失位。

所谓国家亲权即认为国家是儿童的最终监护人，且高于父母亲权，当父母不能（如死亡、丧失民事行为能力等）、不宜（如失职、侵犯子女权益等）承担监护职责的时候，国家可以也有责任进行干预，进而扮演"父母"的角色以保护儿童。[1]发达国家都有国家亲权介入的实践，为贯彻《儿童权利公约》规定的"儿童最大利益原则"，许多国家立法明确主张国家才是儿童的最终监护人，如果父母不能监护好孩子，国家有权力也

---

〔1〕 参见姚建龙："国家亲权理论与少年司法"，载《法学杂志》2008年第3期。

有责任接管父母的监护权。所以，国家亲权是国家的权力，同时也是未成年子女的权利。中国也是《儿童权利公约》的签字国，因此，无论从理论上还是法律依据上，我国都具有监护权剥夺制度的法理基础与实施条件。

第二，妥善规划，分步实施。为保证医院内滞留儿童问题的及时解决，同时又保证决策的现实性、稳定性和有效性，未来应分步骤、分人群的逐步探索和试点方案：

1. 尽快将具备出院指征的滞留儿童移出医院，送至合适福利机构临时收养。可以考虑修改上海市政府法制办 2008 年 2 号文的规定，扩大上海市儿童临时看护中心收养范围。根据现行上海市政府法制办 2008 年 2 号文的规定，上海市儿童临时看护中心主要接收本市范围内发现的疑似弃儿，且年龄限制在 1 周岁以上 14 周岁以下。为有效覆盖医院内滞留儿童群体，建议修改相关立法，扩大上海市儿童临时看护中心临时看护儿童的范围，明确将滞留儿童纳入临时看护的对象。

2. 考虑到现实情况和地区差异，本地民政机构宜解决本地户籍滞留儿童问题，待条件成熟可以再拓展至来沪滞留儿童。对于户籍滞留儿童，经公安机关调查并出具相关证明后，区分不同情况，对医院内滞留儿童进行分流安置：经寻亲公告程序，无法找寻父母的滞留儿童，公安机关配合医院直接送民政部门作为弃婴收养；沪籍儿童经法院确权，剥夺其父母监护权的，公安机关配合医院送往上海市儿童临时看护中心抚养；非沪籍儿童，公安机关出具生活无着证明的，可以首先考虑由医院所在区公安机关送至父母原籍或父母一方原籍所在地救助站抚养。

3. 从长远来看，要从根本上解决上海市医院内滞留儿童的问题，必须尽快由市政府法制办制定《上海市医院内滞留儿童救助办法》。进一步而言，医院内滞留儿童作为困境儿童群体的组成部分，在监护权强制剥夺制度建立后，还应考虑制定困境儿童群体的相关救助办法。

第三，明确职责，分工配合。未成年人保护工作在任何时候都是一个系统的社会工程，需要各相关职能机构、部门的相互配合与支持，形成严密的未成年人保护系统。在医院内滞留儿童的问题上，需要明确相关各方职责：

1. 医院应当承担必要的医疗救治职责。医院应当本着救死扶伤的宗旨对医院内滞留儿童中患有疾病、严重疾病或残疾的群体提供必要的医疗救治手段和条件；

2. 上海市儿童临时看护中心应当为滞留儿童提供临时看护场所。在具备出院指征后，滞留儿童应及时从医院移送至上海市儿童临时看护中心进行临时的抚养；

3. 公安机关应当履行对医院内滞留儿童身份的调查和确认职责。公安机关应主动配合医院，对滞留儿童身份进行详细的调查和确认，帮助滞留儿童有效地从医院内分流。具体可以分为以下四种情况：经寻亲公告程序，无法确认监护人的，公安机关应该出具弃婴证明；能够确认父母的医院内滞留儿童，由公安机关通知父母接返儿童。拒不接返的，公安机关应根据《治安管理处罚法》第 45 条规定，给予警告或 5 日以下拘留处罚。对于情节严重符合法定条件的，应以遗弃罪立案，坚决追究恶意遗弃父母的刑事责任。

4. 检察机关、人民法院、妇联、民政、青少年保护部门等应联合攻坚，通过个案试点的方式，激活《未成年人保护法》第 53 条规定，探索监护权剥夺与转移的模式。例如，可以考虑由检察机关作为剥夺监护之诉的提起主体，人民法院依法判决剥夺监护权另行指定监护人。也可以考虑由妇联、青少年保护部门或者民政部门作为提起剥夺监护权之诉的主体。

最高人民法院、最高人民检察院、民政部等已明确表示年内将推出未成年人监护行政监督与司法裁判的对接机制，这一机制的核心内容是通过法律程序剥夺对严重侵害未成年人权益的监护人的监护资格。上海可以也应当先积极探索，先行一步。

（本章系本人主持的上海市妇联委托课题研究成果，主要执笔者还有上海政法学院副教授蔡一军、西南政法大学副教授张善根、上海政法学院副教授王娜、《青少年犯罪问题》杂志编辑田相夏等）

第三十一章

披露未成年犯罪人身份信息之法律禁止

禁止披露未成年犯罪人身份信息是国际儿童法的一项重要准则。尽管主流观点与实践并不将身份信息视为犯罪人隐私权保护的范围，但是未成年犯罪人身份信息保密制度的设置却做了例外性的努力，扩充了犯罪人隐私权保护的范围。这是《儿童权利公约》所确立的"儿童最大利益原则"和我国《未成年人保护法》所规定的未成年人特别、优先保护原则的体现，也是一种基于未成年人犯罪刑事政策角度的考虑。我国关于禁止披露未成年犯罪人身份信息的制度设计存在诸多模糊与疏漏之处，应借修订《刑事诉讼法》的机会，将《未成年人保护法》的原则性规定予以完善和细化。

一、制度渊源与我国立法的发展

禁止披露未成年犯罪人[1]身份信息是未成年人保护与少年司法的一项重要国际准则。联合国第96次全体会议于1985年11月通过的《联合国少年司法最低限度标准规则》（即《北京规则》）第8条规定："应在各个阶段尊重未成年犯享有隐私的权利，以避免由于不适当的宣传或加以点名而对其造成伤害"，"原则上不应公布可能会导致使人认出某一未成年犯的资料"。

尽管《北京规则》没有明确将传媒列为限制公开未成年犯资料的主体，但由于媒体是信息传播的最主要载体，这一限制性规定实际上将媒体作为了主要的规制对象。各国少年法也大都将限制披露未成年人犯罪案件信息作为新闻自由的例外以及媒体从业人员的一项重要职业守则。例如澳大利亚《青少年罪犯法》（2004年12月）第65条规定："在涉及某青少年的案件被最终处理之前或之后，均不得公开或传播依照本法被处置的该青少年的姓名，或可识别该青少年身份的任何信息。"日本《少年法》第61条规定："对于交付过家庭法院审判的少年或者少年因为犯罪而被提起公诉者，不得在报纸及其他印刷品上刊载，通过其姓名、年龄、职业、容貌等信息可以推断该案件与本人有关的报道或者照片。"我国台湾地区《少年事件处理法》第83条亦规定："任何人不得于媒体、信息或以其他公示方式揭示有关少年保护事件或少年刑事案件之记事或照片，使阅

---

[1] 从刑事司法进程的角度看，如无特别说明，本文所称"犯罪人"是犯罪嫌疑人、被告人、罪犯和刑满释放人员的统称。

者由该项资料足以知悉其人为该保护事件受调查、审理之少年或该刑事案件之被告。"

　　1991 年 9 月全国人大常委会通过的《未成年人保护法》首次将《北京规则》关于不应公布可能会导致使人认出某一未成年犯资料的要求转化为了我国国内法的规定，并且明确将媒体作为了主要的规制对象。该法第 42 条第 2 条规定："对未成年人犯罪案件，在判决前，新闻报道、影视节目、公开出版物不得披露该未成年人的姓名、住所、照片及可能推断出该未成年人的资料。"尽管上述规定对于防止未成年犯罪人受到媒体对其罪案报道产生负面影响发挥了重要的作用，但其不完善之处也十分明显。其中引起争议最激烈的是对立法将禁止披露未成年人身份信息的时间节点设置在"判决前"。这种披露未成年人身份信息时间节点的设置违反了《北京规则》关于应在各个阶段尊重未成年犯享有隐私权的规定，也使得这一制度设计的初衷大打折扣。因为即便在判决后才披露未成年人犯罪人的身份信息，仍然可能会给该未成年人贴上"犯罪人"的社会标签，仍会对其矫正和复归社会造成十分不利的影响。

　　针对上述不足，许多省市地方未成年人保护立法均放松或者取消了时间节点的限制。前者如《安徽省未成年人保护条例》(1994) 要求"对判决后的未成年人犯罪案件和裁决后的违法案件，新闻报道、影视节目、公开出版物在披露案件时应当充分照顾未成年人的心理特点，非经未成年人保护委员会同意，不得披露其姓名、住所、照片以及可能推断出该未成年人的资料"（第 33 条）。后者如《福建省实施〈中华人民共和国未成年人保护法〉办法》(1994) 规定"新闻报道、影视节目、公开出版物，不得披露违法犯罪未成年人的姓名、肖像、住所和单位"（第 38 条）。这样的做法收到了很好的效果，也为全国立法的完善提供了借鉴。1999 年 6 月全国人大常委会通过的《预防未成年人犯罪法》在吸收实践和地方立法经验的基础上，完善了限制媒体披露未成年人罪案信息的规定。该法第 45 条第 3 款规定"对未成年人犯罪案件，新闻报道、影视节目、公开出版物不得披露该未成年人的姓名、住所、照片及可能推断出该未成年人的资料"，这一规定取消了披露时间节点的限制。

　　另一个争议焦点是批评《未成年人保护法》仅仅对披露未成年人犯罪案件信息做出了禁止性规定，但却没有限制披露未成年人违法案件的信息，对未成年人的保护力度不够。一些地方未成年人保护法规做出了将禁止媒体披露的信息范围扩充到未成年人违法案件的探索。前引安徽省、福建省以及其他许多省市的地方未成年人保护法规即做出了这样的扩充。不过，这种做法却并没有得到全国立法的支持，《预防未成年人犯罪法》和 2006 年修订后的《未成年人保护法》仍然仅禁止披露未成年人犯罪案件的信息。

　　与《未成年人保护法》、《预防未成年人犯罪法》的规定相衔接，公安部、最高人民检察院、最高人民法院也在其关于办理未成年人案件的规定中明确不得披露未成年犯罪人身份信息。例如，《公安机关办理未成年人违法犯罪案件的规定》第 5 条规定："办理未成年人违法犯罪案件，应当保护未成年人的名誉，不得公开披露涉案未成年人的姓名、住所和影像。"最高人民检察院颁布的《人民检察院办理未成年人刑事案件的规定》第 4 条规定："人民检察院办理未成年人刑事案件，应当注意保护涉案未成年人的名誉。不得公开或者传播该未成年人的姓名、住所、照片及可能推断出该未成年人的资料。"

最高人民法院《关于审理未成年人刑事案件的若干规定》第 13 条规定："未成年人刑事案件判决前，审判人员不得向外界披露该未成年人的姓名、住所、照片及可能推断出该未成年人的资料。未成年人刑事案件的诉讼案卷材料，除依法查阅、摘抄、复制以外，未经本院院长批准，不得查询和摘录，并不得公开和传播。"由于公检法机关是媒体获得未成年人犯罪案件信息的重要来源，这些对于司法机关披露未成年犯罪人身份信息的禁止性规定，对于落实《未成年人保护法》、《预防未成年人犯罪法》的要求起到了重要的作用。不过，这些规定实际仍然维持了"判决前"这一披露时间点的设置。

2006 年 12 月全国人大通过了修订后的《未成年人保护法》（自 2007 年 6 月 1 日起正式实施）。新《未成年人保护法》对我国限制媒体披露未成年犯罪人信息的制度做了进一步地完善。该法以一个独立法条（第 58 条）的形式规定："对未成年人犯罪案件，新闻报道、影视节目、公开出版物、网络等不得披露该未成年人的姓名、住所、照片、图像以及可能推断出该未成年人的资料。"新的《未成年人保护法》肯定了《预防未成年人犯罪法》取消仅在判决前禁止披露未成年犯罪人身份信息的规定，并且将限制披露的主体进一步扩大到了网络这一新兴媒体。

根据《未成年人保护法》、《预防未成年人犯罪法》等的规定，可以将我国现行禁止媒体披露未成年犯罪人身份信息制度概括为如下基本内容：（1）对于未成年人触法案件的信息披露限制是指未成年人刑事犯罪案件，而不包括未成年人违法及其他不良行为案件。[1]（2）受约束的对象主要包括"新闻报道、影视节目、公开出版物、网络等"。值得注意的是新修订的《未成年人保护法》在增加了"网络"这一新兴媒体后，还使用了"等"的表达方式，即还可将其他未列举的媒体包括在内。如果随着传媒技术的发展，出现了其他媒体形式，也要受到未成年人罪案信息披露限制制度的约束。由于司法机关也是未成年犯罪人身份信息的主要掌握者和媒体获取未成年犯罪人信息的主要渠道，因此司法机关也被禁止向外界，特别是媒体披露未成年犯罪人的身份信息。（3）禁止披露的内容不仅仅包括犯罪未成年人的姓名、住所、照片、图像，还包括其他任何可能推断出该未成年人的资料。（4）未成年人犯罪案件的信息披露限制制度仅仅是禁止披露未成年人罪案中犯罪未成年人的身份信息，而不是未成年人犯罪案件本身。只要媒体对未成年犯罪人的身份信息予以了保密，对于罪案本身报道、评述、分析、研究均是允许的也是合法的。[2]

二、制度设计的理论基础

禁止披露未成年犯罪人身份信息的理论基础是什么？通常所采用的观点是"隐私权说"，认为身份信息属于未成年犯罪人隐私权范围，应当予以保护。《北京规则》正是采

---

〔1〕 值得注意的是，虽然公安部颁布的《公安机关办理未成年人违法犯罪案件的规定》第 5 条规定"办理未成年人违法犯罪案件，应当保护未成年人的名誉，不得公开披露涉案未成年人的姓名、住所和影像"，但是这一规定仅仅对公安机关有约束作用。

〔2〕 当然不能违反其他有关的法律限制，例如对于性犯罪被害人的隐私保密、不得细致描写作案手法、技巧等。

用了这一立场，在第 8 条中明确将"原则上不应公布可能会导致使人认出某一未成年犯的资料"作为未成年犯隐私权保护的范畴，要求"应在各个阶段尊重未成年犯享有隐私的权利"。《儿童权利公约》要求儿童的隐私不受非法攻击，而且儿童有权享受法律的特别保护以免受这类干涉和攻击[1]，这也通常被作为禁止披露未成年犯罪人身份信息的国际儿童法依据。

不过，值得注意的是，这种认为身份信息属于未成年犯罪人隐私的立场，却是将犯罪人的身份信息排除于隐私权保护范围的主流观点和实践不一致的。这种主流观点和实践的主要理由大体可以概括为以下三点：（1）国家刑事司法权属于"正当的公共需求"[2]，犯罪人的身份信息作为隐私权保护的范围将妨碍发现犯罪和司法公开的需要，因此应当受到限制；（2）当一个人选择从事犯罪行为后，就意味着其对将身份信息作为隐私权范围的放弃，不再受隐私权的法律保护；（3）一般认为隐私是个人不愿为他人所知晓和干预的私人生活，而犯罪事件属于与公众权益密切相关的公共事件，公众应当享有对犯罪事件包括犯罪人身份信息的知情权。

我国即采用了否定犯罪人身份信息属于隐私权保护范围的立场，具体表现在以下几个方面：（1）协查、通缉等侦查措施和审判公开制度的设置实际上将犯罪嫌疑人、被告人身份信息排除于隐私权范围之外；（2）在刑罚执行过程中，罪犯身份信息也被排除于隐私权之外，例如《监狱法》第 61 条规定"教育改造罪犯，实行因人施教、分类教育、以理服人的原则，采取集体教育与个别教育相结合、狱内教育与社会教育相结合的方法"；（3）即便刑罚执行完毕，犯罪经历也将实际作为一种前科记录而存在。《刑法》甚至将这种公开作为犯罪人必须履行的一种法律义务，要求"依法受过刑事处罚的人，在入伍、就业的时候，应当如实向有关单位报告自己曾受过刑事处罚，不得隐瞒"；（4）在通常情况下媒体和司法机关对于犯罪事件包括犯罪人身份信息的披露与报道，也并不被认为是被禁止的侵权行为。

显然，如果将未成年犯罪人身份信息作为隐私权保护的范围，那么这应当属于一种对犯罪人隐私权保护范围的特别扩充。由于未成年人身心发育尚未成熟，心理承受力脆弱，容易受到外界评价的影响，如果披露了未成年犯罪人的姓名或者其他人可借以识别该未成年人身份的信息，容易对其身心健康造成伤害和十分不利的影响。正是由于未成年人与成年人之间的这种差别，因此将未成年犯罪人身份信息纳入隐私权保护的范围符合《联合国儿童权利公约》所确立的儿童最大利益原则的要求，也符合我国《未成年人保护法》所确认的"国家根据未成年人身心发展特点给予特别、优先保护"的要求。否认犯罪人身份信息属于隐私权范围的理由，均不足以对抗这种未成年人的特别、优先保护，这的确是儿童权利保护的重大进步。前述我国立法的发展，也体现了这种进步的发展过程。当然，这种未成年人保护与社会公共利益之间所客观存在的冲突应当尽力协调，那种主张将身份信息之外的其他罪案信息也纳入未成年犯罪人隐私权保护范围的观点是值得商榷的，也并没有得到各国法律的认同。

---

[1]《联合国儿童权利公约》第 12 条。
[2] 杨开湘：《刑事诉讼与隐私权保护的关系研究》，中国法制出版社 2006 年版，第 95 页。

对于未成年犯罪人身份信息予以特别的保护，也是一种基于未成年人犯罪刑事政策角度的考虑。因为如果披露未成年犯罪人的身份信息，将会给失足未成年人打上污名烙印，恶化其重新复归社会的环境，不利于未成年犯罪人的教育、矫正和回归，犯罪学研究中的"标签理论"（labeling theory）对这样一种负面性做了深刻地揭示。标签理论（labeling theory）是一组试图说明人们在初次的越轨或犯罪行为之后，为什么会继续进行越轨或犯罪行为，从而形成犯罪生涯的理论观点。标签理论的基本观点认为：一个人特别是未成年人会对其他人对自己的行为所下的定义（definitions）做出反应：如果一个孩子被称为坏孩子，而且被当作坏孩子对待，那么他会逐渐对此形成内心形象，而且按照他人对自己形象的模式定位去行为。也就是说，标签过程（labeling process）反而增强了想要抑制的那种现象。[1] 可见，虽然形成谴责犯罪人的舆论对于遏止和威慑犯罪会发挥一定的作用，但是对于未成年人犯罪而言，标签过程的负面作用要远大于其积极作用。这一理论自 20 世纪 60 年代形成以来，对各国未成年人犯罪控制制度的改革与完善产生了广泛的影响，也成为禁止披露未成年犯罪人身份信息的重要理论依据。我国《未成年人保护法》对这一制度的设置，也深受其影响。例如，全国人大内司委未成年人保护法修订起草组组织编写的《未成年人保护法学习读本》即应用标签理论解释了这一制度设置的理由。[2]

三、立法的模糊、疏漏与完善建言

虽然修订后的《未成年人保护法》对于禁止披露未成年犯罪人身份信息做出了更加完善的规定，但总的来看这一法律规定仍然是十分原则的，还存在诸多模糊与疏漏之处。

首先是对于什么是"未成年人"的理解。不得披露"未成年人"犯罪案件的身份信息到底应当根据什么标准来判断"未成年"？关于这一问题有两个争议：其一，年龄以周岁还是虚岁计算。其二，"未成年"应以哪一个阶段作为判断标准？

以周岁而非虚岁作为标准的争议容易解决，因为《未成年人保护法》对于未成年人年龄的界定均采用的是周岁。但是"未成年"是否是指犯罪人在"犯罪时"还未成年，还是指"披露时"该犯罪人未成年？如果犯罪时未成年，但是披露时该案件的未成年人已经成年，那么此时披露其身份信息是否属于违法行为？对此，《未成年人保护法》并没有明确。我认为，应当以犯罪时而非披露时为界定的标准，即虽然披露时该犯罪未成年人已经成年，仍不得披露其身份信息。理由有三：其一，如果以披露时为标准，将在许多情况下"架空"禁止披露未成年犯罪人身份信息的规定，使得对未成年人进行特别保护的制度设计初衷大打折扣；其二，也违反了此制度设计的避免对未成年犯罪人复归社会造成负面影响的目的；其三，我国对于未成年犯罪人进行特别保护的刑事政策绝大多数是以"实行时"为标准，即如果行为实行时为未成年人的即应适用对未成年人特别

---

〔1〕 姚建龙："标签理论及其对美国少年司法改革之影响"，载《犯罪研究》2007 年第 4 期。
〔2〕 参见全国人大内司委未成年人保护法修订起草组编写：《未成年人保护法学习读本》，中国民主法制出版社 2007 年版，第 239 页。

保护的刑事政策。例如，关于禁止对未成年犯罪人适用死刑的规定，并不会因为在法院判决时该未成年人已经成年就可以不适用。

与此相关的是第二个疑问。《未成年人保护法》去除了仅将信息披露限制在"判决前"的规定，这是否意味着禁止披露未成年犯罪人身份信息从判决前仅延伸到了刑事诉讼全过程，还是跃出了刑事诉讼过程而禁止在任何时候披露未成年人犯罪案件的身份信息？由全国人大内务司法委员会未成年人保护法修订起草组组织编写的《未成年人保护法学习读本》对这一问题的解释，可能最接近于立法解释。《未成年人保护法学习读本》对此修改的阐述是：媒体受限制内容的范围扩大了，"不仅是对判决前报道的限制，而且是对未成年人犯罪案件整个过程中所作报道的限制"。[1]读本的解释仍然有些模糊，不过从其文义推断，似乎支持的是仅将信息披露限制的规定适用于未成年人犯罪案件诉讼全过程的观点。表面上看，信息披露的禁止似乎没有必要无限延伸。但如果深思，这样的观点是值得商榷的。我认为，从有利于未成年犯罪人复归社会的制度设计目的角度看，不应仅仅限于未成年人犯罪诉讼过程。因为如果该犯罪人（即使已经成年）尚未矫正好，对其身份信息的媒体披露显然不利于其进一步的矫正。而如果他已经矫正好，成功复归社会了，那么更不应该对其未成年时期的失足经历过分披露，这不仅仅是巩固矫正效果的需要，也是隐私保护的要求。许多国家设置未成年人犯罪前科限制与消灭制度，正是基于这样一种考虑。

第三个问题是对于什么是"犯罪案件"的理解。根据《刑法》、《预防未成年人犯罪法》等法律的规定，在我国未成年人的触法行为包括两个基本层次：不良行为和犯罪行为。不良行为又包括两个基本类型：一般不良行为和严重不良行为；一般不良行为可分为身份不良行为[2]和轻微违反治安行政法的行为，严重不良行为可分为触法行为[3]和严重治安行政违法行为。无论是一般不良行为还是严重不良行为，其共同特点是都属于未成年人越轨或触犯法律，但是尚不构成刑事犯罪，不能给予刑罚处罚的行为。而未成年人的犯罪行为则是指违反《刑法》，具有刑事违法性、刑罚当罚性和严重社会危害性特征的行为。[4]

如果媒体披露了未成年人不良行为案件的身份信息，若仅从法律条文规定来看，这并不违反《未成年人保护法》的规定。但显然，这是违反制度设计初衷的，也将带来诸多困惑。例如，一个12岁的儿童故意杀人，由于他没有达到刑事责任年龄，将不会被法院定罪量刑，其行为仅仅构成严重不良行为中的"触法行为"，而非犯罪行为。如果按照《未成年人保护法》条文进行解释，媒体可以披露该儿童的身份信息。但同样的行为如果是由达到刑事责任年龄（例如年满17周岁）的少年实施，由于其行为构成刑事

---

〔1〕　全国人大内务司法委员会未成年人保护法修订起草组组织编写：《未成年人保护法学习读本》，中国民主法治出版社2007年版，第237页。

〔2〕　身份不良行为的特点是"成人可为，但未成年人则不可为"，例如旷课、夜不归宿、进入法律法规规定未成年人不适宜进入的营业性歌舞厅等场所等，这些行为属于《预防未成年人犯罪法》所明确规定的一般不良行为。

〔3〕　触法行为即因为不满16周岁而不予刑事处罚的行为。

〔4〕　关于未成年人不良行为和犯罪行为的分析，详见姚建龙：《少年刑法与刑法变革》，中国人民公安大学出版社2005年版，第五、六章。

犯罪，媒体对于这一案件反而不可以披露其身份。两者比较，这显然是矛盾的。同样的矛盾也可能存在于其他类型不良行为案件之中。有的同志可能会辩称，不良行为案件情节不严重，披露未成年人的身份信息对其负面影响不大。我认为，这种理解是站不住脚的。恰恰相反，披露不良行为案件未成年人的身份信息，更可能影响该未成年人的健康成长。因此，对于"未成年人犯罪案件"应做广义的理解，应当把未成年人违反刑法的禁止性规定，但因为年龄、情节等原因而不认为是犯罪的案件亦视为"未成年人犯罪案件"。当然，这仍是一种略带牵强性且仍不理想的扩张解释。最好的解决方法是修改有关法律，将信息披露禁止性规定扩充到未成年人不良行为案件。

许多国家对于非法披露未成年犯罪人身份信息的，规定了相应的法律责任，甚至构成犯罪。例如澳大利亚《青少年罪犯法》第65条规定："在涉及某青少年的案件被最终处理之前或之后，均不得公开或传播依照本法被处置的该青少年的姓名，或可识别该青少年身份的任何信息"；"如果公开或传播前款禁止公开或传播的任何青少年的姓名或任何信息的人构成犯罪。最高处罚500个罚金单位（对法人），在其他情况下，50个罚金单位或12个月的监禁，或者二者并罚"。但在我国，对于非法披露未成年犯罪人身份信息的，并没有明确规定相应的法律责任，这不能不说是一大疏漏。

从域外少年立法来看，例如德国《少年法院法》、日本《少年法》、我国台湾地区《少年事件处理法》等，完整的未成年犯罪人身份信息保密制度的内容除了媒体披露未成年人犯罪信息禁止外，还包括审判不公开制度和前科记录限制与消灭制度。由于前科记录限制与消灭制度将彻底消除未成年人犯罪时的污点，它也被视为未成年犯罪人身份信息保密制度最为关键的一个环节。遗憾的是，我国尚未建立这一制度，甚至背道而驰地在刑法中规定了前科报告制度。对于这个问题，理论界与少年司法实践部门已有关于建立未成年人犯罪前科限制与消灭制度的探索，立法机关应予以关注。

禁止披露未成年犯罪人身份信息与刑事诉讼程序有着密切的关系，《刑事诉讼法》应当完善我国未成年犯罪人身份信息保密制度。

（载《华东政法大学学报》2007年第6期）

第三十二章

支持与重建：吸毒人员未成年子女监护缺失与干预

吸毒人员未成年子女监护缺失正日益成为一个严重的社会问题，我国急需建立健全对吸毒人员未成年子女监护的社会干预机制。尽管从表面上看，我国现行法律为未成年人构建了一个完善的监护体系，但是却并不适于吸毒人员未成年子女的监护。吸毒人员具有不宜、无力、不能充任监护人的特点，针对这些特点，对吸毒人员未成年子女监护的社会干预机制应当包括支持监护与重建监护两大基本环节，对于吸毒人员的监护问题既不能无动于衷，也不能片面强调剥夺吸毒人员的监护权。

随着我国吸毒人数的增长，吸毒人员未成年子女的保护问题也日益突出。例如，2008 年上海有吸毒人员 26762 人，其中，男性 21184 人、占 79％，女性 5578 人、占 21％，男女比例约为 3.8∶1；婚姻状况：已婚男性 7273 人、女性 1789 人，有婚史但离异或丧偶的男性 4135 人、女性 968 人。吸毒人员生育子女数量暂无统计数据，但仅从对戒毒人员（强制戒毒或劳教戒毒）的调查来看，其未成年子女处于监护缺失状态的就超过 1000 人。[1]上海尚属于我国吸毒问题并不十分严重的地区，如果以此推算，全国处于监护缺失状态的吸毒人员未成年子女人数将会是一个庞大的数字。

从某种程度上说，吸毒人员未成年子女是吸毒的最直接和最密切的受害者。由于传统社会观念对于吸毒者的歧视和警惕，长期以来这一特殊群体没有得到社会的应有关注。1997 年在北京发生的吸毒人员未成年子女丢丢遭受虐待案、2003 年在成都发生的羁押吸毒女导致其三岁幼女饿死案、2006 年在重庆发生的"海洛因婴儿"被遗弃案等引起广泛舆论关注的案件都已经严重表明，对这一特殊群体的保护应当引起社会各界的高度重视。但遗憾的是，由这些个案所引发的对吸毒人员未成年子女的社会关注，均仅具有新闻效应的功能，而并未能由此引发对吸毒人员未成年子女保护常规机制的建立。

一、问题与困境

根据《民法通则》和《最高人民法院关于贯彻执行〈中华人民共和国民法通则〉若干问题的意见（试行）》（以下简称《若干意见》）的规定，监护人的监护职责包括：

---

[1]　数据由上海市禁毒办提供。

保护被监护人的身体健康、照顾被监护人的生活、对被监护人进行教育和管理、保护和管理被监护人的财产、代理进行民事活动、代理进行诉讼等。可见，尽管吸毒人员未成年子女权益保护涉及的问题广泛，但总体上是因为无人监护、无力监护等监护环节出现问题而造成的。

不过，从理论上和我国现行法律法规的条文规定来看，吸毒人员未成年子女监护缺失问题是不应出现的。《民法通则》第16条规定："未成年人的父母是未成年人的监护人。""未成年人的父母已经死亡或者没有监护能力的，由下列有监护能力的人担任监护人：（一）祖父母、外祖父母；（二）兄、姐；（三）关系亲密的其他亲属、朋友愿意承担监护责任，经未成年人的父、母的所在单位或者未成年人住所地的居民委员会、村民委员会同意的。对担任监护有争议的，由未成年人的父、母的所在单位或者未成年人住所地的居民委员会、村民委员会在近亲属中指定。对指定不服提起诉讼的，由人民法院裁决。没有第一款、第二款规定的监护人的，由未成年人的父、母的所在单位或者未成年人住所地的居民委员会、村民委员会或者民政部门担任监护人。监护人应当履行监护职责，保护被监护人的人身、财产及其他合法权益，除为被监护人的利益外，不得处理被监护人的财产。监护人依法履行监护权利，受法律保护。"《未成年人保护法》（2006年）第16条规定："父母因外出务工或者其他原因不能履行对未成年人监护职责的，应当委托有监护能力的其他成年人代为监护"；第53条规定："父母或者其他监护人不履行监护职责或者侵害被监护的未成年人的合法权益，经教育不改的，人民法院可以根据有关人员或者有关单位的申请，撤销其监护人的资格，依法另行指定监护人。被撤销监护资格的父母应当依法继续负担抚养费用。"第43条第2款规定："对孤儿、无法查明其父母或者其他监护人的以及其他生活无着的未成年人，由民政部门设立的儿童福利机构收留抚养。"

从这些规定来看，法律在表面上构建了一张紧密的法网来确保未成年人可以得到有效的监护：（1）父母是天然监护人，负有监护职责；（2）因为特殊原因不能履行监护职责时，应当委托有监护能力的其他成年人代为监护；（3）在父母死亡或没有监护能力的时候由祖父母、外祖父母等第二序位有监护能力的人担任监护人；（4）如果对担任监护有争议，由未成年人的父、母的所在单位或者未成年人住所地的居民委员会、村民委员会在近亲属中指定；（5）对指定不服的，还可以提起诉讼，由人民法院裁决；（6）如果出现没有第二序位监护人的情况下，由未成年人的父、母的所在单位或者未成年人住所地的居民委员会、村民委员会或者民政部门担任监护人；（7）如果监护人不履行监护职责或者侵害被监护的未成年人的合法权益，经教育不改的，人民法院可以根据有关人员或者有关单位的申请，撤销其监护人的资格，依法另行指定监护人；（8）对于生活无着的未成年人，还可以由儿童福利机构收留抚养。

然而，当这张表面上严密的未成年人监护网适用于吸毒人员未成年子女时，其漏洞明显表露出来。

就吸毒人员而言，作为父母，他们是第一序位的监护人，但是其充当监护人的合适性与能力却是十分值得怀疑的。具体而言表现在以下几个方面：（1）不宜监护。吸毒人员的瘾君子生活容易给其未成年子女身心健康特别是行为养成造成严重的不良影响，他们充当未成年子女监护人的负面性是显而易见的。在未成年子女与其感情淡薄、关系紧张的情况下，这种不适宜性将会更为突出。（2）无力监护。由于吸毒人员长期吸毒或维持吸毒的需要，大多一贫如洗而无实际财力履行监护职责。另一方面，毒品的侵害也常使很多吸毒人员无健全的心智履行监护职责。流行病学调查表明，长期滥用毒品可导致慢性精神障碍，导致顽固性失眠和包括分裂症、幻觉、幻听、失控的暴力行为等精神障碍者的典型特征。也正因如此，许多国家的民法规定可以将吸毒成瘾者宣告为无行为能力的"禁治产人"或者限制行为能力的"准禁治产人"。（3）不能监护。这种情况可能因为吸毒人员死亡、处于戒毒机构戒毒等原因而造成，其中因为处于戒毒机构戒毒而导致无人监护是一个突出的原因。在吸毒人员健在的情况下，即便他们处在戒毒机构中仍然是其未成年子女的法定监护人。根据我国现行戒毒法规，首次吸毒的送强制戒毒，强制戒毒后复吸的要送劳教戒毒。由于毒瘾戒掉难度大，从形式上看这些未成年人有监护人，但实际上这些规定将使得大部分吸毒人员未成年子女处于连续的无法定监护人监护的状态。

由上可见，在一般情况下，吸毒人员属于不宜、不能和无力履行监护人职责的特殊个体，但是我国现行法律与政策却并未对此做出特别的规定。尽管《若干意见》规定"认定监护人的监护能力，应当根据监护人的身体健康状况、经济条件，以及与被监护人在生活上的联系状况等因素确定"，但却并没有明确将吸毒成瘾或在机构内戒毒状态列为"没有监护能力"的情形。就我国现行法律政策而言，也缺乏支持吸毒人员履行监护职责的制度与措施。实践中甚至出现了吸毒人员被强制戒毒后，其幼儿饿死家中的悲剧。此外，我国目前虽然有确认精神病人行为能力的规定，但却缺乏认定吸毒人员"没有监护能力"的具体制度和依据。由于法律规定的不明确，加上监护吸毒人员子女可能会给监护人带来诸多麻烦，[1] 民法通则所列第二序位监护人常不愿意接受监护委托，而且从法律上来说，他们此时承担的是一种道德责任，只是"临时监护人"，法定监护人仍然是吸毒人员未成年子女的父母。因此，在他们拒绝接受委托的时候，也难以进行干预和强制。《未成年人保护法》仅规定父母因特殊原因不能履行对未成年人监护职责时，应委托有监护能力的成年人代为监护，但却缺乏强制性及在无合适的成年人接受委托时的替代方法。

另外，对于出现监护争议和无监护自然人的情况下，法律规定由未成年人的父、母所在单位或者未成年人住所地的居民委员会、村民委员会指定监护人，或者由居委会、村委会、民政部门担任监护人。随着我国社会转型，传统单位和社区正处于解体之中，父母所在单位或居委会、村委会已经明显不能自行充当监护人，而在吸毒人员尚未死亡的情况下，民政部门一般也并不会担任监护人。就撤销监护资格另行指定监护人的规定而言，在运用于吸毒人员时也存在很多疑问。吸毒是否符合"不履行监护职责或者侵害被监护的未成年人的合法权益"的情形？法律没有明确，实践中也没有出现过因为吸毒

---

[1] 由于吸毒者家庭的特殊性，吸毒者的亲戚、邻居多数会逐步与之断绝来往，以免其吸毒父母的骚扰。

而撤销监护另行指定监护人的判例。可见，这张表面紧密的监护网，在运用于吸毒人员未成年子女时，实际并不能保障他们得到有效的监护。

二、社会干预的基本思路：支持与重建

建立对吸毒人员监护未成年子女的常规性社会干预机制是十分必要的，这不仅是我国禁毒事业发展的需要，也是保护吸毒人员未成年子女这一特殊群体健康成长，预防未成年人违法犯罪的需要。

的确，父母是未成年人最适合的监护人，非万不得已，不应将未成年子女与其父母分离。这一规定不仅体现于《儿童权利公约》等国际法中，也为我国《未成年人保护法》等国内法所坚持。《民法通则》、《未成年人保护法》等法律规定，只有在父母客观上无监护能力和主观上"不履行监护职责或者侵害被监护的未成年人的合法权益，经教育不改"两种情形，才可以由其他人担任监护人。[1] 而且对于后一种情形，还需要通过司法程序来进行。

应当说，我国法律这样的定位是值得肯定的。在对监护进行干预时应当坚持尽量维持亲权监护的原则，非万不得已不应将未成年子女与其父母分离——即便父母是吸毒人员。尽管吸毒人员在一般情况下会给未成年子女带来不利的影响，但是如果从"两害相权取其轻"的立场分析，也许维持这种监护关系，要比打破这种监护关系，对于未成年子女的不利影响要小一些——这是一种无奈的选择。在吸毒人员有监护意愿且未成年人本人并不反对时，合理的干预政策应是尽量避免打破亲权监护关系，避免将未成年子女与其父母分离，但同时也应当提供必要的社会干预和支持，以降低吸毒人员充任监护人可能给未成年人所造成的负面影响。另一方面，由于吸毒人员是一个特殊的群体，容易出现对于未成年人子女监护的"有心无力"状况，例如缺乏履行监护职责的必要财力、在机构内戒毒而无法实际履行监护职责、因毒瘾困扰而间歇性丧失监护能力等等。此时，相关机构和社会力量还应为吸毒人员切实履行监护职责提供支持，弥补其监护能力的不足，增强和逐步恢复其监护能力。

不过，吸毒人员也很有可能出现在履行监护职责时"无心无力"的情形。"无心无力"是指吸毒人员主观上不愿履行监护职责，客观上也无力履行监护职责的情况。对于这种情况，应当坚持剥夺吸毒人员监护权，另行指定监护人，重建监护关系的政策立场。对于"无心"，即主观上不愿意履行监护职责的认定可以参考以下标准：（1）明知吸毒会对未成年子女健康成长造成不利影响，但仍然屡教不改，有三次或者三次以上复吸行为的；（2）漠视未成年人子女身心健康，将未成年子女生活、教育的必要费用用于吸毒的；（3）故意不履行监护职责或者有虐待、遗弃、侵占未成年子女财产等侵害被监护未成年人的合法权益行为，经教育不改的；（4）有其他不履行监护职责或者侵害被监护的未成年人合法权益的行为。对于"无力"，即客观上无法履行监护职责的认定，可以参考以下标准：（1）在机构内戒毒的；（2）无正当职业，也无其他生活来源，无监护

---

〔1〕《民法通则》所规定的第二序位监护人，也都是能提供未成年人准家庭环境的人。

未成年子女经济能力的；（3）因为长期吸毒出现精神障碍，或患有其他严重疾病，无法履行监护职责的；（4）有其他不能履行监护职责情形的。

当然，也不排除极少数吸毒人员在履行监护职责上的"有力无心"情形。对于这种情况，应采取督促监护和剥夺监护并举的政策。对于履行监护职责有力无心的吸毒人员，可以先由有关部门督促履行监护职责，如果出现屡教不改情况，可以剥夺监护权，另行指定监护人，并责令继续承担抚养费用。需要强调的是，重建监护关系，应当尽量为未成年子女重建类似于家庭的监护环境，尽量避免采取机构式集中监护的做法。

总之，对于吸毒人员未成年子女监护干预的基本思路应当包括支持监护和重建监护两大基本内容，两者缺一不可。

三、几点建议：在理想与现实之间

新修订的《未成年人保护法》第7条规定："中央和地方各级国家机关应当在各自的职责范围内做好未成年人保护工作。国务院和地方各级人民政府领导有关部门做好未成年人保护工作；将未成年人保护工作纳入国民经济和社会发展规划以及年度计划，相关经费纳入本级政府预算。"这一规定进一步明确了未成年人保护的政府责任。吸毒人员未成年人子女这一特殊群体的保护应成为政府未成年人保护工作的重点内容，政府应当在组织建立吸毒人员未成年人子女监护干预机制中发挥主导作用，在制定有关未成年人保护政策时，对他们给予特别的重视。[1]

就现行法律、政策与禁毒实践而言，也存在一些关于解决吸毒人员未成年人子女监护问题的规定与做法，但远没有建立完备、有效和常规化的制度。针对前述支持监护和重建监护两种不同的政策思路，本文试提出如下针对吸毒人员未成年人子女的支持监护和重建监护的建议：

（一）关于支持监护的建议

支持监护的基本内容是为吸毒人员履行监护职责提供支持，增强其履行监护职责的能力，降低吸毒人员充任监护人可能给未成年子女所带来的负面影响。具体建议如下：

从吸毒人员及其未成年子女的角度看，最紧迫的支持是经济支持。目前有的省市将服刑人员子女列入低保或"五保"的对象，[2]这是值得肯定的。不过，这些社会保障

---

〔1〕 近年来，服刑人员未成年子女保护得到日益了广泛的关注，但是作为与服刑人员未成年子女具有一定相似状况的吸毒人员未成年子女却尚未得到系统的关注。有的地方在探索对服刑人员子女救助过程中，也将吸毒人员子女作为救助的对象之一。但是，吸毒人员未成年子女是一个特殊的弱势群体，这一群体的权益保护与救助要比服刑人员未成年子女更为复杂和困难。例如，（1）大部分服刑人员子女的监护缺失属于相对暂时性的，但是吸毒人员未成年子女的监护缺失则因为毒瘾戒断难度大和我国对于复吸人员一律送劳教戒毒的规定，处于间歇式的连续状态；（2）服刑人员大体上心智健全、有监护的能力，但是受到毒品损害的吸毒成瘾人员的监护能力许多存在重大缺陷；（3）作为监护人，吸毒人员给未成年子女所可能带来的负面性要远远大于服刑回归人员。基于两大群体的重大区别，对于吸毒人员未成年子女的保护有必要研究单独的模式，而不宜在探索服刑人员子女救助时，将其模式套用于吸毒人员子女的救助——而且目前对服刑人员子女的救助也同样还很不健全。

〔2〕 如2007年3月，广东省民政厅下发《关于做好服刑人员未成年子女救助工作的通知》，要求各级民政部门建立对服刑人员家庭的走访制度和社区帮教制度，及时将生活困难、符合低保条件的服刑人员家庭纳入低保；对没有监护人的服刑人员未成年子女，可暂时纳入五保供养范围；有条件的地方，要送当地敬老院、福利院集中供养。

措施并没有完全照顾未成年人教育、生活的特点，总的来说经济支持的标准偏低。建议参考儿童福利院儿童的生活费标准，[1] 对于缺乏生活来源的吸毒人员未成年人子女，由政府补贴生活费用。学校也应相应减免费用。

在对吸毒人员强制戒毒、劳教戒毒时，决定机关应当调查其是否有未成年子女，如果有未成年子女应当做好监护衔接工作，例如帮助联系和安排亲属或福利机构代为监护。对于无法及时妥善安排未成年子女临时监护人的，应暂缓强制戒毒或劳教戒毒。在吸毒人员戒毒期间，应当做好吸毒人员与其未成年子女的沟通交流工作，并提供相应的便利。

应当建立在吸毒人员戒毒期间或其他原因暂时履行监护职责时，可以代其监护未成年子女的机制，代为监护人最好是替代性的家庭，如寄养家庭。对于代为监护人，政府应当给予一定的经济补贴。

对于在社区维持戒毒的吸毒人员，应针对吸毒人员家庭的特殊性，提供有针对性的家庭教育指导、培训，提高吸毒人员的监护能力和技巧。

禁毒社工、共青团、关工委及其他青少年保护社会力量，应当主动关爱吸毒人员未成年子女，提供课业辅导、心理辅导，弥补父母吸毒给未成年子女的心理、学习等所带来的负面影响，协助吸毒人员与其未成年子女的沟通。

（二）关于重建监护的建议

现行法律规定，父母或者其他监护人不履行监护职责或者侵害被监护的未成年人的合法权益，经教育不改的，人民法院可以根据有关人员或者有关单位的申请，撤销其监护人的资格，依法另行指定监护人。这一规定为吸毒人员在履行监护职责时出现"无心无力"、"有力无心"时剥夺其监护资格重新指定监护人提供了法律空间。实践中之所以极少出现剥夺吸毒人员子女监护权的情形在于法律对于剥夺监护之诉的提起人——"有关人员和有关单位"的规定模糊。

域外大都将申请法院限制吸毒人员民事行为能力的权利明确赋予亲属或检察官。例如日本民法典第834条规定，未成年子女的亲属或检察官有权请求法院剥夺父母亲权；我国台湾地区民法典第1090条规定，未成年子女的最近尊亲属或亲属会议有权纠正滥用亲权行为，纠正无效时可请求法院干预。[2] 根据我国现行法律规定，参考国外的做法，建议可以由未成年人、亲属、未成年人所在居委会、村委会、青少年保护机构（如各地方的未保办）、团组织等提起剥夺监护权之诉，其中宜以未成年人、亲属和青少年保护机构作为主要提起主体。

《民事诉讼法》第15条规定："机关、社会团体、企业事业单位对损害国家、集体或个人民事权益的行为，可以支持受损害的单位或者个人向人民法院起诉。"为了保证

---

〔1〕 据调查，在经济发达地区，儿童福利院每个儿童每月平均费用400～500元，欠发达地区200～300元。参见郗杰英、鞠青主编：《家庭抚养和监护未成年人责任履行的社会干预研究报告》，中国人民公安大学出版社2004年版，第115页。

〔2〕 参见郗杰英、鞠青主编：《家庭抚养和监护未成年人责任履行的社会干预研究报告》，中国人民公安大学出版社2004年版，第102页。

剥夺监护权之讼的提起，检察机关应在提起剥夺监护资格之诉中发挥保障功能，主动承担起支持起诉的职责。在特殊情况下，检察机关亦可以探索作为原告提起剥夺监护权的民事公诉。另行指定的监护人应当确保未成年人可以生活于健全的类家庭环境中，由合适的家庭收养，亦可以考虑民政部门监护、家庭寄养的模式。为了防止吸毒人员恶意逃避监护职责，对于有能力负担抚养费用的，应继续负担抚养费用。

如果吸毒人员戒除了毒瘾、真心悔改愿意承担监护职责，而此时如果被剥夺了监护资格，是否可以恢复监护人资格？现行法律没有明确规定，我们认为为了促进吸毒人员戒毒，应当与剥夺监护人资格制度相配套，探索建立恢复监护人资格的制度。在吸毒者毒瘾确已经戒除、真心悔改、愿意重新承担监护职责、有监护能力而且未成年人本人同意的情况下，可以向人民法院申请恢复监护人资格。

（载《当代青年研究》2008 年第 3 期）

第三十三章

未成年犯义务教育的困境与出路

　　未成年犯〔1〕是义务教育所忽视的角落。尽管《义务教育法》等法律规定没有完成义务教育的未成年犯应当完成义务教育，并且规定经费由政府保障，但在实际执行中至少会面临着未成年犯作为罪犯与接受义务教育的学生之间的角色冲突、教育部门与刑罚执行部门之间的壁垒障碍、未成年犯管教所的部门利益可能导致义务教育的"异化"以及义务教育的连续性与未成年犯刑期的冲突等困境。如要走出困境，应当从源头上减少未成年人辍学现象、采用适应未成年犯管教所和未成年犯特性的义务教育模式，并出台专门的实施方案。

一、法条与现实之间的距离

　　随着我国未成年人犯罪现象的严重化，未成年犯未完成义务教育的问题也日益突出。许多省市的调查均发现，未成年犯大都没有完成义务教育。例如，湖南省未成年犯管教所对1700多名14至18周岁未成年犯的调查结果显示，有1600多人没有完成义务教育。〔2〕广东省对近几年在押未成年犯的连续调查摸底发现，每年约有85%以上的未成年犯在进入未成年犯管教所前未完成九年制义务教育。〔3〕海南省未成年犯管教所的调查也发现，在押的未成年犯未完成九年义务教育的约占1/2，而且近些年来收押未成年犯的文化程度较为明显地呈低下态势。〔4〕义务教育未完成状况较为普遍的存在既是未成年人犯罪的重要原因，也成为未成年犯矫正与回归社会的重大阻碍。

　　2006年6月修订的《义务教育法》引人注目地增加了一条新的规定："对未完成义务教育的未成年犯和被采取强制性教育措施的未成年人应当进行义务教育，所需经费由人民政府予以保障"（第21条）。这是首次在国家重要教育法中对未成年犯义务教育做出规定，也标志着未成年犯义务教育被正式纳入了国家义务教育体系。同年12月修订

---

　　〔1〕　本章所论述的未成年犯义务教育，主要针对的是判处监禁刑并在未成年犯管教所执行的未成年犯，对于判处非监禁刑未成年犯的义务教育问题，将另文研究。

　　〔2〕　刘洋："采纳政协提案 湖南省未成年犯义务教育有保障"，载《人民政协报》2006年7月31日。

　　〔3〕　胡键、苗枫："未成年犯也要接受九年义务教育"，载《南方日报》2006年2月22日。

　　〔4〕　麦思宇："高墙内未成年犯渴望教育光芒"，载 http://www.hinews.cn/news/system/2007/02/06/010076675.shtml.

的《未成年人保护法》也再一次要求"服刑的未成年人没有完成义务教育的，应当对其进行义务教育"（第57条）。

实际上，在此之前已经有多部法律试图要求刑罚执行机关承担未成年犯义务教育的职责，例如《监狱法》（1994年）第75条第2款规定："监狱应当配合国家、社会、学校等教育机构，为未成年犯接受义务教育提供必要的条件"，《预防未成年人犯罪法》（1999年）第46条规定："对没有完成义务教育的未成年犯，执行机关应当保证其继续接受义务教育。"不过，遗憾的是这些规定在实践中大都成为具文，未成年犯义务教育基本处于游离于国家义务教育体制之外的状态。

在实践中，未成年犯管教所并没有采用国家统一的义务教育大纲，教育经费的投入与保障、师资、教学设施等条件大都没有达到国家义务教育标准的要求，义务教育的具体实施也基本不接受教育部门的指导与监督。对于在未成年犯管教所服刑的未成年犯来说，义务教育大体上仅属于罪犯应当接受的各种类型教育中的"文化知识教育"的范畴，并且总体上是被虚置的。司法部曾经做的一项全国性调查发现，在实践中即便是"以教育改造为主，轻微劳动为辅"的方针和"半天学习，半天劳动"的制度，在多数未成年犯管教所里也难以真正得到执行[1]，更不用说未成年犯义务教育的规定。这次调查承认，"未成年犯的劳动时间普遍在6小时以上"，而且"所从事的工种主要是根据未成年犯管教所的生产需要，而不是从未成年犯的改造和习艺角度出发"[2]。难以想象，在劳动6小时以上后，未成年犯还会有时间和精力接受义务教育。

近些年来，我国义务教育体制改革开始向全覆盖、平等化与免费化方向发展，确保弱势与特殊少年儿童也能完成义务教育成为国家义务教育体制改革的重点。虽然并没有像农村义务教育、流动儿童义务教育那样引起社会各界的广泛关注，但高墙内的未成年犯这一被义务教育长期遗忘的角落，也逐渐引起了一些政协委员、人大代表的关注。一些地方省市则率先开始了将未成年犯义务教育纳入国民教育范围，依法保障未成年犯享受九年义务教育权利的探索，试图改变未成年犯义务教育权难以得到保障的现象，引起了较为广泛的关注。[3]这也是未成年犯义务教育在新修订的《义务教育法》中得以进一步明确和保障的重要原因。

二、未成年犯义务教育的困境

《义务教育法》、《未成年人保护法》强化未成年犯应当接受义务教育的规定，并特别明确"所需经费由人民政府予以保障"，是否就可以让义务教育的阳光照耀到未成年犯管教所，仍然是令人担忧的。其最大的障碍至少来自三个方面：

---

〔1〕　张秀夫主编：《中国监狱法实施问题研究》，法律出版社2000年版，第217页。

〔2〕　张秀夫主编：《中国监狱法实施问题研究》，法律出版社2000年版，第218～219页。

〔3〕　其中以江西省为代表。在以刘运来为代表的政协委员呼吁和努力下，江西省于2005年9月1日成立了我国首家在未成年犯中实施义务教育的学校——江西启明学校。这样一种仿照普通学校标准建立专门供未成年犯完成义务教育的学校的做法引起了广泛的关注。

（一）罪犯与学生角色的冲突

要求未成年犯接受义务教育，将带来"服刑的罪犯"与"接受义务教育的学生"之间的角色冲突。按照《监狱法》（1994）和《未成年犯管教所管理规定》（1999）的规定，未成年犯应当在未成年犯管教所服刑，未成年犯管教所贯彻"惩罚和改造相结合，以改造人为宗旨"和"教育、感化、挽救"的方针。尽管是未成年犯，并且有诸多特殊保护的政策和规定，但他们依然是因其犯罪行为而被给予刑罚处罚和处于服刑状态的罪犯。

前文已经述及，未成年犯应当接受义务教育实际是在本次修订《义务教育法》之前就已经在《监狱法》、《预防未成年人犯罪法》、《未成年犯管教所管理规定》中做出了规定和要求的，但是这些规定和要求并没有起到将未成年犯义务教育纳入国家义务教育体系的作用，对于在未成年犯管教所服刑的未成年犯来说，义务教育仅仅是属于罪犯应当接受的各种类型教育中的"文化知识教育"的范畴。这样的定位，并不会在多大程度上改变未成年犯的服刑罪犯身份。或许也因为这样的原因使得未完成义务教育的未成年犯应当接受义务教育的规定实际上成为具文。

但是，《义务教育法》的新增规定，则正式将未成年犯义务教育纳入了国家义务教育体制中；由此将未完成义务教育的未成年犯的"学生"身份突出了出来，未完成义务教育的未成年犯必须和其他普通未成年人一样，至少应按照国家对义务教育的最基本要求接受义务教育，例如遵循国家关于义务教育的教学大纲、教学方式、教学时数、师资配备、考核标准等。按照对义务教育的通常界定，它一般是指在专门的教育机构——学校，由专业的教育人员——教师，所进行的全日制教学活动，是一种通过教育教学活动使学生获得相应的学历资格证书的教育方式。现行未成年犯行刑制度显然是无法实际执行这样一种义务教育模式的。从另一个方面来看，如果将未成年犯应当接受义务教育的规定付诸实施也将带来诸多困惑：服刑的未成年犯与普通学生之间的区别究竟在哪里？对于他们而言，在接受义务教育的同时，如何体现出服刑罪犯的身份特征？这样的角色冲突并没有在《义务教育法》、《未成年人保护法》、《预防未成年人犯罪法》、《监狱法》等中得到明确的解答，迄今也尚无具体的实施方案出台。

（二）部门壁垒的障碍与部门利益可能导致的"异化"

如果将未成年犯义务教育纳入国家义务教育体制，这将给现行教育体制和刑罚执行体制带来较大的冲击。在我国，义务教育是由教育部门主管的。义务教育的大纲、教育设施要求、课时数、师资水平等，都是由教育主管部门负责制定和监督实施。但是刑罚执行则是由司法行政部门中的监狱管理机关负责，具体是由监狱管理部门下设的德育机构监理。如果按照《义务教育法》的要求将未成年犯义务教育纳入国家义务教育体制的范围，那么似乎理所当然地应由教育部门和有资质的学校负责未成年犯义务教育的管理和具体实施。具体而言可以有以下几种方式：（1）按照普通学生的入学方式，让未成年犯按照就近入学的方式进入普通学校学习并由教育部门管理。显然，这是不现实的；（2）采取刑罚执行机关负责具体实施义务教育，教育部门负责指导、监督的体制。这种变通的做法相对而言更现实，但也将面临以下困难：一是如何使教育部门的指导和监督超越监狱的高墙而不至于有名无实？二是作为刑罚执行机关的未成年犯管教所能否在刑罚执行体系内建立一整套符合义务教育要求的系统？总之，打破部门壁垒，将刑罚执行与义务教育这两种原本分属不同性质机构的职能和谐地融于一体，是一个理论上谈起来容易，实际操作起来困难的挑战。

而要求未成年犯管教所承担起保障未完成义务教育的未成年犯接受义务教育的职能，也可能因为部门利益的作用而发生异化。对于监狱管理机关和未成年犯管教所而言，《义务教育法》的规定所带来的直接"利益"是获得了义务教育经费的支持，而在之前，未成年犯文化教育的经费主要是从监狱部门的经费中开支。作为刑罚执行机关的未成年犯管教所是相对封闭的特殊机构，如何确保义务教育经费的投入能够专用于未成年犯义务教育，这是值得研究的。另一方面，目前未成年犯管教所实行的是"半天劳动，半天学习"的管理制度。虽然未成年犯的劳动方针是"习艺为主"，但长期以来却并未得到真正执行。要求未成年犯管教所超脱"唾手可得"的经济利益，去真正贯彻教育为主劳动为辅的方针，甚至去实施义务教育，其挑战性是显而易见的。从实际情况来看，大多数未成年犯管教所对"半天劳动"的重视，显然远远超过了对"半天学习"的重视。司法部所开展的一项调查就曾经发现，在大多数未成年犯管教所中，未成年犯的学习活动形同虚设，而且"……未成年犯教育改造工作相对削弱，不完全是由于经济压力所引起，有极个别未成年犯管教所经济条件较好，但受市场经济观念和指导思想、激励机制的影响，也积极投入市场经济竞争的洪流中，把主要精力、实力用于发展经济，提高经济效益上，从而放松、削弱了对未成年犯的教育改造工作"[1]。

（三）教育的连续性与刑期的矛盾

现有法律法规要求未成年犯管教所保障没有完成义务教育的未成年犯接受义务教育还面临着以下一个容易被忽视的难题：未成年犯的刑期大都为三年以下的短期刑[2]，如果考虑到诉讼时间折抵刑期的因素，未成年犯在管教所中的服刑期一般还会缩短半年左右[3]，这意味着许多未成年犯在未成年犯管教所服刑期内同样可能无法完成义务教育。

现行法律仅仅规定未成年犯在服刑期间应当接受义务教育，但却缺乏保障在服刑期满后仍然没有完成义务教育的未成年人继续接受义务教育的后续措施。如果未成年犯在犯罪前身份是中小学生，他们在犯罪后均会被原所在学校开除学籍。从实践来看，在其服刑期满后，恢复其学籍几乎是不可能的。如果未成年犯在犯罪前处于辍学状态，在服刑期满后要找到学校继续接受义务教育更缺乏制度上的保障。如果未成年犯服刑期满后已经成年，但还没有完成义务教育，那情况将会变得更糟。因为《未成年人保护法》等

---

〔1〕 张秀夫主编：《中国监狱法实施问题研究》，法律出版社2000年版，第218～219页。

〔2〕 例如，据陈敬平对某未成年犯管教所的调查，3年以下（含3年）刑期的占68%，3年～5年刑期的占16%。参见陈敬平："短期未成年犯狱内违纪的原因分析及对策"，载《广东司法警官职业学院学刊》2006年第4期。

〔3〕 如上海市黄浦区对一审受理判决生效的未成年人犯罪案件43件62人的调查，平均每案诉讼活动全过程为151天。参见黄卓懿："未成年人刑事案件简案快审机制探索"，载《青少年犯罪问题》2006年第4期。

法律中关于刑罚执行完毕后升学、复学不受歧视的"号召性"条款还有一个前提：要求服刑期满后仍是"未成年人"。[1]换句话说，未成年犯义务教育在服刑期间可能还有保障，但是服刑期满后反而几乎没有保障。

对于判处长期刑的未成年犯也可能存在类似的问题。1994年《监狱法》第76条规定，未成年犯在服刑期间成年，如果余刑在两年以上的，必须转送成人监狱。如果出现这种情况时该罪犯还没有完成义务教育，转送后又将如何保证其继续接受义务教育？

三、完善未成年犯义务教育制度的建议

值得欣慰的是，迄今为止还没有人质疑未成年犯也应当接受义务教育的法律规定，未成年人并不因其犯罪行为而被解除接受义务教育的权利和义务已经在我国相关法律与教育政策上有了明确的定位，未成年犯接受义务教育的意义和必要性也已经得到了日益广泛的认同。问题在于，如何缩小法条与现实之间的差距，将未成年犯接受义务教育的规定予以切实地贯彻和执行。本文试提出如下建议：

（一）从源头上减少没有完成义务教育的未成年犯数量

按照《义务教育法》第11条的规定，义务教育的入学年龄是6周岁，条件不成熟的可以放宽到7周岁。我国目前试行的是九年制义务教育，也就是说，未成年人在一般情况下完成义务教育的年龄是15或16周岁。按照我国目前刑法的规定，未成年人承担刑事责任的起点年龄是14周岁，而且已满14周岁不满16周岁的未成年人仅对八类严重刑事犯罪承担刑事责任。因此，我国目前许多省市所出现的未成年犯没有完成义务教育率高达50%甚至80%的现象是不正常的，是由于许多未成年犯在未犯罪以前就已经辍学所造成的。要有效解决未成年犯义务教育这一社会问题，必须从源头上减少适龄儿童未按规定接受义务教育的现象，降低辍学率。

（二）平衡罪犯与学生角色的冲突

未成年犯接受义务教育所带来的罪犯与学生之间的角色冲突是客观存在的，但并非不可包容和平衡的。从实践来看，现行未成年犯管教所"半天学习，半天劳动"的制度不能适应对未成年犯进行义务教育的需要。我国刑法所规定的徒刑是一种劳役刑，罪犯应当在服刑期间参加劳动，这是未成年犯管教所实行"半天劳动，半天学习"制度的渊源和未成年犯作为罪犯（劳改犯）身份的重要标志，但这样的制度显然不利于未成年犯接受义务教育，也容易导致"部门利益"的膨胀而使未成年犯接受义务教育的规定被实际架空。没有完成义务教育的未成年犯大都学业荒废，他们需要更多的时间和精力投入学习，而不是相反。建议取消未成年犯管教所"半天学习，半天劳动"的制度，把未成年犯劳役刑变为监禁刑。这一建议是落实未成年犯接受义务教育规定的需要，也是具有可行性的。首先，《监狱法》、《未成年犯管教所管理规定》将未成年犯劳动定位为"习艺性"劳动。既然是习艺性劳动，完全可以不需要强行规定半天的时间；其次，未成年

---

[1]《未成年人保护法》第57条第3款规定："解除羁押、服刑期满的未成年人的复学、升学、就业不受歧视。"

犯义务教育经费由政府保障后，将大大减轻未成年犯管教所经济压力，而司法部《现代化文明监狱标准》（2004）关于 16 岁以下未成年犯全天学习的规定也为完全废除这一制度奠定了实践基础。

但是，因为接受义务教育的需要而完全忽视了未成年犯作为服刑罪犯的身份，既不现实也容易产生负面影响。未成年犯的义务教育形式应当具有不同于普通学校的特点，而体现"未成年犯"的特色。例如，在遵循国家义务教育统一大纲基本内容的前提下，在课程设置上进行符合未成年犯改造需要的调整，增加法制教育、道德教育、认罪伏法教育、劳动教育的比重；在日常管理上，仍然坚持现行未成年犯管教所半军事化的严格管理制度；除了按照义务教育实施条件的要求建设教学大楼、配备师资等外，不改变未成年犯管教所作为刑罚执行机关的整体特色等。

（三）未成年犯义务教育宜主要由初级中等职业技术教育学校承担

目前许多省市采取仿效全日制普通学校对未成年犯进行义务教育的做法，是值得深思的。从未成年犯的角度而言，这种仿效普通教育学校以文化教育为主要内容的义务教育对于他们而言实际意义究竟有多大？未成年犯并非不渴望在完成义务教育后升入高中继续学习，甚至考上大学，但对绝大多数未成年犯而言，这显然是并不现实的。从未成年犯的角度来看，他们最为关心的问题是出狱后能否拥有就业能力和获得就业机会。虽然初中文化程度和一张初中毕业文凭对未成年犯的就业会有一定帮助，但相比掌握一项谋生技能而言，后者显然更为实际。

我国目前承担实施义务教育任务的学校包括地方人民政府设置或者批准设置的全日制小学、全日制普通中学、九年一贯制学校、初级中等职业技术学校、各种形式的简易小学或者教学点（班或者组）、盲童学校、聋哑学校、弱智儿童辅读学校（班）、工读学校等。其中初级中等职业技术学校既是义务教育的一种形式，也具有重视学生职业技能的特点，相比全日制普通中学而言，它显然更适合未成年犯的特点和实际需要。而且，它也不妨碍部分优秀的未成年犯继续学习深造。此外，采取初级职业技术教育学校的形式，也有利于体现未成年犯义务教育与普通义务教育的区别，平衡罪犯与普通学生身份的冲突。因此，我们建议未成年犯管教所对于完成小学教育的未成年犯主要采用初级中等职业技术教育学校的形式继续完成义务教育。

（四）未成年犯接受义务教育的方式宜多样化

目前实践中所采取的未成年犯义务教育形式主要是在未成年犯管教所内建立符合标准的专门学校，这种做法具有受众面广、容易组织管理等优点，但是也存在经费投入和维持成本高，可能因为未成年人犯罪率的变动带来招生人数不稳定造成资源浪费等不足。各地方未成年犯管教所的条件、基础差异大，需要接受义务教育的未成年犯情况也千差万别，因此除了在未成年犯管教所建立专门学校的模式外，还可以探索其他形式的义务教育实施模式。例如：（1）试读模式。将改造效果好，没有危险性的未成年犯隐匿其身份送往普通学校试读，接受义务教育。这种做法的优点是能够最大限度地保证未成年犯接受标准的义务教育，有利于其回归社会。缺点是适用面小，容易引起非议，而且风险较高。（2）共建模式。未成年犯管教所可以与就近承担义务教育任务的学校共建，把需要接受义务教育的未成年犯纳入该校学生范围，采用在未成年犯管教所设立分校或教学点的方式，由共建学校提供主要的师资、教学设施等，并具体负责未成年犯义务教育的实施和毕业证书的发放。这种模式的优点是成本低，未成年犯管教所不需要另起炉灶建立一套义务教育体系，师资、教学水平等可以得到有效保证，这是一种值得试行的模式。

（五）未成年犯义务教育需要前科消灭制度的支持

未成年犯义务教育还需要建立相应的配套制度，才能发挥出最大的积极作用。如果未成年犯在完成义务教育获取初中毕业证书后，却仍会因其前科而在升学、就业等方面受到歧视，那么义务教育的效果将会大打折扣，对于未成年犯而言义务教育的完成也并没有太大的实际意义。尽管《未成年人保护法》第57条规定："解除羁押、服刑期满的未成年人的复学、升学、就业不受歧视"，但实际上缺乏落实的制度保障，特别是对那些服刑期满后已经成年的罪犯而言。因此，从配合未成年犯义务教育制度改革需要的角度出发，还应当抓紧建立未成年人犯罪前科消灭制度，为未成年犯回归社会和转变为积极的公民进一步清除障碍。

（六）出台专门实施方案

未成年犯义务教育的特殊性较强，不可能完全实施有关义务教育的法律法规，也会对现行未成年犯行刑制度造成较大的冲击。我国现行法律对未成年犯义务教育仅仅是做出了"应当"接受义务教育的规定，但是对于如何开展对未成年犯的义务教育工作，却并无任何具体的、可操作性的规定。因此，仿效教育部印发《盲校义务教育课程设置实验方案》、《聋校义务教育课程设置实验方案》和《培智学校义务教育课程设置实验方案》的做法，由教育部、司法部、财政部联合制定《未成年犯义务教育实施方案》对未成年犯义务教育的标准做出底线性和变通性的规定是十分必要，也是十分紧迫的。

此外，针对未成年犯在未成年犯管教所服刑期间可能同样无法完成义务教育的现象，有必要建立相应的衔接机制。建议修改相关法律及规章，规定未成年犯在服刑期满后仍未完成义务教育的应当到指定的学校继续完成义务教育。在未成年犯管教所服刑期间成年，余刑在两年以上的，如果尚未完成义务教育，应当留在未成年犯管教所完成义务教育后再转送成年犯监狱。

（载《青年研究》2007年第6期）

第四编

立法论

第三十四章

《未成年人保护法》之修订思路与建议

2004 年，全国人大常委会将《未成年人保护法》列入修订计划。建议《未成年人保护法》的修订树立保障未成年人自然成长的权利、创造未成年人自然成长的健康环境、预防和惩处有害于未成年人自然成长的行为的基本思路，去除 1991 年《未成年人保护法》将未成年人客体化的"塑造论"痕迹。年幼青年与未成年人并无本质之别，也需要法律的特别保护，本次修法宜提倡将未保法的保护对象适当延伸至未满 22 周岁之年幼青年。我国宜建立《未成年人保护法》、《预防未成年人犯罪法》、《少年司法法》三法衔接有致的、和谐、统一的未成年人法律体系基本架构，这是修法宜确立的前瞻性思维，其中《未成年人保护法》居于我国未成年人保护法律体系的"宪法性"地位。未保法宜打破单纯的空间式保护法典结构，在内容选择上应注意与《婚姻法》、《收养法》、《继承法》等现有法律相协调，合理界定《未成年人保护法》的立法空间。

一、未成年人保护法律体系的前瞻架构

与《妇女权益保障法》、《老年人权益保障法》等弱势群体保护专门立法的命运类似，《未成年人保护法》自制颁以来，一直为缺乏"可操作性"问题所困扰。对未保法规定过于原则，缺乏可操作性的批评似乎已经成为对未保法具有共识性的基本评价之一，[1]缺乏可操问题也成了启动未保法修订的重要动因与改革目的之一。[2]但是未成年人权益保护非常广泛，涉及面十分宽广，寄希望于一部未保法来规范所有未成年人权益保护问题，同时要求这一法律能够具有理想的可操作性，既是不现实，也是与未保法的法律性质与特点所不相符合的。未成年人法律保护的使命，应当致力于建设未成年人保护法律体系来实现，其可操作性问题，应当（也只能）由不断完善的未成年人保护法律体系来实现。

---

〔1〕 例如全国人大常委会执法检查组在 2003 年 7 月对《未成年人保护法》、《预防未成年人犯罪法》执法检查的报告中指出："检查过程中，不少地方反映，未成年人保护法已颁布 12 年，有些规定已经不适应当前的情况，有些规定过于原则，缺乏可操作性。"（顾秀莲："全国人大常委会执法检查组关于检查《中华人民共和国未成年人保护法》实施情况的报告"，载《全国人民代表大会常务委员会公报》2003 年第 5 期）

〔2〕 参见"《未成年人保护法》启动修改工作"，载 http://www.chinalawinfo.com/News.

我国未成年人专门立法工作的启动与发展均与未成年人犯罪背景密切相关，而且带有很强向国外学习的色彩。但是，在青少年犯罪推动下、带有很强向国外学习色彩的未成年人立法，制定出的是《未成年人保护法》，以及《预防未成年人犯罪法》，而不是像德国《少年法院法》、日本《少年法》、台湾地区《少年事件处理法》等指导少年司法实践、具有很强操作性的司法型少年法。[1] 尽管制定预防法和保护法是防治未成年人犯罪的一种"高屋建瓴"的思路，但是却没有解决一个最现实、最迫切、最基本的问题——少年司法的法律依据。目前实际上指导我国少年司法实践运作的，仅仅是一些为数不多的司法解释、通知、意见和刑事政策。这些规定的层次低，没有、也不可能突破占主导地位的成人法规定，可以说我国目前关于未成年人犯罪和不良行为处理的法律，无论是实体法、程序法还是组织法，基本上还是以适用于成年人的规定为标准的，或者仅仅是成人法的略微变更。这种状况已经给少年司法制度的发展带来诸多负面影响，影响了我国未成年人犯罪的有效控制，并最终严重影响了我国未成年人保护事业的整体进步。当成人社会尚无法有效处置未成年人犯罪时，又如何奢望他们能够有效地保护未成年人？

目前，我国未成年人立法中最迫切的问题乃是完善少年司法方面的立法，建议以这次未保法修法为契机，对于 1991 年未保法之"司法保护"保留和充实有关侵害未成年人权益案件、家事案件等规定（即保留和充实"一般司法保护"），而将其中对少年违法犯罪的处理（即"特殊司法保护"或称少年司法）部分暂时分离出来，为单独制定一部司法型少年法作铺垫与准备，这部独立的法律可以称为《少年司法法》。参考国外及台湾、香港地区"立法"，《少年司法法》宜为实体法、组织法、程序法合一，主要规范和指导少年违法犯罪案件的处理（即少年司法）工作。[2] 原《未成年人保护法》则主要规定未成年人的福利问题，改革为类似于域外《儿童（少年）福利法》的法律。由此形成我国《未成年人保护法》、《预防未成年人犯罪法》、《少年司法法》三法衔接有致的、和谐、统一的未成年人法律体系基本框架。在这一体系中，《未成年人保护法》居于"小宪法"的地位。

二、让儿童[3]自然成长

今天的孩子，越来越不像孩子了……这是中国成人社会日益深刻的感慨——感慨今天的孩子们活得越来越辛苦，越来越不像观念中的儿童那样无忧无虑、快乐地生活；感慨今天的孩子日益"非儿童化"，日益在远离成人社会关于孩子是天真的、纯洁的、顽皮的等美好形象的传统定位，就连未成年人的违法犯罪行为，也感觉日益成人化了。成人社会面对孩子，就像孩子们面对他们父辈童年时候的游戏那样越来越陌生和不知所措。

---

[1] 参见姚建龙：《长大成人：少年司法制度的建构》，中国人民公安大学出版社 2003 年版，第 300～301 页。

[2] 我曾经将这部法律称为《少年法》（参见拙著：《长大成人：少年司法制度的建构》，中国人民公安大学出版社 2003 年版），这主要受了日本立法的影响。考虑中国本土特色，似乎称《少年司法法》更为合适。

[3] 本章所称儿童与未成年人的含义是一致的，其年龄界定均为 18 周岁以下。

事实上，西方社会早已经发出了童年正在消失甚至死亡的感慨。[1] 不过西方学者关于童年正在消失的研究大多强调，造成这种消失的原因主要在于现代信息技术的发展，使得成人社会难以对儿童实现信息控制，儿童可以通过电视、互联网等现代信息技术获取成人社会的任何信息——包括不愿意透露给儿童，或者认为有害于儿童成长的各种信息。尽管我国也在面临现代信息技术的发展对儿童成长的巨大影响问题，但是我国儿童的"非儿童化"似乎更大程度上应归因于中国传统社会极为关注儿童成长的恤幼文化，以及目前正在执掌社会权力、资源的成人社会之特殊经历所导致的对于儿童成长的过分关注。在"爱"的名义下，成人社会总是"善意地"把儿童假想为可以任意揉捏、塑造的对象，努力按照某种理想的模式，试图将所有的孩子塑造成为成人所设想的某种理想"模型"。1991 年《未成年人保护法》就有着较为明显地将未成年人客体化的"塑造论"痕迹。例如该法第 1 条所确立的立法目的就是"为了保护未成年人的身心健康，保障未成年人的合法权益，促进未成年人在品德、智力、体质等方面全面发展，把他们培养成为有理想、有道德、有文化、有纪律的社会主义事业接班人……"

"大自然希望儿童在成人以前就要像儿童的样子。如果我们打乱了这个秩序，我们就会造成一些早熟的果实，它们长得既不丰满也不甜美，而且很快就会腐烂"。[2] 卢梭的自然教育思想，直到今天还能给我们诸多启迪。就我国教育学界而言，已经有越来越多的人开始反思那种把未成年人客体化为塑造对象的观念。[3] 从发展心理学、社会学等学科的观点来看，儿童的成长是多样化的，这种多样化是一种自然而且必然的现象。对于法律而言，只要这种多样化并不有害于他人和社会的发展，就应当予以尊重。规定某种理想化的模型，而后用以统一塑造每一个千差万别的儿童，其必然的结果是儿童的"非儿童化"。[4]

修订《未成年人保护法》宜树立保障未成年人自然成长的权利、创造未成年人自然成长的健康环境、预防和惩处有害于未成年人自然成长的行为，真正确立未成年人权利主体的地位，剔除"塑造论"痕迹的基本思路。应当认识到，《未成年人保护法》是保护未成人权益的法典，而并非实现成人理想的工具——尽管以爱的名义。

---

〔1〕 关于童年消失的研究著作，可参阅［美］尼尔·波兹曼的《童年的消逝》（吴燕廷译，广西师范大学出版社 2004 年版）和［英］大卫·白金汉著《童年之死》（杨雅婷译，巨流图书公司 2003 年版）。

〔2〕 参见［法］卢梭：《爱弥儿——论教育》，李平沤译，商务印书馆 1978 年版，第 84 页。

〔3〕 例如吴一舟在《你的教育生态了吗?》一书中所提出的生态教育的观点：生态的教育应该是自然的教育，是一种尊重孩子的天性、尊重孩子内心的发展需要的教育，是一种真正着眼于孩子的发展、着眼于孩子心灵与人格健康的教育。生态教育的思想强调教育应遵循孩子"自然的本性"，但生态教育并不等于放弃教育，顺其自然也不等于放任自流。参见"让孩子自然天成"，载 http://news. Yanhan. com.

〔4〕 2004 年，某公司组织了一次所谓"人造美女"大赛，十余个平均每人手术整容 3 次~4 次的"美女"同台角逐。尽管这些"美女"都是按照所谓美女的标准"练就"的，但这种"美女"给人的感觉也许更多的是"毛骨悚然"，而不是"美"。这让我想到了儿童的培养，诸多所谓按照统一标准由成人刻意塑造出来的所谓好孩子，不也是"人造儿童"吗? 而这些"人造儿童"，还能够称为真正的儿童吗?

三、一种必要和可能的延伸

我国首部青少年保护专门法规——1987 年《上海市青少年保护条例》将青少年的年龄范围界定为"六周岁至不满十八周岁"[1]其后各省所颁布的地方性青少年保护法规，大都将保护对象的年龄范围界定为 18 周岁以下，这一年龄界定也为 1991 年未保法所采纳。在此次修法的讨论中，关于年龄问题似乎并未引起多少讨论。

年龄不过是某一类特殊群体的外在表征，起决定意义的因素在于这一特殊群体的基本属性。无论是从地方性未成年人保护专门立法，还是从 1991 年未保法来看，将保护对象的年龄界定为 18 周岁未满之人，主要原因都在于认为未满 18 周岁之人属于弱势群体，他们的身心发育尚未成熟、自我保护力较差、容易受到外界因素的影响、社会化尚未完成等，因而需要给予特殊的保护。如果从这一基点出发，那么《未成年人保护法》似乎有适当延伸保护对象上限年龄的必要，例如 18 周岁以上 22 周岁未满之年幼青年。

从生理发育来看，女性的身高发育可以延续到 23 岁；男性一般长到 23、24 岁，有的甚至延续到 26 岁。[2]从心理上来说，18 ~ 22 周岁的青年，尚属于成人前期的早期阶段，心理发展尚未完全成熟。从社会学的角度看，18 ~ 22 周岁的青年一般还在大学就读，[3]其社会化也尚未完成。此外，我国《婚姻法》规定结婚最低年龄是女 20 周岁，男 22 周岁。而以是否成婚作为衡量一个人是否成熟的标志，也是我国延续数千年的历史传统。年幼青年总体上仍处于社会弱势群体的地位，给予其特别的保护也是与《未成年人保护》的立法目的完全一致的。

适当扩大保护对象的年龄范围，也是与联合国有关公约、规则的要求一致的。例如联合国《少年司法最低限度标准规则》（北京规则）第 3 条第 3 款明确要求"还应致力将本规则中体现的原则扩大应用于年纪轻的成年罪犯"。

从国外立法来看，许多国家对于未成年人的界定高于 18 岁，如日本《少年法》规定少年上限年龄为 20 岁。俄罗斯《联邦刑法典》（2003 年修订）第 96 条规定："在特别情况下，考虑到所实施行为的性质及个人身份，法院可以对在年满 18 岁不满 20 岁时实施犯罪的人适用本章的规定，但不得将他们安置到未成年人的专门教育机构或医疗教育机构。"德国《少年法院法》设"第三篇未成年青年"，规定未成年青年适用少年刑法规则（105 条）、少年司法程序和组织（107 ~ 109 条）、普通刑法对未成年青年从宽适用（106 条）。奥地利《少年法院法》也规定 18 ~ 21 岁的年轻成年人可适用少年刑法和少年司法规则。（第 46 条 a 款）

有的同志认为，延伸未保法保护对象的上限年龄，目前主客观条件都不成熟。这种观点有一定道理。但是，法律可以而且应当保持必要的前瞻性和导向性。事实上，党和国家长期主张的是"青少年保护"，而并不仅限于未成年人保护。给予青年以特别的保护，也是实践中的做法。例如从 1998 年开始的全国性青少年维权活动来看，维权的对象

---

[1] 《上海市青少年保护条例》（1987）第 4 条。

[2] 参见林崇德：《发展心理学》，浙江教育出版社 2002 年版，第 365 页。

[3] 随着我国大学教育的日益普及，这种情况将越来越普遍。

范围实际并不局限于未成年人。[1]少年司法实践中，也有过将青年犯罪人参考少年司法规则办理的做法。而作为青少年权益保护重要组织的共青团团章所规定的团员上限年龄一般为28周岁。自1991年以来，中国的综合国力大大提升，经济发展成绩显著，这也为适当扩大保护对象的年龄范围提供了有利的条件支持。

综合考虑我国地区发展的差异，建议《未成年人保护法》采用灵活的方式，适当延伸保护对象的上限年龄，增加"应致力于将本法关于未成年人保护的规则，扩大适用于不满22周岁的青年"之规定。

四、未成年人保护专门机构

未成年人的健康成长与整个成人社会都密切相关，因此任何组织与个人都有保护未成年人的义务，这是一个容易被接受的观点。1991年《未成年人保护法》即在第6条第1款规定了未成年人保护的共同责任原则："保护未成年人，是国家机关、武装力量、政党、社会团体、企业事业组织、城乡基层群众性自治组织、未成年人的监护人和其他成年公民的共同责任。"但是，共同责任原则所确立的保护未成年人的义务，与其说是一种法律义务，毋宁说仍是一种停留在道德层面的道德义务，这一规定并没有成功地把道德义务转化为法律义务。未保法并没有明确规定监督、督促这一义务执行的机构，因此对于大部分组织和个人而言，这一义务的履行实际并没有多少法律强制性。这在一定程度上就造成了谁都有义务保护未成年人，谁都可以不保护未成年人的尴尬局面。

在1991年未保法草拟过程中，关于未保专门机构问题曾经有过较大的争议，在当时政府机构精简、国家财力有限的背景下，1991年未保法最终采用了"国务院和省、自治区、直辖市的人民政府根据需要，采取组织措施，协调有关部门做好未成年人保护工作"的模糊规定。但实际上，各地方大都建立未成年人保护委员会（或称青少年保护委员会等）这一综合协调性机构，并大都设有办事机构（主要挂靠教育行政部门或者团委）。此次未保法修订，明确规定设置中央和地方未成年人保护委员会将很可能被最终修订的未保法所接受。

参考国外经验，在政府设立青少年部（局）负责未保法的贯彻执行是一种理想的做法，但是青年局的普遍设置在短期之内是难以实现的。尽管共青团组织实际分担了政府青少年事务管理、未成年人权益保护的职责，但是它毕竟是群众性组织，而非政府部门，不宜直接作为未保法的执法机构。因此，规定中央和地方设置未保委，并明确规定必须设置相应常设办事机构（原则上设置于共青团组织），是一种现实和可行的方案。

五、法典结构及与其他法律的和谐

1991年未保法基本上是按照未成年人的生存空间来组织法典的基本结构。即按照未

---

〔1〕 如团中央书记赵勇在全国法院系统优秀"青少年维权岗"首批命名仪式上的讲话（1998年3月18日）中指出："我国现有近4亿青少年，其中少年有1.3亿，还有0.8亿外来务工人员，其中青年占绝大多数。他们在生存、发展问题上经常面临严峻的挑战，如果不及时维护他们的权益，势必会影响他们的健康成长。"外来务工人员大多数均超过18周岁。

成年人与该生存空间的紧密程度，由紧至松的顺序组织法的基本结构：第一空间家庭——家庭保护，第二空间学校——学校保护，第三空间社会——社会保护，第四空间（特殊空间）司法——司法保护，这是一种对未成年人全面保护的理想化思路。从表面上看，这种立法模式，似乎没有遗漏任何角落式地将未成年人置于严密的保护网络之中。

但是，从1991年未保法的规定来看，很明显这一网络虽然容易造成视觉上的幻觉，但实际上却是疏漏百出的。例如，第二章"家庭保护"所规定的5个条文，都是对家庭功能基本正常的未成年人的保护，而恰恰遗漏了最需要给予保护的处在家庭功能不全状态的未成年人的保护，如无父母监护人之未成年人的保护、父母关系不和谐家庭中未成年人的保护等。再如第三章"学校保护"也大都是规范学校、学生关系处在正常状态下的未成年人保护问题，而恰恰对于在学校（强势方）与未成年学生（弱势群体）关系不和谐，特别是发生利害冲突时如何保护未成年人，没有做明确的规定。第四章"社会保护"则以兜底立法式，将前两章不适宜放入的内容混杂的囊括其中。司法保护一章则仅涉及司法组织、程序，而对于最核心的实体法问题，则基本没有涉及。此外，由于完全按照未成年人所处空间来组织法典结构，没有明确的执法机构，因此除了疏漏之外，1991年未保法也难以避免地存在着"泛"而"无力"的不足。

团中央未保法修订小组曾经提出的修订草案，从强化政府未成年人保护责任的角度，打破纯粹的空间式立法，把"政府保护"从"社会保护"中分离出来，置于"家庭保护"之前，并增设了"未成年人保护委员会"一章。同时，较大幅度地充实了家庭保护、学校保护、社会保护等章节的内容，这将在一定程度上解决1991年未保法泛而无力的弊端。这种在空间式保护立法的基础上，强化保护措施实际落实的法典结构设计思路，可以进一步研究。

未保法的内容设置，是一个具有挑战性的课题，它至少面临着两个最大的挑战：一是如何把按照传统法学观点看来性质各异的各种法律规范（如民法、行政法、刑法等）和谐地融为一体；二是如何与已有的涉及未成年人的法律规范（如《民法通则》、《婚姻法》、《继承法》、《收养法》等，特别是正在起草的《民法典·亲属编》）相协调。未保法应当规定什么？不宜规定什么？如何既保持未保法内部的和谐，同时又与其他涉及未成年人权益保护的法律相协调？未保法的立法空间何在？总之，如何保持未保法内容的内外和谐，这仍然是此次修订未保法所要努力解决的问题。

内部和谐问题，主要取决于法典结构的合理设计。法典的"空间式"保护立法结构能够较为有效的解决未保法的内部和谐问题，但是也许也正因为如此而增加了未保法与其他涉及未成年人法律协调的难度。例如，家庭保护一章的内容必然与《婚姻法》、《继承法》等民法中婚姻家庭类法律的内容重叠，学校保护一章的内容必然与《义务教育法》、《教育法》等教育类法律的内容重叠，社会保护一章的内容必然与治安管理等类别的法律相重叠，政府保护一章的内容必然与行政组织法等类型法律相重叠，司法保护一章的内容必然与《刑法》、《刑事诉讼法》等法律相重叠，未保法应当如何协调、取舍？

这一问题的解决有赖于未成年人法学研究的发展和成熟，本文试提出几点初步的、不成熟的想法。

可以参考制定宪法的思路，将未保法的立法重点定位于规定未成年人保护的一些根本性问题，如基本原则、未成年人保护机构、未成年人权益的范围、各主要未成年人保护主体的保护义务等。考虑到未保法与现有法律和未来立法的协调，还宜侧重于规定对处于困境或者有处于困境危险未成年人的权益保护，致力于为未成年人（特别是处于困境或者有处于困境危险未成年人）提供自然的成长环境。

结合各章节内容，具体分析如下：（1）政府保护章，主要明确与未成年人权益密切相关政府各部门的保护义务，以及督促义务履行的措施。（2）家庭保护章，主要规定父母、监护人的保护义务，为处非正常家庭状态下的未成年人创造正常的家庭环境，如父母危害未成年人权益行为的预防与惩罚、无父母未成年人的监护、婚姻变动未成年人的保护等。对于一般的亲属法律问题，则交由民法去规定。（3）学校保护章，主要规定学校侵害未成年人行为的预防与惩处、学校与未成年人发生利害冲突时如何保护未成年人权益等，而将一般的学校管理、教育问题交由教育法规定。（4）社会保护章，主要规定不利于未成年人健康成长的不良社会环境形成的预防与惩处，而将一般的社会管理内容交由治安管理等法律去规定。（5）司法保护章，主要规定侵害未成年人权益案件、涉及未成年人权益家事案件的处理，而将未成年人违法犯罪案件的处理问题交由未来少年司法法去规定。

（载《当代青年研究》2006 年第 3 期）

第三十五章

《未成年人保护法》2006年的修订及其重大进展

2006年12月29日，十届全国人大常委会第25次会议表决通过了《未成年人保护法》（修订草案），修订后的《未成年人保护法》（简称新法）将自2007年6月1日起施行。

在法律制定、修订频繁的今天，《未成年人保护法》的修改显然远不如宪法、物权法、刑事诉讼法等所谓重大法典的修改、制定那样引起社会各界的广泛关注与热烈讨论。可以说它仅仅是当代中国法治进程中一个平凡的事件——尽管它直接与3.41亿人口（这一人口比重超过全国总人口的1/4）[1]的权益密切相关，间接与每一个成年公民密切相关。

一、条文的主要变化

《未成年人保护法》的修订大约持续了两年半的时间。在全国人大常委会结束对《未成年人保护法》、《预防未成年人犯罪法》执法检查的背景下，2003年底，十届全国人大常委会五年立法规划将修订《未成年人保护法》列入其中，并明确全国人大内务司法委员会为牵头修订起草单位。2004年下半年，修订起草工作正式启动。修订工作大致经历了四个阶段：委托共青团中央调研起草阶段（2004年7月~2005年1月）、内务司法委员会研究起草阶段（2005年3月~2006年1月）、广泛征求意见，进一步研究修改阶段（2006年2月~8月）、全国人大常委会审议阶段（2006年8月~12月）。[2]全国人大内务司法委员会先后形成修订草案11稿后提交全国人大常委会审议，在经过三审后获得正式通过。

此次《未成年人保护法》的修订是该法自1992年1月1日正式实施15年后的首次修订，但从法条的增删、变动情况来看，其修改幅度之大是法律修订中所并不常见的。据统计，新《未成年人保护法》从旧《未成年人保护法》的56条增加到了72条，去除

---

〔1〕 根据国家统计局2005年全国1%人口抽样调查结果推算，我国未成年人约有3.41亿，约占全国总人口13.08亿的26.1%。

〔2〕 详见于建伟："未成年人保护法修订的背景、过程及重要意义"，载http://www.npc.gov.cn/zgrdw/common/zw.jsp? label=WXZLK&id=356288&pdmc=110118。

所删除的旧条文，其中新增的条文达 25 条，约占新法总条文数的 35%。而保留的另外 47 条中，有 32 条进行了实质性的修改，11 条进行了文字性修改，完整保留旧未保法的条文实际仅 4 条。从法条变动的角度看，此次修订《未成年人保护法》的确可以说是"一次全面的修订"[1]。

第一章总则部分的修改显著地体现在两个方面。首先是增加了第 3 条的规定："未成年人享有生存权、发展权、受保护权、参与权等权利，国家根据未成年人身心发展特点给予特殊、优先保护，保障未成年人的合法权益不受侵犯。未成年人享有受教育权，国家、社会、学校和家庭尊重和保障未成年人的受教育权。未成年人不分性别、民族、种族、家庭财产状况、宗教信仰等，依法平等地享有权利。"

从这一条文可见新法相对旧法的两大显著变化：一是明确和突出了未成年人所应享有的四大特殊权利——生存权、发展权（基于未成年人阶段的特点，将受教育权单独作了强调）、受保护权和参与权，而旧法没有明确未成年人享有哪些需要特别保护的权利。在今天看来，作为未成年人权益保护法典竟存在这样的缺失是十分令人费解的。[2]二是尊重未成年人身心发育不成熟、自我保护能力弱等特殊性，明确了国家对未成年人的权利应进行"特殊、优先"保护和"非歧视性"保护的义务，这也是旧法所没有的。

总则部分的另一个醒目变化体现在第 7 条上："中央和地方各级国家机关应当在各自的职责范围内做好未成年人保护工作。国务院和地方各级人民政府领导有关部门做好未成年人保护工作；将未成年人保护工作纳入国民经济和社会发展规划以及年度计划，相关经费纳入本级政府预算。国务院和省、自治区、直辖市人民政府采取组织措施，协调有关部门做好未成年人保护工作。具体机构由国务院和省、自治区、直辖市人民政府规定。"

早在《未成年人保护法》制定时期，关于政府在未成年人保护中的角色与地位，特别是关于是否应当设置专门的未成年人保护机构问题成了争议的焦点。尽管设置专门未保机构的呼声很大，但由于对这一问题的讨论涉及政府编制与经费这一敏感问题，旧法最终妥协、勉强地作出了"国务院和省、自治区、直辖市的人民政府根据需要，采取组织措施，协调有关部门做好未成年人保护工作"的含糊规定。尽管旧法将未成年人保护确定为成人社会的共同责任，但由于没有明确的执法主体，15 年来《未成年人保护法》在未成年人保护中所发挥的作用因此而大打折扣，强制性差也由此成为《未成年人保护法》的重要特征和启动此次修订工作的重要原因之一。

新法第 7 条规定是在放弃团中央草案中专设"未成年人保护委员会"和"政府保护"两章后折中的结果，尽管似乎离许多人的期待有较大的差距，但本条规定在强化政府未成年人保护责任以及保障政府未成年人职责的实现上所取得的进步是十分不易和颇值赞赏的。首先，在政府采取组织措施协调有关部门做好未成年人保护工作上，去除了

---

〔1〕 于建伟："未成年人保护法修订的背景、过程及重要意义"，载 http://www.npc.gov.cn/zgrdw/common/zw.jsp? label = WXZLK&id = 356288&pdmc = 110118.

〔2〕 当然，如果从旧未成年人保护法"未成年人（行为）控制"的立法思路去探究，则这样的"疏漏"亦并不难理解，下文将对此做进一步的分析。

"根据需要"这一弹性规定,使得政府采取组织措施成了强制性的规定。其次,更为重要的是,增加了"将未成年人保护工作纳入国民经济和社会发展规划以及年度计划,相关经费纳入本级政府预算"的刚性条款,明确政府应当为未成年人保护提供专门的经费保障。有了这样的规定,法律条文中是否出现未成年人保护委员会、是否设政府保护专章,实际上已经并不特别重要。因为,如果政府再不明确或者新设置专门的未成年人保护"具体机构"、在国民经济和社会发展规划和年度计划中缺乏未成年人保护的内容,以及不在政府预算中设置未成年人保护经费,都将成为违法的行为。

家庭保护章的变化主要体现在增加或者强化了如下三个方面的内容:一是要求监护人创造良好、和睦的家庭环境,依法履行监护职责和抚养义务,不得有实施家庭暴力等侵害未成年人权益的行为;二是针对许多父母缺乏家庭教育技能的状况,要求父母或者其他监护人应学习家庭教育知识、提高家庭教育的能力,并规定有关国家机关和社会组织应为未成年人父母或其他监护人提供家庭教育指导;三是规定父母或者其他监护人应当尊重未成年人的参与权,即应当根据未成年人的年龄和智力发展状况,在作出与未成年人权益有关的决定时告知其本人,并听取他们的意见。此外,针对留守儿童缺乏监护现象突出,带来许多社会问题的情况,新法还新增了在父母因为外出务工等原因不能履行监护职责时,应当委托有监护能力成年人代为监护人的规定,以避免出现未成年人家庭监护的盲点。

学校保护章的修改,具有回应社会热点,试图通过立法解决当前学校领域在未成年人保护中所存在的重大问题的特点。具体而言主要体现在三个方面:一是针对应试教育的弊端,规定学校应当实施素质教育,并吸收了地方未成年人保护法规中减轻学生课业负担,保证未成年学生休息、娱乐锻炼时间的规定;二是针对近年学校安全问题突出的情况,强化了有关学校安全的规定,全面地涉及了学校应建立安全制度、开展安全教育、制定突发事件预案,直至发生安全事件后的救助报告等。三是针对当前工读学校发展的困境,增加了"地方人民政府应当保障专门学校的办学条件,教育行政部门应当加强对专门学校的管理和指导,有关部门应当给予协助和配合"的规定,试图为工读学校的生存和发展提供法律保障。值得注意的是,为了避免工读学校标签的负面效应,新法将工读学校改称"专门学校",并把将由严重不良行为的学生送专门学校接受教育作出了只有在"无力管教或者管教无效"后才能使用的措施的限制。

在社会保护一章中,新法增加了净化未成年人成长社会文化环境及校园周边环境、优化和保障未成年人活动场所、禁止对未成年人实施性侵害等危害未成年人行为、保障弱势未成年人权益等规定。与旧法一样,本章规定仍然具有"口袋章"的特色,体现了把不适合规定于家庭保护、学校保护、司法保护章但与未成年人保护密切相关的内容纳入,以及针对社会热点、未成年人权益保护热点问题立法的特点。校园周边环境、儿童性侵害、流浪儿童等近些年来未成年人保护领域中所出现的热点问题,均在本章中做出了相应的规定。

司法保护章的修改则具有将狭义的司法保护,扩充为广义司法保护的特色。即将旧法司法保护章主要规定对违法犯罪未成年人的特殊保护,扩充到涉及未成年人权益的司法保护，重点增加了侵权案件中应对未成年人进行特别保护的规定。旧法司法保护章共 8 条，其中 7 条是关于触法未成年人特别司法保护的规定，内容涉及对违法犯罪问题成年人的基本方针原则、少年司法的主要流程等，虽然较为疏漏，但仍具小"少年法"的特点。新法则明确要求司法机关在司法活动中涉及未成年人的，均应保护未成年人权益。并具体提出了根据未成年人特点和健康成长需要及时审理未成年人权益受害案件、依法给予法律援助和司法救助等。考虑到与刑事诉讼法修订草案强化了未成年人特别程序的规定，新法简化了有关未成年人刑事诉讼程序的规定。

15 年来，我国法制建设有很大的发展，许多与未成年人保护有关的法律出台或者修改。因此，法律责任章的修改首先体现在与这些法律的协调与衔接上，例如第 60 条、69 条、71 等。与增加的条款相适应，法律责任章相应补充了新的规定。例如，第 66 条、67 条等。综观法律责任章的修改，尽管修订者试图体现增强"法律的强制性、可操作性和与其他法律的衔接性"[1]的思路，从法条变动来看此章的增删也确较多，但就回应增强《未成年人保护法》的"可操作性"呼声而言，新法与旧法相比似乎并没有多大实质性的改变。实践中，例如法院在审判案件时，仍然难以直接引征《未成年人保护法》处罚侵犯未成年人权益的行为，而仍需要其他具体的法律、法规配套落实。

二、新法的重大进展

从上述变化来看，新法相对旧法而言，至少在以下几大方面取得了颇值称道的重大进步：

第一，从控制走向尊重，法典精神得到了重大提升。《未成年人保护法》的制定有着浓厚的治理青少年犯罪的背景，回顾未成年人保护立法的过程，并不难发现控制青少年犯罪是制定这部法律的原动力，《未成年人保护法》正是基于青少年犯罪是因为未成年人没有得到有效保护以及应采用综合治理刑事政策的认识下出台的。[2]尽管隐蔽而又迂回，旧《未成年人保护法》对这一立法思路的体现仍是十分明显的。例如总则部分强调未成年人保护的共同责任；法典结构上采用家庭保护、学校保护、社会保护、司法保护的综合"保护"体系，并在这四大保护体系中重点对于与未成年人违法犯罪有关联的环节进行了规定，其中尤其以司法保护采用狭义为突出。

尽管是在"保护"的名义下，旧《未成年人保护法》似乎更像体现的是对于未成年人控制的意图。在这些打着"保护"旗帜的条文下，未成年人作为权利主体以及独立个体的人格、思维、行为等特点并没有得到应有的尊重。例如旧法第 1 条即毫不掩饰地宣称要"把他们培养成为"有理想、有道德、有文化、有纪律的四有"完人"。虽然名为"未成年人保护法"，但却在没有确立未成年人基本权利、特别是权利特殊性的情况下，即在第 3 条中直接将未成年人确立为被教育的对象。在第 4 条确立保护未成年人工作应当遵循的原则中，又规定了"教育与保护相结合"的原则，再次对未成年人是成人教育

---

〔1〕 于建伟："未成年人保护法修订的原则、思路和主要内容"，载 http://www.npc.gov.cn/zgrdw/common/zw.jsp? label = WXZLK&id = 356270&pdmc = 1129.

〔2〕 参见姚建龙：《长大成人：少年司法制度的建构》，中国人民公安大学出版社 2003 年版，第 293～301 页。

的对象进行了强调，然后才在第5条中规定了未成年人保护是成人社会的共同责任。

虽然未成年人身心发育不成熟、社会化还没有完成，需要成人社会的保护和净化其成长的环境，但这并不意味着未成年人是没有独立人格、尊严、心智、思想的客体，也并非成人社会任意"保护"、"塑造"的对象。成人社会在承担起保护未成年人、净化未成年人成长环境的时候，应当对未成年人权利的特殊性、身心的特殊性、人格尊严、思想、意见等给予应有的尊重，这样的"儿童观"才是应当贯穿于未成年人保护立法中的现代儿童观。

新法在儿童观的革新上所取得的进步可谓革命性的。首先，增加和确立了未成年人最应享有的四大权利——生存权、发展权、受保护权和参与权，以及国家对此四大权利的保障义务和非歧视性义务，并在条文顺序上，将之列为第3条。其次，去除"塑造论"的痕迹，尊重未成年人成长的自然规律和身心特点。例如在立法目的中删除了"把他们塑造成为……"（第1条）的话语、增加了"学校应当与未成年学生的父母或者其他监护人互相配合，保证未成年学生的睡眠、娱乐和体育锻炼时间，不得加重其学习负担"（第20条）的规定等。再次，尊重儿童权利和独立个体的新儿童观，贯穿于各章的修改之中，其中最显著的体现莫过于对未成年人参与权的保障条款的增设上。例如在家庭保护章中，新增第14条规定"父母或者其他监护人应当根据未成年人的年龄和智力发展状况，在作出与未成年人权益有关的决定时告知其本人，并听取他们的意见"，在礼制传统实际仍根深蒂固于家庭领域的中国，这样的规定具有"颠覆"性的意义。社会保护章中，新增"全社会应当树立尊重、保护、教育未成年人的良好风尚，关心、爱护未成年人"（第27条）的规定统领全章，"尊重"显著地摆在了"保护"和"教育"之前。司法保护章中则增加了"人民法院审理离婚案件，涉及未成年子女抚养问题的，应当听取有表达意愿能力的未成年子女的意见"（第52条第2款）的规定。尊重未成年人身心特殊性，规定特殊保护、优先保护，同时并不因为未成年人相对不成熟而抹杀未成年人的独立人格、思想，而是尊重未成年人作为独立个体的存在。从这个意义上来看，《未成年人保护法》的修改的确可以称为"我国未成年人保护立法新的里程碑"[1]，是我国法治建设的重大进步。

第二，严密了未成年人保护网络。在法典的结构上，新法仍然维持了旧法按照未成年人的生存空间来组织法典的基本结构，即按照未成年人与该生存空间的紧密程度，由紧至松的顺序组织法的基本结构：第一空间家庭——家庭保护（第二章），第二空间学校——学校保护（第三章），第三空间社会——社会保护（第四章），第四空间（特殊空间）司法——司法保护（第五章），并针对这些空间中的未成年人保护主体进行立法规范，这样的法典结构设计体现的是对未成年人进行全面保护的思路。[2]从新法对于四大保护内容的修改来看，体现了强化对未成年人进行全面保护的思路，试图填补由于15年的社会变迁而出现的未成年人保护漏洞，以严密未成年人保护网络。其中最显著者

---

〔1〕 于建伟："未成年人保护法修订的背景、过程及重要意义"，载 http://www.npc.gov.cn/zgrdw/common/zw.jsp?label=WXZLK&id=356288&pdmc=110118.

〔2〕 参见姚建龙："未成年人保护法修订思路与建议"，载《当代青年研究》2006年第3期。

莫过于根据互联网普及的社会变化，加强了对未成年人生存的第五空间——网络空间（信息空间）的保护。例如，家庭保护章中在第 11 条规定父母或者其他监护人应当预防和制止未成年人沉迷网络；社会保护章中第 33 条规定国家要采取措施，预防未成年人沉迷网络，第 36 条将互联网上网服务营业场所列为不适宜未成年人活动的场所禁止在中小学校园周边设置；司法保护章中在第 58 条规定网络亦属于不得披露犯罪未成年人资料的媒体范围等。此外，对于随着社会发展而出现的留守儿童监护空白、流浪儿童救助盲点等，亦进行了弥补。

第三，正式确立了"政府主导、司法保障，家庭、学校、社会三位一体"[1]的未成年人保护机制。除了严密未成年人保护网络外，新法还提高了这一网络架构的科学性和运作的有效性。尽管旧法规定了未成年人保护的共同责任原则，并初步建立起了家庭、学校、社会、司法四位一体的未成年人保护网络，但是并没有明确未成年人保护的主导者和督促者，因而在很大程度上造成了谁都有义务保护未成年人，但谁都可以不保护未成年人的尴尬局面，这已为《未成年人保护法》实施 15 年的实践所印证。新法则将政府置于未成年人保护的主导地位，强化了其职责，并做出了刚性的约束和经费的保障。同时，将狭义的司法保护扩充为广义的司法保护，为未成年人保护提供了完善的最后保障线，由此正式建立了结构合理、功能健全的"政府主导、司法保障，家庭、学校、社会三位一体"的未成年人保护机制。我们有理由相信，改革后的未成年人保护机制运作的有效性，将会大大提高。

第四，加强了与国际儿童保护规则的衔接。有趣的是，12 月 29 日——全国人大常委会通过《未成年人保护法》修订草案的时间，也是 15 年前批准《儿童权利公约》的时间。不管是偶合，还是特意的安排，这也从一个侧面体现了新法加强与国际儿童保护规则衔接的思路。《儿童权利公约》是迄今为止签字国最多的国际公约[2]，也是最重要的国际儿童保护规则，在国际儿童保护法律体系居于核心地位。《未成年人保护法》是我国最重要的未成年人保护法规，同样在我国未成年人保护法律体系中居于核心地位，也被认为是对《儿童权利公约》所确立的国际儿童保护规则最重要的体现。但由于《未成年人保护法》的制定与我国正式批准《儿童权利公约》之间存在时间差等原因，《未成年人保护法》对《儿童权利公约》的基本精神和主要条款的"国内化"方面，仍存在一些不足。新法在与以《儿童权利公约》为核心的国际儿童保护规则的国内化方面做出了重大的改进：首先，将《儿童权利公约》规定儿童最基本需求的权利条款（第 1 至第 41 条，也被称为实质性条款）浓缩为四大权利：生存权、受保护权、发展权、参与权，并在第 3 条第 1 款做了明确规定。其次，将《儿童权利公约》的三项基本原则——18 岁原则、无歧视原则和儿童最大利益原则的基本精神均吸收进了《未成年人保护法》。旧法仅规定了 18 岁原则（第 2 条），新法则增加了无歧视原则（第 3 条第 3 款），并将《儿童权利公约》所规定的儿童最大利益原则具体化为"特殊、优先保护"

---

〔1〕 于建伟："未成年人保护法修订的原则、思路和主要内容"，载 http://www.npc.gov.cn/zgrdw/common/zw.jsp? label = WXZLK&id = 356270&pdmc = 1129.

〔2〕 迄今为止，世界上只有美国和索马里两个国家没有签署《儿童权利公约》。

原则，规定于第 3 条第 1 款中。[1]

此外，加强了与国内其他部门法的衔接和协调、将实践中所探索的未成年人成熟经验予以法律化、全面回应了近些年来未成年人保护领域所出现的热点问题等，也是此次修法的显著进展。

三、我国未成年人保护立法的未来

2003 年 7 月，全国人大常委会执法检查组在对《未成年人保护法》、《预防未成年人犯罪法》执法检查的报告中指出："检查过程中，不少地方反映，《未成年人保护法》已颁布 12 年，有些规定已经不适应当前的情况，有些规定过于原则，缺乏可操作性。"[2]根据社会变迁适应未成年人保护发展的需要，增强《未成年人保护法》的刚性和可操作性，是本次修法的主要动因，也是最期待的进步。从新法内容的变动来看，前一个目的得到了很好的实现，但增强《未成年人保护法》的刚性和可操作性的期待是否实现了呢？如果仅从法条变动来看，我们很似乎难给出肯定性的答案。

期待《未成年人保护法》成为一部可操作性强调刚性法典是一种误区和不可能实现的诉求。"未成年人权益保护非常广泛，涉及面十分宽广，寄希望于一部未保法来规范所有未成年人权益保护问题，同时要求这一法律能够具有理想的可操作性，既是不现实，也是与未保法的法律性质与特点所不相符合的。未成年人法律保护的使命，应当致力于建设未成年人保护法律体系来实现，其可操作性问题，应当（也只能）由不断完善的未成年人保护法律体系来实现。"[3]在这一特殊的法律体系中，作为未成年人保护基本法典的《未成年人保护法》应基于"小宪法"的地位，它只适于规定涉及未成年人权益保护的基本原则和重大问题。也就是说，《未成年人保护法》"可操作性"差，是可以理解的，也恰恰体现了她作为未成年人保护基本法典的特征。

目前，立法机关一般把《未成年人保护法》同老《年人权益保障法》（关工委等）、《妇女权益保障法》（妇联等）、《残疾人保障法》（残联等）等共同列入对社会弱势群体进行特别保护的社会法之中，这是值得商榷的。老年人、妇女、残疾人，可以成为一个利益表达共同体，他们能够表达自己的利益诉求。同时他们也可以成为一个利益奋斗体，他们可以为自己的权益进行斗争，也拥有对立法当局施加影响的能力。而未成年人作为与成年人对应的特殊群体，其权益的维护几乎完全依赖于成人社会的自律与自觉，

---

〔1〕 由于《儿童权利公约》所规定的"儿童最大利益原则"对于什么是儿童最大利益没有明确等原因，新法没有采用"儿童最大利益"的表述方式，而是采用了"特殊、优先保护"的规定。我认为，尽管相对儿童权利公约的规定而言，更为具体和落实，但其内涵和法律要求似乎要低于"儿童最大利益原则"的表述。什么是儿童最大利益？儿童权利公约并没有明确，实际上也无法明确，因为这需要在具体的事件中才能明确。更为重要的是，它要求成人及相关部门在涉及儿童权益的事项中，本着"良心"来衡量和努力。这与"自由心证原则"的要求是一致的，尽管看上去有些唯心，但其实是一种更高的要求。而特殊、优先保护的要求对于维护儿童利益的作用将大打折扣，因为特殊和优先保护是相对而言的，也并不要求维护者本着善良的动机。

〔2〕 顾秀莲："全国人大常委会执法检查组关于检查《中华人民共和国未成年人保护法》实施情况的报告"，载《全国人民代表大会常务委员会公报》2003 年第 5 期。

〔3〕 姚建龙："未成年人保护法修订思路与建议"，载《当代青年研究》2006 年第 3 期。

甚至是善心。从这个意义上可以说，《未成年人保护法》与老年人、妇女、残疾人权益保护法有着本质的差别，未成年人保护法律体系不应与妇女、老年人、残疾人保护法混同，而应成为一个特殊的、独立的法律部门——儿童法（或者称为未成年人法）。

根据我国立法的特点，在相当长的时期内，这一法律体系的完善可以采用总分式的立法进路，即在《未成年人保护法》这一基本法典的统领下，在其他涉及未成年人权益的法律、法规之中，尽量细致地制定有关未成年人保护条款，在一些重大的法典中应当尽量辟出专门的篇章或节，对有关未成年人的特别事项作出规范和保护。条件成熟和实践急需的，则可以进行专项立法。例如，针对少年司法可以参考日本、德国等国家制定统一的"少年司法法"。

最近一些年，一些省市在制定关涉未成年人利益的地方性法规过程中，采取了邀请未成年人参加立法的做法。例如，2004 年上海市在重新制定《上海市未成年人保护条例》过程中，邀请了 20 名中小学生代表参加立法工作专题座谈会，立法者与他们"倾心畅谈、直面交流"[1]；再如，广东在制定《广东省预防未成年人犯罪条例》过程中专门聘请了 11 名未成年人参与立法起草过程。而且有证据表明，未成年人在参与这些立法的过程中，他们的意见得到了一定的尊重。尽管由于未成年人参与立法的经验不足以及媒体过于"卖力"地宣传和介入，令人有"作秀"之感，也有人怀疑这些未成年人是否有参与立法的能力以及他们的意见是否真的会得到成人主导的立法机关的尊重，但必须肯定的是，听取法律利益相关者的意见，并给予与其年龄和成熟程度相适应的尊重，应当成为今后我国未成年人立法所采取的做法，因为"未成年"不足以成为否弃这一"正当"立法程序的理由。

新法最后一条选取了 6 月 1 日国际儿童节这样一个特殊的日子作为正式施行的时间，表达了立法者希望未成年人保护能够给孩子带来安宁和快乐的美好祝愿。然而，孩子绝不会仅仅因为《未成年人保护法》的修订而快乐，侵害未成年人权益的现象也并不会仅仅因为《未成年人保护法》的修订而自动减少。《未成年人保护法》所倡导的尊重孩子、净化孩子成长环境的精神，以及要求成人社会担负起未成年人保护的职责、禁止侵害孩子权益的规定还需要从法条转化为切实的行动。祝愿新法的施行能够促进"尊重、保护和教育"未成年人的社会环境早日形成。

（载《当代青年研究》2007 年第 5 期）

---

　　〔1〕　黄达明、倪娜："上海，首次请未成年人参与立法"，载 http://www.npc.gov.cn/zgrdw/common/zw.jsp?label = WXZLK&id = 334326&pdmc = rdzz.

第三十六章

论《预防未成年人犯罪法》的修订

预防未成年人犯罪之重要性与必要性毋庸赘言。从国际社会来看，联合国制定了专门的《预防少年犯罪准则》（利雅得准则）指导各国预防未成年人犯罪工作。建立专门的未成年人犯罪预防机制也是各国的通常做法，例如美国设有专门的少年犯罪与少年司法署（OJJDP）指导全美少年犯罪与少年司法工作。瑞典成立了全国犯罪预防委员会，并将预防未成年人犯罪作为其核心职责。英国在全英格兰与威尔士设有青少年犯罪服务中心（Youth Offending Services），预防犯罪也是这一组织的首要职责。我国亦于1999年颁布了《预防未成年人犯罪法》，并于2001年1月在中央综治委专门设置了预防青少年违法犯罪工作领导小组（2011年9月改建为预防青少年违法犯罪专项组）负责指导全国预防青少年违法犯罪工作[1]，地方省市也相应在综治部门设置了预防青少年违法犯罪领导协调机构。

我国未成年人犯罪形势在总体上呈现严峻的态势。从绝对数来看，1990年人民法院所判决的不满18周岁的未成年犯人数为42 033人，到2009年已经增长到77 604人。从比率数来看，1990年不满18周岁未成年犯占青少年罪犯的比率为12.64%，到2009年这一比率增长到25.69%。尽管最近几年未成年人犯罪人数有所下降，但一些典型事件暴露出我国对未成年人罪错行为缺乏必要和科学的干预机制，引起广泛的社会关注和对我国预防未成年人犯罪制度"硬伤"的反思。例如2011年李某某因纠纷谩骂、殴打他人并损毁他人驾驶的车辆，虽然未达到刑事责任年龄但被收容教养一年，收容教养的适用引起广泛争议。解除收容教养后，又于2013年再犯轮奸案，终被判处十年有期徒刑。李某某案暴露出我国对于未达到刑事犯罪程度的未成年人罪错行为，尚缺乏合法和科学的干预机制。再如2013年发生的重庆十岁女孩摔打三岁男童事件，由于十岁女孩未达到刑事责任年龄，警方一放了之而未采取必要的预防措施，同样引起重大争议。

---

〔1〕 预防专项组共有22个成员单位，包括中央综治办、教育部、中宣部、最高法、最高检、公安部、司法部等，团中央为组长单位。根据中央综治委确定的专项组职责任务，预防专项组现阶段共有12项重点工作，包括：加强青少年法制教育，加强青少年思想道德教育，推动未成年人有关法律法规完善和实施，深入开展"扫黄打非"工作，建设绿色互联网，建设并用好专门学校，加强对有不良行为青少年的教育、帮扶、矫治、管理，加强对闲散青少年的排查联系和服务帮助，建立流浪未成年人救助机制，完善服刑在教人员未成年子女关爱服务体系，完善农村留守儿童关爱服务体系，完善对未成年犯罪人员的司法保护制度。

在这样的背景下，修订《预防未成年人犯罪法》，完善我国预防未成年人犯罪机制，不仅仅是一种理论论证，也已成为一种社会舆论的诉求。

一、一部"特殊"的法律？

然而，1999 年 6 月 28 日九届全国人大常委会十次会议通过的《预防未成年人犯罪法》是一部从诞生开始就略显"特殊"的法律。这种特殊性不仅仅表现在立法思路的模糊上，还表现在法典结构的逻辑混乱上。如果不对这两个核心问题予以厘清，单纯的论证《预防未成年人犯罪法》修订的必要性或者具体条文的增删，只能沦为对热点事件的简单回应，这样的法律修订无法解决我国预防未成年人犯罪机制所存在的硬伤。需要特别声明的是，本文反思《预防未成年人犯罪法》所存在的问题——甚至是立法思路模糊与法典结构逻辑混乱这样的根本性问题，并不意味着对这部法律实施十余年来积极意义的否定。[1]

（一）立法思路的模糊

一部法律从列入全国人大立法规划到草案进入人大常委会正式审议程序三变其名，而且调整对象也三次修改，这在我国立法史上应属罕见，而《预防未成年人犯罪法》就是经历这样一个特殊过程而出台的法律。最初，列入全国人大常委会立法规划的名称是《预防青少年犯罪法》，在全国人大常委会第一次审议立法草案时改为《预防少年违法行为法》，第二次审议时再次修改为《预防未成年人犯罪法》。这部法律的调整范围，也从最初的"青少年犯罪"，在第一次审议后改为"少年（年满 14 周岁不满 18 周岁）违法行为"，在第二次审议后再次调整为"未成年人犯罪"。[2]这样的多次重大变化，至少折射出立法机关关于这部法律的立法思路曾经并未考虑成熟，而这种立法思路的不成熟性在正式通过的《预防未成年人犯罪法》法典结构与基本内容中，也都有较为明显的体现。而在理论界对该法草案的讨论过程中，就曾经存在一种严厉的批评意见，认为"《草案》法条大多系老生常谈或其他法律、法规已有规定，既缺乏超前性，又没有充分显示其独立存在的价值"，"鉴于已有《未成年人保护法》，可将有关内容纳入其中，修订、充实《未成年人保护法》，不搞两个并列的法"。[3]

未成年人犯罪是各国面临的共同社会问题，在这一问题上各国经验与做法较少受到

〔1〕 时任全国人大常委会副委员长、中央综治委预防青少年违法犯罪工作领导小组组长李建国曾于 2009 年在"《预防未成年人犯罪法》十周年"座谈会上将这部法律积极的作用做了如下概括：为预防未成年人犯罪工作提供了法律保障，有效遏制了未成年人犯罪的势头，促进了齐抓共管的预防未成年人犯罪工作格局的形成，为未成年人健康成长营造了良好社会环境。参见《青少年犯罪问题》编辑部："纪念《预防未成年人犯罪法》颁布十周年"，载《青少年犯罪问题》2009 年第 4 期。

〔2〕 参见侯宗宾：《关于〈中华人民共和国预防少年违法行为法（草案）的说明〉》（1998 年 4 月 26 日）、《全国人大法律委员会关于〈中华人民共和国预防少年违法行为法（草案）〉修改情况的汇报》（1999 年 4 月 24 日）、《全国人大法律委员会关于〈预防未成年人犯罪法（修改草案）〉审议结果的报告》（1999 年 6 月 18 日）；王维澄：《关于预防未成年人犯罪法（草案三次审议稿）、澳门特别行政区驻军法（草案二次审议稿）和公益事业捐赠法（草案二次审议稿）修改意见的报告》（1999 年 6 月 28 日）。

〔3〕 郝宏奎："《中华人民共和国预防少年违法行为法（草案）》（深圳）讨论意见综述"，载《公安大学学报》1998 年第 4 期。

政治、历史、文化等因素的影响。但从横向比较来看，国外罕见类似我国这种专门性的、宏观性的预防未成年人犯罪立法。在各国立法中，通常有两部被认为是有关预防未成年人犯罪最为核心的法律：一是儿童福利法，即明确国家对于未成年人的福利职责与措施，通过建立儿童福利制度为未成年人健康成长提供福利保障。从预防犯罪的角度看，这样的立法思路正是李斯特"最好的社会政策就是最好的刑事政策"思想的体现；二是司法型的少年法[1]，规定干预未成年人罪错行为的具体措施，这种干预通常是由专门的少年审判机构（如少年法院、家庭法院等），通过司法程序的方式决定。制定司法型少年法的传统是由美国伊利诺伊州于1899年开创的，并在20世纪通过少年法院运动影响了世界各国。司法型少年法除了建立以"五个专业"[2]为特点的少年司法制度外，另一个显著特点是基于提前干预的预防思路，扩大了国家干预未成年人罪错行为的范围，即不仅仅干预触犯刑法的犯罪行为，还干预可能导致未成年人犯罪的"前犯罪行为"。所谓"前犯罪行为"通常包括可能导致犯罪的未成年人"虞犯行为"，以及虽然触犯刑法但因为未达到刑事责任年龄等因素而不认为是犯罪的"触法行为"。例如日本少年法第3条规定，以下三类少年交付家庭法院审判：一是犯罪的少年；二是未满十四周岁的触犯刑罚法令的少年；三是具有不服从监护人正当监护恶习等事由，从其品性或环境来看被认为将来有可能犯罪或触犯刑罚法令的少年。在美国，各州少年法所称青少年犯罪（Juvenile delinquency）通常包括两种行为：一是少年犯罪行为，即少年从事了刑法所禁止的行为；二是身份罪错行为（status offense），它是指少年从事了与未成年人身份不相符的行为，它不是触犯刑法的行为，而是触犯了少年法的行为，这种行为的特点是成年人可以做，但是因为少年未达到成年年龄而被认为不能做，例如旷课、逃学、离家出走、违反宵禁、不服家长管教等。

无论是儿童福利法还是少年法，都是国家亲权理念在立法中的体现。国家亲权理念的基本内涵是认为国家是未成年人的最终监护人，国家有责任根据儿童最大利益原则，在父母不能、不宜或者无法为未成年人提供良好的成长环境时，根据儿童最大利益原则进行强制干预，接管父母亲权，承担其监护与教育责任。

与国外通常的预防未成年人犯罪立法思路不同，我国制定了两部未成年人专门法典[3]，一部是《未成年人保护法》，另一部是《预防未成年人犯罪法》。但是，这两部法律迥异于国外的未成年人立法。《未成年人保护法》并非以"福利"为中心，规定的并非国家的儿童福利责任与措施，而是根据未成年人的成长空间，建立了家庭保护、学校保护、社会保护、司法保护为一体的"看上去很美"的保护机制——但无法阻止类似南京饿死女童等悲剧性事件的发生。《预防未成年人犯罪法》同样不具备福利法的性质，也不具有司法法的性质，而大体上属于预防未成年人犯罪的指引性"社会法"的范畴。

---

〔1〕 "少年法"是本章对此类法律的通称，各国或地区所具体制定的法律名称是多样的，例如日本称为《少年法》，美国、德国、奥地利等国多称为《少年法院法》，加拿大称为《青少年刑事审判法》，我国台湾地区称为"少年事件处理法"，香港地区称为《少年犯条例》。

〔2〕 "五个专业"即专业的立法、专业的机构、专业的人员、专业的方法、专业的处遇。

〔3〕 广义上是三部，即还包括《义务教育法》。

虽然这部法典也编织了一张"看上去很严密"的预防网络，但对于类似重庆摔童女孩只能一放了之——既无法回应纵容的批评，也无法解除该女孩再次实施危害社会行为的担忧。无论是《未成年人保护法》还是《预防未成年人犯罪法》，都长期受到"可操作性差"的批评。

在立法论证与制定过程中，《预防未成年人犯罪法》也被视为联合国《预防少年犯罪准则》（利雅得准则）在我国国内法中的体现，但是这样一种立法思路忽略了一个前提：制定于 1990 年的利雅得准则只是联合国未成年人法律体系中的一个组成部分，在其制定之前，联合国已经在 1985 年制定了《少年司法最低限度标准规则》（北京规则）这一重要的规范性文件。而我国在制定《预防未成年人犯罪法》时直到今天，仍尚无司法型少年法。因此，从《预防未成年人犯罪法》的内容来看，没有明晰对于尚未构成犯罪的罪错未成年人进行干预的措施与程序是应予反思的。

《预防未成年人犯罪法》制定实施已十四年，但是其预防效果从未认真地评估过。正因为如此，在讲究"循证"的时代〔1〕，《预防未成年人犯罪法》常被以"怪异"的眼光审视和批评。也许这部以预防犯罪为主题的法律的很多内容，似乎并没有"超越以往通过个人体验、从趣闻逸事或者报纸中收集资料的方式"去规定预防犯罪的内容。〔2〕

近些年，随着未成年人犯罪恶性案件的频发，暴露出我国预防未成年人犯罪立法与制度设计的硬伤。中国法学会、团中央以及学界多有修订《预防未成年人犯罪法》的呼吁，全国人大也已在考虑这部法律的修订。然而，修订《预防未成年人犯罪法》一个无法回避的问题是，必须根据新形势的发展将这部法律制定之时并不清晰的立法思路作进一步厘清。如果立法思路不清晰，局部的条文增删并无多大的意义。

（二）法典结构存在的问题

西方犯罪学理论通常将犯罪预防分为三种基本的类型：基本预防（primary prevention）或称一级预防或初级预防、二级预防（secondary prevention）、三级预防（tertiary prevention）。按照三级预防理论提出者布兰婷汉姆（Brantingham）和浮士德（Faust）的界定，一级预防和犯罪人或潜在犯罪人并无直接关系，关注的不是具有犯罪动机的人，而是旨在减少犯罪的机会。二级预防试图改变那些因为某种倾向性因素而被确定为危险的人，在其开始犯罪生涯前予以阻止，这是一种针对犯罪行为的预防模式。三级预防关注的是切断（truncation）犯罪进程，或减少犯罪行为的持续性、严重性和频率，如对已知的潜在犯罪人进行的治疗和矫正。〔3〕

---

〔1〕 参见 ［英］伊恩·路德、理查德·斯帕克斯：《公共犯罪学》，时延安等译，法律出版社 2013 年版，第 215～216 页。

〔2〕 参见 ［英］伊恩·路德、理查德·斯帕克斯：《公共犯罪学》，时延安等译，法律出版社 2013 年版，第 217 页。

〔3〕 参见 ［英］麦克·马圭尔等：《牛津犯罪学指南》，刘仁文等译，中国人民公安大学出版社 2012 年版，第 671 页（表述根据原著第二版予以了完善，See Mike Maguire, Rod Morgan and Robert Reiner, *The Oxford Handbook of Criminology*, 2th edition, Oxford University Press, 1997, p. 965）；［英］戈登·休斯：《解读犯罪预防——社会控制、风险与后现代》，刘晓梅、刘志松译，中国人民公安大学出版社 2009 年版，第 12 页。

笔者亦曾经以犯罪预防对象人群的不同而将犯罪预防分为一般预防、临界预防和再犯预防三种类型。一般预防是针对普通人群，消除可能诱发犯罪的危险因素。临界预防是针对已经出现犯罪危险特征的人，采取有针对性的预防措施，针对性地阻止其向犯罪人演变。再犯预防则是针对已经有犯罪行为的人，采取预防其重新犯罪的措施。[1] 尽管表述方式不同，上述犯罪预防理论均可概称为逐级预防理论。逐级预防理论遵循了犯罪发生演变的规律性，符合预防犯罪思维的逻辑，也有利于指导预防犯罪工作的针对性和建立预防犯罪机制。

《预防未成年人犯罪法》分为八章，包括总则、预防未成年人犯罪的教育、对未成年人不良行为的预防、对未成年人严重不良行为的矫治、未成年人对犯罪的自我防范、对未成年人重新犯罪的预防、法律责任和附则。这一法典结构总体上是按照逐级预防理论来组织的，但是也存在较为明显的逻辑缺漏。

首先，第二章"预防未成年人犯罪的教育"无论是章标题还是章内容都令人费解。这一章大体体现的是一般预防（一级预防）的立法思路，但是其仅仅提炼出教育缺失是未成年人犯罪的危险因素，并只规定了预防未成年人犯罪的教育措施。这种提炼缺乏足够的理论与实证依据，无法解释为何不规定其他一般预防措施。例如，利雅得准则在未成年人犯罪一般预防方面的内容就包括了家庭、教育、社会政策多方面内容。如果一定要将一般预防作为《预防未成年人犯罪法》专章的内容，那么预防教育似乎至多只是一项预防措施。

从该章的内容来看，以八个法条规定家庭、学校、其他相关部门以及社会应当开展预防未成年人犯罪的教育活动。这些规定基本上属于倡导性规定，并不具有强制性或者难以具有强制性。如果一定要将预防教育作为《预防未成年人犯罪法》的内容，其实概括为一个法条已经足矣，似无必要以一章的内容琐细而实质重复地予以规定。此外，章标题"预防未成年人犯罪的教育"也具有明显的语病。

其次，第三章"未成年人不良行为的预防"和第四章"对未成年人严重不良行为的矫治"是《预防未成年人犯罪法》的特色与核心内容，这两章创造性地使用了"不良行为"这一核心且为《预防未成年人犯罪法》专用的法律概念，具有借鉴国外专门设定适用于未成年人的法律概念的色彩，但遗憾的是却存在明显的定义模糊与逻辑矛盾。

从字面含义上看，第三章所使用的"不良行为"与第四章使用的"严重不良行为"两个概念界限不清晰且具有包容关系，因为严重不良行为显然也是不良行为。正因为如此，为了区别两章所规范的行为之间的差异性，笔者曾经将第三章所称不良行为表述为"一般不良行为"或者"轻微不良行为"，以示与第四章所称"严重不良行为"相区别。何为一般不良行为，何为严重不良行为？从立法形式看，《预防未成年人犯罪法》对这两个概念均采取了以列举加兜底项的方式予以了界定，但无论是第三章还是第四章对于这样两个核心概念均未清晰界定其内涵和外延。

《预防未成年人犯罪法》第 14 条列举了旷课、夜不归宿等八种不良行为，并在第九

---

[1] 参见肖建国等："建设和谐社会与构建预防青少年犯罪体系"，载王牧主编：《犯罪学论丛》（第5卷），中国检察出版社2007年版，第178~180页。

项中兜底规定"其他严重违背社会公德的不良行为"。从这一条文来看，《预防未成年人犯罪法》以具有严重违背社会公德性作为一般不良行为的本质特征，这是一个值得深入探讨的问题。一般认为，社会公德"是全体公民在社会交往和公共生活中应该遵循的行为准则，它涵盖了人与人、人与社会、人与自然之间的关系。"[1]《公民道德建设实施纲要》规定：社会公德的基本内容是文明礼貌、助人为乐、爱护公物、保护环境、遵纪守法。社会公德具有以下特点：公众性、公平性、稳定性和继承性。公众性，是指遵守社会公德是每一个社会成员的义务和责任。公平性，是指社会公德规定了人们在公共场所之间的关系是最一致、最基本、最广泛的关系。确定性，表现为社会公德超越了社会形态、阶级关系、民族、地域和社会制度的限制，作为最一般的关系，在不同时代都存在着。但是，《预防未成年人犯罪法》将逃课、夜不归宿、出入不适宜未成年人进入的场所、吸烟定性为不良行为，显然至少违背了社会公德的公众性与平等性。实际上，这些行为的"不良性"判定依据是成人社会对未成年人的特殊要求（成人可为但未成年人则不可为），而并非"社会公德"的要求。因此，《预防未成年人犯罪法》以具有严重违背社会公德性作为一般不良行为的本质特征，不能不说是立法的疏漏。[2]此外，第14条所列举的多项一般不良行为已经触犯了《治安管理处罚法》，甚至还可能触犯《刑法》构成犯罪，而不只是违背社会公德的行为。

《预防未成年人犯罪法》第34条将未成年人严重不良行为界定为未成年人所实施的具有严重社会危害性，但尚不够刑事处罚的违法行为。从该条所列举的严重不良行为类型来看，包括了违反《治安管理处罚法》的违法行为，也包括触犯《刑法》但因为不满刑事责任年龄而不予刑事处罚的行为。这两种行为有着重大区别，合二为一均视为严重不良行为不符合其他国家通常将此两种行为区别对待的惯例。

再次，第五章"未成年人对犯罪的自我防范"无论是从其在法典中的位置，还是内容来看，均显突兀和不适宜。从法典位置来看，将自我防范横亘于对严重不良行为的矫治与重新犯罪预防之间，阻断了逐级预防的逻辑结构。从该章包括的四个法条内容来看，第40条总体上应属于总则规定的内容，第41条属于《未成年人保护法》或者本应制定的《儿童福利法》的内容，第42条属于"正确的废话"。如按照今天未成年人保护的观点看，第43条鼓励未成年人与犯罪做斗争的思路，因为容易造成不利于未成年人保护的负面效果，也可能会引起较大的争议。

最后，第六章"重新犯罪预防"的大部分内容均为重复性规定，有的与《未成年人保护法》司法保护一章内容重复，有的与《刑事诉讼法》的规定重复，有的与《监狱法》的规定重复。

二、与相关法律的衔接及修订方案

修订《预防未成年人犯罪法》的一个前提性问题是，必须明晰该法与相关法律之间

---

〔1〕　参见中共中央宣传部宣传教育局：《〈公民道德建设实施纲要〉学习读本》，人民出版社2001年版，第84页。

〔2〕　参见姚建龙：《少年刑法与刑法变革》，中国人民公安大学出版社2005年版，第95~96页。

的关系，科学界定其立法空间与重心，建立与《未成年人保护法》、《刑法》、《刑事诉讼法》、《治安管理处罚法》等密切相关法律之间的衔接关系。这并不仅仅是适应《预防未成年人犯罪法》制定以来相关立法发展变化的需要，也是该法制定之时未予明晰而遗留下来的问题。

（一）未成年人立法的顶层设计与《预防未成年人犯罪法》的修订

一种颇有一定流行性的观点认为，我国已经有了《未成年人保护法》，构建了家庭保护、学校保护、社会保护、司法保护的未成年人保护体系，就未成年人专门立法而言有了这部法律已经足够了，《预防未成年人犯罪法》本来就无制定的必要。

这种观点显然是一种被《未成年人保护法》所构建的看似严密实则漏洞百出的保护网络所迷惑而做出的误判。从法理上说，未成年人法是重要而独立的法律部类，未成年人法也应当是一个法律体系，而不能将一部法律视为未成年人法的全部。从国际社会来看，无论是联合国还是其他国家，未成年人立法都是一个系统而完备的法律体系。例如，联合国所专门制定的未成年人国际公约与规范性文件就包括《儿童权利公约》、《少年司法最低限度标准规则》、《预防少年犯罪准则》等十余种之多。无论是英美法系国家（地区）还是大陆法系国家（地区），未成年人立法形成的是一个系统而完善的法律体系，其专门性法典通常包括儿童福利、少年司法、义务教育、童工禁止、性侵防范等诸多领域。

我国未成年人法律体系建设似乎尚未进行过认真的顶层设计，甚至建立"未成年人法律体系"的观点也只是最近一些年才提出[1]且尚未被普遍接受。现行未成年人法律体系初具雏形，包括《未成年人保护法》、《义务教育法》、《预防未成年人犯罪法》三部主要法典。但是，相对发达国家的未成年人法律体系而言，尚缺乏两部核心法律：《儿童福利法》和司法型《少年法》（笔者亦称为《少年司法法》）。这两部法律一部要求国家切实履行国家监护责任，需要人财物的大量投入，另一部需要对司法体系进行重大调整，都是我国未成年人法律体系建设的难点，但也是必须突破的难点。基于构建未成年人法律体系的顶层设计思维，《预防未成年人犯罪法》的修订必须充分考虑其在这一法律体系中的地位与立法空间，并与已经制定的《未成年人保护法》、《义务教育法》相协调。当然，也需要与未来应当制定的《儿童福利法》、《少年法》（《少年司法法》）相协调，避免内容交叉和调整范围的混淆。

就《未成年人保护法》而言，不应当被期待可以替代未成年人法律体系。这部法律的角色归属应是未成年人法律体系中的"小宪法"，相当于联合国未成年人立法中的《儿童权利公约》，在法律属性上也应归属于宪法性法律的范畴。正因为如此，这部法律应由全国人大，而非全国人大常委会制定。从立法内容来看，《未成年人保护法》应当参考宪法立法模式，并不需要受制于备受批评的所谓可操作性差的问题，而应只规定涉及未成年人的重大、核心问题。例如，未成年人保护的原则、机构、体系等基本问题。

---

〔1〕 参见鞠青："构建未成年人法律体系的思考"，载《青少年犯罪问题》2004年第6期；姚建龙："未成年人保护法之修订思路与建议"，载《当代青年研究》2006年第3期；姚建龙："《未成年人保护法》的修订及其重大进展"，载《当代青年研究》2007年第5期。

　　义务教育是最好的预防未成年人犯罪措施。尽管《义务教育法》在 2006 年进行了修订，对我国义务教育制度进行了重大改进。从进一步完善的角度看，这部法律应当考虑进一步完善我国义务教育制度并逐步向更加普惠型的方向发展。例如，应当将义务教育前伸至学前教育，后延至高中阶段教育。从其与《预防未成年人犯罪法》的关系来看，一些有关预防教育要求的内容可以在这部法律中规定。

　　《儿童福利法》在未成年人法律体系中具有特殊的地位，应当尽快列入全国人大立法规划，及早出台。《儿童福利法》的立法空间是按照国家亲权原则，规定国家在儿童福利方面的服务与保障责任。从各国儿童福利法的发展演变来看，走过了从狭义的儿童福利法向广义儿童福利法发展的道路。狭义的儿童福利法只关注的是困境儿童——弃婴、孤残儿童、流浪儿童、受虐待儿童、被忽视儿童等，在父母养不了、不宜养、拒绝养的情况下，由国家来承担监护职责。现代儿童福利法则采取的是普惠型儿童福利立场，从关注困境儿童福利发展到照顾所有儿童的福利。我国《儿童福利法》的具体内容应包括规定儿童福利机构、监护监督、监护权转移、寄养、收养、婚前免费体检、奶粉金、亲子（生育）假、教育券、免费午餐、免费预防接种、医疗保障等基础性儿童福利制度。从《预防未成年人犯罪法》与《儿童福利法》的关系来看，有关一般预防的内容大都属于《儿童福利法》的立法空间，《预防未成年人犯罪法》的修订应当为未来的《儿童福利法》留下必要的立法空间，而不宜模糊这两部法律的区别。

　　各国少年司法的法典化有三种基本模式：附属条文模式、半独立立法模式、独立立法模式。从理想的层面上说，我国应当承续近代以来的立法传统并借鉴国外少年司法立法经验，制定独立的司法型《少年法》——这也是笔者多年来的主张，但是 2012 年新《刑事诉讼法》增设未成年人专章后打破了这一立法进程与理想，开启了少年司法法典化的偏门。[1] 无论高兴还是遗憾，在完善我国未成年人法律体系，尤其是考虑《预防未成年人犯罪法》的修订时都应充分考虑并尊重这一现实。在新《刑事诉讼法》增设未成年人专章后，可以且在较长时间内宜考虑采取少年司法半独立立法模式。针对我国将危害社会行为区分为"违法"（《治安管理处罚法》）与"犯罪"（《刑法》）的二元立法模式特点，建立《预防未成年人犯罪法》（调整和预防犯罪之前的行为）与刑事法（调整犯罪行为，预防重新犯罪）相衔接的少年司法法典化模式。这一模式追求的目标是，虽然形式上并未制定独立的《少年法》，但实际上具有了现代少年司法制度的精神与核心内容。

　　与国外通常建立有专门的少年司法制度预防与干预未成年人罪错行为不同，我国对于未成年人罪错行为的预防与干预总体上仍然依附在成人立法与司法体系之中。对罪错行为的干预并未形成独立的机制与体系，而是"肢解"于《治安管理处罚法》、《刑法》以及有关工读教育、收容教养等相关的行政性法规之中。国内目前所谓"少年司法制度"实际是"少年刑事司法制度"，总体上并不具有"预防"的功能，而主要是以犯罪或者违法后的"惩治"为主，也正是在这个意义上，笔者并不认为中国已经建立了现代

---

　　[1]　参见姚建龙："刑事诉讼法修订与少年司法的法典化"，载《预防青少年犯罪研究》2012 年第 5 期。

少年司法制度。

值得注意的是，《预防未成年人犯罪法》是由全国人大法工委刑法室负责起草制定的，这似乎表明《预防未成年人犯罪法》至少在广义上属于刑事法的范畴。但是从这部法律的内容来看，很明显并没有思考清晰其与《刑法》、《刑事诉讼法》的衔接关系。例如，对于触犯《刑法》，但是因为未满刑事责任年龄的未成年人如何处置——收容教养的条件、期限、适用程序、执行等，被寄予期望的《预防未成年人犯罪法》并未清晰规定。

既然是《预防未成年人犯罪法》，那么这部法律至少应当明晰那些尚不构成犯罪而有社会危害性或者犯罪危险性的行为应当如何干预。但是，《预防未成年人犯罪法》并没有厘清其与《治安管理处罚法》的关系，也没有厘清其与《关于办好工读学校的几点意见》等行政性规章之间的关系。与国外对犯罪界定的一元模式不同，我国对于危害社会行为建立了违警（违法）与犯罪二元结构。违警行为（或者称为狭义的违法行为）属于警察权的处理范围。现行行政性法规与规章针对未成年人的违法行为，设置了工读教育、收容教育、戒毒（包括强制隔离戒毒、社区戒毒等）、治安处罚、收容教养等措施。这些措施具有较为明显的惩罚性，与教育感化挽救方针多有相悖，同时这些具有剥夺或者限制人身自由的行政性措施主要是由警察不经正当法律程序决定的，其合法性也存在重大争议。在劳动教养制度被废止后，上述措施的合法性是一个不容回避的问题。

《预防未成年人犯罪法》的修订必须清晰界定其与刑事法（尤其是《刑法》、《刑事诉讼法》、《监狱法》、拟制定中的《社区矫正法》）和行政法（尤其是《治安管理处罚法》和规定工读教育、收容教育等的行政性法规）之间的关系，并形成配套衔接的机制。就《预防未成年人犯罪法》与刑事法的关系而言，宜将"前犯罪行为"作为此部法律的调整对象，而将"犯罪行为"作为刑事法的调整对象。就《预防未成年人犯罪法》与《治安管理处罚法》等行政法的关系而言，宜将未成年人"违法"行为的干预从《治安管理处罚法》等行政法中剥离出来，作为《预防未成年人犯罪法》的调整对象。

（二）修订方案辨析与选择

《预防未成年人犯罪法》的修订有三种可供选择的方案：

方案一：大改——"名改，实也改"。具体而言是将《预防未成年人犯罪法》更名为《少年司法法》（或称为《少年法》、《少年事件处理法》），把一般预防的内容纳入《儿童福利法》、《义务教育法》等之中。将对未成年人"前犯罪行为"（现行《预防未成年人犯罪法》所规定的不良行为、严重不良行为）的干预纳入《少年司法法》，将对未成年人犯罪行为的干预也从《刑法》、《刑事诉讼法》、《监狱法》等成人刑事法中剥离出来，同样纳入《少年司法法》。由此制定一部实体法、程序法、组织法合一的独立《少年司法法》，建立少年司法与刑事司法的二元化、少年司法与儿童福利二元化的现代未成年人法律保障体系。这是一种理想化的思路，可以直接接轨国际社会未成年人立法的先进做法，但是从可行性的角度而言，恐还缺乏理论与实践的准备。

方案二：中改——"名不改，但实改"，即保留《预防未成年人犯罪法》的名称，法典的基本框架也不做根本性的调整，但将《少年司法法》的内容纳入其中。具体而言是，把一般预防的内容归入《未成年人保护法》、《儿童福利法》、《义务教育法》，但是把对未成年人前犯罪行为和犯罪行为（统称未成年人罪错行为）的干预，即临界预防和再犯预防作为《预防未成年人犯罪法》的专门调整对象。这种方案意味着要废除2012年新《刑事诉讼法》增设的未成年人专章，在理论与实践准备上可能也还不成熟，恐也不具有可行性。

方案三：小改——保留《预防未成年人犯罪法》的名称，也尊重新《刑事诉讼法》所开辟的少年司法法典化的半独立立法模式，将修订的重心放在临界预防上。即重点完善对未成年人前犯罪行为（临界预防）的干预与防范，而把对犯罪行为的干预（再犯预防）仍然留给《刑法》、《刑事诉讼法》等刑事法。但小改也要有实质内容，即赋予《预防未成年人犯罪法》司法法的性质，解决我国目前预防未成年人犯罪及少年司法制度建设中的困局性难题，而不仅仅是条文内容的简单增删。

从可行性的角度看，小改可能是一种更为理性而现实的思路，也是笔者对于现阶段修订《预防未成年人犯罪法》的建议。尽管如此，笔者仍坚持认为制定独立的《少年司法法》是我国未成年人立法发展的远景目标。

三、调整范围的明晰与法典核心内容

梳理清晰《预防未成年人犯罪法》的立法思路并合理确定其在未成年人法律体系中的角色与定位后，有必要进一步分析这部法律的调整范围，并界定法典的核心内容。

立法资源宝贵，立法成本高昂，一部法律应当能够解决实际问题，发挥应有的作用。基于这样的共识，有必要讨论《预防未成年人犯罪法》不应当是什么的问题。

在笔者看来，《预防未成年人犯罪法》首先不应当重复基本常识。例如，类似第2条这样的法条内容："预防未成年人犯罪，立足于教育和保护，从小抓起，对未成年人的不良行为及时进行预防和矫治。"其次，不应当在"预防"中迷失立法重心。《预防未成年人犯罪法》不应当规定一般预防的内容，除了因为最好的社会政策是最好的刑事政策，此部分内容基本属于《儿童福利法》和《义务教育法》的立法空间外，另一个原因是基于循证主义的考虑。从循证主义的角度看，一般预防措施的法典化尚缺乏充分的实证依据，因而很难以充分的理由成为法律的强制性要求甚至倡导性要求。正如英国学者亚当·克劳福德所言："在犯罪预防的全部研究领域中，效果评估可能仍然是最薄弱的一个环节。'成功'的含义本身具有高度的争议性。"[1]例如《预防未成年人犯罪法》第二章专章规定了"预防未成年人犯罪的教育"，对预防犯罪教育（法制教育）进行了细致要求。但是，目前其实并无充分的证据证明对于普通人群的法制教育（尤其是知识性的懂法教育）与预防犯罪的效果之间有必然的联系。作为法律，而非政策性文件或者工作指引，《预防未成年人犯罪法》只宜针对那些有证据判断的罪错行为设定相应的干预或者预防措施，而不应在一般预防中造成自我迷失。

---

〔1〕［英］麦克·马圭尔等：《牛津犯罪学指南》，刘仁文等译，中国人民公安大学出版社2012年版，第668页。

（一）调整范围的明晰：未成年人罪错行为

《预防未成年人犯罪法》应当致力于解决我国目前预防未成年人犯罪工作所面临的困境与难题。我国目前预防未成年人犯罪所面临的最大困境即笔者多次批评的"宽容而纵容"的制度设计所造成的"养猪困局"。即对于那些有高危行为（包括行为危害性未达到犯罪程度的行为、虽然有严重社会危害性但因主体未达到刑事责任年龄而不予刑事处罚的行为，以及可能导致犯罪的危险行为）的未成年人，缺乏合法、科学、针对性的干预措施，因而实际上只能"养大了再打，养肥了再杀"。

借鉴域外未成年人立法经验与通常做法，建议将应当进行正式干预的未成年人行为统称为"未成年人罪错行为"，在清晰界定这一核心概念的同时据此确立《预防未成年人犯罪法》的法典基本结构。未成年人罪错行为具体包括以下几种：

一是虞犯行为。虞犯行为的特点是"成年人可为，而未成年人不可为"，这是一种基于未成年人特定身份而界定的特殊行为，在英美国家也被称为"身份罪错"（status offence）。虞犯行为不仅仅触犯了成人社会对未成年人行为规范的期待，也被认为是导致更严重越轨行为直至犯罪行为的危险征兆。因此，各国少年法大都将虞犯行为作为少年法上的罪错，而予以提前干预。尽管在 20 世纪受到标签理论等的影响，国际社会兴起了非犯罪化运动，许多国家将身份罪错予以了"非犯罪化"，弱化了对此类行为的正式干预，但在总体上来看，实际上各国只是改变了干预的方式，而并未完全放弃对此类行为的干预。

域外少年法对于虞犯行为范围的界定大同小异。例如日本《少年法》第 3 条将以下行为规定为可以交付家庭法院审判的虞犯行为：具有不服从监护人正当监护恶习；没有正当理由离家出走；同具有犯罪性质或不道德的人交往，或者出入可疑场所；习惯做有害自己或他人品德的行为。我国台湾地区"少年事件处理法"第 3 条也规定少年有以下情形之一，依其性格及环境，而有触犯刑罚法律之虞者由少年法院处理：经常与有犯罪习性之人交往者；经常出入少年不当进入之场所者；经常逃学或逃家者；参加不良组织者；无正当理由经常携带刀械者；吸食或施打烟毒或麻醉品以外之迷幻物品者；有预备犯罪或犯罪未遂而为法外不罚之行为者。

基于法律修订应保持立法用语延续性的考虑，在《预防未成年人犯罪法》中可以将虞犯行为表述为"一般不良行为"，并按照"成人可为，而未成年人不可为"的标准，参考日本《少年法》、我国台湾地区"少年事件处理法"等域外立法经验设定一般不良行为的范围。

二是违警行为。违警行为即具有一定社会危害性，触犯《治安管理处罚法》，但尚未达到刑事犯罪危害程度的行为。基于教育感化挽救方针、教育为主处罚为辅的原则，对于未成年人违警行为的干预宜从《治安管理处罚法》中剥离出来。同样基于修法延续性的考虑，对于违警行为可以仍使用"严重不良行为"的表述。

三是触法行为。触法行为即因为未满刑事责任年龄，或者因为未成年人刑事政策因素而不予刑事处罚的行为。这一行为的特点与判断标准是：如果是成人所为，即构成刑事犯罪。《刑法》第 17 条规定，对于因为不满十六周岁而不予刑事处罚的，责令父母严加管教，必要时可以由政府收容教养。《预防未成年人犯罪法》第38条只是简单重复了《刑法》的规定。对于触法行为应当如何进行干预是《预防未成年人犯罪法》需要解决的重大问题，在修订该法时应当单独并且系统地进行设计。

四是犯罪行为。犯罪行为即触犯《刑法》，具有严重社会危害性，成立刑事犯罪的行为。从少年法理论上看，对于犯罪行为的干预应当从普通《刑法》、《刑事诉讼法》等刑事法中分离出来，由独立的少年法进行调整。但从理性和现实的角度看，对于未成年人犯罪行为的干预仍宜交给普通刑事法，采取设置专章的立法模式。《监狱法》和新《刑事诉讼法》已经完成了这一立法过程，《刑法》也应当尽快增设未成年人专章，拟制定中的《社区矫正法》也应设置未成年人社区矫正专章。

（二）对未成年人罪错行为的干预：确立保护处分制度

在我国，每年经人民法院判决的未成年犯在五万至十万之间波动，如果考虑到有虞犯行为、违警行为和触法行为的未成年人，罪错未成年人人数将是一个庞大的数字。建立对未成年人罪错行为进行干预的合法、科学和针对性制度，是我国预防未成年人犯罪工作与少年司法制度建设的长期困扰性难题，也是我国预防犯罪战略中的基础性环节，而解决这一难题正是《预防未成年人犯罪法》的立法空间与修订该法的价值所在。

《预防未成年人犯罪法》的修订应当针对未成年人罪错行为建立合法、科学的干预制度。这种干预体现的是教育主义，而非惩罚主义，应当充分考虑到未成年人身心发育与行为特点，因而鲜明区别于以理性的成年人为假设对象所设计的刑罚措施。各国通常是在其少年法中确立了相应的非刑罚性、非惩罚性的教育措施，笔者将这些教育性措施统称保护处分。[1]保护处分在本质上是一种受益性处遇，以社区性措施为主，而对拘禁性的措施保持警惕。保护处分的决定权在独立的少年审判机构（通常是少年法院或者家庭法院），并以司法程序的方式予以适用。

我国目前对于未成年人罪错行为（不包括犯罪行为）主要采取的是行政性措施的方式进行干预，设定了包括责令严加管教、工读教育、警告、罚款、拘留、训诫、收容教养、收容教育、强制性戒毒措施、责令具结悔过、赔礼道歉、赔偿损失等。这些措施大体上可以划分成四类：一是行政处罚措施，主要包括警告、罚款、拘留、劳动教养、收容教育、强制性戒毒措施。二是特殊教育措施，即工读教育。三是《刑法》第37条所规定的非刑罚处理方法，包括训诫、责令具结悔过、赔礼道歉、赔偿损失、由主管部门予以行政处罚或者行政处分等。四是感化教育性措施，即收容教养。

总体上看，上述措施除了非刑罚处罚方法外，是以行政权为中心建立的。警察与教育行政机关拥有对罪错未成年人封闭式的处置权力。未成年人的权利既无法得到必要的程序保障，施加于其身的各种非刑罚性措施也大多数属于具有较强惩罚与社会防卫色彩的行政处罚措施。这些行政处罚措施轻者可以剥夺不良行为少年数天人身自由，重则可以剥夺长达数年的人身自由，实际既难以起到教育和保护少年的作用，也最终无益于社会保护。

---

〔1〕　参见姚建龙："犯罪后的第三种法律后果"，载《法学论坛》2006年第1期。

建构我国保护处分制度，上述措施有的应予以废止，有的则可以改革为保护处分措施。此外，还宜吸收少年司法实践中所探索的一些有益措施（如社会服务令、监管令）和借鉴域外经验，设置一些新的保护处分措施，从而建立我国保护处分措施体系。总的方向应当是尽量限缩拘禁性措施，扩大社区性措施，建立社区性保护处分（多样化）、中间性保护处分（社会化）与拘禁性保护处分（单一化）为一体的和谐的保护处分体系。保护处分还应可作为刑罚替代措施，发挥以教代刑的功能。建议可以参考日本《少年法》和我国台湾地区《少年事件处理法》，规定对于法定刑十年以下的未成年人犯罪可以保护处分替代刑罚。[1]

（三）预防未成年人罪错行为基本制度

除了构建保护处分制度外，修订《预防未成年人犯罪法》的另一核心内容是基于循证性原则，建立和完善针对未成年人罪错行为的预防性制度。由于犯罪预防"仍处于前科学阶段……并没有形成令人信服的理论体系，而且……其影响力更多是基于其主管的意愿而并非客观的事实"[2]，因此预防未成年人罪错行为基本制度的设定应当遵守谦抑性原则，而不宜过分宽泛，宜借鉴吸收域外立法经验，与所禁止的未成年人罪错行为（主要是虞犯行为）配套规定预防性制度。基于以上考虑，宜将《预防未成年人犯罪法》的相关规定予以梳理，将预防性基本制度明确并完善为以下五种：

一是强制亲职教育制度，即对于不履行或者不当履行监护职责的父母，可以由少年法院（或者少年法庭）决定给予强制亲职教育。《预防未成年人犯罪法》（第49条、第50条）设置了强制亲职教育制度的雏形，例如规定对于不履行监护职责，放任未成年人有不良行为的监护人，由公安机关予以训诫并责令严加管教，但还很不完善。应当借鉴吸收域外立法经验做如下改革：首先，强制亲职教育的主体不应当是公安机关，而应是专业的亲职教育机构；其次，强制亲职教育的适用应当有明确的条件与程序，且宜将决定权赋予少年审判机构；再次，强制亲职教育不仅仅是强制失职父母接受教育，还应当具有履职保证制度。我国1928民国《刑法》第30条曾经规定了责令监护人缴纳保证金履行监护职责的制度，这一规定值得恢复与借鉴。

二是宵禁制度（未成年人的活动时间限制制度），即在危险时段限制未成年人的活动。《预防未成年人犯罪法》也已经规定了宵禁制度的雏形，如禁止未成年人夜不归宿（第16条），收留夜不归宿的未成年人应当征得其父母或者其他监护人同意等，但同样还很不完善。宜借鉴域外经验，明确宵禁的时间段、宵禁未成年人对象的年龄范围等。例如，可以规定禁止不满十四周岁未成年人在无监护条件下于深夜十一点至次日凌晨五点在公共场所滞留。

三是不宜以未成年人为服务对象的经营机构管理制度。具体包括明确不得向未成年人提供服务或者接纳未成年人的经营机构、场所范围，认定的标准，以及防止向未成年

---

〔1〕 关于保护处分制度的详细论述，详见姚建龙：《少年刑法与刑法变革》，中国人民公安大学出版社2005年版，第七、八、九章。

〔2〕 ［英］戈登·休斯：《解读犯罪预防——社会控制、风险与后现代》，刘晓梅、刘志松译，中国人民公安大学出版社2009年版，第72页。

人提供服务或者进入不适宜场所的具体制度。《预防未成年人犯罪法》也有多个条文对此做出了规定（如第15、26条等），但是也还不完善。例如，近些年来出现了酒吧接纳未成年人，甚至利用未成年人营利的新情况，但是《预防未成年人犯罪法》并未将酒吧列入禁止接纳未成年人的经营机构范围。

四是未成年人交往限制制度。具体包括禁止未成年人组织或者加入团伙性组织，禁止未成年人与有不良习性的人交往。《预防未成年人犯罪法》也有初步的规定（如第17条、25条、29条、33条等），但也宜做进一步的完善。

五是传媒管理制度。《预防未成年人犯罪法》也有相关规定（第30、31、32条等），但同样应做进一步的完善，例如应当确立影视等作品分级制度。1999年制定《预防未成年人犯罪法》时之所以没有规定影视分级制度，主要是认为"少儿不宜"的分级制度不适合我国国情，担心起到反作用，譬如"影视作者可能会在利益驱动下争相制作'少儿不宜'影视片"[1]，这种观点是经不起推敲的。目前，实行影视分级制度的条件已经成熟，而这也是域外预防未成年人犯罪与未成年人保护的通常性制度设计。

基于上述分析，建议《预防未成年人犯罪法》的法典结构修改为总则（主要规定预防未成年人犯罪的原则、政府责任、工作机制，重点增补保护处分的类型与适用的一般规则、强制亲职教育适用的一般规则等）、一般不良行为（包括规定一般不良行为的类型以及预防性制度）、严重不良行为（规定严重不良行为的类型与保护处分适用具体规则）、触法行为（规定触法行为的成立标准以及保护处分适用的具体规则）、法律责任、附则。

四、结语

无论是回溯立法过程还是横向比较，《预防未成年人犯罪法》均是一部略显特殊的法律。在具体论证《预防未成年人犯罪法》的修订必要性或者具体条文增删之前，应当回到原点——厘清这部法典的立法思路。不应当孤立的考虑《预防未成年人犯罪法》的修订，而应梳理清晰这部法典在未成年人法律体系中的地位、与刑事法及行政法的衔接关系，合理界定其角色归属与立法重心。《预防未成年人犯罪法》应主要规定临界预防，而一般预防的内容应分离出去，交给《义务教育法》和未来的《儿童福利法》；再犯预防的内容，则宜由刑法、刑事诉讼法、监狱法等刑事法作出规定。《预防未成年人犯罪法》不应当在"预防"中自我迷失，而应当明确其调整对象是"未成年人罪错行为"，并以此重新确立法典结构与核心内容，赋予这部法典"司法法"的特征。

一部广泛认为重要的法律，但却在制定后迄今十四年未进行修订[2]，估计在法律修订频繁的我国当代立法史上也属罕见，而《预防未成年人犯罪法》就是这样一部法

---

〔1〕《全国人大法律委员会关于〈中华人民共和国预防少年违法行为法（草案）〉修改情况的汇报》（1999年4月24日）。

〔2〕 2012年10月26日，十一届全国人大常委会第二十九次会议通过的"关于修改《中华人民共和国预防未成年人犯罪法》的决定"是基于新刑事诉讼法的制定而进行的个别法条配套修正，仅将第45条第2款修改为："对于审判的时候被告人不满十八周岁的刑事案件，不公开审理。"

律。《预防未成年人犯罪法》修订的必要性无须赘述，但如果这部法律获得了难得的修订机会，却并未解决这部法律所存在的实际硬伤，也无助于解决我国目前预防未成年人犯罪领域所急需解决的困境，那也将是一种遗憾。希望本文能对于完善我国未成年人法律体系，推动《预防未成年人犯罪法》的修订有所裨益。

（载《法学评论》2014 年第 5 期）

第三十七章

防治儿童虐待的立法不足与完善

近些年来，恶性儿童虐待案件频发，引起社会各界广泛关注。联合国儿童基金会联合北大儿童青少年卫生研究所进行的一项调查发现，74.8%的中国儿童（16 岁前）遭受过不同形式的虐待，同学是除家庭和老师外不可忽视的施虐者，虐待导致的后果往往是产生新的施暴者。

此类案件通常具有以下特点：一是发生领域多为家庭与学校等本应为儿童安全港湾的场所；二是施虐者多为对儿童负有保护职责的监护人或者教师；三是虐待行为通常持续时间较长而未能得到及时制止；四是尽管常引起社会公愤，但除非出现严重死伤结果，施虐者通常难以受到刑法的处罚，即便发生严重的死伤后果，施虐者也大多并未受到公众所期待的严厉处罚；五是受虐儿童受虐后的辅导、康复与安置难，通常难以脱离原有受虐环境。例如，2013 年震惊全国的南京饿死两名女童案件中，吸毒母亲早已经有多次将女童单独留在家中数日不归的前科，并且为邻居、民警、社区和亲戚等知晓，但是两名女童饿死家中的悲剧仍未能避免。最终，此案以两名女童之死及其母亲被以故意杀人罪判处无期徒刑了结。再如，2012 年 10 月 24 日，浙江温岭幼儿园教师颜艳红虐童照通过网络的方式曝光并广泛传播，长达两年的虐童细节引起公众的极大愤慨。尽管引起了社会公众的广泛关注与愤慨，尽管温岭警方也作出了积极回应，但颜艳红虐童案最终仍未走出虐待儿童非打死打伤不会受到刑事追究的惯例。颜艳红最终并未受到刑事追究，而是如其他恶劣的虐童案一样仅仅受到行政拘留 15 日及开除的处分。

一、防治儿童虐待的法律困境

儿童虐待案件的频发与上述特征反映出我国应对儿童虐待的法律机制至少存在两大硬伤：一是事前预防的欠缺，二是事后惩治的乏力。

从形式上来看，我国并不乏禁止虐待儿童的法律规定。例如，《未成年人保护法》第 21 条规定："学校、幼儿园、托儿所的教职员工应当尊重未成年人的人格尊严，不得对未成年人实施体罚、变相体罚或者其他侮辱人格尊严的行为。"第 10 条规定："父母或者其他监护人应当创造良好、和睦的家庭环境，依法履行对未成年人的监护职责和抚养义务。禁止对未成年人实施家庭暴力，禁止虐待、遗弃未成年人，禁止溺婴和其他残害婴儿的行为，不得歧视女性未成年人或者有残疾的未成年人。"第41条规定："禁止拐卖、绑架、虐待未成年人，禁止对未成年人实施性侵害。"《预防未成年人犯罪法》第41条也规定："被父母或者其他监护人遗弃、虐待的未成年人，有权向公安机关、民政部门、共产主义青年团、妇女联合会、未成年人保护组织或者学校、城市居民委员会、农村村民委员会请求保护。被请求的上述部门和组织都应当接受，根据情况需要采取救助措施的，应当先采取救助措施。"

但是《未成年人保护法》与《预防未成年人犯罪法》属于"没有牙齿"的法律，上述禁止虐待儿童的规定并无具体罚则，如果发生虐待儿童的行为，仍然需要援引《治安管理处罚法》、《刑法》的规定予以处罚，而《治安管理处罚法》、《刑法》中并无专门的虐待儿童的独立规定或者罪名。以《刑法》为例，对于虐待儿童行为，虽然可能以虐待罪、故意伤害罪、故意杀人罪、强奸罪、侮辱罪等罪名处罚，但这些罪名无法将绝大多数虐待儿童的行为纳入刑法处罚的范围。以最相关的罪名虐待罪为例，此罪惩罚的是亲属之间的虐待行为，且需要达到情节恶劣方可入刑，此外通常还需要被害人亲自告诉才会处理。显然，这一罪名无法对绝大多数虐待儿童的行为予以惩罚。再如虐待儿童行为另一个可能触犯的罪名——故意伤害罪，必须要求虐待导致轻伤以上后果。如果未致轻伤以上后果，即便对儿童身心造成了严重甚至终身伤害，也并不会受到刑法的惩罚。

除了事后惩罚的乏力外，另一个法律困境是预防功能的不足。以南京饿死两名女童案件为例，在绝大多数国家，一旦发现父母类似的不宜或者不能承担对子女监护职责的情形，则国家会立即通过临时或者永久剥夺父母监护权的方式接管对儿童的监护权，避免类似饿死家中的严重后果的发生。反映中美文化冲突与法律差异的电影《刮痧》，对美国的此种儿童福利机制进行了深刻的描述。反观我国，虽然《未成年人保护法》第53条规定："父母或者其他监护人不履行监护职责或者侵害被监护的未成年人的合法权益，经教育不改的，人民法院可以根据有关人员或者有关单位的申请，撤销其监护人的资格，依法另行指定监护人。被撤销监护资格的父母应当依法继续负担抚养费用"，但在司法实践中这一条款是一个未被激活的规定，从未见适用此规定的判例。在南京饿死女童事件中，两名幼童父亲在监狱服刑，母亲因为吸毒等原因明显不适合担任监护人，尽管上述情况邻居、民警、社区等早已知晓，但是却仍未能防止悲剧的最终发生。

二、防治儿童虐待立法应当有儿童视角

无可否认，立法的不足是导致儿童虐待案件频发的重要原因，而导致立法不足的关键原因在于现行法律缺乏对儿童虐待的科学认识与正确立场。

根据世界卫生组织《预防儿童虐待：采取行动与收集证据指南》的界定，儿童虐待包括对儿童的身体虐待、情感虐待、性虐待、忽视，以及商业性或其他形式的剥削五种形式，是一个涉及公共卫生、人权、法律和社会等方面的严重问题。但在我国，立法对儿童虐待的理解是狭义的，通常只有那些造成了严重身体伤害的虐待行为才可能受到法律的干预与惩罚。而绝大多数情况下的儿童虐待行为，对儿童躯体的伤害并不严重，但

在心理和精神上造成的伤害却是严重的，例如即便未留下明显躯体损伤的儿童虐待行为也可能会对儿童的神经、认知功能和情感的发育产生长期和深远的影响。正因为如此，国外对于虐待儿童行为的法律规制通常只定性而不定量，并且通常会设置不同于成年人虐待的独立罪名，如虐待儿童罪或者类似罪名予以惩治。但在我国，立法有关儿童虐待行为的规制过分强调定量，即强调以"情节恶劣"等严重后果为前提，这显然已经无法适应防治儿童虐待的需要。

我国立法有关儿童虐待行为的规定，也并未充分考虑未成年人身心发育不成熟、自我保护能力不足的特点。例如，刑法中所规定的虐待罪除非造成被害人重伤、死亡，否则属于自诉犯罪，即要求被害人主动告诉才可能追究施虐者的刑事责任。对于儿童而言，这样的要求显然是一种无视未成年人特殊性的荒唐立场。绝大多数儿童虐待事件都是"静悄悄的犯罪"，如果国家不主动、积极地发现与干预，那么此类行为将很难被发现和得以及时制止。正因为如此，虐待儿童在国外均属于公诉犯罪，国家司法机关均会主动追究施虐者的法律责任。为了确保儿童虐待现象被及时发现与制止，还通常会通过设置专门的儿童保护官或者儿童保护社工等专门与专业力量履行儿童保护的职责。同时大多数国家的立法也会规定公民与有关机构一旦发现有儿童虐待行为，具有主动向司法机关报告的义务。也就是说，国家在防治虐待儿童上，应当采取一种积极主动发现与干预而非"不告不理"的消极立场。

而在我国，目前立法对于儿童虐待在总体上采取的是一种消极立场。以《未成年人保护法》第53条为例，这一条款之所以成了"水中月"，原因有三：一是这一规定采取了撤销监护权"不告不理"的消极主义立场，法院并不会主动撤销不适宜担任监护人的监护人资格，而是以有关人员或者有关单位的申请为前提；二是法律并未明确"有关人员或者有关单位"是谁，因此司法实践中从未见"有关人员或者有关单位"提出撤销监护权的申请，即便"有关人员或者有关单位"早已知晓监护人不履行监护职责或者侵害被监护的未成年人合法权益的情形；三是由于我国儿童福利制度的不发达，缺乏撤销监护权之后的托底机制，并不能保证另行指定的监护人较之原监护人更适宜承担监护职责，这也是导致撤销监护权判例罕见的重要原因。面对层出不穷的儿童虐待事件，这样的法律立场显然急需改变。

三、完善立法建立防治儿童虐待的综合机制

法律是儿童保护的底线，法律的完善是防治儿童虐待的关键环节。我国应当尽快完善立法，建立防治儿童虐待的综合机制：

首先，建议制定预防儿童虐待的专门法律。晚近以来，随着各国对儿童虐待问题的重视，专门性预防儿童虐待的立法开始得到重视。例如，美国于2003年6月制定《预防虐待儿童及处理法案》、日本于2000年制定了《预防儿童虐待等的法律》，这些专门立法对于预防儿童虐待发挥了重要作用。尽管我国也已经有专门性的《未成年人保护法》，但是这部法律类似于我国未成年人保护的"小宪法"，缺乏可操作性。国外，制定预防儿童虐待专门法律的经验值得我国借鉴，这也是完善我国未成年人保护法律体系的

要求。

其次，防治儿童虐待应当尽快实行零容忍原则，明确禁止针对儿童的任何形式的暴力和情感虐待。1979 年 3 月，瑞典通过了《儿童和父母法案》修正案，成为世界上第一个全面禁止对儿童任何形式的体罚或情感虐待的国家。截至 2009 年 3 月，已经有 24 个国家立法禁止家庭内部的任何体罚行为。我国现行立法仅仅禁止在学校内体罚儿童，但并未禁止家庭内部的体罚行为（《未成年人保护法》第 10 条、第 21 条），法律对于父母对儿童的体罚行为虽然并未明确肯定但却实际采取了较为宽容的立场，这是儿童虐待现象屡禁不止的重要根源。我国有着悠久的"棍棒底下出孝子"的传统，禁止包括家庭在内的任何形式针对儿童的暴力与情感虐待行为，包括所谓以"教育"为名的体罚行为，似乎在短期内尚有难度，但这应当成为我国立法努力的方向——因为这是根除儿童虐待现象的基础。

再次，应当将虐待儿童行为规定为法律的高压线。尊重儿童虐待的特殊性，在刑法中增设独立的虐待儿童罪罪名，降低虐待儿童行为的入刑门槛，同时将虐待儿童罪作为公诉犯罪。建议刑法对虐待儿童罪规定如下："对不满十八周岁未成年人实施身体虐待、情感虐待、性虐待、忽视，以及商业性或其他形式的剥削行为的，处 5 年以下有期徒刑或者拘役，可以并处或者单处罚金。虐待儿童，同时构成故意伤害罪、强奸罪、故意杀人罪等其他罪名的，依照处罚较重的规定处罚。"

第四，完善撤销监护权立法，激活撤销监护权制度。建议将撤销监护权之诉确立为民事公诉的范围，规定由检察机关作为提起撤销监护之诉的法定机关，由国家主动撤销不适宜监护职责的监护人资格，另行指定监护人。

第五，完善儿童福利制度，为防治儿童虐待提供托底性的制度保障。可以借鉴国外通常做法，在政府部门设置专门的儿童保护机构——儿童局，建立专门的儿童保护官队伍，代表国家行使国家亲权职责。增加儿童福利投入，在全国普遍建立儿童庇护机构，为遭受虐待的儿童提供临时庇护场所。

此外，还宜借鉴国外儿童虐待举报制度，规定任何公民与机构发现儿童虐待行为均有举报的义务，不举报或者不及时举报的应当承担相应的法律责任。

（载《中国青年政治学院学报》2014 年第 1 期）

第三十八章

刑事诉讼法修订与少年司法的法典化

2012 年 3 月 14 日，第十一届全国人民代表大会第五次会议表决通过了《关于修改〈中华人民共和国刑事诉讼法〉的决定》，对刑事诉讼法进行了较大幅度的修正，其中一个引人注目之处是增设了"未成年人刑事案件诉讼程序"专章。专章共十一个条文，初步构建了我国未成年人刑事诉讼程序的基本框架，其主要内容包括"教育、感化、挽救"方针、"教育为主、惩罚为辅"原则、社会调查制度、严格限制适用逮捕措施、羁押未成年人的三分别制度（分别关押、分别管理、分别教育）、合适成年人参与制度、附条件不起诉制度、不公开审理制度、犯罪记录封存制度等。

一、刑事诉讼法增设未成年人专章之意义与遗憾

刑事诉讼法未成年人刑事案件诉讼程序专章的设置对于我国少年司法制度建设乃至整个刑事司法制度的发展均具有重大的意义，具体而言可以概括为以下方面：

一是专章的设置使长期处于边缘状态的少年司法制度正式"登堂入室"，少年司法制度不仅仅在刑事诉讼法中而且也在整个刑事司法制度中终于获得了一席之地。

二是专章的设置将大大提高我国未成年犯罪嫌疑人、被告人司法保护的力度，尤其是将大大提高未成年人犯罪嫌疑人、被告人司法保护的平等性，缩小司法保护的地域差别性。

三是从立法内容来看，专章的内容基本上是对近三十年来我国少年司法实践探索经验的确认，是对三十年来大量、长期在少年司法领域默默开拓、耕耘"少年司法人"的最大肯定，具有稳定和发展少年司法队伍、机制的重大意义，这也意味着今后少年司法制度建设将走向常态。

四是刑事诉讼法的先行设置专章将带动刑法、预防未成年人犯罪法等相关法律的修订，由此产生推动我国少年司法改革发展的积极作用，也很可能开启我国少年司法改革的黄金时期。

五是专章的设置具有刑事司法改革试验田、先行者的特点，该章所规定的目前仅仅适用于未成年人的附条件不起诉、犯罪记录封存等制度将通过在少年司法领域的实践逐步拓展适用于成年人，由此促进整个刑事司法制度的完善。

当然，此次刑事诉讼法所设置的未成年人刑事诉讼程序专章也还存在诸多遗憾，其中最为核心之处是离现代少年司法的理念还有较大的差距，还没有跳出刑罚中心主义的思路。现代少年司法的一个显著特点是主张"以教代刑"，以福利性干预措施（保护处分）替代刑罚，刑罚是一种不得已的最后手段。尽管专章明确规定了"教育、感化、挽救"方针、"教育为主、惩罚为辅"原则，但是却没有规定非刑罚处罚措施（保护处分）的适用程序。耐人寻味的是，这次刑事诉讼法修正案规定了精神病人的强制医疗程序，但是却并未对未成年人犯罪的非刑罚处罚措施进行规定，这是立法的一大疏漏。当然，这也可能与刑法的不完善有较大的关系。

另一个显著不足之处是，专章对少年司法实践中所形成的较为成熟的经验并没有充分吸收，未成年人刑事诉讼特别程序的建构还不完整。例如法庭教育程序、圆桌审判制度、心理测试制度、简案快审制度等，在专章中均没有规定。专章中已有的规定，例如社会调查制度、附条件不起诉制度等，也还过于谨慎，没有对少年司法实践较为成熟的经验予以充分尊重。

当然，刑事诉讼法增设未成年人刑事诉讼特别程序专章只是我国少年司法法典化的开始，而实践先行积累经验，立法再选择性筛选固定的少年司法改革路径仍应成为今后我国少年司法改革的主要路径。

二、少年司法法典化的三种模式与近代以来的立法思路

2012 年新修订的刑事诉讼法增设了未成年人刑事案件诉讼程序专章，这一进步赢得了广泛的赞誉。但是，如何看待刑事诉讼法的这一修改也要有思路的转化，要跳出刑事诉讼法看未成年人的专章。如果从整个少年司法制度建设的视角来看这次刑事诉讼法修改，可能会有不同的结论。

各国少年司法法典化有三种基本模式：

第一种模式是附属条文模式。这种立法模式的特点是既没有独立的少年法，在普通法典中也不设未成年人专章。1997 年刑法典和 1996 年刑事诉讼法典都是这样，这两部法典中均看不到专章，只有若干条文对未成年人犯罪做出规定。

第二种是半独立的立法模式。其特点是在刑法、刑诉法和刑事执行法中单独设章对未成年人进行规定。修改之后的《刑事诉讼法》就是走的这条路，专门新设了一章规定未成年人刑事诉讼的程序。这种立法模式的代表不是中国，而是俄罗斯和越南，还有一些人口比较少的国家，比如瑞典。

第三种模式是独立立法模式。这种立法模式开始于 1899 年 7 月 1 号美国伊利诺伊州所制定的《少年法院法》。独立立法模式中的少年法典有个很重要的特征，即实体法、程序法、组织法三法合一，被视为刑法、刑事诉讼法、司法组织法的特别法。

我国自清末创建近代法制开始，就已经开始了少年司法的立法探索。清末沈家本在制定《大清新刑律》的奏折中说："丁年以内乃教育之主体，非刑罚之主体"，这已经有了现代少年法的思想。1948 年国民政府请美国法学家庞德来华帮助中国完善法治，其中一个很重要的内容是帮助中国制定专门的少年法。庞德在离开中国的时候留下了一份

《中国制定少年法应请注意之事项》。

也就是说，从清末到1949年，中国少年司法法典化的历史脉络是从附属条文模式直接走到独立立法模式。这样的立法思路在台湾地区得到继承和延续。我国台湾地区于1954年就起草了"少年事件处理法"，1962年"立法院"通过。

三、开启少年司法法典化的偏门

如果了解这段中国少年司法法典化的历史再来看《刑事诉讼法》的修改，可能会心情非常复杂。一方面，《刑事诉讼法》增设未成年人专章开启了中国少年司法法典化的大门，这是十分值得肯定的方面，少年司法改革从1984年10月份走到现在终于在国家基本法律中获得了一席之地。但遗憾的是此次《刑事诉讼法》修正案开启的是中国少年司法法典化的偏门，因为它扭转了近代以来少年司法法典的发展路径，没有走向独立立法模式，而是走向了半独立立法模式。所以《刑事诉讼法》修改我感到很高兴，同时心情又非常复杂。

刑事诉讼法学者看到未成年人专章的十一个条文会觉得已经给未成年人特别待遇了，应该满足了。但是如果让我做一个评价，我只能说未成年人专章十一个条文基本没有接受现代少年司法的理念，最核心的理由是没有跳出刑罚中心主义的思路。

现代少年司法的一个显著特点是主张"以教代刑"，以福利性干预措施（保护处分）替代刑罚，刑罚是一种不得已的最后手段。但是我国这么多年来只要发生未成年人犯罪只会想到一种方法，就是打"抗生素"——刑罚，难道犯罪之后除了开"抗生素"就没有其他措施可以用吗？一方面我们主张"教育感化挽救"、"教育为主惩罚为辅"，但是现行立法中却围绕刑罚来展开，没有规定教育措施，这种刑罚中心主义立法思路是值得反思的。这次刑事诉讼法修正案规定了精神病人的强制医疗程序，但是却并未对未成年人犯罪的非刑罚处罚措施进行规定，这种立法思路令人费解。

另一个需要反思之处是，这次刑事诉讼法修正案仍只是规定了事后干预程序——未成年人犯罪后如何进行干预，没有体现预防的立法思路，而提前干预（虞犯）恰恰是现代少年司法的一个共同特点。例如日本《少年法》、我国台湾地区"少年事件处理法"均有如何干预虞犯的详细程序和措施。

还有一点，此次刑事诉讼法修正仍然没有让少年司法摆脱"罚"与"放"之间的两难。由于没有规定保护处分措施（非刑罚处罚措施）的适用程序，面对未成年人犯罪往往要么惩罚，要么不起诉，即要么当成真正意义上的罪犯，要么不当成罪犯，缺了一个中间状态，这不利于未成年人犯罪的教育、感化和挽救，这也是值得反思的。

四、少年司法的顶层设计

如何看待少年司法立法法典化，它的重点应该在什么地方？也许日本的例子可供参考。1907年，留学美国的日本著名法学家穗积陈重回到日本之后发表了一个非常重要的演讲——《美国的少年法院》，呼吁进行少年司法改革，此后又在议会推出少年法立法案。穗积陈重的少年司法改革方案是针对当时日本刑事司法制度所存在的严重缺陷而提出的，这些缺陷跟现在的中国何其相似。例如，对付未成年人犯罪只有刑罚一种手段，缺乏惩罚或者放纵未成年人犯罪的中间性干预措施。穗积陈重的演讲对日本少年司法改革提了三个重要建议：一是以教代刑，认为应该设计保护处分措施替代刑罚，二是主张提前干预，对"虞犯"进行干预，三是建立专门的少年法院，而且赋予少年法院先议权，而不是检察官享有"先议权"。他的演讲在1922年得到实现，这就是日本1922年的《少年法》，这部《少年法》在1948年经过大的修改，形成了现代日本少年司法的基本模式并延续至今。

就中国的少年司法改革而言，也应该有一个宏观的设计。要跳出刑诉法、刑法、监狱法等部门法来宏观考虑少年司法改革。不能就刑诉法的修改谈少年司法，也不能就刑法的修改谈少年司法。如果这样就永远是缺乏对少年司法的顶层设计，永远跳不出刑罚的中心主义和传统观念，也意味着我们永远走不出两个困局：一个是"逗鼠困局"，除了刑罚外没有其他方法，因此即便少年刑事司法程序设计得再如何精细和"含情脉脉"，最后仍是要么动用刑罚、要么一放了之。另一个是"养猪困局"，即现在的行为严重程度达不到刑法惩罚的程度，年龄没有到刑事责任年龄，没有关系，等养肥了养大了再来惩罚。要想走出这两个困局就必须跳出刑法、刑诉法，从顶层设计考虑我们国家的少年司法法典化。

五、刑事诉讼法修正案之后的少年司法法典化

作为一种理想化的方案，中国少年司法的法典应该延续近代以来尤其是1948年的脉络，类似于台湾地区那样制定独立的少年法，这也是世界上多数国家通常采取的模式。但是很遗憾，《刑事诉讼法》的修改已经打开了一扇偏门，尽管已经是难得的进步，但它将把我国少年司法法典化之路引向何方，尚不好作评价，当前需要思考的是如何应对它。

《刑事诉讼法》修正案增设专章后，需要考虑完成少年司法半独立立法模式的布局，这可能会带来后续较大工作量的法典修改。

首先是刑法的修订。必须尽快出台专门的刑法修正案与程序法配套增设未成年人犯罪与处分措施的专章。这一专章的核心内容有两点：一是改造刑罚，比如废除对未成年人的无期徒刑、短期自由刑（如拘役）等，二是增设非刑罚处罚措施（保护处分措施），让法官和检察官在面对罪错未成年人时有使用"抗生素"（刑罚）之外的其他"药物"的选择余地，而不是要么只能打"抗生素"（刑罚），要么一放了之。

其次《预防未成年人犯罪法》也要尽快启动修订。修订《预防未成年人犯罪法》最重要的目标是完善严重不良行为的干预与矫治措施体系，对严重不良行为也要以保护处分进行。对于具有剥夺和限制人身自由的措施应该进行整合，散落在行政法中的劳动教养、收容教养、收容教育等应考虑废除，只保留工读教育这一种类型。社区性保护处分措施要多样化，可以设置包括禁止令、赔偿损失、罚款、赔礼道歉、训诫、社会服务令、责令父母严加管教、假期辅导等多种措施。保护处分也可以作为替代刑罚的措施用，一个孩子犯了罪我们不能仅仅想着刑罚，必须要有中间性的措施，保护处分措施的

一个重要功能就是实现以教代刑的目的。

美国少年法院 1998 年审理了 180 万案件，57% 受到正式处理，正式处理的中只有 1% 是真正被判处刑罚的。现在我们每年就判 7 万多未成年犯，用的全是刑罚，这是个很严重的问题。这些未成年犯积累下来会变成什么样的状态？这可能成为影响社会治安稳定的日益严重的威胁。难道没有中间措施处理他们吗？

《刑法》修改的重点是走出"逗鼠困局"。对犯了罪的孩子可以适用刑罚替代措施（保护处分）。《预防未成年人犯罪法》的修订重点是走出"养猪困局"，要对罪前行为提前进行司法干预，不要等养大了或者养肥了再杀。

（载《预防青少年犯罪研究》2012 年第 5 期）

第三十九章

合适成年人参与制度的渊源与法典化中的几个问题

合适成年人参与制度是从英国引进的一项少年司法特色制度。2003 年 3 月 10 日，在华东政法大学召开了两次以此为主题的研讨会，通过这两次研讨会合适成年人参与制度被引入中国。合适成年人（Appropriate Adult）一词源于 1984 年《英国警察与刑事证据法》，在译介这一术语时曾经一度翻译成"少年犯辅导员"，也曾经考虑过借鉴日本《少年法》的规定翻译为"辅佐人"。在 2003 年 3 月第一次合适成年人研讨会召开的前一天，为了 Appropriate Adult 究竟该怎么翻译合适仍在争论，后来实在感觉没有特别恰当对应的中文，于是决定暂时直译为"合适成年人"，结果这个暂时用的词竟然逐步被理论界和实务部门接受并广泛使用了，并在 2010 年被中央六部委配套工作体系的意见确立为法律术语。

一、制度渊源

英国合适成年人参与制度被认为是"一项独特的英国式发明"，它的诞生是由一起冤案促成的。1972 年一名同性卖淫者肯费特被谋杀，结果三名少年被抓获并被重判。这一事件因为其中一名少年的父亲持续的"上访"最终被证实为冤案，而三名少年在没有任何成年人到场的情况下所作的"有罪供述"是造成冤案的关键原因。对这一案件的反思促成了英国《1984 年警察与刑事证据法》的出台，也正式确立了合适成年人参与制度。这一制度的要义是要求警察在讯问未成年犯罪嫌疑人时必须要有合适的成年人到场，否则口供为非法证据将被排除。

在参与将合适成年人参与制度引入中国的过程中，我对英国这一制度留下了三点深刻的印象：一是对未成年人的保护不能留有余地，必须彻底。其实在肯费特案件发生的时候，英国的法律中也有关于讯问未成年犯罪嫌疑人时要通知监护人到场的要求，但是这一规定类似于我国 1996 年刑事诉讼法的规定，留下了警察可以发挥的空间，而警察是"务实"的，因此在讯问未成年犯罪嫌疑人时没有任何成年人到场的情况是常有发生的。二是英国合适成年人参与制度设计的一个重要目的是"确保儿童最大利益原则在少年司法中的实现"，这是一种儿童本位立场，而我国的"教育、感化、挽救"方针、"教育为主，惩罚为辅"原则更具有社会本位的立场。三是少年司法是精细化的、高耗费的也是特殊的。在英国，合适成年人被视为对未成年人的一种额外的、特殊的保护，不能由律师来替代。为了确保未成年犯罪嫌疑人都能获得合适成年人服务，在政府支持下英国建立了全国合适成年人网，包括 63 个团体成员，一旦警察拘捕了未成年人，专业化的合适成年人将可以在两小时以内到场。

二、实践先行

2004 年，上海市长宁区、昆明市盘龙区几乎同时率先开始了合适成年人参与制度的试点，并很快推广到十余个省市。从合适成年人与监护人关系的角度，可以将这些试点概括为三种模式：一是救济模式，以上海为代表，即把合适成年人作为监护人不能到场、不宜到场时的救济途径，合适成年人具有"代理家长"的特点。二是独立模式，以昆明市盘龙区为代表，即合适成年人具有独立地位，即便监护人可以到场，合适成年人也应到场。三是包容模式，以厦门市同安区为代表，即把监护人也作为合适成年人的一种，并具有到场的优先性。

为什么这样一个连名字都有些拗口的制度能够迅速移植入中国，并且马上落地生根，甚至被刑事诉讼法吸收？我认为主要有三个重要原因：

一是合适成年人参与制度解决了实践中讯问、审判未成年犯罪嫌疑人、被告人时法定代理人不能到场的难题。在这次刑事诉讼法修改前，旧刑事诉讼法和未成年人保护法等相关法律法规关于讯问审判时通知法定代理人到场的规定是矛盾的，有的办案机关无所适从，如果出现没有法定代理人和其他合适成年人到场的情况，案件当事人也往往会对此提出质疑，甚至实践中还出现过上访的现象。

二是体现了平等保护的司法理念，容易引起共鸣。近些年来，我国外来未成年人犯罪的比重持续上升，例如在上海其比例已超过 80%。而讯问、审判时监护人能到场的多为本地未成年人，外地未成年人往往不能到场。建立合适成年人参与制度体现了对外来未成年犯罪嫌疑人被告人的平等保护理念，这种理念容易引起共鸣和认同。事实上，外来未成年人与本地未成年人犯罪司法处遇的差别化不仅仅体现在法定代理人到场上，而是较为严重的存在于诉讼程序与实体处置的各个环节，合适成年人参与制度的试点具有作为改革突破点的期待。

三是各地通过建立合适成年人队伍，形成或者整合了一支少年司法的社会支持力量，解决了少年司法实践中缺乏社会支持的难题，为地方少年司法改革打开了思路。在探索合适成年人参与制度过程中，一些地方司法实践部门还逐步将社会调查、观护帮教、心理辅导等案外工作均整合交给了这支专门队伍。

三、法典化中的几个问题

这次刑事诉讼法修正案第 270 条虽然没有使用合适成年人一词，但是已经基本确立了合适成年人参与制度。这一规定是对 2006 年《未成年人保护法》第 56 条、2010 年中央六部委配套工作体系意见的吸收和确认。

第 270 条所规定的合适成年人参与制度有几点值得深入思考。

一是在讯问审判时的合适成年人到场到底是谁的权利？是监护人的权利还是其他成年人的权利？应当明确这是未成年犯罪嫌疑人、被告人的权利，不是成年人，特别是不能视为监护人的权利、公安司法机关的权力。

基于这样的立场，那么第270条的一些具体的规定需要进一步思考。比如说监护人不能到场或者是共犯，可以通知他的近亲属、学校、基层组织、未成年人保护组织代表到场，这些成年人虽然有先后但总体上是并列关系，那么谁来做选择呢？显然，我们现在的刑事诉讼法把这个选择权交给了办案机关。我们认为，应当将选择权交给未成年人。另一个值得思考的问题是，监护人到场是否享有天然的优先权？现在的规定是有优先权的，其他合适成年人到场是一种"救济"。但是，如果监护人到场不利于未成年人保护呢？他们是否仍然有优先权？现在的规定并没有考虑这种例外情况，而只是考虑了监护人不能到场或者是共犯的情况。

基于未成年人权利的立场，合适成年人到场的重心不是"成年人"到场，而是"合适的"成年人到场。合适成年人的资质和能力必须要经过考量，而现在的刑事诉讼法没有明确。现在立法的立场是保证一个成年人到场就行，这种立法的思路需要我们在实践当中进一步完善。

二是现在我们可以再去面对这样一个问题，这个问题在合适成年人参与制度试点的时候争论了很长时间：没有法定代理人和合适人到场所取得的口供是否是非法证据？在刑事诉讼法修改之前，我就主张这是非法证据且应该排除，但是这种意见在实践中很难被接受。现在刑事诉讼法修正案通过了，明确规定"对于未成年人刑事案件，在讯问和审判的时候，应当通知未成年犯罪嫌疑人、被告人的法定代理人到场"，并且没有留下没有成年人到场可以讯问、审判的余地。同时刑事诉讼法第54条也明确以非法方法搜集的证据为非法证据应当排除，现在可以也应当明确认定：没有法定代理人或其他合适人到场所取得的口供就是非法证据。

三是是否每一次讯问的时候都应该有合适成年人到场？在试点合适成年人参与制度的时候，这个问题也有争议，据说主要是基于"方便"的考虑，很多地方司法机关并没有要求每一次都必须到场。现在必须申明，每一次讯问、审判未成年犯罪嫌疑人、被告人时合适成年人都必须到场。

四是必须要思考合适人到场到底干什么用？难道仅仅是一个摆设吗？我曾经把合适成年人的到场概括为五种功能：抚慰、监督、沟通、见证（讯问、审判的合法性）、教育。我想这五点功能概括可能会有一些启发。总之一句话，合适成年人到场必须发挥作用而不是一个形式。

最后一点，刑事诉讼法增设了未成年人特别程序专章的确是值得赞赏的，也是令人欣慰的。我国少年司法改革了将近30年，终于被刑事诉讼法确认了。在某种意义上，这意味着少年司法终于登堂入室了，也总算抱上了一条大腿，这意味着我国的少年司法改革将会迎来黄金时期。但是光抱一条腿是不够的，还需要抱上刑法这一条大腿，期待刑法尽快出台修正案也增设未成年人专章。

本文系在"刑事诉讼法实施与未成年人司法工作机制创新"研讨会上的演讲概要。（2012年4月14日到15日，北京师范大学刑事法律科学研究院、《检察日报》社、江苏省常州市人民检察院共同主办，江苏常州）

第四十章

少年刑法与刑法典的完善

——刑法应增设未成年人专章

少年刑法属于特别刑法之一种，有广狭义之分，狭义的少年刑法仅仅是指规定少年犯罪与刑罚的法律规范的总称，以比照成人犯罪从轻、减轻或者免除的"小刑法"模式为基本特征，这是我国少年刑法之现状。"小刑法"以恤幼粉饰人道，仍不脱离报应主义的旧观念，有悖于现代少年刑法的基本理念。而广义的少年刑法则是指关于不良行为、少年犯罪，以及保护处分与刑罚的法律规范的总称，这是我国少年刑法发展的理想。广义的少年刑法产生于 19 世纪末期以后，以革除报应主义旧观念为特色，超越刑罚和保安处分，奉行保护主义为基本理念，是一种"不是刑法的刑法"。[1]与普通刑法以犯罪和刑罚为基本范畴不同，少年刑法的基本要素为不良行为、少年犯罪、保护处分和少年刑罚。[2]

现代少年刑法是指广义的少年刑法，其最大特性在于对于少年社会危害行为（包括严重社会危害行为）的处置超越刑罚，也超越保安处分，而以体现保护主义（具体表现为奉行儿童最大利益原则，优先保护少年原则）理念的保护处分为核心。保护处分属于帮助受处分人的受益性强制措施（beneficial coercion），是一种对于少年有利的处遇（treatment）[3]，其主要功能在于避免和替代传统刑罚。也就是说包括少年犯罪在内的少年触法行为的主要法律后果是保护处分，刑罚只是在不得已的情况下作为一种非常手段施用于少年，保护处分相当于普通刑法中"刑罚"的地位。因此可以说任何法律规范，只要规定以保护处分为可能法律后果或在例外情况下适用少年刑罚的，都属于少年刑法规范。需要强调的是，保护处分不是保安处分，更不是行政处罚或者变相的刑罚。[4]

---

　　[1]　李海东教授亦曾言："从严格意义上说，西方许多国家的青少年犯罪法不完全属于刑法，因为对于青少年犯罪，法律在很大程度上并不采取刑罚处罚的方法。但理论上，多数学者仍把它归入刑事法的范畴之内。"参见李海东：《刑法原理入门（犯罪论基础）》，法律出版社 1998 年版，第 2 页。

　　[2]　详见姚建龙："论少年刑法"，载《政治与法律》2006 年第 3 期。

　　[3]　美国学者弗莱彻认为，在理解刑法时，需要研究刑罚与各种表现为帮助受影响人的善意强制措施之间的区别。可以把所有那些可以选择并且有益的强制措施，统称为"处遇"（treatment）。参见［美］乔治·P. 弗莱彻：《刑法的基本概念》，王世洲等译，中国政法大学出版社 2004 年版，第 29 页。

　　[4]　关于保护处分与保安处分区别的进一步探讨，详见姚建龙："犯罪后的第三种法律后果：保护处分"，载《法学论坛》2006 年第 1 期。

一、1899 年以来的传统与各国少年刑法的法典化模式

1899 年美国伊利诺伊州制定了世界上第一个少年法——《少年法院法》[1]。以一套完全不同于成人刑法的规则处理少年案件，标志着现代少年刑法的诞生。不过，需要指出的是，该法实际上建立了一套独立的不同于处罚成人犯罪的系统——少年司法制度，而不仅仅是少年刑法规则。这一做法的影响深远，以致形成了一场世界性的少年法院运动。各国纷纷在普通刑法之外，制定独立的少年法，建立独立的少年法院，组建独立的少年司法队伍，建立独立的少年司法制度。到 1925 年，英国、加拿大、瑞士、法国、比利时、匈牙利、克罗地亚、阿根廷、奥地利、印度、荷兰、马达加斯加、日本、德国、巴西和西班牙等国都为少年建立了独立的少年司法制度。今天，世界绝大多数国家和地区都建立了相对独立的少年司法制度，并形成了以联合国少年司法准则为代表的国际少年司法准则。日本刑法学者大塚仁曾经针对这一国际刑法改革趋势指出："作为20 世纪的立法动向，必须注意的是对少年犯罪采取了与成人相区别的特别对待。"[2]

少年犯罪何以要和成人犯罪在刑法上区别对待？其理论基础大体可以概括为以下几点：（1）对实质正义而非形式正义的追求；（2）主观主义刑法理论，以及体现主观主义刑法理论的教育刑主义和刑罚个别化主义；（3）得到世界各国最广泛认同的《儿童权利公约》所确立的儿童最大利益原则；（4）成人是理性的而少年是非理性的理论预设与社会观念；（5）成人犯罪被视为"恶"，而少年犯罪则被视为"错"的文化传统，以及在这种文化传统下对于报应主义的否定。[3]

自 1899 年以来，各国少年刑法的法典化大体形成了以下两种基本模式：一是独立模式，即制定实体法（少年刑法）、程序法、组织法合一的独立少年法，对于少年犯罪（包括我国《预防未成年人犯罪法》所规定的不良行为）的处理，不再以普通刑法、刑事诉讼法、刑事执行法等为依据。[4]这种立法模式是 1899 年美国伊利诺伊州《少年法院法》的原型，也被视为少年法的标准模式，因为最能体现少年与成人区别的理念，故而最为各国所推崇，也为联合国《少年司法最低限度标准规则》（北京规则）所确立。采用这种模式的国家，往往是少年司法发育较为成熟的国家或地区。例如德国的《少年法院法》、奥地利的《少年法院法》、日本的《少年法》、加拿大的《青少年审判法》、我国台湾地区的《少年事件处理法》、香港地区的《少年犯条例》等。二是附属模式。即在刑法典中辟出专门的章节对少年犯罪做出规定，而涉及少年犯罪处理的程序、执行问题，则分别在刑事诉讼法、刑事执行法中设专章做出规定。采用这种立法模式的国家

---

〔1〕 又译《少年法庭法》，该译文见康树华、郭翔等编：《青少年法学参考资料》，中国政法大学出版社 1988年版，第 703 ~ 709 页。

〔2〕 参见［日］大塚仁：《刑法概说（总论）》，冯军译，中国人民大学出版社 2003 年版，第 41 页。

〔3〕 对这些理论基础的详细分析，参见姚建龙："转变与革新：论少年刑法的理论基础"，载《现代法学》2006 年第 1 期；姚建龙："中国为什么需要少年法院：简单而又容易被忽视的理由"，载《青少年犯罪问题》2006年第 5 期。

〔4〕 这种独立的少年法，有时候也被直接称为少年刑法，例如德国《少年法院法》，也被称为少年刑法或青少年刑法。

和地区大都属于少年司法中等发达的国家和地区。例如俄罗斯《联邦刑法典》专设"未成年人的刑事责任"篇（第五篇），瑞士《联邦刑法典》专设"儿童和少年"章（总则第四章），越南《刑法典》专设"关于未成年人犯罪的规定"章（总则第十章）。

还有极少数国家既无独立的少年法，也未在刑法中辟专门篇章对少年犯罪做出规定，而是仅仅在关于刑事责任年龄的条款中附带性、原则性地规定了少年犯罪的刑事责任。由于这样的立法模式将少年当作了成年人（或者缩小的成年人），实际上仍在采用以理性的成人为假设对象所制定的刑法对待犯罪少年，实际上否认了少年犯罪与成人犯罪应当区别对待的观念和理论，更无法实际践行所谓"教育、感化、挽救"和"教育为主，惩罚为辅"的刑事政策，因此这样的立法也被视为还没有确立现代少年刑法的立法模式。经过 20 世纪这一被爱伦凯（Ellen Key）女士所称之为"儿童的世纪"之后，目前采用这种立法模式的国家在世界范围内已较为少见。

二、清末以来的探索与一个半法条的尴尬

我国自清末变法修律以来，20 世纪蓬勃兴起的对少年犯罪与成人犯罪区别对待的立法动向就已经为诸多有识之士所认识到，并曾经试图使其成为我国刑法改革的一部分，试图将中国的刑法改革融入国际刑法改革的潮流之中。例如，沈家本曾在关于《大清新刑律》编辑宗旨的奏折指出"夫刑罚为最后之制裁，丁年以内乃教育之主体，非刑罚之主体"，现代少年刑法的理念已跃然纸上。1935 年国民党政府新刑法最引人注目之处是引入了保安处分制度，由"客观事实主义，倾向于主观人格主义"[1]。这部刑法典体现了"对于少年犯罪，应以感化教育为主"[2]的立法思想，将责任年龄提高至 14 岁，将宥减年龄提高到 18 岁，同时将感化教育、监督品行等处分详细规定于保安处分章中，以取代或补充刑罚的不足，还规定对于少年犯罪不得处死刑或无期徒刑。这些规定表明，"在法制上言之，已演进至以刑罚以外之方法处遇少年犯之阶段，可谓距现代少年立法，虽不中亦不远矣"。[3]而 20 世纪 40 年代，制定专门少年法则开始进入了立法进程。国民政府还曾专门请美国著名法学家庞德来华帮助制定少年法，为此庞德还曾经于1948 年 9 月专门为中国制定少年法提供了《中国制定少年法应请注意之事项》的立法建议。不过遗憾的是，因为解放战争等原因，制定独立少年法的进程中断。

不过，制定独立少年法的努力在我国台湾地区得以延续，尽管争论激烈但终于 1962年通过了"少年事件处理法"。但遗憾的是，我国大陆地区重新回到了少年法的进化起点，新中国成立后 30 余年尚未能形成关于刑事责任年龄的统一规定与实践。直到 1979年，新中国第一部刑法典才以一个半法条，对刑事责任年龄和少年犯罪不得判处死刑立即执行做出了规定。尽管自 1984 年 11 月上海市建立中国大陆第一个少年法庭以后，少年司法实践的探索取得了一定的成效，少年法庭的数目曾经一度超过 3300 个，少年法官达万人，初步建立了具有中国特色的少年司法规则（包括实体规则、程序规则、组织规

---

〔1〕　参见谢振民编著：《中华民国立法史》，中国政法大学出版社 2000 年版，第 920 页。

〔2〕　参见谢振民编著：《中华民国立法史》，中国政法大学出版社 2000 年版，第 935 页。

〔3〕　参见朱胜群编著：《少年事件处理法新论》，三民书局 1976 年版，第 47 页。

则等）。但是，刑法典的修订并没有对少年司法实践探索给予应有的关注。1997 年刑法典仍然维持了一个半法条的粗糙立法格局，仍然采用了比照成人从轻、减轻与免除处罚的"小刑法"模式，实质正义、主观主义、儿童最大利益原则、教育刑主义、个别化原则等现代少年刑法的基本理念仍未能在我国刑法典中确立。[1]，可以说，就少年刑法的进化而言，自清末以来刑法改革的关注点基本上还仅仅集中和停留于刑事责任年龄应当如何设定和是否应适用死刑之上，百余年来实际所取得的进步也主要表现为刑事责任起点年龄从 12 周岁提高到了 14 周岁以及废除了对少年适用死刑，除此之外并未能够在少年刑法的制度化上更进一步。

这种立法的滞后性，使得现行刑法无法实现少年犯罪刑事政策的要求。早在 1991 年的《未成年人保护法》和 1999 年的《预防未成年人犯罪法》就以基本法的形式确立了处理少年犯罪所应遵循的"教育、感化、挽救"方针和"教育为主，惩罚为辅"的原则。这种虽然有些矛盾式地既体现福利保护、教育主义的少年刑法理念，又仍残余着"教刑并用"报应主义印迹的刑事政策，仍远远先行于我国刑法典将少年犯罪比照成人犯罪处理的"小刑法"模式。将以理性的"成人"为参照对象而制定的"成人刑法"适用于少年，同样是在"罪刑法定"、"罪刑均衡"、"法律面前人人平等"的原则下，以基本与成人一致的刑罚处罚犯罪少年，无法承载对于违法犯罪少年"教育、感化、挽救"的美好愿望，它迫切需要进行深刻的变革。[2]在少年刑法思想上，无论是理论界还是实践部门，都赞同少年宜教不宜罚之主张，均提倡"教育为主"原则，提倡"教育、感化、挽救方针"。但是无论是从刑事立法还是刑事司法来看，却均缺乏真正体现和贯彻这些思想的制度，尤其缺乏刑罚的有效替代措施和制度保障。在此种情况之下，刑罚仍然不得不成为抗制少年犯罪的主要手段。

1984 年以来我国的少年司法改革和刑法改革体现了一个重要的动向，即试图逐步缩小少年犯罪的刑法干预圈，或者放松对于少年犯罪的刑法干预强度。具体表现为，非犯罪化、非刑罚化、非监禁化等改革思潮与实践。但是，20 余年来，包括 1997 年以后的刑法改革，均重走了类似于 19 世纪美国少年司法起源时期一个老路：要么以刑罚处罚犯罪少年——这种做法被批评为太过严厉、不利于少年矫正，要么将他们排除于刑事司法圈——这种做法又被认为是放纵少年犯罪和不利于犯罪控制。近些年来，非刑罚化与非监禁化的理念日益为人们所接纳，特别是对于少年案件。但是，由于缺乏必要的配套制度，对于采用非刑罚、非监禁处置的少年，却同时面临着无法有效监管、教育的窘境。这迫使少年司法机关不得不面临巨大的司法风险，并因此而不得不"宁左毋右"。这已经成为困扰少年司法改革的重大问题。

另一方面，一些基于少年刑事政策而排除于刑罚处罚之外的少年，却落入行政权膨胀的圈套之中。警察与教育行政机关拥有对于不良行为少年封闭式的处置权力。不良少年的权利既无法得到必要的程序保障，施加于其身的各种非刑罚性措施也大多数属于具有较强惩罚与社会防卫色彩的行政处罚措施。这些行政处罚措施轻者可以剥夺不良行为

---

〔1〕 详见姚建龙：《少年刑法与刑法变革》，中国人民公安大学出版社 2005 年版，第 79～82 页。

〔2〕 姚建龙：《少年刑法与刑法变革》，中国人民公安大学出版社 2005 年版，序。

少年数天人身自由，重则可以剥夺长达数年的人身自由，这实际既难以起到教育和保护少年的作用，也最终无益于社会保护。[1]

作为少年司法制度核心的少年刑法，其最基本的特征应当是在两极化之间建立一个中间性的缓冲地带，既避免机械地以刑罚处罚触法少年，又避免放纵和放任他们；以体现儿童最大利益原则与福利的"保护处分"[2]替代刑罚，通过保护处分体系的设置，来使得刑罚作为最后手段、"教育、感化、挽救"的刑事政策成为现实的、可以实践的理想。我国自1984年以来在少年司法领域的探索，实际上就具备这样一种探索犯罪处理的"缓冲地带"的特征，不过由于这种中间性处置措施在立法理论上被认为需要通过立法的形式才能确立，因此实践中所探索的诸多做法，常常被抨击为非法试验，有的甚至因此被叫停。而同时，刑法典却并未能及时地对我国少年司法进化的需求和实践探索的经验做出反应。

将普通刑法规则按照"比照成人从轻、减轻、免除处罚"的"小刑法"模式运作，还会给少年司法实践带来诸多困惑，这至少体现在以下方面：（1）将普通犯罪的犯罪构成适用于少年犯罪的结果明显与少年犯罪刑事政策违背，例如少年强索行为、少年与幼女发生性行为等；（2）刑种与刑度未加改造，不完全适合于少年。例如剥夺政治权利、没收财产、罚金等；（3）刑罚执行制度运用于少年犯罪面临诸多困惑。例如，缓刑、假释考验标准是按照成年人来设计的；累犯制度不适于少年；刑法典中的前科报告制度明显不适于少年等。[3]

自1984年以来，我国少年司法改革已经20余年，少年刑法的法典化经验已经成熟，而少年司法制度的深入发展也需要少年刑法的法典化为保障——这也是避免少年司法改革要么停滞不前，要么被迫违法试验尴尬的需要。2007年6月1日起正式实施的《未成年人保护法》确立了"未成年人特殊、优先保护"的原则，少年刑法的法典化正处于最佳的时期。

三、少年刑法法典化之建言：在理想与现实之间

少年刑法的法典化大体可以有三种思路：一是单独制定少年刑法；二是修改刑法增加少年刑法的专门章节；三是制定刑事一体化形式（实体法、程序法、组织法合一）的统一少年法，将少年刑法规则涵盖其中。单独制定仅包括实体法规范的少年刑法似无此必要，各国也鲜有国家采用此模式。就理想化的形态而言，我国应遵循少年司法制度发达国家的经验，采用第三种模式，但从现实性的角度来看，这样一部统一少年法的制定，可能还需要进一步的实践经验和理论论证的支持。我们认为，在现阶段宜采用第二种思路，修改刑法增加少年刑法的专门章节。而法典化之途径，则可以采用目前已经较为成熟的刑法修正案的形式，制定专门规定少年刑法的刑法修正案修改补充刑法典。

采用在刑法典中专设少年刑法专门篇章的国家，基本上都将其置于刑法总则篇中。

---

〔1〕 姚建龙：《少年刑法与刑法变革》，中国人民公安大学出版社2005年版，第209~210页。

〔2〕 请注意，并非体现社会防卫思想的"保安处分"。

〔3〕 详见姚建龙：《少年刑法与刑法变革》，中国人民公安大学出版社2005年版。

审视我国目前的刑法典总则篇的设置，似乎很难以在不做大调整的情况下，将专门规定少年刑法的部分放入总则部分。因此，建议将少年刑法作为刑法典之"附篇"，这样既不会对现行刑法典的结构造成太大的冲击，也可以容得下少年刑法的内容。目前刑事诉讼法的修改草案可能也会采用以附篇形式专门设置未成年人刑事诉讼程序篇的模式，刑法典采用此模式亦可与刑事诉讼法相配套。当然，对于已有的、不完善的一个半法条，应做相应的修改，移入少年刑法篇中。

少年刑法的立法核心是设计能够践行其理论基础的不同于成人刑法的特殊刑法制度，即能够设计将儿童最大利益原则、以教代罚的教育刑主义、主观主义刑法、个别化刑法等理念付诸实践的特殊刑法制度。考察各国少年刑法的立法规定以及少年司法实践，并考虑我国少年司法探索的经验与瓶颈，我们认为少年刑法的法典化至少应达成以下目的：（1）设计出可以避免惩罚与放纵两极化的对于少年犯罪的中间性反应措施——保护处分体系，使得"教育为主，惩罚为辅"、"教育、感化、挽救"这些体现将刑罚作为最后手段的刑事政策能够有制度的支撑。保护处分可以包括以下几种：赔礼道歉，赔偿损失，罚款，社区公益服务，责令监护人、近亲属或儿童福利机构（儿童之家）、志愿家庭等严加管教，假日生活辅导，在社区进行保护观察，禁闭，工读教育，收容教养等；（2）少年刑法不是严格意义上的罪刑法，因此，应遵循各国少年刑法（少年法）之惯例，适度放宽刑法的视域，关注"准犯罪"——少年严重不良行为，对于严重危害社会尚不够刑事处罚或不作为犯罪予以刑罚处罚的行为，适用相应的保护处分措施；（3）充分关注少年的特性，将现行刑法中以理性的成人为假设对象所设计的不适于少年的规定，予以删、改、增，进行"少年化"，例如废除累犯制度、废除前科报告制度确立前科消灭制度、按照少年的特点设计缓刑、假释的考察条件、减刑标准等。对于少年刑法篇之具体内容，应尽管组织专家予以研究起草。

对于刑法典中少年刑法部分的篇章名称，各国的刑法典规定不一，例如俄罗斯联邦刑法典称为"未成年人犯罪的刑事责任"，越南刑法典称为"关于未成年人犯罪的规定"，瑞士联邦刑法典称为"儿童和少年"。篇章名应如何设置，与内容的设计密切相关。少年刑法的内容不仅仅包括少年犯罪的刑事责任，以少年（未成年人）的刑事责任为篇名似不能涵盖该篇的内容，也与该篇保护主义、教育主义的目的有所背离；而采用瑞典的模式，直接称为"儿童和少年"或"未成年人"、"少年"又失之宽泛，因此建议篇名拟定为"少年刑法"，这似更为适宜。

自1899年美国伊利诺伊州制定世界上第一个少年法院法以来，少年刑法的法典化已经成为各国刑事立法的传统。各国少年刑法法典化的模式大体包括制定专门的少年法和在刑法典中专设少年刑法篇章两种基本模式。目前，我国刑法典中仅有一个半勉强可称为"少年刑法"的条文，这种粗糙的立法状况急需改变。建议以修正案的形式，增设专门的少年刑法篇。

（载赵秉志、朗胜主编：《和谐社会与中国现代刑罚建设》，北京大学出版社2007年版）

第四十一章

地方性未成年人立法研究

——以上海市为例

一、上海市家庭教育立法论证报告

我国有重视家庭教育的优良传统。在历史上，家庭教育在巩固社会秩序稳定、推动社会发展进步、培育未成年人健康成长等方面均发挥了重大而且积极的作用。新中国成立后，尤其是改革开放二十年余年来，重视家庭教育的优良传统得以按照时代的需求进一步得到发扬。实践中，家庭教育的内涵与科学性得到发展和提升，创造了不少新的经验。理论上，家庭教育向学科化方向发展，家庭教育成为一门新的科学。但是一个我们不得不正视的现实是，新中国成立以来我国在家庭教育立法上的进展长期滞后。迄今为止，尽管宪法等法律法规中亦有部分涉及家庭教育方面的法律规定，但是总体上说来，家庭教育方面的立法仍然很不完备，尤其缺乏家庭教育专门性立法。这种状况已经难以适应现代社会家庭教育发展的需要，已经成为阻碍我国家庭教育向规范化、科学化方向发展的重要因素。1981年，上海市妇联与有关部门一起成立了上海市家庭教育研究促进会（后改为上海市家庭教育研究会），不断地进行调查研究、探索创新，积累了大量的资料，创造了不少成功经验。多年来各方合作已形成多渠道、全方位、纵向到底、横向交叉、有上海特色的家庭教育工作网络；还相应地制定了若干家庭教育方面的规范性文件，这些成绩为上海的发展与稳定做出了贡献。但是，上海家庭教育工作状况，尤其是家庭教育立法的薄弱，显然与社会需要、党和国家的要求不相适应，也与上海作为国际大都市，要发展成为世界性的经济中心、金融中心、贸易中心、航运中心的目标不相适应，这种状况急需改变。

我国有对家庭教育进行专门立法的传统。早在1903年，晚清政府就颁布了《蒙养院及家庭教育法》。1940年，国民党政府又颁发了《推行家庭教育办法（草案）》。1941年，又颁布了《家庭教育讲习班暂行办法》。2001年4月，我国台湾地区通过了《家庭教育法（草案）》，2003年初，又正式颁布了《家庭教育法》。这种家庭教育专门性立法，在总结和发扬家庭教育成功经验、充分发挥家庭教育的积极效应、提升家庭教育在国家教育体制中的地位、规范家庭教育行为、促进家庭教育的科学化等方面的作用是积极的，也是值得发扬与借鉴的。1992年国务院颁布实施的《九十年代中国儿童发展规划纲要》中提出"要建立起学校教育、社会教育、家庭教育相结合的育人机制"、"制定、完善有关保护儿童权益的专项法律,如:优生保健法、家庭教育法……"然而遗憾的是,十年来全国性家庭教育立法工作并没有得到应有的重视。

上海具备首先制定家庭教育法的经验积累、理论准备与社会条件,有条件进行开拓性的探索。我们建议上海市在全国率先进行家庭教育立法,制定《上海市家庭教育条例》(以下简称《条例》)。

(一)上海市率先进行家庭教育立法的必要性与迫切性

1. 家庭教育是教育体制的支柱之一,家庭教育的地位迫切需要立法确认

从法律上讲,教育权可分为三类:家庭教育权、国家教育权、社会教育权,后两种教育权都属于公共教育权。家庭教育权起源于家庭的产生,只要有家庭关系存在,就有家庭教育。国家教育权起源于阶级和国家的产生。国家掌握教育大权,其目的是为了维护统治阶级的自身利益。但另一方面,也是为了缓解社会矛盾,满足纳税人的教育需求,维持社会稳定和发展。所以国家教育权,既具有阶级性,又具有社会性。社会教育权与国家教育权几乎同时产生,它是社会中一部分占有教育资源的团体或个人自发开展公共教育教学活动,从而被国家和社会认可的一种权益。中国历来注重民间办学,在春秋末期,有"官学衰微,学在四夷"之说,在宋元明清,民间书院也一直走红。[1]根据教育权的法律分类,一个国家的教育体制也可以相应地划分为家庭教育、国家教育(即公办教育)、社会教育(即民办教育)三大部分,显然,家庭教育应当是一个国家教育体制的重要组成部分和三大支柱之一。

如果从教育实施主体的角度划分一个国家的教育体制,我们可以把教育分为家庭教育、学校教育和社会教育三部分,家庭教育同样也是不可缺少的重要支柱。从历史上看,学校教育是随着资本主义发展和自然科学的进步才成为主要的独立的教学形式的,在此之前,人类历史上未成年子女成长过程中家庭教育是主要的,由于家庭教育的分散性、经验性、个别化特点,不可能形成独立的体系,也没有专门的教育思想和方法。但是,家庭教育的"特点",在现代科学技术急剧发展、社会生活复杂化、多样化的情况下,却成为有利于人性化教育、未成年人全面素质培育、塑造未来社会需要的人才以及社会安全发展的优点、优势,因而受到人们的广泛关注,重新被提上独立教育体系的重要地位,成为一门新的教育学科。法律应该提升、转变人们的原有认识,全面完善家庭教育机构组织、管理体系、物质条件,为家庭教育真正发挥独立教育体系的作用打好基础。

在我国目前的教育体制中,国家教育(学校教育)最为完善。从立法上看,我国已经颁布了《教育法》、《义务教育法》、《教师法》、《职业教育法》、《高等教育法》等法律法规,确立了国家教育的法律地位,对国家教育行为进行了较为完备的规范。民办教育曾经一度在我国历史上非常发达。改革开放以来,民办教育在我国重新起步并迅速发展。1997年国务院颁布了《社会力量办学条例》,2002年12月28日九届全国人民代表

---

〔1〕 忻福良:"对民办教育法律的若干法理思考",载 http://www. edu. cn/20010829/209673. shtml.

大会常务委员会第三十一次会议又通过了《民办教育促进法》，民办教育在我国教育体制中的地位正式得以确立。然而，尽管社会各界对于家庭教育的关注程度毫不逊色于国家教育和民办教育，重视家庭教育也是我国的优良传统，但是迄今为止我国并没有关于家庭教育的立法，家庭教育基本上仍然只是被视为学校教育的附庸，其在国家教育体制中的应有地位远没有得到确立。1992 年国务院颁布实施的《九十年代中国儿童发展规划纲要》中提出了加强家庭教育立法的要求，因此，加快家庭教育立法，赋予家庭教育应有的法律地位，是完善我国教育体制的迫切要求。上海市率先制定《条例》，将为我国教育体制的完善提供有益经验和借鉴。

2. 制定《条例》是培育未成年人健康成长与成才的需要

英国教育家洛克有一句名言："家庭教育，给孩子深入骨髓的影响，是任何学校教育和社会教育永远代替不了的。"家庭教育对于培育未成年人健康成长与成才，起着特殊重要的作用。犯罪学研究证明：家庭教育的失误是未成年人走上违法犯罪道路的重要原因。据工读学校和少年管所对未成年人犯罪的原因调查，其中 87% 的人是由于家庭结构不当或家庭教育缺陷造成的。家庭教育、学校教育、社会教育的有机结合是未成年人健康成长与成才的必要条件。在这"三育一体"的构架中，学校教育是"批量化"教育，社会教育是学校教育的继续和发展，而家庭教育则是"个别化"教育，是学校教育和社会教育的基础，决定着学校教育和社会教育的成效。因此，以立法的形式规范和引导家庭教育，提升家庭教育的科学性，不但是预防未成年人违法犯罪的需要，也是未成年人身心健康成长、成才的需要。从宏观上说，也是关系到国家、民族的未来的重大问题。正如苏联著名共产主义教育家安·谢·马卡连柯所言："现今的父母教育子女，就是缔造我国未来的历史，因而也是缔造世界的历史。"[1]

3. 制定《条例》是广大家长的心愿与呼声

据调查，为了孩子将来能拥有一个美好的前程，上海约有 99% 的家长，淘尽自己所能，把希望、精力、经费全部投入孩子的教育。但是，约有 95% 的家长常常处于烦恼和焦虑之中，觉得自己的付出不能如愿以偿。更有 30% 左右的家长坦言自己是个"失败的父母"。绝大多数家长都表达出了提高家庭教育质量与科学性的迫切愿望。例如市场上一些关于家庭教育的书籍，如《哈佛女孩刘亦婷》、《不要管孩子》、《我平庸我快乐》等受到家长的热烈关注，创下惊人的销售量。再如，截至 2002 年 12 月 31 日，上海家长参与家庭教育指导率达 96.90%，相比 1995 年时的家长受教育率 50%（1995 年前家庭教育没有统计数据）大幅提高了 46.90 个百分点。自 2002 年初市妇联在市人大会上提出对家庭教育立法的建议以来，家长群众的反响最为强烈。课题组在调研过程中，许多家长都表示了极大的关注与支持，也发生了不少感人的故事。可以说，制定《条例》已经成为广大家长群众的强烈心愿与呼声。

---

〔1〕 ［苏联］安·谢·马卡连柯："父母必读"，载《马卡连柯全集》（第 4 卷），人民教育出版社 1957 年版，第 5 页。

4. 新中国成立以来，特别是 20 余年来上海市家庭教育的成功经验需要通过立法来总结、确认和推广

新中国成立以来，特别是 20 余年来，上海家庭教育工作成绩显著，取得了许多成功经验。这些成功经验主要体现在以下几个方面：①党政重视，形成了社会化工作大格局。②建章立制，形成了规范化管理的工作机制。③与时俱进，建设了一支家庭教育指导队伍。④开拓创新，形成了多元化的家庭教育指导模式。⑤典型示范，引导家庭全面实施素质教育。⑥理论先导，注重科学研究和成果应用。这些成功经验迫切需要进一步制度化、规范化，既有条件也有必要把他们上升到立法层面，通过立法来总结、确认和推广。这是家庭教育工作向前发展的需要和保障。

5. 家庭教育工作所存在的问题迫切需要通过立法加以解决和规范

尽管上海市家庭教育工作成绩显著，但是仍然存在很多问题，这是我们不能回避的客观现实。这些问题主要体现在以下几个方面：①监护人缺乏科学育儿方法，家庭教育效率不高。②独生子女教独生子女，家庭教育弊端严重。③未成年人犯罪率上升，身体素质全面下降，家庭教育误区颇多。④流动人口群体的家庭教育无人问津，值得关注。⑤家庭教育指导者身份混杂，指导质量堪忧。⑥家庭教育经费投入逐年减少，监督缺乏有效机制。此外，还存在家庭教育工作领导体制不顺、家庭教育指导工作的重要地位并未到位、指导者队伍的来源、培训和管理无硬章可循、激励机制软弱无力、科学研究跟不上实践发展的需要等问题。尽管立法并不能解决当前家庭教育所面临的所有问题，但是立法的作用是其他手段所无法替代的。我们有理由相信，《条例》的制定将使上海市家庭教育工作上一个新的台阶，进入一个新的发展阶段。

6. 立法欠缺已经成为阻碍家庭教育向规范化、科学化方向发展的重要因素

由于缺乏家庭教育立法，家庭教育的法律地位长期得不到确认，家庭教育工作人员的选任与管理、家庭教育市场的发展与培育、家庭教育工作经费的投入与保障、家庭教育理论研究的深入等都受到很大影响，这些都阻碍了家庭教育向规范化、科学化方向发展。立法欠缺，已经成为制约家庭教育工作持续发展的瓶颈。

（二）制定《条例》的可行性

1. 家庭教育并非不可立法干预的纯私人领域

许多同志提出家庭教育属于私人领域，不宜立法进行干预。这种观点有其合理性一面，但总的说来是片面的。

家庭教育的确属于较为典型的"私人"领域。法治国家的重要特征之一就是对"私人"领域的尊重和保护。但是，在现代社会绝不存在不受任何法律干预的纯私人领域，即便是立法保护，也是干预的一种形式。某一领域是否需要立法干预，主要决定于该领域的重要性程度，尤其决定于该领域的公共利益性。如果该领域对于国家社会利益至关重要，即可视为获得了进行立法干预的必要性。现代社会中，家庭教育已远非"私人"问题，而是与国家、民族、社会利益息息相关。另一方面，我们在调研中发现，广大家长和未成年人子女都在不同程度上表达了希望对家庭教育进行立法的愿望。如果把进行家庭教育视为一种自然获得的权利，家长和未成年人子女对家庭教育立法的强烈呼唤，

也可认为是对权利的某种程度上的放弃。因而，对家庭教育进行立法干预也获得了合法性与合理性。

世界各国不乏对家庭等代表性私人领域进行立法干预的法律，如家庭暴力、婚姻、生育等方面的立法。有些国家甚至把家庭教育上升到宪法的高度进行规定，例如，《德意志联邦共和国基本法》（1949 年）第 6 条第 2 款规定："抚养和教育儿童是父母应尽的首要职责，国家有权监督其履行情况。"我国也不乏这方面立法的成例，如《婚姻法》、《计划生育条例》、《全民健身法》等。在我国历史上，亦有对家庭教育立法的传统，如早在清朝末年就颁布了《蒙养院及家庭教育法》（1903 年），民国时期又颁布了《推行家庭教育办法》（1940 年）。2003 年初，我国台湾地区又正式颁布了"家庭教育法"。

事实上，关键的问题并非在于应否对家庭教育进行立法干预，而在于如何把握好立法干预的"度"。如果干预度把握得好，其积极效果是显然的，但是如果干预过度则容易导致公共利益与私人利益两受其害（这正是反对家庭教育立法的最主要原因）。我们相信，在经过大量调查研究的基础上，以谨慎、科学和理性的态度对家庭教育进行立法，能够把握好干预度。因此，对干预过度的担心并不能成为反对家庭教育立法的理由。

2. 制定《条例》有充足的法律和政策依据

《宪法》在公民的基本权利和义务中规定，父母有抚养教育未成年子女的义务。1991 年全国人大通过《未成年人保护法》，其中第三章规定了家庭保护的相关内容，要求父母或者其他监护人应当以健康的思想品行和适当的方法教育未成年人。1999 年通过实施的《预防未成年人犯罪法》，在多章、多个条文中规定了家庭教育的责任与要求。国务院在 1992 年制订公布的《九十年代中国儿童发展规划纲要》中已提出，要"建立起学校教育、社会教育、家庭教育相结合的育人机制"，"制定、完善有关保护儿童权益的专项法律，如优生保健法、家庭教育法、儿童健康管理条例、中国母乳代用品销售守则等"。在纪念未成年人保护法颁布 10 周年时，李鹏委员长指出，家庭教育方面存在的问题"需要有关方面抓紧研究，采取措施逐步加以解决"，地方人大要根据当地的实际情况，制定配套的法规。宪法与其他有关法律法规、政策为上海制定家庭教育法提供了立法依据。

3. 上海具备制定《条例》的条件

改革开放 20 年来，上海在家庭教育和家庭教育指导方面做了大量工作，积累了不少有益、有效的经验。如家长学校从八十年代中期蓬勃兴起，现已发展到 3500 余所，涌现一批先进典型；已形成了学校、社区、儿保、工会、媒介等共同参与的社会化指导格局，形成覆盖新婚夫妇、孕妇、0 岁～18 岁儿童家长的大范围，以父母、祖辈、子女等为指导对象的全方位的工作平台。许多经验可以也应该上升到法律规定的高度，通过立法来总结、推广和提升。上海的家庭教育研究具有较高的水平。例如立项研究的课题就有 285 项，发表了大量有质量、有影响的家庭教育课题成果、论文、调查报告、经验总结等，其中 77 项获得市研究成果奖。多年来，上海还形成了一支家庭教育研究专家队伍。此外，上海已经制定了若干家庭教育方面的规范性文件，如《上海市家庭教育工作"九五"计划》、《上海市家庭教育工作"十五"计划》、《家长教育行为规范》、《上海市家庭教育指导工作大纲（试行）》、《上海市家庭教育指导内容要点》、《上海市中小学、幼儿园家庭教育指导大纲》、《上海市家庭教育工作评估实施办法》等，这为制定和实施《条例》奠定了比较好的条件。

4. 上海具有执行《条例》的基础

上海作为特大型国际城市，其经济、文化、科技、教育的基础较好，市民的综合素质相对较高。根据《2000年上海市家庭教育工作评估报告》提供的数据，全市已有96.27%的0~18岁儿童家长不同程度地参与和接受了家庭教育指导，这为今后执行家庭教育法规，创造了极好的群众基础。上海已经成立了在市妇女儿童工作委员会指导下，市教委、市妇联、市卫生局和市总工会等单位组成的家庭教育领导小组和众多热心家庭教育研究的专家、专职工作人员和家长组成的家庭教育研究会，这应该是日后执行家庭教育法规的一支生力军。并且，制定和实施《条例》所需的经费相对学校教育的投入（2001年为89亿元）要少得多，它可以有多元渠道的投入，是政府、社会、家庭所能承受的。而政府对家庭教育的投入，在培养未来建设者的综合素质方面所起到的作用和产生的效果却是不可替代与不容忽视的，这是提升上海城市综合竞争能力的一项最基础的工程之一。

（三）对《条例》的几点具体建议

1. 《条例》的框架结构宜采用章、条制

条例的框架结构主要有四种模式可供选择：①篇、章、节、条制；②章、节、条制；③不分章，而直接设条制；④章、条制。考虑到《条例》是一个单一性的地方法规，所调整的法律关系比较单一，内容不宜过细过繁，因此，课题组研究认为宜采用章、条模式，使《条例》主题突出、简洁明了、群众容易了解掌握。

2. 《条例》所调整的法律关系主要包括三类家庭教育法律关系

合理确定干预度，是关系到家庭教育立法成败的关键性问题。如果把《条例》所调整的法律关系规定得过于宽泛，则很可能会造成对私人权益的侵犯。如果规定得过于狭窄，又不利于家庭教育的法制化、规范化与科学化，不利于家庭教育的推行与管理，不利于对未成年子女权益的保护，也不符合家庭教育工作发展的实际需要。

我们认为《条例》应主要调整三大法律关系：家庭教育实施（狭义的家庭教育）法律关系、家庭教育指导法律关系、家庭教育指导管理法律关系。可以在《条例》中规定："本条例所称家庭教育包括家庭中家长和家庭有关成员与未成年儿童间进行的多种双向互动的生活、教育过程（狭义的家庭教育）；有关组织和机构为培养、提高家长及有关成员家庭教育素质、能力与水平开展的各种指导活动（家庭教育指导）；政府及有关部门对组织、指导家庭教育工作的管理（家庭教育指导的组织管理）。"《条例》的篇章结构应基本围绕这三大法律关系展开。

3. 《条例》不应刻意追求强制性条款，可以规定一定的倡导性条款与原则性条款

有的同志可能会提出《条例》作为"法"应当具有强制性与可操作性的特征，不宜

出现倡导性和不具实践操作性的条款。这种观点不无道理。但是，《条例》所调整的是家庭教育法律关系，具有很强的私人行为的特殊性。它决定了《条例》不可能（也不宜）设定过于强制性的条款。如果刻意追求强制性，反而会大大降低制定《条例》的积极意义，并且很可能构成对私人权益的过度侵犯。因此，《条例》必然类似于《全民健身法》、《遗体捐献法》、《未成年人保护法》等，会出现较多的倡导性条款，原则性较强。这是由《条例》调整的法律关系的特殊性决定的。从《全民健身法》、《遗体捐献法》、《未成年人保护法》等的实践效果来看，这一类立法的积极意义十分明显。因此，《条例》可以出现一定数量的倡导性条款与原则性条款。

4. 《条例》可以率先确定家庭教育的地位与性质

我国现有法律中并未明确规定家庭教育的法律地位与性质。《条例》可以进行这方面的开拓性探索。但是考虑到《条例》属于地方性法规，立法层级较低，它在确定家庭教育的地位与性质时，不能采用越权式规定。因此建议稿中采用了"家庭教育是具有终身影响的教育，是现代教育中需要关注、扶持、研究、发展的新的专门教育领域。家庭教育是与学校教育、社会教育紧密结合、不可分割的重要组成部分，是未成年人健康成长过程中必须列入重点、精心组织指导的科学教育活动"这种弹性的提法。

5. 家庭教育应遵循六项基本原则

我们在调研中发现，实践中家长的家庭教育行为存在着诸多误区。主要表现在言行不一、不符合子女身心健康发展的需要、忽视子女权益、歧视、重智育轻德育等方面。针对这些误区，我们有针对性地提出了家庭教育应当遵循的六项基本原则，以通过基本原则的形式来约束、指导和规范家庭教育行为。这六项基本原则是：①言传身教原则；②科学性原则；③人权保障原则；④非歧视性原则；⑤全面发展原则；⑥协同性原则。

6. 不宜要求家长也要有"上岗证"

在调研中，有的专家主张也应像其他职业一样，要求家长获得"上岗证"方可以对子女进行家庭教育。课题组在调研过程中进行了激烈争论，最后大多数人认为，不宜要求家长也要有"上岗证"。因为对于家庭这种极为私人的领域，国家权力不宜介入过多、干涉过多，要求做父母也要"上岗证"会产生适得其反的效果。这个问题可以通过规定家长有接受家庭教育指导、学习家教知识、提高自身素质的义务的方式解决，没必要强行规定要先获取"上岗证"。《条例》中可以规定婚前必须进行家庭教育培训，这是可行的。

7. 不宜明确赋予家长"惩戒权"

对于家长与子女的权利与义务关系，有的专家主张应该明确赋予家长对未成年子女的管教权和必要的惩戒权，子女有配合家庭教育和对家长合法惩戒的容忍义务。由于家长惩戒权在理论上还是一个很有争议的问题，实践中的尺度也难以把握，再考虑到我国传统教育中棍棒教育的流毒很深，在《条例》中规定"惩戒权"是利少弊多，很可能使该项权利被滥用，因此我们认为《条例》不宜赋予家长"惩戒权"。

8. 《条例》应当明确界定家庭教育有关主体的职责范围

家庭教育工作应当成为各级政府部门与相关群众团体的职责之一。只有把家庭教育工作明确规定为政府及相关群众团体的职责，才能保障家庭教育工作的长效性。在我国，家庭教育工作长期是由妇联实际负责，考虑到家庭教育的性质，借鉴我国台湾地区的做法，我们认为应将家庭教育工作的主管机构明确为教育行政部门。同时，家庭教育工作是一个复杂的系统工程，仅仅依靠教育行政部门是不够的，它还需要卫生、文化行政部门、媒体以及妇联、工会、共青团等群众团体的广泛参与。为了保证家庭教育工作的效率性，防止互相推诿，家庭教育工作应实行"条块结合，分工合作，各负其责"的原则。

父母或监护人是家庭教育的主要承担者、实施者，对他们规定一定的职责，如要求他们不断学习、掌握有关家庭教育的知识，形成科学育儿的理念，增强家庭教育的责任感，提高家庭教育的能力等，是必需的也是可行的。家庭教育是双向互动的过程，如果没有子女的支持与主动配合，家庭教育不可能顺利开展。因此，也有必要要求子女在家庭教育中承担一定的义务。考虑到家庭教育的特殊性，对家长和子女的义务性要求，宜采用倡导性规定。

9. 家庭教育指导是《条例》的核心内容

由于家庭教育立法所涉及领域的特殊性，家庭教育立法要想达到"提高家长教育素质与家庭教育的科学水平，培养有理想、有道德、有文化、有纪律的社会主义接班人"的目的，不可能对家长及子女做出直接、系统和强制性的规定。但是，通过规范家庭教育指导行为，提高家庭教育指导的科学性与质量，以达到影响和引导家庭教育向规范化、科学化、法制化、全民化方向发展则是可行的。另一方面，当前家庭教育工作中最迫切需要立法加以规范和约束的也正是家庭教育指导行为。因此，家庭教育指导应当成为《条例》的核心内容。具体而言，《条例》可以从家庭教育指导的实施与管理、家庭教育指导网络的建立与健全、家庭教育指导培训三个方面，对家庭教育指导做出系统和完备的规定。

家庭教育对提高家长教育素质、提高家庭教育水平、促进儿童身心健康成长，推动学习化城市的建设和社会的文明与进步，具有其他教育无可替代的作用和影响。通过家庭教育立法，规范家庭教育的管理、指导、监督和实施，提升家庭教育的科学水平，纠正与制裁家庭教育中的错误与危险做法，减少与消除家庭教育中不负责任的状况，是一项理论性、政策性很强，牵涉面广，作用影响长远的工作。虽然就目前来说，制定单独的家庭教育法规尚未为人们普遍接受，认识还存在一些不同，但是，我们认为随着社会的进步和发展、人们认识逐渐深化，制定单独的家庭教育法规的必要性、科学性会愈来愈明显，条件也会愈来愈成熟。

（本节与华东政法大学徐建教授合著，载《当代青年研究》2004 年第 5 期）

二、上海市社区青少年工作立法论证报告

（一）提上议程的上海市社区青少年工作立法

2003 年 9 月，中共上海市委办公厅转发了《中共上海市委政法委员会关于构建预防和减少犯罪工作体系的意见》的通知，正式决定构建预防和减少犯罪工作体系，以从源头上预防和减少犯罪，将社区青少年工作列入本市预防和减少犯罪工作体系的三大基本构成部分之一，并确立了"政府主导推动、社团自主运行、社会多方参与"的总体思路。

为了推动上海市社区青少年工作的改革与发展，早在 2003 年 3 月，上海市政法委、团市委、爱心工程基金会即委托成立了"上海市社区青少年工作现状与发展研究"课题组，汇集市人大、团市委、华东政法学院、上海青年管理干部学院等高校专家、学者，对上海市社区青少年工作改革进行了历时 9 个月的深入追踪研究。这一课题研究发现，"社区青少年的教育、保护、管理工作是一项关系到权益保护、社会统筹协调、科学有序管理的经常性事业，必须纳入国家法治的轨道，通过立法，做到有章可循、有法可依"[1]，因而提出了《关于制定〈上海市社区青少年工作条例〉的立法建议》，并拟出了《上海市社区青少年工作条例》试写稿。

将社区青少年工作纳入法治化轨道，并不仅仅是专家学者的共识，也引起了本市立法机关的关注。市人大在"认真回顾总结本市地方立法经验，分析现有法律法规，了解全国人大常委会以及兄弟省市立法规划的编制情况，认真研究制定规划项目的立项标准，并在广泛听取有关方面意见和反复协调的基础上"[2]，于 2003 年 11 月提出了《上海市人大常委会五年立法规划（2003~2007 年)》，将"社区矫正和青少年事务管理方面的立法"列入五年立法规划之中。2005 年 1 月，团市委又向人大提出了《加快立法调研，尽快出台〈上海市社区青少年工作条例〉》的议案，建议加快推动《上海市社区青少年工作条例》的调研论证，形成协调意见，尽快制定《上海市社区青少年工作条例》。

上海市社区青少年事务办公室（以下简称"社区办"）作为全市社区青少年工作政府主管机构，高度重视社区青少年工作立法事宜。但在初步调研过程中发现，尽管将社区青少年工作纳入法治化的轨道，市人大也已经将"社区矫正和青少年事务管理方面的立法"列入五年立法规划，但是一些部门对社区青少年工作立法的必要性、可行性、立法的路径等还存在疑虑。针对这一现象，并考虑到此项立法工作的复杂性与艰巨性，社区办在市人大常委会内司委有关领导的建议下，决定先组织上海市社区青少年工作立法研究预调研课题组，预先对立法的一些前提性问题进行调研，为正式开展上海市社区青少年工作立法课题研究做前提调研和准备工作。

2005 年 4 月 11 日，社区办邀请来自华东政法学院、上海社科院等单位的专家学者成立了"上海市社区青少年工作立法研究预调研课题组"，由华东政法学院姚建龙博士

---

[1] 漆世贵主编：《上海市社区青少年工作现状与发展研究》（内部资料），第 49 页。
[2] 中共上海市人大常委会党组关于《上海市人大常委会五年立法规划（2003~2007 年)》的请示。

担任课题组组长，社科院韩晓燕博士担任副组长。预调研课题组先后深入社区办、上海市阳光社区青少年事务中心（以下简称"阳光中心"）、浦东新区社工站等处调研，对社区青少年进行了问卷调查，召开了 6 次课题组会议，访谈、咨询了多名专家学者，最终形成了这份题为《加快立法调研 推进社区青少年工作的法治化》的预调研总报告，以及《上海市社区青少年工作的发展、现状与成功经验》、《上海市社区青少年工作立法必要性专题研究》、《上海市社区青少年工作立法可行性专题研究》、《社区青少年工作立法与政策比较研究》、《社区青少年工作所面临的困境与法律障碍：社工的视角》、《社区青少年看社工工作》等 6 份调研分报告。

（二）上海市社区青少年工作立法的必要性与紧迫性

1. 社区青少年是对社会治安稳定有着重大影响的特殊群体，同时又是青少年群体中需要予以特殊关注的弱势群体，立法是加强对社区青少年教育、管理和保护，预防青少年违法犯罪的迫切需要。

游离于正式社会控制体制之外，一般处于失学、失业、失管状态，是社区青少年这一特殊青少年群体形式上的特征。也正因其游离于正式社会控制体制之外，社区青少年群体对于社会治安稳定有着较大影响，被形象地称为犯罪的"后备军"。从社会青年、待业青年、闲散青少年，再到社区青少年，新中国成立 50 余年来对这一特殊群体称呼的变迁反映出我国长期并没有形成规范、稳定和科学的社区青少年管理模式。作为一个庞大的群体，社区青少年长期被认为是社会治安稳定的潜在威胁。另一方面，社区青少年又属于处于失学、失业状态的社会弱势群体，缺乏必要的社会竞争力，处于社会的边缘状态，他们的合法权益容易受到各界的侵害。由于社会治安稳定往往被视为首要目的，因此在管理、教育过程中，社区青少年的权益容易被忽视和侵犯，这是我国对社区青少年管理过程中的教训之一。因此，立法既是加强社区青少年教育、管理的需要，也是加强对社区青少年保护，预防青少年违法犯罪的迫切需要。

2. 上海市社区青少年工作的产生与发展，走的是"政府推动型"道路，缺乏深厚的制度背景与文化背景，急需以法律的形式保障其持续、健康和稳定发展。

上海市社区青少年工作体系的构建，是对新中国成立 50 余年来正反两方面社区青少年工作经验与教训的吸收、总结，是建立在观念更新基础上的一种体制创新，也是新时期建立社会治安和谐长效机制的客观需要，契合国际社会社区青少年工作发展的趋势。但是，上海市社区青少年工作体系的构建，与市委、市府领导的高度重视密不可分，其产生与发展均明显走的是"政府推动型"道路，这与发达国家和地区社区青少年工作的产生、发展与成熟遵循"自然演进型"路径有着明显的区别。尽管"政府推动型"发展道路，具有吸收发达国家和地区先进经验，快速推动社区青少年工作向前发展的优势，但是它缺乏发达国家和地区"自然演进型"发展过程所形成的深厚制度背景与文化背景。尽管领导重视与政策支持会在特定时期内对社区青少年工作的发展起到极大的推动作用，但是要保障上海市社区青少年工作能够按照制度设计的初衷，持续、健康、稳定的发展，唯有以法律的形式予以规范和保障，走向法治化的发展道路。只有这样才能保障社区青少年工作不至于在实践中"变样走型"，不至于随着领导人注意力的转移而弱化，走向健康、自然演进的发展道路。

3. 现有法律法规不足以体现对社区青少年的保护，缺乏有关社区青少年工作的法律规范，无法为社区青少年工作提供相应的法律保障。

有一种观点认为，全国和地方都有了青少年法律，不需要再对社区青少年工作进行立法，这种观点是值得商榷的。从现有青少年保护法律的年龄范围来看，社区青少年在我国青少年保护法律中尚未占有一席之地，其特殊性及独立存在的价值尚未在法律中得到体现。我国目前的《未成年人保护法》、《预防未成年人犯罪法》及《上海市未成年人保护条例》等法律所界定的年龄范围都是 18 岁以下的未成年人，而作为占社区青少年很大部分的 18 岁～25 岁的青少年不在其列。即使是对 16 岁～18 岁的社区未成年人，现有青少年法律也不足以提供对他们的教育、保护。无论是全国的法律还是上海市地方的法律，还存在条文较为笼统、抽象，原则性较强、操作性不足等问题，由于没有具体的执行措施，缺乏法律责任追究的条款和明确的执行机构等，已有法律规定不足以实现对社区未成年人权益的保护及对其违法犯罪的预防作用。从现有青少年法律的内容来看，也无规范社区青少年工作的立法。社区青少年工作组织机构、队伍、工作模式等基本问题均缺乏相应的法律规范，无法为社区青少年工作提供必要的法律保障。

4. 有关社区青少年工作的规范性政策、文件需要提升层次，社区青少年工作的成功经验也急需上升到法律层面，通过法律的形式固定下来。

上海市委、市政府对社区青少年工作一直很重视，有关职能部门近年来进行了大量创新性的探索。从上海市社区青少年工作联席会议制度的建立、社区办的设置、阳光中心的成立、专业化社工队伍的建设等各方面推进社区青少年工作，形成了一些规范性的政策、文件，这些规范性政策与文件在实践中产生了积极的影响，这些规范性政策与文件完全可以上升到法律的层次。我国社区青少年工作实际上已经走过了五十余年的历程，不乏经验与教训。尤其是上海市社区青少年工作体系构建以来，积累了大量成功经验，例如"政府主导推动、社团自主运行、社会多方参与"的总体思路；政府购买服务的运作方式；"控制规模，有效管理，加强教育，切实服务，减少犯罪"工作目标设置等等。[1]这些经验急需通过法律的形式固定下来。

5. 上海市社区青少年工作探索中所存在的一些矛盾与困境，急需立法予以解决，立法欠缺已经成为影响社区青少年工作持续、健康、稳定发展的重要因素。

通过对阳光中心及有关社工站的调查，我们发现目前社区青少年工作中还存在不少矛盾和问题，涉及管理体制、法律权限、运作机制等多个方面，例如组织管理机构的法律地位不明确；社区青少年事务管理的责任主体不清晰；社区青少年工作的法律地位与性质不明确；社团运作方式的行政化问题；社会工作者工作缺乏支持等等。[2]上述问题均涉及社区青少年工作的根本性问题，均直接或者间接与立法的欠缺有关，非政策、文

---

〔1〕 关于上海市社区青少年工作成功经验的进一步探讨，详见韩晓燕所撰分报告：《上海市社区青少年工作的发展、现状与成功经验》。

〔2〕 关于社区青少年工作立法必要性以及目前社区青少年工作中所存在矛盾地深入探讨，详见刘芹所撰分报告：《上海市社区青少年工作立法的必要性》。

件所能解决和规范，也非实践所能自行解决，均需依赖立法来解决，以科学推动社区青少年工作长效、健康发展。

（三）上海市社区青少年工作立法的可行性

1. 社区青少年工作立法有充分的法律和政策依据

社区青少年工作立法具有宪法依据。《宪法》第 46 条规定："国家培养青年、少年、儿童在品德、智力、体质等方面全面发展。"第 49 条规定："婚姻、家庭、母亲和儿童受国家的保护。"

社区青少年工作立法具有基本法的依据。《未成年人保护法》第 37 条指出："未成年人已经受完规定年限的义务教育不再升学的，政府有关部门和社会团体、企业事业组织应当根据实际情况，对他们进行职业技术培训，为他们创造劳动就业条件。"在这一条文中，明确将我们现在称之为"社区青少年"的这一特定群体作为保护帮助的对象。

《预防未成年人犯罪法》第 2 条规定："预防未成年人犯罪，立足于教育和保护，从小抓起，对未成年人的不良行为及时进行预防和矫治。"预防社区青少年违法犯罪工作（即社区青少年工作）是《预防未成年人犯罪法》规定的具体落实，也是预防和减少犯罪工作体系建设的重要组成部分。

社区青少年工作立法具有充分的政策依据。"青少年事务管理方面的立法"已列入《上海市人大常委会五年立法规划（2003～2007 年)》，属"抓紧调研论证的项目"，属于为实施本市改革发展的重大决策，需要通过地方立法提供法制保障的范围，立法事项明确。此外，《中共中央关于进一步加强青少年教育预防青少年违法犯罪的通知》（1985 年）、《中共中央社会治安综合治理委员会关于进一步加强预防青少年违法犯罪工作的意见》（2000 年）、《关于进一步加强和改进未成年人思想道德建设的若干意见》（2004 年）等政策性文件中，均为社区青少年工作立法提供了政策支持。

2. 专项立法是发达国家与地区青少年工作立法的成功经验

大而全的立法形式是我国青少年立法的不足，从全国性的《未成年人保护法》、《预防未成年人犯罪法》，到地方性青少年法规，均在不同程度存在这一不足。正因如此，我国青少年立法长期受到缺乏可操作性、强制性和规范性等评论。反观发达国家和地区青少年立法，往往具有完善的青少年法律体系，青少年法律体系由丰富的专项立法所组成，具有专项立法的显著特点，这是值得我们借鉴的。

3. 订立新法可与已有法律法规之间保持协调，并能完善上海市及我国青少年法律体系

有的同志担心社区青少年工作立法会与已经存在的《上海市未成年人保护条例》重复立法，这种观点是值得商榷的。尽管会包括对社区青少年群体的保护内容，但是社区青少年立法属于青少年违法犯罪预防工作立法，它是与《联合国预防少年犯罪准则》和我国《预防未成年人犯罪法》直接对应的下位法，而《上海市未成年人保护条例》则是属于对全体未成年人进行特别法律保护的立法，它是与《联合国儿童权利公约》和我国《未成年人保护法》直接对应的下位法，两者之间各有其立法空间，是各与其上位法协调对应的下位立法，两者之间在规范的对象、重点、具体内容等方面均有重大的差异，

不能混同。上海市社区青少年立法具有鲜明的上海特色，例如"政府主导推动、社团自主运行、社会多方参与"的总体思路、青少年年龄上限的提升等，因此也不同于国内一些省市已经制定或者正在开展的青少年违法犯罪预防立法，它必将产生积极的影响和示范效果，完善上海市乃至全国的青少年法律体系。

4. 上海具备开展社区青少年工作立法调研与起草的条件

社区青少年工作的实践和法学界的研究成果为制定社区青少年工作条例提供了基础，良好的社会环境也为推进法制建设创造了条件。一直以来，上海市在青少年工作实践及研究上均处于全国前列。早在20世纪后期，正是上海市在全国率先制定了地方的《上海市青少年保护条例》，长宁区法院第一个设立了专门的少年法庭，上海还进行了暂缓判决、暂缓起诉、考察官制度、判前考察教育等少年司法领域的试点工作，为全国在相关领域的司法制度改革进行了积极的探索，做出了应有的贡献。应该说，在青少年司法工作领域，无论是理论界还是实务部门，上海市都有着试点研究、深入探索的良好传统。

在社区青少年试点工作开展后，2002年3月在团市委的领导下开展对社区青少年工作的专项调研活动。2003年4月，市委政法委、团市委和市爱心工程基金会委托成立了"上海市社区青少年工作现状与发展研究"课题组，汇聚了市人大、团市委和有关高校的专家学者，对本市社区青少年工作进行了充分的调研，已经取得了关于社区青少年工作立法的初步调研成果，本次预调研工作也为正式的立法工作做好了基础工作。

5. 立法后，上海具备执法的良好基础

上海市社区青少年工作体系已经建立，建立了社区青少年管理组织体系，组建了一支专业的社工队伍，落实了社区青少年工作经费，初步建立了社区青少年工作相关规章制度。执法主体、执法经费这两大核心的立法问题已经在实践中得以解决，因此上海已经具备了立法后执法的良好基础。[1]

（四）关于立法调研工作的几点建议

1. 尽快启动正式立法调研工作

在《上海市人大常委会五年立法规划（2003~2007年）》中明确，青少年事务管理方面立法的立法案提案人是"市人民政府"。预调研课题组认为，要开展立法工作，离不开牵头的部门。社区办作为社区青少年事务的政府主管机构，适宜牵头组建"上海市社区青少年工作立法研究课题组"，负责社区青少年工作立法的研究与起草工作。课题组应由市社区青少年工作联席会议各成员单位和熟悉上海市社区青少年工作、有丰富立法经验的专家学者组成。课题组宜获得市人民政府的立法调研委托。

今年已经是2005年，要按时完成人大五年立法规划所确立的立法任务，时间已经十分紧迫。抓紧立法，也是社区青少年工作健康、稳定、规范发展的迫切需要。预调研课题组建议尽快组建"上海市社区青少年工作立法研究课题组"，抓紧开展社区青少年工作立法，推动上海市社区青少年工作尽快迈入法治化轨道。

---

〔1〕 关于社区青少年工作立法可行性的深入探讨，参见周颖所撰分报告《社区青少年工作立法可行性专题研究》。

2. 建立什么样的法

预调研课题组认为，社区青少年工作立法宜专项立法，不宜与社区矫正、社区禁毒杂处一个条例之中。《上海市人大常委会五年立法规划（2003～2007年）》只是笼统地确定了"社区矫正和青少年事务管理方面的立法"计划，并未明确社区青少年工作单独立法。我们在调研中发现，尽管社区青少年工作与社区矫正和社区禁毒工作共同构成了上海市预防和减少犯罪工作体系，但是以寓犯罪预防于权益维护和服务工作的社区青少年工作，与主要以违法犯罪后予以矫正和防范的社区矫正、社区禁毒有着很大的差别。合在一起立法将带来强烈的标签效应，将严重损害社区青少年工作的科学性，负面影响很大，立法操作性也十分困难。

社区青少年工作涉及政府机构的设置、社团、社工、经费等重大问题，这些重大问题适宜由人大制定地方性法规来明确和规范，不宜由地方政府规章、甚至一般的政策性文件来规范。此外，社区青少年的年龄范围、工作性质、工作模式等具有明显的特殊性，不宜也无法为《上海市未成年人保护条例》所囊括。因此，预调研课题组认为，社区青少年工作立法的理想化模式是制定独立的地方性法规——《上海市社区青少年工作条例》。

但是，基于可行性等因素的折中考虑，预调研课题组认为，社区青少年工作立法的最佳模式和可行性路径是制定《上海市预防青少年犯罪条例》（这一提法还会和姚建龙老师协商），将社区青少年工作相关立法问题放在该条例中予以规定。这一方案具有以下优势：（1）能够与中央立法相协调和配套，健全上海青少年立法体系。全国有《未成年人保护法》和《预防未成年人犯罪法》两部专门性的未成年人基本立法。针对《未成年人保护法》，上海具有《上海市未成年人保护条例》与之对应和配套，但是针对《预防未成年人犯罪法》，上海目前则缺乏配套地方性法规。目前陕西、湖南等省市已经制定了实施《预防未成年人犯罪法》的办法，安徽、江苏等省市也正抓紧地方性预防未成年人犯罪法规的制定工作，一直以青少年立法领先全国的上海市却明显落后了；（2）制定《预防青少年犯罪条例》可以涵括社区青少年工作立法的主要内容，因为上海市社区青少年工作正是基于从源头上预防和减少犯罪的思路建立起来的。与其他省市预防未成年人犯罪立法相比，将成为上海立法难点（也是立法创新点）的是将预防犯罪对象的未成年人扩展到了25周岁以下的青少年；（3）相比较而言，制定《预防青少年犯罪条例》的方案在可行性和可操作性上均要优于其他方案，观念分歧和理论困境等均要低得多。

当然，对于以何种模式开展社区青少年工作立法，有待于正式课题组进一步深入研究。

3. 立法的重点与难点

预调研课题组认为，社区青少年工作立法的重点应当是通过固定和规范社区青少年工作体系，以保障社区青少年工作的持续、健康和稳定发展，达到预防和减少社区青少年犯罪，维护社区青少年权益的目的。

正式立法调研课题组应着重对以下难点问题进行深入调查研究：社区青少年工作立法的路径；社区青少年工作立法与现有法律、法规的协调问题及立法空间；社区青少年工作有哪些成功经验可以上升到法律的层面，哪些困难可以而且应当在立法中解决，哪些不宜通过立法来解决；社区青少年工作的机构问题、如何确保"政府主导推动，社团自主运行，社会多方参与"的总体思路能得到实际贯彻；社区青少年工作立法草案的起草；社区青少年工作立法草案的说明；社区青少年工作立法的提案主体问题等等。

> （本节系上海市社区青少年事务办公室委托课题"上海市社区青少年立法研究"总报告，主要内容以"上海市社区青少年工作立法的必要性及其模式选择"为题发表于《青少年犯罪问题》2005 年第 4 期）

三、上海市预防未成年人犯罪条例立法论证报告

预防未成年人犯罪，既是维护社会稳定的需要，也是保护未成年人的需要。上海各级党委和政府历来高度重视预防未成年人犯罪工作，并于 2003 年开始推进预防青少年违法犯罪工作体系建设。虽然体系建设取得了良好的成效，但由于经济社会的转型发展和制度瓶颈，本市未成年人犯罪的总体形势依然不容乐观，预防未成年人犯罪面临着一系列新情况、新问题、新挑战。为推进本市犯罪预防工作的法治化进程，提高预防未成年人犯罪工作水平，提升国际化大都市的社会管理能力。在上海市人大的大力指导与支持下，在各相关职能部门的大力帮助下，上海团市委组织课题研究和起草工作，对《上海市预防未成年人犯罪条例》（以下简称《预防条例》）立法工作进行了广泛深入地调研，形成了《预防条例》立项论证报告。具体汇报如下：

（一）本市预防未成年人犯罪立法的必要性

1. 制定《预防条例》是上海经济社会发展的迫切需要

当前，上海正处于创新驱动、转型发展的关键时期，也是城市问题高发期和社会矛盾凸显期。创新社会管理，化解社会矛盾，控制社会性犯罪，是保障上海经济社会发展稳定、有序的重要方面，也是建设社会主义现代化国际大都市的必然要求。

（1）本市未成年人犯罪总体形势不容乐观。根据人民法院统计数据，2000 年前人民法院所判决未成年罪犯人数以百人为计算单位，2000 年至 2004 年增长到每年 1000 余人，2005 年至 2009 年则更进一步增长到每年 2000 余人。近两年未成年犯罪状况虽然有所好转，但形势仍较严峻且出现了新的特点：

一是外来未成年人犯罪比例已超过 80%，成为未成年人犯罪的主体。在 2004 年以前，本市户籍未成年犯罪人数基本超过外来未成年犯罪人数，但是目前这种状况已经发生了根本性的变化。据法院最新统计，2010 年外来未成年犯罪人数的比例已经超过84%；二是从未成年人犯罪类型来看，除了传统的盗窃、抢劫、故意伤害等外，涉毒、诈骗等"成人化犯罪"有增加趋势；三是出现了网络帮派等一些新型犯罪。例如，2009年"尊龙名社"案件就引起社会广泛关注；四是低龄化趋势进一步加剧。90 年代以来，未成年人犯罪初始年龄比 70 年代提前了 2 岁~3 岁，其中以 14 岁~16 岁少年犯罪最为突出。

14 岁以下的少年违法犯罪也出现了增多的趋势，有的孩子 7 岁、8 岁就开始了犯罪生涯。

正因为如此，人大代表和政协委员连续多年提出了制定《上海市预防未成年人犯罪条例》的议案，引发了强烈的社会反响。

（2）制定《预防条例》是完善上海未成年人法律体系，巩固未成年人立法引领地位的迫切需要。我国先后制定了《未成年人保护法》和《预防未成年人犯罪法》两部未成年人基本法典。针对《未成年人保护法》，上海有《上海市未成年人保护条例》（2004年制定）与之对应和配套，但是针对《预防未成年人犯罪法》，上海则一直缺乏配套性地方法规。尽管上海在修改未保条例时增加了少量预防未成年人犯罪的条款，但是这些条款具有应急性、零散性等明显不足，难以满足预防未成年人犯罪工作的需要。上海是我国未成年人专门立法的发源地，但是在预防未成年人犯罪地方性立法领域却已显滞后，而试图将少量预防未成年人犯罪立法条款生硬植入《上海未成年人保护条例》的尝试也备受诟病。

需要特别说明的是，保护法与预防法之间有着本质区别，不能混同，也难以混同。前者注重的是"权利"保护，后者注重的"行为"规范；前者以"未成年人"保护为中心，后者虽也强调未成年人保护但实际上也侧重"社会"安全与秩序的维护。正因为如此，全国立法采取的是保护法与预防法分立的二元立法模式。联合国也分别制定了《儿童权利公约》和《预防少年犯罪准则》，同样采取的是二元分立的立法模式。从全国未成年人地方性立法来看，仅制定有保护法的省市鲜见二法合一成功的立法范例，而二元分立的立法模式则正在为越来越多的省市所采用。迄今为止，已经有广东、湖南、安徽、陕西、宁夏、云南六个省市在制定有地方性未成年人保护法规的同时，另行制定了预防未成年人犯罪法规。

（3）预防工作的成熟做法需要通过立法固化。市委、市政府高度重视未成年人保护与犯罪预防工作，构建了预防青少年违法犯罪的工作体系，形成了"政府主导推动、社团自主运作、社会多方参与"的总体思路和一般预防、临界预防、再犯预防为一体的预防机制，成立了预防青少年违法犯罪工作领导小组，设置了上海市社区青少年事务办公室，组建了阳光社区青少年事务中心，培育了一支近五百人的专业化社工队伍，还探索建立了考察教育制度、刑事污点限制公开制度、合适成年人参与刑事诉讼制度等制度等等。这些经验和成果对于社会管理创新有着非常重要和积极的意义，但由于其中很多做法没有通过立法的形式加以固化，在实践中仍然会遇到执行的阻力和困难。

未成年人犯罪背后往往隐藏着社会矛盾加剧、离婚率上升、城市化失范、流动人口管理盲区等社会问题，是社会问题的综合折射和反映，加强未成年人犯罪预防是提高社会管理科学化水平的重要载体。制定《预防条例》既是预防未成年人犯罪的迫切需要，也是加强和创新社会管理的要求。目前，上海市社会管理领域的立法还很薄弱，针对重点人群管理的立法还很欠缺，这种社会管理立法薄弱的局面亟待改变。

2. 需要通过立法解决的主要问题

虽然，预防青少年违法犯罪工作体系在预防未成年人犯罪方面发挥了非常积极的作用，也取得了很好的工作成效；但是，预防未成年人犯罪工作仍然存在一些亟待解决的问题，并且需要通过立法的形式加以解决。

（1）在深化预防体系的基础上，进一步明确机构依托。目前，预防未成年人犯罪工作主要依靠市综治委预防青少年违法犯罪工作领导小组来推进、落实。虽然，市社区青少年事务办是领导小组的办公室，但由于其工作对象主要是 16～25 周岁的社区青少年，难以涵盖预防未成年人犯罪工作；而各区县至今为止，大都没有成立领导小组，也没有专门负责预防青少年违法犯罪的机构。从长远来看，深化预防体系关键还是要建立健全领导小组，并发挥其协调各方的作用；同时，有必要在此基础上进一步明确责任机构及其具体职责。

（2）在实行属地管理的基础上，进一步关注流动人口。本市的社会管理和公共服务主要以属地管理为原则，属地管理有利于调动区县、街镇的积极性，形成整体合力。预防未成年人犯罪工作，同样需要采用属地管理，以加强区域内的统筹协调。同时，由于上海城市面积大，人口流动快，人户分离多，社会管理难，未成年人犯罪中的来沪未成年人犯罪日益突出。据法院最新统计，2010 年外来未成年犯罪人数的比例已经超过 84%。总体来看，上海市未成年人犯罪防控体系主要是以"本市户籍"未成年人为主要对象构建起来的，这已经不能适应外来未成年人犯罪已占主体地位新形势的需要。如何依托属地管理来加强对流动人口中未成年人的管理与服务，是一个迫切需要解决的问题。

（3）在强调政府主导的基础上，进一步鼓励社会参与。目前，预防未成年人犯罪工作主要还是依靠政府主导推动，这体现在两方面：一是工作经费绝大多数依靠政府财政拨付，由于公共财政的申请和拨付周期较长，很难及时应对不断变化的社会问题；二是参与体系建设的社会组织主要还是官方背景的社团，这些社团由于缺乏市场化竞争，在内部管理和外部拓展方面仍显活力不足。因此，还要通过激励机制引导社会各方积极参与，以弥补政府在人、财、物、智等方面的不足。

（4）在做好普遍预防的基础上，进一步加强分类预防。普遍预防是针对全体未成年人所采取的一些共同对策与举措，如加强学校法制教育，减少媒体传播不良信息，等等。由于普遍预防的对象是非特定群体，其工作成效既不易显现，也难以评估。实践中，在校未成年人和社区闲散未成年人、不良行为未成年人、严重不良行为未成年人和未成年人罪犯，他们的现状、特点、需求都各有不同，预防工作所采取的措施也是因人而异。因此，在普遍预防的基础上，还要通过加强分类预防，将有限的政府、社会资源向重点人群集中、倾斜，从而优化资源配置，提高工作效益。

（5）在加强社会保护的基础上，进一步强化司法保护。加强对未成年人的保护，是预防未成年人犯罪工作优先适用的原则。目前，《未保条例》中关于预防未成年人犯罪的规定偏重于社会保护。但在实践中，由于对严重不良行为未成年人和未成年人罪犯的处置，往往会涉及司法程序，如果在这一过程中没有对他们采取应有保护，会使他们更容易走向犯罪的深渊。因此，预防未成年人犯罪工作不仅要加强社会保护，还要在司法程序中强化对未成年人的特殊保护，尽可能减少惩戒、矫治，尽可能对其教育、挽救，帮助他们重新融入社会。

（6）在重视管理控制的基础上，进一步加强教育服务。导致未成年人犯罪的因素，除了未成年人本身的原因外，经济、社会、文化、环境等因素都会对其产生重要影响。但是，在预防未成年人犯罪工作的实践中，仍然偏重于对未成年人的管理和控制，而轻视对其进行教育和服务。事实上，通过加强民生服务的投入，采取教育引导的手段，保障未成年人享有均等的就学、就业等发展机会，对于预防未成人犯罪来说，社会成本更低、公共效益更高、工作成效更好。

（7）在完善信息监测的基础上，进一步建立预警机制。对未成年人犯罪信息的监测，有利于及时掌握未成年人犯罪动态，从而准确判断形势、切实采取对策。在信息监测的基础上，还可以参考社区青少年工作中的"三色分类法"，根据未成年人犯罪的可能性，建立预警机制，并分别采取教育、干预、矫治三个方面的预防措施，从而提高预防工作的针对性和有效性。实践中，由于犯罪信息监测涉及公安、司法等多个部门，而现行法律、法规又没有明确规定，难以建立长效、通畅的信息监测和共享渠道，从而影响了预警机制的建立和完善。

（8）在落实综合治理的基础上，进一步建立联动机制。目前，预防未成人犯罪工作主要贯彻落实"综合治理"的方针，强调各部门之间的协同、配合。但是，预防未成年人犯罪工作是一项复杂的社会系统工程，不仅需要政府部门的介入，还需要包括学校、社区和家庭在内的全社会共同参与。其中，学校、社区和家庭与未成年人的成长环境关系最为密切；因此，建立学校、社区和家庭的联动机制，将有利于及时发现、教育和矫正未成年人不良行为，从而将未成年人犯罪消除在萌芽状态。

此外，上海市未成年人犯罪防控体系存在"罪后"处置相对健全（如全市建立了完善的未成年人检察、少年审判体系），而"罪前"预防明显薄弱的特点。这些都亟须通过制定《预防条例》来予以解决。

（二）本市预防未成年人犯罪立法的可行性

1. 立法的准备工作

（1）立法的前期研究扎实、组织保障充分。在前期研究方面，早在 2009 年，团市委、市社区青少年事务办即与华东政法大学专家牵头成立预防未成年人犯罪课题研究组，对上海市预防未成年人犯罪问题进行调查研究，组织有关方面通过多种形式开展课题研究工作：一是广泛收集资料。收集了国家和其他省市有关预防未成年人犯罪的法律、法规、规章、规范性文件和上海预防未成年人犯罪的相关研究报告等参考资料，归纳分析了国内外预防未成年人犯罪立法的概况。二是开展实地调研和课题调研。2009 年12 月，市社区青少年事务办公室组织了立法调研考察组赴广东学习考察。至 2010 年拟定了《预防条例（草案）建议稿》（含条文论证），撰写了《关于〈上海市预防未成年人犯罪条例〉（草案）的说明》、《上海市未成年人犯罪及预防状况研究报告》、《立法必要性与可行性分析报告》、《关于〈预防条例〉体例的建议》等研究报告，以此为基础，课题组于 2010 年 12 月专门就《预防条例》组织了专家论证会。这些调研为下一步开展上海市预防未成年人犯罪立法工作奠定了研究基础。

2010 年 10 月，团市委、市社区青少年事务办在汇总前阶段研究成果的基础上，形成了《条例（草案）》和《立法项目论证报告》报送市人大，经审批被列入 2011 年市人大立法调研项目。2011 年 2 月，市人大刘云耕主任莅临团市委参加上海青少年发展"十二五"规划座谈会并明确指示，要争取将《条例》纳入明年的全市立法规划，并于明年上半年出台。2011 年 3 月，市人大内司委史秋琴副主任专程带队来团市委走访调研立法工作。2011 年 5 月，市人大法工委、内司委、市政府法制办的有关领导来团市委专题听取了立法课题研究汇报。2011 年 6 月 ~ 9 月，以上海市综治委预防青少年犯罪领导小组为依托，成立了专门的立法工作领导机构，立法调研起草工作组和专家顾问组，先后召开立法调研系列座谈会和专家咨询座谈会，走访相关委办和职能部门 13 家，咨询相关专家顾问 16 人，收集意见、建议 200 余条。在此基础上，我们又对《条例（草案）》进行了 10 余次集中修改。

（2）立法具备的实践基础和实施条件。在一般预防方面，上海就犯罪预防工作有较健全的预防未成年人犯罪工作体系和成熟的经验成果。一是从工作体制看，坚持政府主导推动，初步建立了"党委领导、政府负责、社团承接、社会参与"的社区青少年工作新格局。二是从工作机制看，通过政府购买社团服务的机制，理顺了政府与社团的关系，是对新型社会管理格局运作机制的积极探索。三是从工作格局看，通过动员社会多方参与，积极整合社会资源，初步形成了相关部门齐抓共管、社会广泛参与的工作局面。四是从工作队伍看，组建了一支遍布全市各区县、街镇的青少年事务社工队伍，并着力推动其职业化建设和专业化发展。五是从工作成效看，通过专业化、个性化的服务，实现了对社区青少年的全员覆盖和动态管理，有效预防和减少了青少年违法犯罪。

在再犯预防方面，上海对未成年人预防犯罪有比较成熟和健全的特殊司法预防措施。法院、检察院均建立了专门的办理未成年人案件机构，探索了较为完善的少年司法运作规则。与此同时，未成年人犯罪矫正体系日趋完善，同时上海还形成了较为完善的社会支持系统，建立了日益完善的未成年人犯罪社会预防机制。

2. 立法的主要思路

（1）立法的宗旨、原则。从立法的宗旨来看，预防立法主要在于预防和减少未成年人犯罪，其不仅是保护未成年人的一种重要方式，更是一种新型社会治理模式。其核心在于通过犯罪预防的方式，继续控制与降低沪籍未成年人犯罪，重点解决来沪未成年人犯罪问题，进而完善上海社会管理机制，维护社会安全与秩序。

围绕着立法的宗旨，确立了预防立法的基本原则：一是坚持法律体系的完善与统一，同时《未保条例》与《预防条例》各有侧重；二是注重综合治理与特殊预防的有效配合，形成政府综合治理与各职能部门的特殊预防工作相结合；三是坚持传统理念和与制度创新相结合，形成具有上海特点与特色的犯罪预防体制；四是坚持宽严相济的刑事政策，强调轻刑化与社会化。

（2）预防条例的体例结构。在征询各委办意见的基础上，形成了关于《预防条例》体例结构较为一致的意见。

《预防条例（草案）》共分为七章 44 条，从体例上分为总则、一般预防、对不良行为的早期干预、对严重不良行为的矫治、对重新犯罪的预防、法律责任、附则，共七章。这一体例既与《预防未成年人犯罪法》一脉相承，避免了过度脱离上位法的弊端，也吸收了其他省市预防条例体例结构的优点，同时突出了上海特色，尊重了本市预防未成年人犯罪工作体系的实际架构。此种结构的设置坚持了对未成年犯罪"预防为主"的方针，将传统的一般预防与特殊预防融入预防工作之中，同时明确了各职能部门针对处于不同阶段的未成年人采取不同的预防措施的责任。

（3）《预防条例》拟解决的主要问题。①预防体系和机构依托。通过第 3 条"预防体系与机构"，明确了预防未成年人犯罪工作的领导组织架构及其常设性办事机构，同时，通过明确这一机构的具体工作职责，使其更加具体化、可操作。一方面，固化了上海预防体系的成功经验；另一方面，也使预防体系的各项工作有了机构依托。②属地管理和来沪未成年犯罪。通过第 2 条"适用范围"，规定《预防条例》适用于上海行政区域内未成年人，即：包括上海户籍和非上海户籍未成年人。同时，通过第 4 条"属地预防"，明确了预防工作按居住地管理的原则，即：户籍地与居住地一致的，由户籍地管理；不一致的由居住地管理。通过这两条规定，将来沪未成年人的预防犯罪工作整体纳入了《预防条例》适用范围。③政府主导和社会参与。通过第 3 条"预防领导机构"、第 4 条"属地预防"明确了政府的职责。同时，通过第 12 条"社会组织预防"、第 21 条"社会帮教"、第 25 条"社区观护"、第 36 条"社区矫正"、第 37 条"回归社会"等条款，规定可以通过政府购买服务等方式，动员社会力量参与预防工作。同时，在第 5 条"工作与资源保障"中，一方面明确规定政府要对预防未成年人犯罪给予财政保障，另一方面也强调要鼓励社会各方给予资金支持。④普遍预防和分类预防。通过第二章"一般预防"中的措施加强对未成年人的普遍预防，通过第三章"不良行为的早期干预"、第四章"严重不良行为的矫治"和第五章"重新犯罪的预防"分别对有不良行为未成年人、有严重不良行为未成年人、未成年人罪犯等不同群体采取相应的预防策略和措施。同时，通过第八条"学校预防"加强对在校未成年人的预防，通过第 9 条"重点未成年人犯罪预防"，加强对社区闲散未成年人等重点群体的预防。⑤社会保护和司法保护。在第二章和第三章中强调社会保护，在第三章和第四章中，通过第 22 条"缓处考察"、第 23 条"训诫"、第 26 条"专门机构矫治与分别管理"、第 27 条"未成年人戒毒的区别对待"、第 30 条"专门办案部门或人员"、第 31 条"办案模式"、第 32 条"合适成年人参与"、第 33 条"社会调查"、第 34 条"分押分管"、第 36 条"社区矫正"、第 37 条"回归社会"、第 38 条"刑事污点记录封存"等条款对进入诉讼程序中的未成年人加强了特殊司法保护措施，有利于他们重新回归社会。⑥对未成年人的教育服务。通过第 11 条"法制教育"、第 12 条"社会组织预防"、第 13 条"未成年人活动场所建设与犯罪预防"、第 14 条"网络预防"、第 16 条"学校对不良行为的及时发现与教育"、第 17 条"社区对不良行为的及时发现与教育"等条款，明确并细化了对未成年人采取的教育措施。通过第 18 条"对有不良行为的未成年人的临时规劝与护送"、第 19 条"流浪乞讨未成年人的分开救助"、第 21 条"社会帮教"、第 25 条"社区观护"、第 29 条"监护人、学校与社区责任"等条款，在就业、就学和社会服务方面明确了服务措施。⑦信息监测和预警机制。在第 3 条"预防领导机构"中规定，预防未成年人犯罪工作领导小组办公室要建立、完善预防未成年人犯罪信息管理系统和预警机制，研究、分析未成年人犯罪状况及对策。在第 9 条"重点未成年人犯罪预防"中规定"区县、乡镇、街道应当掌握本辖区内闲散未成年人、有不良行为或严重不良行为未成年人、服刑在教人员未成年子女、农村留守未成年人和流浪乞讨未成年人等重点群体的情况"；在第 15 条"监护人对不良行为的及时发现与教育"、第 16 条"学校对不良行为的及时发现与教育"、第 17 条"社区对不良行为的及时发现与教育"中也都对未成年人不良行为的发现与预警做出了规定。⑧家庭、学校、社区联动机制。在第 7 条"家庭预防"中规定"对有关部门的法制宣传及预防未成年人犯罪工作，父母及其他监护人应予以配合"；在第 8 条"学校预防"中规定"学校应当健全家长联系制度，及时了解和反映未成年人的情况"；在第 11 条"法制教育"中规定"居民委员会、村民委员会应当积极配合有关部门开展预防未成年人犯罪的法制教育活动"；在第 14 条"网络预防"、第 29 条"监护人、学校与社区责任"、第 37 条"回归社会"中，也都规定了家庭、学校、社区在共同预防未成年人犯罪方面的责任。通过这些具体条款的规定，来建立家庭、学校和社区一体化的联动预防机制。

（4）产生的预期效果。从法律层面看，《预防条例》的制定既完善了本市未成年人保护体系，也健全了预防未成年人犯罪体系，并且形成了《未保条例》与《预防条例》并存，但各有侧重，同时又相互补充的未成年人地方性法规体系。从实践层面看，《预防条例》制定的预期效果将有助于整合政府与社会的资源，从源头上预防和减少未成年人犯罪，尤其有助于预防和减少来沪未成年人犯罪。

3. 立法的可操作性

（1）合理性。《预防条例》对未成年人采取保护优先的原则，在一般预防与临界预防中着重建立社会化预防机制和特殊化预防措施，在再犯预防中采取与成年人相区别的司法保护措施。这些制度和措施不仅对未成年人的身心健康成长具有重要的意义，也对从源头上预防与控制犯罪具有重要的意义。

（2）合法性。《预防条例》规制的管理手段、制度和措施，立足于保护未成年人，在法律规定的前提下严格适用监禁刑和各种监禁措施，其本身没有新设限制人身自由的措施，而是在法律允许的范围内减少对未成年人限制人身自由的措施的适用。这与立法法"防止地方新设限制人身自由的措施"的精神是不违背的。

（3）可行性。《预防条例》规制的管理手段、制度和措施，都是上海在预防未成年人犯罪工作中多年实践和探索的成果，是对上海特色和特点的总结、固化和推广。对涉及的责任主体而言，也都是在其法定职责基础之上，以加强职能部门监督、评估和考核的方式，来推动其加强预防未成年人犯罪工作。如，对学校和社区主要通过其主管部门的监管和敦促加以实现；对社会组织及企事业单位主要是通过购买服务或其他激励方式鼓励其介入预防；对家庭主要采取倡导性的策略，推动家庭参与预防。

（本节系上海团市委委托课题"上海市预防未成年人犯罪条例"立法研究课题总报告）

附

录

盘龙区未成年人司法试点项目中期评估报告（2002 年 5 月～2005 年 7 月）

评估人：徐建教授　姚建龙博士

1. 项目概述

盘龙区未成年人司法试点项目是由荷兰王国大使馆资助，由中国云南省昆明市盘龙区人民政府和英国救助儿童会合作开展，目标是"探索中国未成年人司法制度的完善和健全，促进联合国《儿童权利公约》第 40 条，即涉及未成年人司法条款的实施"的试点项目。项目支持机构包括云南省高级人民法院、昆明市中级人民法院、昆明市人民检察院和昆明市公安局、盘龙区人大、区政协、区政法委、区综治办。实施机构包括盘龙区人民法院、区检察院、盘龙公安分局、区司法局、区教育局、团区委、区妇联、区民政局、盘龙区各街道办事处和乡、英国救助儿童会以及盘龙区未成年人司法试点项目办公室。

根据盘龙区人民政府与英国救助儿童会于 2002 年 12 月 9 日所签署的《合作备忘录》，项目合作期原定为三年，即 2002 年 6 月 1 日至 2005 年 5 月 31 日。2004 年 5 月 27 日，在双方高层领导座谈会上，双方一致同意把项目合作期往后顺延至 2006 年 5 月 31 日。2004 年 12 月，双方重新签署了《合作备忘录》（2004 年～2006 年），取代了 2002 年所签署的备忘录。

《合作备忘录》基于项目总目标，确定项目目的是："进一步开展以未成年人司法项目办公室为基点的试点项目（涉及公检法司各部门），发展和协调以社区为基础的分流项目，将触法未成年人从正式的司法程序中分流出来。"这一模式致力于实现四个具体目标：

1. 减少进入正式司法程序的未成年人人数；
2. 实施以中外做法相结合的最佳模式；
3. 发展未成年人司法管理的模式；
4. 影响与触法未成年人相关的立法进程。

2. 本次评估的目的、方法与实施

2.1 评估目的

根据 2004 年 12 月盘龙区人民政府、英国救助儿童会新签署的合作备忘录要求，项目办委托华东政法学院青少年犯罪研究所徐建教授及姚建龙博士组成的评估小组对盘龙区未成年人司法试点项目进行中期评估。目的是：

1. 了解项目开始至今取得的影响；
2. 对项目今后的工作开展提供指导。

2.2 评估重点

根据救助儿童会的全球影响监测评估框架和评估的目的要求，评估小组充分关注了以下七个重点方面：

1. 项目开展至今的进展；
2. 与盘龙区政府合作关系的发展；
3. 合适成年人制度的实施；
4. 东华社区儿童中心；
5. 儿童参与项目的计划和实施；
6. 至今为止进入本项目的儿童总数量，结果，分流情况，被分流者与未分流者情况的比较；
7. 对将来工作发展及可持续性的建议。

2.3 评估方法

考虑到中期评估的目的、评估重点以及项目本身的特点，本次评估主要采取了以下评估方法：

- 儿童参与评估

鉴于项目工作的目标群体和项目的受益对象主要是儿童，评估需要充分听取相关儿童的意见，因此评估小组完全肯定一定数量的儿童参与的必要性。本次参与评估的儿童有四种类型：

1. 成功分流的儿童；
2. 分流后失败的儿童；
3. 未被分流的儿童；
4. 无触法行为的普通儿童。

受邀请儿童参与评估的方式主要是以评估者的身份对项目自主发表评估意见，而非被动接受评估或按指定问题接受访谈。

- 文献分析

评估小组系统收集和分析了项目开展以来的相关文件、工作规程、工作总结、报告、简报、新闻报道、研究论文等文献资料。

● 个别访谈

个别访谈的对象主要包括以下几类：

1. 政府合作者；

2. 司法部门相关人员；

3. 法律监督部门相关人员；

4. 高校相关人员；

5. 成功分流的儿童和家长；

6. 项目志愿者；

7. 合适成年人。

● 进入看守所与在押的犯罪儿童进行无监控、平等交谈

评估中发现，有极个别儿童在得到项目办公室帮助从刑事司法系统中分流后，又重新犯罪被捕；也有的儿童在犯罪后，由于项目正处在试点初期未能获得有关信息，因而未得到项目的帮助而在看守所羁押。评估小组在有关方面支持帮助下，对他们进行了无监控、平等交谈。

● 专题座谈

对于不容易受到从众心理影响的对象，评估小组采取专题座谈的方式进行调查，具体而言主要针对以下两类对象：

1. 项目办工作人员；

2. 合适成年人。

● 现场了解考察

评估小组以自己独立的视角，到有关场所进行客观的观察、了解情况，实地体验考察工作的环境、秩序、实施、精神状况等：

1. 项目办公室；

2. 东华社区青少年活动中心；

3. 分流儿童的活动状况；

4. 未分流、处于羁押状态儿童的状况。

2.4 评估的实施

● 组建评估小组

2005年6月华东政法学院徐建教授接到英国救助儿童会项目经理关于对盘龙区未成年人司法试点项目进行中期评估的邀请，双方就评估要求、人员、时间等进行沟通、协调，经过各方有关人员研究一致同意，评估由徐建教授与姚建龙博士组成评估小组共同完成，项目办给予配合协调。

● 评估前的准备

2005年7月，评估小组接受评估任务后，开始查阅资料并着手有关工作的准备，7月下旬评估小组收到项目办发来的第一批资料，8月2日开始熟习文献资料，初步分析了项目主要文献，通过网络查询项目在中国的影响，拟订访谈提纲和工作计划。

● 组织实施评估

2005 年 8 月 7 日评估组抵达昆明，当天听取了项目办公室有关人员的情况介绍，并就评估实施工作计划交换意见。8 月 8 日开始访谈和实地考察，至 8 月 12 日，访谈、调查、实地考察等基本结束，8 月 14 日评估小组提出评估报告初步构想，与英国救助儿童会项目经理、项目办领导就评估工作情况和评估报告构想交换意见。总时间一周。

评估小组工作主要在项目办公室、东华社区青少年活动中心、昆明市盘龙区第一看守所、昆明市盘龙区第二看守所等处进行。

评估组共召开专题座谈会 5 次，个别访谈 31 人，其中包含被分流儿童 7 名、未分流儿童 1 名，家长 6 名，进入看守所与在押的犯罪儿童进行无监控平等交谈 2 名，还有项目办公室、合作单位、支持单位等有关人员。儿童参与评估会二次，儿童 17 名，家长 2 名。了解考察了东华社区儿童活动中心等场所。

● 撰写评估报告

8 月 15 日，评估组返回上海，认真的、客观的整理访谈、调查中获取的评估资料、记录，继续通过其他渠道进一步了解项目的工作。8 月 29 日形成初稿，经多次讨论、修改，最终形成了本报告。

3. 评估发现

3.1 项目的进程

评估小组发现，从 2002 年 6 月至今，项目历时已三年，由于项目涉及国家法律制度、政府工作、人权理念等重大问题，项目试点必须有复杂繁重的准备与宣传、推进工作，项目的实质性推进只有近二年时间，总的进展体现出逐步推进、加速发展的科学进程，这一进程大体可以划分为三个阶段：

● 筹备阶段（2002 年 6 月至 2002 年 12 月）

2002 年签署的备忘录所确定的项目开始时间之前，英国救助儿童会与盘龙区人民政府已经有一些接触与合作，但这种接触与合作总的来说仍属于相互信任关系的培养过程。直到 2002 年 6 月，项目获得荷兰王国驻华使馆资金支持，筹备工作方才正式启动。

在这一阶段，项目的主要筹备活动包括：组织学习联合国《儿童权利公约》，组织盘龙区有关项目的公检法司及政府部门领导参加中国青少年犯罪研究会、中英文化交流协会、华东政法学院在北京、上海等地举办的有关少年司法、儿童权益保护的研讨会和培训班，委托北京大学法学院进行了国内外未成年人司法信息的收集整理，请英国救助儿童会外国顾问介绍发达国家少年司法制度，召开"未成年人司法试点项目"准备会议，组织盘龙区合作成员参加国际救助儿童会联盟东南亚区域未成年人司法研讨会等。

2002 年 12 月 9 日，盘龙区人民政府与英国救助儿童会正式签署了"盘龙区未成年人司法试点项目"合作备忘录，成立了项目领导小组，由区委领导任项目领导小组组长，下设办公室，同时明确了项目工作的宗旨、任务以及项目工作涉及部门的具体职责，这标志着项目筹备工作基本结束，试点工作真正开始。

● 启动和实施阶段（2003年1月至2004年2月）

项目合作备忘录签署后，工作正式开始。2003年3月，作为项目主要领导与协调机构的项目办公室组建成立，落实了办公室的地点，配置办公设备，配齐了项目办公室工作人员，并逐步完善了工作分工与纪律。

这一阶段首先是组织和协调力量，积极主动争取盘龙区委、区政府的领导，获得人大、政协的支持监督，取得实施机构包括区公、检、法、司和各街道办事处、居委会以及有关单位、学校的支持配合，为项目的实际开展创造良好的工作条件和环境。在本阶段草拟并修改了《关于推行"合适成年人"参与制度的工作方案》。

同时，项目办与云南大学法学院联合开展《盘龙区未成年人违法犯罪及处理情况调查》。举办了两次公、检、法、司各部门的"合适成年人制度"培训班，在项目办推动下，试验在盘龙区推行"合适成年人"参与制度与司法分流。一些被分流的犯罪儿童均取得了成功，产生了积极的示范效应。这个阶段总体上是个案的试验性探索阶段，经验显然还很不系统成熟，探索性色彩明显，尚没有形成规范化的运作模式，但积累的经验为制定规范化运作模式打下了认识和实践的基础。

● 进展加快与推进阶段（2004年3月至今）

为了推进试点工作，在总结提升已有经验的基础上，项目办吸取国内外的先进成果，研究起草有关"合适成年人"参与制度和办理未成年人违法犯罪案件的"司法分流"的规范性文件。2004年3月2日，盘龙区政法委批转实施《关于推行"合适成年人"参与制度的工作方案》；同年6月23日，盘龙公安分局出台了《昆明市公安局盘龙分局办理未成年人违法犯罪案件操作程序》；2005年2月23日，《盘龙区对触法未成年人"司法分流办法"（试行）》和《盘龙区"合适成年人"参与制度工作指导手册（试行）》批转试行。这些规范性文件的批准施行标志着司法分流、合适成年人制度以及社区帮教支持体系逐步形成，并进入规范化运作状态，这标志着项目进入到一个新的成果开始显现的加速推进阶段。2004年12月，基于项目的顺利发展，合作双方一致同意将项目延期一年至2006年5月31日。另2005年5月30日，英国救助儿童会、云南省财贸学院、昆明市盘龙区未成年人保护委员会共同签署了未成年人犯罪预防、社区矫正合作备忘录，使社区帮教和矫正支持体系逐步形成，并进入规范化运作状态。

3.2 项目得到盘龙区政府充分肯定和支持

在昆明约有百余个国际非政府组织开展活动，不同程度上都得到政府的关心支持，但是迄今为止只有英国救助儿童会与政府之间通过本项目签署正式文件建立紧密的合作关系。根据英国救助儿童会与盘龙区政府所签订的《合作备忘录》（2004），盘龙区政府在项目中不只是支持者，而是合作主体的一方，居于领导、主持、管理者的地位，盘龙区政府相关机构，如区公安分局、区司法局、区教育局等，以及团区委、区法院、区检察院居于项目实施者的地位，这反映了盘龙区政府从一开始就对本项目的肯定、重视和支持态度，项目的进展更证实政府与相关机构的肯定与支持对项目成功、发展具有的关键意义。

评估小组注意到，项目在立项、筹备、实施过程中体现出了对政府领导层的宣传与影响作用。在访谈与调研中了解到，项目在筹备启动之初，参与项目的政府合作方在项目诸多观念认识理解上的分歧直接影响到了政府在项目中的实际作用的发挥程度。尽管政府合作者都表示对项目的大力支持，但显然这种支持更多程度上是原则上的、承诺性的，甚至是礼节性的。随着项目的逐步展开、推进，政府合作者从实践中对于项目的价值、意义等逐步发生了观念性的转变。通过对来自区人大法工委、区教育局、区公安分局、区检察院、区法院等官方机构领导或有关人员的访谈，及对项目进展情况的调查，评估小组发现，盘龙区政府与项目之间的合作关系大体经历了从谨慎介入到理解支持的过程，从被动参与到主动参与的过程。目前，盘龙区政府在项目中正在走向主动、主导的地位，项目的试点正在转化成为一种政府常规要求，有的已被列入政府工作的重要组成部分。具体表现在以下几个方面：

1. 从作为项目领导协调机构的项目办公室组成人员来看，来自盘龙的工作人员基本上都是曾经或者正处在政府重要领导岗位的有影响力精英，例如原区政府常务副区长、区检察院检察长以及市公安局盘龙分局政治部领导等。项目办公室也在考虑项目的可持续性发展，目前已经促成盘龙区政府成立了未成年人保护委员会，并设置了委员会办公室；

2. 项目工作领导小组的成员包括区委、区人大、政协、政府以及各职能部门的主要领导，领导小组每季度定期参加项目工作会议，不定期参加项目的重要问题的研究，比如参加"分流办法"的修订。由此可见盘龙政府对这项工作的重视；

3. 项目的主要规范性文件，例如《关于推行"合适成年人"参与制度的工作方案》、《昆明市公安局盘龙分局办理未成年人违法犯罪案件操作程序》、《盘龙区对触法未成年人"司法分流办法"（试行）》等，均是通过盘龙区政法委、公安分局等批转实施，获得了对未成年人司法工作人员的强制性约束力；

4. 未成年人司法主要机构，例如区公安分局、检察院、法院等，已经在实践中认可了项目试点的作用和地位，在办理未成年人案件中开始主动与项目办沟通，遵守和执行经政府或有关方面批准的项目办总结起草的有关未成年人司法的规范性文件；

5. 据区人大法工委主任介绍，项目已经被列入盘龙区民主法制建设的重要组成部分，政府正在有意识地推广盘龙的未成年人司法经验。

3.3 司法分流减少了进入正式司法程序的未成年人人数

评估小组发现，推行司法分流是项目的主要工作，项目的其他工作，例如合适成年人参与制度、东华社区青少年活动中心、志愿者工作等，均是围绕司法分流而展开；在一些项目正式文件中，"未成年人司法分流项目"就是项目的代名词。[1]

根据《盘龙区对触法未成年人"司法分流"办法（试行）》（2005 年 2 月）规定，"司法分流"是指对触法未成年人做出治安处罚和刑事处置时，尽量避免监禁处置或监禁诉讼，坚持有条件地、最大限度地把他（她）们从司法程序中"分流"出来，采取非监禁处置或适用非监禁诉讼措施，对触法未成年人实行司法保护。尽管《盘龙区对触法

---

〔1〕 例如，2004 年所出版的项目简报第 1、3 期标题为"盘龙区未成年人司法分流试点项目"。

未成年人"司法分流"办法（试行）》将取保候审作为实现司法分流的主要措施，[1]并详细规定了适用取保候审进行司法分流的必备条件、风险评估方式等，但是项目对司法分流的统计数字实际上将在公、检、法三个阶段对触法未成年人适用了非监禁处遇（treatment）的均纳入司法分流统计数字之中。

在中国，司法人员出于回避风险、获得优异的考核业绩[2]等因素的考虑，在办理触法未成年人案件中更倾向于采取监禁措施，而不是非监禁性措施。这导致很多触法未成年人虽然具有非监禁化的可能性和合法性，但是实际操作上却大多被处以监禁性措施。评估小组发现，项目目前所推行的司法分流就是针对这种现象，致力于在中国现有法律框架下，通过对司法人员办案观念、办案程序的影响，促成司法人员尽量对触法未成年人采取非监禁性的处遇。

根据评估小组所获取的数据，2004 年司法分流的人数增加，分流率从 2002 年 1 月 1日至 2003 年 6 月 30 日的 49.54%、5.49%、18.6% 分别提高到 2004 年的 50.98%、14.88%、29.91%。尽管由于项目推行司法分流的时间不长，统计数据有限，尚很难对司法分流的变化做出权威性有说服力的判断，但是从上述统计数字来看，由于项目的参与及推动，触法未成年人的分流率呈现出上升的趋势，从而减少了未成年人进入正式司法程序的人数，这种变化尤其明显地体现在法院阶段（详见表1、表2）。

2002 年到 2004 年司法分流情况统计如下：

表 1　司法分流情况统计（2002 年 1 月 1 日至 2003 年 6 月 30 日）

司法机关	触法人数	分流	不明	分流率
公安机关	876	434	151	49.54%（不包含不明数）
检察院（审查起诉阶段）	91	5	11	5.49%（不包含不明数）
法院	86	16	0	18.60%

表 2　司法分流情况统计（2004 年度）

司法机关	触法人数	分流	分流率
公安机关	357	182	50.98%
检察院（审查起诉阶段）	121	18	14.88%
法院（判决数）	107	32	29.91%

评估小组在对于司法人员的访谈中发现，从事未成年人司法的工作人员通过项目办公室组织的培训和项目试点的实践，对于司法分流的认识、理念有明显的提高和观念转变，二位检察官亲身谈到自己从以前认为对触法未成年人分流是例外，到现在认为对于触法未成年人应当是以不分流为例外的认识转变过程。对于有着重刑主义传统的中国，

---

[1]　参见《盘龙区对触法未成年人"司法分流"办法（试行）》第 2 条。
[2]　例如，盘龙区公安机关对警察业绩的考核中有所谓"打击数"的指标，被处以监禁性的措施才被算作"打击数"的范围，而处以非监禁措施的触法者，则不被算入"打击数"的范围。

这种转变是十分不易的，是触法未成年人的分流率呈现出上升的趋势，从而减少了未成年人进入正式司法程序的人数的法理基础和认识保证，也是项目的影响和重要成果。

评估小组也注意到，尽管项目以司法分流为核心内容，但由于司法分流引自于西方的未成年人司法实践，项目对于什么是司法分流，怎样才算实现了司法分流，在未成年人司法程序的各个阶段司法分流有哪些方式，经历了一个认识发展的过程。在司法分流项目开始之初，对这些基本问题认识的不明确，给司法分流工作带来了很多不利影响，这种不利影响包括未成年人司法管理模式的改进、受益儿童数量的提高、项目基本数据统计的一致性与科学性等。2005 年 3 月，《盘龙区对触法未成年人"司法分流"办法（试行）》对司法分流的含义做了明确，该办法第 1 条规定："司法分流是指对触法未成年人作出治安处罚和刑事处置时，尽量避免监禁处置和监禁诉讼"，但是办法第 2 条将司法分流的关键仅仅定位于办案时最大限度地依法适用取保候审措施，并主要规定如何适用取保候审措施，这种对司法分流的理解有待进一步研究、完善。

此外，目前司法分流总体上是一个程序上的改革，但在中国处理触法未成年人案件的实体法依据基本上是与成年人犯罪一致的。在这样的前提下，仅仅限于司法分流来保护未成年人权益，减少进入正式司法程序的未成年人人数还是不够的。

3.4 合适成年人制度的实施

项目酝酿推行合适成年人参与制度开始于 2003 年 3 月派人赴上海参加中英合适成年人参与制度研讨会之后，同年 8 月项目办公室举办"合适成年人制度"培训班，开始酝酿在盘龙区推行"合适成年人参与制度"。结合盘龙实际，经过反复学习研究，探索"合适成年人制度"本土化方案，2004 年 3 月 2 日，盘龙区政法委下发了关于推行"合适成年人"参与制度的工作方案。为此，项目办在珠玑办事处、环城办事处、东华办事处、董家湾办事处、拓东办事处范围内组建了一支 34 人的兼职"合适成年人"队伍，同年 3 月 31 日至 4 月 1 日，进行了为期两天的培训，并发了聘书。7 月 1 日合适成年人正式开始工作。10 月份又聘请了环城办事处的 10 名"合适成年人"，将兼职"合适成年人"队伍扩大到 44 名。截止至 2005 年 4 月底，"合适成年人"先后参与了 29 件 43 名未成年人案件的维权工作。

根据《昆明市盘龙区"合适成年人"参与制度工作指导手册（试行）》的规定，项目所推行的"合适成年人"参与制度是指：针对触法未成年人，通过专门聘请的"合适成年人"协调促进多部门合作，有效维护触法未成年人合法权益，积极帮助他（她）争取非监禁诉讼和处置措施，使其回归社会，帮助家庭、学校、社区做好教育、感化、挽救违法犯罪未成年人的工作制度。

这项制度致力于发挥三项职能：一是维护触法未成年人的合法权益；二是参加"司法分流"活动，为触法未成年人争取非监禁诉讼和处置方式；三是配合有关部门对触法未成年人开展社区监管、帮教、矫正工作。

"合适成年人"是指思想品德良好、作风正派、热心于社会工作和青少年工作、乐于奉献、具有相关教育学、心理学、法律知识的成年人。"合适成年人"不是律师、触法未成年人的合法监护人和公、检、法机关的办案人员，是有组织的、经过相关专业培训、能依法保护触法未成年人合法权益，配合有关方面有效地促进教育、感化、挽救触法未成年人，使其尽快回归社会的社会力量。其工作对象主要为两类：

1. 涉嫌违法犯罪被公安机关讯问并有可能被采取限制人身自由强制措施的未成年人；

2. 被治安处罚的未成年人或未成年犯罪嫌疑人、未达责任年龄免予处罚的未成年人。

合适成年人的工作主要包括以下几个方面：

1. 在不干扰公安机关侦查工作的前提下，参与警方对触法未成年人的首次及其之后的讯问活动；

2. 与触法未成年人会见交谈、沟通思想，了解其基本情况及违法犯罪的动机和目的；

3. 及时向触法未成年人告知其所享有的合法权利；

4. 采用适当方式及时制止警方有损于触法未成年人合法权益的言行；

5. 对触法未成年人的犯罪原因、家庭及社会情况、当事人的意见等进行了解；

6. 向办案部门提出对触法未成年人的处理建议；

7. 及时迅速地对触法未成年人的违法犯罪动机、目的、原因和家庭情况、当事人态度及相关社会背景进行了解、记录并形成综合报告（但不作犯罪事实的调查核实），为办案部门做出处理决定提供可靠的依据；

8. 如果触法未成年人在公安机关侦查阶段不能进行"司法分流"，则有义务按其意愿帮助寻求法律援助；如果能进行"司法分流"，则应配合公安机关和社区、学校落实社区帮教工作；如果"司法分流"采用非监禁诉讼措施的，则配合办案部门落实家庭监护管理措施，做好取保候审期间的考察记录，为办案部门作出处理决定提供参考材料。

通过几个月的实践，兼职合适成年人不顾刮风下雨、不分昼夜，在近 20 起案件中维护触法未成年人的合法权益，配合有关部门对触法未成年人开展工作，发挥了一定作用。但是，由于兼职合适成年人时间、精力、培训、日常管理上很难适应所涉未成年人案件的需要，常常出现平时很少联系，需要时不知道与谁联系，或者联系不上、找不到人，或者联系上了却由于兼职的种种原因不能到场或不能及时到场。上述情况影响"合适成年人"在未成年人司法中发挥的作用，同时由于受 2004 年 9 月开始的昆明市区划调整的影响，盘龙区新划入 13 个派出所，原派出所仅保留 6 个，新划入的派出所干警此前并未受到过相关培训，公安机关对合适成年人的重视和认可程度较低。2005 年 5 月，即合适成年人制度推行 10 个月后，在一次关于"合适成年人"调查报告中充分反映了这种情况。该报告统计显示：在属区 12 个派出所中未成年人案件基本都有合适成年人参加的只有拓东、珠玑 2 个派出所，另有 2 个派出所偶尔有合适成年人参加，其他 8 个派出所基本上没有合适成年人参加。在各派出所对有合适成年人参与制度的了解方面，统计显示：2 个非常了解，占 17%；6 个一般了解，占 50%；4 个基本不了解，占

33%。[1]

为了改变上述状况，项目开始酝酿建立专职合适成年人队伍。2005年3月，通过街道推荐，项目办根据"合适成年人"条件选聘了10名合适成年人，并顺利开始进行培训。同年5月，专职合适成年人正式投入工作，2005年5月至7月，专职"合适成年人"先后参与了35件48名未成年人案件的维权工作。

表3 专职合适成年人概况

年龄	性别	学历	专业背景	职业背景
63	男	大专	法律	法官
36	男	大本	法律	工人
44	男	大专	企业管理	工人
36	男	大专	法律	会计
23	男	大专	电子商务	武警
52	女	大专	法律	警察
48	女	高中	–	工人
41	女	大专	经营	工人
29	女	大专	法律	财务
53	女	大专	企业管理	政工

专职合适成年人均选自有一定奉献精神的人，并由项目办给予一定的劳动报酬，在时间、精力、管理上都要求适应所涉未成年人案件的需要。评估小组还注意到，项目办已经把专职合适成年人组成一个小组，每一位专职合适成年人都负责一个街道办事处所辖的派出所，与派出所领导和直接工作的警官建立联系，通过经常沟通缩小双方在认识上、感情上的距离，专职合适成年人每月把自己联系的派出所的未成年人案件统计上来。现在专职合适成年人小组每周定期开全体人成员例会，汇总情况、交流经验、讨论问题，项目办公室也便于培训、指导。工作业绩明显提高，评估小组从中感受到专职合适成年人专业化、规范化、工作日常化的新变化。

合适成年人参与制度是推动司法分流工作的重要支撑，也是触法未成年人权益保护的重要力量。专职合适成年人与兼职合适成年人相结合，是一项开拓性的创新成果。

3.5 东华社区儿童活动中心

根据《合作备忘录》（2004）的要求，项目在盘龙区东华办事处建立了儿童活动中心。东华社区儿童活动中心于2004年7月1日正式开放，活动中心占地面积约210 ㎡，藏书750余册，电脑20台，分为小阅览室、学习园地、爱心角几个功能区。

东华社区儿童中心服务于未成年人司法分流项目的总目标，作为项目的一个重要部

---

[1] 引自张达在2005年5月撰写的关于合适成年人参与制度在盘龙区运作情况的调研报告。

分主要发挥以下几个方面的功能：

1. 支持从司法体系中分流出来的未成年人，开展以社区为基础的矫正活动；

2. 开展以重点人群为主的未成年人犯罪的社区预防工作；

3. 促进项目相关各部门的沟通和合适成年人的交流。

评估小组发现，自中心设置1年多以来，围绕中心设置的功能定位，主要开展了以下活动：

1. 与昆明理工大学团委联系大学生志愿者，参与"中心"的管理工作，组建电脑培训班，充分利用志愿者进行管理。从2004年10月份开设两个电脑培训班，每周日上午和下午各开一个班，每个班15人，利用昆明理工大学和盘龙区职业高中13名志愿者进行辅导、管理。对培训班的孩子进行计算机的知识及操作运用等方面辅导；

2. 开展篮球、乒乓球、羽毛球等体育活动活跃中心气氛。每周六上午组织社区未成年人练习篮球、乒乓球、羽毛球。组建社区篮球队，活跃中心气氛。中心以"司法分流"出来的未成年人组成了一支社区篮球队，在昆明理工大学体育场进行训练和学生比赛，还与盘龙公安分局穿金路派出所进行比赛；

3. 阅览室的开放。在东华社区青少年活动中心设了图书室，开放时间每周一、三、五下午4点至6点，欢迎各社区的未成年人来阅读。让没有钱买不起书，或者喜欢看书的未成年人有一个学习的园地，达到教育和预防未成年人走上违法犯罪的目的；

4. 设立社区爱心捐赠点，使社区贫困家庭的孩子得到了衣物用品的捐助；

5. 在中心进行了包括"合适成年人"、志愿者、社区工作人员、家长等相关人员的培训，举办了系列讲座。

根据10名参与对东华社区儿童活动中心评估的儿童提供的情况，中心自开办以来到中心活动的儿童呈现增长趋势，每天平均有约20名儿童在中心活动，除了分流儿童外，外地来昆明的儿童也占了很大的比重。

参与对东华社区儿童活动中心评估的儿童，对中心作出了如下肯定性的评价：

1. 活动中心的工作人员和蔼可亲，儿童可以轻松的与他们相处；

2. 儿童在中心感到很快乐，让儿童感到不孤单，交了很多好朋友；

3. 在活动中心，"可以在玩中学习，在学习中玩"；

4. 在活动中心获得了很多知识、信息；

5. 参与活动中心的活动改善了交往能力，让羞怯的儿童变得敢于与大人和朋友交流；

6. 参与活动中心的活动后，变得乐于帮助别人。

评估小组发现，由东华社区儿童活动中心对于分流儿童的帮助教育起到了重要作用，成为司法分流中社会支持体系（系统）中的重要组成部分，其作用尤其体现于以下几个方面：

1. 避免了分流儿童的放任不管，使分流儿童处于帮教之下；

2. 培育了触法儿童自尊心、公益心，使他们学会了感恩和珍惜自由、生命；

3. 降低了作出分流决定的司法机关的风险和压力；

4. 发挥了社区预防青少年犯罪的基地作用。

3.6 儿童参与项目的计划和实施

评估小组发现，儿童参与一直作为项目运行的指导原则之一，在项目中儿童的参与主要体现在以下几个方面：

1. 触法儿童参与争取司法分流处遇的努力；

2. 参与东华儿童活动中心组织的活动；

3. 为项目的发展与建设提供建议。

3.7 项目的其他重要工作

除了上述六大重要工作之外，评估小组还了解到项目的其他重要工作包括：

1. 培训工作；

2. 组建志愿者队伍；

3. 开设 6669106 未成年人教育关爱援助热线；

4. 举办家庭教育讲座；

5. 组织社会化公益活动；

6. 帮助其他弱势儿童群体。

4. 评估结论

4.1 针对项目总目标的评估结论

《合作备忘录》（2004）确定项目的总目标是："完善和健全中国未成年人司法，保证联合国《儿童权利公约》第 40 条，即涉及未成年人司法条款的实施。"《儿童权利公约》第 40 条的要点是：要求触犯刑法的儿童有权获得促进其尊严和价值感的待遇，并增强其对他人的人权和基本自由的尊重。上述待遇应考虑到其年龄和促进其重返社会并在社会中发挥积极作用的愿望。为此，"儿童有权获得基本的法律保证，或其他为其辩护的法律援助。在适当和必要时，应尽量避免诉诸司法程序或交由机构照管的处理"。[1]

评估小组认为，项目自 2002 年开始运作以来，所试点的司法分流、合适成年人参与制度等工作，都是围绕项目总目标的实现来进行的。其中"司法分流"主要致力于实现将触犯刑法的儿童"尽量避免诉诸司法程序或交由机构照管的处理"，"合适成年人参与制度"主要致力于帮助触犯刑法儿童"获得促进其尊严价值的待遇"和"获得基本的法律保证"，以"东华社区儿童活动中心"作为工作平台的社区预防和矫正工作主要致力于帮助触法儿童"重返社会"。项目的上述试点工作的展开，正在实际保证联合国《儿童权利公约》第 40 条，即涉及未成年人司法条款的实施。

评估小组认为，尽管项目的试点地在中国云南省昆明市盘龙区，但是，由于云南省地处中国西部边疆，属于发展相对较后进的地区，其未成年人司法发展状况能够代表中

---

[1] 英国救助儿童会：《联合国〈儿童权利公约〉参与式培训手册》，第 75 页。

国相当大一部分地区的未成年人发展状况。因此，在盘龙区所试点的保证《儿童权利公约》涉及未成年人司法条款实施的改革、探索，是一种可以适用于中国相当大一部分地区的未成年人司法模式，其成功经验具有很强的示范效应和可推广性。此外，在中国"西部大开发"的宏观背景下，盘龙区的改革也容易引起中国政府和公众的重视。

概括而言，评估小组进一步认为，项目总目标设定着眼于中国未成年人司法制度的改革及完善的影响正通过以下方式展现出来：

1. 正在发展出一种可以适用于中国相当大一部分地区的未成年人司法模式——盘龙模式；

2. 正在对中国未成年人保护全国性立法产生影响。修订中的中国《未成年人保护法》草案，实际上已经吸收了项目的某些做法与经验；

3. 项目已经获得了能够对政府产生影响的中央官方媒体的关注。新华社（2004 年 8 月）、中央电视台（2005 年 7 月）均对项目进行了采访与报道；

4. 项目与中国未成年人司法学术界的良性互动关系正在形成。项目正通过以学术界为媒介影响中国未成年人司法改革。

评估小组还认为，目前在中国，项目只是一种地方性试验，项目对于中国未成年人司法完善的影响，还需要时间来实现，同时这种影响的大小更取决于项目的持续性和能否获得最终的成功。当然特别要加强宣传和得到中国最高领导层的关注、肯定，才能在更大程度上达到项目总目标。

评估小组发现，项目的领导者与实施者影响中国未成年人司法改革与完善的意识还不够强烈和自觉，还未能千方百计地积极参与推动全国未成年人司法改革的工作。项目与中央政府、中央司法机构，以及中国其他省市未成年人司法机构的联系和交流还有待加强和完善。项目的主要做法，包括司法分流、合适成年人参与制度、组建专职和兼职相结合的合适成年人队伍、建立社区儿童活动中心等，与由中央政府和司法机构的"社区矫正"改革、上海试点的教育考察制度、合适成年人参与制度、社区青少年考察基地等探索，均有类似之处。尽管项目亦曾经与中央司法机构、上海等省市之间有过未成年人司法改革的交流，但没有系统的、有理论论证阐述的、有权威性的成果表现形式，作法上主要也是一种短期的、一次性的参观、考察与座谈的形式，未能建立起一种互通有无的长期信息交流机制，这很可能带来重复试验、资源浪费等弊端，也可能妨碍项目受到全国性的关注，降低推动中国未成年人司法改革的效果。

4.2 针对项目具体目标的评估结论

4.2.1 关于"减少进入正式司法程序的未成年人人数"

在本报告3.3节中，已用数据明确指出：由于项目的参与及推动，2004 年司法分流的人数增加，分流率有所提高，从而减少了未成年人进入正式司法程序的人数，这种变化尤其明显地体现在法院阶段。但是这是在比较短、有限时段内的数据材料基础上作出的分析结论，是权威性不够的结论。要作出权威性的有说服力的科学结论，还要有更长一些时间，至少再有二、三年的试点数据，而且要对分流有更科学明确的界定，并保证统计标准、口径的一致。但是，评估小组认为：尽管如此，就法院阶段而言，2004 年度法院对触法未成年人司法分流的比例比 2002 年 1 月 1 日至 2003 年 6 月 30 日司法分流的比例提高了 11.31%，缓刑率达到 29.91%，这一缓刑比率显著高于中国对触法未成年人缓刑平均率约 20%。

尤其是改变司法人员观念的培训、司法分流成功个案的示范效应等，已经促使盘龙区政府部门和司法机关领导以及司法人员的观念发生了重大改变。尽量促使触法未成年人早日从司法程序中脱离出来、避免监禁措施适用的观念已经广为接受。这种观念性的转变给评估小组留下了深刻的印象。评估小组认为，这种观念性转变，加上日益规范化和带有一定强制性司法分流程序的适用，可以有根据地确认会逐步减少进入正式司法程序的未成年人人数，尤其使减少触法未成年人受到监禁处遇的数量。这种减少将包括使触法未成年人从公安、检察、法院程序中尽早脱离出来。

4.2.2 关于"实施以中外做法相结合的最佳模式"

项目在实施以中外做法相结合的最佳模式方面做出了有益的探索，注重国外未成年人司法成功经验的引进，同时根据中国－云南－昆明－盘龙的特点进行本土化改造，形成中外结合的做法，这也是项目进展以来取得阶段性成功的重要原因。

项目在实施以中外做法相结合的最佳模式方面主要作出了以下努力：

1. 聘请外国专家介绍发达国家少年司法制度的现状和新的经验、做法，结合实际需要指导项目工作；[1]

2. 邀请国内未成年人司法专家指导项目工作；[2]

3. 组织项目实施者赴国外学习、研讨未成年人司法成功经验；[3]

4. 向上海等有开拓创新的省市学习和交流未成年人司法经验；[4]

5. 谨慎探索，采取先进行试点，总结经验教训，然后制定规范性文件，将中外结合的成功做法固定下来予以推广。

评估小组认为，司法分流、合适成年人参与制度、司法分流的社区支持体系是项目探索中外做法相结合的最佳模式的主要成果：

1. 司法分流是项目从英美国家引入中国的，它显然吸收了英美国家做法的避免触法未成年人受到司法干预的经验，但是根据中国法律制度与英美国家法律制度的差异性，项目所推行的司法分流主要侧重于减轻触法未成年人受到司法干预的程度，而主要并不是使他们完全不受到司法干预。

2. 项目推行合适成年人（Appropriate adult）制度显然是引自英国，但是盘龙的合适成年人的职责根据中国的特点被大大扩充了。英国青少年犯罪特别工作组（Youth offen-ding team，简称 YOT）的做法，也被引入合适成年人参与制度之中。

3. 项目所建立的司法分流社区支持体系，显然借鉴了上海建立青少年考察基地的做

〔1〕 自 2002 年 6 月以来，项目先后聘请了 4 名国际顾问。

〔2〕 自 2002 年 6 月以来，项目先后邀请华东政法学院徐建教授等，指导项目工作。

〔3〕 项目先后组团参加了在老挝、上海、北京等地召开的合适成年人参与制度研讨会、未成年人保护法修订讲习研讨班。

〔4〕 据不完全统计，自 2002 年 6 月以来，项目先后 8 次组团到上海、江西、江苏等省市交流、学习未成年人司法经验。

法，同时也受到了国外尤其是英国建立完善的司法分流社区支持体系的启发。

评估小组认为，项目的上述模式现在尚不能说是中外做法相结合的"最佳"模式，它们还处在试点、探索之中，尚有需要改进之处，但是随着项目的深入发展，上述模式将会向越来越接近"最佳"的方向发展。

评估小组注意到，在发展中外做法相结合的最佳模式方面，项目非常重视国外专家的介入和指导，聘请了专职国际顾问。但是相对而言，国内专家的作用并没有得到有效发挥。项目非常重视国外未成年人司法经验的引入，但是对于国内其他省市未成年人司法改革的经验相对重视研究还略显不够。

4.2.3 关于"发展未成年人司法管理的模式"

评估小组认为，项目试验正在向一种具有新的理念、新的程序、新的方法的少年司法模式发展，这种处于孕育雏形的模式是具有中国本土化特色、充分吸收国外未成年人司法管理经验的未成年人司法管理模式，可以努力提升定格为中国少年司法的盘龙模式，加以发挥、系统总结和阐述。在中国，这是一种创举。

根据评估小组的调查，目前对盘龙模式作全面界定还为时过早，但有一些基本框架的要点概括如下：

1. 在未成年人司法管理的目标上：以吸收国外未成年人司法先进经验，发展中外结合的最佳模式，致力于推动联合国《儿童权利公约》、未成年人司法准则在中国的实现为目的；

2. 在未成年人司法管理的领导机构上：由 NGO 与政府共同主导推动，并组建未成年人司法改革办公室（项目办）具体负责未成年人司法改革的统筹、协调与指导工作；

3. 在未成年人司法管理的运作原则上：以儿童最大利益原则为首要指导原则，充分尊重儿童的参与权，逐步向成人与儿童共同管理过渡；

4. 在未成年人司法管理的主要内容上：以实现触法未成年人非监禁化为目的的司法分流为核心工作，由合适成年人推动司法分流的进行，同时建立以分流儿童活动中心、志愿者队伍为支柱的分流儿童社区支持体系。

之所以强调是基本框架的要点是因为许多方面不完善、不落实、不具体。如：

1. 未成年人司法管理的领导机构基本上还属于非常设机构，持续性尚未得到有效解决。虽然现在项目已经推动建立了盘龙区未成年人保护委员会，设置了委员会办公室（简称"未保办"），并与项目办公室合署办公。但是，尚未解决项目结束后，未保办工作的资金来源问题；

2. 在中国未成年人司法管理中，由于历史传统和实际工作中不够重视，儿童的参与程度还很不够。在儿童"参与阶梯"中，总体上还处于第 3 个阶梯——"象征性的"，当儿童被问及他们对某些问题的看法时，他们或不太习惯独立发表自己的意见，或客观上使他们很少有选择权甚至于根本没有选择权。在本试点项目中，儿童参与十分受到关注，例如项目领导和有关工作人员在分流中了解触法儿童，征询他们的意见，包括听取他们对处置的想法和分流各阶段的思想反映，并就反映出来的问题和困难进行协调和帮助；再如对职业高中的重点人群、迎新学校（云南省未成年人教养管理所）和青少年聚集的娱乐场所等地方进行调查和访谈，从相关儿童的意见和建议中进行活动的设置和开展相关的工作（见附件中 3 个活动报告或记录）。我们认为项目在儿童参与方面确实是下了功夫，也实实在在做了不少实事和探索。但是儿童参与是一项很复杂、很困难的工作，既要充分尊重儿童发挥儿童的独立性、能动性，又要客观的、实事求是的评价儿童的认知水平和实际情况，这方面项目在短期内还不可能有完整、成熟的经验，还有待进一步的努力。

3. 司法分流、合适成年人参与制度、社区支持体系均还不完善，都面临发展的可持续性、与中国法律规定冲突等挑战。

4.2.4 关于"影响与触法未成年人相关的立法进程"

项目对立法是否发生了影响以及影响的程度，需要经过较长的一段时间才能判断。但是，评估小组基于以下理由认为，项目将对中国地方立法乃至全国未成年人保护立法产生一定程度的影响：

1. 项目制定了一系列规范性文件，[1] 这些成文的规范性法律文件以及在实践中运作的效果，可以为中国的地方和全国性立法者提供很好的借鉴；

2. 项目的工作已经引起了地方立法机构的重视。云南省人大的领导曾经专门对项目进行调研；

3. 项目通过对《未成年人保护法》修订草案的建议形式，将项目的成功经验向中国的最高立法机关做了反映；

4. 项目与国内未成年人司法研究专家建立了密切合作关系，而这些专家与中国的立法机构有密切的合作，他们多是中国未成年人立法的咨询专家。

5. 建议

1. 项目应当加大与中央政府、中央司法机构，以及其他正在开展未成年人司法改革省市之间的沟通与交流，改变短期性、一次性沟通方式，建立一种长期的合作交流关系。这种长期合作关系的建立，可以通过定期的项目简报交流、定期会晤、定期互访等。

2. 孤立的、地方性的未成年人司法改革是难以达到项目总目标的。在加强与中央政府、中央司法机构以及其他省市沟通交流的基础上，项目应当致力于促成中国未成年人司法改革运动的兴起，进而达到保证联合国《儿童权利公约》第 40 条在中国实施的项目总目标。

3. 项目应当更为积极地参与中国的地方性和全国性立法，及时将项目的成功经验，通过立法建议的形式提交昆明、云南和中央立法机构。

4. 加强宣传力度，更为密切地与全国性媒体合作，让盘龙区的未成年人司法项目为中国的公众所知晓。

---

〔1〕 如《昆明市公安局盘龙分局办理未成年人违法犯罪案件操作程序》（昆公盘发〔2004〕119 号）、《昆明市盘龙区"合适成年人"参与制度工作指导手册（试行）》、《昆明市盘龙区对触法未成年人"司法分流"办法（试行）》（2005 年 3 月 1 日）等。

5. 加强对未成年人司法改革的理论总结，提升项目的理论程度，影响中国未成年人司法理论，让项目的影响借助于学术界的影响力，进而影响中国政府部门与司法机构。

6. 重视提高儿童参与项目的程度。考虑到未成年人司法管理的特殊性，儿童对项目的参与程度总体上可以达到"参与阶梯"的第五层——"咨询及获知"，"计划是成年人设计及推行的，但应征询儿童的意见。儿童对程序完全明白，他们的意见获得重视"。在东华社区儿童活动中心的管理上，则可以达到儿童参与的最高层——"由儿童引发的，与成年人共同决定"，"儿童出主意，成立计划，邀请成年人提供意见、讨论及支持。成年人并不主事，应当提供专业的知识让儿童参考"。

7. 未成年人司法管理领导、协调机构应当转变为常设性的机构。未成年人保护委员会及其办公室宜纳入政府的序列，[1] 应当争取由政府负担主要的资金[2]，同时可以继续通过募集的方式解决一部分资金。

8. 在聘请的专家顾问中，增加国内未成年人司法专家，指导国外引进做法的本土化。

9. 基于《儿童权利公约》第 40 条的规定，吸收国外司法分流的成功经验，考虑促进中国未成年人司法改革的需要，司法分流的内涵宜包括以下两个基本方面：①尽量避免触法未成年人进入正式司法程序。根据中国司法制度的特点，这种正式司法程序应当是指从公安阶段开始的司法程序，而并不仅仅是指法院审判程序。②尽量让已经进入司法程序的触法未成年人尽早脱离出来。这项工作宜包括四个方面：一是办理触法未成年人案件，无论是公安机关、检察机关还是法院，均应当尽量缩短办案时间。二是尽量让触法未成年人在非监禁状态中等待最终的处置（包括行政处置和刑事处置）。三是尽量实现对于触法未成年人最终处置（包括行政处置和刑事处置）的非监禁化。四是尽量使已经受到监禁处置的触法未成年人，尽早释放或者变更为社区性执行方式。

10. 加强对中风险度的未成年犯罪人分流的研究与实验探索。建议修改《盘龙区对触法未成年人司法分流办法》，明确司法分流应当包括公安阶段的分流、检察阶段的分流、法院阶段的分流、执行阶段的分流四个阶段，并且明确各阶段可以采取的分流措施、实现分流的办法。

11. 建议项目在中国法律允许的空间内，制定不同于触法未成年人案件的具有实体法性质的政策性依据，以从"源头"上减少进入正式司法程序的未成年人人数。

12. 继续扩大、稳定专职合适成年人与兼职合适成年人相结合的合适成年人队伍，提高素质与水平，完善管理制度与方法，发展并不断总结经验。建议对合适成年人参与制度进行如下改进：①合适成年人的工作应当进一步深入司法程序，延伸到检察、法院和社区矫正阶段。②增强专职合适成年人的职业吸引力，包括争取收入的提高、设计晋升方案、免费的技能培训、免费的赴外省市及国外考察机会等。③加强合适成年人与司法机构之间的联系与沟通，有计划地促进司法机关尊重和理解合适成年人的工作。④建立合适成年人业绩考核机制、奖惩机制与淘汰机制。⑤采取政府提供经费购买合适成年

---

〔1〕 这也与《未成年人保护法》修改草案对未成年人保护委员会设置与改革的思路一致。

〔2〕 可以借鉴上海政府购买服务的方式。

人服务的方式，解决合适成年人制度运作的资金。

13. 构建、丰富与完善以社区儿童活动中心为基地的司法分流的社会支持体系，创造更多依靠群众、经济实效的社会支持体系的具体形式，加强志愿者队伍的建设，为司法分流后的社会安全提供最大的保障。综合参与对东华社区儿童活动中心评估的孩子，对东华社区儿童活动中心进行如下改善：①增加图书资料的数量，尤其是卡通类、幽默类、科普类书籍。②增加电脑、乒乓球桌、乐器、VCD 播放机，室内多布置些卡通画。③增设画室、医务室。④增加户外活动场地，例如篮球场、羽毛球场、操场。⑤增加体育老师（男）、音乐老师、医生。

主要参考文献目录

文献名称	制作或公布者	制作或公布时间
1. 昆明市盘龙区人民政府、英国救助儿童会合作备忘录（2004 年 ~ 2006 年）	盘龙区人民政府、英国救助儿童会	2004 年 12 月
2. 盘龙区未成年人司法试点项目工作情况汇报	项目办主任张月如	2005 年
3. 盘龙区未成年人司法项目向省人大汇报的记录	姜敏	2005 年 3 月
4. 盘龙区未成年人司法试点项目 2003 年工作总结	项目办	2004 年 1 月
5. 盘龙区未成年人司法试点项目 2004 年工作总结	项目办	2005 年 1 月
6. 2004 年度昆明市盘龙区"司法分流"数据	项目办	2005 年
7. 有关合适成年人的调研报告	张达	2005 年 5 月
8. 昆明市盘龙区未成年人社区矫正有望实现制度化		2005 年
9. 盘龙区未成年人司法试点项目简报（2004 年第 1、2、3 期、2005 年第 1 期）	项目办	2004 年 – 2005 年
10. 未成年人司法季度报告	项目办	2004 年 1 月 – 2005 年 6 月
11. 昆明市盘龙区人民政府办公室关于成立盘龙区未成年人保护委员会的通知	盘龙区人民政府办公室	2004 年 11 月

续表

文献名称	制作或公布者	制作或公布时间
12. 关于推行合适成年人参与制度的工作方案	项目办	2004 年 3 月
13. 昆明市公安局盘龙分局办理未成年人违法犯罪案件操作程序	盘龙公安分局	2004 年 6 月
14. 盘龙区对触法未成年人司法分流办法（试行）	项目试点工作领导小组	2005 年 2 月
15. 昆明市盘龙区合适成年人参与制度工作指导手册（试行）	项目试点工作领导小组	2005 年 2 月
16. 职高青少年咨询交流活动报告	姜敏、杨海宇、祁涛	2004 年 6 月
17. 职高活动报告	项目办	2004 年 6 月
18. 职高学生同伴调查报告	姜敏	2004 年
19. 迎新学校交流活动	姜敏、周树廉	2005 年 2 月
20. 关于一刑满释放的少年求助于项目办的情况说明		2005 年 7 月
21. 关于××的家庭情况报告	乔海云	2005 年 8 月
22. 关于毒品预防专题法制讲座的活动记录		2005 年 3 月
23. 基于英国社会工作现状谈社会工作的原理及实践	Shirley Johnson，张达 译	2005 年 6 月

与合作者或有关工作人员访谈提纲

1. 相互介绍一下，说明访谈的目的要求。

2. 你与项目的关系，职务与承担的工作职责。

3. 什么时候与项目发生联系？谈谈你涉及或了解的与项目有关的工作情况与变化（开展哪些工作，进展情况，社会反映与效果、有无检查或总结等）。

4. 对项目意义、价值及有关工作的看法、评价。

5. 数据、典型事例（正反、成功的与失败的）、成绩与成功的经验。

6. 群众参与人数、程度。

7. 宣传、学习、培训的组织活动情况。

8. 问题、矛盾与困难。

9. 批评与建议。

10. 其他你听到的反映，你认为有什么值得关注的事情或问题。

被分流或未被分流对象的个别访谈提纲

1. 介绍自己身份，相互认识一下；说明来意（访谈目的：善意了解，改进工作，不涉及个人利害或处置）；要求真实，可以拒绝谈或不谈某些问题。

2. 你什么时候进看守所的，你能讲一讲为什么事进看守所以及有关情况吗？

3. 你是不是知道有合适成年人或项目办公室，第一次是在什么时候什么情况下知道的？

4. 第一次事发后，警察第一次询问你时有合适成年人在场吗？你对警察的印象怎样？

5. 合适成年人何时到场？向你说过或为你做过些什么？

6. 第一次是否因为有合适成年人或项目办公室的工作才让你获得"司法分流"，如果是肯定答复，能否讲得到哪些具体帮助？

7. 为什么又发生第二次事件，原因，思想？

8. 第二次事发后，警察第一次询问是否仍有合适成年人到场？两次情况有何不同？

9. 你对合适成年人工作的评价，以及工作态度、方法的评价。

10. 感受最深的活动、人或事。

11. 你有什么建议或批评？

12. 你有什么问题或其他想与我们谈的事与情况。

座谈会座谈准备提纲

1. 根据评估要求，设计座谈主题与参与对象，事先了解参加人员的情况、特点。

2. 相互介绍，尽快熟悉主要对象。

3. 说明本次座谈的目的要求（未成年人采用通俗对话的形式说明）。

4. 先请大家按座谈主题自主谈有关情况（工作情况、培训情况、实际效果、自身体会或感受等）。

5. 就发言中感兴趣或有疑问的事情、情况、问题，抓紧发问或要求补充或要求进一步作出说明，或建议、引导、要求其他与会者印证、评价、补充等等。

6. 对项目或具体工作的评价。

7. 问题、批评、建议等。

8. 表示感谢。必要时请个别人留下深入了解某一个问题或事例。

盘龙区未成年人司法试点项目终期评估报告（2002 年 5 月~2006 年 8 月）

致 谢

在终期评估过程中，项目办工作人员为评估小组客观、中立、系统的开展评估工作给予了全力配合，昆明市盘龙区政府、司法机关等有关部门也给予了本次评估以大力支持和帮助。对于上述机构和人士，评估小组致以诚挚的谢意。

对于云南农业大学李德波教授在评估问卷的分析与统计中所付出的艰苦劳动，评估小组致以特别感谢。

项目终期评估小组：
徐建教授、范斌教授、姚建龙博士
2006 年 11 月 5 日

摘 要

"以社区为基础的多部门合作未成年人司法分流试点项目"（简称项目）是由荷兰王国大使馆资助，由中国云南省昆明市盘龙区人民政府和英国救助儿童会合作开展的儿童保护项目。项目目标确定为：探索中国未成年人司法制度的完善和健全，促进联合国《儿童权利公约》第 40 条，即涉及未成年人司法条款的实施。

具体目标为：进一步开展以未成年人司法项目办公室为基点的试点项目（涉及公检法各部门），发展和协调以社区为基础的分流项目，将触法未成年人从正式的司法程序中分流出来。这一模式致力于：①减少进入正式司法程序的未成年人人数；②实施以中外做法相结合的最佳模式；③发展未成年人司法管理的模式；④影响与触法未成年人相关的立法进程。

项目自 2002 年 12 月正式启动至 2006 年 8 月结束，持续近四年。通过四年的探索和实践，初步建立起规范的触法未成年人司法分流机制和社区支持体系，吸收中外经验，在中国率先探索和建立了合适成年人参与制度，达到了预定的目标，基本上形成了符合中国情况的未成年人司法分流的"盘龙模式"，这一模式对于中国未成年人司法制度的完善正在发挥着示范和推动作用。

同时项目也面临着如何实现可持续发展、如何进一步推广运用于中国其他省市等问题的挑战，这些挑战有待于项目第二期工作去应对和完成。

1. 项目概述

1.1 项目背景

自20世纪80年代以来，中国先后签署了《联合国少年司法最低限度标准规则》、《儿童权利公约》、《联合国预防少年犯罪准则》、《联合国保护被剥夺自由少年规则》等一系列儿童权利保护与少年司法国际文书，并致力于推进国际少年司法规则在中国的实施，取得了值得赞赏的成绩和进步。

云南省昆明市盘龙区地处中国经济发展相对较为落后的西部地区，具有中国欠发达地区政治、经济、文化、司法发展的一般特征。盘龙区有着重视未成年人保护的传统，是中国西部较早探索少年司法改革的地区之一，并积累一定少年司法改革的经验。[1]

英国救助儿童会致力于为儿童创建一个更美好的未来，先后在十余个国家开展了工作，触法儿童是救助儿童会的重点关注对象之一。2002年，英国救助儿童会开始选取昆明市盘龙区作为在中国开展少年司法项目工作的地区，并于12月9日，与盘龙区人民政府签署了合作备忘录，成立了项目领导小组，由盘龙区委领导任项目领导小组组长，下设办公室，同时明确了项目工作的宗旨、任务以及项目工作涉及部门的具体职责，正式开展少年司法试点项目工作。

项目由荷兰王国大使馆资助，由中国云南省昆明市盘龙区人民政府和英国救助儿童会合作开展。项目支持机构包括云南省高级人民法院、昆明市中级人民法院、昆明市人民检察院和昆明市公安局，以及盘龙区人大、区政协、区政法委、区综治办。在盘龙区人民政府、英国救助儿童会及盘龙区未成年人司法试点项目办公室的组织、推动、协调下，实施机构包括盘龙区人民法院、区检察院、区公安分局、区司法局、区教育局、团区委、区妇联、区民政局、盘龙区各街道办事处和乡政府。

1.2 项目目标

昆明市盘龙区人民政府与英国救助儿童会签署的《合作备忘录》[2]将项目目标确定为：探索中国未成年人司法制度的完善和健全，促进联合国《儿童权利公约》第40条，即涉及未成年人司法条款的实施。

《合作备忘录》将项目目的确定为：进一步开展以未成年人司法项目办公室为基点的试点项目（涉及公检法各部门），发展和协调以社区为基础的分流项目，将触法未成年人从正式的司法程序中分流出来。这一模式致力于：

1. 减少进入正式司法程序的未成年人人数；

---

〔1〕 例如，在2001年盘龙区检察院曾经在办理少年犯罪案件中，开展了引入英美国家"社会服务令"制度的探索，取得了较好的社会效果。

〔2〕 2004年12月新签署。

2. 实施以中外做法相结合的最佳模式；

3. 发展未成年人司法管理的模式；

4. 影响与触法未成年人相关的立法进程。

《合作备忘录》将项目的目标人群确定为"以未成年人司法公正为己任的司法领域工作者"，将触法未成年人确定为"项目的既定受益人"。

1.3 项目进程

根据盘龙区人民政府与英国救助儿童会于2002年12月9日所签署的《合作备忘录》，项目合作期原定为三年，即2002年6月1日至2005年5月31日。2004年5月27日，在双方高层领导座谈会上，双方一致同意把项目合作期往后顺延至2006年5月31日。2004年12月，双方重新签署了《合作备忘录》（2004年～2006年），取代了2002年所签署的备忘录。项目实际持续到2006年8月结束。

项目进程大体可以划分为四个阶段：

● 筹备阶段（2002年6月至2002年12月）

2002年签署的备忘录所确定的项目开始时间之前，英国救助儿童会与盘龙区人民政府已经有一些接触与合作，但这种接触与合作总的来说仍属于相互信任关系的培养过程。直到2002年6月，项目获得荷兰王国驻华使馆资金支持，筹备工作方才正式启动。当时的主要工作是收集资料、组织力量、召开一些准备工作会议、参加有关活动等。

2002年12月9日，盘龙区人民政府与英国救助儿童会正式签署了"盘龙区未成年人司法试点项目"合作备忘录，成立了项目领导小组，由区委领导任项目领导小组组长，下设办公室，同时明确了项目工作的宗旨、任务以及项目工作涉及部门的具体职责，这标志着项目筹备工作基本结束，试点工作真正开始。

● 启动实施阶段（2003年1月至2004年2月）

项目合作备忘录签署后，工作正式开始。2003年3月，作为项目主要领导与协调机构的项目办公室组建成立，落实了办公室的地点，配置办公设备，配齐了项目办公室工作人员，并逐步完善了工作分工与纪律。

这一阶段首先是组织和协调力量，积极主动争取盘龙区委、区政府的领导，获得人大、政协的支持监督，取得实施机构包括区公、检、法、司和各街道办事处、居委会以及有关单位、学校的支持配合，为项目的实际开展创造良好的工作条件和环境。在本阶段草拟并修改了《关于推行"合适成年人"参与制度的工作方案》。

同时，项目办与云南大学法学院联合开展《盘龙区未成年人违法犯罪及处理情况调查》。举办了两次公、检、法、司各部门的"合适成年人制度"培训班，在项目办推动下，试验在盘龙区推行"合适成年人"参与制度与司法分流。一些被分流的犯罪儿童均取得了成功，产生了积极的示范效应。这个阶段总体上是个案的试验性探索阶段，经验显然还很不系统成熟，探索性色彩明显，尚没有形成规范化的运作模式，但积累的经验为制定规范化运作模式打下了认识和实践的基础。

● 推进发展阶段（2004年3月至2005年8月）

为了推进试点工作，在总结提升已有经验的基础上，项目办吸取国内外的先进成果，研究起草有关"合适成年人"参与制度和办理未成年人违法犯罪案件的"司法分流"的规范性文件。2004 年 3 月 2 日，盘龙区政法委批转实施《关于推行"合适成年人"参与制度的工作方案》；同年 6 月 23 日，盘龙公安分局出台了《昆明市公安局盘龙分局办理未成年人违法犯罪案件操作程序》；2005 年 2 月 23 日，《盘龙区对触法未成年人"司法分流办法"（试行）》和《盘龙区"合适成年人"参与制度工作指导手册（试行）》批转试行。这些规范性文件的批准施行标志着司法分流、合适成年人制度以及社区帮教支持体系逐步形成，并进入规范化运作状态，这标志着项目进入到一个新的成果开始显现的加速推进阶段。2004 年 12 月，基于项目的顺利发展，合作双方一致同意将项目延期一年至 2006 年 5 月 31 日。另 2005 年 5 月 30 日，英国救助儿童会、云南省财贸学院、昆明市盘龙区未成年人保护委员会共同签署了未成年人犯罪预防、社区矫正合作备忘录，使社区帮教和矫正支持体系逐步形成，并进入规范化运作状态。

● 提高总结阶段（2005 年 9 月至 2006 年 8 月）

2005 年 6 月至 8 月，项目办聘请专家对项目进行了中期评估，对项目近四年进展情况进行了系统的总结。此后，根据中期评估报告的总结与建议对项目进行了完善和未来发展的远景设计。在这一阶段，项目的延续性问题得到了关注和研究，项目逐步融入政府工作之中，成为政府工作职能和考核指标体系的组成部分；社会影响力扩大，社会关注度明显提高；组织体系进一步完善，运作也更为规范和流畅。为了检验、评价试点成果和在全国进一步扩大影响，2006 年 8 月，与全国社会治安综合治理委员会预防青少年犯罪领导小组办公室、中国青少年犯罪研究会联合，在昆明召开全国性的"为了明天——未成年人保护与违法犯罪综合预防研讨会"，项目四年探索的经验和成果受到了与会中央部门和专家学者的高度评价和肯定。

2. 评估的目的和方法

2.1 评估目的

本次终期评估的目的是：

1. 全面分析总结盘龙区未成年人司法试点项目开展四年来，各个目标的实现情况；
2. 明确项目实施过程中的经验和教训；
3. 了解项目中发现或产生的一些问题；
4. 对项目今后工作的发展完善和拓展提供指导。

2.2 评估重点

参考救助儿童会的全球影响检测评估框架和评估的要求，本次终期评估的重点确定为：

1. 项目开展至今各项设定目标的实现情况；
2. 与盘龙区政府以及相关部门合作关系的发展；
3. 合适成年人制度的实施；
4. 社区儿童中心；
5. 社区其他资源的发展动员情况；

6. 儿童参与项目以及社区活动的情况；

7. 分流者数据，分流与未分流者情况的比较；

8. 项目带给公众的影响（媒体）；

9. 对第二期项目工作计划的建议。

2.3 评估方法

根据终期评估的目的、重点以及项目本身的特点，评估小组主要采用了以下评估方法，开展终期评估：

1. 建立评估指标体系。评估小组认为，对于项目的评估应当建立一套客观、科学的评估指标体系，这一指标体系不仅仅是本次终期评估对项目考量的重要依据，而且对今后项目评估的连续性与对比性以及项目的完善均有着重大的价值。因此，评估小组根据项目目标的要求以及项目的特点，初步设计出《盘龙区未成年人司法试点项目评估指标体系（初稿）》，在效果评估、工作人员评估、组织评估、制度评估、支持体系评估五个项目下设计了儿童、家庭、社区等 14 个一级指标，成功分流的触法儿童、未分流触法儿童等二级指标，完成人数、覆盖面等三级指标。并根据这些指标体系设计了 6 份调查问卷。

2. 文献分析。评估小组将项目实施四年来所产生和积累的文献分为①项目基本文献，即《合作备忘录》；②项目规范性文献，即项目在四年试点中所制定的指导、规范项目各项具体工作的规则；③反映项目动态与发展的简报、总结性（汇报）文献；④有关项目的媒体报道；⑤有关项目的研究型文献（包括论文、评估报告），⑥其他文献[1]，进行了系统整理和分析。

3. 个别访谈与专题座谈。评估小组将以下人群列为重点对象，采用个别访谈或专题座谈的方法以了解项目进展情况：①政府合作者；②司法部门相关人员；③法律监督部门相关人员；④高校相关人员；⑤成功分流的儿童和家长；⑥项目办工作人员；⑦项目志愿者；⑧合适成年人。

4. 儿童参与评估。终期评估小组高度重视儿童在评估中的角色，并尊重和倾听儿童的评估意见，尤其是已经成功分流的儿童、正处于分流考验期的触法儿童、社区儿童活动中心的儿童的观点和意见。

5. 非参与式观察。评估小组以自己独立的视角，到有关场所进行客观的观察、了解情况，实地体验考察工作的环境、秩序、实施、精神状况等，非参与式观察的场所与对象主要包括：①项目办公室；②社区青少年活动中心；③分流儿童的活动状况。

6. 问卷调查。评估小组设计了 6 份问卷，由于设计较晚、时间匆促等种种原因，实际选用了 3 份。

7. 比较评估。在本次评估中，评估小组尤其重视比较评估法的运用，鉴于上海市和福建省厦门市同安区也在实施合适成年人制度，因此评估小组侧重项目与上海市、福建厦门市少年司法工作的对比分析。

---

[1] 参见附录《项目文献目录》。

2.4 评估的实施

1. 组建评估小组。2006 年 9 月 15 日，经项目经理及政府合作伙伴一致同意，确定由华东政法大学青少年犯罪研究所徐建教授、姚建龙博士、华东理工大学社工系范斌教授共同组成评估小组对项目进行终期评估，评估小组由徐建教授领导。

2. 评估的前期准备。评估小组成立后，开始研究项目有关文献资料，与项目办工作人员进行评估前的沟通和交流，拟定了评估逻辑框架、日程安排。

3. 组织实施评估。9 月 26 日，评估小组抵达昆明，当天听取了项目办公室有关人员的情况介绍，并就评估实施工作计划交换了意见。9 月 27 日开始专题座谈、个别访谈和实地考察，至 9 月 29 日，访谈、调查、实地考察等基本结束。根据项目办要求，评估小组提出了评估报告初步构想，与英国救助儿童会项目经理、项目办领导就评估工作情况和评估报告构想交换意见。

根据实地评估情况，在云南农业大学李德波教授的支持下，并与项目办交换意见后，评估小组于 10 月中旬初步拟定 6 份调查问卷。项目办立即组织进行了问卷调查，回收问卷后项目办与评估小组委托云南农业大学师生进行了统计。

评估组共召开专题座谈会 9 次（项目办、合适成年人、大专院校、志愿者、社区、支持合作者、参与儿童、受益儿童与家长等），个别访谈项目工作人员、政府官员、合适成年人、教授、志愿者、受益儿童、受益儿童家长 27 人。

4. 分析评估结果。在昆明集中评估期间，评估小组对评估过程的发现进行了初步研究。10 月份调查问卷结果统计后，又三次进行了研究分析。

5. 撰写评估报告。在反复分析讨论评估资料及结果的基础上，评估小组于 11 月上旬拟定了评估报告初稿，经过多次讨论修改，并征求英国救助儿童会项目官员的意见后形成了本报告。

需要特别指出的是，由于评估小组成员中的徐建教授、姚建龙副教授自项目筹备时期即开始对项目进行了长期跟踪研究，因此本次评估虽然集中在 2006 年 9 月、10 月进行，但实际上有着较为长期的多方面的接触了解过程，范斌教授在接受评估邀请后也对全部文献资料作了认真的阅读研究。因此，评估小组对项目的了解是长期的、也是深入的。此外，终期评估也是建立在中期评估基础之上的，是在中期评估基础之上的深入和发展。

2.5 评估的困难和问题

司法分流在中国是一个具有探索、创新性的项目，司法试点必须在国家法律框架允许的范围内实施，受到国家法律法规的严格限制，实施中又涉及社会的方方面面和许多变化因素的影响，因此，目前对本项目进行科学、准确的评估难度是比较高的。同时由于项目在启动时制定的《合作备忘录》中，原定的目标也较原则，为评估也带来一定困难。为此，评估小组在本次评估中首次提出制定评估指标体系，使评估不仅有质的界定还有量的科学测定，其方向和方法是正确的、有理论依据的。但是由于时间不够、经验积累有限，建立的评估指标体系具有初始的性质，评估小组在本次报告中还不能全面体现出来，评估指标体系的科学性、准确性也还有待进一步提高和完善。

3. 分项专题评估

3.1 司法分流

3.1.1 概况

司法分流在项目活动中居于核心的地位，项目的其他主要工作，例如合适成年人参与制度、东华社区青少年活动中心、志愿者工作等，均是围绕司法分流而展开。司法分流的这样一种地位是由《合作备忘录》所确立的首要目的——"减少进入正式司法程序的未成年人人数"决定的，也是与项目的名称"以社区为基础的多部门合作未成年人司法分流试点项目"相一致的。

根据联合国《儿童权利公约》第40条和盘龙区的实际情况，《盘龙区对触法未成年人"司法分流"办法（试行）》（2005年2月）规定，"司法分流"是指对触法未成年人做出治安处罚和刑事处置时，尽量避免监禁处置或监禁诉讼，坚持有条件地、最大限度地把他（她）们从司法程序中"分流"出来，采取非监禁处置或适用非监禁诉讼措施，对触法未成年人实行司法保护。从这一规定来看，项目将实现对触法未成年人采取"非监禁诉讼措施"和最终的"非监禁处置"——即非监禁化，作为了司法分流工作的目标和是否成功分流的衡量标准。

项目将司法分流的对象界定为：犯罪事实不太严重、主观恶性不深、认罪态度好、有悔改决心、又是初犯、偶犯，尤其是在校学生，且家庭及周围环境有条件对其监管，具有较好帮教条件的触法未成年人。这显然是为了在项目试点中尽量减少司法分流风险、提高社会的认同度并尽量避免与中国现行法律发生冲突，其科学性和可行性应给予充分肯定，实践的社会效果良好。

3.1.2 司法分流的绩效评估

1. 基于分流统计数字的分析。根据项目办所积累的统计数字，评估小组进行了整理分析，由于检察阶段分流数据不完整，仅就公安阶段和法院阶段司法分流状况列表如下：

表1　2002～2006年公安机关办理触法儿童案件的分流[1]情况表

年份	触法人数	分流	不明	分流率
2002～2003年6月	876	434	151	49.54%
2004年	357	182	0	50.98%
2005年	590	269	0	45.59%
2006年1～8月	334	215	0	64.37%

---

[1] 指直接释放、取保候审等非监禁处置的情况。

表2　2002~2006（截止于8月）年法院办理触法儿童案件的分流〔1〕情况表

年份	触法人数	分流	不明	分流率
2002~2003年6月	86	16	0	18.60%
2004年	107	32	0	29.91%
2005年	121	13	0	10.74%
2006年1~8月	66	13	0	19.69%

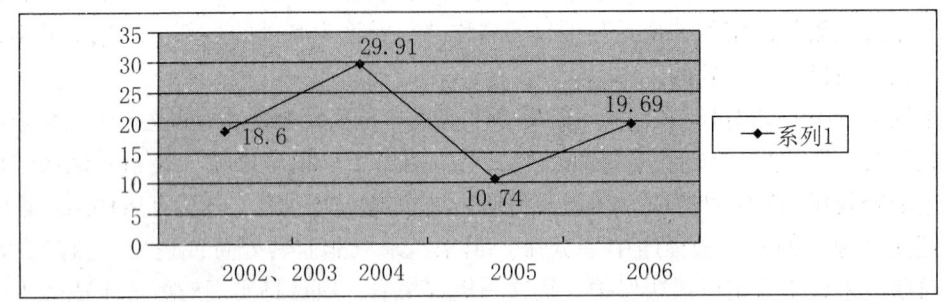

从上述统计走向可以看出，项目试点四年来，公安阶段与审判阶段的分流率呈波动中逐步提升的趋势，在公安阶段对触法儿童的分流率波动幅度较小、分流率提高较明显，从2002~2003年6月的49.54%提高到64.37%。法院阶段的分流率，呈现出起伏变化较大的特点，2004年提高到29.91%，2005年却回落到10.74%，虽然四年来分流率总体上还是从2002~2003年6月的18.6%提高到2006年的19.69%，但是提高幅度与公安比较小，其因素有待进一步研究，可能的因素是在法院审理前的诉讼阶段已经有效地将触法儿童分流出司法体系。如果联系公安和法院两个阶段都出现2004年提高而2005年回落的情况，有必要探究国家在2004年、2005年对犯罪与少年刑事犯罪处置政策指导上的变化对盘龙区少年司法分流项目实施的影响，如2005年国家从严格法制权威性出发，对少年司法改革中的开拓创新采取了更为严格谨慎的措施，可能对司法机关处置触法儿童在掌握上会有一定影响，这一点如果可以肯定，那么，我们可以对盘龙的上述数据作更加肯定的评价，同时也说明在中国推进这项工作，最大限度地把触法儿童从司法程序中"分流"出来，采取非监禁处置或适用非监禁诉讼措施，并对触法未成年人实行司法保护，还是一项需要不断推进、不断宣传、不断努力的艰难工程。

2. 个案分析。评估小组通过个案调查认为，司法分流的绩效通过分流成功的典型案例能得到良好的感性体验和论证。

◇ 刘明案——分流成功的典型案例

1. 案由：抢劫

犯罪嫌疑人胡某、周某、刘明三人均系未成年人，于2004年1月14日24时许，在昆明市白塔路延长线何记臭豆腐火锅店附近，以暴力威胁的手段，抢得被害人黄某价值人民币 939 元的普天 PT1689 型移动电话一部、京晓牌自行车一辆。当场抓获周某、胡某，刘明系事后投案自首。

2. 介入情况

案发后，三名嫌疑人均已被公安机关刑事拘留。盘龙区检察院将案件向项目办通报，项目办邀请公安机关和检察机关的办案人员几次进行研究，鉴于刘明有投案自首情节，而且是盘龙区职业高级中学的在校学生，家庭有监护能力，盘龙区检察院同意对其不批准逮捕，变更强制措施为取保候审。

在办案期间，"合适成年人"对刘明、胡某、周某的社会背景作了全面调查，为公安机关、检察机关、法院提供了背景调查报告，同时召开了家庭商讨会，在合适成年人的主持下，由公安办案人员、受害人及家属、刘明、胡某、周某的家属参与，共同协商，达成赔偿协议，这些都是争取法院对刘明等人从轻处理的基础工作。

在取保候审期间，刘明已被学校开除学籍。项目办四次与区教育局和职高联系以恢复刘明的学籍，学校感觉到刘明在班上打架、旷课、纪律松懈，是一个难以管教的学生，如恢复学籍尚无先例，且会影响全班的学习。通过反复做工作，认真研究分析刘明的情况，项目办认为他有可能改好的希望，可以大胆尝试，愿意与学校一起承担对刘明进行帮教的责任，据此学校同意将刘明收回学校试读。

试读期间，学校由校长、法制副校长、副校长、德育处主任、副主任、年级组长、班主任、政教员与家长等九人组成帮教小组对刘明进行帮教，并要求刘明每个星期都来项目办汇报一次思想情况。2004 年 3 月 15 日，盘龙职高召开高二计算机班"与法同行法制教育会"，由刘明在会上作了自我检讨，学校领导在会上宣布了对刘明收回学校试读的决定，并要求全班学生亲近他、帮助他。从此，刘明不辜负项目办、学校和家长的希望，一改往日的态度，从不迟到早退，遵守学校的纪律，班上有的学生打架他站出来制止，主动参加劳动打扫卫生，学习成绩直线上升，期末考试由原来的全班倒数第一名变为正数第五名。由于刘明显著的良好转变，带动了全班风气好转，学校领导都感到惊喜。

3. 处理情况

法院判处胡某有期徒刑二年，缓刑二年，并处罚金人民币 500 元；判处刘明有期徒刑一年，缓刑一年，并处罚金人民币 500 元；判处周某有期徒刑一年，并处罚金人民币 500 元。随即，项目办与胡某、刘明、周某签了帮教协议书，由"合适成年人"跟踪到社区进行帮教。2005 年 3 月，在职高学习的刘明立志参加高考，由于高考报名期间正值刘明缓刑执行期间，按规定不能报名，经过项目办、项目领导小组、区教委的共同努力，在昆明市市委政法委书记的协调下，刘明得以顺利报名。

4. 刘明现况

2005 年 8 月 17 日，刘明接到高考录取通知书，成为云南某高校物流专业的一名大学生。2006 年 8 月，刘明作为特邀代表，参加了"为了明天——未成年人保护与违法犯罪综合预防研讨会"，并在小组会上发言。

评估小组发现，刘某所犯罪名是抢劫罪，这是中国刑法所认定的一种严重犯罪行为，在一般情况下很难适用缓刑判决。本案之所以能够成功适用缓刑，将刘某成功分流，其原因主要有以下两点：项目办促成了犯罪人与被害人的和解，刘某及其家属向受害人赔礼道歉，且受害人最终表示了谅解；项目办对公安、检察、法院、学校、家长等做了大量工作，并向法院提出了司法分流的建议。

不过，促使本案成为重点宣传的司法分流最成功个案的原因还在于项目办不仅仅促使法院对刘某作出了缓刑判决，还在于经过项目办的努力，促成了刘某恢复了学籍、破例参加高考并考取了大学。而按照中国现行的司法体制和社会背景，这些对于一个有犯罪前科的罪犯几乎是不可能。通过此个案，评估小组发现项目不仅仅努力在现行法律框架和制度框架下提高了司法分流的数量，而且还取得了超越制度限制的成功。这种成功探索对于中国现行法律的修改和制度的完善积累了宝贵的经验。

◇ 张某盗窃案：一个从分流成功——失败的案例

2004 年 12 月 20 日，张某因盗窃手机被公安机关抓获。2005 年 1 月 12 日，在项目办的介入下，获得分流成功——取保候审。但是，3 月 13 日，取保候审期间与女友逃离外出游玩，脱离监管。4 月 27 日在返回时被抓获。

此案例发生于项目工作中期，由于取保候审期间没有落实帮教、管理的措施，暴露出项目办对司法分流儿童帮教与监管中还存在制度不完善的漏洞。此案引起了项目办的高度重视，也是促使项目严格分流对象条件，完善社会支持帮教系统的重要动力之一。在看守所对张某访谈中，评估小组发现尽管从表面上来看，这是一个失败的案例，但是项目办对此案的介入和努力仍然对张某产生了积极的影响。张某认识到了自己行为的违法性，对于项目办对其的帮助和努力心存感激，反社会心理明显消除。因此，评估小组认为，不仅仅要从分流触法儿童数字的多少和分流率的高低去考量项目所推行的司法分流的意义，还应关注项目在开展司法分流工作时对触法儿童的影响和改变。

需要指出，司法分流的绩效除通过上述分流数据和分流成功的典型案例表现外，还体现在受益儿童的进步和社会影响等方面，这将在下面有关分项专题中另行评述。

3.1.3 司法分流取得进展和绩效的主要工作

项目实施四年中，围绕司法分流工作所做的努力主要体现在以下几个方面：

1. 培训司法人员，更新司法理念。在中国现行法律尚无司法分流实施依据，中国司法传统中又缺乏少年司法特殊保护的必要性理念的情况下，开展司法分流项目工作首先要更新司法人员的理念，提高司法工作者对司法分流科学性和价值的认识，项目办依靠政府和有关部门的支持，运用种种资源对公安、检察、法院、司法、其他政府有关部门工作人员开展学习、考察、培训工作，结合实际学习联合国《儿童权利公约》、国内外先进经验，使参加考察、培训人员在思想理念、执法水平、工作方法等方面都有显著的变化和提高。据公安分局不完全统计，在英国救助儿童会和区政府等组织下，四年中仅公安干警培训会共计 17 次，有 1500 余名民警参与司法人员培训，为公安系统开展司法分流奠定了扎实的思想认识基础。

2. 制定专门文件，规范司法分流的运作程序。司法分流是一项严肃的少年司法改革活动，没有严格标准和管理将破坏国家法制建设，为此项目办与有关部门慎重试点的同时，及时研究总结，专门制定了《昆明市盘龙区对触法未成年人"司法分流"办法（试行）》、《办理未成年人违法犯罪案件操作程序》等规范性文件，指导司法机关在办理触法儿童案件中采用司法分流措施，保证司法分流稳妥、健康的运作，在实践中不断完善。

3. 增加司法人员对触法儿童采用监禁措施的程序限制，同时建立司法分流的利益激励机制。联合国《儿童权利公约》40 条和《北京规则》的重要原则就是要尽量减少对触法儿童采用监禁措施，严格限制监禁以及任何形式的集中管教，除非作为最后不得已的处理方式。盘龙区项目试点中制定的《办理未成年人违法犯罪案件操作程序》中有两点对推进司法分流具有实质性意义，一是规定：凡是需要对触法儿童采取监禁性措施的，除按正常程序办理外，还必须送分局"未成年人案件审办指导办公室"复审后，刑事案件才能移送检察院，治安拘留、刑事拘留案件才能执行；二是规定：进入刑事诉讼程序或报送劳动教养被分流的未成年违法犯罪嫌疑人可视为民警年终考核的打击处理数。前者通过复审程序更严格地限制了对触法儿童采用监禁措施，后者解决对民警年终考核的业绩评价和物质利益的不利影响问题。

4. 建立司法人员对触法儿童司法分流的风险分担机制。由于中国目前现行法对触法少年尚无司法分流的相关规定，司法人员司法分流必须对分流后果承担责任，由于有了项目办的介入，通过政府或有关司法机关的合法程序和科学论证提出的项目办建议，司法人员对于触法儿童在与现行法不直接抵触的情况下，采取"建议"依法做出司法分流的决定，有效地分担了司法人员单独作出决定的风险，避免了可能给司法人员自己带来不利的影响甚至是危险。

5. 建立分流儿童的社区支持体系。保护儿童的完整含义不仅是把触法儿童从正式的司法程序中分流出来，还应该包含帮助该儿童融入社会、健康成长，这是许多国家保护触法儿童面临的共同问题，建立分流儿童的社区支持体系，是分流儿童后续工作良性有效发展的重要保证，也分担或配合了司法人员的考察帮教工作，减轻了司法人员的工作量，也降低了司法人员的办案风险。而考察帮教是一项费时费力、十分繁琐的工作，司法人员独立承担，人力有限、力不从心，勉强去做，单枪匹马，也难以取得理想效果。根据中国现行情况，最大限度地保证分流出来的触法儿童不再重新犯罪，对今后顺利推行这一新的制度是十分关键的。

3.2 与政府及相关部门的合作

中期评估小组在对于项目与盘龙区政府及相关部门合作关系发展的评估发现：盘龙区政府与项目之间的合作关系大体经历了从谨慎介入到理解支持的过程，从被动参与到主动参与的过程，盘龙区政府在项目中正在走向主动、主导的地位，项目的试点正在转化成为一种政府工作要求。[1]

在本次终期评估中，评估小组进一步证实了这一发现。在项目开始初期，盘龙区政府在项目中的角色具有较为明显地履行《合作备忘录》所确定的责任条款的特点，但是随着项目的逐步深入，现在，项目工作已经逐步融入政府的日常工作之中，甚至被正式列入政府对其职能部门进行绩效考核的任务，成为对政府相关职能部门的"硬性"要求。例如，盘龙区人民政府已经把未成年人司法项目工作纳入 2006 年的目标考核任务[2]，并且有证据表明，未成年人司法项目工作将长期成为政府对其相关职能部门进行目标考核的任务。这种合作的进步发展表现在高层次领导认同下，项目工作的协调和谐，以及合作双方对发展的共同认识与目标的一致追求。

1. 项目的价值与社会效果得到上级政府和高层次领导的承认和肯定。盘龙区是云南省下属昆明市下属的一个区，区政府及其有关部门与项目合作的实现程度在初期很大程度上取决于区领导的远见卓识和工作胆略，而长期的合作发展不可能不受制于上级政府、领导的评价和认可。四年来，盘龙区司法分流项目用自己工作的优良绩效展示出，不仅符合国家推进司法改革的要求，而且在推进和完善中国少年司法制度、保障未成年人合法权益中的作用和意义，开始从区政府扩展得到上级政府、领导的认同和重视，这一点从 2004 年就明显突现，如该年 7 月省委常委、宣传部长、副省长等亲自率领参加全省加强和改进未成年人思想道德建设工作现场会议的代表参观项目在东华创办的儿童活动中心，直接听取汇报；10 月市政法委书记对司法分流项目作专题调查研究，肯定并提供进一步完善推广的建议；11 月省政法委书记带队听取项目汇报、参观考察并作工作指示等。2005 至 2006 年，更提高到中央有关部门如中央关心下一代工作委员会、共青团中央的关心和肯定，尤其是 2006 年 8 月召开的以总结研讨盘龙项目经验为主题的"为了明天——未成年人保护与违法犯罪综合防治研讨会"，由中央预防青少年违法犯罪工作领导小组办公室、中国青少年研究会、英国救助儿童会联合主办，最高人民法院、最高人民检察院、公安部、许多省市的政法机关领导、国内研究犯罪和预防犯罪的著名专家教授参加会议，对项目均明确表示出肯定和热情支持的态度，可以认为项目与政府及有关部门的合作开始进入到一个新的阶段和达到一个新的水平。

2. 机构合作的和谐协调有力。合作要有机构的完善支撑，经过四年来的努力，已经形成有效合作协调的机构系统及其工作流程，从下图中间部分可以看出，项目办已经构建了与有关方面有序合作的组织系统和工作流程，2004 年，政府以及相关部门开始主动、积极地考虑项目办作为英国救助儿童会为主支持运作的工作机构逐步退出的情况下，司法分流工作持续健康发展的问题，为此政府建立了区未成年人保护委员会并设置了未成年人保护委员会办公室，将关心下一代工作委员会吸收进入项目工作作为主要支持部门之一，盘龙区公安分局建立了"未成年人案件审理办公室"并在各刑侦队明确了办理未成年人案件的警官。政府逐步融入项目工作之中，并且在项目中逐渐扮演了更为积极和重要的角色，更好的整合了未成年人保护力量，从而使司法分流工作的组织系统

---

[1] 对这一结论的例证，详见《中期评估报告》。
[2] 《盘龙区未成年人司法试点项目简报》2006 年第 2 期，第 1 页。

和工作流程图的左右部分增加了新的 2 个系统，形成目前项目工作组织系统和工作流程图，体现了当今项目与政府及有关部门合作的紧密协调的状况。

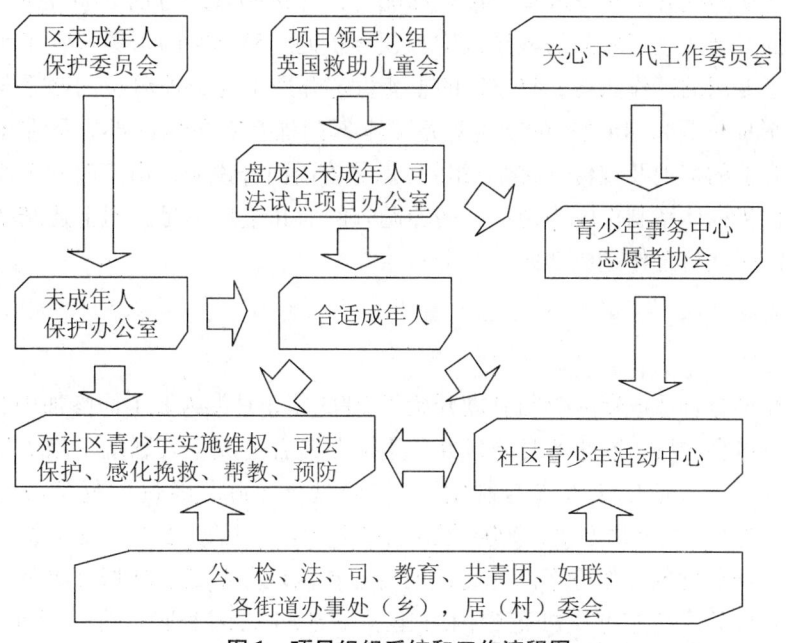

图 1　项目组织系统和工作流程图

3. 项目合作工作规范化制度化。规范化、制度化是保证项目合作坚持标准、保持绩效和可持续发展的可靠基础，政府以及相关部门经过几年努力已经制定实施多项规定，如 2004 年 3 月 2 日由盘龙区政法委批转实施的《关于推行"合适成年人"参与制度的工作方案》、2004 年 6 月 23 日由昆明市公安局盘龙分局批准试行的《办理未成年人违法犯罪案件操作程序》、2005 年 2 月 23 日由昆明市公安局盘龙区未成年人司法试点工作领导小组批准试行的《盘龙区对触法未成年人"司法分流"办法（试行）》、2005 年 2 月 23 日由昆明市盘龙区未成年人保护委员会批转试行的《盘龙区"合适成年人"参与制度工作指导手册（试行）》。又如未成年人司法项目工作已被政府和司法机关主动列入其向人民代表大会汇报的工作报告之中，作为其年度工作绩效主动向区人民代表大会汇报和接受其评价和考核，2006 年昆明市盘龙区第十三届人民代表大会第四次会议上，盘龙区政府工作报告、盘龙区人民法院工作报告以及盘龙区人民检察院工作报告中，均总结了盘龙区未成年人司法试点项目工作。

与此相适应，政府在人力、物力、财力都逐步增加投入，并选派政府及相关部门中涉及未成年人司法工作与儿童保护的业务骨干参加培训，提高对触法儿童的保护意识与工作能力，并将合适成年人队伍，与社区矫正人员、闲散青少年管理人员结合，以巩固、扩大项目试点工作的现有成果。

4. 合作的基础不断加深和巩固。根据评估指标体系制作的问卷调查结果表明，合作方有关人员在组织机构、相互协调合作方面都有很大变化，有关人员思想认识也有显著进步，充分体现合作的基础不断加深和巩固。如公安机关调查卷统计反映：73.9% 的干警认为促进儿童合法权益的保护，69.6% 的干警认为提高了社会对儿童问题的关注，63.0% 的干警认为弥补了司法制度上的不足之处，成为司法制度创新的契机，还有34.8% 的干警认为提升了家庭教育的理念和能力，在机构管理方面，66.7% 的干警肯定为配合项目的开展成立了专门的领导机构和领导机制，55.6% 的干警肯定了为配合项目的开展成立了专门的工作队伍，53.3% 的干警肯定开展了与其他单位的联系与协调机制（开展活动/形成机制），46.7% 的干警肯定了本部门加强对单位内部人员在未成年人司法知识与观念上的培训及宣传（参加/组织）。尽管前面曾说明，由于时间关系和经验不足，本次评估指标体系制作较为匆促，问卷调查的面和量均不足，但上述结果至少在一个侧面能够说明项目合作是成功的。

3.3 合适成年人

3.3.1 概述

项目酝酿推行合适成年人参与制度开始于 2003 年 3 月派人赴上海参加中英合适成年人参与制度研讨会之后，同年 8 月项目办公室举办"合适成年人制度"培训班，开始酝酿在盘龙区推行"合适成年人参与制度"。结合盘龙实际，经过反复学习研究，探索"合适成年人制度"本土化方案，2004 年 3 月 2 日，盘龙区政法委下发了关于推行"合适成年人"参与制度的工作方案。为此，项目办在珠玑办事处、环城办事处、东华办事处、董家湾办事处、拓东办事处范围内组建了一支 34 人的兼职"合适成年人"队伍，同年 3 月 31 日至 4 月 1 日，进行了为期两天的培训，并发了聘书。7 月 1 日合适成年人正式开始工作。10 月份又聘请了环城办事处的 10 名"合适成年人"，将兼职"合适成年人"队伍扩大到 44 名。2005 年 3 月，通过街道推荐，项目办根据"合适成年人"条件选聘了 10 名专职合适成年人，并顺利开始进行培训。同年 5 月，专职合适成年人正式投入工作。目前合适成年人的管理纳入了盘龙区未成年人保护委员办公室的职责。

根据《昆明市盘龙区"合适成年人"参与制度工作指导手册（试行）》的规定，项目所推行的"合适成年人"参与制度是指，针对触法未成年人，通过专门聘请的"合适成年人"协调促进多部门合作，有效维护触法未成年人合法权益，积极帮助他（她）争取非监禁诉讼和处置措施，使其回归社会，帮助家庭、学校、社区做好教育、感化、挽救违法犯罪未成年人的工作制度。这项制度致力于发挥三项职能：一是出席旁听警方的讯问活动，见证警方的执法，维护触法未成年人的合法权益；二是参加"司法分流"活动，为触法未成年人争取非监禁诉讼和处置方式；三是配合有关部门对触法未成年人开展社区监管、帮教、矫正工作。

"合适成年人"是指思想品德良好、作风正派、热心于社会工作和青少年工作、乐于奉献、具有相关教育学、心理学、法律知识的成年人。"合适成年人"不是律师、触法未成年人的合法监护人和公、检、法机关的办案人员，是有组织的、经过相关专业培训、能依法保护触法未成年人合法权益，配合有关方面有效地促进教育、感化、挽救触法未成年人，使其尽快回归社会的社会力量。其工作对象主要为两类：涉嫌违法犯罪被公安机关讯问并有可能被采取限制人身自由强制措施的未成年人；被治安处罚的未成年人或未成年犯罪嫌疑人、未达责任年龄免予处罚的未成年人。

3.3.2 合适成年人参与制度实施状况

"合适成年人"自2004年7月至2006年8月共介入公安的讯问维权444人，占此间公安办理未成年人违法犯罪案件总人数1281人的34.66%。详见下表：

表3 合适成年人介入触法儿童案件情况

年度	受助触法儿童数	占公安机关办理触法儿童人数的百分比
2004年7-12	29	8.1%
2005年	171	29%
2006年1-8月	244	73%

由上可见，三年来，受到合适成年人帮助的触法儿童人数及比例是逐年上升的，合适成年人介入触法儿童案件的覆盖面不断扩大，目前已经超过公安机关办理未成年人违法犯罪案件总人数的70%。

现在合适成年人参与制度在公众中的知晓度正在不断提高，有时在公交车上都能听到有人谈论盘龙区司法分流与合适成年人参与制度。由于合适成年人能及时掌握对教育、民政等部门工作需要的有关触法儿童的情况和信息，因而这些部门的支持与配合也比过去主动、积极。合适成年人的工作也从保护帮助触法儿童本人，向联系与指导父母、促进家庭与社会和谐扩展。

根据评估指标体系制作的触法儿童问卷调查的结果还表明，触法儿童对于项目所推行的合适成年人制度也有较高的认知度，调查统计数据显示，82.8%的触法儿童明确表示听说过项目或合适成年人制度。参见下表：

表4 触法儿童是否听说过试点项目或"合适成年人制度"

		选择人数（人）	百分比（%）	有效百分比	累计百分比
选项	听说过	24	75.0	82.8	82.8
	没听说	5	15.6	17.2	100.0
	总计	29	90.6	100.0	
未作答		0	3	9.4	
总计		32	100.0		

再从触法儿童对合适成年人工作的评价中可以更充分的看到合适成年人制度实施的成绩和效果，根据评估指标体系制作的触法儿童问卷调查中有多项问题涉及合适成年人制度实施的成绩和效果，首先是关于合适成年人工作责任和态度，数据表明：接受调查的儿童对合适成年人的各项工作完成情况的评价接近"全部按要求做到"的程度，85.2%的触法儿童回答在被拘禁后第一次讯问时就有合适成年人到场，旁听讯问；与自己见面谈话，了解自己的基本情况；告知自己依法应享有的权益与义务；按自己的要求帮助寻求法律帮助，特别引人注目的是85.2%的合适成年人是在一天之内赶到第一次询

问的现场，其中29.6%是在一小时以内赶到现场。第二，关于合适成年人对儿童提供的帮助方面，100%的被问者肯定合适成年人对自己进行思想教育方面的帮助，80.0%的儿童确认合适成年人到场参与讯问，做好记录，维护自己的合法权益，73.3%和50.0%分别肯定：合适成年人对自己进行了社会背景情况调查并提出了分流建议，在自己和受害人之间进行调解，使自己取得其谅解。被拘禁的未成年人在拘禁期间由于合适成年人工作给他们带来的帮助，89.7%的人回答维护了自己被拘禁期间的合法权益，86.2%的人说促使自己反省自己的错误行为，69.0%的人认为使自己看到了早日回归社会的希望，65.5%的人回答说保证了司法机关工作人员依法办案。最后，从总体评价来说，触法儿童认为合适成年人工作使儿童"有一定进步"或"进步很大"。

"合适成年人参与制度"的试行，对推动未成年人司法保护制度的健全和完善起到了积极作用，[1]体现在：①警方首次讯问参加旁听维权，弥补了现时司法保护不到位的情况：诸如监护人不健全的；流动未成年触法人无监护人在身边的；现时司法救助不到位的；口供证据效力不强的；公安干警依法履行讯问职责保护不力等问题得到较好解决。②分流促成的作用：使触法未成年人犯罪前的社会背景调查落实到位；社会背景调查更具有真实性、公正性、中立性，防止倾向性，保证了可采纳性。③回归社会关护帮教，既促进了分流的落实，又体现了个别化工作方式：家庭、学校、社区、志愿者的组织协调；社会资源的整合；与家庭、孩子沟通的长效机制的形成；触法未成年人回归社区后的法定隐私权得到保护。

评估小组还发现，尽管合适成年人制度推行的初衷主要是为了保护触法儿童，但是同时也起到了保护警察、维护警方权益，化解警察与当事人及其亲属矛盾，提高警察取证证据效力的作用。

3.3.3 与中国其他省市合适成年人制度的比较

目前中国除了盘龙区外，至少还有上海市和厦门市也在试点合适成年人制度，不过就探索时间而言，盘龙应当是最早在中国正式试点合适成年人制度的地区。[2]有证据表明，盘龙率先在中国探索合适成年人制度对于其他省市探索合适成年人制度发挥了促进作用。

上海是中国少年司法的起源地，也是目前中国少年司法发育最为成熟的地区。因此，上海所探索的合适成年人制度有着较为明显的上海特色，与盘龙合适成年人制度相比具有以下特点和不同之处：

1. 上海所探索的合适成年人作为弥补中国现行法律规定的明显漏洞，这一目的十分明显。而盘龙的探索虽然也具有这一考虑，但最初主要是为了配合和支持司法分流工作的进行；

2. 上海合适成年人侧重于实现对外来触法儿童的平等保护，而盘龙合适成年人并没有这种明显的侧重，而是适用于所有的触法儿童；

---

〔1〕 周树廉、祁涛："合适成年人参与制度是盘龙区未成年人司法试点项目主线之思考"，载《社会工作（实务）》2008年第11期。

〔2〕 盘龙自2003年8月开始，上海自约开始于2005年4月，厦门则是于2006年才开始试行。

3. 由于有了专门的青少年司法社工和完善的社会调查制度，上海合适成年人的职能并不承担考察帮教职能，也不负责对触法儿童的社会背景调查；

4. 上海合适成年人均为兼职，尚无专职合适成年人队伍，而盘龙除了有兼职合适成年人外，还建立了一支专职合适成年人队伍；

5. 上海合适成年人制度，主要是由检察机关主导探索，由检察机关促进警察办案时引入合适成年人介入，而盘龙则是区政府支持下由项目办进行主导性探索。

福建省厦门市同安区检察院探索合适成年人制度的时间不长，与盘龙相比有以下特色：

1. 目前合适成年人仅限于检察院机关办案人员讯问触法儿童阶段；

2. 合适成年人的职能与英国比较接近，主要履行三项职能：①帮助未成年人解决饥饿、恐惧、焦虑等生理、心理问题，维护未成年犯罪嫌疑人的身心健康；②帮助未成年犯罪嫌疑人理解讯问程序和方式，协助未成年犯罪嫌疑人与讯问人员沟通；③监督讯问人员在讯问过程中是否有侵犯未成年犯罪嫌疑人权益的违法或不当行为，要比盘龙少得多；

3. 与上海一样，合适成年人均为兼职，仅由检察院给予适当的补贴。

由上可见，盘龙的合适成年人参与制度不仅仅是学习吸收了英国的经验，还显然学习、吸收了国内其他地区未成年人司法制度中的青少年社工的经验。盘龙的合适成年人制度具有不同于国外和中国其他地区的自己特色。

3.4 儿童参与

儿童参与作为儿童的基本权利在经济发展的和平年代越来越受到人们的关注和重视。联合国《儿童权利公约》第12条第1款规定：应确保有主见能力的儿童有权对影响到其本人的一切事项自由发表自己的意见，对儿童的意见应按照其年龄和成熟程度给以适当的对待。评估小组发现，英国救助儿童会在与盘龙政府的合作项目工作中十分关注和重视儿童参与，无论在吸引较多普通儿童参与社区活动中心，还是在特殊环境条件下的触法儿童，都努力贯彻和体现联合国《儿童权利公约》第12条强调的儿童参与权。项目从现实主义的角度出发，根据其利益诉求的不同，区分了三类不同特点的儿童——触法儿童[1]、有犯罪倾向或危险的儿童[2]、普通儿童[3]，这些儿童在项目中的角色、参与方式和特征各有其特色。

3.4.1 触法儿童的参与

触法儿童是盘龙区司法试点项目首先关注的对象，联合国《儿童权利公约》在强调保护儿童参与权时，在该条第2款特别指出：为此目的，儿童特别应有机会在影响到儿童的任何司法和行政诉讼中，以符合国家法律的诉讼规则的方式，直接或通过代表或适当机构陈述意见。这是基于触法儿童在司法程序中参与权的特殊性极具针对性的规定，对盘龙区司法试点项目有重要的实际指导意义。

---

〔1〕 已经有违法犯罪行为的儿童。
〔2〕 有违法犯罪倾向的儿童。
〔3〕 无违法犯罪行为，且无违法犯罪倾向的儿童。

未成年人司法试点项目具有不同于其他一般儿童权利项目的特点，项目所试图改进的是成人权力居于绝对支配地位的刑事司法体系，儿童的参与程度天然地受到很大的限制。但是，在项目推行的四年中，对儿童参与权给予了令人鼓舞的尊重，这不仅仅表现在不断努力创造能够形成自己看法的儿童有权对影响儿童的事项自由发表意见的氛围，而且积极创造条件对这些意见按照儿童的年龄和成熟程度给予恰当的重视。

在中国传统的未成年人司法体系中，触法儿童因为已经作出了对社会的危害行为，因此往往是被动接受成人审判和处置的对象，他们在司法体系中很难对其最终的处置发表意见，即便发表意见也很难受到应有的尊重。自1984年中国大陆建立第一个少年法庭以来，这种情况开始有所改变，盘龙项目四年来试图为触法儿童影响司法体系对他们的最终处置决定发表意见以及意见受到适当的尊重创造条件，如针对可能对触法儿童的最终处置产生重大影响的司法工作人员进行培训，培养其尊重儿童参与权的观念；制定《昆明市盘龙区对触法未成年人"司法分流"办法（试行)》、《办理未成年人违法犯罪案件操作程序》等未成年人司法规范性文件，以有实际约束力的条款要求司法机关和司法人员保证触法儿童能够自由发表意见，并根据其年龄、成熟程度和违法犯罪行为的严重程度、潜在的社会危险性给予适当的尊重；通过"合适成年人"工作原则、工作要求、工作制度、工作程序等规定，多种形式告知触法儿童在讯问调查中依法应享有的权利和义务，培养触法儿童对其享有参与权的认知和行使能力；分流出来的触法儿童经过项目有关方面帮助后，有的人转变好、进步快，主动参加志愿者队伍，用自己的知识和才能在社区中心为社区其他孩子提供力所能及的服务，将自己从社会得到的帮助和关爱与其他孩子分享。

评估小组发现，这样一种努力已经取得了十分可贵的成效，在根据评估指标体系制作的触法儿童问卷调查中有多项数据支持了这一结论，在被拘禁的少年儿童回答中，85.2%的人被告知自己依法应享有的权益与义务；70.4%的人按自己的要求寻求法律帮助；被分流出来的儿童在回答中，90.6%的人回答在帮教工作中贯彻了"儿童参与"原则，有86.7%的人回答有人定期见面和谈话，73.3%的人参加各种活动。这些数据以及在合适成年人实施状况中前已提供的数据表明，触法儿童的参与权不是装饰门面或象征性的，而是在体现儿童参与程度的"参与阶梯"上，达到参与程度高的"高阶梯"或"较高阶梯"水平。

一些实例中反映，在盘龙区现行未成年人司法体系中，触法儿童的意见及其实际努力，对于司法机关采取司法分流措施已具有一定的影响力。

3.4.2 有犯罪倾向的危险儿童的参与

在项目推行过程中，尤其是在项目后期，项目工作人员认识到应当将未成年人司法工作向前延伸，预防有不良行为或严重不良行为的儿童（或称有犯罪倾向的危险儿童）走向歧途有着更为重要的意义。因此，逐步将这一部分儿童纳入项目的工作范畴。评估小组发现，在工作初期，项目倾向于对有不良行为或严重不良行为的儿童的主动干预。例如，在这一部分儿童较为集中的职业中学开展警示性的法制教育，告诫这些儿童不要违法犯罪。但随着项目工作的推进，有不良行为或严重不良行为的儿童这样一种被动的

"被干预者"的角色正在发生改变，项目开始试图启发和动员这一部分儿童主动参与犯罪预防工作，进行自我引导和偏差行为的自我纠正，这是一种难能可贵的进步。

3.4.3 普通儿童的参与

普通儿童在项目中的角色主要表现为"享用"儿童活动中心的资源。不过这样一种"享用"最初属于"动员型"，但随着儿童对于儿童活动中心认同感的提升，儿童在儿童活动中心的"主人翁"色彩日益增强。终期评估小组在对东华儿童活动中心的现场观察中发现，儿童在中心的活动基本上是主导性的，活动中心的成年工作人员明显处于辅助性角色，在有关问卷要求参加项目活动的儿童对项目活动各个方面评价时，对儿童参与活动程度问题，如是否征询并听取了你的意见、是否考虑你的需要方面等，回答满意和很满意的达87.5%，不满意为0，这与评估人员在中期评估时期的发现有着显著的区别。

评估小组还发现，项目办常常主动听取触法儿童、有不良行为或严重不良行为的儿童和普通儿童对于项目工作完善的建议，并且能够尊重和吸收这些建议改进项目工作。例如儿童所曾经提出儿童活动中心应当增加篮球场等室外活动场所的建议，即成为项目在设置新的儿童活动中心选址时的重要考虑，新设置的儿童活动中心有的已经建成了标准篮球场。

3.5 社区支持体系

没有社区支持体系的司法分流，不是科学的、对社会负责任的少年司法改革，因为没有社区支持体系就没有被分流少年的教育管理和安全保护的衔接保证，表面上的保护可能转化为实质上的放任不管，甚至是不良品行、行为的放纵。其结果既没有真正起到保护挽救青少年的作用，还有可能造成新的社会危害，这样的司法分流最终必然导致项目难以得到公众的支持和政府与政法机关的认可。从这个意义上说，建立、健全司法分流的社区支持体系是司法分流项目成败的关键环节之一。

3.5.1 社区儿童活动中心

盘龙项目的社区支持体系是从建立社区儿童活动中心开始的，基于对司法分流后触法儿童的帮教的需要，根据《合作备忘录》的要求，项目于2004年7月建立了第一个社区儿童活动中心——东华社区儿童活动中心。之后，总结了东华的经验和项目发展的实际需要，又在外来人口聚居区建立了另外三个社区儿童活动中心。根据评估小组现场考察和项目办的介绍，社区儿童活动中心所开展的活动和发挥的作用有以下十项：

1. 儿童乐园。在儿童的参与下，将中心建成一个属于他们自己的场所，儿童在这里感受快乐和信心，成为他们在健康自由的环境氛围中交流、沟通、交友、倾诉、求助的地方；

2. 在知识、技能、素养方面得到学习、指导的中心。中心有图书室、电脑室、会议室，在这里可以借阅图书，听到讲座或素质、技能指导，曾经有国外儿童工作专家指导绘画，还有高校大学生志愿者在中心对弱势儿童进行多种辅导，包括电脑知识、补习功课、绘画技能、教授音乐等；

3. 组织高层次的健康力量融入司法分流的社区支持体系。如在儿童的参与和决定下，组织有分流儿童参加的篮球队与高校学生、公安干警开展比赛，以通过健康阳光的团队影响改变那些具有叛逆心理的儿童；

4. 为触法儿童融入社区、服务他人提供平台。中心吸收分流出来的触法儿童参加社区志愿者队伍，作为志愿者中的一员为社区其他孩子提供服务，将自己从社会得到的帮助和关爱与其他孩子分享；

5. 项目工作人员联系儿童的阵地。借助儿童活动中心的平台，项目工作人员与合作伙伴通过中心可以在日常活动中平等、深入了解社区儿童及其家庭的情况，进行儿童调查，发现问题，设计预防儿童犯罪的干预项目和活动，协调相关资源，对有困难家庭和孩子进行帮助；

6. 心理疏导、咨询。中心聘请有热心奉献精神的资深心理专家作为志愿者在中心指导少年儿童，其中包括接受有不良行为儿童、触法儿童及其家长的咨询，亲自进行心理疏导等；

7. 联系、指导家长的学校。中心开办家教讲座，开展社区家长培训活动，提高家长素质，充实家庭教育知识，学习与孩子相处的技能；

8. 合适成年人活动基地。合适成年人的培训、周二例会均在中心举行。

9. 成果展示、交流、宣传的窗口。中心本身就是一个活的不断运转、发展的成果展示厅，项目办在不同时期把工作的进展和成就加以整理展出，既鞭策、激励自己，又宣传扩大影响；

10. 资料库。这里积累、集中了大批项目的信息资料，包括简报、图片、书刊、宣传资料、文字记录等，是一个不可忽略的重要信息资料库。

综上所述，儿童活动中心至少发挥出来四项基本功能：

1. 为从司法体系中分流出来的儿童提供社区支持，开展以社区为基础的矫正活动；

2. 开展以重点人群为主的未成年人犯罪的社区预防工作；

3. 爱心超市，给困难儿童提供书籍、电脑、玩具、学习娱乐交流场所；

4. 项目工作的综合阵地，促进项目相关各部门的沟通和合适成年人的交流。

在中国，在社区建立儿童活动中心的做法早已有之，但各地所建立的社区儿童活动中心并不侧重儿童违法犯罪的预防工作，也并没有纳入少年司法支持体系之中。而项目所推动建立起来的社区儿童活动中心，是司法分流社区支持体系的基本平台，在盘龙区少年司法体系中居于重要的作用。

3.5.2 高校参与和专家介入社区支持体系建设

项目在实施过程中，非常重视吸收高校资源和专家的介入，从而提高了社区支持体系的水平和质量。高校在支持社区支持体系的同时，充实、填补自身学科发展，提高了人才培养的实力和储备，形成相互支持相互促进的良性循环，增加了社区支持体系的发展后劲，促进了社区支持体系的可持续发展。高校资源和专家的介入支持和提高了社区支持体系，主要表现在以下方面：

1. 高校的物质资源和高校专家教授的巨大智力资源。高校建立项目宣传网站；高校教师关心研究司法分流的项目试点，参与设计和组织专业大学生进行专项调研，为项目提供项目完善和发展的建议；借助于高校与教授、专家学者的影响力，扩大影响，向国家有关机构宣传项目；

2. 高校学生是有保证的丰富人力资源，他们作为项目志愿者一方面增加了一支受到同年龄人尊重、较易沟通的队伍，他们与其他志愿者合作开展对触法儿童的帮教与及对社区儿童的辅导活动，大大提高帮教、辅导活动的水平、质量，增加和扩大社会影响；

3. 高校建立学科基地，加强有关问题的科学研究，培养和造就社区支持体系今后发展所需要的高水平合格人才，其作用和影响将更加重要和深远。

目前项目与云南省数所高校建立正式的合作关系。评估小组注意到，项目与高校和专家之间的良好合作关系已经形成，高校和专家在项目的介入中也提高和完善了课程体系和研究领域。例如，有的合作高校社工系在与项目的合作中对本科生的课程进行了改革，增加了少年司法及儿童保护的内容；项目也成为高校学生重要的实习单位，成为教师、学生学习的平台和实践的平台。

3.5.3 企业资源的引入

评估小组注意到，中期评估后项目在社区支持体系方面的另一大进展是成功的吸收了企业资源对项目的支持，推进了项目的社区支持体系。2005年百安居总裁司马蓝德（Mark Ladham）到项目访问，达成了合作意向。百安居在为触法儿童提供实习机会、免费帮助项目装修、改造篮球场地、建设儿童活动中心等方面提供了大力支持，这一经验已经被英国救助儿童会和项目办关注，已经在实际工作中得到重视。

3.5.4 与社区矫正资源的融合

中国自2003年7月正式在全国试点和推进社区矫正工作，其中一项重要的改革是整合和完善社区矫正的社区支持体系。盘龙区于2005年开始开展社区矫正试点工作，项目及时地对自上而下所推行的社区矫正试点改革进行了高度关注，并考虑将项目与这种政府背景的社区矫正改革衔接，建设依托社区矫正的社区支持体系。

评估小组注意到，这种融合有了很好的开始。由于项目推行的时间早于盘龙区的社区矫正改革，因此在盘龙区开展社区矫正工作之初，具有借助项目已经建立起来的社区支持体系的色彩。例如，合适成年人同时也兼任社区矫正者、社区矫正者办公点依托项目所建立的儿童活动中心等。评估小组认为，社区矫正体系的定位是由政府主导，因此随着时间的推移，项目的社区支持体系要特别注意能够与政府支持建立的社区矫正支持体系有效的融合，为项目的持续性提供现实的路径。

3.6 项目的影响

3.6.1 公共媒体的关注

当代社会中媒体具有极其强大的社会影响力，能在广度和深度上影响人们的思想、认识、评价，也在很大程度上会影响社会舆论和国家高层人士的关注与重视，因此，公共媒体对项目的关注程度和评价是评估项目影响的重要依据的组成部分，评估小组注意到，从2004年中期开始，国内外新闻媒体开始对项目给予较为频繁的关注。据不完全统计，从2004年6月至2006年9月，国内外新闻媒体对项目的报道或采访达35次，[1]

---

〔1〕 参见附录《媒体对项目的关注与报道》。

即平均每个月均有媒体关注和报道有关项目试点的情况及成就。其中中央一级媒体报道近10次，包括《人民日报》、中央电视台十二频道"中国法制报道"栏目、《法制日报》、《人民法院报》、《中国青年报》、《中国学生报》、《中国火炬》等；境外媒体报道采访多次，包括《香港文汇报》、荷兰电视台、英国广播电视公司等。简单梳理一下国内外报道和介绍发现，媒体的级别涵盖了国内区、市、省、中央四个层次；媒体的种类涵盖了报纸、杂志、电视、广播、网络等多种类型；媒体地域包括了中国大陆、中国香港和国外三类。此外，评估小组还注意到，在项目后期媒体报道的频率有明显的提高、媒体的层次和评价也有明显的提高。评估小组于2006年11月5日下午5时，通过谷歌和百度两大网上搜索，对项目进行了影响力调查，显示项目的公共影响力是十分值得肯定和关注的：

1. 谷歌调查。输入"司法分流"，得到237,000条信息，对每页信息的随机抽查显示，这些信息大部分是关于盘龙项目的介绍与报道；以"未成年人司法试点项目"为关键词查询，显示有74,400条信息，对每页信息的随机抽查显示，基本上为关于盘龙区项目的报道。

2. 百度调查。输入"司法分流"，得到4190条信息，对每页（10条/页）信息的随机抽查显示，这些信息基本上均是关于盘龙项目的介绍与报道；以"未成年人司法试点项目"为关键词查询，显示有345条信息，均为关于盘龙区项目的报道。

上述分析表明，项目已经获得了较高的媒体关注度，项目的公众影响力是值得称道和难能可贵的。

3.6.2 项目宣传平台建设

除了借助公共传媒外，项目还极力打造自己的宣传平台。评估小组注意到，项目最主要的自我宣传平台主要由两部分构成：

1. 固定出版项目简报。这些简报寄送国内有影响力机构、部门和个人。

2. 建设项目网站。2005年11月，项目依托云南财贸学院法学院建立了项目网站——中文域外名"长大成人"。云南财贸学院为网站提供了管理员工作场地，建立起了网站运行维护团队。

简报和网站已经成为反映和宣传项目工作发展动态的重要窗口，也成为国内关注中国少年司法改革的机构和人士关注的重要信息。

评估小组注意到，2006年以来，项目对于宣传项目的成功经验和扩大项目的影响力又有了新的发展和认识，例如，在2006年8月所召开的"为了明天——未成年人保护与违法犯罪综合预防研讨会"，即邀请了国家有较高影响力的全国性媒体十余家，包括南方周末、法制日报、人民公安报等，同时还邀请对肯定、推广项目成果有影响的中央与地方的领导机关的领导或代表参加研讨会。

3.6.3 中央政府有关部门的关注

项目四年来持续工作取得的进步和成绩，产生了良好的社会效果，其影响不断扩展，尤其是在后期，也引起了中央政府机构的关注，现有文字资料记录的重要活动有：

1. 2005年4月23日，中央综治委预防青少年犯罪领导小组办公室、中宣部"四个一批"新闻考察团一行 40 人到东华社区青少年活动中心参观考察；

2. 2005 年 10 月中央综治委考察小组参观了司法项目点，了解了青少年司法项目的做法；

3. 2005 年 11 月来自中央"关工委"和地方"关工委"的官员约 100 人考察参观了司法项目点，听取了项目的汇报；

4. 国家广电总局团委的相关人员参观了司法项目点并与 10 个分流儿童建立一对一帮教关系；

5. 2006 年 9 月，中央精神文明建设办公室考察团，到云南检查中共中央国务院关于进一步加强和改进未成年人思想道德建设的若干意见，和中共中央关于进一步改进大学生思想政治教育的意见的落实情况，经盘龙区委推荐，到东华活动中心参观考察。

6. 2006 年 8 月，中央综治委预防青少年犯罪领导小组联合中国青少年犯罪研究会与盘龙区政府共同主办了主要针对项目的理论研讨会："为了明天——未成年人保护与违法犯罪综合预防研讨会"。最高人民法院、最高人民检察院、司法部、中央司法体制改革领导小组、公安部、团中央等与触法儿童保护有重大关联的中央机构参加了研讨会，对盘龙项目进行了重点考察，并给予了很高的评价。

此外，还有省市一级政府机构也对项目给予了高度关注，也作出充分肯定的评价。

3.6.4 立法机构的关注及对涉及触法儿童法律条款的影响

在项目持续四年中，尤其在中后期，也引起了中国地方和中央立法机构的关注。据评估小组不完全统计，立法机构对项目的关注至少体现在以下几个方面：

1. 中华人民共和国《未成年人保护法》修改中，立法修改小组对项目所提供的涉及未成年人司法条款的修改建议给予了一定的重视。例如，2005 年 3 月部分项目人员参加了在北京举行的《中国未成年人保护法》修订研讨会。项目向全国人大及团中央《未成年人保护法》修订小组专家交流和反映了修改《未成年人保护法》的建议；

2. 中华人民共和国《刑事诉讼法》修订草案已经在一定程度上吸收了项目探索的经验。例如，最近的《刑事诉讼法》修改草案中即专门增设了"未成年人刑事诉讼程序"的专门部分；

3. 地方立法关注项目进展情况。例如，2004 年底，司法项目的年度报告提交盘龙区人大并获得肯定；2005 年 3 月项目向省人大常务委员会作了关于介绍未成年人司法项目的汇报；2006 年 2 月，昆明市盘龙区第十三届人民代表大会上的盘龙区政府工作报告、法院工作报告及检察院工作报告中包括了司法试点项目的工作，并把项目工作纳入盘龙区人民政府 2006 年目标考核任务中；2006 年 9 月，省人大代表团检查云南省内《未成年人保护法》的落实情况，代表参观了东华儿童中心并听取项目情况汇报。

尽管中国《未成年人保护法》、《刑事诉讼法》的修改中所体现的内容并不是直接采用项目研究或建议的结果，但是有证据表明，项目的探索在推动立法和在一定程度上为这两部法律的修订提供了实践参考依据。

4.0 评估结论：盘龙模式的形成与价值

4.1.1 项目实现了《合作备忘录》规定的目标

终期评估小组认为中期评估小组对项目总目标的下述评估结论是符合实际的：

项目自 2002 年开始运作以来，所试点的司法分流、合适成年人参与制度等工作，都是围绕项目总目标的实现来进行的。其中"司法分流"主要致力于实现将触犯刑法的儿童"尽量避免诉诸司法程序或交由机构照管的处理"，"合适成年人参与制度"主要致力于帮助触犯刑法儿童"获得促进其尊严价值的待遇"和"获得基本的法律保证"，以……社区儿童活动中心作为工作平台的社区预防和矫正工作主要致力于帮助触法儿童"重返社会"。项目的上述试点工作的展开，正在实际保证联合国《儿童权利公约》第 40 条，即涉及未成年人司法条款的实施。

终期评估小组认为，项目对中国少年司法的改革和完善已经产生了一定的影响。一种可以适用于相当大一部分地区的未成年人司法模式——盘龙模式，已经基本形成。盘龙经验已经受到国家有关部门和一些地方的关注和重视，对中国中央一级司法机关今后完善未成年人司法制度会日益发挥出重要的影响作用，这种影响已经在 2006 年 8 月份所召开的"为了明天——未成年人保护与违法犯罪综合预防研讨会"上有了较为明显的表现，一些地区如厦门、西双版纳、安徽、上海等省市已经或者正准备吸收盘龙模式的成功经验改革当地未成年人司法制度。

4.1.2 盘龙模式的形成

中期评估中报告曾经对当时"正在形成"的盘龙模式的基本特征做了如下概括：

1. 在未成年人司法管理的目标上：以吸收国外未成年人司法先进经验，发展中外结合的最佳模式，致力于推动联合国《儿童权利公约》、未成年人司法准则在中国的实现为目的；

2. 在未成年人司法管理的领导机构上：由 NGO 与政府共同主导推动，并组建未成年人司法改革办公室（项目办）具体负责未成年人司法改革的统筹、协调与指导工作；

3. 在未成年人司法管理的运作原则上：以儿童最大利益原则为首要指导原则，充分尊重儿童的参与权，逐步向成人与儿童共同管理过渡；

4. 在未成年人司法管理的主要内容上：以实现触法未成年人非监禁化为目的的司法分流为核心工作，由合适成年人推动司法分流的进行，同时建立以分流儿童活动中心、志愿者队伍为支柱的分流儿童社区支持体系。

中期评估后经过一年多时间的进一步发展和完善，盘龙模式更为明晰和成型。在 2006 年 8 月，由中央综治委预防青少年犯罪领导小组办公室、中国青少年犯罪研究会、英国救助儿童会合作召开的"为了明天——未成年人司法与违法犯罪综合预防理论研讨会"上，盘龙模式作为一种中国未成年人司法改革探索的模式，已经得到了中国有关部门和专家学者的认可。

评估小组认为，项目四年的探索总体上是十分成功的，也是十分可贵的。综合分析其成功的经验有 10 条：

1. 引入了国外少年司法先进理念与经验，并予以了成功的本土化；

2. 成功地与政府合作，在项目推进中，政府给予了切实的大力支持，同时相关部门通力协作，政府在少年司法改革中从开始介入到成为项目动作的重要角色。；

3. 建立了一个常备性，吸收各相关部门共同参加的统一的少年司法改革领导、组织和协调机构，并设置专职工作人员；

4. 筹集并合理的使用了项目运转的必要经费，逐步扩大资金的来源与渠道；

5. 引入专家学者的力量，定期对项目进行评估和研究，提供项目完善和发展的建议；

6. 高校相关专业的介入与大学师生的广泛参与；

7. 建立了一支具体的执行队伍——专职和兼职合适成年人队伍，保证了项目各项措施落到实处；

8. 广泛发动和依靠社会各方面力量，建立了较为完善的社会支持体系；

9. 不断学习，总结经验，改善和提升管理水平；

10. 恰当地利用了公共媒体宣传和推动项目的发展。

4.1.3 盘龙模式的价值

在中国未成年人司法发育还很不成熟的背景下，盘龙模式对于中国未成年人司法制度的完善和未成年人保护事业的发展有着重大的价值：

1. 少年司法改革项目试点要有先进的司法理念的论证和支撑，盘龙项目所取得的成功和发展，对宣传和推进少年司法新理念具有重要意义。少年司法理念是有悖于传统以成人为标准的司法新理念，是现代社会进步在儿童权益保护方面的体现，在国际社会上集中反映在联合国《儿童权利公约》的有关规定中，盘龙是中国西部地区中的发达地区，少年司法改革项目成功探索中具有普遍价值的经验，就是思想、认识、理念要与时俱进，适时更新，赶上时代和科学发展的水平。英国救助儿童会在启动和实施项目的整个进程中，一直致力于通过多种多样的形式和渠道分发、组织学习、宣传联合国《儿童权利公约》、有关少年司法的国际文件，培训、提高、转变各有关方面人员和合作伙伴的认识，参加在老挝召开的国际儿童会联盟东南亚区域未成年人司法研讨会、在曼谷召开的救助儿童会第二次区域未成年人司法研讨会、中英文化交流协会与上海华东政法大学联合召开的中欧未成年人司法制度——合适成年人制度研讨会等，使儿童特殊保护和少年司法分流的理念被有关领导和工作人员充分理解和认可，这才能使司法分流项目真正行动起来和付诸实施，使项目经费支持的"帮助"不仅是起到输血作用，而是起到改善并形成造血功能的更加重要的作用。

2. 盘龙模式是未成年人保护和未成年人违法犯罪预防的综合体系中抓住司法分流这一关键环节推进中国少年司法改革的进步与完善。未成年人是需要特殊保护的弱势群体，被进入司法领域的未成年人往往是其中处于最孤立无援、最困难、权益最容易受到伤害的一部分。而在未成年人违法犯罪预防的综合体系中，司法又是最后的防线、底线。这就是司法分流在儿童保护中普遍受到国际社会关注的根本所在。盘龙模式的第二项普遍价值就如江苏省高级人民法院副院长田幸在盘龙经验研讨会上所说："'盘龙模式'……展示了一个由政府来推动，以社区为基础，整合各相关部门的资源，合力构建科学有效的未成年人保护和犯罪预防机制，是具有中国特色的未成年人保护制度的有益探索。"其中尤其是形成政府主导推动、社区形成综合支持体系最为重要。

3. 盘龙模式的巨大意义还在于探索中国少年司法改革的科学、可行之路。中国少年司法制度建立具有必然性、迫切性，但是中国少年司法改革的具体道路必须遵循中国法制化建设的总规则进行，这就是学习国外的先进理念和成功经验，又要符合实际并与中国法律框架和进程相吻合。盘龙模式实现了这种结合，取得了改革的良好社会效果，又经受法律的审视和检验，得到政府和政法机关的认可和支持，值得学习、借鉴。

尽管盘龙模式主要是一种基于有限区域中的未成年人司法改革的探索，但是这样一种探索对于中国如何开展司法改革也有着诸多启示之处，也为中国司法制度的完善提供了一种值得借鉴的思路和范例。

5. 项目的未来：挑战与建议

5.1 问题与挑战

经过综合评估，评估认为项目仍存在一些问题和面临着一些挑战，集中表现在以下几个方面：

1. 项目在与政府合作中得到政府主要领导支持是十分成功的，项目历经四年，盘龙区主要领导已经过三次更替，均未影响项目的持续发展，充分证明双方在认识上的一致和工作的真诚合作、协调，而关键性领导对项目的大力支持也是项目之所以能够取得成功的重要原因。但是，项目如何保持来自政府的持久支持，并完全转化、融入政府与政法机构的工作，不因政府主要领导人的改变而弱化，这主要靠立法、政府体制和制度保证，是项目领导从现在起就要思考和解决的战略性问题。

2. 在中国现行法律体系没有发生重大改革的情况下，在未成年人司法改革仍然受到滞后的法律框架制约时，项目的进一步深入推进将会面临合法性危机，对此应加强研究，如何积极沟通、建议、正确应对？

3. 项目的启动与发展，与英国救助儿童会、荷兰大使馆等国外机构的支持是分不开的，尽管近年来项目办已经努力取得其他方面的支持，但是，目前主要还是靠这些国外机构为项目解决了最为关键的经费问题。同时地方政府也随着项目进展和影响的扩大、重视程度的提高，在人力、物力、经费等方面逐步增加了投入。从根本上考虑，关键在于有关经费要纳入地方财政预算，同时吸纳社会上各方面的支持，才能真正实现项目的目标。否则，一旦外援淡出项目，项目将面临如何持续发展的巨大困难，特别是将面临经费来源的现实挑战。

5.2 对项目第二期发展的建议

终期评估小组通过自己的调查研究，认为中期评估报告的建议对于项目第二期发展和完善仍然有实际意义，根据项目新的进展情况，终期评估小组进一步提出如下建议：

1. 整理与发布项目研究课题，例如《项目评估指标体系的修改、完善研究》、《公、检、法、司的最佳分流阶段与各自分流定位研究》、《司法分流的科学界定和评价标准、评价机制研究》、《司法分流对象的听证制度》《司法分流的风险研究》、《提高儿童参与程度与儿童参与方案研究》等，以本地区高校和有关部门专家为主，建立项目研究小组，制定课题计划，对项目专题进行深入的研究，提升"盘龙模式"的理论层次和实践水平，有计划的出版研究成果，总结和撰写"盘龙模式"手册，提高项目科学水平，推广项目成果，扩大项目影响；

2. 对项目所制定的规范性文件进行系统整理和完善，消除其中与现行法律规定有明显冲突之处；

3. 建立司法分流对象的听证制度，确保司法分流对象选择的中立性与客观性；扩大合适成年人队伍，探索如何使合适成年人与社区矫正人员融合，形成政府主导的新的社区支持体系，解决合适成年人队伍的后顾之忧。亦可借鉴上海的做法，将合适成年人转化为社团组织，由政府通过购买服务的方式予以支持；

4. 开源节流，扩大资金来源与渠道，同时寻求降低项目运转成本的途径，制定节约和降低项目运作成本的方案；

5. 建立科学、实用、完善的项目评估指标体系，建立项目基础数据和基础资料统计和收集制度，建立资料、信息、数据库；

6. 进一步完善项目自我宣传平台，加强网站建设；开发项目工作相关系统软件，例如"司法分流儿童信息管理与观护系统"、"未成年人司法资源共享平台"等；

7. 建立、扩大与国内外有关专家的联系，每年至少召开一次理论研讨会，交流最新有情况信息，总结经验，研讨问题、难题；

8. 研究与制定项目过渡到政府主导的方案和时间表。

盘龙区未成年人司法试点项目
回顾性评估建议（2008 年 9 月）

评估专家组成员：

姚建龙　华东政法大学副教授、法学博士

刘雅清　最高人民检察院高级检察官

陆　琦　中国青少年犯罪研究会副秘书长

李　萍　救助儿童会机构治理和儿童权利总监

赵中华　救助儿童会项目总监

刘丽菡　救助儿童会西南区总经理

根据《盘龙区未成年人司法试点项目回顾总结计划》的要求，评估专家组于 2008 年 9 月 16 日至 26 日对未成年人司法分流项目进行了现场评估。在评估期间，专家组对项目的运作进行了现场观察，并访谈了云南省、昆明市、盘龙区三个层面的公安机关、检察机关、法院、司法局、政法委及项目办、合适成年人、志愿者等项目相关机构与人员。根据评估专家组多次集体讨论，形成本评估建议。建议项目参考本评估建议，制定具体行动方案。

一、专家评估的作用：建议定期组织专家评估

由内部、外部独立专家共同组成的专家小组开展项目评估的作用不仅仅在于可为项目的发展、完善提供建议，其评估过程本身也是对项目发展的一种有效的促进方式。它在联系相关合作机构，发现项目所存在的问题，促进项目价值得到广泛认同等方面，可以发挥积极的、独特的作用。

建议在项目的未来发展中，重视并充分发挥专家评估对项目发展的独特促进作用，定期组织由高端专家组成的评估小组进行阶段评估与推动。

二、项目地位与价值：建议珍惜项目在中国司法改革领域所取得的成果与难得地位，继续重视和推动项目的发展

专家组发现，与救助儿童会在中国开展的其他项目相比，项目的合作机构为中国的强势部门——政法委、公安、司法机关，而且这种合作是深入的，时间是长期的（项目已经持续了 6 年多的时间），这在中国现有的中外合作试点项目中极为罕见。

回顾各国司法制度进步的历史可以发现，未成年人司法往往是司法改革的试验田和先驱者，刑事司法制度中许多前沿性的、促进人权保护的做法都首先是在未成年人司法领域试点，然后才逐步推广到整个刑事司法领域。从这个角度来看，项目有着特别的价值。专家组发现，项目的这种不仅仅促进未成年人司法制度的进步而且还将带动整个刑事司法制度进步的作用，已经在试点过程和当地立法进程中展现出来。

专家组认为，简单地从目前受益儿童数量的多少去评价项目价值的观点是不可取的，这是对未成年人司法制度的特殊性缺乏深入了解，对项目地位和价值的认识缺陷。与其他类型儿童相比较，触法儿童的数量在总体上较少，从绝对数来看，在司法领域项目的受益儿童绝对数不可能像其他项目那样多。但是对这类儿童权益的保护却具有重要意义。对触法儿童的矫正和保护难度也较大，它需要对每一位触法儿童采取"个别化"的方式——即采用"个别化"受益的方式。未成年人司法是通过关注每一个触法儿童而达到使这一类儿童受益的目的。

专家组建议，救助儿童会应当珍惜项目在中国司法改革中所取得的地位，珍惜项目在推动中国未成年人司法制度进步乃至整个刑事司法制度进步的价值，继续重视和推动项目的发展。

三、项目的特色：建议发展和提炼以社区为基础的触法未成年人矫正与控制机制

中国目前的犯罪控制法律体系中存在着一个明显的漏洞——对于未达到刑事责任年龄和未达到刑事犯罪程度而危害了社会的未成年人缺乏有效的控制机制，这样的结果是司法机关不得不陷入"抓了放，放了抓"的恶性循环中，或者"（年龄）养大了再打"、"（罪行性质）养肥了再打"。

项目的一大特点是在中国率先建立了专业性未成年人司法社会工作者——"合适成年人"，实施"合适成年人"参与司法分流并建立分流后的社区支持监管体系，通过这个体系，矫正触法未成年人，帮助他们走入正轨、融入正常社区。项目的这一特点为弥补中国现行法律对犯罪控制的漏洞提供了有效的途径，也可以有效地防止司法机关为了维护社会治安的需要而不得不采取严厉的措施惩罚触法未成年人。专家组在访谈中发现，政府部门、司法机关对于项目的这一特色高度认同，这是项目推广的有利基础。

专家组建议，项目应围绕"司法分流"、"合适成年人"、"社区帮教"三大关键词，继续坚持和发展，致力于发展和提炼以社区为基础的未成年人触法矫正与控制机制。

今后在宣传项目特色与价值时，可以着重强调以下三点：

（1）项目可以完善现有法律对触法未成年人控制体系，对于维护社会治安和提高国

民素质有着重要的价值；

（2）项目可以为未成年人司法制度提供社会支持，分担目前公安、检察、法院所从事的大量职能之外的教育、挽救触法未成年人的社会工作；

（3）项目可以解决宽严相济刑事政策在未成年人司法领域贯彻执行中所面临的"宽处"后如何办的难题，对"宽处"后的触法未成年人在社区环境中进行帮教，降低"宽处"的风险。

四、项目发展的难题：建议救助儿童会高层保持对项目推进与成效展示的耐心

专家组发现，项目试点采取的是一种与政府、司法机关等协商的机制，"项目办"并非政府部门内的正式机构，更非强势机构，其倡导的理念和做法在实施过程中缺乏强制力。更需注意的是，项目是在较为敏感的司法领域展开，其在与公检法司等机构合作中遇到的问题和困难相对较多，因此项目的发展需要一个较长期的磨合过程。

专家组发现，项目试点的地域——昆明市盘龙区在中国属于欠发达的西部地区，未成年人司法发育基础、经济基础、法治环境等均较为薄弱，在全国的示范效应与号召力也会受到地域劣势的制约，项目影响力在全国的展现还需要一个相对较长期的过程。

专家组建议救助儿童会高层应当保持对项目推进与成效展示的耐心。

五、项目发展的机遇：建议项目关注中国在法律领域的重大改革与发展，并及时做出反应，提供先进的、具有普遍应用价值的经验，以使项目更容易被接纳和推广，促进项目的本土化

近些年来，中国高度重视未成年人司法改革，例如 2006《中共中央关于构建社会主义和谐社会若干重大问题的决议》中，明确把加强未成年人司法改革作为构建社会主义和谐社会的重要举措，最高人民法院所颁布的《人民法院二五改革纲要》等均提出要加强未成年人司法改革的意见，"宽严相济"刑事政策正在向全国司法机关深入贯彻执行，这些都为项目的发展提供了良好的外部环境。

目前，《中华人民共和国刑事诉讼法》正在进行再修订、社区矫正改革和社区矫正立法也正在加速进行，云南省也正在制定《云南省预防未成年人犯罪条例》等地方法规，在这样的背景下，项目的理念、成功经验与做法面临着融入这些立法和改革的宝贵机遇。

专家组建议，项目应当注意对中国重大的司法改革、立法工作及时做出反应，并提供先进的、具有普遍应用价值的经验，以增强项目成果的影响力。

项目以社区为基础的触法未成年人矫正与控制机制和中国目前正在开展的社区矫正试点改革有着诸多类似之处，项目可以通过倡导"大社区矫正"的观念，主张将对轻微违法犯罪未成年人的社区帮教纳入"社区矫正"改革之中，以此增强项目与中国本土司法改革的契合性，促进项目的本土化。

六、项目需要重点完善的环节：建议改进检察和法院阶段的试点工作

专家组认为，司法分流应当贯穿司法的全过程，包括公安阶段的分流、检察阶段的分流、法院阶段的分流、监禁刑执行阶段的分流四个阶段。未成年人犯罪预防包括超前预防（对一般未成年人人群的预防）、临界预防（对于有不良行为、违法犯罪倾向、轻微违法犯罪未成年人的预防）和再犯预防（对已经构成犯罪未成年人再犯罪的预防）三个环节。

专家组发现，项目目前主要经验是在公安阶段开展司法分流、在项目第二期又侧重于未成年人犯罪的超前预防[1]，在司法分流的后三个阶段和犯罪预防的后两个阶段工作严重薄弱，项目与检察院、法院之间的合作机制尚存在较为明显的缺陷。尽管公安阶段的分流很重要，但它仅为司法分流的一个环节。从某种程度上说，项目目前在检察分流、法院分流、监禁刑执行阶段分流的缺位偏离了司法分流试点项目的重心，存在着较为明显的缺陷，急需改善。

专家组认为，项目应围绕"司法"进行试点，不能脱离司法的外延；强调未成年人犯罪预防是正确的，但是应当认识到项目的工作重心是临界预防和再犯预防（特别是再犯预防），而不是超前预防。建议立即着手加强在检察院、法院阶段的司法分流试点工作，尽快与盘龙检察院、法院加强合作机制，在检法阶段开展司法分流工作，同时逐步向监禁刑执行阶段的分流发展。

专家组建议，可以先采取分别与盘龙检察院、盘龙法院开展合作课题研究的形式，或者采取与昆明市、云南省检察院、法院合作开展课题研究但将盘龙区作为研究重点的形式，共同探讨将合适成年人引入检察、审判阶段的可行性和在检法阶段开展司法分流的具体方式，在逐步建立信任、达成共识后，再开始试点。专家组强调，在合作课题研究过程中应当注意引入学界专家或者大学、研究机构的支持。

在检察阶段，可以研究合适成年人发挥以下作用：①检察官讯问未成年人时到场；②提供社会背景调查，供检察机关审查逮捕和审查起诉时参考；③检察机关做出不批捕、不起诉决定时，提供社区帮教服务等。

在审判阶段，合适成年人应当出庭（尤其是在法定代理人不能出庭的情况下），并可以发挥以下作用：①庭前与被告人交流，安抚被告人；②在法庭调查阶段宣读社会调查报告，并提出量刑建议；③在法庭教育阶段，参加对被告人的教育。

在执行阶段，合适成年人可以发挥以下作用：①如果判处非监禁刑，承担考察帮教职能；②如果判处监禁刑，进入监禁机构进行延伸帮教，提供监外试学、试工等监外矫正帮教支持；③刑满释放后，承担帮助罪犯回归社会的职能。

---

　　[1]　针对以下意见的说明："我们的预防是针对高风险及已有不良行为的未成年人，比如对重工中学、综合技校、工读学校问题学生集中的地方。如果按照预防的分类应该属临界预防"；就项目在工读学校的预防而言，可以归入临界预防的范畴，但是对重工中学、综合技校这类学校的预防工作而言，虽然他们相对其他学生群体违法犯罪风险高或者不良行为发生率高，但因其中大部分学生并无违法犯罪行为，因此在犯罪学上仍然属于对一般未成年人人群的超前预防的范畴。因此，我们采用了"侧重于"超前预防的提法。

七、合适成年人：建议系统完善合适成年人参与制度这一项目的主线工作

专家组对于将合适成年人视为本项目主线的观点表示高度的赞同，但同时也发现合适成年人工作尚存在诸多不足。

尽管"合适成年人"这一概念已经引入6年有余，但是这一名称仍然未被广泛认同。主要是认为不符合中国语言的习惯，难以被理解和接受。例如，云南省人大内司法委副主任梁渝楠明确表示着一个名称将不会被正在制定中的《云南省预防未成年人犯罪条例》直接引入。中国正在修订的公检法司四部委关于少年司法配套工作体系的若干意见，也因为这一概念不符合中文习惯而没有将其法律化。此外，盘龙项目所使用的"合适成年人"这一概念的内涵也不同于其他省市正在试点的合适成年人参与制度中的"合适成年人"的内涵。专家组建议，可以考虑将"合适成年人"这一概念改为"帮教员"（或"观护人"）。在使用"合适成年人"这一概念的场合应与其他省市一致，即仅仅在未成年人法定代理人不能参加讯问或出庭而由"帮教员"（或"观护人"）代替时，才将之称为"合适成年人"。

专家组注意到，合适成年人对于未成年人案件的介入具有较强的选择性即主要介入的是在公安阶段有分流可能的案件，这一做法是值得商榷的。恰恰是那些表面看没有分流可能的案件，更需要合适成年人的介入来促进分流可能性的产生。专家组建议，合适成年人介入的案件应当全覆盖、全过程。"全覆盖"是指所有的触法未成年人案件，合适成年人均应介入。"全过程"是指所有触法未成年人案件，合适成年人均应全程跟踪介入到检察、法院、执行阶段，直至触法未成年人回归社会。基于平等保护的考虑，对于外来未成年人案件，合适成年人更应重点介入，且不宜设置"有常住地"等限制条件。

专家组注意到，目前合适成年人均为专职，项目没有建立兼职合适成年人志愿者队伍，这是值得商榷的。尽管专职合适成年人有其优势，但是成本高、管理复杂、不容易推广，而合适成年人志愿者队伍具有成本低、工作热情高、容易推广等优势。建立一支具有专业知识的合适成年人志愿者队伍，并探索和形成较为完善的合适成年人志愿者招募、培训、管理模式，对于项目的长效运作，特别是项目的推广有着重要的作用。专家组建议，项目也应重视合适成年人志愿者队伍建设，形成专职合适成年人与合适成年人志愿者结合的机制。

目前项目组建"新天地"民办非企机构，解决了合适成年人的劳动关系、管理等问题，但是尚未有效解决项目结束后合适成年人队伍的归属问题。专家组建议，合适成年人的归属可以有两条解决的途径：一是可以和司法局社区矫正人员结合，通过倡导大社区矫正的概念，将合适成年人作为专门负责未成年违法犯罪人员社区矫正的队伍，归入司法局社区矫正人员的序列，由司法局管理和负责（经费问题可以发挥政府和社团两个方面的积极性来解决）。二是可以与目前云南团省委、民政厅正在考虑进行的青少年事务社工改革结合，将合适成年人转化为青少年社工队伍，由共青团组织负责管理和经费提供等。

专家组认为，无论合适成年人归司法局系统还是共青团系统，都应走向专业化和职业化，尽快提高合适成年人的专业能力，逐步转变为专业社会工作者。专家组注意到，目前合适成年人虽然已经初步实现了职业化，但是在专业性上还存在较大的欠缺，尚无一名合适成年人取得社工师资格。专家组建议，应当逐步将合适成年人转化为专业司法社工队伍。具体可以采用以下方法：①逐步要求合适成年人均获得社工师资格；②与司法社工发育领先的上海建立双向交流与挂职机制。选派优秀合适成年人赴上海市阳光社区青少年事务中心挂职锻炼，学习司法社工技能，同时邀请上海优秀青少年社工到盘龙区"新天地"挂职，带动合适成年人专业技能的提升；③根据合适成年人专业技能的区别，建立差别性薪酬制度和薪酬进阶制度，以鼓励合适成年人主动参加各类资格考试，提高专业技能。

专家组注意到，目前合适成年人服务是按照划片的方式来对口相应的派出所，缺乏轮换机制，在合适成年人与警察建立了较良好的个人关系后可能不利于合适成年人监督作用的发挥。专家组建议，项目宜考虑建立合适成年人定期轮换机制，以避免合适成年人与警察、司法人员熟悉后降低合适成年人监督功能的发挥。

专家组在访谈中注意到，目前合适成年人的工作程序还不规范（合适成年人对工作程序的理解不统一），合适成年人容易被警方规避。例如警察在讯问结束后方通知合适成年人，或者在多次讯问中选择一次无关紧要的讯问通知合适成年人到场，还可能在讯问过程中"根据需要"要避开合适成年人，把未成年人带到另一个房间单独讯问等。专家组建议，项目应对合适成年人工作程序进一步规范，与公安机关协商严密合适成年人介入流程，避免产生保护未成年人权益的漏洞。目前合适成年人介入公安人员讯问未成年犯罪嫌疑人的次数是模糊的，专家组特别建议合适成年人应介入公安机关的每一次讯问。

在合适成年人社区帮教工作方面，专家组建议总结帮教经验，针对不同类型的触法未成年人提炼不同的帮教方法，逐步建立"分类帮教制度"。

八、项目的拓展：建议项目在流动触法未成年人和未成年被害人保护领域进行拓展

尽管项目已经开始将工作范围拓展到在本市有相对固定住处、有帮教条件的非常住人口，但是目前司法分流机制仍然主要是针对本地触法未成年人。专家组建议项目将外来触法未成年人的司法分流作为独立的课题，探索外来触法未成年人司法分流的工作机制。尽管这一工作难度很大，但这是一个中国其他城市都普遍面临的难题，如果项目在这一领域取得了成功经验将有着普适性的应用价值。这也是解决中国目前面临的如何实现对外来触法未成年人和本地触法未成年人司法平等保护难题的需要。

司法分流侧重的是对触法未成年人的保护，在这一机制运作过程中，未成年被害人的利益可能被忽视。专家组注意到，项目已经开始探索通过司法机关的刑事和解制度引入被害人参与司法分流，这是值得肯定的。在中国正在制定《刑事被害人国家补偿法》的背景下，项目有必要在未成年被害人保护方面做出进一步的探索。专家组建议，项目

可以选择未成年被害人作为探索的重心，首先配合司法机关探索建立较为完善的刑事和解制度、设置未成年被害人补偿基金、未成年被害人社会救助制度等。

此外，专家组认为在项目力所能及的前提下，还可以在未成年人法律援助制度方面进行探索，保障未成年犯罪嫌疑人、被告人获得法律援助的权利。

九、项目推广技巧：建议提高项目合作伙伴级别，增加试点地区

专家组注意到，盘龙项目的试点已经 6 年有余，虽然其影响力已经超出了云南省的范围，所倡导的理念和倡导的经验也已经开始在昆明市、云南省有较为明显的推广，但总的来看项目尚未得以在盘龙区以外的地域进行系统地推介。项目试点的目的是为了推广，因此在项目今后的发展中应当将项目推广作为核心工作之一。

关于项目推广的技巧，专家组提出如下建议：①考虑到中国司法改革的特点，在推广阶段可以考虑提高合作伙伴的行政级别。例如可以考虑将合作伙伴提升到云南省一级的机构，如云南省政法委或者云南团省委或者云南省司法厅；②除了盘龙外，可以考虑在其他省市（分别为经济发达地区、中等发达地区、欠发达地区）选择三个地区作为项目的推广地；③基于便利项目推广的考虑，在推广的过程中，应尽量淡化项目的国际背景，转化为吸收盘龙经验的本地探索。

十、影响立法：建议通过主动提供立法建议、参加立法调研小组等方式促进相关的立法进程

"影响与触法未成年人相关的立法进程"是项目试点的主要目标之一。专家组注意到，项目已经开始对与触法未成年人相关的立法进程产生日益广泛的影响，如果能够加强此项工作，则可以进一步取得明显的进展。对于如何进一步影响与触法未成年人有关的立法进程，专家组提出如下建议：①应高度重视项目对地方立法（云南省）的影响，再通过地方立法影响国家立法；②建议将项目理念与经验提炼成有关司法分流的立法建议条款，并附上详细的立法论证理由，提交相关立法机构参考；③云南省正在制定《云南省预防未成年人犯罪条例》，省人大已经对项目经验的法律化表示出了浓厚的兴趣，项目应抓紧时机，及时将立法建议提供给云南省人大；④建议主动邀请立法机关考察项目，并主动推荐项目工作人员参加立法小组；⑤应注意引介国外立法先进经验，促进中国对触法未成年人相关立法的发展。

十一、信息交流机制：建议建立云南省范围内和全国性的未成年人司法改革交流与促进机制

项目所选择的试点地域虽然是盘龙区，但是如果仅仅将视角局限于盘龙区，则是与项目目标的要求相背离的。

专家组发现，项目虽然已经在云南省内外有较大的影响力，但仍具有较明显的自我封闭色彩、尚未建立完善的信息交流与促进机制，这一不足亟待改善。专家组明显地感

觉到，项目与昆明市、云南省、中央等上级相关机构的交流太少，即便在昆明市、云南省内，仍有很多重要机构对项目的了解十分有限，例如昆明市中级人民法院、昆明市检察院、云南省高级人民法院等。此外，项目对外省市未成年人司法改革的进展情况也缺乏沟通与了解机制。这种状况对于项目目标的实现和项目的推广是十分不利的。

基于实现项目目标的考虑，专家组建议项目应首先在云南省内建立未成年人司法相关机构的信息交流机制，这种机制可以采取牵头召开年度"云南省未成年人司法座谈会（联席会议或者论坛）"。建议每年十一份左右召开一次，邀请云南省、昆明市、盘龙区三个层级的政法委、公安机关、检察院、法院、司法厅（局）、少管所、共青团、民政厅（局）、大学、研究院所等机构参与，同时也可以邀请中央及外省市相关机关、学者参与。条件成熟或者必要的话，可以逐步扩展到多省市或者全国范围。

以学术研究或者合作调研的方式推进项目的发展，政府部门和司法机关十分关注，也是一种容易与政府、司法机关建立信任关系再逐步推广项目的良好方式。专家组建议，项目可采取签订双向合作协议、共同开展课题研究、针对项目发展中的难题召开专题研讨会等方式，与非试点地域范围内的昆明市、云南省、其他省市、中央有关部门逐步建立合作关系、信任关系，促进这些机构关注项目的发展和拓展项目的试点范围。

专家组认为，在项目的推广阶段，建立跨省市合作交流机制是十分必要的。建议通过组织未成年人司法考察团、组织专题研讨会、积极参加国内未成年人司法会议等方式推广盘龙项目和了解其他省市未成年人司法改革的进展。

在与其他省市信息交流、介绍经验过程中，以盘龙区名义而不是英国儿童救助会的名义较为适宜，便于其他省市地区的学习效法。此外，项目简报的图文形式应"中国化"，采取国内通行的形式。

十二、文献与研究工作：建议立即着手加强对盘龙模式的研究与提炼，形成系统性文献资料供项目推广使用

专家组注意到，项目目前对未成年人司法理念、试点经验、特色做法的提炼还存在严重不足，这一缺陷严重制约了项目影响力的发挥和推广工作。专家组认为，在项目试点六年后，应当将文献与研究工作作为重点内容，注重研究和提炼盘龙模式，将未成年人司法分流试点项目——盘龙模式予以体系化、理论化和标签化，形成具有针对性、可操作性、易推广性的盘龙模式文献资料，以便于其他地域借鉴，这对于项目影响力的提升和项目的推广有着决定性的意义。

专家组建议从以下几个方面加强文献与研究工作：①组成专门的课题组系统研究、提炼盘龙模式，课题成果应在中国公开出版并翻译成英文向国际社会推介盘龙模式；②建立课题发布机制（可以为"年度"），将项目试点过程中遇到的难题、需要提炼的经验或理念设计成研究课题公开发布，拨出专门经费进行资助，并将司法机关作为重点资助的对象；③成立专门的小组，译介未成年人司法发达国家的制度、经验、立法和联合

国有关未成年人司法的文献资料，提供给有关部门进行未成年人司法改革参考。

十三、人才建设：建议着手建立项目人才梯队

专家组注意到，目前项目存在工作人员匮乏、梯队机制尚未形成以及专业性有待提高等问题。专家组建议：①增加救助儿童会未成年人司法项目工作人员；②加强项目人才梯队建设，形成更替机制；③注重选聘具有法律和社会工作专业背景的员工；④着手组建项目推广教练团，以便到其他地域进行项目推广宣讲和培训。

十四、专家顾问团的重要性：建议立即着手组建国内专家顾问团队，借助专家的影响力促进项目的发展

专家组认为，建立一支包括政府、司法机关等实务部门现职、离退休高官以及学术界专家在内的高端顾问团队，对于项目的发展特别是推广有着重要的作用。专家组建议项目宜尽快建立这样一支顾问团队。其人员构成可以考虑：

全国人大、中央政法委、公安部、最高人民法院、最高人民检察院、司法部、团中央各一人；

云南省人大、云南省政法委、公安厅、省法院、省检察院、省司法厅、团省委各一人；

昆明市人大、昆明市政法委、昆明市公安局、昆明市法院、昆明市检察院、昆明市司法局、昆明团市委各一人；

北京、上海、云南省学术界专家各一至二人。

2008 年 9 月 30 日
2008 年 10 月 16 日修订

附录：评估专家组评估活动概况

时间		访谈部门（访谈对象）
9 月 18 日周四	9：00 ~ 10：30	昆明市呈贡县政府 县长 吴庆昆 县公安局副局长 王嘉懿
	15：00 ~ 16：00	昆明市盘龙区政法委书记 周传彪
	16：00 ~ 17：30	盘龙区宣传部副部长 王冀 盘龙区人大常委会副主任 卜宪国

续表

时间		访谈部门（访谈对象）
9 月 19 日周五	9：00～11：40	共青团云南省委书记 饶南湖 团省委权益部（少年部）部长 景绚 云南省妇联权益部部长 贺平
	12：00～14：00	共青团昆明市委副书记 周乐 权益部部长 栾丽华 赵丽华 昆明市关工委 秦桂珍
	14：30～16：00	盘龙区检察院 检察长 孙师泰 副检长 刘云、闫晓东 公诉科 科长 金梅 批捕科长 江红 办公室 小范
	16：00～18：00	盘龙区副区长 梁昆 昆明市人大常委会副主任 王俊斌
9 月 22 日周一	9：00～10：30	盘龙区法院副院长 方忠良 少年庭庭长 叶茜
	11：00～13：00	盘龙区司法局局长 马文洁 副局长 赵卫华
	14：30～17：00	昆明市中级人民法院刑 2 庭 庭长 王红 副庭长（少年审判）付琼 研究室主任 冯莉萍
9 月 23 日周二	9：00～12：00	评估小组会
	14：30～16：00	省公安厅刑侦总队副总队长杭林涛、冯颖溪等
	16：30～18：30	省人大内司委副主任 梁渝南
9 月 24 日周三	10：00～12：00	省检察院研究室主任 陆云生 张兴荣 侦监处副处长 张中
	14：30～16：300	省高级人民法院办公室副主任李坤宾（未成年人案件指导小组），刑五副庭长白志刚，马丽华内勤组长
	17：00～18：00	云南财经大学社工专业 袁芳老师 云南农大社工专业 李德波老师
	18：30～20：00	评估组与曾粤兴教授晚餐座谈
9 月 25 日周四	10：30～13：00	昆明市检察院 检察长 周和玉 宣传处主任 王瑞林 公诉一处处长 尹晓宁 办公室副主任 雷珺 侦监处副处长 王辉 曹庆
	14：00～17：00	合适成年人，项目组人员

续表

时间		访谈部门（访谈对象）
9 月 26 日周五	17：00 ~ 18：00	评估反馈会
9 月 27 日周六	14：00 ~ 15：00	盘龙区法院 院长 毕正雄 办公室主任 冯忠伟
	15：00 ~ 16：00	盘龙区检察院批捕科 科长 江红 公诉科 科长 金梅

参考文献

1.〔法〕埃哈尔·费埃德伯格：《权力与规则——组织行动的动力》，张月等译，上海人民出版社2005年版。

2.〔法〕卢梭：《爱弥儿——论教育》，人民教育出版社1985年版。

3.〔法〕孟德斯鸠：《论法的精神》（上），张雁深译，商务印书馆1961年版。

4. 莫洪宪、康均心主编：《未成年人权益保护及救济理论与实务》，武汉大学出版社2001年版。

5.〔德〕汉斯·约阿希姆·施奈德：《犯罪学》，吴鑫涛、马君玉译，中国人民公安大学出版社1990年版。

6.〔德〕汉斯·海因里希·邓赛克、托马斯·魏根特：《德国刑法教科书（总论)》，徐久生译，中国法制出版社2001年版。

7.〔德〕托马斯·魏根特：《德国刑事诉讼程序》，岳礼玲译，中国政法大学出版社2004年版。

8.〔苏联〕安·谢·马卡连柯："父母必读"，载《马卡连柯全集》（第4卷），人民教育出版社1957年版。

9.〔意〕贝卡利亚：《论犯罪与刑罚》，黄风译，中国大百科全书出版社1993年版。

10.〔意〕龙勃罗梭：《犯罪人论》，黄风译，中国法制出版社2000年版。

11.〔意〕保罗·维切罗纳："少年刑法的演变"，载《未成年人犯罪的预防审判矫治国际研讨会论文集》（1992年）。

12.〔日〕北泽杏子：《性教育启蒙Ⅲ》（日文版），小畅书房1971年版。

13.〔日〕大塚仁：《刑法概说（总论)》，冯军译，中国人民大学出版社2003年版。

14.〔美〕查尔斯·拉而森：《成功的战斗：本·B.林赛的生活及时代》（英文版），方庭书社1972年版。

15.〔美〕大卫·帕金翰：《童年之死：在电子媒体时代下长大的孩童》，杨雅婷译，巨流图书公司2003年版。

16.〔美〕富兰克林·E.齐姆林：《美国少年司法》，高维检译，中国人民公安大学出版社2010年版。

17.〔美〕特拉维斯·赫希：《少年犯罪原因探讨》，吴宗宪等译，中国国际广播出版社1997年版。

18.〔美〕郝斯特：《应对校园暴力——学校安全信息指南》，绍常盈、吕春辉译，中国轻工业出版社2006年版。

19.〔美〕理查德·扎克斯：《西方文明的另类历史》，李斯译，海南出版社2002年版。

20. ［美］乔治·P. 弗莱彻：《刑法的基本概念》，王世洲等译，中国政法大学出版社 2004 年版。

21. ［美］S. 科弗曼："角色超载、角色紧张及紧张感——试论多重角色要求的后果"，载苏国勋、刘小枫：《社会理论的诸理论》，上海三联书店、华东师范大学出版社 2005 年版。

22. ［美］沃尔德等：《理论犯罪学》，方鹏译，中国政法大学出版社 2005 年版。

23. ［美］威廉·C. 格莱因：《儿童心理发展的理论》，计文莹等译，湖南教育出版社 1983 年版。

24. ［美］休·泰特斯·李德："古典学派、新古典学派和实证学派"，载北京政法学院刑法教研室编：《外国刑法研究资料》（第 1 辑），北京政法学院刑法教研室 1982 年版。

25. ［英］戈登·休斯：《解读犯罪预防——社会控制、风险与后现代》，刘晓梅、刘志松译，中国人民公安大学出版社 2009 年版。

26. ［英］哈耶克：《通往奴役之路》，王明毅等译，中国社会科学出版社 1997 年版。

27. ［英］凯伦·法林顿：《刑罚的历史》，陈丽红、李臻译，希望出版社 2003 年版。

28. ［英］罗吉尔·胡德：《死刑的全球观察》，刘仁文、周振杰译，中国人民公安大学出版社 2005 年版。

29. ［英］马丁·因尼斯：《解读社会控制：越轨行为、犯罪与社会秩序》，陈天本译，中国人民公安大学出版社 2009 年版。

30. ［英］麦克·马圭尔等：《牛津犯罪学指南》，刘仁文等译，中国人民公安大学出版社 2012 年版。

31. ［英］伊恩·路德、理查德·斯帕克斯：《公共犯罪学》，时延安等译，法律出版社 2013 年版。

32. 重庆市青少年犯罪研究会编：《救救孩子——重庆市青少年犯罪问题研究》（内部发行），2002 年版。

33. 陈兴良：《刑法的启蒙》，法律出版社 1998 年版。

34. 陈兴良：《刑法哲学》，中国政法大学出版社 1992 年版。

35. 陈慈幸：《青少年法治教育与犯罪预防》，涛石文化事业有限公司 2002 年版。

36. 蔡德辉、杨士隆：《少年犯罪：理论与实务》，五南图书出版公司 2001 年版。

37. 蔡德辉、杨士隆主编：《青少年暴力行为：原因、类型与对策》，五南图书出版社公司 2002 年版。

38. 储槐植、许章润：《犯罪学》，法律出版社 1997 年版。

39. 曹立群、周愫娴：《犯罪学的理论与实证》，群众出版社 2007 年版。

40. 车炜坚：《社会转型与少年犯罪》，巨流图书公司 1986 年版。

41. ［加］丹尼尔·普瑞方廷、陈光中主编：《联合国刑事司法准则与中国刑事法制》，法律出版社 1998 年版。

42. 陈晓明：《修复性司法的理论与实践》，法律出版社 2006 年版。

43. 冯云翔、娄鸿雁：《未成年人犯罪及预防》，哈尔滨工业大学出版社 2003 年版。

44. 冯卫国：《行刑社会化研究》，北京大学出版社 2003 年版。

45. 樊崇义等：《刑事诉讼法修改专题研究报告》，中国人民公安大学出版社 2004 年版。

46. 郭静晃：《儿童福利》，扬智文化事业股份有限公司 2004 年版。

47. 高铭暄、赵秉志编：《中国刑法立法文献资料精选》，法律出版社 2007 年版。

48. 中共中央宣传部宣传教育局：《〈公民道德建设实施纲要〉学习读本》，人民出版社 2001 年版。

49. 何家弘编译：《扭曲的灵魂——外国犯罪实证》，中国人民公安大学出版社 2009 年版。

50. 韩大元：《东亚法治的历史与理念》，法律出版社 2000 年版。

51. 何勤华主编:《美国法律发达史》,上海人民出版社 1998 年版。

52. 郗杰英、鞠青主编:《家庭抚养和监护未成年人责任履行的社会干预研究报告》,中国人民公安大学出版社 2004 年版。

53. 鞠青主编:《中国城市社区预防青少年违法犯罪工作模式研究报告》,法律出版社 2005 年版。

54. 鞠青主编:《中国流浪儿童研究报告》,人民出版社 2008 年版。

55. 简平:《阳光校园拒绝暴力》,中国福利会出版社 2006 年版。

56. 金大陆主编:《上海青年志》,上海市社会科学院出版社 2002 年版。

57. 康树华:《当代中国犯罪主体》,群众出版社 2005 年版。

58. 康树华主编:《犯罪学通论》,北京大学出版社 1996 年版。

59. 康树华:《犯罪学——历史·现状·未来》,群众出版社 1998 年版。

60. 康树华:《新中国犯罪学研究形成与发展》,北京大学出版社 2011 年版。

61. 康树华主编:《比较犯罪学》,北京大学出版社 1994 年版。

62. 康树华、郭翔主编:《青少年法学概论》,中国政法大学出版社 1988 年版。

63. 康树华等编:《青少年法学参考资料》,中国政法大学出版社 1988 年版。

64. 罗大华主编:《犯罪心理学》,中国政法大学出版社 2003 年版。

65. 李汉林:《中国单位社会》,上海人民出版社 2004 年版。

66. 刘子富:《新群体事件观——贵州瓮安"6·28"事件的启示》,新华出版社 2009 年版。

67. 刘卫政、司徒颖怡:《疏漏的天网——美国刑事司法制度》,中国社会科学出版社 2000 年版。

68. 朗胜主编:《欧盟国家审前羁押与保释制度》,法律出版社 2006 年版。

69. 卢建平主编:《京师刑事政策评论》(第 3 卷),北京师范大学出版社 2010 年版。

70. 林纪东:《少年法概论》,"台北编译馆" 1972 年版。

71. 林崇德:《发展心理学》,浙江教育出版社 2002 年版。

72. 鲁兰:《中日矫正理念与实务比较研究》,北京大学出版社 2005 年版。

73. 李亚学主编:《少年教养制度比较研究》,群众出版社 2004 年版。

74. 李海东:《刑法原理入门(犯罪论基础)》,法律出版社 1998 年版。

75. 梅德衡、傅跃建主编:《预防犯罪对策》,中华工商联合出版社 1995 年版。

76. 马跃:《美国刑事司法制度》,中国政法大学出版社 2004 年版。

77. 马克昌主编:《刑罚通论》,武汉大学出版社 1999 年版。

78. 全国人大内司委未成年人法修订起草组编:《未成年人保护法学习读本》,中国民主法制出版社 2007 年版。

79. 全国青少年立法工作办公室编著:《中华人民共和国未成年人保护法讲话》,法律出版社 1992 年版。

80. 上海市妇女儿童工作委员会统计协调专业委员会编:《上海市妇女儿童监测统计主要指标解读》,2008 年 3 月。

81. 上海市残疾人联合会、华东师范大学学前教育与特殊教育学院主编:《智障人士社会融合的理论与实践——上海市"智障人士阳光行动"报告》,华东师范大学出版社 2007 年版。

82. 苏惠渔主编:《刑法学》,中国政法大学出版社 1997 年版。

83. 苏国勋:《理性化及其限制——韦伯思想引论》,上海人民出版社 1988 年版。

84. 沈银和:《中德少年刑法比较研究》,五南图书出版公司 1988 年版。

85. 孙长永:《侦察程序与人权——比较法考察》,中国方正出版社 2000 年版。

86. 漆世贵主编:《上海市社区青少年工作现状与发展研究》(内部资料),2004 年版。

87. 施慧玲：《家庭 法律 福利国家》，元照出版公司 2001 年版。

88. 完颜绍元：《中国古代流氓百态》，东方出版社 1997 年版。

89. 王觐：《中华刑法论·附编》，中华书局 1936 年版。

90. 王立民：《唐律新探》，上海社会科学院出版社 2001 年版。

91. 吴宗宪：《西方犯罪学》，法律出版社 1999 年版。

92. 吴宗宪：《西方犯罪学史》（第 4 卷），中国人民公安大学出版社 2010 年版。

93. 吴宗宪等：《非监禁刑》，中国人民公安大学出版社 2003 年版。

94. 王晨：《刑事责任的一般理论》，武汉大学出版社 1998 年版。

95. 王辅贤主编：《残疾人社会工作》，北京大学出版社 2008 年版。

96. 肖建国、姚建龙：《女性性犯罪与性受害》，华东理工大学出版社 2002 年版。

97. 徐建主编：《青少年犯罪学》，上海社会科学院出版社 1986 年版。

98. 徐久生主编：《校园暴力研究》，中国方正出版社 2004 年版。

99. 许皆清：《台湾地区有组织犯罪与对策研究》，中国检察出版社 2006 年版。

100. 谢彤：《未成年人犯罪的定罪与量刑》，人民法院出版社 2002 年版。

101. 许章润主编：《犯罪学》，法律出版社 2007 年版。

102. 夏宗素：《劳动教养制度改革问题研究》，法律出版社 2001 版。

103. 谢振民编著：《中华民国立法史》，中国政法大学出版社 2000 年版。

104. 谢发友、李萍主编：《未成年人保护法新释与例解》，同心出版社 2001 年版。

104. 姚建龙主编：《中国青少年犯罪研究综述》，中国检察出版社 2009 年版。

105. 姚建龙：《超越刑事司法：美国少年司法史纲》，法律出版社 2009 年版。

106. 姚建龙：《长大成人：少年司法制度的建构》，中国人民公安大学出版社 2003 年版。

107. 姚建龙：《少年刑法与刑法变革》，中国人民公安大学出版社 2005 年版。

108. 于志刚：《刑罚消灭制度研究》，法律出版社 2002 年版。

109. 英国救助儿童会编：《联合国〈儿童权利公约〉参与式培训手册》，1999 年版。

110. 杨开湘：《刑事诉讼与隐私权保护的关系研究》，中国法制出版社 2006 年版。

111. 周振想主编：《青少年犯罪学》，中国青年出版社 2004 年版。

112. 赵琛：《少年犯罪之刑事政策》，商务印书馆 1939 年版。

113. 赵雍生：《社会变迁下的少年偏差与犯罪》，桂冠图书公司 1997 年版。

114. 中国青少年犯罪研究会编：《中国青少年犯罪研究年鉴》（1987 年·首卷），春秋出版社 1988 年版。

115. 郑霞泽主编：《服刑人员未成年子女现状调查》，法律出版社 2006 年版。

116. 中国社会科学院语言研究所词典编辑室：《现代汉语词典》，商务印书馆 1988 年版。

117. 张华保：《少年犯罪预防及矫治》，三民书局 1997 年版。

118. 赵雍生：《社会变迁下的少年偏差与犯罪》，桂冠图书公司 1997 年版。

119. 朱胜群编著：《少年事件处理法新论》，三民书局 1976 年版。

120. 张文等：《刑事责任要义》，北京大学出版社 1997 年版。

121. 张鸿巍：《少年司法通论》，人民出版社 2008 年版。

122. 张明楷：《刑法学》，法律出版社 2007 年版。

123. 张忠斌：《未成年人犯罪的刑事责任》，知识产权出版社 2008 年版。

124. 张文娟：《中美少年司法制度探索比较研究》，法律出版社 2010 年版。

125. 张秀夫主编：《中国监狱法实施问题研究》，法律出版社 2000 年版。

126. 赵秉志：《犯罪主体论》，中国人民公安大学出版社 1989 年版。

127. 《现代世界死刑概况》，赵秉志等译，中国人民大学出版社 1992 年版。

128. 钊作俊：《死刑限制论》，武汉大学出版社 2001 年版。

129. 青少年犯罪问题编辑部："儿童——社会转型不能没有的底线"，载《青少年犯罪问题》2010 年第 3 期。

130. 青少年犯罪问题编辑部："纪念《预防未成年人犯罪法》颁布十周年"，载《青少年犯罪问题》2009 年第 4 期。

131. 储有德："青少年犯罪学"，载《社会科学》1985 年第 4 期。

132. 陈晓进："生命历程理论：个体犯罪行为的持续性和变迁"，载曹立群、任昕主编：《犯罪学》，中国人民大学出版社 2008 年版。

133. 陈亚亚："中国网络色情现状调查"，载《中国社会导刊》2006 年第 15 期。

134. 蔡玉敏："浅析媒介暴力对青少年犯罪的影响"，载《兰州学刊》2002 年第 3 期。

135. 程晓璐："未成年人审前羁押的实证分析及对策研究"，载卢建平主编：《京师刑事政策评论》（第 3 卷），北京师范大学出版社 2010 年版。

136. 程滔："师的在场权"，载陈光中主编：《诉讼法论丛》（第 11 卷），法律出版社 2006 年版。

137. 晁根芳："周末监禁方式的理性思考"，载《华北水利水电学院学报（社科版）》2005 年第 1 期。

138. 崔承英等："精神发育迟滞患者犯罪行为的相关因素分析"，载《临床精神医学杂志》1999 年第 4 期。

139. 陈树恒："台湾'少年事件处理法'简介"，载《当代青年研究》1991 年第 3 期。

140. 陈敬平："短期未成年犯狱内违纪的原因分析及对策"，载《广东司法警官职业学院学刊》2006 年第 4 期。

141. 董媛媛、王涪宁："美国防止互联网色情信息侵害未成年人的法律体系评述"，载《国际新闻界》2010 年第 2 期。

142. 戴宜生："美国未成年人司法制度的发展"，载《青少年犯罪问题》2005 年第 4 期。

143. 丁凤春："设置少年法院是中国少年审判工作向前发展的必然"，载《青少年犯罪问题》2001 年第 5 期。

144. 代利凤："社会排斥理论综述"，载《当代经理人》2006 年第 4 期。

145. "第二次全国残疾人抽样调查残疾标准"，载《中国残疾人》2006 年第 5 期。

146. 方振华："浅析辩护律师在场权"，载陈卫东：《司法公正与律师辩护》，中国检察出版社 2002 年版。

147. 房清侠："前科消灭制度研究"，载《法学研究》2001 年第 4 期。

148. "关于未成年的违法活动的犯罪特征"，载西北政法学院科研处编：《青少年犯罪研究资料选辑》（第 2 辑），西北政法学院科研处 1981 年版。

149. 龚文庠、张向英："美国、新加坡网络色情管制比较"，载《新闻界》2008 年第 5 期。

150. 管晓静："论未成年人暴力犯罪的家庭防控措施"，载《青少年犯罪问题》2002 年第 5 期。

151. 顾秀莲："全国人大常委会执法检查组关于检查《中华人民共和国未成年人保护法》实施情况的报告"，载《全国人民代表大会常务委员会公报》2003 年第 5 期。

152. 郝振、崔丽娟："留守儿童鉴定标准探讨"，载《中国青年研究》2007 年第 10 期。

153. 郝宏奎："《中华人民共和国预防少年违法行为法（草案）》（深圳）讨论意见综述"，载《公安大学学报》1998 年第 4 期。

154. 黄佳豪："西方社会排斥理论研究述略"，载《理论与现代化》2008 年第 6 期。

155. 黄卓懿："未成年人刑事案件简案快审机制探索"，载《青少年犯罪问题》2006 年第 4 期。

156. 何侃等："智障群体的教育公平现状及思考"，载《中国特殊教育》2008 年第 1 期。

157. 侯永宽："论民事抗诉制度的废除——以当事人主义诉讼模式为视角"，载《安徽大学法律评论》2010 年第 1 期。

158. 季卫东："法律职业的定位——日本改造权力结构的实践"，载《中国社会科学》1994 年第 2 期。

159. 鞠青："中国青少年犯罪演进的定量分析"，载《青少年犯罪问题》2007 年第 5 期。

160. 鞠青："构建未成年人法律体系的思考"，载《青少年犯罪问题》2004 年第 6 期。

161. 景晓芬："'社会排斥'理论研究综述"，载《甘肃理论学刊》2004 年第 2 期。

162. 康树华："审理未成年人刑事案件的最新司法解释"，载《法学杂志》2006 年第 3 期。

163. 康均心、杜辉："对未成年人犯罪出罪化解释的刑事政策审视"，载《青少年犯罪问题》2008 年第 4 期。

164. 李锡海："网络文化与青少年犯罪"，载《山东社会科学》2004 年第 9 期。

165. 李大鹏："解析校园暴力行为"，载《思想·理论·教育》2004 年第 7 期。

166. 李成仁等："长宁区人民法院设立'少年犯合议庭'的探索"，载上海市高级人民法院、上海市长宁区人民法院编：《中国少年法庭之路》，人民法院出版社 1994 年版。

167. 李昌林："降低羁押率的途径探析"，载《中国刑事法杂志》2009 年第 4 期。

168. 李茂生："新少年事件处理法的立法基本策略——后现代法秩序序说"，载《台大法学论丛》（第 28 卷）1999 年第 2 期。

169. 李心鉴：《刑事诉讼构造论》，中国政法大学出版社 1992 年版。

170. 廖丹："试析新加坡宪法的特点"，载《东南亚纵横》2004 年第 5 期。

171. 雷衡生："校园暴力的成因分析与预防"，载《当代教育论坛》2002 年第 12 期。

172. 林秉智："校园暴力归因及对策"，载《福建教育学院学报》2003 年第 11 期。

173. 刘斌："浅议唐律中的刑事责任年龄"，载《湖北师范学院学报（哲学社会科学版）》2004 年第 1 期。

174. 刘桃荣："对暂缓起诉制度的质疑"，载《中国刑事法杂志》2001 年第 1 期。

175. 刘瑜："未成年人检察制度寻找新突破"，载《民主与法制》2010 年第 17 期。

176. 刘玉奇："浅议未成年人强索他人少量钱财案件的审理"，载上海市高级人民法院、上海市长宁区人民法院编：《中国少年法庭之路》（三），人民法院出版社 1994 年版。

177. 楼笑明、吴永强："未成年人是否构成抢劫罪不应以抢劫对象为标准"，载《人民检察》2007 年第 10 期。

178. 刘强、王贵芳："美国新'改造无效论'对我们的启示——评《重思罪犯改造》一书"，载《青少年犯罪问题》2008 年第 5 期。

179. 罗雪莲："18 岁以下青少年违法犯罪 89 例司法精神医学鉴定分析"，载《南通医学院学报》1997 年第 4 期。

180. 刘仁文："恢复性司法与和谐社会"，载《福建公安高等专科学校学报》2007 年第 1 期。

181. 刘雅清："运用检察职能维护未成年人合法权益"，载《人民检察》1994 年第 6 期。

182. 马结："关于青少年犯罪学"，载青少年犯罪研究资料汇编编辑组编：《青少年犯罪研究资料汇编·第二辑·论文选》，中国社会科学院青少年研究所 1981 年版。

183. 马结等："《中国青少年犯罪学》大纲"，载《政法论坛》1983 年第 2 期。

184. 梅传强、李学刚："互联网对青少年犯罪心理形成的影响及防范措施"，载《青少年犯罪问题》2005 年第 5 期。

185. 马聪："霍姆斯大法官的言论自由观——'明显且现实的危险'原则的发展"，载《时代法学》2007 年第 5 期。

186. 马登民、张长红："德国刑事政策的任务、原则及司法实践"，载《政法论坛》2001 年第 6 期。

187. 牟永福："'社会排斥'解释框架与城市居民收入的差异性分析"，载《河北学刊》2008 年第 5 期。

188. 潘金贵："论辩护律师讯问在场权"，载孙长永主编：《刑事诉讼证据与程序》，中国检察出版社 2003 年版。

189. 任志中、汪敏："未成年人不适用死刑的若干问题"，载《人民司法》2006 年第 10 期。

190. 孙昌军、周亮："我国未成年人犯罪率的统计分析"，载《青少年犯罪问题》2004 年第 5 期。

191. 孙凌寒、朱静："校园暴力与学校社会工作"，载《河北青年管理干部学院学报》2005 年第 4 期。

192. 上海市长宁区人民检察院未成年人刑事检察科："缓诉在未成年人案件中的地位及运用"，载《青少年犯罪问题》1995 年第 1 期。

193. 孙春霞等："男性犯罪少年智能特征对照研究"，载《中华神经科杂志》1994 年第 2 期。

194. 桑东辉："和谐社会语境下的刑事和解——对北京朝阳区法院将庭外和解引入刑事案件的思考"，载《学术交流》2006 年第 7 期。

195. 佟季、马剑："五年来人民法院审理未成年人犯罪案件情况分析"，载沈德咏主编：《中国少年司法》（2009 年第 1 辑），人民法院出版社 2009 年版。

196. 佟季、马剑："2009 年人民法院审理未成年人犯罪案件情况分析"，载《中国少年司法》（2010 年第 1 辑），人民法院出版社 2009 年版。

197. 佟丽华："校园暴力以及对策研究"，载佟丽华主编：《未成年人法学·学校保护卷》，法律出版社 2007 年版。

198. 田幸："建立少年法院的几点设想"，载《青少年犯罪问题》2001 年第 4 期。

199. "上海市长宁区人民法院少年法庭大事记"（1984 年 10 月～1994 年 8 月），载上海市高级人民法院、长宁区人民法院编：《中国少年法庭之路》，人民法院出版社 1994 年版。

200. 魏宏歆："计算机网络与未成年人犯罪"，载《中国人民公安大学学报》2005 年第 5 期。

201. 王鹰："校园暴力的形成与消解"，载《政法学刊》2007 年第 4 期。

202. 万秀华："未成年人刑事案件指定管辖后新情况的思考"，载《青少年犯罪问题》2000 年第 5 期。

203. 吴远巍："基于能力本体的核心能力再诠释"，载《技术经济与管理研究》2008 年第 1 期。

204. 王利荣："完善犯罪预防的重要尝试——谈我国第一个'社会服务令'"，载《人民检察》2003 年第 3 期。

205. 王汉斌："关于《中华人民共和国刑法（修订草案）》的说明"，载高铭暄、赵秉志编：《中国刑法立法文献资料精选》，法律出版社 2007 年版。

206. 王立业："社会排斥理论研究综述"，载《重庆工商大学学报（社会科学版）》2008 年第 3 期。

207. 汪海萍："以社会模式的残疾观推进智障人士的社会融合"，载《中国特殊教育》2006 年第 9 期。

208. 许涛、周运清："工具性影响：互联网对上网未成年人违法犯罪的影响分析"，载《青年探索》2007 年第 1 期。

209. 肖永平、李晶："新加坡网络内容管制制度评析———兼论中国相关制度之完善"，载《法学论丛》2001 年第 5 期。

210. 肖建国等："建设和谐社会与构建预防青少年犯罪体系"，载王牧主编：《犯罪学论丛》（第 5 卷），中国检察出版社 2007 年版。

211. 邢璐："德国网络言论自由保护与立法规制及其对我国的启示"，载《德国研究》2006 年第 3 期。

212. 邢凯慧、薄涛："弃婴引发的思考"，载《医学与哲学》2012 年 8 月总第 458 期。

213. 许春金、徐呈璋："青少年不良帮派形成过程及相关因素之研究"，台湾地区"法务部"犯罪研究中心"编：《刑事政策与犯罪研究论文集》（三），2000 年版。

214. 徐建："少年犯罪实体法适用中的犯罪构成特殊性探析"，载《青少年犯罪问题》1997 年第 6 期。

215. 熊妮娜等："2006 年中国智力残疾儿童流行情况及致残原因调查"，载《中国儿童保健杂志》2009 年第 1 期。

216. 姚建龙："我国现行戒毒体系的反思与重构"，载《青少年犯罪问题》2002 年第 1 期。

217. 姚建龙："远离辉煌的繁荣：青少年犯罪研究 30 年"，载《青年研究》2009 年第 1 期。

218. 姚建龙："海啸模式：一种维稳新思路"，载《民主与法制》2010 年第 24 期。

219. 姚建龙："少年司法的起源：美国少年矫正机构运动的兴起"，载《环球法律评论》2007 年第 1 期。

220. 姚建龙："美国少年法院运动起源与展开"，载《法学评论》2008 年第 1 期。

221. 姚建龙："我国未成年人刑事责任制度之理论检讨"，载《法律科学》2006 年第 3 期。

222. 姚建龙："我国少年刑事责任制度之理论检讨"，载《法律科学》2006 年第 3 期。

223. 姚建龙："论刑法的民法化"，载《华东政法学院学报》2001 年第 4 期。

224. 姚建龙："暂缓起诉制度研究"，载《青少年犯罪研究》2003 年第 4 期。

225. 姚建龙："中国少年保释制度的完善与发展"，载《青少年犯罪研究》2003 年第 1 期。

226. 姚建龙："从少年法庭到少年法院——对我国目前创设少年法院的几点思考"，载《中国青年研究》2001 年第 6 期。

227. 姚建龙："英国适当成年人介入制度及其在中国的引入"，载《中国刑事法杂志》2004 年第 4 期。

228. 姚建龙："国家亲权理论与少年司法"，载《法学杂志》2008 年第 3 期。

229. 姚建龙："校园暴力：一个概念的界定"，载《中国青年政治学院学报》2008 年第 4 期。

230. 姚建龙："未成年犯死刑的废除与美国少年司法的走势"，载《青少年犯罪问题》2007 年第 4 期。

231. 姚建龙："刑事法视野中的少年：概念之辨"，载《青少年犯罪问题》2005 年第 3 期。

232. 姚建龙："标签理论及其对美国少年司法改革之影响"，载《犯罪研究》2007 年第 4 期。

233. 姚建龙："未成年人保护法修订思路与建议"，载《当代青年研究》2006 年第 3 期。

234. 姚建龙："《未成年人保护法》的修订及其重大进展"，载《当代青年研究》2007 年第 5 期。

235. 姚建龙："刑事诉讼法修订与少年司法的法典化"，载《预防青少年犯罪研究》2012 年第 5 期。

236. 姚建龙："犯罪后的第三种法律后果"，载《法学论坛》2006 年第 1 期。

237. 姚建龙："论少年刑法"，载《政治与法律》2006 年第 3 期。

238. 姚建龙："转变与革新：论少年刑法的理论基础"，载《现代法学》2006 年第 1 期。

239. 姚建龙："中国为什么需要少年法院：简单而又容易被忽视的理由"，载《青少年犯罪问题》2006 年第 5 期。

240. 姚建龙、顾晓军、顾小琼："未检队伍特殊核心能力体系及构建战略——以我国少年司法制度发展为视角"，载《犯罪研究》2010 年第 4 期。

241. 杨彩霞、周罡："校园暴力的防治对策研究"，载《学习月刊》2008 年第 4 期。

242. 杨春洗："青少年犯罪是当前法学研究中的一个重要课题"，载烟台大学法学所编：《中美学者论青少年犯罪》，群众出版社 1989 年版。

243. 杨宏飞、叶映华："中小学师生的校园暴力内隐观研究"，载《应用心理学》2005 年第 3 期。

244. 杨士隆、曾淑萍："校园暴力与防治对策"，载狄小华、刘志伟主编：《恢复性少年司法理论与实践》，群众出版社 2007 年版。

245. 杨宇冠："律师在场权研究"，载樊崇义主编：《刑事审前程序改革实证研究——侦查讯问程序中律师在场（试验）》，中国人民公安大学出版社 2006 年版。

246. 杨兴培："刑事和解制度在中国的构建"，载《法学》2006 年第 8 期。

247. 遇旻："强化《未成年人保护法》执行力度 切实预防制止校园暴力行为"，载《宁夏教育》2003 年第 1～2 期。

248. 严琪华："校园暴力的成因分析及应对措施"，载《攀登》200 年第 4 期。

249. 严静："大众传媒下透视校园花季暴力"，载《中国青年研究》2005 年第 5 期。

250. 叶自强："举证责任倒置规则的构成要素与适用"，载《河北法学》2011 年 5 期。

251. 张黎群："青少年犯罪研究十年总结与九十年代学科建设理论体系的构想"，载中国青少年犯罪研究会编：《中国青少年犯罪研究年鉴》（1987 年·首卷），春秋出版社 1988 年版。

252. 中国社科院青少年研究所："青少年犯罪问题研究规划"，载青少年犯罪研究资料汇编编辑组编：《青少年犯罪研究资料汇编·第二辑·论文选》，中国社会科学院青少年研究所 1981 年版。

253. "中央宣传部等八单位关于提请全党重视解决青少年违法犯罪问题的报告"，载中国青少年犯罪研究会编：《中国青少年犯罪研究年鉴》（1987 年·首卷），春秋出版社 1988 年版。

254. 张应力："综合治理起源于对青少年犯罪的治理吗"，载《青少年犯罪问题》2010 年第 1 期。

255. 张宗亮："网络文化与青少年犯罪"，载《山东社会科学》2004 年第 9 期。

256. 张真理："从 CDA 违宪案看网络色情治理的相关问题"，载《法制与社会》2008 年第 18 期。

257. 张向英："《传播净化法案》：美国对色情网站的控制模式"，载《社会科学》2006 年第 8 期。

258. 张永红、兰志龙："论轻微暴力索财案件的定性"，载《吉林公安高等专科学校学报》2007 年第 6 期。

259. 张友琴："社会支持与社会支持网——弱势群体社会支持的工作模式初探"，载《厦门大学学报（哲学社会科学版）》2002 年第 3 期。

260. 朱作鑫："校园暴力之概念、现状及防治对策"，载《广西青年干部学院学报》2005 年第 5 期。

261. 朱晓玉："校园暴力与暴力文化的社会学思考"，载《河北公安警察职业学院学报》2005 年第 3 期。

262. 郑瑞隆："帮派入侵校园与其因应之社会工作观点"，载《学生辅导》1999 年第 65 期。

263. 周娅："犯罪地点选择之实证研究"，载《青少年犯罪问题》2010 年第 6 期。

264. 周幽丽："少年'强索'类案件适用法律的探讨"，载《青少年犯罪问题》1999 年第 5 期。

265. 周凯："上海法院避免未成年人被误判死刑 必要时进行骨龄鉴定"，载《中国青年报》2006年12月6日。

266. 周树廉、祁涛："合适成年人参与制度是盘龙区未成年人司法试点项目主线之思考"，载《社会工作上半月（实务）》2008年第11期。

267. 章建新："在未成年人刑事检察中试行暂缓起诉的思考"，载《上海市政法管理干部学院学报》2000年第5期。

268. 邹雄："对民事诉讼举证责任若干问题的思考"，载《西南政法大学学报》2004年第2期。

269. 胡键等："未成年犯也要接受九年义务教育"，载《南方日报》2006年2月22日。

270. "鹿城做法得到公安部肯定"，载《法制日报》2007年6月7日。

271. 陈孟萱："少年司法保护制度之契机：以美国少年法制为借镜"，台湾大学2001年硕士学位论文。

272. 陈敏男："少年事件处理法之保护与刑法保安处分之比较研究"，辅仁大学2002年硕士学位论文。

273. "改革未成年人审前羁押制度"，载《检察日报》2007年11月26日。

274. "15岁至16岁是未成年人犯罪高峰年龄段"，载《时代报》2004年5月28日。

275. "最新数字：全国闲散青少年超过2800万"，载《中国青年报》2010年11月4日。

276. 沈青松："德国'三道防护网'打击网络色情"，载《光明日报》2009年12月25日。

277. "'80后黑帮'凸显犯罪低龄化"，载《新快报》2007年8月15日。

278. "'黑龙会'的少年江湖"，载《南方周末》2007年9月13日。

279. "广州'80后'黑帮组织学生抢劫 杀死3人"，载《新快报》2007年8月14日。

280. "'黑龙会'的少年江湖"，载《南方周末》2007年9月13日。

281. "帮派组织渗透台北校园"，载《云南日报》1999年12月13日。

282. "学校开班会宣布黑龙会覆灭 学生仍畏惧"，载《新快报》2007年8月15日。

283. "中央媒体聚焦'德阳经验'"，载《华西都市报》2006年11月1日。

284. 杨士隆："从中辍到犯罪 其间转变常被忽略"，载《联合报》2001年8月13日。

285. 王琳："专家视点：社会服务令的司法难题"，《羊城晚报》2005年7月8日。

286. 卢敏："法国设置特殊程序审理未成年人犯罪案件"，载《检察日报》2008年9月1日。

287. 刘海："一社区服刑人员首戴'电子手铐'"，载《上海法治报》2011年5月18日。

288. 陈忠仪、朱静："长宁法院'社会服务令'见成效"，载《人民法院报》2005年4月14日。

289. 王俊："最高院叫停监管令社会服务令"，载《广州日报》2005年7月8日。

290. 刘畅："'枪下留人'后高攀再被判死刑 年龄谜团无定论"，载《中国青年报》2004年4月19日。

291. 俞评："'有刑事犯罪记录'者该上哪？"，载《法制日报》2002年1月27日。

292. 冉多文："烟台探索'平和司法'办案理念"，载《法制日报》2006年8月26日。

293. 万兴华："刑事和解：逐步被接纳的'私了'"，载《中国青年报》2006年7月25日。

294. 龚瑜："上海检察院'恢复性司法'处理青少年刑事案件"，载《中国青年报》2006年10月23日。

295. 刘洋："采纳政协提案 湖南省未成年犯义务教育有保障"，载《人民政协报》2006年7月31日。

296. 法治时评："农村留守儿童犯罪的分析与思考"，载 http://www.ahradio.com.cn/am936/system/2010/01/28/000473271.shtml.

297. "省调查摸底重点青少年群体'问题青少年'仅 0.52%"，载 http://news. xinmin. cn/domestic/gnkb/2010/07/21/5891238. html.

298. 中国社会科学院："当代中国社会阶层研究报告"简略版本，载 http://wenku. baidu. com/view/dfb1f9a6f524ccbff12184af. html.

299. "中国未成年网民超 1.26 亿，3 个网民中有 1 个未成年"，载 http://www. chinanews. com. cn/it/news/2010/06 - 18/2350670. shtml.

300. "3.7 亿个色情网页威胁青少年成长"，载 http://news. qq. com/a/20070525/000646. htm.

301. "中国信息化：互联网治理需要自律与他律并行"，载 http://www. isc. org. cn/ShowArticle. php? id = 6886.

302. *Gangs and School safety*, see http://www. schoolsecurity. org/trends/gangs. html.

303. 周文勇："帮派渗透校园问题之防处"，载 http://www. tosun. org. tw/database/Data/cho1. htm.

304. 台湾地区警察大学犯罪防治学系"少年犯罪研究室"简介，载 http://163. 25. 6. 227/prevention/f7. htm.

305. 陈玉洁："羁押制度的改革与台湾的经验"，载 http://www. usasialaw. org/? p = 2798.

306. "15 岁少年受邀参与抢劫 法官开禁止令禁其在外过夜"，载 http://www. chinanews. com/fz/2011/05 - 06/3020907. shtml.

307. "丽水莲都法院判决首例适用'禁止令'案件"，载 http://www. qtfz. gov. cn/zjfzol/system/2011/05/11/013722112. shtml.

308. "无锡南长：组织帮教对象旁听无锡市首例宣告禁止令案件宣判"，载 http://js. jcrb. com/jcdt/201105/t20110525_ 547278. shtml.

309. 最高人民法院网站：http://www. court. gov. cn/spyw/sfgg/201002/t2010023—1776. htm.

310. "京高校首次允许录取有前科的考生"，载 http://www. jxnews. com. cn.

311. "温州鹿城区劝离有前科暂住者"，载 http://news. sina. com. cn/c/2007 - 06 - 05/122213157312. shtml.

312. "严打中要把所有有前科的外地人员遣送回家不准进入慈溪"，载 http://bbs. cixi. cn/dispbbs. asp? boardid = 53&id = 269151.

313. "从隐形的刑法到刑法背后的隐形——从两起刑事案件说起"，载 http://www. bloglegal. com/blog/cac/1450004586. htm.

314. 欧光清、吴军、衡蕊："论检察执法实现法治权威的途径"，载 http://www. baojian. gov. cn/science/detail. aspx? articleid = 2784&classcode = 00060002.

315. "重庆大渡口检察院：'恢复性司法矫正''问题少年'"，载 http://news. xinhuanet. com/legal/2007 - 01/06/content_ 5571840. htm.

316. "湖南郴州参与抢劫的 4 名未成年学生达成刑事和解"，载 http://news. xinhuanet. com/legal/2006 - 12/20/content_ 5511842. htm.

317. "高墙内未成年犯渴望教育光芒"，载 http://www. hinews. cn/news/system/2007/02/06/010076675. shtml.

318. 于建伟："未成年人保护法修订的背景、过程及重要意义"，载 http://www. npc. gov. cn/zgrdw/common/zw. jsp? label = WXZLK&id = 356288&pdmc = 110118.

319. 于建伟："未成年人保护法修订的原则、思路和主要内容"，载 http://www. npc. gov. cn/zgrdw/common/zw. jsp? label = WXZLK&id = 356270&pdmc = 1129.

320. 黄达明、倪娜："上海，首次请未成年人参与立法"，载 http://www. npc. gov. cn/zgrdw/com-

mon/zw. jsp？label＝WXZLK&id＝334326&pdmc＝rdzz.

321. "《未成年人保护法》启动修改工作"，载 http://www. chinalawinfo. com/New.

322. "让孩子自然天成"，载 http://news. Yanhan. com.

323. 忻福良："对民办教育法律的若干法理思考"，载 http://www. edu. cn/20010829/209673. shtml.

324. 日本法务省综合研究所编：《日本犯罪白皮书》。

325. 中央政法委秘书长王胜俊在"预防青少年违法犯罪座谈会"（2000 年 8 月）上的讲话。

326. 《求真务实开拓创新努力做好预防青少年违法犯罪各项工作——周强同志在全国预防青少年违法犯罪暨学校及周边治安综合治理工作会议上的讲话》。

327. 《全国重点青少年群体教育帮助和预防犯罪试点工作座谈会交流材料汇编》（山东泰安·2011 年 4 月 19 日）。

328. 《最高人民法院、最高人民检察院、公安部、司法部关于开展社区矫正试点工作的通知》（2003）。

329. 上海市公安局南汇分局：《关于建立缓处考察制度的情况汇报提纲》，"未成年人保释国际研讨会"（2004 年 4 月）材料。

330. 上海市长宁区人民检察院《关于未成年人刑事案件相对不起诉的规则》（征求意见稿）。

331. 《江西省吉安市人民检察院缓诉试行办法》。

332. 上海市检察院 2010 年调研课题报告：《未成年人审前羁押制度研究》。

333. 约翰·皮兹，《项目评估标准》，第二次中欧少年司法制度——合适成年人参与制度研讨会（上海·华东政法学院，2003 年 10 月）会议资料。

334. 《中央公安部关于处理女犯、少年犯及老年犯的指示》（1951 年 10 月）。

335. 联合国经济及社会理事会预防犯罪和刑事司法委员会：《恢复性司法：秘书长的报告》，2002 年 4 月。

336. 上海市高级人民法院 2005 年重点调研课题成果：《上海未成年人犯罪状况与少年审判工作研究》。

337. 侯宗宾：《关于〈中华人民共和国预防少年违法行为法（草案）的说明〉》（1998 年 4 月 26 日）。

338. 《全国人大法律委员会关于〈中华人民共和国预防少年违法行为法（草案）〉修改情况的汇报》（1999 年 4 月 24 日）。

339. 《全国人大法律委员会关于〈预防未成年人犯罪法（修改草案）〉审议结果的报告》（1999 年 6 月 18 日）、王维澄：《关于预防未成年人犯罪法（草案三次审议稿）、澳门特别行政区驻军法（340. 草案二次审议稿）和公益事业捐赠法（草案二次审议稿）修改意见的报告》（1999 年 6 月 28 日）。

341. 《全国人大法律委员会关于〈中华人民共和国预防少年违法行为法（草案）〉修改情况的汇报》（1999 年 4 月 24 日）。

342. 《盘龙区未成年人司法试点项目简报》2006 年第 2 期。

343. Peggy L. Chown and John H. Parham, "Can We Talk？ Mediation in Juvenile Cases", *FBI Law Enforcement Bulletin*, November 1995.

344. OJJDP, *Balanced and Restorative Justice for Juveniles：A Framework for Juvenile Justice in the 21st Century*, 1997.

345. Arnold Binder, Gibert Geis and Dickson Bruce, *Juvenile Delinquency：Historical, cultural, Legal Perspectives*, Macmillan Publishing Company, 1988.

346. Adam Graycat and Peter Grabosky（eds.）, *The Cambridge Handbook of Australian criminology*, Cambridge University Press, 2002.

347. Douglas R. Rendleman, "Parens Patriae: From Chancer to the Juvenile Court", *South Carolina Law Review*, Vol. 23, 1971.

348. Joseph J. Senna and Larry J. Siegel, *Introduction to Criminal Justice*, West Publishing Company, 1996.

349. NCES and BJS, *Indicators of School Crime and Safety*: 2005.

350. Lenoir and R. Lesexclus, *Un Francais Sur Dix*, Pairs: Seuil, 1974.

351. Randall G. Shelden, *Controlling the Dangerous Classes: A Critical Introduction to the History of Criminal Justice*, Ally and Bacon, 2001.

352. Timothy D. Hurley, Origin of the Illinois Juvenile Court Law, *The Child*, the Clinic and the Court, Johnsom Reprint, 1970.

353. Thomas J. Bernard, *The Cycle of Juvenile Justice*, Oxford University Press, 1992.

354. William B. Waegel, *Delinquency and Juvenile Control: A Sociological Perspective*, Prentice – Hall.

355. Crime in the United States 2007 Uniform Crime Reports. Howard N. Snyder, Juvenile Arrests 2004.

356. Gustav L. Schramm, "Philosophy of the Juvenile Court", *Annals of the American Academy of Political and Social Science*, Vol. 261, Juvenile Delinquency, Jan., 1949.

357. Hastings H. Hart, *Distinctive Features of the Juvenile Court*, Annals of the American Academy of Political and Social Science, Vol. 36, No. 1, Administration of Justice in the United States, Jul., 1910.

358. Robert G. Caldwell, "The Juvenile Court: Its Development and Some Major Problems", *Journal of Criminal Law, Criminology, and Police Science*, Vol. 51, No. 5, Jan. – Feb., 1961.

359. Paul G. Cassell, *The Guilty and the "Innocent": An Examination of Alleged Cases of Wrongful Conviction from False Confessions*, Harvard Journal of Law & Public Policy, Spring, 1999.

360. Clifford E. Simonsen, Marshall S. Gordon Ⅲ, *Juvenile Justice in America*, Macmillan Publishing, 1982.

361. *The Appropriate Adult*, Probation Journal, Vol. 41, No. 3, September 1994.

后 记

治学十余年，我始终秉承刑事一体化的学术思路，研究领域包括刑法学、犯罪学、禁毒学、矫正学、刑事诉法学等，但青少年犯罪学仍然是我用力最深、持续时间最久的领域，也很早就成了我的"学术标签"之一。这一标签曾经让我很自豪，也一度让我有些苦恼。我的一位授业恩师曾经说过：青少年犯罪学的黄金时期在 20 世纪八九十年代，而我正好是在这一学科最冷的时候进入这一领域的。基于科层式学科评价体系的现实，一些师友也曾经对我在这样一个看上去"狭小"的领域投入如此多的精力有所不解。实际上，早在 2005 年出版的《少年刑法与刑法变革》一书中我就对师友们的关心做出了回应：

国外刑事法学与刑事法制进步的路径表明，少年法学与少年法制往往处于引领整个刑事法学和刑事法制发展的前沿。正如我国台湾著名学者林纪东先生所言："少年法之理论，与传统之刑事法理论（包括刑法、刑事诉讼法及监狱法理论），虽多距离，然对旧日之刑事法，正有推陈出新之作用，刑事法之改正，将于少年法始肇其端。"[1] "今后刑事法改正之途径，均可于少年法之检讨，见其端倪。"[2]

欣慰的是，近些年来，尤其是 2012 年修订的刑事诉讼法增设了"未成年人刑事案件诉讼程序"专章后，青少年犯罪学研究的重要性开始被学界所认识，并颇有了成为刑事法热点的气息，而我以青少年犯罪学（尤其是少年司法）为支点打通刑事法学学科群的研究思路，也似乎已被师友们所理解。

本书是在青少年犯罪学专题论文基础上整理修订的结果。自 2000 年以来，估计写了数十篇相关论文，这本书整理的只是其中一部分。之所以没有将所有的专题论文收入本书，一方面是因为一些论文被已经出版的专著吸收，另一方面因为有一些论文具有时效性而不宜收入，也因为有些论文的观点不成熟而被自己放弃了。

需要说明的是，出版这本书具有对自己的学术研究之路做一阶段性小结的考虑，也是为了给青少年犯罪学相关课程的教学提供教材或参考资料。青少年犯罪学是国外监狱

---

〔1〕 参见林纪东：《少年法概论》，"台北编译馆"1972 年版，第 15 页。着重号为引者所加。
〔2〕 参见林纪东：《少年法概论》，"台北编译馆"1972 年版，第 45 页。着重号为引者所加。

学、刑事司法、法学等专业人才培养的核心课程之一，也曾经不只是国内政法院校普遍开设的课程。但是，最近一些年来，国内对青少年犯罪学在监狱学、刑事司法、法学等学科专业学习中的认识存在偏差，青少年犯罪学研究与教学显著弱化，这不是正常的现象，也直接导致了青少年犯罪学研究不能满足我国预防青少年犯罪与少年司法改革等实务工作的需要。以至于中央综治委预防青少年违法犯罪专项组、团中央还曾考虑专门制定《关于推动"青少年犯罪学"学科建设的工作方案》，以推动青少年犯罪学的发展。

　　我从 2012 年 2 月调入上海政法学院任教后，上海政法学院在原来就非常重视的基础上更加重视青少年犯罪学的研究与教学。例如，按照中央综治委预防青少年违法犯罪专项组、团中央《关于推动"青少年犯罪学"学科建设的工作方案》（草案）打造青少年犯罪学学科，在刑法学科下增设了"青少年犯罪与司法"方向硕士点，将"青少年犯罪与司法"课程列入法学（刑事司法）、监狱学等专业的教学计划之中等等，2014 年 2 月，还正式成立了"全国青少年犯罪与司法研究及服务中心"。

　　2012 年度，承蒙上海市教委的正确指导，上海政法学院《监狱学人才培养模式改革及实践基地建设项目》获得中央财政支持地方高校发展专项资金项目。立项后，上海政法学院领导给予了高度重视，从组织机构、人员配置等方面进行了有力保障。编纂系列教材是该项目建设的重要组成部分，本书就是其中的一部。本书既可以作为政法学院本科监狱学专业的教材，也可以作为司法工作者的参考书。这本书也在一定程度上弥补了目前国内缺乏合适的青少年犯罪与司法课程教材与参考资料的缺憾。

　　因为是以专题研究论文为基础，这本书更是一部学术专论，在风格上并不同于传统的教材，因此是否适合于本科生、研究生教学需要，还需要进一步检验。不过，我一直认为，教材应当有理论的深度，也要能反映相关领域理论与实务的最新进展。如果按照这样的标准，拙著也许可以作为本科生、研究生教材试一试。

　　本书各章内容绝大多数都曾经在《青年研究》、《法学》、《法学评论》、《法学杂志》、《河北法学》、《华东政法大学学报》、《政法学刊》、《犯罪研究》、《青少年犯罪问题》、《青少年犯罪研究》、《中国刑事法杂志》、《当代青年研究》、《社会科学》等权威及核心刊物上发表。对于刊发这些成果的期刊与编辑表示诚挚的谢意。

　　本书各章内容的完成都得到了青少年犯罪与司法实务部门的大力支持，也大都曾经提供给实务部门参考，有些成果也是与实务部门直接合作的产物，不少还产生了一定的影响。我的学生尤丽娜、王邑、田相夏、罗佳、陈曦、温雅璐、葛宁翔等也为本书的完成提供了诸多支持，特致谢忱。

姚建龙

2014 年 10 月 6 日

于上海·苏州河畔·滴水阁